密云年鉴

MIYUNNIANJIAN

2014

密云县地方志编纂委员会

中共党史出版社

图书在版编目(CIP)数据

密云年鉴.2014/密云县地方志编纂委员会编.—
北京:中共党史出版社,2014.10
ISBN 978-7-5098-2465-8

Ⅰ.①密… Ⅱ.①密… Ⅲ.①密云县-2014-年鉴
Ⅳ.①Z521.4

中国版本图书馆 CIP 数据核字(2014)第 225284 号

密 云 年 鉴

出版发行:中共党史出版社
责任编辑:韩冬梅
复　　审:潘　鹏
终　　审:汪晓军
社　　址:北京市海淀区芙蓉里南街 6 号院 1 号楼
邮　　编:100080
网　　址:www.dscbs.com
经　　销:新华书店
印　　刷:北京富生印刷厂
开　　本:185×260mm　16 开
字　　数:600 千字
印　　张:35(前插图 24 面)
印　　数:1-2000 册
版　　次:2014 年 10 月第 1 版
印　　次:2014 年 10 月第 1 次印刷
标准书号:ISBN 978-7-5098-2465-8
定　　价:180.00 元(精装)

密云县地方志编纂委员会

《密云年鉴》编辑部

编辑说明

一、《密云年鉴》是一部综合性、资料性工具书和史料文献。在中共密云县委和密云县人民政府的领导下，由县地方志编纂委员会主持编纂，《密云年鉴》编辑部负责实施编纂工作。

二、本年鉴以邓小平理论、"三个代表"重要思想和科学发展观为指导，贯彻落实党的十八大和十八届三中全会精神和《地方志工作条例》，遵循实事求是原则，创新思路，力求体现时代特色和密云特色，全面系统地记录密云县2013年经济社会发展情况。

三、本年鉴从2008年开始，逐年编纂。当年年鉴记述上一年度密云县经济社会发展基本情况、重大事件和重要的文献信息，为领导决策提供参考依据，为各行各业提供有价值资料，为各方面人士了解密云、研究密云提供最新信息，为县志编纂积累材料。

四、本年鉴记述时限为2013年1月1日至2013年12月31日。凡在本书中直书月、日的，均指2013年内的日期，文中的"本年""年内"一律指2013年。

五、本年鉴主要采用文章和条目两种体裁，以条目为主，用规范的语体文、记述体，直陈其事，文字力求言简意赅。全书类目、栏目标题分别用不同型号字体加以区别，条目标题用黑体字并外加【】标明。

六、本年鉴文字部分设有综述、大事记、特载、中国共产党密云县委员会、密云县人民代表大会常务委员会、密云县人民政府、中国人民政治协商会议密云县委员会、民主党派、人民团体、政法军事、综合经济管理、工业与经济开发、农业与农村经济、商贸旅游、财政税务金融保险、城乡建设与管理、交通邮电、生态环境建设、科技教育文化卫生体育、社会服务与管理、街道乡镇、人物、统计资料、附录共24个一级栏目。全书除文字部分外，插入地图、照片、表格，力求形象、生动地反映密云县的发展面貌。

七、本年鉴收录的密云县党、政、军、团体、乡镇、街道和部分企业负责人名录，以2013年内任职为限，其中有任免情况的，分别予以注明。收录2013年内获得市级以上(含市级)各类先进人物、先进单位名单，所收录内容均以各单位提供的材料为准。

八、本年鉴的文章和条目，由各部门、各单位确定的专人撰写或提供，并经部门、单位主要领导审核，报县委、县政府有关领导审查。组织机构负责人名单由县委组织部提供，统计资料由县统计局提供，地图由县民政局提供，照片由编辑部和各供稿单位提供。

九、本年鉴在编辑出版中得到北京市地方志编纂委员会办公室和中共党史出版社的指导和帮助，得到全县各界的大力支持，在此一并表示感谢。年鉴中存在的不足之处，请各位读者批评指正。

编者

2014年10月

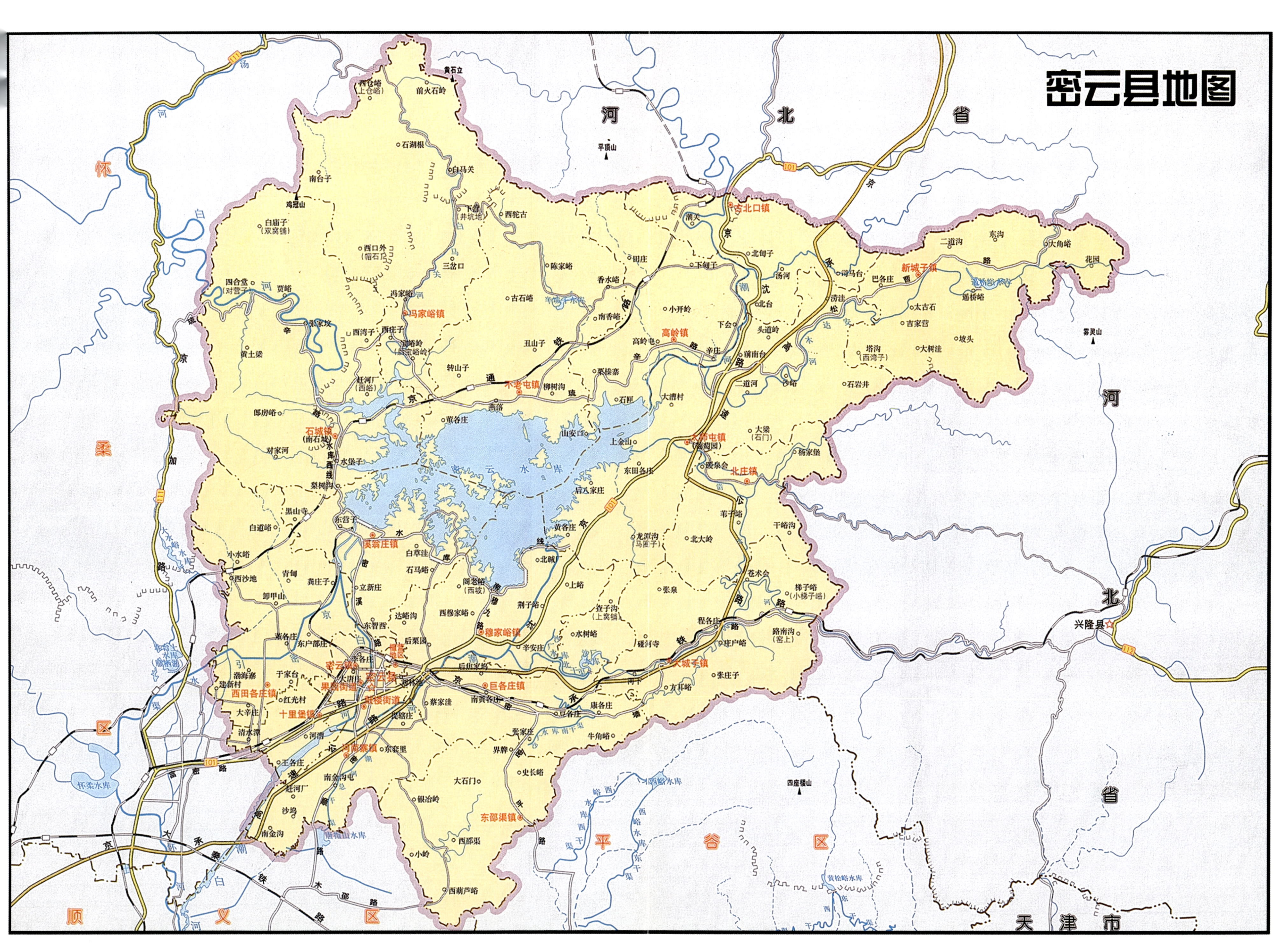

密云县地图
河北省
怀柔区
顺义区
平谷区
天津市
兴隆县
密云水库
古北口镇
新城子镇
高岭镇
不老屯镇
马家峪镇
石城镇
太师屯镇
北庄镇
溪翁庄镇
穆家峪镇
大城子镇
巨各庄镇
西田各庄镇
十里堡镇
河南寨镇
东邵渠镇
檀营
鼓楼街道
果园街道
密云镇

7月29日，中国共产党密云县第十二届委员会第六次全体会议召开

12月20日，中国共产党密云县第十二届委员会第七次全体会议召开

12月25日，密云县第十五届人民代表大会第四次会议召开

12月24日，政协密云县第十二届委员会第三次会议召开

县委书记汪先永在中共密云县委十二届七次全会上

县长王海臣在密云县第十五届人民代表大会第四次会议上

王玉江在密云县第十五届人民代表大会第四次会议上当选为县人大常委会主任

县政协主席王春林在政协密云县第十二届委员会第三次会议上

5月21日，密云生态商务区被北京市商务委认定为“北京市总部经济发展新区”

10月23日，密云县参加第17届北京·香港经济合作研讨洽谈会

9月25日，华彬投资（中国）有限公司与美国贝尔直升机公司举行合作备忘录签约仪式

12月16日，密云县政府与中航油石化管道有限公司举行项目签约仪式

11月14日，京承高速公路密云经济开发区站开通

11月14日，密云 · 云蒙大桥通车

密关路改建完工

建成后的白云街铁西路跨线桥

改建后的果园南路

大唐煤制气管道工程施工现场

太师屯镇流河沟污水处理站

密云机场

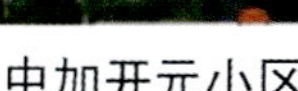
中加开元小区

云北小区二期经适房封顶

密云檀营国际生态城

7月19日，2013年密云有机板栗经贸洽谈会召开

实行秸秆禁烧、粉碎还田，防治大气污染

十里堡镇景观农业

十里堡镇云科基地食用菌生产棚室

西康各庄海华云都奶牛场

3月28日，2013年密云县民俗旅游专业合作社规范建设发展大会召开

北庄山里寒舍

9月23日，蔡家洼玫瑰情园开园

西田各庄镇花海骑行

10月28日，古北水镇体验日开放

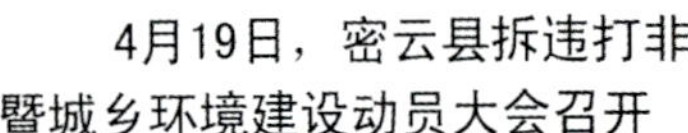

4月19日，密云县拆违打非暨城乡环境建设动员大会召开

7月3日，西田各庄镇西恒河村拆除违规违法大棚房

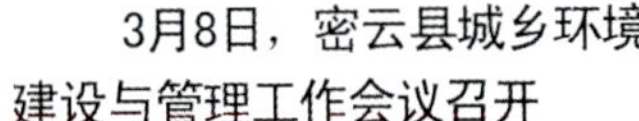

3月8日，密云县城乡环境建设与管理工作会议召开

11月23日，红门川河治理工程开工

10月21日，密云县防治大气污染工作动员大会召开

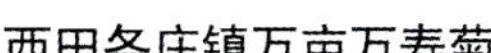
西田各庄镇万亩万寿菊

西田各庄镇平原造林工程

12月10日，北京华电（密云）光伏发电项目——太阳能板安装

9月6日，新城子镇中心小学使用苹果平板电脑ipad教学

10月18日，小学高效课堂“密云亮剑”暨高效课堂观摩展示校长论坛在季庄小学举行

12月17日，疃里小学学生专属公交车运营

5月17日，密云县科技周活动在法制公园启动

9月20日，“中航工业杯——第二届国际无人飞行器创新大奖赛”在密云华彬机场举行

5月9日，密云县开展净网行动联合执法检查

10月29日，密云县"霸王鞭"舞蹈大赛

12月18日，密云县举办"弘扬法治文化建设美丽密云"法治文艺节目汇演

2013年春节期间，文化志愿者赴镇、村开展"送福到家"活动

群众说唱“中国梦”

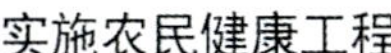

实施农民健康工程

10月11日，2013年环北京职业公路自行车赛第一赛段密云段比赛

2013CBSA北京密云“天合成杯”女子9球国际公开赛

1月24日，密云县红十字会2013年春节送温暖活动启动仪式

2月14日，密云县举办2013年入区企业春季用工招聘洽谈会

4月1日，经适房业主领到新房钥匙

5月14日，北京市少数民族乡村经济工作会在密云县召开

7月11日，密云县举行纪念“7.11”世界人口日暨关爱女孩行动主题活动

12月23日，2013年度网格化社会服务管理及志愿服务工作总结表彰推进会召开

8月1日，密云县檀营地区开通密6路支线公交车

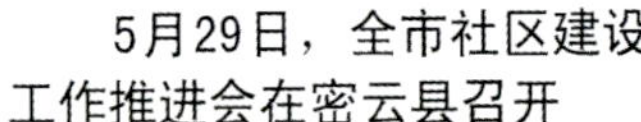

5月29日，全市社区建设工作推进会在密云县召开

10月2日，古北口派出所成功救助登山摔伤游客

5月24日，密云县红十字会开展应急救护培训

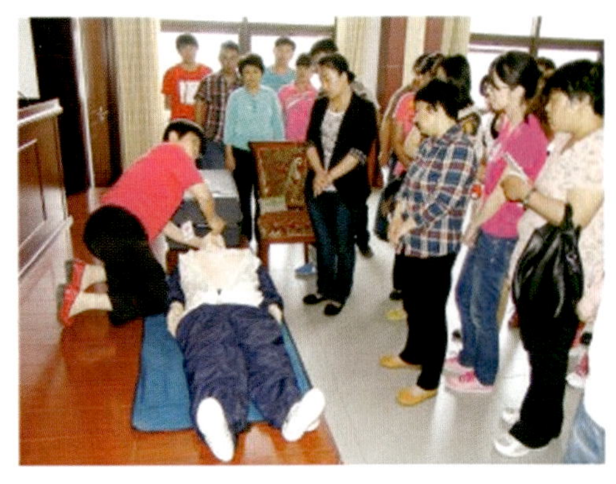

3月4日，密云县志愿者擦拭鼓楼东西大街道路中间护栏

7月5日，密云县推行“1+5”党组织引领和谐社区建设模式工作会召开

6月19日，密云县举办“党建引领发展实干托举梦想”知识竞赛

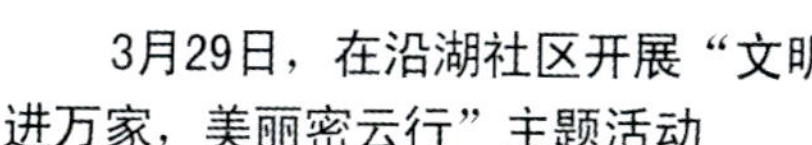

3月29日，在沿湖社区开展“文明进万家，美丽密云行”主题活动

5月28日，密云县举办“永远的雷锋”主题展览活动

目　　录

密云县人民代表大会常务委员会

密云县人民政府

中国人民政治协商会议密云县委员会

民主党派

人民团体

政法　军事

综合经济管理

工业与经济开发

农业与农村经济

商贸　旅游

财政 税务 金融 保险

城乡建设与管理

交通　邮电

生态环境建设

科技 教育 文化 卫生 体育

社会服务与管理

街道　乡镇

人　　物

统 计 资 料

附　　录

综　　述

密云县位于北京市东北部。县域面积2229.45平方千米，占北京市总面积的13.5%，其中山地面积1771.75平方千米，占79.5%；平原面积263.4平方千米，占11.8%；其余为密云水库等水面。辖17个镇、2个街道办事处、1个地区办事处。截至年底，共有334个行政村和89个居委会。常住人口47.6万人，比上年末增加0.2万人，其中常住外来人口7.2万人，占常住人口的比重为15.1%。常住人口中，城镇人口26.3万人，占常住人口的比重为55.3%。户籍人口43万人，与上年基本持平。按户籍属性分，农业人口25.2万人，比上年末减少0.1万人；非农业人口17.8万人，比上年末增加0.1万人。常住人口出生率为8.85‰，死亡率为6.86‰，自然增长率为2.00‰。

2013年，实现地区生产总值195.1亿元，比上年增长9.3%，其中第一产业增加值19.2亿元，增长4.2%；第二产业增加值91.6亿元，增长12.2%；第三产业增加值84.4亿元，增长7.4%。按常住人口计算，全县人均地区生产总值达到41084元。三次产业结构比重为9.8∶46.9∶43.3。全年完成全社会固定资产投资165.1亿元，比上年增长13.6%，其中基础设施投资68.3亿元，比上年增长79%。分城乡看，城镇投资101.1亿元，比上年增长22.8%；农村投资64亿元，增长1.6%。分产业看，第一产业完成15亿元，比上年增长15.6%，主要为平原地区造林工程投资；第二产业完成22亿元，增长4.1%，其中工业占91%；第三产业完成128.1亿元，增长15.2%。全年城镇居民人均可支配收入达到32538元，比上年增长10.1%；城镇居民人均消费性支出达到19079元，增长7.5%，其中教育文化娱乐服务支出2342元，增长12.1%，恩格尔系数为28.9%；农村居民人均纯收入16202元，比上年增长11%；农村居民人均消费性支出达到11153元，增长12%，恩格尔系数为29.3%。城镇居民人均住房建筑面积为32.77平方米；农村居民人均住房居住面积32平方米。

农业

全年完成农林牧渔业总产值47.3亿元，比上年增长3.8%，其中农业产值20.84亿元，畜牧业产值19.01亿元。粮食播种面积26万亩，粮食总产量8.8万吨。

发展都市型现代农业“三个三”的格局，即以奶牛、肉(柴)鸡、蜜蜂为主的生态养殖业，以板栗、苹果、梨为主的绿色林果业，以无公害蔬菜、有机杂粮、花卉为主的特色种植业。围绕“六河、三路、一沟”,发展油菜花、彩葵、荞麦等大地田园景观6000亩。改造提升休闲农业园8个,有机果品基地30个,总面积达6.5万亩。全县观光园155个,总收入4.3亿元,增长2.2%;设施农业实现收入4.24亿元,增长5%。探索建立农宅股份合作社,新成立农民专业合作社84家,全县共1149家,注册登记成员81256户,实现总收入15.8亿元;总收入在500万元以上的合作社91家,国家级示范社3家,市级示范社20家,县级示范社56家。推进农产品加工企业与农民专业合作社组建战略联盟,洪福环宇与县域内25家合作社实现全部蔬菜、杂粮等收购,按照新发地当日蔬菜批发价格上浮15%收购蔬菜、上浮20%收购杂粮。绿润公司与10家板栗合作社签订收购协议,高于市场10%进行板栗收购。在密云县第六届板栗经贸洽谈会上,县内116家板栗专业合作社与全国200余家板栗经销商实现对接,签订收购板栗意向合同79份,供销意向总量1.3万吨。全县24家定点收购单位共收购板栗0.98万吨,均价3.5元/斤。推进农村土地使用权流转,累计流转土地8.5万亩,占确权总面积的30%。农村集体经济产权制度改革完成总任务的97%。

工业

全年完成工业总产值321亿元,比上年增长12%,其中规模以上工业企业完成产值292.2亿元,增长11.5%;汽车制造业完成工业产值118.1亿元,比上年增长21.5%;电气机械和器材制造业完成产值22.3亿元,增长38%;医药制造业完成产值8亿元,增长43.9%。全年规模以上工业企业完成出口交货值22.1亿元,比上年增长13.4%,其中汽车制造业完成出口交货值13.3亿元,纺织服装服饰业完成3.7亿元。

密云经济开发区完成工业总产值230亿元,占全县工业总收入的66%;实现税收24.18亿元,同比增加6.33亿元,增长35.5%;形成财政收入6.89亿元,同比增加2.17亿元,增长45.8%。安置本地劳动力就业1.2万人。密云生态商务区纳税2.15亿元,同比增加1.11亿元,增长107.9%;形成财政收入7286.1万元,同比增加3417.6万元,增长88.3%。北京云创谷经济开发中心新引进企业187家,全年实现税收1.32亿元,形成县级财政收入6804.4万元。

重点功能区建设:密云经济开发区A区规划修编通过市规委审查,完成18条区内道路升级改造工程,盘活闲置企业10家,新引进落地实体企业20家。80家企业被认定为中关村高新技术企业。偿还银行贷款本息7.65亿元,累计达18.09亿元。安置本地劳动力就业1.2万人。密云生态商务区A2地块完成入市交易。新引进企业32家,入区项目达到112个,注册资本61.1亿元。京沈(京冀)铁路客运专线有限公司、中航油石化管道有限公司等大型企业在区内注册。密云生态商务区被正式认定为“北京市总部经济发展新区”,被列为全市首批“绿色生态示范区”。巨各庄沟域经济特色产业带在2013年沟域经济建设考核验收中居全市首位。

重大产业项目建设:福田多功能汽车厂年内生产整车6.3万辆,实现收入38亿元,同比增长16%,二期扩建项目完成投资5亿元;古北水镇累计投入39亿元,进入试运营阶段;司马台民俗旅游新村正式开村;华润希望小镇195套新民居全部封顶。推进木棉花乡村酒店、天福号农庄等产业项目建设。通航产业基地北区通用机场开设航线16条,空域范围扩大至850平方千米,建立了贝尔直升机及塞斯纳公务机华北地区交付中心。中船海丰通航公司、亚盛通航公司等一批知名企业落户密云县。

建筑业

全县建筑企业发展至171家,完成建筑业总产值110.3亿元,比上年增长5.3%,其中具有资质等级的总承包和专业承包建筑业企业完成建筑业总产值101亿元,比上年增长4.7%。在本县外完成77亿元,增长5.2%,占建筑业总产值的70%。新签合同额111.8亿元,增长4.2%。有形建筑市场共办理入场登记100项,投资总额30.6亿元。完成房地产开发投资37.5亿元,其中住宅投资33.1亿元;房屋施工面积262.2万平方米,比上年增长16.5%;房屋竣工面积97.1万平方米,增长112%。商品房销售面积64.1万平方米,比上年增长21.2%,实现商品房销售额68.3亿元,增长38.5%。二手房成交面积51.3万平方米,比上年增长69.1%。新开工经适房480套、限价房226套。密云县第一中学西侧303套限价房进入室内装修,云北小区二期434套经适房主体完工,分配保障房349套。投资3.5亿元,完成北源里等12个社区的137栋62万平方米既有居住建筑节能改造,完成既有公建节能改造15万平方米、供热计量改造7500户。车站路2栋楼4600平方米结构封顶,东斜街2栋5800平方米已与90%居民签订改造协议。完成各类房屋登记1.6万件,同比增长57%。审批房改房53套3481.56平方米。全年进行节能设计审查备案93.3万平方米,专项节能验收备案25万平方米,核验新型墙体材料使用情况15万平方米。

旅游业

全年接待游人907.5万人次,比上年增长4.4%;实现旅游综合收入38.6亿元,比上年增长5.6%。民俗旅游实际经营户1438户,比上年增加133户,其中民俗旅游接待702.4万人次,同比增长10.2%,民俗旅游收入6.08亿元,同比增长5.8%。旅游区景点接待102.9万人次。旅游固定资产投资项目分别为古北水镇国际休闲度假区、国际绿色休闲旅游产业综合示范区和酒乡之路,累计完成投资8.5亿元。继续按照“一个民俗村就是一个乡村酒店”理念和“四化”(推进乡村旅游公共设施标准化、民俗接待规范化、民俗经营组织化以及信息采集网络化)标准,实现“321”阶段性发展目标(3000民俗户、2万张床位、1万人就业)。制定出台《密云县乡村旅游星级评定暂行办法》,启动星级评定工作。密云县荣获国家旅游局行业协会颁发的2012年度中国县域旅游之星称号;11月,密云县获得新华网主办的“最美中国”生态旅游目的地市(县)称号。

商贸

全年实现社会消费品零售额116.2亿元,比上年增长10.1%。吃类、穿类、用类和烧类四大类商品分别实现零售额43.8亿元、9亿元、53亿元和10.4亿元,比上年分别增长11.4%、5.7%、11.1%和4.3%。按城乡地区分,城镇地区实现零售额75.2亿元,比上年增长10.7%;农村地区实现41亿元,增长9.1%。全年餐饮业累计实现零售额24.9亿元,比上年增长10.2%,其中限额以上餐饮业实现零售额1.4亿元,比上年下降21.1%;限额以下和个体餐饮业累计实现零售额23.5亿元,比上年增长18.7%。全年商品交易市场实现成交额19亿元,比上年增长8.6%。新批外资项目18个,比上年增加5个;实际利用外资金额983.6万美元,比上年增长67.7%。出口总额3.92亿美元,比上年增长9.8%。

财税　金融

全年实现地方公共财政收入25.4亿元,比上年增长14.6%,其中营业税、企业所得税分别增长8.5%和16.4%。完成公共财政支出89.6亿元,比上年增长16.5%,其中用于医疗卫生支出增长37.8%,教育支出增长18%,社会保障和就业支出增长17.4%,用于节能环保支出增长20.1%。国税完成各项税收27.01亿元,同比增收3.26亿元,增长13.7%,其中累计完成县级税收收入4.61亿元,同比增收1.14亿元,增长32.8%,完成县政府计划指标的102.2%。地税组织各项税费收入35.5亿元,增幅17.4%,其中完成地方公共财政预算收入28.5亿元,同比增收4.3亿元,增幅17.5%。完成县级公共财政预算收入15.2亿元,同比增收1.7亿元,增幅12.9%,占县级财政收入的60%。

全县金融机构人民币存款余额首次达到400亿元,比上年末增加33.2亿元,其中储蓄存款余额236.4亿元,比上年末增加25.5亿元,增加了12.0%。金融机构人民币贷款余额140.9亿元,比上年末增加33亿元。

城镇建设与管理

全年完成12宗土地入市交易,总用地面积201.23万平方米,成交金额41.73亿元,实现政府收益17.39亿元。编制《重点镇基础设施建设和经济发展规划》和《平原区路网规划》。溪翁庄、太师屯、巨各庄镇域总体规划、中心区控规和穆家峪镇域总体规划获批复,古北口、西田各庄镇域总体规划已申报,十里堡、河南寨镇战略性发展规划编制完成。

全县新建、续建、改扩建道路90千米。密云·云蒙大桥建成通车,西统路全线贯通,学府路、久黄路、巨四路、穆九路等重点道路工程竣工。密关路改建工程完工,马北路支线、司曹路一期、密兴路二期、琉辛路与京承高速连接线完工,兴盛南路、四眼井胡同等城市道路修缮完成,新城地表水厂、开发区再生水厂等相关手续获批复,县垃圾综合处理中心环评获批复。完成大唐煤制天然气管道工程92千米地上物拆迁、南水北调工程拆迁补偿。大唐煤制气进京工程密云段的管道铺设全部完工。出台了《密云县城乡环境建设与管理工作职责》,建立了"日巡查、周通报、月曝光"的环境检查监督机制及环境建设"蓝、黄、橙"三级预警机制。启动鼓楼南北大街、新南路2条大街的夜景照明设计,完成新西路等5条市级重点道路创建达标及牌匾标识整治提升。完成了21个小区老旧管网8.5公里更新改造以及225万平方米热计量改造,城区近1200万平方米纳入集中供热管网。实施了居民用电改造和绿荫停车场改造。

全年共发生道路交通、生产安全、火灾等事故4351起,比上年增长14.3%;伤亡193人,比上年下降39.1%,其中道路交通事故4249起,比上年增长14.2%,伤亡189人,比上年下降39%。城建六公司、华云建筑、华厦恒、金诚信4家建设工程公司通过密云县建筑施工企业安全生产标准化验收,县房地产开发总公司、云建城市建设公司在全国"安康杯"竞赛活动中获得优胜企业荣誉称号。

生态文明建设

年内,实施清洁空气行动计划。大气主要污染物年均浓度下降 2.1%,空气质量持续位居全市前列。三项主要污染物累计平均浓度分别为:可吸入颗粒物 85.9 微克/立方米、二氧化硫 21.3 微克/立方米、二氧化氮 43.5 微克/立方米,平均变化比例同比下降 5%。PM2.5 年均浓度为 71.6 微克/立方米。以降低 PM2.5 为重点,制订《密云县 2013-2017 年清洁空气行动计划》和《农村地区“减煤换煤、清洁空气”行动计划实施方案》。完成集中供暖锅炉脱硝治理、规模化养殖小区粪污治理、煤改气等年度任务。县经济开发区完成 30 蒸吨供热锅炉煤改气,城中、西南 2 座集中供热完成 6 台燃煤锅炉的脱硝设施安装。完成平原造林 2.5 万亩,林业实现产值 5.5 亿元,比上年增长 36.3%。林木绿化率达到 69.31%,比上年提高 2.58 个百分点;林木生态覆盖率上升到 78.8%;森林覆盖率达 61.01%,比上年提高 1.77 个百分点;城市绿化覆盖率达 57.73%,比上年提高 10.9 个百分点;人均公园绿地面积 11.2 平方米,比上年增加 4.3 平方米。新城滨河森林公园一期工程全部竣工。高标准实施平原地区造林工程 2.5 万亩,平原地区森林覆盖率提高到 34.4%。实施封山育林 7 万亩,人工造林 1.5 万亩。修订完善《密云县生态文明建设纲要》。全县万元地区生产总值能耗、水耗分别下降 3.12%和 10.5%。7 月,被水利部确定为全国水生态文明城市建设试点。受理及办结建设项目审批事项 764 件,办结环保审批验收项目 116 件。出动执法人员 350 人次,执法检查排放污水企业 154 家次,取样监测 75 家,征收排污费 200.2 万元。共排查上报市台帐违法建设 875 处,27.2 万平方米;拆除违法建设拆除 822 处,24.9 万平方米;分别完成市级违建台帐总数的 94%和 92%。查处新生违法建设 30 处,1278 平方米,保持新生违法建设零增长。制定《加快污水处理和再生水利用设施建设三年行动方案》。檀州污水处理厂改造工程完工并投入运行,推进新城再生水厂、经济开发区再生水厂建设,穆家峪等 4 个镇级污水处理厂(站)建设完工。中心城区生活污水集中处理率 98.1%,比上年提高 0.08 个百分点;水库一级保护区污水处理率达到 100%。推进汤河等 10 条主要河道治理工程,完成 77 条中小河道治理任务。实施小流域综合治理 55 平方千米。垃圾综合处理中心项目取得环评报告批复。李各庄、太师屯村 2 处非正规垃圾填埋场治理完成,改造城区公厕 8 座,新改建垃圾楼、垃圾中转站 12 座。完成城区蓝河湾、开元、新景家园等 10 个小区的垃圾分类达标。实施生活垃圾分类居住小区达 45 个,城区 60%以上的居住小区实现了垃圾分类达标,市容环境卫生干净指数 77%以上,全县年度生活垃圾增长率控制在 4%以下、无害化处理率 98%以上、资源化率 48%,日城市道路清扫保洁面积达 222.67 万平方米。

科技　教育　文化　卫生　体育

全年专利申请量 552 件,专利授权量 254 件,其中企业专利授权 236 件,增加 152 件。技术合同成交总额 1.8 亿元,比上年增长 12.2%。争取国家级、市级科技项目 33 项,获得支持资金 5086.57 万元。获得 2013 年度“全国知识产权系统人才工作先进集体”称号。建成葡萄红酒、北京油鸡 2 条特色农业科技产业链。培育百年栗园北京油鸡成果转化科技示范园等科技(科普)示范基地 6 家,新认定农民技术职称人员 114 人,完成实用技术培训 2

万人次,示范推广农业新技术新品种30余项。启动一期(北区)基础设施建设,完成东、西侧道路路面铺设,奥科瑞丰、华源泰盟等7家企业落户基地,注册资金总额达1.4亿元。新认定高新技术企业17家,高新技术企业发展到73家,其中总收入1亿以上企业16家,10亿以上企业1家。指导企业认定市级各类研发机构3家,全县市级各类研发机构总数达到18家。9项科技成果被认定为中关村国家自主创新产品,12个项目获得中小企业技术创新基金(资金)、国家重点新产品计划、火炬计划等支持,53个项目通过市科委研究开发项目鉴定。挖掘"汤河"、"黄土坎"等区域特色品牌资源12件,提交商标注册申请31件。在高岭中学建成全国首家农村中学科技馆,3家单位被认定为市级科普教育基地,北京张裕爱斐堡国际酒庄被评为"北京市科技旅游示范景点"。

全年投资1.6亿元,实施教育重点工程19项,改善城乡办学条件。其中密云二中改造一期工程开工,图书楼、行政楼进行基础施工;黄城根小学密云分校教学楼、综合楼投入使用,密云县第七幼儿园投入使用。投入1.23亿元,实施修缮工程64项;投入9875万元,用于设备配备、信息化建设,改善学校办学条件;投入资金315万元,对30697名九年义务教育阶段公办学校学生免收杂费和教科书费;投入资金84万元,为5591名农村户口的山区学生、城乡低保家庭学生、残疾学生发放学习补助;投入资金55万元,免收4001名农村户口学生的住宿费;投入资金490万元,为4084名农村户口学生发放伙食补助。全县63所中小学主要项目全部达到北京市办学条件标准。制定《关于加强干部队伍建设工作的实施意见》,选派16名小学校长到美国考察学习,160余名中小学、幼儿园校级干部参加名校高级访问研修、园长领导力研修、德育干部研修等培训。组织近1000人次参加跟岗培训、学历进修等培训,安排50名城区教师到山区交流,50名山区教师到城区学习,6名城区骨干教师到山区担任学科指导教师。评选认定县级学科带头人、骨干教师583人,青年骨干教师105人。中学23所,在校生1.62万人;学前教育新增教育部门办园3所、集体办园3所、企业办园2所,增加学位1800个。18所幼儿园与市县级优质园建立"手拉手"合作关系。四园成为密云县首个市级示范园;新增二级二类园1所,市级早教基地1个。全县3-6岁儿童入园率达98.3%。全县中小学生体质健康达标率保持在90%以上。9所中小学被认定为"北京市中小学艺术教育特色学校"。全县9年义务教育完成率保持99.9%。高考本科上线率连续四年保持70%以上,2013年高考录取率达93.5%。职业学校毕业生就业率保持98%以上。完成成人学历教育招生988人。组织14.2万人次参加各类社区教育培训活动。全县中小学藏书量达到157.9万册。

年末,全县公共图书馆总藏量64.57万册(件),比上年增加4.14万册(件),总流通人次13.65万;新华书店发行图书71万册,比上年下降1.4%。文化馆(站)21个,组织文化演出3829场,观众达73.94万人次;县级影剧院共放映电影和戏曲文艺演出1416场,观众11.8万人次。全县文化娱乐场所66个,从业人员638人。在全县广为传唱密云县歌《云水谣》。率先在全市实现有线广播农村地区全覆盖。10月,文化志愿者"暖心工程"荣获文化部颁发的第十届中国艺术节项目类"群星奖"。

全县共有卫生机构641个，其中农村卫生机构457个，卫生技术人员3988人，比上年增长3.9%。每千人医院床位数3.12张，每千人执业（助理）医师数3.25人，每千人注册护士数2.36人，每千人拥有社区全科医生、社区护士、预防保健人员数1.52人。医院和社区卫生服务中心总诊疗412.9万人次，其中社区卫生服务中心接诊量占43.4%；健康检查26.7万人次。全年婴儿死亡率2.47‰，比上年下降48.4%。居民平均期望寿命77.68岁。农村新型合作医疗参合率99.91%。县医院迁址新建工程已完成工程总量的95%。

全县共有体育场馆28个，创建体育生活化社区8个，建设健身步道1条，更新公共健身器材800件。举办全民健身活动40次，参加活动人数达12万人次，其中开展全民健身运动，普及太极拳、太极剑2万人次。举办"CBSA2013密云国际9球公开赛"，组织2013年环北京职业公路自行车第一赛段（密云段）国际赛事，承办北京市2013年青少年自行车锦标赛，组队参加北京市第七届和谐杯乒乓球总决赛、"北京市民篮球赛"、全国百城千村健身气功展示活动（北京）暨第五届北京市体育大会健身气功项目比赛。全年获得全国性比赛奖牌6枚，其中金牌2枚；获得市级性比赛奖牌183枚，其中金牌63枚，向市级运动队输送优秀体育人才11人。组织健身操舞、健身气功和空竹等项目骨干参加北京市体育局培训20次，累计达200人。成立密云县台球协会、自行车协会，行业体育、单项体育协会达到24个。完成23个市级生活化社区、1个体育俱乐部、4个体育特色村申报。

社会服务管理　人力资源与社会保障

编制《北京市密云县网格化社会服务管理标准》，对网格划分、人员配置、运行管理等45项内容进行全面规范，被国家标准化委员会确定为国家级服务业标准化试点。改造升级网格化信息系统，依托GIS技术引入电子矢量地图和视频监控实时图像，开发网格化社会服务管理移动终端。推进市政市容委等第二批17个县职能部门融入网格化体系，累计进网格职能部门达到24个。密云网格化工作获得2013年市社会建设专项资金支持210万元，累计支持1050万元。各级网格管理机构共记录事项78.5万件，办结77.9万件，办结率99.25%。新建3个市级社区规范化建设示范点，总量达到8个；建成6个市级"一刻钟社区服务圈"示范点，累计达到18个；建成11个市级农村社会服务管理创新试点，累计达到22个。建成13个市级智慧社区建设试点，累计为县城4608户60岁以上老人等特殊群体安装了"电子保姆"系统。确定2013年为密云县"志愿服务品牌建设年"，以"学雷锋活动常态化·志愿服务进网格"为主题，精心打造平安密云、"六护"、敬老助残、心理健康、户外旅游、科技助农、百名企业家帮扶贫困户、法律维权、网格团旗、文化服务10个县级志愿服务品牌。全县注册志愿者达到6.8万人，注册志愿者团队432支，注册志愿服务项目483个。各社会组织共开展服务571场，受益群众9.7万人次。

全县参加基本养老、基本医疗、工伤、失业和生育保险人数分别为16.7万人、18.7万人、14.8万人、13.6万人和12.9万人，分别比上年末增加3.4万人、0.4万人、0.5万人、0.3万人和0.4万人。全年人均养老金水平为2279元，比上年增长9.8%。城乡居民养老保险农民参保率98%。全县福利中心29个，比上年增加2

个;收养性单位床位数3751张,比上年增长10%。社会救助1.27万人,比上年增加969人。享受城镇最低生活保障的人数为1281人,享受农村最低生活保障的人数为10765人。推进就业工作,转移城乡富余劳动力6213人。城镇实有登记失业人员1732人,城镇登记失业率降至1.95%,“4050”困难人员就业率为70.32%。职业指导(求职咨询)总人数为1.69万人次,比上年增长5.6%,推荐成功人数4536人。城乡劳动力就业7506人,职业指导15522人/次数,空岗采集信息21832个,农村劳动力推荐成功人数为2404人,城镇人员推荐就业人数为2132人。城镇新增就业人数为9512人,开发就业岗位3867个,其中社区岗位安置就业困难人员1982人,用人单位招用就业困难人员1885人次;开发绿色就业岗位1073个,安置城乡劳动力1060人,“纯农就业家庭”和“零就业家庭”保持动态为零。启动“幸福晚年工程”和“农民健康工程”。为农民免费体检,建立农民电子健康档案23.9万份,建档率保持100%,新农合参合率达到99.9%。349户家庭通过公开摇号获得保障性住房。实施农民安居工程,全县637个险户中有568户全部落实;完成农宅抗震节能改造新建翻建2200户,单项节能保温改造1.2万户。推进6个山区应急避难场所建设。

精神文明　民主法治建设

开展“文明进万家,美丽密云行”系列教育实践活动,在县科技馆举行为期10天的“永远的雷锋”主题展览,参观人数近万人,现场注册学雷锋志愿者900余人。组织750名志愿者参加中华世纪坛大型图片展及宣传推广,8人被首都文明办评为“北京市身边好人”,并推荐到中央文明网参加全国评选。组织“我爱北京新密云”摄影大赛,对获奖作品进行延伸利用,在首都博物馆举办为期一周的“美丽密云摄影展”。开展“绿色出行秀达人”和“志愿者注册计时公益活动”,下发活动海报、书籍等4000份,宣传折页5000册。组织完成“变废炫宝网络秀—北京生活创意作品征集活动”,共上报62件作品。公共文明引导员业余时间参加志愿服务活动近3000多个小时。推进文明村镇创建工程,在古北口村、西庄子村、黄峪口村、阁老峪村、史庄子村、石塘路等村建设了乡情村史陈列室,规范了蔡家洼村和大岭村的村史馆建设;在17个镇的17个首都文明村建设了10平方米(2.5米×4米)LED电子宣传屏。5家市属文明单位与密云县行政村结成共建对子,共建单位累计捐赠资金381.6万元,合作资金986万元,捐赠图书9600册,举办科技培训班88次,提供新技术38项,培训新农民3168名。累计开展活动416次,参与活动19805人次,结对村镇受益人数达到61539人。组织广大中小学生开展“生态文明、美丽密云”新童谣作品征集传唱活动,向首都文明办推荐上报50首优秀童谣作品。开展“过中国年”、“倡导道德风尚,文明从我做起”、读一本好书及开展心理健康大讲堂、青春期健康知识讲座和举办青少年文化沙龙等教育活动,参与活动的中小学生达2万余人次,有416名学生被评为首都“文明小使者”。

完成第九届村委会换届选举,完成中组部、民政部部署的换届选举观摩点任务,并在全国经验交流会上作经验介绍。推进村级公益事业建设一事一议筹资筹劳工作,11月,被农业部评为“全国一事一议规范管理县”。全县共办理县人大代表建议79件、县政协委员提案118件,办复率达到 100%。建立重大决策事项、重大项目重点工程建设三级预警督查机制，开展决策督查与专项督查 70 余次，行政效能监察 15 项。

党的建设

全县党员干部开展“中国梦”主题宣传教育活动。强化干部教育培训，增强广大党员干部“两会”（会干事、会表达）、“两能”（能带好队伍，能管住自己）、“两强”（做到群众工作能力强、经济工作能力强）的“六种能力”。加强基层服务型党组织和村级干部队伍建设，树立司马台新村、古北口村、阁老峪村等先进典型。密云县创新的基层党建全程记实系统，在县内实现所有行政村全覆盖，并在全市推广应用。探索建立“1+5”和谐社区党建新机制（以社区党组织为核心，整合居委会、服务站、业委会、物业公司、驻区单位五种组织资源，成立社区联合党组织）。研究制定《关于进一步加强本县应急能力的实施意见》，推行重大决策社会稳定风险评估。完善社会治安防控体系，获得“2009-2012 年度全国社会管理综合治理先进集体”称号，群众安全感满意度继续保持全市首位。

（邢光新）

大 事 记

1 月

1 日 密云县将城乡居民基础养老金上调至每人每月 390 元,惠及 25209 人;将福利养老金上调至每人每月 310 元,惠及 47560 人。

6 日 副市长丁向阳率专项检查组对密云县党风廉政建设责任制落实情况进行检查。

△ 密云县完成电子政务专网互联网出口带宽扩容工作,新增出口带宽 500M,电子政务专网互联网出口带宽达到 1G。

8 日 密云县召开 2012 年板栗营销工作总结会,对 40 家板栗合作社进行表彰。

9 日 在中国旅游协会、中国旅游报社共同主办的第二届中国旅游产业发展年会上,密云县被评为“2012 中国县域旅游之星 TOP10(十强)”。

15 日 由北京市旅游发展委员会、北京市商务委员会联合主办的“吃在北京 · 2012 北京旅游美食文化季—我最喜爱的北京旅游美食”评选活动结果揭晓,溪翁庄镇鱼街获“我最喜爱的北京旅游美食特色街区”称号。

24 日 北京首个“农村中学科技馆”在高岭中学建成并揭牌运营。

25 日 密云县根据“蝴蝶会”改编的舞蹈“吉祥彩蝶”,在 2013 年北京市第 23 届农民艺术节—乡村大舞台暨“一村一品”决赛中获第一名。

26 日 密云县举行科级干部竞争上岗资格考试,共有 3296 人参加。

2 月

7 日 密云县政府与团市委、中国港中旅资产经营公司共同签署了《关于建设北京国际青年营密云营地的合作框架协议书》,标志着北京国际青年营首个“营盘”正式开始投入建设。主营区位于河南寨镇港中旅房车基地,占地面积 50 亩,分为活动区、露营区、服务区三部分。

25 日 北京北汽摩有限公司成为第九届国际园林博览会园区电瓶车唯一指定运营商。

28 日 北京中关村管委会启动与密云园对接工作。

3 月

6 日 密云县召开 2013 年县委工作

暨党风廉政建设会议。县委书记汪先永强调，要进一步强化“保水是第一责任、发展是第一要务、生态是第一资源”的理念，扎实推进环境建设、经济建设、社会建设和党的建设，切实为群众解难题、干实事、谋福利。

12日　副市长林克庆就城镇化建设到密云县调研，实地查看了古北水镇、华润希望小镇和蔡家洼新农村建设情况。

△　北京市供热行业企业管理经验交流会在密云县举行，来自全市63家供热系统的负责人进行经验交流。

19日　密云生态商务区华润生态乐活城中央公园动工建设。项目占地面积45.75亩，主要由中心湖、乐活城体验中心、商务区生态示范展示中心组成。

22日　密云县政府与北京市燃气集团签订《深化清洁能源利用合作协议》。

29日　不老屯镇史庄子村被司法部、民政部评为2012年“全国民主法治示范村”。

30日　密云县“加快平原造林，改善生态环境，建设生态文明，促进绿色增长”主题义务植树活动在西田各庄镇韩各庄村平原地区造林绿化点举行。到5月中旬，密云县2013年春季义务植树活动结束，全县参加义务植树活动162700人，植树面积13626.5亩，栽植各类乔灌木778555株；共接待中央国家机关、首都高校、企事业单位和社会团体赴密义务植树单位共计83批次、21190人。

4月

1日　市政府党组成员、市平原地区造林工程建设领导小组副组长、总指挥部总指挥夏占义到密云县检查平原地区造林工作，实地查看了西田各庄镇韩各庄村平原造林工程现场。

△　县委、县政府联合发出《关于进一步依法严厉打击盗采盗运矿产资源行为的通知》。

△　密云县举行首期经济适用房和公共租赁房入住仪式，为首批入住180户居民家庭发放钥匙。

8日　密云县启动密云水库增殖放流活动。本年增殖放流活动分为春、夏两个阶段进行。春季增殖放流鱼苗主要有鲢、鳙、鲂、草等滤食性、草食性鱼种，放流24.45万公斤，近300万尾。6月，实施夏季增殖放流活动，放流500万尾细鳞。

15日　密云县召开第九届村民委员会选举工作会。

17日—21日　密云县举办2013年农村党支部书记培训班，就如何当好农村党支部书记、如何提高基层党建工作能力等内容进行培训。

18日　十二届县委第32次常委（扩大）会议决定，将《云水谣》确定为密云县县歌。

19日　县委、县政府召开“拆违打非”暨城乡环境建设动员大会，全面部署“拆违打非”暨城乡环境建设各项工作。截至年底，共排查上报市台帐违法建设875处，27.2万平方米，拆除违法建设拆除822处，24.9万平方米，分别完成市级违建台帐总数的94%和92%；查处新生违法建设30处，1278平方米，保持新生违法建设零增长。

24日—25日　共青团北京市密云县第十四次代表大会举行。会议号召全县广大青年汇聚青春力量，担当时代重任，在建设“绿色国际休闲之都”的伟大实践中谱写壮丽华章。

本月　北京市反腐倡廉建设领导小组办公室反馈密云县2012年度贯彻落实党风廉政建设责任制推进惩防体系任务完成情况量化测评结果:得分为96.74分,高于全市平均分。

△　密云县被首都城乡环境建设委员会评为“首都城乡环境建设优秀区县”。

△　密云生态商务区纳入北京首批绿色生态示范区。

△　密云县首家大型蔬菜加工车间试运营。加工车间由县农民专业合作社服务中心与北京洪福环宇餐饮有限公司共同建设,共投资500万元,占地15000平方米。

5月

4日　副市长张延昆到密云县调研,实地查看了首云矿业公司、密云华润希望小镇建设等情况。

9日　密云县中医流动医院工程启动。县中医院选派医务人员组成医疗队,以山区、半山区的农村为重点,开展中医常见病、多发病诊疗服务。

10日　密云县召开优秀护士表彰大会,对在护理岗位上做出贡献的护理工作者进行表彰,授予36名同志“优秀护士”称号。

12日　密云县举办了主题为“弘扬民族传统,倡导尊老孝亲,弘扬亲情友情,构建和谐社区”第七届孝亲节文化系列活动。

13日　副市长苟仲文到密云县调研,听取了全县经济社会及中关村密云园发展情况的汇报,代表市政府颁发了“中关村密云园”牌匾。

14日　北京市少数民族乡村经济工作会议在密云县召开。市委常委、统战部部长牛有成,副市长程红出席。密云县作了题为《秉持优先理念,创新工作机制,推动少数民族乡村经济持续快速发展》的典型发言。密云县获区县主体作用发挥优秀奖一等奖。

21日　市委副书记吕锡文到密云县调研基层党建工作,实地察看古北水镇、司马台新村、华润希望小镇建设和运营情况。

△　经北京市总部集聚区认定专家评审会对37家申请单位评审,密云生态商务区纳入北京首批总部经济发展新区。

25日　中组部、民政部有关负责人到东邵渠镇西邵渠村观摩第九届村民委员会选举情况。

26日　密云县召开教委系统师德建设工作暨表彰会,启动《中小学师德建设三年行动计划》,为2012年师德先进集体和先进个人颁奖。

29日　全国党建研究会、市党建研究会就党建创新及信息化应用情况到密云县调研。

△　密云县召开2013年全县节能降耗工作会。会议确定2013年密云县节能目标任务为:万元GDP能耗下降2.69%,全社会能源消费总量控制在110万吨标准煤以内。

本月　密云县2013年老旧小区改造工程开工,工程涉及14个社区、142幢住宅楼,有1万余户居民受益。

△　全国城市雕塑建设指导委员会公布2012年度全国优秀城市雕塑建设项目获奖名单,《英雄母亲邓玉芬像》荣获年度大奖(全国共7个),是北京市唯一获此大奖的项目。

△　密云县搭建全国首家合作社移

动电子商务平台“一品密云”，前期有55家专业合作社入驻“一品密云”网购平台试运营。

6月

1日—2日　北京市、天津市、河北省、辽宁省等环渤海地区33家旅行社负责人考察古北水镇、司马台新村、古北口民俗村等旅游项目。

6日　副市长林克庆到密云县调研，查看了巨各庄镇水树峪村新村建设和高岭镇上甸子气象观测站大气成分监测系统运行情况。

25日　密云县有线广播“村村响”工程通过竣工验收。密云县成为全市第一个实现有线广播在农村地区全覆盖的区县。

本月　密云县2013年高考成绩实现新突破。考生人数为2170人，三本以上上线人数1587人，上线率73.1%。

7月

1日　密云县农村五保集中供养标准由每月人均635.38元调整为705.64元，标准调整所需经费由县财政负担。

3日　县政府召开农业大棚房及违章建设拆除工作现场会，要求摸清底数，坚决快速行动，平稳有序推进拆除工作。

5日　密云县推行“1+5”（以社区党组织为核心，整合居委会、服务站、业委会、物业公司、驻区单位等组织资源）党组织引领和谐社区建设模式工作会在果园街道召开。

10日　国务院安委会第16督查组到密云县督查安全生产工作，对镇街、学校和服装企业、燃气和液氨使用单位、矿山企业安全生产大检查工作落实情况进行检查。

12日　中央国家机关青联“绿色生态基层行”活动在密云县举行。

18日—19日　密云县第六届板栗经贸洽谈会在金地来大酒店举办。洽谈会以“提升品牌价值，促进贸易合作”为主题，来自全国各地的板栗加工企业、经销商200余人，合作社理事长100余人参会，共签订79份供销协议，协议供销总量达1.3万吨。

26日　密云县召开2013年征兵动员大会，对2013年征兵工作进行部署。本年征集兵员总数为150人。

28日　北京市第一批科技套餐工程都市型现代农业示范基站启动仪式在穆家峪镇北穆家峪村举行。副市长林克庆向密云和大兴基站授牌，并宣布“科技套餐工程都市型现代农业示范基站”启动。

29日　中共密云县委十二届六次全会召开。会议听取并通过了县委书记汪先永所作的《坚持为民务实清廉，进一步建设风清气正政通人和的政治生态环境》的常委会工作报告。会议要求进一步营造风清气正、政通人和的政治生态环境，坚持科学的发展思路，坚持一张蓝图绘到底。

△　密云县清水湾小区经济适用房建设项目启动。该项目位于密云县铁西路东侧，总占地18336.089平方米，规划建筑面积26766平方米，建设住宅楼三栋，经济适用房480套。

本月　密云县被水利部确定为全国水生态文明城市建设试点。

△　密云县首个屋顶光伏发电项目——中海阳光电子技术有限公司太阳

能光伏发电项目投入使用。

△ 密云县第四幼儿园被市教委认定为市级示范园,成为密云县第一所北京市示范幼儿园;溪翁庄镇东智幼儿园通过市二级二类园验收,全县级类园总数达到30所。

8月

5日 北京市委第三巡视组巡视密云县工作动员会召开。巡视主要内容为党风廉政建设和领导干部廉洁从政的情况、贯彻落实中央八项规定精神和北京市加强作风建设实施意见的情况、领导干部遵守党的纪律,特别是党的政治纪律情况、执行民主集中制,干部选拔任用情况。

15日 密云张裕爱斐堡第四届葡萄酒文化艺术节开幕,主题为“欢度葡萄盛宴,共酿艺术芬芳”。

27日 市人大常委会主任杜德印及部分市人大代表就旅游业发展情况到密云县视察,副市长程红陪同。

28日 中关村密云园举行第二批“中关村高新技术企业”颁证仪式,已有66家企业通过“中关村高新技术企业”认定。

△ 密云县首家蜂产品质检中心在高岭镇奥金达蜂产品专业合作社建成并投入使用。新建检测室及化验室110平方米,购置高效液相色谱仪、农药残毒检测仪等设备53台套。

△ 在2012年度北京市百个“首都文明示范村(街)”评选活动中,密云县十里堡镇庄禾屯村、穆家峪镇大石岭村等8个村和巨各庄镇酒香之路、溪翁庄镇水库鱼美食一条街等4条街被评为首都文明示范村(街)。

9月

1日 密云县城地区新增2所公立幼儿园开园,分别为第七幼儿园和第九幼儿园,可满足800多名幼儿入托需求。

△ 密云县第二批纯电动出租车投入运营,全县纯电动出租车数量达到100辆。

△ “北京城建·上河湾杯”密云县2013年青年歌手电视大赛决赛在县文化活动中心举行,巨各庄镇选送的张丽霞获得冠军。

2日 中宣部第六期全国新任县委宣传部长培训班在密云县进行现场教学,180名学员参加培训。

10日 檀营地区第二次旧村改造搬迁工作启动,涉及938个院落。截至10月,签订拆迁补偿协议622户,累计选房1619套。

11日 在辽宁省举行的第十二届全国运动会举重男子105公斤以上级比赛中,由密云县培养输送,代表北京队参赛的艾雨南以总成绩435公斤夺冠。这是北京举重队在本次全运会上收获的唯一金牌。

15日 2013北京市青少年自行车锦标赛在巨各庄镇蔡家洼村举行。

23日 副市长戴均良到密云县调研,听取了密云县经济社会发展情况汇报,实地察看了北汽福田多功能汽车厂、中国人民财产保险股份有限公司电子商务北方运营中心、张裕爱斐堡国际酒庄、华润希望小镇。

24日 密云县水库2013—2014年度捕捞季开始。

25日 在第十五届北京国际航空展

览会上，华彬集团与美国贝尔直升机公司签订了合作备忘录，华彬天星通航公司分别与北青集团、北京海丰通航科技公司签署战略合作协议。华彬集团将从美国贝尔直升机公司采购500架贝尔直升机，双方共同在中国建设贝尔直升机组装厂。

30日 “千年奇根、万年奇石——密云县历届市级根石艺术获奖珍品展”在密云县图书馆大成殿开展。

△ 密云县向北京市通州、顺义、大兴、平谷、延庆、昌平、房山等8个区县提供赤眼蜂近76亿头，推广防治面积近76万亩次，防治玉米螟。

10月

1日 密云县农村低保标准由家庭月人均收入460元上调到500元，城乡低保救助标准差距由原来的120元缩小到80元。

11日 密云县完成2013年环北京职业公路自行车赛第一赛段密云段服务保障工作。密云段比赛全长37公里，途径东邵渠镇、巨各庄镇、河南寨镇、鼓楼街道、果园街道、十里堡镇6个镇街。布置宣传点19处、沿途群众表演点20个，布置安保等社会力量6000人。

13日—19日 2013CBSA北京·密云“天合成杯”女子9球国际公开赛在密云青少年宫举行，来自7个国家和地区的近百名运动员参加比赛，韩国选手车侑蓝、英国选手凯利·费雪分获冠亚军。

21日 密云县召开防治大气污染工作动员会，对防治大气污染工作进行部署。县政府与有关部门、镇街和企业代表签订了工作责任书。

△ 由东北亚开发研究院、中国社科院社会科学文献出版社、中小城市经济发展委员会等单位联合举办的“《2013年中国中小城市绿皮书》发布会暨中小城市新型城镇化座谈会”在中国社会科学院召开，密云县荣登“2013年中小城市新型城镇化质量500强县市”第69名。

22日 市委常委牛有成就土地流转起来、资产经营起来、农民组织起来的“新三起来”工作到密云县进行调研。

△ 密云镇旧村改造农民住宅楼建设工程启动。工程对大唐庄、小唐庄、王家楼3个村进行拆迁改造，总占地面积约7.8万平方米，建筑面积约15万平方米。

24日—25日 密云县召开乡村旅游发展大会，要求牢固树立“一个民俗村就是一个乡村酒店”的理念，实现饮食居住条件向城市现代靠拢、休闲旅游环境向自然生态靠拢，提高乡村旅游经营管理水平。

30日 密云县召开领导干部大会，对全县安全生产、社会治安和安全稳定工作进行再动员、再部署。

本月 密云县获文化部颁发的第十届中国艺术节项目类“群星奖”。

△ 密云供电公司实施智能电表换装工程，完成7万户电表换装。

△ 北京佰璐庄园民俗饭庄的“密云本地菜八大碗”在第十届“北京礼物”旅游商品大赛中获北京特色旅游商品类银奖。

△ 中共密云县委组织部下发通知要求在职党员在“1+5”党组织引领和谐社区建设中充分发挥先锋模范作用。

11月

1日 县委书记汪先永到正在体验式开放的古北水镇检查指导工作，要求加快推动古北水镇从体验开放阶段走向试运营阶段。

13日　密云县2013年宣传工作者暨新闻发言人培训班在县委党校开班,400人参加培训。

14日　密云·云蒙大桥正式通车。全长744米,分为主桥、引桥、梯桥,其中主桥长370米,宽36.6米;桥梁结构形式为单塔自锚式悬索桥,桥梁的主塔外形采用“种子”造型,塔高126.5米,曲线形设计,是华北地区塔身最高的单塔自锚式异型悬索桥,被称为“华北公路第一桥”。

19日　市委常委、宣传部长李伟到密云县古北水镇、司马台新村、巨各庄镇广播站调研。

△　全市基层党建全程记实系统观摩推进会在密云县召开,市委组织部及13个涉农区县委组织部有关人员参加。

24日　“2013旅游业最美中国榜”评选结果揭晓,密云县荣获“最美中国”生态旅游目的地市(县)称号,是北京地区唯一获此殊荣的区县。

27日　副市长林克庆来密云县调研,实地察看了北庄镇大岭新村建设和农民增收情况、北庄镇干峪沟村乡村酒店建设及推进土地流转起来、资产经营起来、农民组织起来“新三起来”工作情况。

12月

2日　农业部2013年度“中国最有魅力休闲乡村”评选揭晓,密云县巨各庄镇蔡家洼村获“2013年中国最有魅力休闲乡村”称号。

4日　北京市党外高级知识分子联谊会理事调研组就“盘活北京农村农民闲置资产”工作到密云县进行专题调研。

7日　快递员葛明洋在工作期间因勇救落水儿童,不幸遇难。23日,北京市和密云县民政部门向葛明洋家属颁发见义勇为行为确认证书、见义勇为光荣奖章和密云县见义勇为积极分子荣誉证书。2014年2月10日,北京市人民政府批准葛明洋为烈士。

9日—17日　密云县2013年保障性住房选房工作完成。共有389户家庭通过复核,按照摇号顺序进行分组选房。房源共349套,其中限价房312套、公租房25套、经适房12套。

11日　市委副书记吕锡文就贯彻落实十八届三中全会精神,推进城乡发展一体化到密云县华润希望小镇调研。

12日　密云县举办“驻京中外知名企业投资密云行”活动,共有26家世界500强企业代表、32家外商投资企业、32家大型民企、40家私募股权和风险投资公司、18家驻京外省市商会代表200余人参加。

16日　市委常委牛有成率市有关部门及各区县负责人到密云县北庄镇干峪沟村,就落实党的十八届三中全会精神,推进“新三起来”工作,增加农民财产性收入召开现场会。

20日　中共密云县委十二届七次全会召开。会议听取并通过了县委书记汪先永所作的常委会工作报告,要求深刻认识和把握密云发展的阶段性特征,继续保持发展同向、干群同心、风清气正、政通人和的良好政治生态环境,为建设生态富裕和谐美丽的新密云而奋斗。

23日　密云县召开2013年度网格化社会服务管理及志愿服务推进视频会议。会议观看了《织蓝图、展愿景、绘梦想——密云县网格化社会服务管理体系建设成果展示》专题片,对2013年度网格化县级工作者、融入网格优秀志愿者和优秀镇街、先进单位进行了表彰。

24日　大唐煤制气管道密云段开始试运行。密云段工程起点为古北口长城穿越处，终点至河南寨镇与怀柔交界处，设计长度92公里，沿线设有分输站1座、阀室5座，途经古北口、北庄、太师屯、大城子、巨各庄、河南寨6个镇65个行政村，涉及拆迁8119户。

24日—26日　政协密云县第十二届委员会第三次会议在县会议中心举行。会议通过了政协密云县第十二届委员会常务委员会工作报告的决议和政协密云县第十二届委员会第三次会议政治决议。

25日—27日　密云县第十五届人民代表大会第四次会议举行。会议通过了关于密云县人民政府工作报告的决议，关于密云县2013年国民经济、社会发展计划执行情况和2014年国民经济、社会发展计划的决议，关于密云县2013年财政预算执行情况和2014年财政预算的决议，关于密云县人民代表大会常务委员会工作报告的决议，关于密云县人民法院工作报告的决议，关于密云县人民检察院工作报告的决议。会议选举王玉江为密云县人大常委会主任，陈琦为密云县人民法院院长，张京文为密云县人民检察院检察长。

31日　市委副书记、市长王安顺就贯彻落实党的十八届三中全会、中央经济工作会议和中央农村工作会议精神，加强社会保障工作到密云县调研。王安顺强调，要建好基层医疗卫生机构，方便患者就医，确保药品质量；要进一步完善制度安排，适时整合城乡居民医疗保险制度，完善大病医疗保险政策，努力减轻群众就医负担；要紧密结合实际，加快社会保障体系建设，加快从生活救助向能力救助、从单一救助向多元化救助、从救助管理向救助服务转变，让社会救助更符合救助对象的实际需求，让群众更满意些。

本年　密云县投资5400多万元，对县域内48条乡村公路实施新建、桥梁改造等工程，截至年底全面竣工通车。

（邢光新）

特　　载

坚持为民务实清廉
进一步建设风清气正政通人和的政治生态环境

——中共密云县委十二届六次全体会议工作报告

(2013 年 7 月 29 日)

县委书记　汪先永

同志们:

这次全会的主要任务是:认真总结近几年我县经济、社会、生态以及党的建设取得的主要工作成果和工作经验,进一步研究探索工作经验的常态化、长效化工作机制,为明年深入开展"为民务实清廉"群众路线教育实践活动奠定重要基础,使全县风清气正、政通人和的政治生态环境得到持续健康发展。

下面,我受县委常委会的委托,向全会报告工作。

一、近几年来取得的主要工作成绩

几年来,在市委市政府的坚强领导下,县委团结带领全县各级党组织和广大党员干部群众,深入贯彻落实科学发展观,认真履行保水和富民的双重职责,全面推进各项事业快速发展,我县步入了又好又快科学发展的新阶段。

(一)经济建设呈现了充满活力、后劲十足的新态势

几年来,县委始终坚持发展是第一要务,不断强化对经济工作的领导,对全县经济发展大局进行了新的战略部署,明确了密云的产业方向、产业结构、产业布局,县域经济发展的着力点更加清晰。

把县经济开发区作为县域经济发展的重要增长极,进行了体制机制改革,引进和培育了一批投资规模大、科技含量高、带动作用强的大型知名企业,经济开发区焕发出新的生机和活力,成为全县经济发展的重要支撑和劳动力就业的重要平台。2012 年,实现工业收入 201.9 亿元,税收 16.8 亿元,分别是 2008 年的 3.3 倍、3.2 倍。今年上半年,开发区完成工业收入 110.6 亿元,同比增长 20%,占全县

的 65%；上缴税金 10.9 亿元，同比增长 20.4%；就业总人数达到 3.4 万人，其中安排本地就业 1.2 万人。

密云生态商务区（密云总部基地）依托优越的区位优势和优美的自然环境，设计标准高，推进步伐快，计划投资 60 亿元的重大实体项目华润生态乐活城，一期 A1 地块已于今年 3 月启动中央公园建设，五彩城商业综合体正进行设计方案细化，年底将启动建设。截至 6 月底，区内已引进企业 101 家，注册资本达 53.5 亿元。今年上半年，实现税收 9364 万元，同比增长 171%；形成县级财政收入 3322 万元，同比增长 204%。

坚持招大引强、做大做强。引进了古北水镇、福田汽车北京多功能汽车厂、北新建材等一批重大产业项目，带动密云板块迅速崛起。古北水镇已累计投资 41 亿元，建设一个集观光、会议、度假、养生及文体休闲为一体的国际高端旅游综合度假区，将于今年“十一”正式对外试营业。福田汽车北京多功能汽车厂累计投资 36 亿元，生产蒙派克、奥铃及拓路者皮卡，年设计生产能力 20 万辆。2012 年，生产整车 5.4 万辆，实现收入 32.6 亿元，上缴税金 4700 万元，占开发区工业经济增量的 60%；今年预计生产整车 6.5 万辆，收入 40 亿元，上缴税金 4500 万元。北新建材住宅产业项目投资 30 亿元，建设“绿色建材与住宅产业生态工业基地”，发展新型房屋产业。截至目前，完成投资 6.4 亿元，并已投产见效。

产业结构发生重大变化。随着一批重大产业项目的引进，我县都市型现代农业加快了向产业化、品牌化发展的步伐，环境友好型工业实现了规模化、现代化发展的新跨越，休闲旅游业开始向规模化、高端化、国际化挺进。全县经济发展迎来前所未有的良好局面，2009 年到 2012 年，全县国内生产总值、财政收入、固定资产投资等主要经济指标，连续四年保持了两位数以上的增速。先后荣获了“绿动·2011 中国经济十大领军城市”、“全国休闲农业和乡村旅游示范县”、“中国县域旅游之星”等荣誉称号。

城乡基础设施日益完善。京承高速三期工程顺利建成通车，新建改建了密关路、西统路、司曹路等一批重要的产业路、发展路、富民路。实现了与市天然气管网的对接，让密云的企业及广大群众用上价优、质高的天然气。顺利完成了集中供暖整合工作。县垃圾综合处理中心、新城再生水厂、新城地表水厂等一批基础设施建设前期工作进展顺利，城市功能不断完善。积极争取京沈高速铁路客运专线经过我县，并在县境内设立折返站——密云东站，这将把密云的未来发展推向更高层次、更大范围。

2013 年上半年，实现地区生产总值 82.5 亿元，同比增长 9%；实现公共财政预算收入 13.1 亿元，同比增长 13%；城镇居民人均可支配收入 15916 元，同比增长 9.3%；农村居民人均现金收入 9550 元，同比增长 10.5%。

（二）社会建设开创了均衡发展、和谐稳定的新局面

几年来，县委高度重视保障和改善民生，让改革发展成果惠及全县人民。引领帮扶 1.2 万低收入农户增收致富，实现了“三年任务两年完成”的目标，保持了低收入农户动态为零。农民增收、农民健康、农民安居三大工程扎实推进，农民人均纯收入连续四年保持 12%以上增速，连续四年被评为全市“促进农民增收先进区县”；

1.3万农户在住宅抗震节能改造中受益;老旧小区综合改造扎实推进,城镇居民住房条件明显改善。坚持为农民免费体检,建立健康档案,率先将247家村卫生室纳入新农合报销体系,农民医疗健康得到有力保障。越来越多的农民增收有门路,就业有载体,健康有保障,居住有改善,生活质量大幅度提升。

积极创新社会服务管理模式。在全市率先推行农村立体分类式网格化社会服务管理,经验得到推广。在全市率先构建"上下联动、层级清晰、覆盖城乡、服务高效"的三级联动便民服务体系,基本实现了服务"零距离"、"无盲区"。民主法制建设不断加强,为全县发展营造了良好的法治环境。群众安全感满意度连续五年保持全市前列,连续五年荣获"首都社会治安综合治理先进区县"称号,被评为"2009-2012年度全国社会管理综合治理先进集体"。

全县各项社会事业蓬勃发展,成效显著,先后获得了"全国义务教育均衡发展先进地区"、"全国科技进步先进县(市)"、"全国计划生育优质服务先进县"、"全国农村五保供养工作先进单位"、"全国民兵预备役工作先进单位"等荣誉称号。

(三)文化建设展现了丰富多彩、繁荣发展的新气象

城乡公共文化服务设施日益完善。以"三馆一中心"为主阵地的县文化核心区已经形成,对全县公共文化的辐射和示范带动作用凸显;镇村文化设施建设稳步推进,有线广播"村村响"实现全覆盖。

群众文化生活丰富多彩。成功举办了《同一首歌》、密云水库建成50周年主题晚会、国际9球公开赛、国际自行车赛等大型文体活动,激发了全县人民的自信心和自豪感;高标准、高水平创作了密云县歌《云水谣》,向全社会展现了密云山水的灵秀和密云人民的情怀;深入挖掘密云历史文化,建设品牌文化队伍,开展品牌文化活动,丰富了群众精神文化生活。密云先后获得了"全国文化先进单位"、"全国全民健身活动先进单位"和"全国文化志愿者服务活动优秀项目奖"等荣誉。

(四)生态建设展现了天更蓝、地更绿、水更净的新面貌

认真履行保水职责,建立并完善了"六护"机制,形成了"横到边、竖到底、全覆盖"的保水防控体系,密云水库水体质量长期保持国家二级标准以上。深入落实清洁空气行动计划,推进大气污染治理,空气质量持续改善。坚持依法打击、群防群控,盗采盗运矿产资源行为得到了有效遏制。积极开展"拆违打非"行动和城乡环境建设,已拆除违法建筑近11万平方米。积极推进节能减排,节约集约利用资源。大力实施京津风沙源治理、小流域综合治理等工程,顺利推进新城滨河森林公园建设和潮河综合治理,积极开展平原造林,建成了一批绿色走廊和生态景观,全县林木生态覆盖率达76.23%,城乡绿化美化水平进一步提升,成为全市生态环境最好的区县。2011年1月,被国际休闲产业协会评为"国际最佳休闲宜居名县"。

良好的生态环境有力助推了密云绿色发展,绿色发展保护了良好的生态环境,形成生态促发展、发展促生态的良性循环。密云宜居、宜业、宜游,密云令人向往。

(五)党的建设迈上了规范化、科学化的新台阶

选人用人公信度大幅度提高。坚持

明确的用人导向、基本规则和干部政策，加大干部调整力度，干部队伍日趋年轻化、知识化、专业化，形成了老中青梯次配备、优势充分发挥、经验与活力兼备的合理结构。干部队伍人心稳、人心齐、干劲足，呈现出朝气蓬勃、奋勇争先的良好精神状态。经过几年的努力，组织工作满意度、干部选人用人公信度逐年提高。2012年，全国组织工作满意度民意调查，密云的组织工作满意度为85.5分，干部选人用人公信度为84.57分，分别超出全市平均值3.75和4.03个百分点，分别比2008年提高了15.39和22.44个百分点，由2008年的全市排位靠后上升到全市区县第一。2012年度县委"一报告两评议"，我县干部选拔任用工作满意度四项指标均为99.56分，位居全市区县第一。市委组织部反馈的2012年度县级领导干部年度考核测评结果，我县四套领导班子年度考核测评优秀率均为100%，县级班子成员优秀率都在97%以上。

党建工作方式不断创新。以"创先争优"活动为动力，全面加强党的先进性建设；以"三级联创"为抓手，全面加强基层党组织建设。以华润希望小镇建设为载体，探索"党组织引领、政府支持、企业参与、农民主体"四位一体的社会主义新农村建设模式，涌现出司马台、蔡家洼、史庄子等一批党组织引领发展的典型。创新农村基层党组织管理机制，研发并推广使用了基层党建全程记实系统，在全市率先运用信息化技术助推基层党建工作。把组织工作满意度调查方法延伸到农村，建立了农民对村级组织和村干部的评价机制，得到农村党员、干部、群众的高度认可。在"三级联创"评比中，我县基层组织建设连续七年保持全市一类水平；2012年密云县委被评为"全国创先争优先进县（市、区、旗）党委"。

基层民主实现形式进一步创新。全面推行了基层党组织书记公推直选，圆满完成了村、社区"两委"换届工作。今年第九届村委会选举，把坚持党的领导与尊重群众意愿紧密结合起来，在全市率先完成选举工作，实现了"两保持、两降低、两确保"工作目标，并在全国村"两委"换届选举工作经验交流会上作了经验介绍。在全市率先实现行政村建立村务监督委员会，保障了农民群众的知情权、参与权、表达权和监督权；全面实行了村级财务逐笔公开，保障了村级财务在阳光下运行；在全市率先开展了村级重大事项民主决策八步法、票决制和村（居）民代表设岗定责活动。2011年，我县被确定为中央党的地方组织党务公开工作联系点；2012年，我县被评为"全国村务公开民主管理示范单位"。

反腐倡廉建设明显加强。查处了一批有影响的大案要案，纠正了一批群众反映强烈的政风行风问题，出台了一系列有效预防腐败的规章制度，党和政府在人民群众心目中的形象得到明显提升。2012年，我县党风廉政建设责任制考核、反腐倡廉群众满意度均位居全市区县第一。

经济和社会事业持续健康快速发展，区域竞争力和影响力显著增强。2009年以来，密云连续四年入选"中国最具投资潜力特色示范县"。2012年11月，市统计局发布的2011年北京市各区县经济社会发展实绩考核评价结果，密云在生态涵养发展区中位居最好水平。经过几年的不懈努力，密云换来了奋发有为、携手向前的发展局面，形成了充满活力、后劲十足的发展态势，取得了实实在在、群众满意的发展成果。

二、取得成绩的主要原因

深入分析密云几年来发生的一系列重大变化,其重要原因是:在市委市政府的正确领导下,县委与全县各级党组织和广大党员干部群众努力营造了一个发展同向、干群同心、风清气正、政通人和的政治生态环境。主要体现在以下五个方面:

(一)坚持继承和发展,形成了思想统一、符合实际的科学发展体系

几年来,县委按照科学发展观的要求,根据密云功能定位,在"举保水旗、吃环境饭"的"首都水源区发展战略"和创建国家生态县的基础上,通过不断探索与实践,制定了"密云生态涵养发展区工作方略",提出了"三个走在前列"奋斗目标,确立了"绿色国际休闲之都"的发展定位,明确了密云发展的产业方向、产业结构、产业布局,凝炼概括了"密云形象",形成了一套比较完整的科学发展体系。

"密云生态涵养发展区工作方略"成为统筹经济、社会、生态建设,统筹保水、富民、强县总的指导思想,它解决了密云人民盼发展、能发展、怎样发展的关键问题;"三个走在前列"奋斗目标,从量和度的角度,对经济、社会、生态发展指标进行了具体化,明确了密云"十二五"时期的奋斗目标;"绿色国际休闲之都"的发展定位,描绘了密云"十二五"乃至今后一个时期发展的美好蓝图;产业方向、产业结构、产业布局的确定,科学规划了密云经济发展的主要路径;"密云形象"高度凝炼了密云的革命历史、生态环境和发展态势,有利于引导全县人民准确地认识过去,把握现在,面向未来。

实践证明,这一科学发展体系的形成与确立,推动了全县广大干部群众思想的高度统一和发展合力的高度凝聚,激发了谋事创业、发奋图强的巨大潜能,将密云推向了又好又快科学发展的新阶段。

(二)明确导向,完善机制,营造了任人唯贤、风清气正的选人用人环境

2008年底,密云干部选拔任用工作满意度,在全市区县中排名倒数第一。经过分析,大家认为主要原因是干部选拔任用不够公正,执行政策不够公平,觉得"干部谁提了、谁没提,看不明白",还觉得"干好干坏没啥区别",怨气较多,干事创业的积极性不够高。为了扭转这种局面,县委深入调查研究,认真查找原因,在广泛征求干部群众意见的基础上,逐步建立了"导向、规则、政策相衔接,选人、用人、管人相统一"的干部选拔任用工作机制。

确立了选拔任用干部凭党性、凭人品、凭能力、凭实绩、凭公认,年轻干部还要凭发展潜力,让想干事、能干事、干成事、不坏事的干部受到重用的"五凭四事一潜力"的用人导向,为广大干部指明了努力方向;不断完善干部使用基本规则,使干部选任工作有章可循;建立了科学的识人机制,通过座谈、下乡调研等方式,了解干部特点和特长,做到对每位处级干部都心中有数;充分发扬民主,在认真执行民主程序的基础上,对重要岗位人选都要广泛征求意见;系统考虑干部,通盘考虑镇街、县直干部的调整,将干部个人意愿和组织意见相统一,将选拔年轻干部和发挥老同志作用相结合,关注基层一线干部,做到统筹兼顾、好中选优;对拟提拔干部,进行任前廉政审查,并在县内主要媒体进行公示;每次干部选任工作结束后,县委都要及时召开全县领导干部大会,向大家讲清楚"怎么调整"、"为什么调整",

做到公开透明。同时，县委十分关注科级干部和年轻同志的成长进步，通过公开选拔、竞争上岗等形式，严格程序、规范管理，创造公平公正的环境，使一大批优秀年轻干部脱颖而出，有的已经走上了领导岗位。

好的机制选出好的干部，好的干部成就好的事业，广大干部群众从中看到了希望，充满了信心。如今，在密云已经形成一种共识：只要人品好、能干事、不坏事，就能够得到重用，“跑官”、“买官”的现象没有了。通过几年来的努力，干部工作得到了全县各级党组织和广大党员干部群众的充分肯定，干部群众对县级班子给予高度认可；县镇两级班子在换届中均实现了高票当选；县委提名推荐的干部得到普遍支持；村“两委”班子换届选举工作一届比一届顺利。

（三）转变作风，真抓实干，营造了务实高效、开拓创新的工作氛围

几年来，县委高度重视作风建设，要求广大党员干部把为人民服务放在心中的重要位置，将群众满意不满意作为衡量工作的重要标准，通过一级做给一级看，一级带着一级干，在全县形成了团结干事、求真务实的工作局面。

县委常委会带头搞好团结，带动了县级班子和县级领导干部的团结，带动了基层领导班子的团结。县委支持人大、政协围绕中心、服务大局开展工作，人大、政协充分发挥了职能作用。全县上下相互支持、相互配合，促成了发展思路和工作步调的统一，形成了聚精会神搞建设、一心一意谋发展的氛围。各级领导班子和领导干部自觉维护团结，树立了“一盘棋”思想，凝聚起干事创业、共促发展的强大合力。

县级班子率先垂范，认真执行民主集中制，坚持重大问题集体讨论决定，坚持班子成员谈心、民主生活会制度。大兴密切联系群众、求真务实之风，经常深入到农村、社区、企业等基层一线去，到困难群众家庭去，了解实情，指导工作。县委常委会带头转变文风会风，坚持少开会、开短会、讲短话、发短文，让干部把更多的时间用到深入基层、深入群众上，把更多的精力放在抓发展、抓落实上。全县基层党组织和广大党员干部，按照创先争优“十个体现”和争当“六个模范”的要求，比服务、比实干、比创新、比业绩，以好的党风带出了好的政风行风，带出了好的社会风气。

（四）注重引导，加强宣传，营造了内聚人心、外树形象的舆论氛围

牢固树立“宣传也是生产力”的意识，积极营造有利于密云发展的舆论氛围。县内报纸、电视台、电台、网站、政务微博等媒体，围绕中心，服务大局，唱响主旋律，大力宣传县委县政府的决策部署，宣传全县的发展成就，宣传党员、干部、群众支持发展、投身建设的精神风采。这几年，是密云与外界交往最活跃、最频繁的时期，也是密云被中央、市属等主流媒体关注最多、报道最多的时期。密云的知名度和对外影响力进一步提升，为密云加快发展提供了强大的舆论支持。

（五）惩防并举，标本兼治，营造了清正廉洁、执政为民的良好风气

县委确立了“抓党风廉政建设也是抓发展”的工作理念，把反腐倡廉建设纳入全县经济社会发展和党的建设总布局、全过程。统筹推进惩防体系建设，全面开展廉政风险防控管理，将廉政风险防控管理从县级领导班子、领导干部，延伸到科、

室、站、办、所和行政村,实现了廉政风险防控管理全覆盖。加大对重点工作、重点行业的监督检查力度,及时纠正有令不行、有禁不止的行为,保障了政令畅通。制定了政府投资项目评审、土地管理、住房保障等一批有效管用的反腐倡廉制度,规范了监督管理,推动了各项权力的阳光运行。坚持从严教育、从严管理,要求广大党员干部时刻坚守“五个底线”(信仰底线、政治底线、品行底线、纪律底线、工作底线),争做“五好干部”(党性好、人品好、作风好、工作好、用人好),注重提升“六种能力”(“两会”,会干事、会表达;“两能”,能带好队伍、能管住自己;“两强”,强化群众工作的能力、强化经济工作的能力)。五年来,全县纪内信访总量下降了49.8%,重信重访下降了53.4%,越级集体访下降了88.2%。

三、进一步建设良好的政治生态环境,推动密云更好更快发展

良好政治生态环境的形成,不是一蹴而就的,它是全县各级党组织和广大党员干部群众几年来和衷共济、群策群力、共同奋斗的结果。成果来之不易,需要倍加珍惜。全县广大党员干部群众热切期盼长期坚持下去,以促进密云各项事业可持续发展。我们要深入总结近年来营造良好政治生态环境的成功经验,采取措施固化下来,确保其常态化、长效化。

(一)继续坚持科学的发展思路,一张蓝图绘到底

几年来,县委立足县情和区域功能定位,紧密围绕“保水、富民、强县”这一主题,不断解放思想,实事求是,与时俱进,开拓创新,大胆探索符合密云实际的科学发展思路,逐步确立了“密云生态涵养发展区工作方略”等一套比较完整的科学发展体系。这一科学发展体系,把贯彻落实中央和市委的方针政策同密云实际紧密结合起来,把继承“首都水源区发展战略”和创建“国家生态县”的优秀成果与创新工作思路紧密结合起来,实现了保护环境与发展经济的良性互动,促进了发展经济与富裕百姓的紧密结合,换来了密云崭新的发展局面。

这套科学发展体系是集体智慧的结晶,是全县干部群众解放思想、求真务实的重要成果,是管方向、管全局、管长远的重要保障。密云是北京市生态涵养发展区和首都重要饮用水源地,这一战略地位在长期内是不会改变的。因此,围绕这一战略地位形成的科学发展体系也不能改变,必须坚定对自身发展理念、发展思路的自信,一张蓝图绘到底。全县各级领导干部要围绕工作方略、奋斗目标、发展定位的总要求,结合本地区、本部门、本行业的实际,深入细化不同阶段的具体工作目标和工作措施。

(二)继续坚持以经济建设为中心,保持快速发展势头

几年来,县委始终坚持以经济建设为中心,统筹保水、富民、强县各项工作,经济社会全面协调快速发展。尤其是经济的快速发展,为各项事业发展奠定了较好的物质基础。在上级领导的充分肯定和人民群众的热情称赞中,全县各级领导干部务必保持清醒头脑,我们才迈出了万里长征的第一步,今后可能会遇到各种各样的困难和矛盾,我们必须始终坚持以经济建设为中心,始终坚持以发展为第一要务。

要坚持既定的产业方向、产业结构、产业布局。绿色高端高效高就业的产业

发展方向，是科学发展的客观要求，是实现保水、富民、强县的必然要求。以环境友好型工业为主要支撑、以休闲旅游产业为战略支柱、以都市型现代农业为重要基础、以总部经济为后发优势的产业结构，是充分利用我县资源、充分融入市场经济的现实选择。“两区”“两带”“一基地”的产业布局，是统筹城乡发展、区域发展，实现科学发展的正确选择。

要建设好重点功能区。经济开发区是全县经济发展的重要增长极，发挥着经济发展主引擎和劳动力就业重要平台的作用。要继续大力引进和培育科技含量高、创新能力强的龙头企业，积极对接中关村科技创新示范区政策，推动传统产业的转型升级，不断完善基础设施，提高服务管理水平，保持较快发展势头。生态商务区要加大力度引进实体企业，加快华润生态乐活城项目建设进度，有序推进潮河以南区域规划建设，充分体现“山水商务、田园总部”特色，建成“产业的示范区”、“管理的示范区”、“理念的示范区”、“绿色的示范区”，成为密云经济发展新的增长极。加快非水源保护区中的产业园区发展步伐，为全县经济发展扩充战略后备空间。进一步加强重点镇建设，为促进农村经济发展、增加农民就业创造条件。

要继续坚持招大引强。大力推进古北水镇、华润希望小镇、通航产业园等重大项目建设，力争早建成、早见效。更加重视招商引资的质量，更加重视对外宣传，更加重视发展环境的改善，吸引一批对区域发展具有拉动作用的大项目落户密云。

要继续加强基础设施建设。进一步加快西统路北延、雁密路东延、司曹路二期、101 国道绕城线等道路规划立项、施工建设；进一步改善经济开发区、生态商务区、古北水镇、希望小镇等区域内的道路交通环境，新建、改建、扩建一批产业路、发展路、富民路。加快城乡水、电、气、暖、通讯、污水处理等设施建设，持续改善投资环境，为区域发展增添新的动力。

密云的发展是建立在保护环境前提下的发展，环境保护得越好，发展的前景就越好。必须始终牢记保水是第一责任，严格保护密云水库及周边环境，严防对水体的污染。持续加强环境建设，以风沙源治理、小流域综合治理、山区绿化、平原造林等工程为重点，进一步提高全县林木覆盖率。推广使用清洁能源，扩大集中供热范围，增加电动出租车数量，控制建筑工地扬尘污染，进一步改善空气质量。不断完善“六护”机制，规范日常管理，加强宣传教育，形成人人关注环境、人人参与环保的社会氛围。综合运用经济、行政、组织、法律等手段，严肃查处企业超标排放、违规排放等行为，始终保持严厉打击盗采盗运矿产资源的高压态势，坚决遏制违法用地、违法建设行为。

（三）继续坚持行之有效的选人用人工作机制，建设高素质执政骨干队伍

几年来，县委确定并坚持的“五凭四事一潜力”用人导向、干部选拔任用相关规则和政策，符合党的干部路线、干部政策，符合密云的实际，符合干部成长的基本规律，符合密云干部群众的愿望，今后必须坚持下去。同时，要不断研究新情况、新问题，按照习近平总书记提出的“信念坚定、为民服务、勤政务实、敢于担当、清正廉洁”的好干部标准，进一步健全选人用人机制，使之更加系统完备、科学规范、有效管用、简便易行。

是不是好干部，要看其党性纯不纯、

人品好不好、能力强不强、实绩有没有、群众认不认,看其想不想干事、能不能干事、是否干成了事、有没有坏事,年轻干部还要看其发展潜力如何。

县委班子成员要经常深入各镇街、各部门,在检查指导工作中近距离接触干部、认识干部、了解干部。要发挥好党管干部的作用,加强对干部的日常管理,对干部情况做到心中有数。要进一步提高民主推荐质量,正确分析和对待票数,防止简单以票取人和拉票现象的出现。

要从全县工作大局出发,兼顾事业发展需要和干部个人实际,统筹考虑县级班子和二级班子建设,统筹考虑委办局干部和乡镇干部配备,既要不断优化干部队伍结构,又要保持干部队伍的相对稳定。要重视老、中、青相结合,促进干部队伍的新老交替和良性发展。要重视科级干部的培养选拔工作,将处级干部的培养选拔机制逐步向科级干部队伍延伸。要认真分析未来几年我县干部队伍的需求状况,研究制定干部选拔任用工作规划,提高干部选拔任用工作的前瞻性、针对性、科学性。

好干部的不断成长,要靠干部的自身努力,更要靠组织的培养。要继续开展大规模干部教育培训,增强教育培训的针对性、实用性。要强化干部的实践锻炼,注重在基层一线、艰苦岗位、急难险重任务中磨砺品质、提升能力。要继续加强对干部工作绩效的监督和评价,将考核结果作为各级干部职务晋升的重要依据,教育引导干部正确看待自己、正确看待他人、正确对待组织的培养,把职务晋升建立在踏踏实实干事创业上,把满腔热情投入到促进密云各项事业发展上。

(四)继续加强党组织建设,使各级党组织始终成为引领发展的坚强核心

近几年,我县各项事业的发展变化令人瞩目、令人振奋。这些成绩是各级党组织团结带领全县干部群众顽强拼搏、团结奋斗得来的。今后保持良好的发展局面,关键在于充分发挥各级党组织的战斗堡垒作用,真正成为引领发展的坚强核心。

县委是全县的领导核心。县委要继续坚持解放思想、与时俱进、开拓创新,坚决贯彻落实中央、市委指示精神,成为政治坚定的领导集体。县委要坚持抓大事、谋长远,充分发挥统揽全局、协调各方的作用,干事创业,务实高效,成为坚强有力的领导集体。县委要以四个一把手的团结带动县级四套班子的团结,以县级四套班子的团结带动全县各级班子的团结,凝聚推进全县各项事业发展的强大合力,成为团结协作的领导集体。县委要牢记党的宗旨,勤政廉洁,不断改善民生,把关系群众切身利益的事情办实办好,成为群众信赖的领导集体。

基层党组织是党执政的组织基础。近几年来,我县探索建立的党组织引领新农村建设模式、基层党建全程记实系统、村务监督委员会、村级重大事项民主决策八步法和票决制、村级财务逐笔公开等工作,加强了基层党组织建设,要继续坚持,推向深入。要进一步强化村级班子建设、党员队伍建设、村民自治机制建设、服务群众的工作体系建设,不断提高农村基层党组织引领发展、服务群众、民主管理、执行政策的能力。同时,根据形势发展需要,不断探索机关、企事业单位、“两新”组织和城市社区党建工作规律,全面推进各领域基层党建工作,不断扩大党组织和党的工作覆盖面。

(五)继续加强作风建设,切实做到为民务实清廉

几年来，县委始终坚持把党员干部作风建设放在突出位置，不断改进工作作风，密切联系群众，深入开展反腐倡廉工作，党员干部作风明显改善。良好的作风树立了党和政府的形象，提升了党和政府的公信力、凝聚力，赢得了人民群众的好评。各级领导干部要加强作风建设，切实做到为民务实清廉。

坚持立党为公、执政为民，时刻牢记党的宗旨。要高度重视改善民生。县委县政府确定的重点工程、折子工程、重大项目、为民拟办的实事，一定要做细、做实、做好，让人民群众得到真正的实惠。要继续实施“农民增收、农民健康、农民安居”三大工程。千方百计增加低收入农户的收入，确保农民总体收入保持较快增长速度。为农民免费体检、建立健康档案的工作要长期坚持下去。加快山区地质灾害易发区及生存条件恶劣地区农户搬迁工作，扎实推进农民住宅抗震节能改造和老旧小区综合改造。全面推进科教文卫体等各项事业均衡协调发展，努力满足人们不断增长的精神文化需求。不折不扣地落实防汛、消防、疫情防控、食品安全、生产安全等工作措施，确保群众的生命财产安全和社会稳定。继续完善城乡立体分类式网格化社会服务管理体系，不断健全县、镇（街）、村（社区）“三级联动”便民服务体系，及时发现解决群众生产生活中的各种问题。

坚持实事求是、真抓实干，大力弘扬务实作风。要善于把上级精神和本地区实际结合起来，求真务实地开展工作。要认真贯彻落实中央八项规定精神和市委有关要求，继续坚持少开会、开短会、讲短话、发短文，让干部把更多的时间用到深入基层、深入群众上，把更多的精力用到抓发展、抓落实上。要增强法制观念，提高依法执政水平，大力提倡务实、科学、严谨的工作作风，各方面的工作要做得再实一些，再细一些。要继续发扬敢于担当、敢于碰硬、敢于创新的“三敢精神”，对打击盗采盗运、拆违打非等重点难点工作，要真抓、敢管，不留死角，不出现“后遗症”。

坚持严于律己、廉洁奉公，永葆共产党人的清廉本色。要继续坚持廉政教育和廉政文化建设，引导党员干部自重、自省、自警、自励。要全面推进惩治和预防腐败体系建设。全面开展党政领导干部勤政廉政情况民主测评，深化党员干部信访监督机制，完善领导干部廉政档案管理。要继续加强对重点领域、重大项目、关键环节的监督检查和专项治理，确保资金物资使用规范。要持续加大查办案件力度，保持党的纯洁性。公生明，廉生威，公正廉洁是广大党员干部必须长期坚守的本色。

同志们，在看到成绩、总结经验的同时，我们还遇到不少矛盾，存在不少问题。为此，全县广大党员干部一定要保持清醒头脑，不能沾沾自喜，不能骄傲自满，不能固步自封。要增强忧患意识，谦虚谨慎，戒骄戒躁。要扬长避短，扬长补短。要与时俱进，开拓创新。前进的方向永不动摇，前进的道路永无止境，前进的步伐永不停滞。

同志们，政通人和疏航道，风清气正好扬帆。让我们在中央和市委的坚强领导下，统一思想、凝聚力量，为实现“中国梦”，为建设生态富裕和谐美丽的新密云，团结一心，扎实工作，奋勇前进！

中共密云县委十二届七次全体会议工作报告

(2013 年 12 月 20 日)

县委书记　汪先永

同志们:

现在,我受县委常委会委托,向全会报告工作。

一、2013 年主要工作

一年来,在市委、市政府的坚强领导下,县委团结带领全县广大党员干部群众,认真贯彻落实党的十八大、十八届三中全会和市十一次党代会精神,真抓实干,奋发有为,开拓创新,圆满完成了全年工作任务,巩固了密云各项事业又好又快发展的良好局面。

(一)经济建设扎实推进,发展活力不断增强

县委常委会重视和加强对经济工作的领导,对事关经济发展全局的重点功能区、重大产业项目、重大基础设施,科学谋划,统筹协调,发挥了领导核心作用。全县经济稳中有进,积极向好,实现了平稳较快发展。预计全年完成地区生产总值 196.3 亿元,同比增长 10%;公共财政预算收入超过 25 亿元,同比增长 12.7%;全社会固定资产投资 165 亿元,同比增长 13.6%;社会消费品零售额 116.3 亿元,同比增长 10.1%;城镇居民人均可支配收入 32510 元,同比增长 10%;农村居民人均纯收入 16200 元,同比增长 11%。

1. 重点功能区引领发展的作用更加凸显。县经济开发区实现工业收入 230 亿元,占全县工业总收入的 66%;实现财政收入 5.2 亿元,占全县财政收入的 1/5;安置本地劳动力就业 1.2 万人。生态商务区 A2 地块完成入市交易,B、C 地块一级开发有序推进,华润中央公园及生态展示中心等工程建设已接近尾声。全年实现税收 2.1 亿元,同比增长 103.8%;实现财政收入 7000 万元,同比增长 81%。太子务开发区成为全县经济发展新的增长点,全年实现税收 1.3 亿元,形成县级财政收入 6700 万元。

2. 重大产业项目建设成效显著。古北水镇累计投入 39 亿元,经过三年紧张施工,已基本建成,即将进入试运营阶段,对推动全县休闲旅游产业发展、建设"绿色国际休闲之都"具有重大而深远的影响。福田汽车生产整车 6.3 万辆,实现收入 38 亿元,二期建设已完成投资 5 亿元,行业龙头作用日益明显。积极扶持通航产业发展,一批飞机组装、制造企业落户密云。

3. 产业结构持续优化。环境友好型工业支撑作用日益明显,汽车及零部件、生物医药、数字信息、新型建材、新能源等主导产业保持快速发展,形成了以县经济开发区为主要载体,以重大项目为龙头带动的发展态势。休闲旅游产业提档升级步伐加快,对 39 个重点民俗村、重要节点村实施了环境标准化提升,全面启动了星级评定工作,民俗旅游收入、人均消费分

别居生态涵养发展区第一位和第二位。2013 年 11 月,荣获新华网主办的"'最美中国'生态旅游目的地市(县)"称号。都市型现代农业"三个三"的发展格局更加清晰,大力发展以奶牛、肉(柴)鸡、蜜蜂为主的生态养殖业,以板栗、苹果、梨为主的绿色林果业,以无公害蔬菜、有机杂粮、花卉为主的特色种植业,农业功能深度拓展,综合效益不断提高。密云绿色有机农产品,赢得首都市民青睐,"密云农业"品牌享誉京城。总部经济不断加强,后发优势初步显现。

4. 城乡基础设施建设成果丰硕。把以道路建设为重点的城乡基础设施建设,作为发展经济、改善民生的基础性、长远性工作,加大投入,加快推进。2013 年是城乡道路建设的丰收之年,全县新建、续建、改扩建道路 90 公里。密云・云蒙大桥建成通车,西统路全线贯通,将市区到经济开发区的行车时间缩短了 15 分钟;密关路改建工程全面完工,有效缓解了水库西线旅游交通压力,为沿线各镇加快发展奠定了重要基础;马北路支线、司曹路一期、密兴路二期、琉辛路与京承高速连接线等相继完工,为加快发展创造了有利条件。新城地表水厂、开发区再生水厂等相关手续已获批复,即将开工建设。县垃圾综合处理中心环评已获批复。大唐煤制气进京工程密云段的管道铺设已全部完工。南水北调工程拆迁补偿工作顺利完成。

(二)政治建设稳步推进,民主法治环境不断优化

县委常委会注重加强自身建设,认真贯彻民主集中制,坚持重大问题集体讨论、集体决策。县委领导班子成员密切配合、相互支持,进一步巩固和发展了求真务实、民主团结、勤政为民、开拓进取的工作局面。支持人大及其常委会依法履行职能,支持政协依照章程发挥作用。统战、工会、共青团、妇联等部门围绕职责,工作开展得有声有色。圆满完成第九届村委会换届选举工作,出色完成中组部、民政部部署的换届选举观摩点任务,并在全国经验交流会上作了经验介绍。村级公益事业建设一事一议筹资筹劳工作深入推进,成效明显,2013 年 11 月,被农业部评为"全国一事一议规范管理县"。坚持依法行政,为全县发展营造了良好的法治环境。

(三)文化建设日益繁荣,群众文化生活丰富多彩

牢牢把握正确的舆论导向,持续加大对内对外宣传力度,密云的知名度、美誉度进一步提升;加强网络媒体管理,充分发挥密云政务微博、微信等新媒体的作用,扩大主流声音覆盖面。县、镇、村文化设施日益完善,文化队伍建设进一步加强。实现有线广播"村村响"全覆盖,走在了全市前列,在社会管理、信息播报、应急指挥等方面发挥了积极作用。在全县广为传唱密云县歌《云水谣》,唱出了密云人民的自信心和自豪感。全民健身活动广泛深入开展,成功举办了"CBSA2013 密云国际 9 球公开赛"等大型活动。立足广大群众的精神文化需求,坚持"服务农村、服务基层"的基本导向,群众性文化活动丰富多彩,2013 年 10 月,荣获文化部颁发的第十届中国艺术节项目类"群星奖"。

(四)社会建设协调发展,群众得到更多实惠

大力推进农民增收、农民健康、农民安居"三大工程"。强化政策帮扶、对口帮扶、产业帮扶,全面启动了新一轮低收入农户增收工作。农村居民人均纯收入连

续五年在生态涵养发展区增幅第一,连续五年获得市委、市政府表彰。坚持为农民免费体检,建档率保持 100%,新农合参合率进一步提高,县医院迁址新建工程已完成总量的 95%。大力推进农村生存条件恶劣地区的农户搬迁、农民住宅抗震节能改造、危旧房改造工作,城区老旧小区综合改造及保障性住房建设取得显著成绩,得到了广大群众的拥护和赞扬。

社会保障体系不断完善,城乡低保、困难救助等各项政策得到落实,养老保险覆盖面进一步扩大。就业工作稳步推进,城镇登记失业率降至 1.95%,创十几年来最低,"纯农就业家庭"和"零就业家庭"保持动态为零。以实施"名校、名师、名校长"工程为抓手,优化教育资源,教育教学质量不断提升,高考本科上线率连续四年保持 70% 以上。网格化体系建设纵深推进,社会服务管理精细化水平不断提升。坚持"全社会、多领域、多层次、长效化"的志愿服务模式,志愿服务工作品牌化、规范化建设深入推进。在全市率先建成"三级联动"便民服务体系,群众办事更加便利。城乡社区市级示范点、示范村建设扎实推进。深入推进平安密云建设,群众安全感满意度始终保持全市前列,2013 年 5 月,被人力社保部、中央综治委授予"2009-2012 年度全国社会管理综合治理先进集体"荣誉称号。

(五)生态文明建设成效明显,环境质量持续提高

县委常委会修订完善了《密云县生态文明建设纲要》。持续加大水库周边环境综合整治力度,狠抓水环境治理,确保了密云水库水质始终保持国家二级以上标准。2013 年 7 月,被水利部确定为全国水生态文明城市建设试点。狠抓大气环境治理,有效减少了大气污染物排放。"拆违打非"专项行动取得阶段性成果,违法建设销帐面积比例位居生态涵养发展区前列,新生违法建设持续保持"动态为零"。平原造林、京津风沙源治理、小流域治理成效显著,全县林木生态覆盖率上升到 78.8%。不断加强宣传教育,积极倡导绿色出行,生态文明意识更加深入人心。

(六)党的建设全面加强,科学化水平显著提升

全县广大党员干部认真学习贯彻落实党的十八大和十八届三中全会、习近平总书记一系列讲话精神,理想信念更加坚定,理论水平不断提高。深入开展了"中国梦"主题宣传教育活动。坚持"导向、规则、政策相衔接,选人、用人、管人相统一"的干部选拔任用工作机制,科学合理配备干部,干部队伍结构进一步优化。强化干部教育培训工作,广大党员干部"两会"、"两能"、"两强"的"六种能力"明显增强。大力加强基层服务型党组织和村级干部队伍建设,村"两委"班子推动发展、服务群众、凝聚人心、促进和谐的能力进一步提升,涌现出司马台新村、古北口村、阁老峪村等先进典型。我县创新的基层党建全程记实系统,在县内实现所有行政村全覆盖,得到了市委组织部的高度认可,并在全市推广应用。探索建立了"1+5"和谐社区党建新机制(以社区党组织为核心,整合居委会、服务站、业委会、物业公司、驻区单位五种组织资源,成立社区联合党组织),非公经济组织和社会组织党建工作覆盖面进一步扩大。认真贯彻落实中央"八项规定"和市委有关要求,广大党员干部工作作风进一步改进。认真落实党风廉政建设责任制,加强惩防体系建设,深化廉政风险防控管理,始终保持惩治腐

败的高压态势,反腐倡廉建设扎实深入推进,党和政府在人民群众心中的形象进一步提升。

二、深刻认识和把握密云发展的阶段性特征

几年来,经过全县上下的共同努力,密云各项建设取得了一系列重大成就,进入了又好又快科学发展的新阶段。站在新的发展起点上,进一步开创各项事业的新局面,必须准确分析和把握密云发展的现阶段特征,进一步明确面临的新形势新任务。

(一)在发展思路上,已经形成了比较科学完整的发展体系,现在进入了深化落实的阶段

几年来,县委按照科学发展观的要求,根据密云功能定位,制定了“密云生态涵养发展区工作方略”,提出了“三个走在前列”奋斗目标,确立了“绿色国际休闲之都”发展定位,明确了密云的产业方向、产业结构、产业布局,凝炼概括了“密云形象”,形成了一套比较科学完整的发展体系。我们要坚定发展理念、发展思路、发展方式、发展成果、发展后劲的自信,坚持一张蓝图干到底;要以踏石留印、抓铁有痕的扎实作风,深入落实工作方略、奋斗目标、发展定位提出的任务要求,努力把宏伟的蓝图变成美好的现实。

(二)在经济建设上,已经确立了与功能定位相适应的产业方向、产业结构、产业布局,现在进入了优化升级、做大做强的阶段

几年来,县委始终坚持以经济建设为中心,坚持发展是第一要务,立足首都重要饮用水源地和生态涵养发展区的功能定位,对全县经济发展大局进行了新的战略部署,确立了与密云功能定位相适应的产业方向、产业结构、产业布局。经济发展成效已经初步显现,环境友好型工业、休闲旅游产业、都市型现代农业、总部经济进入了优化升级、做大做强的发展阶段。在进一步推进产业优化升级、做大做强的进程中,我们要勇于攻坚克难,我们要善于改革创新,向着“经济建设努力走在全市生态涵养发展区前列”的目标奋勇前进。

(三)在社会建设上,已经形成了全面推进、协调发展的格局,现在进入了重点突破、精细治理的阶段

几年来,我县社会建设在民生改善、社会管理、安全稳定等方面,进行了大胆创新和有益探索,创新点多、工作亮点多,一些成功经验已经在全市或全国推广,形成了全面推进、协调发展的格局。根据党中央、国务院和市委、市政府对社会建设的新要求,根据我县经济社会快速发展的新形势,根据人民群众对社会服务管理的新需求,我们还需要深入扎实地开展工作,突出重点,精细治理,进一步开创社会和谐稳定、人民幸福安康的新局面。

(四)在生态建设上,已经形成了“以生态促发展、以发展促生态”的良性互动,现在进入了全面推进生态文明建设的阶段

几年来,县委带领全县广大人民群众进一步解放思想,统一认识,既形成了“保水是第一责任”、“保护环境是前提”的共识,也形成了“生态涵养发展区要坚持科学发展、如何科学发展”的共识。在保护生态环境的基础上,发展生态经济,促进生态富民,实现了环境保护与经济发展的双赢,形成了“以生态促发展、以发展促生态”的良性互动。我们还要认识到:按照

党的十八大关于“大力推进生态文明建设”的新要求，作为全国首批生态文明建设试点地区，我们要以更高的标准、更科学的理念、更有效的措施，在更高层次上推进生态文明建设，把生态文明建设融入经济建设、政治建设、文化建设、社会建设的各方面和全过程，努力建设美丽密云。

（五）在党的建设上，已经形成了发展同向、干群同心、风清气正、政通人和的良好政治生态环境，现在进入了保持和巩固的阶段

几年来，县委常委会始终坚持抓方向、出思路，抓班子、带队伍，抓统筹协调、强基层基础，发挥了坚强有力、团结凝聚的领导核心作用。县政府坚持依法行政，高效履职，把县委的重大决策部署贯彻落实到经济社会发展的各项工作中。县人大、县政协在县委的领导下，围绕中心，服务大局，认真依法履行各自职责。全县党风、政风、行风、社会风气发生重大转变，形成了发展同向、干群同心、风清气正、政通人和的良好政治生态环境，广大干部的综合素质和精神面貌已经焕然一新。这是全县各级党组织和广大党员干部群众几年来和衷共济、群策群力、共同奋斗的结果。成果来之不易，需要倍加珍惜。我们要进一步创新工作机制，固化经验成果，实现良好政治生态环境的制度化、常态化、长效化。

三、以党的十八届三中全会精神和市委市政府的一系列决策部署为指导，全面做好2014年工作

2014年工作的指导思想是：深入贯彻落实党的十八大、十八届三中全会和市委十一届三次全会精神，以科学发展观为指导，以深化改革为动力，以开展党的群众路线教育实践活动为契机，深入实施密云生态涵养发展区工作方略，推动经济发展更具活力，社会治理更为精细，生态环境更加优美，党的建设更加科学，稳中求进，开拓创新，为实现“三个走在前列”奋斗目标和建设“绿色国际休闲之都”奠定坚实基础。

（一）以保护生态环境为前提，以保水为第一责任，大力推进生态文明建设

密云的各项发展和建设，要以保护生态环境为前提。要牢固树立保护生态环境就是保护生产力、改善生态环境就是发展生产力的理念，全面落实《密云县生态文明建设纲要》，以密云建设全国生态文明示范区为新的起点，逐步建立系统完整的生态文明制度体系。完善保护环境的决策机制，在城镇规划、资源开发利用、产业发展、土地开发建设等重大决策中，优先考虑生态环境的承载能力。完善政策支持体系，对发展循环经济、推进清洁生产、节能减排、节地节水的企业和项目，加大支持力度。加强生态文明宣传教育，积极鼓励和引导公众主动投身生态文明建设。

强化保水是密云广大党员干部和群众的第一责任。认真做好南水北调工程的相关服务保障工作，积极开展全国水生态文明城市建设试点工作。继续实施平原造林、京津风沙源治理、小流域治理等工程，进一步提高全县林木生态覆盖率。依法严厉打击盗采盗运矿产资源行为和违法建设行为，确保所有挂帐的违法建设全部拆除，确保新生违法建设动态为零。持续加强城乡环境建设，确保城乡环境干净、整洁、有序。加大库北水源保护区水土保持、生态恢复、清洁能源使用、安全饮水等方面的资金投入力度。进一步完善

"户分类、村收集、镇运输、县处理"的垃圾处理体系，严格落实好户分类，实现垃圾减量化，鼓励支持库南地区有条件的镇对垃圾实行就地无害化处理。县农委等相关部门要认真研究，尽快落实。坚决落实清洁空气行动计划，加快对现有燃煤锅炉的清洁能源改造，加强建筑工地扬尘治理、烟花爆竹燃放管理、汽车尾气治理等工作，确保大气污染防治工作取得实效。积极倡导绿色出行，鼓励一刻钟内步行上下班。

（二）坚持以经济建设为中心，坚持以发展为第一要务，不断壮大经济实力

经常委会研究，建议明年经济工作的主要预期目标安排为：地区生产总值同比增长9%左右，公共财政预算收入同比增长10%，城镇居民人均可支配收入同比增长9%，农村居民人均纯收入同比增长10%。

加快政府职能转变，进一步释放发展活力。县政府及其职能部门要进一步转变职能、转变作风、简政放权，建立镇街事权、财权、人权相匹配协调的工作机制，使镇街职、责、权相统一，充分调动镇街干事创业的积极性。认真总结古北水镇建设的成功经验，积极探索县级部分审批权限下放镇街，对不能下放的审批权限，要充分发挥县行政服务中心和"绿色通道"的作用，规范、简化审批流程，缩短审批时间，提高工作效率。建立健全全县招商引资统筹协调评估工作机制，由县投资促进局牵头，县发改、财政、规划、国土、工商、税务、人力社保、环保等部门协调联动，对拟引进的重大项目，从环保、就业、税收等方面进行评估，确保引进项目的质量和快速落地。今后，各项建设必须以保护好生态环境为前提，决不能逾越生态红线。土地出让要严格遵守规则和程序，发挥市场在资源配置中的决定性作用。工业用地不能零地价出让，更不能倒贴。要把控制和化解地方政府性债务风险，作为经济工作的重要任务，要严格政府举债程序。加强依法行政，进一步规范和健全法律顾问制度。支持非公有制经济健康发展，扶持具有潜力的非公有制企业做大做强，鼓励、引导非公有制企业和民营资本参与公用设施和社会建设。

以发展实体经济为重点，继续推进重点功能区建设。县经济开发区要紧紧抓住纳入中关村"一区十六园"的战略机遇，推进中关村"1+6"先行先试政策的全覆盖，建设好中关村密云园。着力引进科技含量高、创新能力强的高端产业项目，推动有条件的企业在中关村新三板上市，促进中小企业快速发展。加快盘活效益低下的企业，促进开发区内企业提质增效。生态商务区要加快推进基础设施建设，加大实体项目招商引资力度，突出特色化、差异化发展，着力引进研发型、生态型、创意型企业落户，努力把密云生态商务区建设成为"北京市总部经济发展新区"。生态商务区要加快华润生态乐活城项目建设，2014年要实现商业综合体和花园企业总部基地全面开工。积极支持太子务开发区等其他功能区产业发展，开辟密云经济发展的新空间。

坚持规划引领，加大土地储备力度，加快重点小城镇和特色镇建设，促进区域差异化发展。树立引进优质企业是成绩、保护好土地资源也是成绩的观念，着眼未来，统筹谋划，做好规划，明晰定位，保护好、利用好农民就业产业基地的土地资源，对不符合规划以及经济效益低下的企业，要实行腾退。规划好、保护好、利用好

京承高速和京沈高铁沿线重要节点的土地资源,实现土地效益最大化。

加快推进重大产业项目建设。继续大力支持好、服务好、保障好古北水镇项目建设,确保按期正式运营。大力支持福田汽车北京多功能汽车厂乘用车生产线改造,充分培育和发展其巨大经济潜能。依托北新建材,加强绿色建材应用示范基地建设,提高本地区建材行业的竞争力。大力扶持通航产业发展,努力争取通航产业在密云办成办好、做大做强。

加快促进休闲旅游产业提档升级。根据北京市"十二五"规划建设"密云国际绿色休闲旅游产业综合示范区"的要求,围绕"绿色国际休闲之都"发展定位,发挥古北水镇的龙头带动作用,把密云建设成为全市最具旅游高端要素聚集的区县。深入推进乡村旅游星级评定工作,提升品质,办出特色,形成品牌,促进乡村旅游规范化、标准化发展。要规范管理,提高服务水平,办好现有旅游景区、景点,对有条件的景区景点,根据实际情况进行改造提升。大力发展休闲农业、景观农业,推动农业与旅游业深度融合发展。

进一步优化发展都市型现代农业。不断提升密云都市型现代农业"三个三"的发展格局,拓宽农企对接、农超对接渠道,扩大"密云农业"品牌的知名度和影响力。加强龙头企业、专业合作社与农产品基地的对接,提高农业产业化经营水平。

加快推进城乡基础设施建设。继续优化路网结构,加快推进西统路北延、司曹路二期等工程建设,促进区域经济发展。实施一批支路和巷道工程建设,完善新城支路"微循环"系统,提高城区路网承载力。加大农村道路提级改造力度,完善道路安全设施,确保农村道路安全畅通。县镇要加大扶持重点村、特点村、亮点村的道路等基础设施建设。加快推进县垃圾综合处理中心、新城地表水厂、新城再生水厂、开发区再生水厂等市政基础设施建设。

(三)坚持以人为本,着力做好保障和改善民生工作

继续坚持把"三农"工作作为县委工作的重中之重,继续坚持把农民增收工作作为"三农"工作的核心。要继续推进"农民增收、农民健康、农民安居"三大工程。按照新的低收入农户确定标准,加大帮扶力度,全力做好低收入农户增收工作。各级党委政府要关心困难群众的生活,切实帮助群众解决实际困难。认真总结司马台、阁老峪、史庄子、蔡家洼、干峪沟等村的改革创新经验,摸清底数、建立台账,统筹建立全县统一、规范、有序的农村集体经营性建设用地管理机制。规范、引导农民专业合作社规模化、专业化、市场化、现代化经营,加大人才培养、市场营销、品牌建设等方面的扶持力度。进一步完善城乡基本医疗和公共卫生服务体系建设,提高新型农村合作医疗服务水平。扎实推进农村生存条件恶劣地区的农户搬迁工作,大力实施城区老旧小区综合改造,继续推进保障性住房建设,不断改善群众居住条件。积极推进檀营地区旧村改造工程,加快破解新城规划区内的历史遗留问题,为城市建设、民生改善创造条件。

完善就业信息采集制度,实现信息共享。认真落实本地化就业优惠政策,积极开发公益性就业岗位,特别要把水库周边的农民作为帮扶重点,为其开发更多的保水、环保等生态就业岗位。完善社会保障体系,提高城乡居民最低生活保障标准,逐步缩小城乡低保救助标准差距,推进社

会保险由制度全覆盖到人群全覆盖。积极支持社会资本参与建设养老服务机构。继续坚持我县城乡教育均衡发展的好经验、好做法，积极推进校长、教师交流轮岗，进一步推进“名校、名师、名校长”工程，进一步提高教育教学质量。县医院迁址新建工程要加紧施工，确保如期建成并投入使用。积极推进“三级联动”便民服务体系国家级服务业标准化试点工作，深化建设“三级联动”便民服务体系。统筹推进城乡社区服务管理，新建一批市级“社区规范化示范点”、“一刻钟社区服务圈示范点”。推进文化惠民工程，进一步完善县、镇(街)、村(社区)三级文化设施建设。

(四)以安全稳定为基础，努力提高社会治理水平

推进社会治理体制创新。健全社会建设工作领导小组统筹协调机制，强化党对社会体制改革和社会治理工作的领导。坚决落实重大事项社会稳定风险评估制度，把公众参与、专家论证、风险评估和集体讨论决定作为重大决策的必经程序，从源头降低社会稳定风险。探索创新信访工作机制，进一步畅通信访渠道，规范信访秩序，健全社会矛盾多元调解工作体系，依法维护群众合法权益。建立县级国有土地征收和集体土地拆迁补偿工作协调机构，由县住建委牵头，县规划、国土、城管等部门参与，负责指导、协调全县范围内的征收、拆迁补偿工作，实现工作程序合法有序，补偿标准规范统一。

推进社会治理方式创新。全面实施网格化社会服务管理标准体系，加快推进职能部门融入网格，把网格化服务管理向精细化推进。始终坚持“全社会、多领域、多层次、长效化”的志愿服务模式，广泛深入地开展志愿服务活动。加大社会组织孵化和培育力度，重点培育和优先发展行业协会商会类、科技类、公益慈善类、城乡社区服务类社会组织，健全政府购买社会组织服务制度。

加强社会治安综合治理，强化流动人口服务管理，严密防范和依法惩治各类违法犯罪活动，确保群众安全感满意度继续保持全市前列。坚持不懈地抓好安全生产工作，严防重特大事故的发生，加强防火防汛、食品安全、公共活动安全和校园安全，切实保障广大人民群众的生命财产安全。

(五)全面提高党建科学化水平，为改革发展稳定、为保水富民强县提供坚强的组织保障

县委成立密云县全面深化改革领导小组，在县委常委会领导下开展工作，其职责是，按照中央、市委的要求，负责全县改革的总体设计、统筹协调、整体推进、督促落实。

开展好党的群众路线教育实践活动。按照中央的统一部署，明年上半年，我县将参加全市第二批党的群众路线教育实践活动。这是明年我县的一项重大政治任务，要按照中央和市委的总体要求，周密部署，切实把活动抓实抓好，抓出成效；要动员全县党员干部自觉参与，集中解决形式主义、官僚主义、享乐主义和奢靡之风这“四风”问题，进一步改进工作作风，密切党群干群关系，做到为民务实清廉。

加强宣传思想工作。深入学习宣传贯彻党的十八届三中全会、习近平总书记一系列重要讲话精神，进一步加强各级领导班子思想理论建设，用科学理论武装头脑、指导实践、推动工作。坚持党管媒体原则，把握舆论宣传规律，增强互联网阵

地意识,切实抓好密云政务微博、微信等新媒体建设,营造健康和谐的网络舆论环境。全面落实“密云县有线广播‘村村响’运行管理暂行规定”,确保“村村响”工程的作用得到充分发挥。充分运用好县内外主流媒体,加大正面宣传力度,把密云蓬勃的发展态势、各领域取得的成就充分展现出来,凝聚全县人民干事创业的热情,展示密云良好的形象。大力推进精神文明建设,营造和谐有序、健康文明的社会风气。

加强领导班子和干部队伍建设。坚持党管干部原则,进一步巩固、完善已经形成的选人用人的好机制、好做法,努力做到知人善任、唯才是举、用当其时、人尽其才,真正把信念坚定、为民服务、勤政务实、敢于担当、清正廉洁的好干部选拔出来。改革和完善干部考核评价制度,把对“德”的考核放在首位,科学评价工作实绩,既看发展、又看基础,既看显绩、又看潜绩。根据功能定位,研究制定库北水源保护区、库南产业发展区差异化考核评价体系。有针对性地选派县直机关年轻干部到基层锻炼,努力加强科级干部队伍建设。纪委书记(纪检组长)一般不从本地区、本部门选任,通过交流选配。加大教育培训力度,要注重对干部按职务职责进行分类培训,不断提高领导干部的综合素质。

加强基层服务型党组织建设。深入总结华润希望小镇、司马台新村、干峪沟村、“项目党建”、“村村组团”等党组织引领发展方式,积极探索农村党组织引领经济发展新途径。完善和拓展基层党建全程记实系统功能,强化镇级平台建设,在街道社区逐步推开。坚持把服务群众作为核心任务和基本职责,继续推进党员服务日、党组织党员双承诺、双结对等载体建设,进一步提升基层党组织党员服务群众的能力。抓好村级班子和干部队伍建设,强化村级干部的管理与考核。提高党员教育管理水平,探索建立不合格党员退出机制。建立党代表联系党员群众、党代表提案提议等工作制度,在镇街全面推行党代会年会制和党代表列席党委有关会议制度。落实党建责任,努力实现党组织在非公领域、“两新”组织的全覆盖。

加强反腐倡廉建设。强化反腐败体制机制创新和制度保障,研究制定惩防体系建设指导意见,全面推进惩治和预防腐败体系建设。县委成立廉政监督小组,县委负主体责任,县纪委负监督责任,县委廉政监督小组在县委常委会领导下开展工作,具体由县纪委牵头,公、检、法、财政、审计等部门和有关社会力量参与,主要对重大项目建设、重大资金使用情况、重要举报线索进行监督检查,促进领导干部廉洁从政。推进农村党风廉政建设创新,探索整合镇街行政监察和农村集体经济审计职能,建立“监审合一”的监督模式,加强对村“两委”干部廉洁履职的教育和监督,加大对违纪违法行为的查处力度。坚持从严管理干部,健全干部经常性监督机制。要严肃党的政治纪律,确保政令畅通,对缺乏政治意识、大局意识的干部,对有令不行、有禁不止的干部,对当面一套、背后一套的干部,对不作为、乱作为的干部,要及时进行组织调整,违反党纪国法的要依法依纪处理。要严格落实中央“八项规定”,建立健全落实中央关于党政机关国内公务接待、厉行节约反对浪费等规定的工作机制,力戒形式主义、官僚主义、享乐主义和奢靡之风,保持党的纯洁性。要继续发扬求真务实、真抓实干的优良作风，推进作风建设的常态化。

同志们，县委已经尽了最大的努力，积极主动争取密云“县改区”工作，我们仍将继续不懈努力。

同志们，密云发展已经进入了一个新的阶段，全县广大党员干部要认真学习贯彻落实习近平总书记一系列重要讲话精神，在市委、市政府的坚强领导下，继续保持发展同向、干群同心、风清气正、政通人和的良好政治生态环境，开拓创新，勇往直前，为建设生态、富裕、和谐、美丽的新密云而努力奋斗！

密云县人大常委会工作报告

——2013 年 12 月 26 日在密云县第十五届人民代表大会第四次会议上

密云县人大常委会主任　李和平

各位代表：

我受密云县第十五届人民代表大会常务委员会委托，向大会报告工作，请予审议。

2013 年，县人大常委会在县委的领导下，认真贯彻落实党的十八大及十八届三中全会、县委十二届五次、六次全会精神，全面推进十五届人大三次会议各项决议的落实。共举行常委会会议 7 次，听取和审议县政府、县法院、县检察院专项工作报告 17 项，作出决议、决定 26 个，任免国家机关工作人员 41 人次，组织开展执法检查和工作视察 15 次，较好地发挥了地方国家权力机关的作用，各项工作都取得了新进展。

一、把握监督重点，增强监督实效

以支持发展的理念，坚持抓重点、求实效，在有影响上下功夫。着力突出发展、突出民生、突出生态环境和民主法治建设，为密云科学发展提供有力保障。

（一）围绕推进经济建设实施监督

常委会深入落实科学发展观，除按监督法规定听取和审议县政府关于 2013 年国民经济和社会发展计划、财政预算半年执行情况，2012 年财政决算、财政预算执行和其他财政收支情况的审计报告等 4 个报告外，还重点对全县工业、重大引进企业（5000 万元以上）的建设生产经营、生态商务区建设、旅游业、农村专业合作社发展等情况听取和审议了专项工作报告，组织代表进行视察检查。

建议政府进一步落实招大引强战略，引进增量，实现经济可持续发展；对现有工业进行技术革新与改造，千方百计扩大再生产；重视县域内中小企业和民营企业发展，加大专业技术培训力度，提供必要的政策支持。

建议政府加快重大引进企业项目的前期手续办理，切实帮助解决企业在建设、生产经营中的困难和问题，使企业引得来、落得下、留得住、能发展；加大引进企业项目考评力度，对长期占用土地资源而不开工建设或运营效益差的企业限期清退,提高土地利用效率。

建议政府加快推进商务区建设步伐,积极协调,力争早日开工;按照功能定位,加快引进高端实体企业,将商务区建设成密云经济发展的新的增长点。

建议政府不断提升旅游业发展水平,按照建设"密云国际绿色休闲旅游产业综合示范区"的要求,整合旅游资源,加强旅游宣传;制定优惠政策,吸引企业投资,着力打造一批有带动作用的重大旅游项目;加强部门联动,促进民俗产业发展,使农民真正得到实惠。

建议政府继续加大农民合作社扶持力度,着力扶持一批管理规范、运行健康、带动力强、经营效益好的典型合作社;构建以重点合作社为依托、以现有主导产业为基础的农产品市场流通信息平台;科学制定产业发展规划,促进主导产业规模化发展。

(二)围绕促进社会建设实施监督

坚持以人为本,促进民生问题解决,是常委会始终坚持的重点。常委会对全县网格化社会服务管理体系建设、老旧小区危旧房改造、为群众办实事、农村人畜饮水安全、市政道路及附属基础设施建设和日常管理维护等工作听取和审议了工作报告,组织代表进行视察检查。

建议政府进一步科学划分网格,明确准入部门和社会服务管理的内容及范围,建立有检查、有要求、有考核、有奖惩、有经费保障的日常管理制度和统一指挥、高效运转、上下联动的组织协调工作机制;加大宣传,扩大影响,充分发挥网格化工作服务发展、服务社会、服务群众的巨大作用。

建议政府严格执行老旧小区改造和危旧楼房抗震翻建规划,简化程序,加快审批,保证项目实施进度;严格依法改造、科学改造,统一改造标准;完善"主管部门、施工单位、居民代表"参与的沟通协调机制,建立项目施工公示制度,主动接受居民监督。县政府积极推进老旧小区改造工作,受到了全县广大居民的赞扬,提高了党和政府在百姓心中的形象。

建议政府对确定的拟办实事,要广泛征求人大代表和人民群众的意见,凡确定的拟办实事,所需资金要列入年度财政预算;明确责任,加强督查,确定一件,干成一件,好事办好,取信于民。

建议政府重视农村饮用水安全,提高水质检测水平,加大资金投入,解决资金不足所造成的消毒设备运转率低及供水设备失修问题,确保饮用水源安全。

建议政府加大资金投入,拓宽资金筹措渠道,努力破解市政设施养护费用资金不足问题;加大对道路的管护,杜绝道路红线外私自占路和乱掘乱挖现象;加强市政基础设施管护队伍建设。

(三)围绕提高生态环境建设实施监督

常委会把对生态环境建设的监督摆在突出位置,听取和审议了县政府关于供热并网及腾退场地使用情况的报告,组织代表对全县城市及平原绿化工作情况进行视察,与市人大联动对山区和矿山生态修复工作进行视察检查。

建议政府大力推进煤改气实施计划,加快供热整合,解决供热管网系统热平衡问题,积极推进清洁能源发展,降低运营成本,取得良好的生态、经济和社会效益。

建议政府进一步做好平原造林规划,建立长效管控机制,做到不留死角,避免重复建设;认真研究平原造林的功能定位和收益分配机制,把造林绿化与发展绿色产业、繁荣生态文化、推进绿岗就业紧密结合，促进农民持续增收致富。

建议政府严格落实属地和部门责任，加大执法力度，巩固整治成果，坚决杜绝违规建设和盗采盗运行为。

此外，还积极配合市人大对《中华人民共和国气象法》、《中华人民共和国水土保持法》在我县贯彻执行情况进行检查。

（四）围绕民主法治建设实施监督

常委会充分发挥法治在国家治理和社会管理中的作用，依法推进全县民主法治建设。重点听取和审议了县政府关于《中华人民共和国科技进步法》、《中华人民共和国人口与计划生育法》贯彻执行情况、社区矫正和安置帮教工作情况，县法院关于刑事审判工作情况，县检察院关于控告申诉情况的报告，组织代表对《中华人民共和国道路交通安全法》、药政法规执行情况进行了视察检查。

建议政府进一步完善科技人才引进使用政策，健全激励机制，激发企业和个人的科技创新意识；加大主要产业和重大项目科技投入，为经济发展提供科技支撑。

建议政府加大优生优育知识的教育培训力度，逐年降低新生儿出生缺陷比例；制定《计划生育特殊困难和农村独生子女家庭大病扶助办法》，切实做好帮扶工作。

建议政府完善社区矫正和安置帮教沟通协调机制，做到衔接紧密、沟通及时、议事集中、互动合作；加强社区工作者和社会志愿者队伍建设，完善考核激励机制，设立专项培训经费，提升队伍综合素质和工作水平。

建议法院对刑事犯罪严保高压态势，有效维护法律尊严、群众利益和社会稳定；慎重处理“民转刑”、未成年人犯罪等轻微违法犯罪案件；科学把握自由裁量与量刑平衡关系，切实提高法律适用和宽严相济刑事政策的水平。

建议检察院建立检调对接机制，规范控告申诉备案审查制度，不断提高办案质量和工作效率。

建议政府建立长效机制，加大日常监管力度，完善道路交通基础设施，进一步提升道路交通安全管理水平；加强交通规划，坚持超前谋划、科学布局，在新建、改建城市道路时，避免“五道口”等多岔路口，减少人为的不安全因素。

建议政府加强对药品市场的监管，确保用药安全；加强对药品生产企业的管理，积极为企业生产经营创造发展环境。

此外，常委会高度重视规范性文件备案审查工作，在区县率先成立工作机构，出台工作规程，扎实有序推进工作开展，受到市人大通报表扬，走在了全市前列。还依法监督指导县第九届村民委员会换届选举工作，为顺利完成换届选举任务提供法制保障。

（五）认真做好信访工作

常委会把信访工作作为体察民情、了解民意、为民解忧的窗口。一是召开县人大信访工作会议，总结工作特点，明确工作任务和目标。二是在全市第一个制定出台了《县人大常委会关于加强信访工作的意见》，明确来信来访办理步骤、时限和要求。三是坚持与司法、信访等职能部门召开联席会议，沟通协调情况，创造解决条件，更好地促进公正司法，保障群众的合法权益。全年共受理来信来访 135 件次，涉及 664 人次。其中申诉类 21 件次，占信访总量 15%；求决类 45 件次，占信访总量 33%；检举控告 29 件次，占信访总量

21%;其他类信访40件次,占信访总量31%。今年的信访工作突出了对承办落实单位的督促、协调和沟通,做到了件件有着落,事事有结果。

二、加强代表工作,充分发挥代表作用

代表工作是人大工作的重要基础。常委会坚持务实原则,围绕为市县两级代表履职提供服务,保障代表权力落到实处。

(一)加强代表培训

重点围绕拓宽农民增收渠道、加强城镇建设与管理、提高财政预决算监督等内容,采取"菜单式"培训方式,分5期对代表629人次进行培训,有效提高了代表履职意识和能力。

(二)增强代表建议办理实效

完善代表建议预告、代表建议督办制度,改变以往由政府先办理、人大常委会再审议的办理模式,探索形成了常委会与县政府密切配合、积极沟通、协调行动的工作机制。对县十五届人大三次会议代表提出的69件建议和闭会期间的10件建议,常委会高度重视,与县政府同步研究办理方案,同步开展调查研究,随时发现和解决问题,增强了常委会督办工作的主动性和建设性。目前,对79件建议已全部办复,办复率为100%。

(三)努力提高为代表履职服务水平

常委会十分注重同人大代表的联系。一是凡常委会审议的议题,都要组织代表进行会前调研,努力做到对"一府两院"的工作报告情况明、底数清,提出的意见和建议切实可行。二是坚持每次常委会会议都邀请部分代表列席,增加代表对常委会工作的了解。三是坚持主任接待代表制度和常委会组成人员联系代表制度,通过短信沟通平台,加强常委会同人大代表的联系,畅通群众意愿诉求表达渠道。四是努力做好为市代表服务工作。五是充分利用村民民主生活日、街道设立代表接待站等形式,拓宽代表联系选民渠道,密切代表与群众联系,增强代表履职的责任感和使命感。

(四)加强对镇街人大工作的联系和指导

常委会切实加强对镇街人大工作的联系和指导。一是坚持年初召开县镇街人大联席会议,通报常委会工作要点,对镇街人大工作提出要求。二是制定《选举办法(参考文本)》,精心指导各镇人大日常选举工作。三是拓宽镇街人大主席、主任知情知政渠道。除坚持邀请列席常委会会议,参与人大常委会组织的视察、检查、调研、县代表培训等活动外,5月份,常委会就乡镇人大闭会期间如何开展工作、乡镇人大主席团人员构成、乡镇人大主席团常设的必要性等问题,组织镇街人大主席赴外地学习考察。

三、切实加强常委会及机关自身建设

(一)加强思想政治建设

常委会始终把坚持正确的政治方向作为加强思想政治建设的主线。一是坚持党的领导。坚决贯彻县委决议决定,坚持重要工作、重大事项向县委请示、报告制度,自觉地把人大工作置于党的领导之下。二是坚持党组中心组理论学习制度。认真学习贯彻党的十八大、十八届三中全会、县委十二届五次、六次全会精神,对中央八项规定、市委15条、县委19条等有关文件规定认真组织学习。三是抓好常委会组成人员的学习。集中学习人大组织、政权、议事规则以及监督工作的必备知识。4月份,为宣传、了解、推进古北水镇

等重点工程项目建设，常委会组成人员赴浙江乌镇进行专题学习调研，增强发展意识，提高履职水平。四是抓好机关干部的学习，努力创建学习型机关。坚持每周半天理论学习、每月一部法律知识测试制度，充分调动干部职工的积极性、主动性、创造性。通过加强思想政治建设，增强了常委会组成人员和机关干部的政治观念、法治观念、大局意识。

（二）加强制度建设

今年，在坚持原有制度的基础上，又建立和完善了一批新的工作制度。一是为了规范常委会工作，制定了《关于对“一府两院”工作和法律法规实施情况视察检查程序》、《关于听取和审议专项工作报告程序》。二是为了加强机关建设，制定和完善了《财务管理制度》、《公务接待制度》、《党建领导小组成员管理办法》、《车辆运行费用及安全管理规范》等12个制度。这些制度的建立，有效促进了常委会和机关工作的规范化、制度化。

（三）加强作风建设

常委会把作风建设放在维护全县良好政治生态环境的高度，坚持不懈抓紧抓实。一是认真贯彻中央、市委和县委关于坚持群众路线、改进工作作风的有关规定，及时召开党组扩大会议传达学习，结合人大工作实际制定落实意见，做到旗帜鲜明、态度坚决、工作到位。二是发扬民主，坚持公开公正透明的办事规则。注意发挥人大党组会议、主任会议领导班子集体的作用，坚持集体研究决定事项。三是常委会领导成员带头参加视察检查、带头调研、带头深入镇村社区，了解民情，掌握民意，解决实际问题，有效推动基层工作。凡常委会审议的议题、重要工作的视察检查，各委室都能够提前介入、及时沟通、深入调研，有效地提高了常委会审议质量和工作质量。四是增强服务意识，人人树立勤勉敬业、积极进取、脚踏实地、深入扎实、讲质量、讲效率的工作作风，自觉维护人大机关、人大干部队伍的形象。

（四）加强廉政勤政建设

认真贯彻落实中纪委、市委、县委有关机关干部廉洁从政的有关规定，落实党风廉政建设责任制，层层签订责任书，做到一岗双责；建立健全廉政风险防范机制；坚持勤俭节约，勤俭办会，艰苦奋斗，少花钱多办事，勤俭办一切事情的原则，营造公开透明、风清气正的良好环境。

各位代表，过去的一年，县人大常委会围绕中心、服务大局，为促进全县科学发展，推动民主政治、民主法制建设做出了贡献。成绩的取得，是县委正确领导的结果，是全体代表和常委会组成人员共同努力的结果，是社会各界和全县人民大力支持的结果。在此，我代表县人大常委会向全体代表，向所有关心和支持人大工作的同志们表示衷心的感谢！

在肯定成绩的同时，我们也清醒地认识到，常委会的工作与宪法和法律赋予的职责，与党和人民的要求还存在一定差距，主要是：监督工作的实效性还需要进一步提高，有关经济社会发展重大事项决定权的行使还没有到位；常委会自身建设和机关干部队伍建设还需要进一步加强；代表联系群众的渠道，联系群众的形式、机制还有待于发展和创新。

各位代表！2014年，县人大常委会要在县委的领导下，认真依法履行职责，全面推进各项工作再上新台阶。

一、努力做好监督工作

深入贯彻落实监督法，紧紧围绕“三

个走在前列”奋斗目标和建设绿色国际休闲之都的工作大局,在监督工作中突出发展、突出民生、突出生态文明和民主法治建设,对重点工作保持监督的连续性,切实推动重点问题的解决。

二、努力做好代表工作

继续加强和改进代表工作,充分发挥代表的主体作用。一是加强培训,不断提高代表素质和履职能力。二是加强议案建议督办工作,不断提高督办实效。三是增强代表履职的责任感、使命感,充分发挥代表在反映人民意愿、参与重大发展决策的制定和推动全县科学发展中的积极作用。

三、加强常委会及机关自身建设

认真学习贯彻党的十八大及十八届三中全会、县委十二届七次全会精神,加强人大常委会与代表的联系,充分发挥代表作用,提高坚持和完善人民代表大会制度的自觉性,依法行使有关经济社会发展重大事项的决定权和干部任免权,推动人民代表大会制度与时俱进。

各位代表:

新的一年,让我们在县委的领导下,按照党的十八大及十八届三中全会精神的要求,做好人大工作,为促进全县科学发展,推进民主法治建设,为建设生态富裕、和谐美丽的新密云做出贡献!

政府工作报告

——2013 年 12 月 25 日在密云县第十五届人民代表大会第四次会议上

县长　王海臣

各位代表:

现在,我代表密云县人民政府,向大会作工作报告,请予审议。并请政协委员提出意见。

一、2013 年工作回顾

2013 年,在市委、市政府和县委的坚强领导下,在县人大、县政协的监督支持下,县政府全面贯彻落实科学发展观,深入实施密云生态涵养发展区工作方略,按照县委十二届五次、六次全会的总体部署,坚定信心,攻坚克难,推动密云科学发展取得新成就。

初步核算,全县实现地区生产总值 196.3 亿元,同比增长 10%;公共财政预算收入 25 亿元,增长 12.7%;全社会固定资产投资 165 亿元,增长 13.6%;社会消费品零售额 116.3 亿元,增长 10.1%;城镇居民人均可支配收入 32510 元,增长 10%;农村居民人均纯收入 16200 元,增长 11%;全县林木生态覆盖率达到 78.8%,万元地区生产总值能耗、水耗分别下降 3.12%和 10.5%,大气主要污染物年均浓度下降 2.1%。圆满完成年度各项目标任务。

(一)筑牢发展载体,强化产业支撑,

内生发展动力加速释放

统筹谋划，全力推进重点功能区发展和重大项目重点工程建设，重点功能区呈现出由一枝独秀向多点支撑转变的良好态势，重大项目重点工程辐射带动作用明显增强，为全县经济快速持续发展提供了强大动力支撑。

经济开发区主引擎作用更加突显。A区规划修编通过市规委审查。18条区内道路升级改造工程全面竣工。盘活闲置企业10家，新引进落地实体企业20家。80家企业被认定为中关村高新技术企业。偿还银行贷款本息7.65亿元，累计达18.09亿元。预计开发区全年完成工业收入230亿元，同比增长15%，占全县工业收入的66%；纳税形成县级财政收入5.2亿元，同比增长20.7%；安置本地劳动力就业1.2万人。通过改革的持续巩固与深化，开发区已成为全县名副其实的经济发展主战场、提速发展的发动机和劳动力就业的重要平台。

生态商务区总部基地后发优势强劲。A2地块完成入市交易，B、C地块土地一级开发全面启动。华润中央公园及生态展示中心即将完工。新引进企业32家，入区项目达到112个，注册资本61.1亿元。京沈（京冀）铁路客运专线有限公司、中航油石化管道有限公司等大型企业在区内注册。预计商务区全年完成税收2.1亿元，形成县级财政收入7000万元，同比分别增长103.8%和81%。生态商务区被正式认定为“北京市总部经济发展新区”，并被列为全市首批“绿色生态示范区”。

其他重点功能区建设同步推进。通航产业基地北区通用机场开设航线16条，空域范围扩大至850平方公里。建立了贝尔直升机及塞斯纳公务机华北地区交付中心，中船海丰通航公司、亚盛通航公司等一批知名企业落户我县，航空产业聚集态势更加明显。太子务开发区新引进企业187家，预计实现税收1.3亿元，形成县级财政收入6700万元。计划投资50亿元的雅达密云未来家园高端养老项目已达成投资意向，前期工作正在扎实推进。巨各庄沟域经济特色产业带初具规模，在2013年沟域经济建设考核验收中居全市首位。

重大项目建设取得新进展。福田多功能汽车厂预计年内生产整车6.3万辆，实现收入38亿元，同比增长16%；二期扩建项目进展迅速，已完成投资5亿元。古北水镇项目已累计完成固定资产投资39亿元，随着水镇演艺街区等一批核心区域的建成，一个集观光旅游、休闲度假、文化体验于一体，人文底蕴深厚、服务设施一流的国际旅游综合目的地跃然展现于司马台长城脚下。司马台民俗旅游新村8月17日正式开村，村民步入了快速增收致富的幸福路。华润希望小镇195套新民居全部封顶，木棉花乡村酒店、天福号农庄等产业项目进展顺利，市政基础设施建设快速推进，依靠党组织引领建设的希望小镇，已经展现出美好的前景。

重点工程建设实现新突破。城乡路网建设捷报频传，密云·云蒙大桥、西统路、密关路改扩建等重点道路工程相继完工，全年新建、续建、改扩建道路通车里程达90余公里。司马台35千伏、太北110千伏输变电站工程竣工投入使用。中储粮直属库、县看守所搬迁选址规划和垃圾综合处理中心环评已获批复。大唐煤制气进京工程管道建设全部完工。南水北调工程拆迁补偿工作顺利完成。全力以赴、恒持不懈推进檀营旧村改造搬迁工作,已累计搬迁847户,完成总任务的90.3%。

(二)坚持规划先行,强化重点镇建设,城乡一体化迈出新步伐

将"6+2"重点镇建设作为加快城乡发展一体化和实现"三个走在前列"奋斗目标的重要抓手,超前谋划、提前部署、全力推进,为实现新型城镇化的美好蓝图奠定了坚实基础。

加快编制重点镇建设和发展规划。溪翁庄、太师屯、巨各庄镇域总体规划、中心区控规和穆家峪镇域总体规划已获批复,古北口、西田各庄镇域总体规划已经申报,十里堡、河南寨镇战略性发展规划已编制完成。按照"规划先行、功能明确、产业支撑、项目带动、政策支持"的总体思路,精心编制了《重点镇基础设施建设和经济发展规划》、《平原区路网规划》,为实现重点镇科学发展、快速发展奠定了坚实基础。

同步推进基础设施建设和产业发展。学府路、久黄路、巨四路、穆九路等重点道路工程相继竣工,供水、供电、供热等基础设施和文化、教育等公共服务设施建设快速推进,重点镇功能进一步完善,综合承载力大幅提升。深入分析农民就业产业基地发展现状,明确发展思路,加快实施"腾笼换鸟",新盘活基地内企业12家,协议投资额21.8亿元。

(三)立足科学发展,转变发展方式,发展质量明显提高

紧紧围绕全县发展的产业方向、产业结构和产业布局,持续深入实施产业结构调整,基础产业更加稳固,支撑产业动力增强,支柱产业发展壮大,又好又快科学发展的基础进一步夯实。

休闲旅游业发展异彩纷呈。在抓好古北水镇等龙头项目建设的同时,继续按照"一个民俗村就是一个乡村酒店"理念和"四化"标准,大力推进乡村旅游发展,顺利实现"321"阶段性发展目标(3000民俗户、2万张床位、1万人就业),民俗旅游收入和人均消费持续位居生态涵养发展区前列。制定出台《密云县乡村旅游星级评定暂行办法》,全面启动了星级评定工作。2013年11月,我县荣获新华网组织评选的"'最美中国'生态旅游目的地市(县)"称号。

环境友好型工业支撑作用突显。汽车及零部件、生物医药、数字信息、新型建材、新能源等主导产业预计年内实现收入254.7亿元,占全县工业收入的74.3%,其中汽车及零部件和生物医药产业实现收入同比增幅分别达到19.8%和63.9%。规模以上工业产能持续扩大,预计实现工业总产值285.6亿元,同比增长9%。

都市型现代农业结构持续优化。深入推进农业与休闲旅游业融合互动发展,围绕"六河、三路、一沟",发展大地田园景观6000亩,展现出绚丽多彩的田园风光。加快实施农业提质增效工程,改造提升休闲农业园8个,有机果品基地30个,总面积达6.5万亩。生态养殖、绿色林果、特色种植业发展齐头并进,农产品附加值显著提升。

(四)坚持环境立县,全力攻坚克难,环境质量明显改善

牢固坚持"保水是第一责任、生态是第一资源",按照全县拆违打非暨城乡环境建设动员大会部署,统一思想、坚定信

心，展开了一场拆违打非、治理环境的攻坚战。

拆违打非取得阶段性重大胜利。累计拆除违法建设815处、24.7万平方米，销帐比例位居生态涵养发展区前列。在短短3周时间内，一举拆除了507栋、3.7万平方米“大棚房”。查处新生违法建设30处，确保了新生违法建设动态为零。在这场力度空前的战役中，各级干部不畏困难、敢于碰硬，拆出了民心所向，拆出了公平正义，拆出了发展空间，为实现又好又快科学发展提供了坚强有力的保障。

实施清洁空气行动计划成效显著。以降低PM2.5为重点，制定了《清洁空气行动计划》和《农村地区“减煤换煤、清洁空气”行动计划实施方案》。圆满完成了集中供暖锅炉脱硝治理、规模化养殖小区粪污治理、煤改气等年度任务。严格执行项目环境影响评价和审批，严控机动车尾气排放污染，加强空气重污染应急管理，全县空气质量持续位居全市前列。

城乡污水处理设施建设加速推进。制定了《加快污水处理和再生水利用设施建设三年行动方案》。檀州污水处理厂改造工程完工并投入运行，新城再生水厂、经济开发区再生水厂建设扎实推进，穆家峪等4个镇级污水处理厂（站）建设完工。水库一级保护区污水处理率达到100%。

城乡环境综合治理取得明显成效。制定了《城乡环境建设与管理工作职责》，落实责任，加强监管，在全市环境建设动态考核排名中连续7个月位居生态涵养发展区首位。深入落实“六护”机制，加大水库周边环境综合治理力度，确保了水体质量。扎实推进汤河等10条主要河道治理工程，完成了77条中小河道治理任务。实施小流域综合治理55平方公里。对39个重点民俗村实施了环境标准化提升，村容村貌焕然一新。

绿化美化工作向全域和纵深拓展。新城滨河森林公园一期工程全部竣工。高标准实施平原地区造林工程2.5万亩，三年累计完成造林4万亩，平原地区森林覆盖率由2010年的23%提高到了34.4%。实施封山育林7万亩，人工造林1.5万亩，进一步提升了生态景观，增强了水源涵养能力。

（五）完善体制机制，深化各项改革，为发展注入了新动力

通过制定、完善并落实一系列新的体制机制和改革措施，使政府经济管理步入了更加规范的轨道，切实提高了管理的效益与水平。

政府投资项目管理不断加强。完善落实《政府投资项目评审管理规定》，全年共评审政府投资项目225个，送审金额30.77亿元，审减4.67亿元，综合审减率达15.2%。《规定》实施四年来，累计评审项目440个，送审金额109.6亿元，审减14.9亿元，综合审减率13.6%。全面开展了镇街政府投资项目监督检查，有效规范了基层政府投资行为。

投融资改革持续巩固并深化。制定出台了《支持民俗旅游发展融资财政贴息实施办法》，提供融资担保900万元，为民俗旅游发展提供了有力的资金保障。依托融资平台，全年融资4.98亿元。新偿还政府债务本息9.6亿元，近四年来累计偿还本息35.3亿元，政府债务风险明显降低。

土地储备开发效果显著、效益倍增。坚持土地入市和储备开发工作例会制度，

科学制定土地供应计划,加强土地一级开发成本审计,实现了规范、有序、集约、高效利用土地。全年完成12宗土地入市交易,总用地面积201.23公顷,成交金额41.73亿元,实现政府收益17.39亿元,为城乡建设与发展提供了有力保障。

农村"新三起来"成效初显。规范推进农村土地使用权流转,累计流转土地8.5万亩,占确权总面积的30%。农村集体经济产权制度改革已完成总任务的97%,改革进程居全市前列。探索建立农宅股份合作社,为农民闲置资产有效经营起来奠定了基础。新成立农民专业合作社84家,总数达到1131家,农户入社率84%,农民组织化程度进一步提高。

(六)坚持以人为本,加强社会建设,公共服务均等化水平显著提升

牢固坚持"以人为本,执政为民"理念,整合内外资源,凝聚全县力量,着力保障和改善民生,人民群众更加充分地享受到了改革发展成果。

农民三大工程进展顺利。大力推进农民增收工程。农村居民人均纯收入连续五年保持11%以上增速,新一轮促进低收入农户增收工作全面启动。积极实施农民健康工程。坚持为广大农民免费体检,建立农民电子健康档案23.9万份;持续扩大新农合覆盖面,参合率达到99.9%。加快实施农民安居工程。全力推进山区搬迁工作,全县637个险户中,除69户因选址问题尚未实施搬迁,其余568户已全部落实;抓好农宅抗震节能改造工作,完成新建翻建2200户,单项节能保温改造1.2万户。6个山区应急避难场所建设扎实推进。

民生保障工作不断加强。社会保障体系更加完善。持续加大就业帮扶力度,转移城乡富余劳动力6213人,继续保持"纯农就业家庭"和"零就业家庭"动态为零。全面启动了"幸福晚年工程"。城乡低保、困难救助、老年优待等各项政策得到有效落实。保障性住房建设进展顺利。云北小区二期434套经济适用房已完成主体工程,清水湾小区三期480套经济适用房、226套限价商品房已经开工。349户家庭通过公开摇号获得保障性住房。老旧小区和城中村改造快速推进。14个老旧小区142栋住宅楼综合改造、71.5万平方米建筑节能改造全部完工。河西六村改造、兴云小区改造工程进展顺利。集中供热整合效果明显。实施热计量改造225万平方米,改造老旧供热管网8.5公里,城区近1200万平方米纳入集中供热管网,供热质量得到了长期有效保障。立体分类式网格化社会服务管理不断加强。在全市率先建成"上下联动、层级清晰、覆盖城乡、服务高效"的"三级联动"便民服务体系和农村网格化社会服务管理标准化体系,群众满意度显著提升。第九届村委会换届选举圆满完成。农村基层组织建设经验得到中组部、民政部肯定与推广。

各项社会事业全面发展。强化科技资源统筹融合,科技服务发展、推动发展的能力显著增强。加强知识产权申请、保护与利用,荣获2013年度"全国知识产权系统人才工作先进集体"称号。编制并实施《教育基础设施建设专项规划》,投资1.6亿元,实施教育重点工程19项,城乡办学条件全面改善。高考本科上线率连续四年保持70%以上,2013年高考录取率达93.5%。文化服务体系不断完善,在全市率先实现有线广播农村地区全覆盖,文

化志愿者“暖心工程”获得第十届中国艺术节项目类群星奖。加强名医引进和培养,医疗服务水平进一步提高。县医院迁址新建工程已完成工程总量的95%。全民健身活动深入开展。少数民族乡村经济发展取得新成效。规范实施村民一事一议筹资筹劳,2013年11月,我县被农业部评为“全国一事一议规范管理县”。征兵工作圆满完成。档案史志、计划生育、工会、共青团、妇女儿童、双拥、民族宗教、民防、地震、对外交流、对口支援、红十字会等各项工作取得新成绩。

安全稳定工作进一步强化。研究制定了《关于进一步加强本县应急能力的实施意见》,应急保障和处置能力进一步增强。全面推行重大决策社会稳定风险评估,加强社会矛盾源头预防化解,集体访、越级访批次、人次大幅下降。落实安全责任,加强安全监管,实现安全度汛,杜绝了重特大安全事故的发生。完善社会治安防控体系,荣获“2009-2012年度全国社会管理综合治理先进集体”称号,群众安全感满意度继续保持全市首位。

（七）强化“六种能力”建设,公务员队伍整体素质和工作水平明显提高

今年以来,县政府各部门紧紧围绕县委提出的“两会、两能、两强”,不断提高履职能力、行政效能和服务水平。

一是强化组织学习。继续坚持政府常务会议学习制度,召开政府常务会议22次,学习事项14项。坚持理论学习与实践学习相结合,利用实地参观学习等方式,积极推广好经验、好做法、好典型,形成了比、学、赶、帮、超的浓厚氛围。

二是坚持依法行政。认真接受县人大的法律监督、工作监督和县政协的民主监督,共办理人大代表建议79件、政协委员提案118件,办复率达到100%。重大事项、重大项目、重大资金安排使用,坚持集体研究决定,确保了依法、科学、民主决策。圆满完成“六五”普法中期各项任务。

三是强化督查落实。建立了重大决策事项、重大项目重点工程建设三级预警督查机制,开展决策督查与专项督查70余次,行政效能监察15项,有力推进了县委、县政府重大决策部署的落实。构建了全程跟踪、实时预警、及时纠错的密云县电子监察平台,提升了行政监察科学化水平。建立健全政府部门内部督查机制,将督查体系建设向基层和纵深拓展,为各项工作扎实推进提供了有力保障。

四是加强自我约束。全面落实党风廉政建设责任制,严格遵守中央八项规定、市委十五条意见和县委十九条规定等党风廉政建设要求,加强“四风”整治,严肃查处了一批违纪违法案件,营造了“干部清正、政府清廉、政治清明”的良好氛围。

各位代表,一年来,面对复杂的发展环境和艰巨的发展任务,全县上下和衷共济,攻坚克难,夺取了“十二五”关键之年的新胜利。成绩的取得,得益于市委、市政府和县委的坚强领导,得益于密云新时期科学发展思路体系的正确指引,得益于县人大、县政协和社会各界的监督、支持,得益于全县广大干部群众的团结奋斗。

在此,我代表县政府,向全县人民,向各位人大代表、政协委员,向民主党派、人民团体和各界人士,向中央市属在密单位、驻密部队、武警官兵,向所有关心支持密云发展的投资者、建设者,表示衷心的感谢,致以崇高的敬意!

在肯定成绩的同时,我们也清醒地认识到,全县经济社会发展中仍然存在一些较为突出的问题:一是全面落实市委、市政府关于加强环境建设的要求,实现生态环境持续改善,还有很多工作需要巩固、推进和强化;二是按照全市新一轮低收入农户增收工作部署和要求,我县低收入农户基数大、底子薄,多渠道促进农民增收任务艰巨;三是政府部门行政效率和服务水平与人民群众以及社会各界的新期待相比还有差距,依法履职、专业履职、用心履职的能力还有待进一步提高。对于这些问题,县政府将在今后工作中高度重视并采取有力措施,切实加以解决。

二、2014 年工作安排

2014 年是贯彻落实党的十八大和十八届三中全会精神,全面深化改革的关键之年,也是我县深入实施"十二五"规划,向着"三个走在前列"奋斗目标砥砺奋进的攻坚之年。尽管任务艰巨,但是只要我们坚持县委制定的密云新时期科学发展思路体系不动摇、不懈怠,坚定发展理念、发展思路、发展方式、发展成果、发展后劲的自信,统一思想、凝聚力量,坚持一张蓝图干到底,就一定能够开创又好又快科学发展的新局面!

2014 年政府工作的总体要求是:全面贯彻落实党的十八大、十八届三中全会精神,按照县委十二届六次、七次全会的总体部署,以科学发展为指导,以深化改革为动力,深刻认识和把握密云发展的阶段性特征,深入实施密云生态涵养发展区工作方略,围绕"三个走在前列"奋斗目标和"绿色国际休闲之都"发展定位,坚持密云发展的产业方向、产业结构和产业布局,稳中求进,开拓创新,不断壮大经济实力,持续提升发展质量,努力建设生态富裕和谐美丽新密云。

全县经济社会发展主要预期目标是:地区生产总值比上年增长 9%左右,公共财政预算收入增长 10%,社会消费品零售额增长 8%,城镇居民人均可支配收入增长 9%,农村居民人均纯收入增长 10%,大气主要污染物年均浓度下降 2%,万元地区生产总值能耗、水耗完成市政府下达任务。

围绕上述目标,重点抓好以下七方面工作:

(一)立足当前、着眼长远,恒持不懈推进重点功能区建设

紧紧围绕"两区两带一基地"产业布局,以发展实体经济为重点,推进重点功能区建设全面提速,加快构建多点支撑、分类集聚、区域联动、协同发展的战略性产业发展新格局。

着力提升经济开发区发展质量。按照"531"的发展目标(到"十二五"期末,实现就业 5 万人、税收 30 亿元、财政收入 10 亿元),集中力量做大做强经济开发区。尽快取得 A 区规划修编批复,加快 B 区 1000 亩扩规手续办理,拓展优化发展空间。继续实施区内基础设施升级改造,提高园区承载能力。加快"腾笼换鸟"步伐,进一步提高土地利用效率。以现代制造业产业基地、北京数字信息产业基地、北京科技成果转化(密云)示范基地等园中园为载体,进一步加大招商力度,引导同类产业上下游企业聚集发展。加强体制机制创新,强化政策对接与落实,使开发区更加充分地融入中关村"一区十六园"发展体系。

全面加快生态商务区建设。按照“662”的发展目标(到“十二五”期末,实现就业6千人、税收6亿元、财政收入2亿元),推进生态商务区提速发展。加快商务区B、C地块土地一级开发和区内道路交通等配套基础设施建设。超前谋划、有序推进潮河以南区域规划建设,高标准做好京沈高铁密云东站一体化规划设计。加强与华润集团、绿地集团合作,按照先商业、后住宅的建设时序,加快华润生态乐活城项目建设,年内实现商业综合体和花园企业总部基地全面开工。着力引进研发型、生态型、创意型企业落户,努力建设好“北京市总部经济发展新区”。

全力建设通航产业基地。优化提升北区。以机场建设信息化、服务内容多样化为重点,持续提升北区穆家峪机场建设水平,增强产业发展承载能力。加快推进贝尔·中国汇项目规划报批、手续办理等工作,尽快启动土地一级开发。加快建设南区。积极协调空军、铁三院、市属有关部门,抓紧做好南区公务机场选址论证、空域批复、临空经济规划等项工作,争取公务机场建设取得实质性进展。推动产业集聚。大力支持华彬天星、乔治·海因茨等通航企业发展,加大通航产业实体企业引进力度,不断完善通航产业链,加快形成通航产业集聚密云的强劲态势。

着力打造东西两线经济功能区。以古北水镇项目正式运营为契机,统筹区域资源,完善对接机制,尽快将古北水镇国际休闲度假区建设成为带动县域东北部和拉动潮河产业带快速发展的重要功能区。加快推进巨各庄沟域经济特色产业带发展,完善各项规划,加强道路、环境等基础设施建设,支持产业项目加快落地。积极推进蔡家洼等重点区域土地一级开发,努力打造一流的生态旅游区。利用密关路改扩建工程全线竣工的有利契机,积极引进优势企业,加快云蒙山区域旅游开发步伐。全面推进太子务开发区建设,扎实做好雅达未来家园高端养老项目规划编制、土地一级开发、协调服务等工作,力促项目尽早开工。

(二)坚持招大引强、做大做强,进一步增强经济发展后劲

把招大引强、做大做强作为扩大经济总量、提升发展质量的重要抓手,坚持引进与建设同步,扩大增量、优化存量,为经济持续快速发展不断注入新动力。

加大招商引资力度。建立健全招商引资统筹协调评估工作机制,深入落实《密云县招商引资管理办法》,严格项目准入,着力提升引进的质量和效率。坚持总量与质量并举,结构与效益并重,加大重点产业项目、落地实体项目、结算型企业总部引进力度。瞄准重点发展领域,密切关注国家相关规划和政策动向,提升捕捉优质项目能力,吸引更多高端项目、高端要素注入。积极参加京交会、京港洽谈会等宣传推介活动,提高我县知名度和影响力。牢固秉持“延伸为企业服务内容无止境,拓展为企业服务范围无界限”的理念,打造一流的投资环境。

加快项目建设进度。提前谋划、抓紧解决项目建设中的规划、征地、融资、基础设施配套等问题。强化与金融机构的对接,不断拓展融资渠道。加大土地收储力度,积极推进土地一级开发,依法依规、合理有序安排土地供应,保障重大项目落地需求。牢固树立“项目建设一盘棋”意识,强化部门合作,简化审批手续,提高办事

效率,缩短项目建设周期。坚持和完善重大项目拆迁建设联动机制,全力破解重大项目推进过程中的瓶颈制约。按照引进项目抓质量、签约项目抓落地、在建项目抓投产、建成项目抓效益的要求,通过全县统筹、部门联动,形成重大项目建设有序推进的良好局面。

优化提升存量经济。深入落实《关于培育和扶持企业上市的意见》,加强与市证监局、金融局、发改委工作对接,强化对重点上市资源企业的支持与服务,及时研究解决企业上市遇到的困难和问题,加快企业上市步伐。按照《品牌战略实施意见》,坚持和完善"政府引导、部门联动、企业主体"的品牌建设机制,重点推进开发区品牌基地创建,不断提高企业的竞争力和市场占有率。深入实施创新驱动,支持企业提高自主创新能力。全力扶持中小微企业发展,促进各类企业权利平等、机会平等、规则平等,推进非公经济上规模、上水平。

(三)深入推进产业结构调整,进一步提升发展质量

紧紧围绕区域功能定位,以提质增效为核心,坚持有所为有所不为,着力优化产业结构,为县域经济持续快速健康发展提供更加有力的产业支撑。

优化发展都市型现代农业。完善农业产业链条,支持农业龙头企业做大做强,提高农业组织化程度和市场化水平。巩固提升安全优质农产品基地建设。大力发展休闲农业、景观农业,促进农业与旅游业深度融合发展。按照"规划、归整、建设、管理"的思路,统筹整合旅游、文化、生态、农业等各方面资源,推进司马台—雾灵山、穆九沟域、云蒙风情大道、玉龙谷等重点沟域发展。

提高环境友好型工业发展水平。支持汽车及零部件企业集群发展,促进生物医药企业做大做强,鼓励新型建材和新能源企业加快集聚,积极发展电子商务、数字服务和信息技术产业。围绕绿色高端高效高就业的产业方向,坚持创新发展、培育龙头企业,引导产业结构优化升级。鼓励企业开展技术创新和升级改造,加快传统产业转型升级步伐。进一步淘汰落后产能,促进土地、水、电、煤等资源能源集约高效利用。

推动休闲旅游业提档升级。大力实施旅游环境提升工程,加快传统旅游景区景点升级改造。加大旅游商品开发力度,不断提升旅游产品市场竞争力。坚持"增加人次"和"提高消费"两手抓,延伸旅游产业链,促进旅游业与其他产业联动发展。牢固坚持"一个民俗村就是一个乡村酒店"理念,按照"642"的目标(到"十二五"期末,发展6千民俗户、4万张床位、2万人就业),恒持不懈抓好民俗旅游发展。科学编制《密云乡村旅游发展规划》,全面落实支持民俗旅游发展的各项政策措施,引导广大民俗户"开眼界、转观念、增技能、淳民风"。增强旅游合作社造血功能,充分发挥其在提升民俗旅游组织化水平方面的作用。扎实做好乡村旅游星级评定、"四化"、"六有四统一"工作,通过提档升级,进一步促进民俗户增收。

加快培育新的经济增长点。深入落实促进县域经济发展若干政策,大力发展实体经济,不断增强经济实力。积极推进现代服务业发展,完善商业设施,丰富商业业态,提升商贸服务业发展水平;落实鼓励消费的各项政策,持续扩大城乡居民消费;完善金融服务体系,提高金融服务区域发展的能力。强化政策扶持引导,积

极发展健康养老、文化创意等新兴产业。加大统筹力度，科学有序推进建筑建材及房地产业发展。

（四）以“6+2”重点镇建设为重要抓手，加快推进城乡发展一体化

城乡发展一体化是今后一个时期引领我县经济社会跨越发展的一条主线。要坚持规划先行，强化基础设施和产业发展支撑，突出抓好重点镇建设，全面加快城乡发展一体化步伐。

进一步发挥规划引领作用。深入落实“十二五”规划、土地利用总体规划、新城规划等事关全县发展大局的综合性规划和重要专项规划。全面完成新城街区控规深化方案审批。抓紧完成重点镇镇域总体规划和镇中心区控规、村庄规划的编制审查报批，着力满足镇村建设发展需求。高标准编制重点产业发展规划和重大项目规划，为产业发展和项目建设提供规划保障。加强道路交通、地下管网等基础设施规划的统筹编制与审查报批，强化规划刚性，确保城乡基础设施有序建设、安全运行。

全面加速重点镇建设。有计划、分步骤地推进《重点镇基础设施建设和经济发展规划》的实施。加快推进镇中心区土地一级开发，加大重点镇基础设施、公共服务、环境建设投入力度，吸引人口向镇中心区集中，产业向农民就业产业基地集聚。尽快启动一批对未来发展、功能提升具有重要作用的产业项目，为重点镇建设提供有力支撑。加快实施农民就业产业基地基础设施改造升级，盘活基地内存量土地，推动土地集约高效利用。要通过恒持不懈的努力，使重点镇成为城乡发展一体化的重要推动力和县域经济的重要增长极。

加大统筹城乡发展力度。加快开发建设。集中力量，攻坚克难，全面完成檀营旧村改造搬迁工作。扎实推进河西六村、一街新村、南菜园新村等城中村拆迁改造。加快推进云溪花园、上河湾住宅小区、黄金酒店等项目建设。统筹城市规划、产业发展和居民安置，加快解决新城周边村庄的建设和改造问题。积极推进棚户区改造工作。加强基础设施建设。加快城乡道路建设，确保101国道绕城线、县医院配套道路工程竣工，西统路北延、司曹路二期等一批道路开工。全力推进垃圾综合处理中心、新城地表水厂、新城再生水厂、经济开发区再生水厂等工程建设。强化城乡管理。落实缓解交通拥堵各项措施，优化城区道路循环系统。加强城市管理综合执法，提升城市服务管理水平。巩固新农村建设成果，健全农村基础设施和公共服务设施长效管护机制。积极探索新型农村社区建设的有效模式，稳步推进新型农村社区建设试点。

（五）恒持不懈推进生态文明建设，打造天蓝地绿水净的美丽家园

牢固坚持以保护生态环境为前提，全面落实《密云县生态文明建设纲要》，积极推进全国生态文明示范区建设，建立健全生态文明制度体系，将密云生态文明建设推向更高水平。

抓好城乡环境治理，打造整洁有序的城乡环境。完善落实环境治理长效机制，确保在全市环境建设“月检查、月曝光、月排名”中持续保持领先。加快推进潮河、白河河道治理和景观提升工程，打造水清岸绿的城市景观带。深入开展拆违打非专项行动，确保明年一季度拆除所有挂帐违法建设。坚持专项整治与常态管理相结合，确保新生违法用地、违法建设动态

为零。持续保持打击盗采盗运矿产资源行为的高压态势。深入推进“六护”队伍进网格。扎实做好无证无照经营行为治理工作。完善“户分类、村收集、镇运输、县处理”的垃圾运行管理机制,提高垃圾减量化、资源化、无害化水平。

高标准履行保水第一责任,打造一流水环境。全面推进全国水生态文明城市试点建设。全力做好南水北调工程的服务保障工作。完善联合执法机制,加大执法力度,实现水库周边无缝隙管理。加强水库一级保护区污水处理设施运营管理,确保一级区内污水收集率、处理率、达标排放率全部达到100%。全面实施《加快污水处理和再生水利用设施建设三年行动方案》。完善水源保护区应急预案,增强水污染事故的预防和应急处置能力。落实防汛责任制,确保安全度汛。持续推进中小河道治理工程,建设“安全之河、生态之河、阳光之河、富民之河”。

坚决落实清洁空气行动计划,打造清新的大气环境。切实抓好现有燃煤锅炉清洁能源改造、烟花爆竹燃放管理、减煤换煤、煤改气、控车减油、治污减排、清洁降尘等工作,确保完成市政府下达的主要污染物总量减排和空气质量指标任务,使空气质量持续保持全市领先水平。大力倡导清洁生产、绿色出行、绿色消费等低碳生产生活方式,鼓励一刻钟内步行上下班。

高标准做好绿化美化工作,打造绿色生态的景观环境。继续实施平原造林工程,完成1.5万亩造林任务,建立完善长效管护机制。完成国家级公益林管护工程3万亩,森林健康经营项目6.8万亩。围绕重点道路、重要节点,大力推进绿化美化和景观体系建设。按照“生态治理、综合利用”的原则,深入开展矿山生态恢复。继续实施京津风沙源治理、小流域综合治理,不断提高生态涵养能力。进一步加强生态林管护,巩固提升绿化成果。

加强生态文明宣传教育,营造“生态文明,全民共建”的浓厚氛围。以全国生态文明示范区建设为契机,广泛深入开展生态文明宣传教育活动,使生态文明理念深刻融入经济、政治、文化、社会建设各领域和全过程。调动和凝聚全县力量,形成全面推进生态文明建设,共建美丽密云的强大合力。

(六)坚定不移地深化各项改革,为全县经济社会又好又快科学发展注入新活力

全面贯彻落实党的十八届三中全会精神,按照县委的统一部署,进一步解放思想,大胆探索,坚持把体制机制创新作为破解难题、加快发展的重要手段,统筹推进全县重点领域和关键环节改革工作。

深化行政体制改革。紧紧抓住经济社会发展中的突出矛盾和关键问题,正确处理政府与市场的关系,及时推出改革举措,使市场在资源配置中发挥决定性作用,政府管理好应当管理的事务。深化行政审批制度改革,优化审批流程,强化行政服务中心职能,提高审批服务效率。进一步简政放权,切实用好下放的行政审批权限,研究探索县级部分行政审批权限向镇街下放。

深化财政和投融资改革。完善镇街财政体制,使镇街事权、财权、人权相匹配,职、责、权相统一。加强预算绩效管理,优化支出结构,把钱用在刀刃上。落实好政府投资项目事前评审、事中监督、事后结算和分类归口管理的长效机制,进一步提高财政资金使用效益。创新融资

模式，拓宽融资渠道，做大做强政府融资平台。加强政府债务管理，严格举债程序，进一步控制和降低政府债务风险。积极探索 BT、BOT 等融资模式，吸引社会资金参与城乡基础设施建设。

增强经济发展活力。深化国有企业改革，提高国有经济运行质量和效益，促进国有企业做大做强。巩固深化集体经济产权制度改革和林权制度改革。把深化改革作为农村经济发展的根本动力，推动农村土地流转起来、资产经营起来、农民组织起来。深入研究农村土地流转方式，积极搭建平台，在符合规划和用途的前提下，推动集体建设用地、闲置农宅有效利用。加强农民专业合作社规范化管理，扶持优势特色农民专业合作社做大做强。

（七）统筹推进以民生为重点的社会事业发展，营造安全稳定幸福和谐的社会环境

坚持把保障和改善民生作为一切工作的出发点和落脚点，大力推进基本公共服务均等化，解决好群众最关心、最直接、最现实的利益问题，努力让全县人民生活更加幸福。

着力抓好重点民生工作。高质量办好直接关系群众生活的 31 件重要实事。深入落实各项支农惠农政策，加大帮扶力度，加快推进低收入农户增收。全面落实各项促进就业政策，完善就业服务体系，千方百计扩大本地劳动力就业。大力改善城乡居民居住条件，完成 40 万平方米节能改造和 60 万平方米老旧小区综合改造，继续做好山区搬迁工作，建设、分配、管理好保障性住房。完善落实社会保障、社会救助和社会福利政策，加大对困难群体帮扶力度。编制完善《密云县养老设施专项规划》，持续实施“幸福晚年工程”。积极推进城区蔬菜零售网络建设。

全面发展各项社会事业。进一步优化科技创新环境，加速科技成果产业化，全面提升科技服务能力。坚持教育优先发展战略，围绕“学有优教”目标，深入落实《教育基础设施建设专项规划》，进一步改善城乡办学条件。大力实施“名校、名师、名校长”工程，深化教师岗位交流，提升基础教育优质均衡发展水平。统筹各级各类教育协调发展，进一步提升市民整体素质。继续加强县、镇、村三级医疗服务网络建设，深化医药卫生体制改革。完成县医院迁址新建工程，建立完善运行管理机制。加快推进中医院迁址、精神卫生保健院改扩建。加强公共文化服务基础设施建设，大力发展公益性文化事业，丰富群众精神文化生活。加快体育中心建设，广泛开展全民健身运动，促进群众体育和竞技体育协调发展。

加快社会治理体制机制创新。推动立体分类式网格化社会服务管理体系向纵深发展。加快完善社会动员长效机制。健全政府购买社会组织服务机制，培育社会治理主体。持续推进“六型社区”和“一刻钟社区服务圈”建设。按照“提升功能、限定用途、加强管理”的原则，高标准完成腾退锅炉房改建工程。加强村务公开和民主管理，提高居民自治水平。完善流动人口调控机制，提高人口和计划生育管理服务水平，促进人口长期均衡发展。积极推进“三级联动”便民服务体系“国家级服务业标准化试点”建设。强化和规范住宅小区物业管理，切实提高物业管理水平。

全力维护社会安全稳定。严格落实信访责任，做好信访矛盾源头预防和排查化解。完善重大决策社会稳定风险评估

机制。落实安全责任制,加强各领域安全管理,坚决遏制重特大安全事故发生。加强应急机制和应急队伍建设,不断提高应对和处置突发公共事件的能力。加强社会治安综合治理,严厉打击各类违法犯罪,确保人民群众安全感满意度恒持位居全市前列。

各位代表,在新一年的工作中,县政府将按照县委十二届七次全会的总体要求,以党的群众路线教育实践活动为主线,积极转观念、增本领、清政风、抓落实,全面加强政府自身建设,确保圆满完成全年各项发展改革任务。

一是转观念。认真学习领会党的十八届三中全会精神,按照县委的统一部署,全面深化各项改革,激发经济社会发展活力。加快政府职能转变,进一步提高政府行政服务的效率与水平。在坚持发展不动摇的前提下,更加注重以人为本,更加注重全面、协调、可持续发展。在持续巩固生态优势的基础上,深入推进“以生态促发展,以发展促生态”的良性互动。

二是增本领。围绕县委提出的“两会、两能、两强”,加强公务员队伍建设,提高依法履职、专业履职、用心履职水平。认真执行县人大及其常委会的决议、决定,虚心听取县政协对政府工作的意见,以更高的标准办理好人大代表议案、建议和政协委员提案。始终把握新形势下群众工作的特点和规律,认真践行群众路线,不断增强联系群众、组织群众、服务群众、团结群众的本领。加强公务员职业道德教育和专业技能培训,全面提升队伍整体素质。

三是清政风。严格落实中央、市委和县委关于改进工作作风、密切联系群众的有关规定、意见,力戒形式主义、官僚主义、享乐主义和奢靡之风。强化政治意识和大局意识,坚决贯彻落实县委工作部署,维护县委权威,确保政令畅通、令行禁止。强化廉政教育和群众路线教育,全面推进惩治和预防腐败体系建设,切实做到勤政、为民、务实、清廉。加大审计监督力度,加强对权力的约束和监督。加大重点领域监督检查和源头防控力度,严肃查处各类违纪违法案件。坚持节能降耗减排率先由机关做起,深入推进节约型机关建设。

四是抓落实。大力弘扬求真务实、实干兴邦的作风,以一流的业绩来回报人民群众的信任与期待。全面推进政府绩效管理,建立科学合理的指标体系和评估机制。加大督查督办力度,以踏石留印、抓铁有痕的工作作风,推动各项决策有效落实。坚持积极作为、主动作为,严禁不作为、乱作为;坚持统筹联动,严禁推诿扯皮;坚持实事求是,严禁浮躁虚夸;坚持勤俭节约,严禁铺张浪费,不断提高政府的执行力和公信力。

各位代表,广大人民群众的致富梦、幸福梦是我们前进的动力,真抓实干、变革创新是我们成就梦想的途径。让我们在市委、市政府和县委的坚强领导下,倍加珍惜来之不易的有利发展形势,倍加珍惜政通人和的政治生态环境,坚定不移地按照密云新时期科学发展思路体系描绘的美好蓝图,统一思想,凝聚力量,锐意进取,真抓实干,为实现“三个走在前列”奋斗目标,建设生态富裕和谐美丽的新密云而努力奋斗!

政协密云县第十二届委员会常务委员会工作报告

——在政协密云县第十二届委员会第三次会议上

（2013年12月24日）

王春林

各位委员：

我受政协密云县第十二届委员会常务委员会的委托，向大会报告工作，请予审议。

一、过去一年工作回顾

一年来，在中共密云县委的领导和市政协的指导下，常委会认真贯彻中共十八大精神，牢牢把握团结民主两大主题，自觉坚持科学务实工作基调，紧紧围绕全县大局，认真履行政协职能，全年共组织重点视察4次，知情视察11次，界别和学习交流活动14次，委员学习报告会4场，积极组织对口协商、走访委员和委员兴趣小组等活动，为促进密云经济发展和各项事业进步发挥了应有的作用，圆满完成了县政协常委会年初确定的工作任务。

（一）致力科学发展，在服务大局协商议政方面取得新成果

常委会紧紧围绕事关全县发展的重大问题和重要事项，认真协商议政，积极建言献策，取得了较好成绩。

协商建言更加积极主动。在县政协十二届二次全体会议期间，委员们认真听取了政府工作报告和其它报告，围绕全县经济社会发展的重大问题和人民群众关注的热点问题，以分组讨论、议政座谈会和提交提案、社情民意信息等形式，积极议政建言。在议政座谈会上，委员们就支持企业上市、促进产业升级、城市路网建设、人才队伍建设、低收入农户增收、农村地区老龄化问题、改善饮用水水质、居民小区物业管理、推进全民健身等进行主题发言，集中建言献策，与县政府领导及有关委办局负责同志面对面协商交流，提出了许多具有参考价值的意见和建议。委员们发言言之有物、言之有据、言之有招，得到了与会领导和同志们的充分肯定。一年来，各专委会加强与有关职能部门的对口联系，以专题座谈会、工作通报会等形式，围绕中小企业、民俗旅游发展等议题开展协商讨论，建言献策，促进了相关工作的开展。

参政议政更加贴近中心。为使政协委员的视察活动更加深入扎实，贴近中心，常委会创新视察方式方法，将委员的视察活动区分为重点视察和知情视察。重点视察前制定方案、选准主题、深入调研，全面了解整体情况，视察座谈中做好主题发言，视察后形成视察建议。知情视察注意选取委员关心关注，又不很了解的相关事项，组织委员到基层视察了解情况，为委员知情知政创造条件。一年来，围绕中小工业企业发展、促进农民增收、有线广播“村村响”工作、城区菜市场建设与管理等主题开展了重点视察，向县政府

及相关部门提交了视察建议,得到了县政府和有关部门的高度重视和积极采纳。县长王海臣同志就委员关于城区菜市场建设与管理的意见建议作出批示,要求主管副县长组织相关部门认真研究制定可行方案,尽快落实,让群众直接感受到实实在在的变化。委员们对有线广播“村村响”工作进行视察后,提出了建立全县统一的管理机制、加强编播队伍建设、建立完善的维护系统等建议,被县委办公室、县政府办公室制定下发的《密云县有线广播“村村响”运行管理暂行规定》予以采纳。

服务中心更加主动及时。在全县“拆违打非”暨城乡环境建设专项行动中,县政协向委员发出通知,号召委员发挥模范带头作用,自行纠正自己存在的违法违规行为;不为破坏环境、违法建设人员说情;做好亲属和身边群众工作。委员们在做好表率的同时,积极撰写提案和社情民意,把“拆违打非”暨城乡环境建设专项行动存在的问题和群众的意见及时反映给县委县政府和相关部门,以实际行动支持和促进了全县“拆违打非”暨城乡环境建设工作的开展。

(二)关注社情民意,在凝心聚力保障民生方面展现新作为

强化监督惠及民生。围绕涉及人民群众切身利益的问题,对公路路网建设、山区搬迁、“零就业家庭”就业帮扶、“幸福晚年”工程和农民健康工程等10多个与民生密切相关的问题开展了知情视察,为委员知民情创造条件,给委员建言献策搭建平台。规范特约监督员工作。建立了特约监督员台帐,积极推荐政协委员担任行风评议员、听证代表等。一年来,担任特约监督员的49名委员,积极参与政府部门组织的政风行风评议和专项监督检查,对民生工程的落实情况重点进行监督,促进了相关工作更好地开展。

关注热点反映民情。十二届二次会议以来,共收到民生方面的提案、社情民意信息53件,占提案、社情民意信息总数的30.8%,在各方面的共同努力下,相关提案、社情民意信息得到了及时办理和有效落实,使一批群众普遍关注的问题得以解决。如县市政市容委、住建委等部门,在办理“停车难”问题的提案中,通过老旧小区综合改造增加停车位、加强公共停车场建设、施划路侧停车位、打通断头路、完善微循环等措施,使县城“停车难”问题得到一定缓解。对委员关于解决溪翁庄镇中心区集中供暖的提案,县政府召开专题会进行研究,溪翁庄镇政府及县直相关部门及时制定方案、申请立项。此项目现已得到市发改委批准,并争取支持资金1.2亿元。

服务群众温暖民心。积极引导和组织委员开展文化、科技、卫生下乡活动,参与新农村建设和扶贫帮困工作,为老百姓办实事、解忧愁。2013年,委员们自愿捐款14.26万元,资助了全县5所高中的65名高三家庭贫困学生,为他们圆大学梦助力加油。渔阳口腔医院李午欣委员,邀请北京三甲医院中医、口腔等多个科室的10多名专家,深入县光荣院和西田各庄、新城子等镇,为群众进行义诊并发放健康宣传材料及口腔护理产品。健福医院黄宗峰委员,组织近20名医护人员参加的“母亲健康快车”爱心医疗队,到冯家峪、不老屯等镇开展“妇女健康知识讲座”30余场,为4000多人进行了健康检查,还特邀北京妇产医院专家举办“京城名医专家健康讲座”6场,为百姓提供健康服务,得到普遍

称赞。

（三）夯实基础工作，在履职实效方面有了新提高

常委会注重“完善机制、细化管理、讲求实效”，不断提高政协工作水平。

注重拓宽委员视野，进一步加强委员学习。全年组织了做好新形势下的招商引资工作、中国文化与中国梦、全县经济社会发展形势、大气污染与环境保护等多场报告会。组织委员参加市政协举办的周边安全形势等报告会，首都文化创意产业发展研讨会，到平谷、怀柔、通州、门头沟等区县考察新农村建设、民俗旅游发展、运河文化、古文化旅游等情况，努力拓宽委员视野，丰富委员知识，为委员更好地履行职责服务。

注重发挥委员主体作用，进一步激发委员履职活力。各专委会分别组织本界别委员积极开展青岛啤酒三环有限公司、北京康辰药业有限公司等生产企业考察活动；古北口民俗旅游村、新城子吉家营传统村落、县板栗科普示范基地等参观活动；了解密云水库水源保护和南水北调工程、参加县法院检察院开放日和界别委员座谈、履职交流等活动，努力为委员提供参与活动的机会。成立了摄影、书法、棋类等委员兴趣小组并定期组织活动，进一步加强了委员之间的联系交流，促进了委员团结和友谊，增强了政协的凝聚力。通过委员界别小组活动和其他各种活动的开展，有效激发了委员活力和履职热情。一年来，委员参加活动率达到 96.1%，提交提案和反映社情民意信息 174 件，创历史最高水平。

注重提案办理落实，进一步提升提案实效。年初，常委会明确了以增加提案数量为基础，提高提案质量为核心，增强提案办理实效为目标的提案工作要求。主席会议成员视察督办，提案委与县委、县政府督查部门联合督办、视察跟踪督办，组织委员评议提案办理情况、加强提办双方沟通，通过这些工作举措，有力地推动了提案的落实。二次会议以来，委员共提交提案 144 件，立案 119 件，立案提案全部办复，采纳率达到 79%，提案数量、质量和办理实效都得到了提高。

编辑出版教育专辑，文史工作又有新成果。年内，完成了《密云文史稿．教育专辑》的编辑出版工作。专辑约 23 万字，图文并茂，翔实生动，把密云教育的一些历史事件及相关人物、活动记录下来，为后人了解密云教育事业的发展留下了宝贵的资料。

（四）着眼提高履职意识，政协自身建设迈上新台阶

加强委员服务管理，提高委员履职意识。一是加强与委员的沟通联系。了解委员情况，帮助他们协调解决工作生活的问题。二是加强委员履职活动管理。对委员参加政协各种会议、活动，提交提案和反映社情民意等履职情况进行全面统计和分析。半年时，与参加履职活动较少的委员，进行沟通，了解原因，促其积极参加各种活动，履行委员职责。年终，将委员一年来的履职情况反馈给本人，并对今后履职作出提示。对违反政协章程，造成不良影响的委员及时给予撤销委员职务处理，强化了委员履职意识、责任意识，调动了委员履职的积极性和主动性。

加强机关建设，提高服务水平。采取多种方式，组织机关干部学习政协理论、业务知识，了解经济社会发展情况，拓宽机关干部知识面。按照“服务意识进一步加强，服务质量进一步优化，工作效率进

一步提高”的要求,强化机关干部的责任意识和服务意识,增强政协机关“参谋助手、综合协调、服务保障”能力,提高政协机关干部整体素质和为委员履职服务的水平,保障了政协工作的顺利开展。

各位委员,同志们,一年来,县政协工作取得的成绩,是各参加单位、各位委员认真履职的结果,是市政协指导、县委领导、县政府大力支持的结果,是各部门、各单位及社会各界密切配合的结果。在此,我代表县政协常委会向大家表示崇高的敬意和衷心的感谢!在总结成绩的同时,我们也清醒地看到常委会工作与县委的要求、形势的发展、社会各界的期望还有不少差距。主要是:政协为大局服务的能力有待进一步提高;专委会对口协商的作用还有待进一步加强;有些界别活动的主题还不够突出、特色还不够鲜明、内容还不够丰富;政协机关为委员服务的能力和水平有待进一步提高。这些问题,都需要我们认真研究,并在今后的工作中切实加以改进。我们真诚地希望,各位委员和同志们对常委会工作提出意见和建议。

二、2014 年工作任务

各位委员,2014 年,是贯彻落实中共十八届三中全会精神,我国经济社会全面深化改革的第一年。面对新的形势和任务,我们必须统一思想,振奋精神,团结一致,立足新起点,再创新业绩。县政协工作总的要求是:深入学习中共十八届三中全会精神,紧紧围绕县委县政府的中心工作,动员政协各参加单位和全体委员,在县委的坚强领导下,切实履行政治协商、民主监督、参政议政职能,充分发挥人民政协协调关系、汇集力量、建言献策、服务大局的作用,为密云各项事业的发展做出积极贡献。

(一)认真学习贯彻中共十八届三中全会精神,进一步增进思想共识,夯实履职基础

中共十八届三中全会是在我国全面建成小康社会进入决定性阶段、社会主义现代化建设迈入关键时期召开的一次重要会议。全会审议通过的《中共中央关于全面深化改革若干重大问题的决定》,深刻阐明了全面深化改革的重大意义。提出了全面深化改革的指导思想、目标任务、重大原则,是我国在新的历史起点上全面深化改革的科学指南和行动纲领。

常委会要通过报告会、学习交流等多种形式,创造学习条件,营造良好氛围,组织委员努力学习全会精神,凝聚推进改革的共识,夯实共同奋斗的思想政治基础。要按照《决定》“推进协商民主广泛多层制度化发展。构建程序合理、环节完整的协商民主体系。发挥人民政协作为协商民主重要渠道作用”等要求,不断拓展民主形式,增加协商密度,提高协商成效,努力推动县政协工作发展进步。

(二)深入开展议政建言,促进协商民主,推动科学发展

把促进经济社会发展作为贯彻落实中共十八届三中全会精神的首要任务,主动研究经济社会发展中面临的机遇和存在的挑战,选准课题,深入调研,为县委县政府决策提出前瞻性和可操作性的参考意见。围绕全县经济社会发展的重大问题和涉及群众利益的实际问题,深入研究,开展不同层面的专题协商、对口协商、界别协商、提案办理协商,提高委员履职实效,服务科学发展。

(三)切实践行为民宗旨,发挥政协优势,促进社会和谐

坚持把促进保障和改善民生作为履行职能的出发点和落脚点，多方面收集、了解民情、社情，掌握群众的兴奋点、关注点，更好地听民声、问民计、汇民智，为党委政府决策提供参考。认真做好提案工作，加大对各类民生提案的督办力度，提高提案办理实效，促进民生事业发展。

始终高举爱国主义、社会主义旗帜，牢牢把握团结和民主两大主题，通过多种方式和途径，鼓励和引导新的社会阶层人士为密云经济社会发展作出更大贡献。创新民主监督方式，组织开展具有界别特点的专题协商、提案督办、调查研究、视察通报等活动，充分体现政协界别在扩大公民有序政治参与中的渠道和平台优势。对全局性重点工作、重点项目、重大问题认真组织开展建设和落实情况视察，支持鼓励委员有效行使民主监督权力。充分发挥桥梁纽带作用，积极做好协调关系、化解矛盾、释疑解惑、凝聚人心的工作，为促进社会和谐做出应有贡献。

(四)着力加强自身建设，激发履职活力，提升履职水平

加强自身建设是人民政协适应新形势新任务，不断提高工作水平的内在需要。要以学习贯彻中共十八届三中全会精神为契机，不断研究探索政协工作的新思路和新方法，从突出界别特色、发挥委员主体作用、加强专委会和机关建设等方面，不断完善工作格局。加大各项工作制度的执行力度，完善规则，精简程序，强化监督，不断推进政协工作的制度化、规范化和程序化。加大政协工作宣传力度，充分运用各类媒体宣传政协工作的新进展、新经验，宣传委员典型，不断激发委员履职热情。要以党的群众路线教育实践活动为抓手加强政协机关建设。按照县委的部署，认真开展教育实践活动，解决形式主义、官僚主义、享乐主义和奢靡之风等问题，进一步改进工作作风，提升服务效能，为政协工作和委员履职提供保障。

各位委员，同志们！团结凝聚力量，实干成就事业。让我们在中共十八届三中全会精神的指引下，在中共密云县委的领导下，高举中国特色社会主义伟大旗帜，团结一心，凝聚共识，奋力拼搏，扎实工作，为密云更加美好的明天做出应有的贡献！

密云县2013年纪检监察工作总结和密云县2014年党风廉政建设暨纪检监察工作要点

中共密云县纪委、密云县监察局

一、2013年工作总结

2013年，我县反腐倡廉工作认真贯彻中央和市委关于反腐倡廉的决策部署，在市纪委和县委县政府的正确领导下，坚持惩防并举、标本兼治，取得新的成效，为维

护全县改革、发展、稳定大局发挥了积极作用。

(一)狠抓中央"八项规定"精神的贯彻落实,纪律作风建设明显加强

紧紧围绕中央、市、县关于改进工作作风、密切联系群众的有关规定和要求,采取明察暗访等形式,大力开展了对各单位贯彻落实中央"八项规定"精神情况的监督检查。先后查处了县生态研究发展中心原主任私设"小金库"用于公款消费、檀营地区办事处原副主任大操大办儿子婚礼、商务委干部违反工作纪律带薪脱岗等典型问题;及时调查处理了县经济开发区某公司违规倾倒工业污染物、穆家峪镇达岩村村民盗采铁矿石、密云水库上游现垃圾巨坑等7起网络媒体热点事件,对相应的责任人进行了严格的责任追究;及时纠正了一些单位存在的违规发放生活补贴、超标准公务接待、公款旅游等群众反映强烈的不正之风。

针对机关纪律作风建设中存在的突出问题,连续向全县发出5个案件通报,并联合人事、编制、财政等部门在全县开展了"吃空饷"问题专项清查活动,严肃整治了机关干部"庸懒散软奢"现象。与此同时,在部分行政执法单位,扎实开展了以规范执法行为、规范政务服务、提高执法能力和服务水平为主要内容的"两规范一提高"试点工作,全面清理了试点单位行政执法和公共服务事项,组织试点单位向服务对象现场述职8次,征求意见建议557条,制定整改措施35条,纠正违规问题26个,建立自由裁量权基准制度375项,完善工作程序509个,有力地促进了行政执法和政务服务的规范化和标准化。目前,我县申报政务服务体系标准化认证工作已获国家质监总局同意。

(二)坚持"老虎"、"苍蝇"一起打,查办案件力度进一步加大

按照中央和北京市关于反腐败的新部署、新要求,持续保持惩治腐败的强劲势头。截至2013年12月底,全县共受理信访举报502件次、行政投诉102件次、"政风行风热线"和"政民互动平台"信件183件次;查办违纪违法案件51件(上年遗留9件,新立案42件),其中,大要案18件;处分党员干部50人,其中,处级干部4人,科级干部11人,村干部17人,受到撤职以上重处分的33人;通过执纪办案挽回经济损失1300余万元。特别是对部分单位党政领导干部严重违纪违法案件,以及群众反映强烈、侵害群众利益的一批典型案件进行了严肃查处,维护了风清气正、和谐稳定的发展环境,收到了良好的政治效果、经济效果和社会效果。

(三)扎实开展监督检查工作,切实保障了各项重大决策部署的落实

紧贴县委县政府中心工作,采取专项督导、动态巡查、明察暗访等方式,扎实开展了"拆违打非"、水务改革、农村水毁工程灾后重建等监督检查,妥善处置了西田各庄镇违建"大棚房"问题,发出水务工程监察建议3个,取消不符合验收标准的灾后重建项目4个,同时,对监督检查中发现的落实保水责任和城乡环境建设任务不力的9名党员干部,严格追究了责任,其中7人受到党政纪处分,2人受到行政问责,有力地保障了县委县政府各项重大决策部署的贯彻落实。紧盯各级各类财政性资金的投向,研究制定了全县政府投资项目管理与监督暂行办法及监督检查工作方案,对全县各镇街城乡基础设施、生态文明建设、社会公益事业等85个政府投资项目、24亿元财政资金建立了监督台账,

进行了全程跟踪、全面检查，进一步规范了政府投资行为，保障了财政专项资金安全。紧跟反腐倡廉建设新形势，制定下发了《密云县电子监察系统建设实施方案》，扎实推进电子监察系统软、硬件建设，构建起以“一个监督平台、四个监督模块”为基本框架的电子监察系统，初步实现了全程跟踪、实时预警、及时纠错的功能，监督检查的信息化水平进一步提升。

（四）完善制度机制，预防腐败工作更加深入

牢固树立“大预防”理念，不断健全预防腐败的专业机构和制度机制。及时成立了密云县预防腐败局，加强了对预防腐败工作的组织协调，确定了全县2013年党风廉政建设和反腐败工作45项重点任务，明确了22个牵头部门责任。在此基础上，不断深化廉政风险防控管理，在全县普遍开展了权力结构科学化配置、权力运行规范化监督、廉政风险信息化防控工作，督促各单位清理和确认涉权事项5319项，编制职权目录6707条，编制权力运行流程图2373张，制定职位说明书1999个，确定重点防控项目348个，建立项目化管理台账177个，制定专项防控方案159个，涉及监管资金99.5亿多元，76个单位推行了“一把手”不直接分管人财物制度，各项权力的监督制约机制更加完善。同时，建立了密云县廉政账户、党员干部收受物品上交、县属二级班子党政正职勤政廉政情况民主测评等制度机制，促进了预防腐败工作的“关口前移”。

（五）加大宣传教育力度，反腐倡廉建设形成浓厚社会氛围

针对反腐倡廉建设中群众反映强烈的突出问题，加大对典型案件的通报、曝光力度，并通过全县各级别新任职干部培训班以及各单位全体机关干部会广泛开展警示教育活动，收到了“查处一案、教育一片”的社会效果。不断加强党纪条规宣传教育，采取知识测试、专题培训、制作展板等方式，广泛宣传了《北京市实施<农村基层干部廉洁履行职责若干规定>办法》等新法新规。在全县普遍开展了“勤廉之星”评选和廉政微小说、廉政公益广告创作征集活动，并通过县内主流媒体，积极宣传正面典型事迹和入围优秀作品，营造了崇尚廉洁、抵制腐败的良好社会氛围。与此同时，利用国内知名的报刊杂志、广播电视、网络传媒，加大对我县反腐倡廉建设理念与成效的外宣力度，先后在《中国纪检监察报》、《是与非》等市级以上媒体发表通讯报道、理论文章11篇，展现了我县干部清正、政府清廉、政治清明的良好形象。

（六）强化自身建设，纪检监察队伍更具活力

今年，县纪委监察局根据反腐倡廉的新任务、新要求，在两个方面强化自身建设：一方面，对机关内设机构及议事协调机构进行了重大调整，新增或整合了3个业务室，缩减纪委监察局牵头或参与的各类议事协调机构50余个，进一步收缩了工作战线、强化了核心职能；另一方面，按照“打铁还需自身硬”的要求，加大对全系统干部的教育、监督和管理力度，举办了全县纪检监察干部业务培训班，完善了业务考核标准和日常考核办法，实行了机关干部作风建设“八不准”，建立了基层纪检监察组织归口监督管理制度，全面开展了会员卡专项清退活动，纪检监察队伍的战斗力明显提升，我县纪检监察工作先后3次在市纪委、中纪委作典型经验交流，反腐倡廉群众满意度测评继续位居全市区县

第一。

二、2014 年工作要点

2014 年,全县纪检监察工作的总要求是:深入学习贯彻习近平总书记系列讲话精神,围绕中央、市、县关于反腐倡廉建设的重大决策部署,聚焦中心任务,强化执纪监督,持之以恒纠正“四风”,坚决有力查办案件,不断深化惩防体系建设,加快纪检监察系统转职能、转方式、转作风,为全县改革发展稳定提供有力保证。

(一)严明党的纪律,持之以恒纠正“四风”

加强党的纪律建设。各级党组织要把纪律建设摆在反腐倡廉建设的突出位置,严格执行党的政治纪律、组织纪律、工作纪律、财经纪律和生活纪律等各项纪律,严格教育和管理,坚决克服和纠正组织涣散、纪律松弛、自由主义、好人主义等现象。各级纪检监察组织要切实加强对党的纪律执行情况的监督检查,对有令不行、有禁不止、当面一套、背后一套的党员干部,要依法依纪严肃追究责任,确保政令畅通。

持之以恒纠正“四风”。落实中央八项规定精神,改进工作作风,要在坚持中深化,在深化中坚持,着重抓好四个环节的工作:一是深化宣传教育。通过县内主流媒体和互联网,加大宣传力度,让中央、市、县关于作风建设的各项纪律规定内容深入人心,促使广大党员干部自觉抵制“四风”。二是开展专项整治。结合党的群众路线教育实践活动,对市委提出的 7 个严禁 8 个方面 39 项重点整治内容,及我县在反腐倡廉民意调查中群众提出的有些党员干部在形式主义方面存在落实不力、工作疲沓问题,在官僚主义方面存在不负责任、不敢担当问题,在奢靡之风方面存在讲究排场、铺张浪费问题,进行集中整治。各级党委要加强对专项整治的组织领导,坚持即知即改、立行立改。三是严格执纪问责。全县纪检监察组织要加大执纪力度,对公款送礼、公款吃喝、公款旅游、公车私用、滥发钱物、大操大办以及党员干部到私人会所活动等涉及“四风”问题,要发现一起、查处一起、通报一起。四是健全长效机制。严格落实《党政机关厉行节约反对浪费条例》、《党政机关国内公务接待管理规定》等规定,抓好日常督查和建章立制工作,推动改进作风的常态化和制度化。

(二)坚决有力查办案件,以零容忍态度惩治腐败

强化查办案件的组织协调。认真执行《中共密云县委关于成立反腐败协调小组的意见》,充分发挥反腐败协调小组在大要案线索研究处置、信息沟通和协调办案中的作用。各执纪机关、司法机关、执法部门在办案和执法中发现党员、行政监察对象违纪违法问题的,要及时将案件线索及相关材料移送县反腐败协调小组办公室。对于涉及处级以上干部违纪违法和数额较大的案件线索,在初查(核)前要及时向反腐败协调小组办公室报告。对于重大复杂案件,各成员单位要在反腐败协调小组的统一协调下,发挥各自职能优势,积极承担所分配的任务,做到协调顺畅、移送及时、配合有力,形成反腐败工作的整体合力。查办腐败案件要以上级纪委领导为主,线索处置和案件查办在向同级党委报告的同时必须向上级纪委报告,确保统一指挥、步调一致。

继续加大查办案件力度。进一步拓宽案源渠道,在充分发挥信访举报案源主

渠道作用的同时，着力从巡视、审计、项目监督、行政投诉、民主测评等工作中主动发现案件线索。健全案件线索管理机制，加大信访举报初核力度，做到有信必查，有查必果。严格审查和处置党员干部违反党纪政纪、涉嫌违法行为，严肃查办发生在领导干部中的贪污受贿、权钱交易、腐化堕落、失职渎职案件，严肃查办发生在重点领域、关键环节和群众身边的腐败案件。各基层纪检监察组织要明确办案重点，着力查办级别不高但影响较大、金额不多但性质恶劣、事情不大但群众反映强烈的基层党员干部违纪违法案件，坚决遏制腐败蔓延势头。

坚持抓早抓小、治病救人。加强信访监督工作，对苗头性问题早发现、早提醒、早纠正、早处理，防止小问题变成大问题。完善案件剖析制度，扩大典型案件通报、曝光的范围和途径，进一步发挥查办案件的警示教育作用和治本功能。

坚持依纪依法安全文明办案。加强案件审理和申诉复查复核复议工作，保障党员和监察对象的合法权利。研究制定安全办案操作规程，严格执行办案纪律，认真落实办案安全工作责任制，确保办案工作规范、有序进行。

（三）推进反腐倡廉制度建设，深化源头治理腐败工作

严格执行党风廉政建设责任制。十八届中央纪委三次全会和市纪委十一届三次全会重点强调了各级党组织对党风廉政建设的主体责任，党委（党组）主要领导承担第一责任，班子成员要履行好“一岗双责”，并明确提出，对发生重大腐败案件和不正之风长期滋生蔓延的，既追究当事人责任，也要追究相关领导责任，实行“一案双查”。全县各级党组织要牢固树立不抓党风廉政建设就是严重失职的意识，切实担负起主体责任，把党风廉政建设与业务工作一起抓，抓好年初专题研究部署、日常督促检查、年底考核追责等关键环节，定期向县委报告责任制落实情况。全县纪检监察组织要认真履行监督责任，对存在重视程度不够、流于形式或“两张皮”现象的单位要及时督促、纠正；对于那些主体意识淡漠，不抓不管不落实的单位，发现问题严肃依纪问责。

推进权力制约和协调机制建设。制定《密云县惩治和预防腐败体系 2014—2017 年任务分工方案》，完善惩防体系建设推进机制，各牵头单位和协办单位要抓好任务落实。深化廉政风险防控“三个体系”建设，继续开展涉权事项清理确认工作，科学配置党政部门权力和职能，推行政府及其工作部门权力清单制度，依法公开权力运行流程；研究制定《密云县处级领导班子严格执行“三重一大”事项集体决策制度的实施办法》，建立健全决策后评估和纠错机制；启动密云县电子监察系统二期工程建设，加强对行政审批、政务服务、重大项目、重大资金的跟踪监察，增强重点领域和关键环节廉政风险的信息化防控能力。

强化党员领导干部廉政监督。一是成立密云县廉政监督小组，加强对重大项目建设、重大资金使用情况、重要举报线索的监督检查。今年要突出政府投资项目资金这条主线，以民生工程和涉农项目为重点，由县纪委牵头，整合公、检、法、财政、审计等部门和社会监督力量，对重大项目的立项审批、组织实施、资金使用、制度落实等情况，进行全面检查、全程跟踪，对监督检查中发现的问题，综合运用诫勉谈话、监察建议、实名通报、行政问责等手

段予以纠错整改,保障项目安全、资金安全,促进领导干部廉洁从政。二是探索建立领导干部廉政评价机制,完善县属处级单位党政正职勤政廉政民主测评制度,开展领导干部个人有关事项报告的抽查核实,完善领导干部信访监督台账,建立党员领导干部廉政档案,为领导干部升迁流转提供重要评价依据。三是加强农村基层干部廉洁履职的监督管理,整合各镇行政监察和农村集体经济审计职能,建立"监审合一"的权力监督新机制。

加强反腐倡廉宣传教育。不断丰富党员干部党纪法规教育和岗位廉政教育的内容和方式,积极开展庭审旁听、廉政故事征集、廉政微短剧创作等活动,抓好领导干部任职前廉政知识培训和考试工作。充分发挥新媒体在反腐倡廉建设中的积极作用,密切与网民的互动交流,建立涉腐网络舆情的收集、研判、处置机制,牢牢把握舆论引导主动权。推进反腐倡廉警示教育基地和法制教育基地规范化建设,大力宣扬廉政文化,在全社会营造良好的反腐倡廉氛围。

(四)加快转职能、转方式、转作风,用铁的纪律打造纪检监察队伍

认真落实中央和北京市的部署要求,推进纪检监察体制机制改革。及时成立县委巡视机构,加强对各镇街、部门和企事业单位的巡视工作,着力发现问题、形成震慑。明确纪检监察组织的职责定位,把不该管的工作交还给主责部门,减少纪委牵头或参与的议事协调机构,严格落实纪委书记、纪检组长不分管其他业务工作的要求,强化对职能部门履行监管职责的监督检查,做到对监督的再监督、检查的再检查。进一步完善纪检监察干部教育培养、日常督查、绩效评价、奖惩激励等工作机制,建立健全下级纪委向上级纪委报告工作、定期述职、约谈汇报等制度,加强纪检监察干部队伍管理。坚持正人先正己,从严要求和监督纪检监察干部,对违纪违法的,坚决予以处理,绝不姑息。全县纪检监察组织和广大纪检监察干部要适应新形势、新任务,带头改进工作作风,不断提升履职能力,开创党风廉政建设和反腐败工作新局面,为全县改革发展稳定做出新的贡献。

密云县人民法院工作报告

——2013 年 12 月 26 日在密云县第十五届人民代表大会第四次会议上

密云县人民法院代院长　陈　琦

各位代表:

现在,我代表密云县人民法院向大会报告工作,请予审议。

2013 年主要工作

2013 年,我院在县委的领导、县人大

及其常委会的监督、县政府的支持、县政协的民主监督和市高级人民法院的指导下，以司法为民公正司法为主线，发挥审判职能，加强队伍建设，夯实基层基础，努力实现让人民群众在每一个司法案件中都能感受到公平正义的工作目标。

一、围绕执法办案要务，依法履行审判职责

紧紧围绕密云生态涵养发展区工作方略，全面加强审判执行工作，努力营造和谐稳定的社会环境。全年共受理各类案件 10352 件，审执结 10054 件，结案率为 97.1%。

（一）依法打击刑事犯罪，全力维护和谐稳定

贯彻落实宽严相济刑事政策，将维护首都和全县的安全稳定作为刑事审判的首要任务，全年共审结刑事案件 415 件，判处犯罪分子 506 人。依法严惩故意伤害、抢劫、强奸等暴力犯罪和盗窃、抢夺等多发性犯罪，判处 3 年以上有期徒刑 39 人，切实保障了群众的生命财产安全。对聚众扰乱社会秩序、妨害公务、寻衅滋事等社会影响大、群众关注度高的案件，加大惩治力度，做到重点突出，打击有力。通过依法审理刘某等 5 人非法采矿案，维护了正常的社会管理秩序，取得了良好的社会效果。在严厉打击犯罪的同时，对于主观恶性不深、社会危害不大的罪犯，依法从轻、减轻或免除处罚，减少社会对立面，全年共对 96 名被告人适用了缓刑、管制、单处罚金等非监禁刑。对未成年罪犯，坚持“教育、感化、挽救”的方针，新建了亲情谈话室和心理疏导室，借助家长、老师和心理专家的力量，对未成年犯进行亲情感化和心理疏导，帮助其改过自新，回归社会。加大刑事附带民事案件调解力度，教育引导被告人真诚悔罪，主动赔偿被害人经济损失，全年刑事附带民事案件调解率达 86.8%，共有 65 名被害人获得赔偿款 171.4 万元。此外，认真贯彻新刑事诉讼法，努力转变司法理念，加强与各执法机关的沟通和协调，在庭前会议、非法证据排除、未成年人案件办理等方面，实现了新刑事诉讼法贯彻实施的平稳过渡。

（二）妥善处理民商事案件，保障经济社会有序发展

注重保障民生，积极化解社会生活和经济运行过程中产生的各类纠纷，全年共审结民商事案件 6537 件。一是妥善审理各类涉民生案件。依法审理婚姻家庭、财产损害、劳动争议、相邻关系纠纷等案件 3043 件，维护了群众切身利益；及时审理因云电线路改造、大唐煤制气管道改建等引发的排除妨害纠纷等案件 188 件，保障了重点工程建设的顺利进行；审慎审理公司、破产、保险、借款等各类商事案件 583 件，促进了县域经济的健康有序发展。二是推行专业化审判模式。针对民间借贷、医疗损害责任纠纷等案件专业性较强的实际，成立专门的审判庭审理，并制定相应审理规范，确保裁判尺度统一。三是构建多元调解格局。为提高纠纷化解实效，建立劳动争议案件五部门联动调解机制，与人保局、总工会、信访办和司法局定期召开联席会议，共同协调解决重大、敏感案件。在机动车交通事故责任纠纷案件中，建立与保险公司的沟通协调机制，促进保险理赔与调解工作的衔接。充分发挥商事纠纷调解工作室的作用，与开发区管委会及区内企业的特邀调解员共同开展调解工作，成功化解涉开发区企业纠纷 6 起，涉案标的额近 1200 万元。四是积极

延伸审判职能。针对近年来案件审理中发现的农村宅基地审批不规范的问题,专门制作司法建议,从加强审批核查、完善登记记载、加大监督检查、及时确定权属等方面提出对策,督促辖区政府加强农村宅基地的审批管理。

(三)加大行政协调力度,促进依法行政

不断推进行政协调工作,将行政协调贯穿于行政诉讼各个阶段,及时化解行政争议。全年共审结行政诉讼案件43件,审查行政非诉执行案件20件。构建“一员三协调”行政纠纷实质性解决机制,与县政府法制办、公安局、住建委、规划分局、国土分局等部门联合设立行政纠纷协调联络员,并建立分段协调、分级协调、多元协调三项机制,在庭前、审中、判后三个阶段,由法官、庭长、院长三级主体,根据案件所涉问题,邀请政府工作人员、专家、鉴定人员等共同参与行政协调。全年共以协调方式化解案件10件,占行政诉讼案件总数的23.2%。建立行政审判与行政执法良性互动机制,通过召开联席会议、组织旁听案件、发送司法建议等多种形式,促进行政机关规范执法行为,提高执法水平。

(四)创新执行工作方式,维护当事人胜诉权益

完善执行工作流程管理,用足用好法律赋予的执行手段,强化执行效果,全年共执结案件3031件。建立“执行日志”,要求执行法官将通过各种途径发现的执行线索,以及外出执行时间、执行参与人员、财产查找结果等进行详细记录,确保执行行为记载完整,全程留痕。主动配合辖区重点功能区和重大项目建设,成功执结35起涉密云水库西线路改扩建、云电线路改造等重点工程的先予执行案件,保障了市县重点工程建设的顺利进行。积极落实我县关于“拆违打非”工作的安排部署,由主管院长亲自带队,对国土分局申请拆除非法占地违章建筑案件集中执行,全年共强制拆除违章别墅38栋10581.3平方米。建立“失信者黑名单”制度,将83名失信被执行人列入黑名单,通过信用惩戒,增强执行威慑。其中1名被执行人迫于压力主动与申请人达成和解协议,并当场给付9万元,使得5年未结的积案得以顺利解决。

二、围绕群众司法需求,提升司法为民水平

将满足群众的司法需求作为法院工作的切入点,不断创新便民服务机制,完善各项司法为民举措,切实为群众诉讼提供便利。

(一)加强窗口建设,拓展诉讼服务功能

在完善立案大厅已有的立案、导诉、诉讼材料收转等便民服务的基础上,增设立案导诉系统,当事人可通过触屏自主查询起诉状、立案流程等信息,实现快捷立案。为解决纸质卷宗调取不便的问题,设立电子档案查询台,由专人为当事人提供查询服务,通过电脑直接查阅并打印电子卷宗,提高档案查询效率。针对新民事诉讼法关于公民代理、诚信诉讼等方面的新规定,制作“特别提醒”卡片、《诚信诉讼承诺书》、《虚假诉讼风险告知书》等,对当事人进行提示告知,引导其依法诉讼。推行“庭长双值班”制度,由窗口部门负责人和六个民商事审判庭、行政庭、审监庭、法警队正副职在立案大厅轮流值班,负责法律咨询和信访接待,及时处置各种突发事

件。开通立案绿色通道，为老、弱、病、残等特殊群体开展上门立案、预约立案服务。为确保经济困难的当事人打得起官司，加大司法救助力度，共为148名当事人缓、减、免交诉讼费21.6万元。

（二）发挥人民法庭优势，切实服务基层群众

为满足辖区群众就近解决纠纷的需求，巨各庄法庭在穆家峪镇设立驻镇审判服务站，每周三由一名法官全天坐班，集中进行立案服务、法律咨询和巡回审判。审判服务站自成立以来共接待来访群众580人次，巡回审判60次。太师屯法庭探索建立了辐射式巡回审判服务机制，设立2个便民法庭巡回审判点和120个巡回办案点，按照定法官、定时间、定地点的“三定”原则，开展就地立案、就地开庭、就地调解、就地宣判等工作，使司法服务更加贴近群众。为保障檀营地区旧村改造拆迁工作顺利进行，双井法庭在拆迁现场设立临时法庭，指派一名法官驻庭，负责解答相关法律问题，并对拆迁过程中产生的各种纠纷进行诉前化解。临时法庭设立以来，共提供法律咨询110人次，化解纠纷18起。

（三）深度融入网格，增强纠纷化解实效

深入推行“三纵五横”网格化社会服务管理工作模式，将审判、执行、信访等各项工作融入网格，彻底化解矛盾纠纷。一是坚持沟通联络，提供“互动式”服务。向辖区网格单位发放联系卡，在辖区镇政府设立网格法官联络室，网格法官与格员之间形成了有咨询就解答、有信息就提供、有矛盾就化解、有急事到现场的“四有”联络机制，实现了法官入格服务与群众需求的良性互动。二是坚持触角前移，提供“前置式”服务。对妨碍重点工程建设以及关系群众切身利益的重大、紧急纠纷，推行“法官主导、格员参与”的联动调解机制，由法官会同村委会、司法所等网格单位进行诉前化解，避免矛盾激化。全年共诉前化解纠纷1044起，其中涉及我县万亩平原造林工程、密兴路改扩建、穆九路等重点工程项目纠纷150起。三是坚持人文关怀，提供“回访式”服务。为帮助离婚、赡养案件当事人弥合情感裂痕，维护家庭和睦，联合网格员共同做好判后回访工作，帮助当事人解决实际困难，全年共回访当事人480次。

三、围绕公正廉洁司法，加大队伍建设力度

将队伍建设作为法院工作的重中之重，坚持在思想、能力和廉政建设方面下功夫，努力打造一支高素质的法官队伍。

（一）抓牢思想政治建设，强化教育引导

深入开展学习贯彻党的十八大精神、“我的中国梦”、“走基层、听民意、转作风、树公信”等主题教育实践活动，通过成立宣讲团、召开宣讲大会、组织开展“密法情·情动中国梦”主题征文演讲比赛等多种形式，增进干警对十八大精神和“中国梦”内涵的认识理解和学习交流。加强党建工作，积极开展“执法为民、公正司法”创优质司法服务品牌活动，在窗口部门设立“党员示范岗”，充分发挥共产党员的引领示范作用。为增强队伍凝聚力，加强文化建设，建成“文化长廊”系统项目，组建摄影、硬笔书法等多个兴趣小组，丰富干警的业余生活。完善干警关爱保障机制，解决了与干警工作、生活密切相关的10件实事，增强了干警的集体归属感，营造出团

结和谐的工作氛围。

（二）抓好人才基础建设，加强能力培养

加强干部考核管理，制定出台《个人业绩考评实施办法》，通过对干警的德才表现和工作业绩进行科学考评，充分调动干警的工作积极性。强化青年法官培养，开展“百案庭审”、“经典案例圆桌讨论”、“法官现场教学”等活动，充分发挥审判经验丰富的老法官在庭审、调解等方面的传帮带作用，提升青年法官办案能力。针对委托司法鉴定、案件移转工作中存在的问题，开展专项培训，使干警进一步明确了工作规范和要求。主动应对修改后民事诉讼法、刑事诉讼法及其司法解释给审判工作带来的新情况，积极组织培训和研讨，提高干警法律适用水平。举办专家研讨会，邀请来自北京大学、中国人民大学等高校的专家学者，对机动车交通事故责任纠纷、离婚纠纷等类案审理规范进行研讨，规范审判工作，提升审判质量。

（三）狠抓党风廉政建设，保持司法廉洁

严格执行党风廉政建设责任制，党组坚持“两个一”制度，即春节长假后第一次党组会议必须研究党风廉政建设工作，第一次教育活动必须为反腐倡廉教育。完善廉政宣讲制度，集中开展司法廉洁、遵纪守法专项教育活动，采取院长讲廉政党课、观看警示教育片等形式强化教育效果，提升干警廉洁自律意识。强化对权力行使的内部监督，通过日常监督检查及案件评查等方式，落实防止内部人员干扰办案和防止利益冲突等相关规定。开展审务督察工作，切实强化对重点部门、关键岗位和关键环节的监督检查。认真落实中央关于改进工作作风、密切联系群众的“八项规定”，纠正“四风”等不良风气，做到会议从简、厉行节约、反对浪费。开展司法作风大检查，通过视频检查和旁听庭审等形式，对庭审行为规范及纪律作风情况进行全面检查，督促整改提高。深入挖掘司法作风建设中的有效经验做法，总结出“六戒六强”的工作方法，得到了市高院党组书记、院长慕平的批示肯定。

四、围绕司法民主公开，自觉接受社会监督

自觉将审判工作置于社会各界的监督之下，促进法院各项工作的提升。一是主动接受县人大及其常委会的监督。向县人大常委会报告刑事审判工作情况，并根据审议意见认真制定整改措施。加强与人大代表、政协委员的沟通联络，高度重视代表、委员的建议提案，不断提高办理质量和效率。通过座谈、走访、发放院刊等形式，及时介绍法院工作情况，征求代表意见建议。二是积极接受检察机关的法律监督。与县检察院定期召开联席会议，针对案件办理中遇到的疑难问题开展研讨，不断增进对法律适用及司法政策问题的共识。三是强化人民陪审员监督作用。继续完善“三四五”人民陪审工作模式，增补 27 名人民陪审员，并将陪审范围扩展至诉前调解、案件审理、执行见证、信访化解等各个阶段，全年共邀请人民陪审员参与案件处理 909 案 1467 人次。四是主动接受社会监督。举办“法院开放日”活动，先后有 330 人参观法院、旁听庭审，拉近了法院与群众的距离。高度重视媒体监督，充分利用电视、广播、报刊、网络等各种媒体，宣传法院特色亮点工作和优秀法官事迹，增进了群众对法院工作的

了解。

各位代表，过去的一年，县法院各项工作取得了新的成绩，这是县委坚强领导、人大依法监督、政府有力支持、政协民主监督以及社会各界关心、支持的结果。在此，我代表县法院表示衷心的感谢！

在看到成绩的同时，我们也清醒地认识到，法院工作还存在着不足：一是面对新情况新问题的不断涌现，司法应对的及时性有待进一步提升；二是面对群众司法需求的不断增加，司法资源配置有待进一步优化；三是面对司法改革进程的不断加快，工作机制有待进一步创新。今后，我们将切实采取措施努力加以解决。

2014 年工作意见

2014 年是全面贯彻落实党的十八届三中全会精神的开局之年，也是实施“十二五”规划的攻坚之年。县法院将按照县委工作部署，紧紧围绕全县经济社会发展大局，充分发挥审判职能作用，努力实现人民法院工作的新发展。

一是坚持主动服务大局，在发挥审判职能上有新作为。按照平安建设、法治建设的要求，依法严厉打击各种犯罪，认真贯彻宽严相济刑事政策，维护和谐稳定社会环境。密切关注经济形势变化，妥善审理经济转型升级引发的各类案件，保障经济健康有序发展。深入推进社会矛盾多元调解体系建设，完善司法调解与人民调解、行政调解、行业调解的对接机制，实现专业力量与调解资源的有益结合。

二是坚持深化司法改革，在完善工作机制上有新突破。完善司法改革机制，加快建设审判流程公开、裁判文书公开、执行信息公开三大平台，通过开通法院微博等方式，拓宽司法公开范围。完善人民陪审员工作机制，确保人民陪审员依法有序参与审判活动。加强审判管理，建立审委会宏观指导、审管办统筹协调、院庭长主动参与、审判法官人人有责的审判管理综合体系，实现审判管理的精细化和科学化。

三是坚持践行司法为民，在便民利民工作上有新举措。加强立案窗口规范化建设，拓展立案大厅服务功能，加大立案前调解力度，努力提升诉讼服务水平。积极探索司法救助与社会救助的衔接机制，加强与社会救助组织的联系，争取更多的资源，最大限度维护弱势群体合法权益。推进信息化便民服务机制建设，加强现代信息技术在司法便民领域的深层次运用，为诉讼群众提供更多便利。

四是坚持推进队伍建设，在提高队伍素质上有新成效。坚持以党建带队建，以队建促审判，加强院庭两级班子建设，提升领导干部履职能力。加大青年干警培养力度，有计划、有步骤地加强青年干警的培养锻炼，让青年人才“引得进、留得住、干得好”。建立廉政建设长效机制，狠抓司法作风建设，强化监督检查，全面规范司法行为。

各位代表，面对人民群众对司法工作的新要求、新期待，人民法院的任务更为艰巨，责任更为重大。新的一年里，我们将在县委的坚强领导下，在县人大及其常委会的监督和上级法院的指导下，切实履行宪法和法律赋予的职责，为建设绿色国际休闲之都提供更加坚实的司法保障！

密云县人民检察院工作报告

——2013 年 12 月 26 日在密云县第十五届人民代表大会第四次会议上

密云县人民检察院代检察长　张京文

各位代表：

我代表县人民检察院，向大会报告工作，请予审议。

2013 年工作情况

2013 年，在县委、市检察院的领导下，县检察院认真贯彻党的十八大、十八届三中全会精神，落实全市政法工作会议和县委十二届五次、六次会议精神，强化法律监督、强化自身监督、强化队伍建设，努力为密云县实现“三个走在前列”奋斗目标、建设“绿色国际休闲之都”创造安全稳定的社会环境、公平正义的法治环境和优质高效的服务环境。

一、服务区域大局，保障密云生态文明建设

紧紧围绕首都生态涵养区特色，找准检察工作服务生态文明建设的切入点，增强服务大局的针对性和实效性。

出台服务和保障密云生态文明建设的意见。深入农委、水务局、经济开发区等 7 个重点职能单位调研走访，了解社会各界对检察机关的需求，出台了《认真履行检察职能，积极服务和依法保障密云生态文明建设的实施意见》，确定了“执法保障生态建设、办案服务生态建设、监督促进生态建设”的工作目标，围绕保护生态经济、生态资源、生态环境等三方面开展检察工作。

严惩非法采矿等破坏资源类犯罪。建立盗采盗运案件快速办理机制，成立了以检察长为组长的工作领导小组，院领导亲自督办、全程指导。批准逮捕盗采盗运案件 7 件 12 人，提起公诉 3 件 6 人。针对此类案件多为结伙作案的特点，在办案过程中，深挖细查，追捕、追诉漏犯 4 人，2 人已被判处刑罚，保持了对盗采盗运犯罪的高压态势。

保障和服务生态经济发展。加大打击经济犯罪力度，为区域生态经济发展提供司法支持和保障。批准逮捕破坏市场经济秩序类犯罪 11 件 12 人，提起公诉 23 件 26 人。围绕经济开发区、生态商务区等八大主体功能区建设，成立专业办案组，依法打击征地拆迁、工程建设过程中的违法犯罪，办理了发生在开发区的刑事案件 18 件 19 人，有力地保障了重点区域的治安状况，为生态企业发展营造了平安、稳定的社会环境。

二、发挥检察职能，促进区域经济社会科学发展

依法惩治刑事犯罪，强化诉讼活动监督，积极服务平安密云建设，保障经济持续发展、社会安定有序。

依法打击各类刑事犯罪。始终将维

护稳定和保障群众安全作为工作重点，受理审查逮捕案件419件558人，批准逮捕296件359人，受理审查起诉案件447件568人，提起公诉367件450人。严厉打击毒品犯罪、多发性侵财犯罪，涉众型犯罪和危害民生类犯罪，批准逮捕毒品类案件19件22人，制售假药案件4件4人；起诉盗窃、抢劫等多发性侵财案件135件150人，聚众型、涉众型案件71件146人。

强化诉讼活动监督。加强立案和侦查活动监督，向公安机关发出《要求说明不立案理由通知书》14份，《要求说明立案理由通知书》4份，发出《纠正违法通知书》32份、诉讼监督类《检察建议》45份，建议公安机关追捕41人，追诉漏犯15人、漏罪41起。加强刑事审判监督，针对指定居所监视居住期限未折抵刑期问题，向法院提起抗诉1件并获得改判。加强对刑罚执行和监管活动监督，对社区矫正中的违法行为发出《纠正违法通知书》26份、《检察建议》6份。加强民行活动监督，受理民行申诉案件28件，综合运用抗诉与检察建议等监督手段，建议提请抗诉2件，对26件不符合抗诉条件的案件，耐心细致地做好息诉服判工作，维护了司法权威；2011年、2012年提请抗诉的3件民行案件，法院再审后今年全部改判。

积极维护社会和谐稳定。深入推进“全员365天24小时无缝隙检务接待”工作，共接待控告、申诉、举报650人次，受理各类信访案件126件。为使信访案件得到化解，院领导深入信访人所在镇村，认真听取各方意见，找出化解难点，制订针对性措施，妥善化解了全部挂账案件。控申接待室连续三届被高检院授予“全国文明接待室”荣誉称号，今年又被推荐为“全国文明接待室”候选单位，并通过高检院验收。

主动融入社会管理体系。制定出台了《“进网格、听呼声、走百家、送服务”工作实施办法》，建立健全了网格信息采集、处理、反馈等工作机制，构建互动型网格化服务体系。全院共深入网格开展工作187次，发放进网格联系卡1000余份，到镇村、街道开展法制宣传和社区矫正工作，深入上庄子等村开展帮扶工作，送去慰问品和慰问金。县检察院被评为“密云县2013年上半年融入网格化工作和志愿服务优秀单位”。

三、坚持打击和预防职务犯罪并重，维护风清气正的政务环境

认真贯彻中央关于反腐倡廉的工作要求，坚持惩防并举、注重预防，深入开展反腐败工作。

严肃查办贪污贿赂犯罪案件。受理贪污贿赂案件线索10件，立案3件5人。针对农村“两委”换届选举期间信访量大、职务犯罪线索增多的情况，立案查处了农村“两委”班子成员受贿案1件3人，取得了良好的社会效果。2012年立案查处的任明信等人受贿窝案，今年全部侦查终结并移送审查起诉，共有6人被判处刑罚，北京市土地整理储备中心密云分中心原主任任明信被判处有期徒刑13年，密云镇大唐庄村原党支部书记项明星被判处有期徒刑10年6个月。

着力加强反渎职侵权工作。在市院反渎局的领导下，充分发挥侦查一体化优势，立案2件2人。深入开展查办“发生在群众身边、损害群众利益”职务犯罪专项工作，严肃查处司法不公、执法不严背后的徇私枉法行为，立案查处了2名派出所民警徇私枉法案。

深入开展职务犯罪预防工作。深化侦防一体化效果,在涉农惠民、行政执法和招商引资领域开展专项预防调研。先后走进供电公司、国税局、冯家峪镇等单位,开展警示教育活动,讲授法制课45次。充分发挥行贿犯罪档案的作用,促进了社会诚信体系建设,全年共开展行贿犯罪档案查询206次,比去年同期增加58%。服务农村"两委"换届选举,发放宣传材料1万余册,深入溪翁庄、太师屯等乡镇开展专项服务工作31次,组织巡回展览和法制宣传29场次,接受咨询300余人次,保障了换届选举工作的顺利进行。

四、深入贯彻实施修改后的刑事诉讼法和民事诉讼法,确保法律正确适用

把贯彻"两法"作为全年工作重点,加强执法规范化建设,积极应对"两法"实施对检察工作提出的新要求。

认真开展对修改后"两法"的学习。围绕检察中心工作,认真组织各类学习、培训活动,共举办各类培训46期,参与人数348人次,与2012年相比分别增长了58%、80%。利用内网平台开展"我爱记法条"、"每日一练"等活动,发布法条、制作习题近300条供干警学习。邀请检察业务专家开展自侦、公诉等业务实训,干警工作能力不断提高。

提升执法规范化建设。围绕非法证据排除、取保候审的衔接等内容设计了10项课题,进行专题研究。召开"庭前会议相关问题研究"国家级研讨会,就庭前会议适用问题进行研讨。出台了《羁押必要性审查规范细则》、《简易程序刑事案件出庭规范》等多项制度,进一步规范了执法程序和行为。与法院联合制定了《关于建立沟通协作机制的意见》,建立了定期沟通、个案研讨、释法说理等工作机制,统一检察机关、法院对修改后刑诉法的把握和应用,共同提高办案质量。积极探索具有县域特点的未成年人社会调查工作方式,出台了《关于对未成年犯罪嫌疑人、被告人进行社会调查工作的实施办法》,促进了执法规范化。

全面推进修改后"两法"的贯彻实施。对自侦案件讯问犯罪嫌疑人实行全程同步录音录像,保障犯罪嫌疑人的合法权益。与法院就庭前会议、非法证据排除、民行监督、执行监督等进行专题研究,共同制定应对措施。加大羁押必要性审查力度,就侦查过程中不应适用羁押强制措施的情况,向侦查机关提出7份变更强制措施建议,全部得到采纳。对未成年人犯罪案件全部实行社会调查工作,为涉案未成年被害人申请救助金,维护了未成年人合法权益,县检察院被评为"北京市未成年人保护工作先进集体"。

五、强化素质和能力建设,不断提升队伍整体水平

全面加强队伍建设,优化队伍结构,树立监督者更要接受监督的意识,不断提升队伍的综合素质。

深入学习党的十八大精神,加强党建工作。认真学习十八大报告和习近平总书记系列讲话,构建个人自学、集中研讨、专题辅导三位一体的学习格局。在本院局域网开设专栏,供干警开展网上交流。开展"我的梦·中国梦"百姓宣讲、"感悟红色历史,传承革命精神"主题党日、"共产党员献爱心"等系列活动,创先争优,以党建促队建。

树立"有为才能有位"的用人导向,加强干部队伍建设。通过抓班子、带队伍,

不断提升队伍素质。将群众公认、工作能力突出的同志充实到院领导班子,院领导班子学历、年龄结构进一步优化。业务能力强、办案经验丰富的同志被任命为检委会委员,进一步加强和改进了检委会工作。开展中层职位竞争上岗,有12名同志走上了新的中层领导岗位,增强了队伍活力。开展双向选择工作,处室间定期轮岗和交流,做到了人尽其才,才尽其用。

自觉接受社会监督,加强和改进检察工作。今年向县人大常委会报告五年来控告申诉检察工作情况,听取代表意见和建议。结合群众路线教育实践活动,两次召开专题通报会,向人大代表、政协委员、人民监督员报告贯彻修改后“两法”的情况,社会各界对检察机关提出了很好的意见和建议。举办检察开放日系列活动,组织20名博友参加了“博友基层行”活动。未成年人案件检察处、职务犯罪预防处、法警大队开通官方微博,10余名干警开通个人实名微博,实现与网民的良性互动。

强化廉政教育和内部监督工作。开展“查问题、转作风、树形象”专项教育活动。坚持“一月一督察,一季一考核”,坚决纠正工作中的庸、懒、散现象,促进各项规章制度落实。开展案件专项督察工作,对不起诉等九类案件进行普查,共普查案件49件75人,强化了执法办案的责任意识,提高了办案质量。

各位代表,一年来,在县委的坚强领导下,在县人大、县政府、县政协和社会各界的监督、支持下,我们的工作得到了进一步的发展,在此,我代表县检察院表示衷心的感谢!

回顾一年的工作,我们也清醒地认识到,工作中还存在着一些问题和不足:一是创新意识和能力有待提高。少数干警停留在固有的思路和工作方法上,在深挖工作特点、取得工作成效上有待提升。二是干警执法水平和能力有待加强。部分干警存在就案办案的思想,群众工作能力和化解社会矛盾能力有待提高。三是队伍的可持续发展有待增强。专家型人才不足、中坚骨干较少等问题有待改善。

2014年工作安排

2014年,我们将全面贯彻党的十八大和十八届三中全会精神,认真落实市委十一届三次全会、县委十二届七次会议部署,扎实推进司法改革,依法公正独立行使检察权,服务区域经济和社会发展。

一是认真学习贯彻十八届三中全会精神。把学习三中全会精神与学习十八大、习近平同志系列讲话精神紧密结合,有计划、分层次开展培训和学习,深刻领会全会精神,指导检察机关切实增强依法履职、服务大局的自觉性。

二是扎实开展群众路线教育实践活动。按照中央、市委和县委的要求,认真查摆“四风问题”,紧贴检察队伍实际,把活动抓实,确保取得实效,解决形式主义、官僚主义、享乐主义和奢靡之风问题,不断提升服务群众的能力和水平。

三是依法独立公正行使检察权。认真执行修改后的刑诉法和民诉法,维护诉讼参与人的合法权益,做到实体与程序并重。积极做好统一业务应用系统推行工作,全程管理办案程序、动态监督办案质量、案后评查办案效果、综合考评办案绩效,确保执法办案活动依法有序开展。加大诉讼监督力度,加强与公安、法院的协调配合,共同提高办案质量和执法公信力,防止冤假错案的发生。

四是深化检务公开。建立不立案、不起诉、不予抗诉书等检察机关终结性法律文书公开制度,增强法律文书说理性。公开办案信息,对争议和影响较大、不服检察机关处理的案件,邀请人大代表、政协委员、人民监督员、特约监督员参与公开审查、公开答复,主动接受人大、政协和社会各界的监督。

五是加大职务犯罪查办和预防工作力度。加大查办职务犯罪大案要案、窝案串案的力度,扩大办案规模。不断提升侦查科技化水平,充分利用信息平台等科技手段引导侦查工作。通过进网格、警示教育等多种方式,坚持个案预防、专项预防、行业预防相结合,将预防教育与廉政文化建设相结合,突出预防工作的成效,为县委中心工作服务。

六是加强检察队伍建设。把业务培训和技能比武作为提高素能的有效平台,坚持理论学习和实训相结合,不断培养业务骨干和专业人才。加大优秀干警选拔力度,不断充实到院、处两级领导班子。部门定期轮岗交流,做到人岗相适,努力营造检察人才成长的良好环境。推进主任检察官办案责任制,强化执法办案能力,提升队伍专业化水平。坚持以人为本,从严治检、从优待检,营造人人有为、人人争先的良好氛围。

各位代表,在新的一年里,我们将在县委和市检察院的领导下,在县人大及其常委会的监督下,在社会各界的大力支持下,脚踏实地、求真务实、开拓进取,全面履行检察职能,为建设生态、富裕、和谐、美丽的新密云提供更加有力的司法保障!

关于密云县2013年国民经济和社会发展计划执行情况与2014年国民经济和社会发展计划的报告

——2013年12月25日在密云县第十五届人民代表大会第四次会议上

密云县发展和改革委员会主任　王建民

一、2013年国民经济和社会发展计划执行情况

2013年是全面贯彻党的十八大精神,落实县委十二届五次、六次全会,实施“十二五”规划承上启下的关键之年。一年来,在县委的坚强领导下,在县人大、县政协的监督支持下,全县上下团结一心,攻坚克难,经济社会健康较快发展。县域经济积极向好,主导产业较快增长,固定资产投资保持增势,重点功能区建设加快,财政实力显著增强,城乡居民生活继续改善,社会事业全面进步,生态文明建设持续深入。

全年预计实现地区生产总值196.3亿元,同比增长10%。固定资产投资165亿元,同比增长13.6%。公共财政预算收入25亿元,同比增长12.7%。城镇居民人均可支配收入32510元,农村居民人均纯收入16200元,同比分别增长10%和11%。城镇登记失业率1.95%。大气主要污染

物年均浓度下降 2.1%。万元地区生产总值能耗、水耗分别下降 3.12%和 10.5%。主要指标均完成年初计划。

（一）结构调整效益提高，主导产业健康发展

环境友好型工业较快增长。全年预计完成工业主营业务收入 342.7 亿元，同比增长 10.2%；工业总产值 315.9 亿元，同比增长 10%。经营效益不断好转，工业利润持续回升。现代制造业快速发展。汽车及零部件业增势良好，预计完成主营业务收入 140.4 亿元，同比增长 19.8%；生物医药业增势强劲，预计主营业务收入突破 10 亿元，同比增长 60%以上。企业自主创新能力继续提升，开发区 80 家企业被认定为中关村高新技术企业，18 家企业入围中关村"瞪羚计划"，5 家企业入围"十百千"工程，5 家实验室被认定为市级工程实验室。企业上市工作积极推进，中科恒源、金诚信、富泰革基布 3 家企业进入申报阶段。

休闲旅游业提质增效。预计全年实现旅游综合收入 38.4 亿元，接待游客 913.5 万人次，同比均增长 5%。"国际绿色休闲旅游产业综合示范区"建设成效显著，旅游环境明显改善。制定《密云县支持民俗旅游发展融资财政贴息实施办法》，支持民俗旅游发展。按照"一个民俗村就是一个乡村酒店"的理念，民俗旅游"四化"建设深入推进，全县民俗村已达 82 个。民俗户星级评定工作启动。乡村旅游综合收入、人均消费继续走在生态涵养发展区前列。旅游信息化继续完善，咨询服务体系覆盖全县。古北水镇项目已累计完成投资 39 亿元，即将试营业。2013 年 11 月，我县被新华网评为"最美中国"生态旅游目的地市（县）。

都市型现代农业融合发展。休闲农业、设施农业、景观农业、林下经济发展迅速，以养殖业为代表的传统农业规模进一步收窄。改造提升休闲农业园 8 个、有机果品基地 30 个。产业融合进一步加深，百年栗园、绿润、海华云都等农产品加工企业及专业合作社发展壮大。农业基础设施投入不断加大，机械化、科技化水平逐步提高。农村产权制度改革稳步推进，土地规模化、集约化经营程度提升。沟域经济建设加快，巨各庄沟域经济特色产业带在 2013 年度沟域经济建设考核验收中居全市首位。

社会消费平稳增长。预计实现社会消费品零售额 116.3 亿元，同比增长 10.1%。家用电器、金银珠宝、日用百货等商品旺销。假日市场升温，县域内主要商场超市"春节黄金周"及"十一"长假销售额同比分别增长 13.6%和 15.9%。民间消费持续活跃，限额以下住宿餐饮业消费额同比增长近 20%。社区便民菜店建设先期启动，建成社区再生资源回收站点 6 家。

建筑业提速，商品房热销。预计全年实现商品房销售面积 60 万平米以上，商品房销售额 62 亿元左右，成交面积、成交套数及销售额均居生态涵养发展区首位。建筑业总产值 108.9 亿元，同比增长 5%。城建六、十六局、金诚信等龙头企业贡献突出，中小企业建筑业产值增长较快。

（二）集聚要素多点支撑，发展后劲明显增强

开发区主引擎作用凸显。预计实现工业收入 230 亿元，同比增长 15%，占全县工业经济总量 66%。纳税形成县级财政收入 5.2 亿元，同比增长 20.7%，安置本地劳动力就业 1.2 万人。重点企业引领

作用进一步增强,北汽福田多功能汽车厂预计年生产整车6.3万辆,实现收入38亿元,同比增长16%。盘活闲置企业10家,引进落地实体企业20家。中人保电子商务北方运营中心、北新住宅产业公司完成回迁注册。区内18条道路升级改造工程全面竣工,公共服务平台建设一期启动,基础设施进一步完善。

生态商务区建设有序推进。商务区A2地块完成入市交易,生态乐活城中央公园开工建设,生态体验中心及示范展厅主体结构完工,精品公寓一期获市发改委立项批复。北区规划建设同步实施,B、C地块一级开发及拆迁工作全面启动,路网建设前期手续加紧办理。加大实体项目招商引资力度,突出特色化、差异化发展,着力引进科技研发型、文化创意型企业总部。被认定为"北京市总部经济发展新区",并列为全市首批"绿色生态示范区"。

重点镇建设全面加快。《密云县重点镇基础设施和经济发展规划》编制完成。巨各庄、太师屯、溪翁庄、穆家峪镇域总体规划和溪翁庄、巨各庄镇中心区控规获批,古北口、西田各庄镇域总体规划已申报,十里堡、河南寨镇战略性发展规划编制完成。基础设施建设力度加大,巨四路、久黄路、穆石路、黑大路、沙石路等道路建设完工。中小学、幼儿园、文体中心、福利中心等公共服务设施进一步完善。溪翁庄、巨各庄镇在全市23个山区半山区重点小城镇综合排名中分列第一位和第五位。

基础设施日臻完善。密云·云蒙大桥、西统路、密关路、马北路支线等一批重点道路相继竣工通车,司曹路一期、白云街等道路工程积极推进。西统路北延、司曹路二期等项目前期手续加紧办理。101国道绕城线拆迁工作全部完成。新城地表水厂、经济开发区再生水厂初步设计概算获批。垃圾综合处理中心、新城再生水厂、小城镇污水处理厂等项目扎实推进。大唐煤制气管道主体工程竣工。司马台35千伏、太北110千伏输变电站工程竣工并投入使用。

发展实力继续提升。全年预计实现全社会固定资产投资165亿元,同比增长13.6%。政府平台融资4.98亿元,累计为中小企业、民俗旅游户提供担保贷款2.08亿元。加快推进北京科技成果转化(密云)示范基地和密云国际休闲生态农业科技园建设。科技实力进一步增强,市级以上各类研发机构18家,累计申请专利400余件,居生态涵养发展区首位。全年引进实体项目61个,协议投资额90.4亿元,到位资金37亿元。生态商务区入驻项目112个,实现税收2.1亿元,形成县级财政收入7000万元,增长81%。华润生态乐活城项目已与百盛、王府井等知名企业签约。太子务开发区年内实现税收1.3亿元,形成县级财政收入6700万元。张裕国际葡萄酒城、通用健康养生产业园、五矿生态小镇、雅达密云未来家园高端养老项目等前期工作积极推进。

(三)城乡统筹民生优先,社会事业全面发展

社会保障进一步加强。就业形势稳定向好,开发就业岗位3596个,转移城乡劳动力6213人。城镇登记失业率1.95%,继续保持"纯农就业家庭"和"零就业家庭"动态为零。社会保障体系建设深入推进,城市职工社会保险覆盖率97%,城乡居民养老保险参保率98%,新农合参保率99.9%。城乡社会救助体系更加完善,低收入家庭认定标准实现城乡统

筹。提高城镇居民基础养老、福利养老和城乡低保补助标准，确保居家养老服务“九养”、“一老一小”医疗保险等惠民政策资金落实。住房保障工作扎实推进，云北小区二期434套经适房主体封顶。大力实施老旧小区综合改造工程，改造小区14个，改造面积60万平方米，受益居民8520户。

公共服务能力大幅提升。办学条件持续改善。黄城根小学密云分校投入使用，密云第七幼儿园、古北口和穆家峪幼儿园完工。二中校园改造一期、161中学密云分校开工。基础教育提质创优。9所中小学被认定为“北京市中小学艺术教育特色学校”。高考本科上线率73.1%，连续四年保持70%以上，继续走在郊区县前列。学前教育资源进一步扩充，增加学位1800个，四园成为我县首个市级示范园。县、镇、村三级医疗服务体系进一步完善。县医院迁址新建工程完成工程总量95%，精神卫生保健院即将开工建设。“幸福晚年工程”启动，养老服务设施三年行动计划全力推进。镇级社会福利中心扩建项目有序实施。支持基层文化活动中心、村级文化广场建设，开展“美丽密云、幸福密云”系列文化活动，丰富城乡居民业余文化生活。竞技体育水平进一步提高，成功举办女子九球国际公开赛，国际公路自行车赛等大型赛事活动。文化遗产保护工作进一步加强。

社会治理水平显著提高。推进网格化长效机制和标准化体系建设，“枢纽型”社会组织向镇街延伸。志愿服务品牌建设成效凸显。城乡社区建设扎实推进，新建8个市级社区规范化建设示范点和6个市级“一刻钟社区服务圈”示范点，“三级联动”便民服务体系实现全覆盖。市场安全管理进一步加强，价格水平总体稳定。食品安全监测抽查合格率和药品抽检合格率分别达到98.1%和100%。人口服务管理模式不断创新。群众安全感满意度持续位居全市前列。

新农村建设持续推进。农民“三大工程”加快实施。积极落实粮食直补等强农惠农政策，促进农民增收致富。扩大低收入户、低收入村增收成果，获市级促进农民增收综合奖励一等奖。继续实施山区搬迁工程。农民抗震节能改造新建翻建民宅2200户。6处山区应急避难场所部分项目主体完工。累计为农民免费体检6.2万人，建立农民电子健康档案23.9万份，建档率93.5%。实施“新三起来”工程，干峪沟村盘活农村闲置住宅，发展民俗旅游，农民财产性收入增加。司马台民俗旅游新村正式开村。华润希望小镇195套新民居全部封顶，木棉花乡村酒店、天福号农庄等产业项目进展顺利。农村新能源利用取得新进展，新安装太阳能灯2341盏，54座阳光浴室年底完工。

（四）综合施策全面治理，生态质量持续提升

生态环境继续改善。拆违打非取得阶段性成果，共拆除违法建筑815处、24.7万平方米。高标准实施平原造林2.5万亩，栽植各类苗木106万株。京津风沙源治理8.56万亩。林木生态覆盖率78.8%。大气主要污染物年均浓度下降2.1%。生活垃圾无害化处理率达到97%，较上年提高4个百分点。地表水功能区水质综合达标率继续保持100%。县域内地表水质保持国家二类标准以上。城镇生活污水集中处理达标率90%。治理中小河道478公里，小流域55平方公里。南水北调配套拆迁完成工程总量85%。2013

年,我县成为北京市唯一被水利部确定为全国水生态文明试点地区的区县。

节能减排成效显著。制定《密云县2013—2017年清洁空气行动计划》和“减煤换煤、清洁空气”行动计划实施方案(2013—2017年)。强化“内涵促降”,推动节能降耗。继续推行合同能源管理,加快实施工业、供热、建筑领域节能技改工程,节能5.75万吨标准煤。淘汰老旧机动车4425台,累计100台电动出租车投入运营。强化节能目标责任制考评、节能监测及专项监察,加强节能形势会商。积极推广能源审计,广泛开展节能宣传。圆满完成市下达我县节能降耗任务。

2013年我县克服诸多不利因素,经济实现健康较快发展,产业结构加快转型升级,内生动力与发展活力显著增强。社会事业全面进步,发展成果惠及民生。生态文明建设成效显著,生态优势正加速转化为发展优势。但同时我们也必须清醒地看到:生态商务区实体项目建设和在谈重大项目引进落地的力度需进一步加大;农民增收渠道需进一步拓宽;生态文明建设还需进一步加强等。

二、2014年国民经济和社会发展计划安排

2014年是全面落实十八届三中全会精神、全面深化改革的第一年,也是实施“十二五”规划的关键年,经济社会发展机遇与挑战并存。从外部环境看,世界经济缓慢复苏,但仍然存在不确定性;我国经济市场预期持续改善,稳中有进,稳中向好,但下行压力犹存。从我县环境看,发展思路进入科学系统、深化落实阶段;经济建设进入优化升级、做大做强阶段;社会建设进入重点突破、精细治理阶段;生态建设进入全面推进生态文明建设阶段。几年来积蓄的发展势能正持续释放,发展活力不断增强。我们要紧抓历史机遇,立足发展,深化改革,勇于创新,着力解决制约经济社会发展的矛盾和问题,全力推进经济社会各项工作,为经济社会健康快速发展、人民生活和生态环境持续改善打下坚实基础。

2014年计划安排的总体思路:认真贯彻落实党的十八大和十八届三中全会以及县委十二届六次、七次全会精神,按照密云生态涵养发展区工作方略、奋斗目标、发展定位的总要求,坚持保水第一责任,发展第一要务,本着调结构、提质量、护环境、惠民生、稳中求进、改革创新的原则,积极稳妥地安排2014年国民经济和社会发展计划。

2014年经济社会发展主要指标计划安排:

经济建设指标:

——地区生产总值增长9%左右;

——公共财政预算收入增长10%;

——全社会固定资产投资持平略增;

——社会消费品零售额增长8%左右;

——旅游综合收入增长8%;

——城镇居民人均可支配收入增长9%左右;

——农村居民人均纯收入增长10%左右。

社会建设指标:

——城镇登记失业率控制在2.5%以内;

——9年义务教育完成率99.9%;

——新农合参保率99.9%;

——城市职工社会保险覆盖率97%;

——城乡居民养老保险参保率98%;

——每千人拥有医院床位3.87张；

——人口自然增长率3.5‰。

生态建设指标：

——万元地区生产总值能耗下降完成市下达任务；

——万元地区生产总值水耗下降完成市下达任务；

——大气主要污染物年均浓度下降率2%；

——城镇生活污水集中处理达标率90.5%；

——生活垃圾无害化处理率97%；

——林木生态覆盖率80%。

三、确保2014年国民经济和社会发展目标实现的主要措施

（一）优化结构，提质增量，进一步夯实发展基础

加快县域经济转型升级，加强主导产业培育，筑牢平台，夯实基础，优化存量，扩大增量。

加快培育主导产业。大力发展休闲农业、设施农业、景观农业、林下经济、精品产业园等都市型现代农业，深化产业融合，推进农业产业服务体系建设，鼓励发展农民专业合作社，壮大农产品加工企业，提高农产品附加值。全面落实《关于加快县域经济发展的若干政策》、《关于进一步促进中小企业发展的实施意见》、《关于培育和扶持企业上市的意见》和《密云县品牌战略实施意见》等政策措施，主动对接中关村"一区十六园"政策。支持北汽福田、今麦郎、康辰等重大落地实体项目扩大产能，增加工业经济总量。继续加大高科技项目引进力度，促进产业集群配套发展，扶持新建企业成长壮大。立足高端，加快推进以古北水镇为龙头的旅游重大项目建设。开展乡村旅游星级评定，深入推进民俗旅游"四化"建设。继续实施旅游环境提升改造工程，打造"国际绿色休闲旅游产业综合示范区"。

强化开发区主引擎地位。全力做好道路、市政等基础设施建设，启动商业服务业配套设施建设，提高综合承载力。加快推进以闪联中心、数字信息产业基地为重点的"园中园"建设。继续做好企业盘活工作，推进区内企业提质增效。紧抓重大实体项目和结算型企业总部引进，培育园区经济新增长点。

全力加快生态商务区开发建设。借助商务区被列为全市首批"绿色生态示范区"、"北京市总部经济发展新区"等有利契机，积极推进A区商业综合体提早开工建设及B、C地块土地一级开发工作。加快路网、交通、绿化美化等配套基础设施建设。

加快招商引资步伐。完善招商引资办法，统筹招商引资资源，注重招商引资质量。积极开展以商招商、会议招商，增强招商引资实效。以项目落地为核心，以生态商务区和太子务开发区为载体，积极引进文化创意、商务服务、金融等业态。以发展通航产业基地为契机，积极引进和发展通航产业。以引进实体龙头企业为重点，加快推进五矿生态小镇、通用健康养生产业园、张裕国际葡萄酒城、雅达密云未来家园高端养老项目等，力争年内签约。

（二）统筹城乡，协调发展，加快城乡一体化建设

按照建设新型城镇化要求，以重点镇和新农村建设为重要抓手，加快提升城乡基础设施承载力，推动城乡协调发展。

加快新城基础设施建设。继续完善城

乡路网结构,确保101国道绕城线、县医院配套道路等工程年内竣工通车。加大西统路北延、司曹路二期及平原路网建设力度。全力推进新中街、南山路和水景街前期手续办理。加快垃圾综合处理中心、新城地表水厂、新城再生水厂、经济开发区再生水厂建设,启动城区雨洪利用工程,完善城区供排水功能,提高新城承载力。

提升重点镇发展水平。按照建设新型城镇化要求,完善规划体系,加快古北口、西田各庄镇镇域总规及太师屯、穆家峪镇控规批复,编制市政管网、产业发展专项规划。实施太师屯镇中心区路网二期、巨各庄镇巨四路及宁蔡路、溪翁庄镇区路网、西田各庄镇西小路、十里堡镇双井路、河南寨镇宁太路支线建设。继续推进重点镇污水处理厂建设。实施溪翁庄镇供热改造工程。结合平原造林工程做好重点镇的绿化美化及沙坑治理。整合发展空间,盘活农民就业产业基地存量土地,优化产业结构,做大做强镇域特色主导产业。加快巨各庄沟域经济特色产业带、穆九沟域建设。按照市《优先推进十个重点小城镇建设实施方案》,提升我县试点镇综合发展水平。积极争取市小城镇发展基金,支持重点镇中心区拆迁改造项目。参照《北京市重点镇小城镇监测和调查评价实施办法(试行)》,建立我县“6+2”重点镇监测评价体系。

全面推进新农村建设。继续实施农民增收、农民安居、农民健康三大工程。认真落实各项支农惠农政策,鼓励农户发展特色产业。深化农村土地产权制度改革,保障土地财产权益,增加农民财产性收入。推广为农民免费体检和建立健康档案,规范慢性病管理工作。加强新农合基金监管,确保基金运行安全。继续改善农民居住条件。做好泥石流易发区村庄搬迁工作,加快农民抗震住宅节能改造,推动应急避难场所建设。以建设“生态密云、美丽乡村”为重点,加强农村环境建设与管理。加快华润希望小镇及司马台新村新型农村社区建设速度,加紧办理十里堡潮白河新型农村社区前期手续,力争早日开工。

(三)改善民生,提升品质,推动社会事业全面发展

以提高社会保障能力和推进社会公共服务均等化为重点,以全面提升人民生活品质为目标,统筹推进社会事业发展。

提升社会保障能力。完善本地就业优惠政策,积极开发就业岗位。继续深化就业服务对接制度,加强就业技能培训。控制失业率,扩大再就业,城镇登记失业率保持2.5%以内,城镇登记失业人员就业率60%。重点加大对困难群体就业援助工作,巩固保持“纯农就业家庭”和“零就业家庭”动态为零良好局面。扎实推进社保基金扩面征缴,创新居民参保缴费办法,确保社保基金收缴率98%以上。加强基金运行监管,保障基金安全。

强化公共服务职能。加强县、镇、村三级医疗服务网络和公共卫生服务体系建设,促进基本公共卫生服务均等化。确保新建县医院下半年投入使用。进一步推进级类园建设,优化城乡办学条件,建设和谐平安校园。提高公共体育服务能力和水平,加快体育中心建设。加强公共文化服务基础设施建设。继续做好住房保障工作。加大民政基础设施建设力度,全面推进“幸福晚年工程”。

创新社会治理方式。推动网格化体系向纵深发展,以标准化建设成果推动社会治理法制化、规范化。健全政府购买社

会组织服务机制，培育社会治理新主体。大力推进第三批社区办公和服务用房建设项目，新建一批市级社区规范化示范点、“一刻钟社区服务圈”和智慧社区试点，进一步提升社区服务水平。深化“志愿服务进网格”工程，加快完善社会动员长效机制。强化食品、药品安全监管，进一步规范市场价格秩序，严厉打击各类违法犯罪行为，不断提高群众安全感满意度。稳妥推进医药卫生体制改革。

（四）巩固成果，完善机制，力促生态文明建设再上新台阶

落实《密云县生态文明建设纲要》，进一步加强生态环境保护，完善生态文明建设制度体系，以生态促发展，以发展促生态，努力构建“生产、生活、生态”三生共赢良好格局。

继续改善生态环境质量。继续深入开展“拆违打非”专项行动。完善并深入落实“六护”机制，全面推进“六护”队伍进网格。认真组织实施《密云县2013—2017年清洁空气行动计划重点任务分解》。大力实施绿化提升工程，完成平原造林1.5万亩。进一步加强生态清洁小流域建设、中小河道治理和京津风沙源治理。支持配合做好南水北调来水调入密云水库调蓄工程。加强水源保护，实施密云水库库滨带水源保护示范工程，全面推进全国水生态文明试点地区建设。建立城乡环境管理长效机制，完善应急机动监测机制，提升城乡环境建设水平。

推动节能减排取得新成效。继续推进重点节能工程建设，促进技术节能。完成工业、供热、建筑、交通等领域节能任务，推广新能源和可再生能源利用。强化节能责任制考核及节能监察，深入开展节能形势会商，及时预警调控。推广能源审计工作，实施清洁生产审核验收。加强节能宣传培训，促进全民参与。全面落实《2013—2017年加快压减燃煤和清洁能源建设方案》，推进能源结构调整，统筹能源基础设施建设。

（五）深化改革，转变职能，增强内生发展动力

将改革作为破解难题、加快发展的重要手段，全面深化行政体制改革，切实转变政府职能，充分发挥政府服务、政策引导作用，加速释放市场活力，激活内生发展动力。

深化投融资体制改革。积极落实投融资改革各项规定和办法，加强部门间沟通协作，积极争取政策性资金支持。充分发挥政府融资平台作用，多渠道融通建设资金。发挥小额信贷、村镇银行作用，促进农村经济发展。用好小城镇建设基金、旅游发展基金。采取BT、BOT方式引导社会资本参与基础设施建设。积极推进企业上市，增加再融资能力。加快企业债发行工作，解决中小企业融资难问题。

深化行政审批制度改革。加快政府职能转变，充分发挥政府服务、政策引导作用，释放市场活力，增强内生发展动力。落实市政府关于进一步优化投资项目审批流程办法，充分发挥绿色通道和县行政服务中心作用，减少审批事项、简化审批程序、缩短审批时间、提高办事效率。进一步完善镇街经济社会目标责任制考核，加大环境保护、生态效益、便民服务、科技创新、安全生产等方面的权重，更加重视劳动就业、居民收入、社会保障和人民健康状况。

让我们在县委的坚强领导下，在县人大、县政协的监督支持下，团结协作、攻坚克难，为全面完成改革创新的历史性任务，为建设生态和谐富裕美丽新密云而努力奋斗！

关于密云县2013年财政预算执行情况和2014年财政预算(草案)的报告

——2013年12月25日在密云县第十五届人民代表大会第四次会议上

密云县财政局局长　张亚东

各位代表:

受县人民政府委托,向大会提交密云县2013年财政预算执行情况和2014年财政预算(草案)的报告,请予审议,并请政协各位委员提出意见。

一、2013年财政预算执行情况

2013年,在县委的坚强领导下,全县深入学习贯彻党的十八大精神,紧紧围绕密云生态涵养发展区工作方略、“三个走在前列”奋斗目标和“绿色国际休闲之都”的发展定位,认真执行密云县第十五届人民代表大会第三次会议的各项决议,充分发挥财政职能,努力打造“发展财政、民生财政、阳光财政、创新财政、效益财政”,财政预算执行情况较好。

(一)财政收入保持平稳较快增长,突破25亿元

全县公共财政预算收入预计完成250000万元,完成年度预算的103.2%,比上年增长12.7%。

全县公共财政预算收入中县本级完成161242万元,完成年度预算的103.5%,比上年增长11.5%;镇街完成88758万元,完成年度预算的102.8%,比上年增长15%。

基金收入预计完成240310万元,同口径完成年度预算的231.4%,比上年增长2.2倍。

(二)财政保障能力明显提升,预算内总支出突破100亿元

全县预算内预计总支出1251380万元,比上年增长28.1%。

公共财政预算预计支出892820万元,完成年度预算的126.4%,比上年增长16.1%。确保了农业、教育、卫生、科技、文化、计生等法定支出依法增长。

全县公共财政预算支出中县本级支出677791万元,完成年度预算的113.3%,比上年增长15.8%;镇街支出215029万元,完成年度预算的198.7%,比上年增长16.9%。

基金预计支出358560万元,完成年度预算的266.3%,比上年增长72.8%。

需要说明的是:全县财政收入比预算超收增加财力219564万元。其中:公共财政预算收入超收增加财力7832万元;基金收入超收增加财力211732万元。县本级财政超收主要用于:返还土地前期成本、落实人员工资等政策性增资、重点工程建设等方面。

本报告数字均为预计数,与年终财政决算数会有一些变化。

(二)财政主要工作和取得的成效

2013年,财政工作紧紧围绕我县经济建设、政治建设、文化建设、社会建设、生态文明建设,着力做好“四保两促”即:保增长、保民生、保生态、保重点、促和谐、促改革。

——坚持稳中求进“保增长”,促进经济持续健康发展

实施积极财政政策,夯实税源基础。投入资金30130万元,促进企业做大做强。全县贡献财政收入前30名重点企业2013年预计纳税形成县级财政收入70200万元,比上年前30名企业增长13.5%。在支持重点企业的同时,鼓励招大引强,全年共引进实体项目61个,协议投资额90.4亿元。希马克总部基地等重大项目将为我县经济发展增添后劲。

支持重点经济功能区建设,打造经济增长支撑体。投入资金17700万元,落实重点经济功能区财政体制,完善区内基础设施,提升综合承载能力,重点经济功能区支撑作用凸显。2013年预计纳税形成县级财政收入66100万元,比上年增长39.8%,占全县税收形成财政收入的33.9%,比上年提高6个百分点。其中:开发区预计完成52400万元,增长20.7%;商务区预计完成7000万元,增长81%;太子务开发区预计完成6700万元。

支持企业发展,提升市场竞争力。投入资金6142万元,落实高新技术企业发展资金,增强企业创新能力,高效节能高压变频器等3个项目实现高新技术成果转化;推进品牌建设,全县拥有中国驰名商标3件、北京市著名商标13件、北京知名品牌8个;促进中小企业发展,帮扶企业技术改造、扩大生产规模。

落实结构性减税政策,切实减轻企业负担。稳步推进营业税改征增值税试点改革工作。截止目前,我县营改增企业户数已达4723户,2013年预计减轻企业税负16900万元。同时,对少数企业因改革造成的税负增加部分,财政给予全额补贴。

全力组收,狠抓落实。财政、税务、工商、开发区、商务区、太子务新区、镇街等部门充分发挥“横纵结合”的组收机制作用。

加大征管力度,防止税源流失。强化收入动态监控与分析,为领导决策提供依据。严格落实财政收入任务责任制,确保收入目标顺利实现。

——坚持优化结构“保民生”,让公共财政普惠百姓

2013年民生方面预计支出723851万元,比上年增长14.8%,占公共财政预算支出的81.1%。

农业方面支出166113万元,增长9.8%。全力实施“农民增收、农民健康和农民安居”三大工程。促进农民增收。加强设施农业建设,扶持沟域经济。发展农民养蜂、蔬菜等专业合作社1131家。制定《密云县支持民俗旅游发展融资财政贴息实施办法》,支持民俗旅游业蓬勃发展。积极落实粮食直补等强农惠农政策,促进农民增收致富;维护农民健康。落实“新农合”政策补贴17423万元,报销医药费19296万元,参合率达99.9%,在全市率先试行新农合IC卡结算方式。完善“县、镇、村”三级医疗服务体系,方便农民就医。免费为农民体检,建立健康档案;保障农民安居。实施泥石流易发区搬迁、农民住宅抗震节能改造和农村优抚社救对象危房改造工程。大力提升农村道路、安全饮水、污水和垃圾处理水平,改善农村基础设施和农民生活环境。

教育支出115671万元,增长15.6%。认真落实“两免一补”政策;支持教育办学达标工程和中小学三年行动计划,为全县中小学配备多媒体、空调等设备47960台(套);全面推进二中、五小等14所学校、14.4万平方米改扩建工程;新建七园、庄头峪等4所幼儿园,有效缓解入园难问题;促进职业教育发展,改善职业学校实习实训环境;全面做好校园安全保障工作,确保广大师生安全。

医疗卫生支出112316万元,增长49.2%。深化医药卫生体制改革,推进院前急救体系城乡一体化,开辟绿色通道,解决急、危、重症患者的优先救护;投入资金16800万元,为县医院、中医院、妇保院等6家单位购置核磁共振等医疗设备156台(套);建立社区家庭医生服务队125支,积极推进家庭医生、“健康自测小屋”等医疗服务;县医院迁址新建已完成工程总量的95%。

社会保障和就业支出105923万元,增长13.4%。提高城镇居民基础养老、福利养老和城乡低保补助标准;确保居家养老服务“九养”、“一老一小”医疗保险等惠民政策资金的落实;完善社会救助体系,实施救助12312人次;建立帮扶“零就业家庭”长效机制,加大培训力度,开发就业岗位3596个,转移城乡富余劳动力6213人,确保就业形势稳定。

——坚持绿色发展“保生态”,提升生态涵养功能

加大生态环境保护力度。生态环境保护支出37320万元,增长16.6%。落实“六护”经费,护山、护水、护河、护地、护林、护环境的生态长效管护机制不断完善;对74处废弃矿坑、矿点进行地形地貌修复、绿化、景观提升等生态治理。高标准造林2.5万亩,全县林木生态覆盖率达到78.8%;治理中小河道478公里,保障县镇污水处理设施正常运转,水库一级保护区内污水处理率达100%。县域内地表水质保持国家二类标准以上;加快推进减煤换煤工作,对燃煤锅炉进行脱硝治理,每年减少氮氧化物排放100.48吨。开展秸秆和垃圾禁烧行动,有效改善大气环境。全县空气质量持续位居全市前列。通过恒持不懈地保护生态环境,2013年我县被评为全国水生态文明试点地区,荣获“最美中国”生态旅游目的地市(县)称号。

——坚持统筹资金“保重点”,加快城乡一体化进程

加强资金统筹力度。一是加强土地收益管理。全年实现土地收益5.3亿元,同比增加2.9亿元;二是充分利用金融资金。发挥融资平台作用,积极拓宽融资渠道,全年融资4.98亿元,为中小企业、民俗旅游户提供担保资金2.08亿元;三是盘活存量结余。加强财政结余资金管理,盘活资金1.4亿元,有效缓解全县重点工程建设资金压力,财政资金使用效益大大提升。

集中财力干大事。多方筹措资金19.2亿元,全面推进城乡一体化进程。一是加快城乡路网建设。密关路、密云·云蒙大桥等路桥工程竣工通车。琉辛路、密兴路二期等道路正在加紧实施,年内将有90余公里城乡道路相继完工;二是完善城乡基础设施。司马台35千伏变电站正式投入使用,檀营110千伏输变电工程、垃圾综合处理中心等重点工程稳步推进;三是改善城乡居民生活环境。大力实施老旧小区综合改造工程,改造小区14个,60万平方米,受益居民8520户。推进保障性住房建设,云北小区经济适用房二期完成主体工程;四是支持6+2重点镇建设。促进特色产业发展,完善基础设施,重点镇公共服务能力进一步提升;五是加大镇街财力转移支付力度，提升基层保障能力。2010年以来先后三次调整完善县镇财政管理体制，累计让渡镇街财力6亿元，其中2013年预计让渡镇街财力1.9亿元，有力支持了镇街经济和社会各项事业发展。

——坚持维护稳定“促和谐”，提升公共服务保障能力

全力维护社会稳定。公共安全支出40535万元，增长12.2%。保障治安综合检查站、公检法司系统业务装备、办案专款等经费。整合全县社会监控系统，搭建社会治安综合管理平台。开展系列法律宣讲活动，对弱势群体实施法律救助。为50284户居民安装一氧化碳报警器，确保煤火取暖户安全过冬。加大食品安全检查力度，在全市率先建立餐饮服务经营单位货源追溯机制。

促进文体事业繁荣发展。文体传媒支出21539万元，增长17.4%。支持基层文化活动中心、村级文化广场建设。开展“美丽密云、幸福密云”系列文化活动，丰富城乡居民业余文化生活；广泛开展太极拳、太极剑等全民健身活动。成功举办女子九球国际公开赛、国际公路自行车赛等大型赛事活动。

大力发展公共交通，方便百姓出行。投入资金8754万元，落实公交票价折扣，老年人、残疾人免费乘车等惠民政策。给予公交企业燃油补贴和新购车辆贴息补助。截止目前，全县公交线路达54条，通车里程2800公里。

支持科技创新。科学技术支出16379万元，增长14.8%。加快推进北京科技成果转化（密云）示范基地和密云国际休闲生态农业科技园建设。实施科普惠农兴村和科普益农工程。我县获评“2013年全国科技进步考核通过县”。

——坚持统筹协调“促改革”，提高财政财务管理水平

进一步深化财政改革，使有限的资金发挥更大的效益。巩固国库集中收付改革成果，财政直接支付资金645783万元，同比增长32%；推动公务卡支付制度改革，通过公务卡结算系统支付资金92.8万元；建立绩效目标编报、绩效自评和重点评价相结合的考评体系，考评项目13个，资金13824万元；规范政府采购行为，细化采购流程，启动政府采购电子网络交易平台，完成政府采购预算32000万元，节约资金1780万元；加大政府投资项目评审力度，降低政府投资成本，评审项目225个，送审资金307751万元，审减46753万元，综合审减率15.2%；严把政策关口，核实追加资金申请50633万元，核减9860万元，节减率19.5%。通过上述管理手段及措施节约财政资金58393万元，资金使用效益大幅提高。

进一步加强财政管理，确保财政资金规范运转。健全政府预算体系；试编国有资本经营预算；创新财政监督。采用“制度+技术”方式，以制度保障为前提，以国库集中收付动态监控系统为技术手段，有效防止资金运行中的违规操作，切实保障资金安全。同时，加大财政资金检查力度，检查各类资金42.8亿元；防控财政风险。认真清查财政对外借款情况，适度控制债务规模，有效降低政府债务风险；规范财政管理。扎实推进村级“一事一议”财政奖补工作，我县荣获“全国一事一议规范管理县”称号，是北京市唯一获此殊荣的区县。认真开展公车治理，对全县党政机关公务用车编制进行了重新核定。建立财政内部协调统筹机制，避免资金重复投入。全面推开镇街资金监管工作，规范乡镇财政财务管理。扩大部门预算公开范围,促进政府公开、规范、依法理财。积极配合审计署完成机构运转支出和政府债务审计工作。

认真贯彻落实中央“八项规定”,严格控制“三公”经费。初步统计,我县2013年公务接待、公务车购置及运行和因公出国(境)费都得到很好的控制与压缩,准确数字待财政决算后向社会公开。

各位代表,2013年财政工作克服了重重困难,取得了较大成绩。这是县委的正确领导和县人大、县政协监督指导的结果;是各部门各单位对财政工作理解与支持的结果;是广大财税干部开拓创新、锐意进取的结果。

在看到工作成效的同时,我们也必须清醒地认识到有些单位财务管理工作还有待进一步规范和提升。对此,在今后的工作中我们将采取积极有效措施加以解决。

二、2014年财政总预算和县本级预算(草案)

2014年预算安排的指导思想是:全面贯彻党的十八大和十八届三中全会精神,紧紧围绕县委提出的工作方略、奋斗目标、发展定位,坚持稳中求进,转方式、调结构、稳增长;优化支出结构,切实保障和改善民生,厉行节约,严格控制一般性支出;深化财政改革,提升财政管理水平,全力支持我县经济建设、政治建设、文化建设、社会建设、生态文明建设持续健康发展。

根据上述指导思想,2014年我县财政预算(草案)是按照“依法依规,收支平衡;厉行节约,突出重点;公开透明,强化绩效”的原则安排的。具体情况如下:

全县公共财政预算收入安排275000万元,比2013年预计完成数增长10%。其中:县本级公共财政预算收入安排177366万元,比上年预计完成数增长10%;镇街公共财政预算收入安排97634万元,比上年预计完成数增长10%。基金预算收入安排39055万元。

全县财政总支出安排1044998万元,比上年增长8.4%。其中:县本级财政支出安排925308万元,比上年增长8.2%;镇街财政支出安排119690万元,比上年增长10.3%。资金来源包括:公共财政预算收入275000万元,基金收入39055万元,市体制返还164391万元,市体制定额补助99508万元,市一般性转移支付93777万元,市提前告知专项122927万元,上年专项结转250340万元。

根据《预算法》和《北京市预算监督条例》规定,重点报告2014年县本级预算(草案)编制情况。

(一)财政收入预算安排实事求是,积极稳妥

我们认为公共财政预算收入安排10%的增幅是符合我县实际情况的:一是县委县政府不断完善我县经济发展战略,明确了产业发展方向、产业结构、产业布局,为我县今后一段时期的经济发展指明了方向,经济发展稳中向好;二是重点围绕新城和潮河、白河两条产业带,打造的八大主体功能区,为我县经济快速发展和财政收入稳定增长搭建了平台;三是中关村“一区十六园”政策给开发区、商务区带来了新的重大发展机遇,重点经济功能区对经济发展和财政收入增长的“主引擎”作用更加凸显;四是生态优势对高端产业要素的吸引作用日益增强。成功引进了贝尔·中国汇、希马克总部基地等重大项目,增强了经济发展后劲;五是财政收入增长也面临着营改增、小企业税收减负等政策性因素影响,以及采掘业受市场价格影响利润下降

等不利因素。鉴于上述情况，安排公共财政预算收入增长10%是比较适度的。

（二）财政支出预算安排有保有压，突出重点

——突出厉行节约，严格控制一般支出，保障政权机关运转。在全面落实人员工资待遇的基础上，压缩一般性支出，严格控制“三公”经费，保证党政机关的正常运转。安排基本支出254022万元，同比增加21727万元。

——突出优化结构，提升资金保障能力，确保民生政策落实。安排民生方面资金159959万元。其中：

安排农业方面资金43557万元。及时落实支农惠农政策，促进农民增收；广泛开展农民免费体检，保障农民身体健康；支持泥石流易发区农民搬迁工程，确保农民居住安全；完善新农村基础设施管护，建立长效运维机制；加大沟域经济建设投入，促进我县农业生产持续发展。

安排教育资金10194万元。大力支持学前教育发展，稳步推进办学条件达标工程；全面落实教育减免及各项助学政策，确保家庭困难学生得到有效资助；支持城乡联动教育改革，促进城乡教育均衡发展。

安排社会保障和就业资金70093万元，落实养老保障政策，提高养老保障水平；完善城乡救助体系，切实保障低收入群体的基本生活；支持残疾人就业，保障残疾人正常生活；支持就业岗位开发、职业技能培训等工作，完善城乡一体化就业服务体系。

安排医疗卫生资金18479万元。支持药品和医疗耗材购置，保障社区医疗卫生机构正常运转；落实“新农合”、“一老一小”、无业居民医疗保险等政策，提高医疗保障水平；支持免费接种疫苗、妇女两癌筛查、慢性病防治等惠民政策，促进我县公共卫生服务水平全面提升。

安排公共安全资金8745万元，加强社会治安综合治理，提高公共安全保障水平；安排科学技术资金4137万元，全面开展科普宣传活动，加强科技创新成果转化，促进我县科技创新发展；安排文化体育资金3557万元，充实群众精神文化生活，促进我县文化事业繁荣发展；安排人口和计划生育资金1197万元，推动我县人口和计划生育工作稳步实施。

——突出生态保护，美化生态环境，打造宜居新密云。安排资金19581万元，支持清洁空气减煤换煤、既有节能建筑供热计量改造、非正规垃圾填埋场治理等工程，推进大气污染治理，完善“六护”工作保障机制，倡导节能减排，打造宜居、宜业、宜游的良好生态环境。

——突出一体化建设，完善基础设施，促进城乡均衡发展。安排资金18631万元，完善城市基础设施和公共设施建设，全力打造新型城镇，重点支持老旧小区改造、城市夜景照明、乡村公路建养等重点工程建设，加快推进城乡路网和公共交通设施建设，改善百姓出行条件。安排对口支援及上划资金2051万元，确保全市统一部署的对新疆、西藏、青海玉树和内蒙古援助工程的落实。

——突出经济可持续发展，强化经济结构调整，促进产业结构升级。安排促进经济发展资金31556万元。支持重点产业、重点区域发展，推动产业结构优化升级，充分发挥资金的引导作用，对项目实行全过程绩效管理。增加以奖代补、定额补助等资金支持方式，提高资金支持效能。

——突出风险管理，化解政府债务，提高综合保障能力。安排偿还公共设施建设贷款及解决历史遗留问题资金42429万元；

安排为民办实事工程资金13812万元;安排预备费10000万元,主要用于应对自然灾害及其他难以预见的支出。

——突出财政资金使用效率和效益,确保专款专用。市财政提前告知专项资金122927万元,用于农业方面37343万元;教育44039万元;医疗卫生6091万元;社会保障7263万元;科学、旅游、公共安全等方面28191万元。同时,上年专项结转250340万元,我们将按照专款专用的原则,及早下达,确保落实。

(三)先行试点,稳步推进,试编国有资本经营预算

按照财政部的相关规定,逐步建立以公共财政预算、基金预算、社会保险预算和国有资本经营预算为主体的预算管理体系。根据北京市的总体部署,2014年我县启动国有资本经营预算编制试点工作,密云县房地产开发总公司、密云供销合作社2家企业列入国有资本经营预算编制试点范围。安排国有资本经营预算收入18.36万元,支出全部用于上述两家企业设备升级改造等方面。

三、坚定信心,开拓进取,确保完成2014年财政预算任务

2014年,财政工作将全面贯彻十八届三中全会精神,结合密云实际,落实财税体制改革,促进经济发展,保障改善民生。重点抓好以下六方面工作。

(一)着力发挥财政职能作用,促进经济财政良性互动

加强财政政策与产业、投资等政策的协调配合。支持开发区、商务区等八大主体功能区建设,加快形成多点支撑、分类聚集、区域联动的战略性产业发展新格局;深入实施招大引强战略。既要立足长远发展引进实体经济,也要考虑近期增长引进总部经济。并把招商引资的成效体现在增加经济总量、增加财政收入、增加劳动力就业、增加农民收入上。

充分发挥财政政策的激励作用。支持重点企业发展、推进企业上市、鼓励品牌创建、推动科技创新、倡导节能减排、帮扶中小企业,增强经济发展动力,转变经济发展方式。全力做好营改增试点改革扩面拓围工作。

(二)着力加强预算刚性管理,建立规范透明预算体系

实施全面规范、公开透明的预算制度,把权力关进制度的笼子,科学合理做好政府预算管理工作。完善预算编制制度。规范支出定额标准,强化项目支出管理,推进事前绩效评估。建立预算编制与单位结余资金、追加预算、市追加专项和下划资金相结合的机制,提高预算编制的科学性、准确性;按照财政部要求,下一步要探索编制三年滚动预算,构建三年滚动预算绩效考核体系,建立跨年度结余资金安排机制;规范预算执行管理。强化预算刚性约束机制,减少调整追加预算。健全预算绩效管理体系,提高预算执行的准确率,防止年底突击花钱等现象发生;推进政府预算公开透明。进一步扩大部门预决算信息公开范围,按照市里要求2015年之前全部公开。

(三)着力优化财政资源配置,真正把钱用好用活

按照公共利益至上的原则,积极推进财政管理改革,增强财政资金分配的合法性、合规性和绩效性,让公共财政阳光普照民生。处理好政府与市场的关系,使市场在资源配置中起决定性作用和更好发挥政府作用。适时引入竞争性分配机制,凡政府购买事务性管理服务,要引入竞争机制,

通过合同、委托等方式向社会购买,确保财政资金落到实处,花出效果。

大力发扬艰苦奋斗、勤俭节约精神,把钱用在刀刃上。全面贯彻落实中央提出的“八项规定”和《党政机关厉行节约反对浪费条例》,严格控制国内差旅、因公临时出国(境)、公务接待、公务用车、会议活动、办公用房等经费支出,切实降低行政成本。

完善镇街财政管理体制,提升基层公共服务能力,向基层倾斜财力,待市与区县财政体制调整后,进一步调整完善县与镇街财政体制。

(四)着力加强财政资金统筹,提高资金使用效益

加大统筹力度。一是统筹好中央、市、县、镇街财政资金;二是统筹好公共预算收入、基金收入、国有资本经营收入;三是统筹好财政资金、金融资本和社会资本;四是统筹好预算单位结余资金。

健全统筹机制。认真执行财政内部相互协调统筹管理财政资金的暂行办法,着力解决项目资金多头管理、合力不强、重复投入等问题,实现财政资金由分散投入向集中投入的转变,发挥资金的规模效益,集中财力办大事。

丰富统筹方式。既要通过预算资金分配程序、加强结余资金管理等政府分配管理模式强化资金统筹,还要发挥财政资金“四两拨千斤”作用,引入社会资本、金融资本,充分利用担保、股权融资、贷款贴息等市场化手段,丰富资金统筹方式。

(五)着力深化财政改革创新,提升财政管理绩效

切实将改革创新贯穿于财政工作的全过程,通过创新体制机制,加强财政监督,服务财政管理,保障财政资金安全、规范、高效运行。完善资金动态监控系统,将财政监督有效融入财政业务管理流程之中,全程监控财政资金收付活动。强化镇街财政资金源头管理,建立镇街资金监管长效机制。全面实行公务卡制度,提高预算单位支出透明度,使公务消费置于阳光之下。进一步做好国库集中收付、政府采购、政府投资评审、绩效评价等财政改革之间的统筹与衔接,完善以七大管理模块为核心的财政管理平台建设,全面提升财政科学化精细化管理水平。

(六)着力加强干部队伍建设,依法理财廉洁理财

认真学习贯彻县委提出的一系列指导思想,切实做到依法履职、专业履职、用心履职,建设一支讲大局、懂经济、有思路、干实事、勇担当的财政干部队伍。加强党风廉政建设,筑牢思想道德防线,提高广大财政干部为民理财、廉洁理财的自觉性和坚定性;发扬创新精神,探索新机制、新方法,解决财政改革和管理中的重点、难点、焦点问题,提高财政服务的前瞻性、针对性和有效性。努力争创“五个一流”,即一流的领导班子,一流的干部队伍,一流的工作作风,一流的工作机制,一流的工作业绩。

各位代表,2014年财政工作任务艰巨、责任重大、使命光荣。我们将在县委的正确领导下,在县人大、县政协和社会各界的监督指导下,开拓进取、真抓实干、攻坚克难,确保完成2014年财政工作任务,为实现“三个走在前列”奋斗目标,建设“绿色国际休闲之都”而努力奋斗!

中国共产党密云县委员会

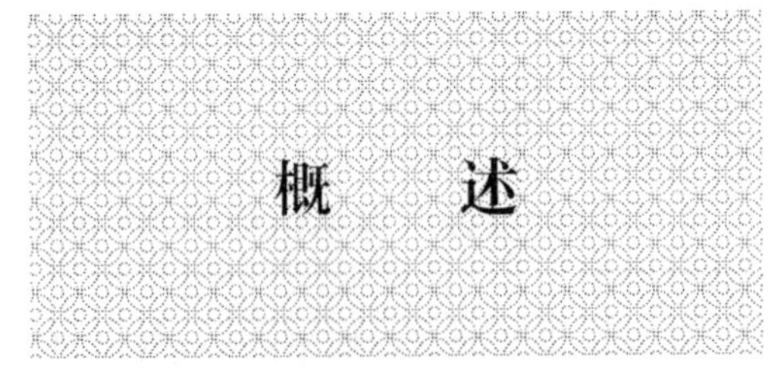

概　述

2013年,县委团结带领全县广大党员干部群众,认真贯彻落实党的十八大、十八届三中全会和市十一次党代会精神,真抓实干,奋发有为,开拓创新,圆满完成了全年工作任务,营造了发展同向、干群同心、风清气正、政通人和的政治生态环境,巩固了密云各项事业又好又快发展的良好局面。

2013年,完成地区生产总值195.1亿元,同比增长9.3%;公共财政预算收入25.4亿元,同比增长14.6%;固定资产投资165.1亿元,同比增长13.6%;社会消费品零售额116.2亿元,同比增长10.1%;城镇居民人均可支配收入32538元,同比增长10%;农村居民人均纯收入16202元,同比增长11%。

经济建设扎实推进,发展活力不断增强。重点功能区引领发展的作用更加凸显。县经济开发区实现工业收入230亿元,占全县工业总收入的66%;实现财政收入5.5亿元,占全县财政收入的1/5;安置本地劳动力就业1.2万人。生态商务区A2地块完成入市交易,B、C地块一级开发有序推进,华润中央公园及生态展示中心等工程建设接近尾声;实现税收2.14亿元;实现财政收入7286万元。太子务开发区成为全县经济发展新的增长点,全年实现税收1.3亿元,形成县级财政收入6804万元。重大产业项目建设成效显著。古北水镇累计投入39亿元,已基本建成,即将进入试运营阶段,对推动全县休闲旅游产业发展、建设“绿色国际休闲之都”具有重大而深远的影响。福田汽车生产整车6.3万辆,实现收入39亿元,上缴税金4500万元,二期建设已完成投资5亿元。产业结构持续优化。都市型现代农业“三个三”的发展格局更加清晰,大力发展以奶牛、肉(柴)鸡、蜜蜂为主的生态养殖业,以板栗、苹果、梨为主的绿色林果业,以无公害蔬菜、有机杂粮、花卉为主的特色种植业,农业功能深度拓展,综合效益不断提高。密云绿色有机农产品,赢得首都市民青睐,“密云农业”品牌享誉京城。环境友好型工业支撑作用日益明显,汽车及零部件、生物医药、数字信息、新型建材、新能源等主导产业保持快速发展,形成了以县经济开发区为主要载体,以重大项目为龙头带动的发展态势。休闲旅游产业提档升级步伐加快，对39个重点民俗村、重要节点村实施了环境标准化提升，全面启动了星级评定工作，民俗旅游收入、人均消费分别居生态涵养发展区第一位和第二位。11月，荣获新华网主办的"'最美中国'生态旅游目的地市（县）"称号。总部经济不断加强，后发优势初步显现。城乡基础设施建设成果丰硕。2013年是城乡道路建设的丰收之年，全县新建、续建、改扩建道路90千米。密云·云蒙大桥建成通车，西统路全线贯通，将市区到经济开发区的行车时间缩短了15分钟；密关路改建工程全面完工，有效缓解了水库西线旅游交通压力，为沿线各镇加快发展奠定了重要基础；马北路支线、司曹路一期、密兴路二期、琉辛路与京承高速连接线等相继完工，为加快发展创造了有利条件。新城地表水厂、开发区再生水厂等相关手续已获批复，即将开工建设。县垃圾综合处理中心环评已获批复。大唐煤制气进京工程密云段的管道铺设已全部完工。南水北调工程拆迁补偿工作顺利完成。

政治建设稳步推进，民主法治环境不断优化。县委常委会认真贯彻民主集中制，坚持重大问题集体讨论，集体决策。县委领导班子成员密切配合，相互支持，进一步巩固和发展了求真务实、民主团结、勤政为民、开拓进取的工作局面。县委积极支持人大及其常委会依法履行职能，支持政协依照章程发挥作用。统战、工会、共青团、妇联等部门围绕职责，工作开展得有声有色。圆满完成第九届村委会换届选举工作，出色完成中组部、民政部部署的换届选举观摩点任务，并在全国经验交流会上作了经验介绍。村级公益事业建设一事一议筹资筹劳工作深入推进，成效明显，11月，被农业部评为"全国一事一议规范管理县"。

文化建设日益繁荣，群众文化生活丰富多彩。牢牢把握正确的舆论导向，持续加大对内对外宣传力度，密云的知名度、美誉度进一步提升；加强网络媒体管理，充分发挥密云政务微博、微信等新媒体的作用，扩大主流声音覆盖面。县、镇、村文化设施日益完善，文化队伍建设进一步加强。有线广播"村村响"实现全覆盖，走在了全市前列，在社会管理、信息播报、应急指挥等方面发挥了积极作用。在全县广为传唱了密云县歌《云水谣》，唱出了密云人民的自信心和自豪感。全民健身活动广泛深入开展，成功举办了"CBSA2013密云国际9球公开赛"等大型活动。10月，荣获文化部颁发的第十届中国艺术节项目类"群星奖"。

社会建设协调发展，群众得到更多实惠。年内，县委高度重视社会建设，始终坚持以人为本，把保障和改善民生作为一切工作的出发点和落脚点。坚持把"三农"工作作为县委工作的重中之重，把农民增收工作作为"三农"工作的核心。大力实施了农民增收、农民健康、农民安居"三大工程"，进一步强化了政策帮扶、对口帮扶、产业帮扶，全面启动了新一轮低收入农户增收工作。农村居民人均纯收入连续五年在生态涵养发展区增幅第一，连续五年获得市委、市政府表彰。坚持为农民免费体检，建档率保持100%，新农合参合率进一步提高，县医院迁址新建工程已完成总量的95%。大力推进农村生存条件恶劣地区的农户搬迁、农民住宅抗震节能改造、危旧房改造工作，城区老旧小区综合改造及保障性住房建设取得显著成绩，得到了广大群众的拥护和赞扬。社会保障体系不断完善,城乡低保、困难救助等各项政策得到落实,养老保险覆盖面进一步扩大。就业工作稳步推进,城镇登记失业率降至1.95%,“纯农就业家庭”和“零就业家庭”保持动态为零。教育教学质量不断提升,高考本科上线率连续四年保持70%以上。网格化体系建设纵深推进,社会服务管理精细化水平不断提升。继续坚持“全社会、多领域、多层次、长效化”的志愿服务模式,志愿服务工作品牌化、规范化建设深入推进。在全市率先建成“三级联动”便民服务体系,群众办事更加便利。年底,“三级联动”便民服务体系入选国家级服务业标准化试点项目。城乡社区市级示范点、示范村建设扎实推进。平安密云建设深入推进,群众安全感满意度连续五年保持全市前列,连续五年荣获“首都社会治安综合治理先进区县”称号。5月,被人力社保部、中央综治委授予“2009-2012年度全国社会管理综合治理先进集体”荣誉称号。

生态文明建设成效明显,环境质量持续提高。年内,修订完善了《密云县生态文明建设纲要》。持续加大水库周边环境综合整治力度,狠抓水环境治理,确保了密云水库水质始终保持国家二级以上标准。7月,被水利部确定为全市唯一的“全国水生态文明城市建设试点”区县。狠抓大气环境治理,减少大气污染物排放。“拆违打非”专项行动取得阶段性成果,违法建设销帐面积比例位居生态涵养发展区前列,新生违法建设持续保持“动态为零”。平原造林、京津风沙源治理、小流域治理成效显著,全县林木生态覆盖率上升到61.01%。倡导绿色出行,生态文明意识更加深入人心。

党的建设全面加强,科学化水平显著提升。全县广大党员干部认真学习贯彻落实党的十八大和十八届三中全会、习近平总书记一系列讲话精神,理想信念更加坚定,理论水平不断提高。深入开展了“中国梦”主题宣传教育活动。坚持“导向、规则、政策相衔接,选人、用人、管人相统一”的干部选拔任用工作机制,科学合理配备干部,干部队伍结构进一步优化。强化干部教育培训,广大党员干部“两会”、“两能”、“两强”的“六种能力”明显增强。大力加强基层服务型党组织和村级干部队伍建设,村“两委”班子推动发展、服务群众、凝聚人心、促进和谐的能力进一步提升,涌现出司马台新村、古北口村、阁老峪村等先进典型。基层党建全程记实系统,在县内实现所有行政村全覆盖,得到了市委组织部的高度认可,并在全市推广应用。探索建立了“1+5”和谐社区党建新机制(以社区党组织为核心,整合居委会、服务站、业委会、物业公司、驻区单位五种组织资源,成立社区联合党组织),非公经济组织和社会组织党建工作覆盖面进一步扩大。市委组织部反馈的2013年度县级领导干部年度考核测评结果,密云县四套领导班子年度考核测评优秀率仍为100%,县级班子成员优秀率都在98%以上。在“三级联创”评比中,密云基层组织建设连续七年保持全市一类水平。

全县广大党员干部认真贯彻落实中央“八项规定”和市委有关要求,工作作风进一步改进。始终保持惩治腐败的高压态势,反腐倡廉建设扎实深入推进,党和政府在人民群众心中的形象进一步提升。2012年和2013年,密云的党风廉政建设责任制和案件查办工作考核,连续两年在全市区县排名第一。

3月8日,《人民政协报》以“风清气

正好扬帆”为题，专刊报道密云，认为密云：“在县委的正确领导下，认真贯彻落实科学发展观，努力建设风清气正的政治生态环境，换来的是奋发有为、携手向前的价值取向，是充满活力、后劲十足的发展态势，是实实在在、人民满意的发展成果”。快速发展的密云，前景无限美好。

（县委办）

单位名称：中国共产党密云县委员会
地　　址：密云县鼓楼西大街3号
电　　话：69043970

主要工作和重大活动

【丁向阳带领检查组检查党风廉政建设】 1月6日，副市长丁向阳带领市党风廉政建设责任制专项检查组检查密云党风廉政建设责任制落实情况。县委书记汪先永汇报了密云落实党风廉政建设各项工作情况。

（县委办）

【县委工作暨党风廉政建设会议】 3月6日，在县会议中心召开县委工作暨党风廉政建设会议。县委书记汪先永讲话，要求广大党员领导干部要进一步强化“保水是第一责任、发展是第一要务、生态是第一资源”的理念，扎实推进环境建设、经济建设、社会建设和党的建设，切实为群众解难题、干实事、谋福利。政法委、宣传部、县纪委、组织部、统战部在会上部署了2013年相关工作。

（县委办）

【第九届村民委员会选举工作会议】 4月15日，第九届村民委员会选举工作会议召开，会议听取了各镇落实“两保持、两降低、一确保”工作目标的汇报，对选举工作进行了动员部署。县委书记汪先永讲话，要求各镇街高度重视、加强学习、明确责任、讲究方式方法，进一步加大工作力度，确保顺利完成村委会选举工作。

（县委办）

【“拆违打非”暨城乡环境建设动员大会】 4月19日，密云县“拆违打非”暨城乡环境建设动员大会召开。县委书记汪先永讲话，强调要深入贯彻落实全市生态文明和城乡环境建设动员大会精神，密切配合，协同作战，敢于担当，敢于负责，敢于碰硬，坚决打赢“拆违打非”暨城乡环境建设专项行动这场攻坚战、歼灭战、持久战。

（县委办）

【共青团密云县第十四次代表大会】 4月24日，共青团密云县第十四次代表大会开幕。县委书记汪先永向全县团员青年提出了要坚定理想与信念，加强学习与实践，锤炼品行与作风三点希望。

（县委办）

【赵勇考察】 5月17日，河北省委副书记赵勇带领考察团到密云考察。考察团到北新集团建材股份有限公司，听取了北新建材关于河北省新型城镇化及新农村建设节能装饰一体化整体解决方案的汇报，参观了北新建材新型房屋示范基地，与北新建材签订了战略合作框架协议。

（县委办）

【吕锡文调研】 5月21日，市委副书记吕锡文到密云县调研基层党建工作，到古北口镇察看古北水镇建设进展，到司马台新村游客服务中心了解司马台新村发展民俗旅游情况，到穆家峪镇阁老峪新村二期建设工地了解新民居建设进展,察看了木棉花酒店,并听取了密云华润希望小镇建设进展情况。吕锡文在调研中指出:要把引领发展作为基层党组织服务群众的首要任务,加强基层党组织领导班子和队伍建设,提升引领发展能力,为老百姓扎扎实实服务,让老百姓实实在在受益,让老百姓生活的更加幸福。

(县委办)

【中组部和民政部领导观摩密云县第九届村民委员会选举】 5月25日,中组部部务委员、基层办主任吴玉良,民政部副部长窦玉沛带领中组部、民政部有关负责人到密云东邵渠镇西邵渠村,观摩西邵渠村第九届村民委员会选举情况。

(县委办)

【中共密云县第十二届委员会第六次全体会议】 7月29日,在县会议中心召开中共密云县第十二届委员会第六次全体会议。会议表决通过了以"坚持为民务实清廉,进一步建设风清气正政通人和的政治生态环境"为主题的《中共密云县第十二届委员会第六次全体会议工作报告》。县委书记汪先永要求全县广大党员干部继续坚持科学的发展思路,一张蓝图绘到底;继续坚持以经济建设为中心,保持快速发展势头;继续坚持行之有效的选人用人工作机制,建设高素质执政骨干队伍;继续加强党组织建设,使各级党组织始终成为引领发展的坚强核心;继续加强作风建设,切实做到为民务实清廉。

(县委办)

【市委第三巡视组巡视密云县工作动员会议】 8月5日,市委第三巡视组巡视密云县工作动员会议召开,市委第三巡视组组长韩恩慈讲话指出:巡视工作是加强党的建设的重要举措,是从严治党、维护党纪的重要手段,是加强党内监督的重要形式。通报了巡视的主要内容。并提出了三点工作要求:巡视对象要胸怀坦荡、正确对待监督,带头客观反映情况,为全县广大领导干部做出表率;与会同志要实事求是,客观公正地反映情况,讲真话、实话、心里话;要统筹兼顾,安排好各项工作,做到县里工作和巡视工作"两不误、两促进"。

(县委办)

【姜志刚调研】 8月29日,市委常委、组织部部长姜志刚到密云调研。姜志刚先后到北京·密云古北水镇国际休闲旅游度假区、司马台新村和华润希望小镇、北新建材住宅产业有限公司了解工作进展情况,并召开了座谈会,听取了密云县基层党建全程记实系统和密云县经济社会发展、党的建设情况的汇报。

(县委办)

【李伟检查指导工作】 11月19日,市委常委、宣传部部长李伟到密云检查指导工作。李伟一行先后到古北水镇、司马台新村、巨各庄镇广播站检查工作进展情况。

(县委办)

【吕锡文调研】 12月11日,市委副书记吕锡文就贯彻落实十八届三中全会精神,推进城乡发展一体化到密云华润希望小镇调研。吕锡文详细了解了密云华润希望小镇建设进展情况,充分肯定该项目进度,充分肯定项目"党组织引领、政府支持、企业参与、农民主体"四位一体建设模式,充分肯定小镇建设符合党的十八大和十八届三中全会精神。并强调:一是坚定信心;二是成果初显;三是模式带动;四是提升素质。

(县委办)

【中共密云县第十二届委员会第七次全体会议】 12月20日,在县会议中心召开中共密云县第十二届委员会第七次全体会议。会议表决通过了《中共密云县第十二届委员会第七次全体会议工作报告》。会议认为:经过全县上下几年的共同努力,密云各项建设取得了一系列重大成就,进入了又好又快科学发展的新阶段。会议深刻分析了密云发展的现阶段特征,认为密云在发展思路上,已经形成了比较科学完整的发展体系,现在进入了深化落实的阶段;在经济建设上,已经确立了与功能定位相适应的产业方向、产业结构、产业布局,现在进入了优化升级、做大做强的阶段;在社会建设上,已经形成了全面推进、协调发展的格局,现在进入了重点突破、精细治理的阶段;在生态建设上,已经形成了"以生态促发展、以发展促生态"的良性互动,现在进入了全面推进生态文明建设的阶段;在党的建设上,已经形成了发展同向、干群同心、风清气正、政通人和的良好政治生态环境,现在进入了保持和巩固的阶段。

(县委办)

【王安顺调研】 12月30日,北京市委副书记、市长王安顺就贯彻落实党的十八届三中全会、中央经济工作会议和中央农村工作会议精神,加强社会保障工作到密云调研。副市长戴均良、林克庆,市政府秘书长李伟等一同调研。

(县委办)

组织工作

【概　况】 年内,坚持党管干部,建设高素质干部队伍。进一步优化干部队伍结构,探索选准干部的方式方法,扩大干部工作民主,加强后备干部队伍建设,坚持从严管理监督,开展大规模干部教育和培训。坚持抓基层、打基础,着力推进基层党建创新。加强村级干部队伍建设与管理,推进农村基层民主政治建设,全面推行镇党代会年会制,试行党代表列席全会制度,探索党组织服务群众和引领发展形式创新,进一步加强党员队伍建设。坚持党管人才,大力推进人才队伍建设。开展农村实用人才队伍建设,加大高层次人才队伍建设力度,统筹推进各支人才队伍建设。坚持首当其责、率先垂范,加强组织部门自身建设。着力打造讲政治、重公道、业务精、作风好的过硬部门和过硬队伍。

(赵红栓)

单位名称:中共密云县委组织部
地　　址:密云县鼓楼西大街3号
电　　话:69041291

【科级干部竞争上岗资格考试】 1月26日,县委组织部、县人力社保局组织举行2013年度科级干部竞争上岗资格考试。县属单位在编、在岗人员通过网络进行报名,3296人通过资格审核参加考试。考点设在县委党校、首都经贸大学密云分校和县职业学校,共分115个考场。此次考试成绩作为参加本单位竞争上岗的笔试成绩,有效期为两年。

(王大伟)

【开展"三级联创"考核】 1月29日,县委召开常委会议,根据县农村党的建设"三级联创"工作领导小组考核结果,研究决定巨各庄镇、鼓楼街道、穆家峪镇、十里堡镇、果园街道、古北口镇、太师屯镇、北庄镇、不老屯镇、高岭镇、密云镇、东邵渠镇、河南寨镇、溪翁庄镇、西田各庄镇、檀营地区、新城子镇、冯家峪镇、石城镇、大城子镇为2012年度“五好”党(工)委标兵。12月21日-24日,市农村党的建设“三级联创”活动考核调研组对密云县进行考评,抽查2个镇、1个街道、4个村、2个社区,通过听取工作汇报、组织座谈、实地查看、个别谈话和入户访谈,认为密云县的“三级联创”工作思路清晰,领导和保障机制健全,基础工作扎实,有特色,有创新,创建工作的效果明显。

(李宏仁)

【“人才京郊行”市派专家工作交流活动】 1月10日和3月27日,县委组织部在县会议中心和穆家峪镇分两批开展“人才京郊行”市派专家工作交流活动,第四批、第五批市派专家及其派出单位,县科委、县旅游委、县文化馆、县医院和希望小镇管委会等接收单位和县委组织部相关领导参加。第四批专家总结了在密云的服务体会,第五批专家表明了到密云工作的决心与信心;接收和派出单位领导对“人才京郊行”活动给予了高度评价。

(王　桦)

【对口帮扶内蒙古】 1月,在全县范围内开展内蒙古挂职干部人选推荐工作,在本人自愿、单位推荐的基础上,经县委研究决定,县投资促进局副局长陈永立、县社会建设信息中心主任谢陨石到内蒙古巴林右旗挂职,挂职时间2年。2月,根据《北京对口帮扶内蒙古互派干部工作方案》,安排内蒙古巴林右旗干部来密云县挂职工作,巴林右旗旗委常委、宣传部长梅花挂职任县发改委副主任,巴林右旗农牧业局副局长赵云花挂职任穆家峪镇镇长助理,挂职时间为1年。

(王大伟)

【党建研究成果】 3月1日,北京市党的建设研究会2012年度调研课题评选结果公布,县委组织部承担课题《农村基层党组织创先争优长效机制调研报告》获立项课题三等奖,指导穆家峪镇开展的《党组织引领华润希望小镇建设的实践与思考》获优秀自选课题二等奖。

(傲　敦)

【召开全县领导干部大会】 3月22日,县委在县会议中心召开全县领导干部大会,县四套班子成员、县法院院长、县检察院检察长、县属二级班子党政主要领导、县委党建工作领导小组成员及新调整的干部参加会议。县委副书记、县长王海臣主持会议,县委常委、组织部部长韩耕宣布了县委近期干部调整的决定,县委书记汪先永通报了2012年12月份以来涉及调整的138名干部的基本情况、调整背景和总体考虑等情况,并对新调整干部提出“加强学习,不断提升工作能力;珍惜工作岗位,做出突出业绩;严格要求自己,树立领导干部良好形象”的要求。

(王大伟)

【首都高校博士生(后)挂职锻炼工作】 4月,继续开展组织选拔首都高校博士生(后)、青年教师、辅导员到北京市挂职锻炼工作。北京航空航天大学博士罗炳威挂职任县科学技术委员会主任助理;北京航空航天大学博士李乐园、中国农业大学博士后岳明星挂职任县农业局局长助理;中国政法大学博士苏志强挂职任县经济开发区总公司总经理助理,挂职锻炼时间为6个月。

(王大伟)

【推行发展农村党员党委预审制】 4月初,在全县农村党组织推行发展党员党委预审制。村党支部讨论接收预备党员前,将其相关材料上报镇党委，镇党委对其是否具备发展党员条件和程序是否符合规定进行审查，同时征求镇纪检、计生办、派出所、综治办等部门意见。预审结束后，镇党委向村党支部提出预审意见，合格的可提交支部大会讨论，不合格的暂缓发展。年内，17个镇党委共预审党员发展对象389人，12人未通过预审。

（李　佳）

【干部信息管理】 4月，维护更新处级干部信息库，向全县968名处级干部发放信息采集表，由本人核对签字确保信息准确。建立科级干部信息库，采集汇总全县科级干部基本信息。对全县93个县属二级班子共639名班子成员分管工作情况进行备案。

（王大伟）

【开展带病提拔干部倒查】 4至6月，按市委组织部要求，对2010年3月《党政领导干部选拔任用工作责任追究办法》颁布以来的处、科级干部选拔任用过程开展“带病提拔”倒查。

（崔春艳）

【参加全市党员教育电视片观摩交流】 5月，推荐5部优秀党员事迹、党建纪实专题片参加全市党员教育电视片观摩交流，其中《红旗漫卷新征程》和《新技术带来新变革》入选北京市党员干部现代远程教育教学资源库，《问渠那得清如许》入选《北京党员电教》2013年第4期。

（李　骏）

【完成第九届村委会换届】 截至5月28日，全县327个村委会全部完成换届选举，共选出村委会成员1127人，其中村党组织书记、村委会主任“一人兼”的共199个村，占60.86%，比上届提高0.62%；村“两委”交叉任职601人，占53.33%，比上届提高0.02%；村委会主任不是党员的39人，比上届减少19人，降低5.81%；消除了村委会中无党员的村；村委会成员中女性382人，占33.9%，比上届提高7.3%，确保了327个村委会中都有妇女成员，其中妇女村委会主任19人，比上届增加2人。本届村委会成员中党员共有901人，占79.95%，比上届提高2.95%。东邵渠镇西邵渠村被中组部和民政部确定为全国唯一的村委会换届选举观摩点。5月25日，中组部部务委员、基层办主任吴玉良，民政部副部长窦玉沛等到西邵渠村观摩换届选举，认为选举组织到位、依法依规、平稳有序，基层党建工作扎实有效。

（李宏仁）

【党建专家到密云县调研】 5月29日，全国党建研究会原副秘书长、特邀研究员贺兴洲，中组部党建研究所原副所长、巡视员、全国党建研究会特邀研究员田炳臣及市党建研究所常务副所长、市党建研究会常务副秘书长章建伟一行，就“基层党建工作创新”、“信息化对基层服务型党组织的机遇和挑战”到密云县调研。

（傲　敦）

【干部人事档案管理】 5月，制定下发《关于开展干部人事档案规范化管理工作的通知》，组织召开密云县干部人事档案管理员培训会，县属单位分管组织人事工作的领导和档案工作负责人共计178人参会，培训内容涵盖干部人事档案整理、保管保护、材料收集、查借阅与转递。制定并下发《关于进一步规范县委管理干部档案查（借）阅、档案转递工作的通知》，明确了查（借）阅档案的权限、事由、手续、人员、纪律要求和干部档案转递手续的注意事项。各单位按照《干部档案工作条例》完成了干部人事档案管理队伍建设、制度建设、归档与整理、保管与保护等情况的自查,并对自查中发现的问题按照相关规定进行了整改。

(王大伟)

【召开农村实用人才工作部署会】 5月14日,在县委农工委召开2013年农村实用人才工作会,县委组织部、县农村实用人才工作领导小组成员单位主管领导和各镇党委副书记共30余人参会。会议总结了2012年农村实用人才工作,部署了2013年工作重点。

(王　桦)

【在线学习覆盖全体公务员】 5月,县委组织部、县人力社保局联合下发《关于开展全县公务员在线学习报名工作的通知》,要求干部在线学习参学范围覆盖到全体公务员和参照公务员法管理单位人员。5月底,建立起95人的干部在线学习联络员队伍,开展3次业务培训,完成了在线学习报名参学工作。

(高志刚)

【选派援藏与援疆干部】 5月,根据市委组织部《关于选派干部援藏工作的通知》精神,在全县范围内推荐援藏干部人选,在本人自愿、单位推荐的基础上,经县委研究决定,并报市委组织部批准,高岭镇党委组织委员李鲲鹏援藏任拉萨市尼木县副县长,援藏时间为3年。7月和11月,根据市委组织部、市人力社保局《关于第八批援疆干部人才选派工作的通知》精神,在全县范围内开展了援疆干部人选推荐工作。在本人自愿、单位推荐的基础上,经县委研究决定,并报市委组织部批准,溪翁庄镇党委委员、副镇长孙岳援疆任新疆生产建设兵团第十四师一牧场副场长,县农业局农机监理站站长王金国援疆任新疆生产建设兵团第十四师一牧场工交建商科科长,援疆时间为3年。

(王大伟)

【罗马尼亚民主自由党代表团来密云考察】 6月12日,罗马尼亚民主自由党代表团到密云调研。县委有关领导向客人介绍了密云县经济社会发展情况、基层组织建设情况,华润希望小镇党委介绍了希望小镇建设情况。

(李宏仁)

【举办党员干部教育培训教学基地授牌仪式暨迎“七一”主题教育活动】 6月21日,县委组织部、县委党校举办首批党员干部教育培训教学基地授牌仪式暨“树立终身学习理念,永葆共产党人本色”迎“七一”主题教育活动。各镇党委副书记、街道(地区)党工委副书记,县直各工委副书记及首批10个教学基地负责同志参加活动。为穆家峪华润希望小镇、巨各庄镇蔡家洼村、古北口镇古北口村、西田各庄镇牛盆峪村、东邵渠镇西邵渠村、石城镇河北村白乙化烈士纪念馆、北汽福田北京多功能汽车厂、内蒙古伊利集团北京乳品厂、县档案馆、县检察院等10个教学基地授牌。

(高志刚)

【召开纪念中国共产党成立92周年大会】 6月28日,县委在密云文化活动中心召开纪念中国共产党成立92周年大会。会议对全县先进基层党组织和优秀共产党员、优秀党务工作者进行了表彰,并组织观看了主旋律影片《我的长征》。受县委表彰的先进集体和优秀个人,各基层党(工)委副书记、组织委员以及基层党员干部共计800余人参加大会。

(李　佳)

【开展评优表彰】 “七一”前夕,按照注重工作实绩、注重工作一线、注重一贯表现、坚持民主集中的原则，经过提名推荐、审核公示、命名表彰、集中学习四个阶段，在全县评选表彰52个先进基层党组织、200名优秀共产党员和105名优秀党务工作者。

（李　佳）

【走访慰问老党员和生活困难党员】 “七一”前夕，对全县286名生活困难党员进行了走访慰问，对其中因本人或直系亲属患重大疾病导致生活特别困难的86名党员进行了帮扶。

（李　佳）

【开展“共产党员献爱心”捐献活动】 “七一”前，在全县组织“共产党员献爱心”捐献活动，截至6月28日，共计67个基层党（工）委、3.52万名党员群众参加，累计捐献善款144.70万元。其中，党员3.12万人，捐款131.72万元；入党积极分子1727人，捐款6.97万元；群众2301人，捐款6.01万元。

（李　佳）

【维护党员干部现代远程教育网】 7月，对党员干部现代远程教育网在全县的分支节点网络环境进行维护升级，提高了县政务网的承载能力，缓解了网络运行压力。同时对全县终端站点建设情况进行了核查，更新了统计台账和相关数据。

（刘　波　李　骏）

【召开课题调研座谈会】 7月19日，组织部分县党建研究会会员召开“关于密云县党建研究会会员作用发挥的研究”课题调研座谈会。研究成果《关于密云县党建研究会会员作用发挥的研究》在北京市《执政党建设研究》刊发。

（傲　敦）

【基层县党代表列席县委全会】 7月29日，20位农村、社区、机关和企事业单位等生产和工作一线的县党代会代表，应邀列席县委十二届六次全会，听取并讨论了县委工作报告。

（郭　锋）

【推荐镇街行政正职人选】 7月、11月，分2次开展镇街行政正职人选推荐工作，参加推荐的有县级班子成员、县属单位党政正职、县委党建工作领导小组成员。

（王大伟）

【调查远程教育终端站点学用情况】 7月至9月，开展党员干部现代远程教育终端站点学用情况调查，以站点自查为主，电教科随机抽查为辅，围绕设备设施、学用情况、组织保障，采取实地察看、座谈了解和问卷调查等方式，对终端站点网络畅通、管理使用、学用转化情况及课件节目制播需求等内容进行重点调研，帮助基层站点找准并解决突出问题，为提高远程教育学用工作水平奠定基础。

（刘　波　李　骏）

【开展“查比评学促”活动】 年内，县委组织部在各镇街党（工）委之间开展以“查工作、比实绩、评优劣、学先进、促提高”为内容的互帮互学活动。8月，组织部组织20个镇街的党（工）委副书记和组织委员，组成3个大组12个小组，集中对全县327个行政村、40个社区的基层党建基础工作和重点工作进行了互相检查，互相比较各自的优缺点，互相进行百分量化考核，互相学习先进做法和经验，共同促进提高。

（李宏仁）

【搭建视频直播系统】 年内，依托农村党员干部现代远程教育网网络环境和硬件资源，利用视频服务器和视频工作站等设备，搭建起视频直播系统，并分别在4月12日至19日全县农村党支部书记培训班和8月28日至30日第九届村民委员会主任培训班上投入使用。系统将培训实况在全县17个乡镇分会场进行了同步直播,实现了新任干部在县委党校主会场与连任干部在各镇分会场的同步培训。直播中,通过基层党建全程记实系统对各镇分会场的培训情况进行实时监控,并借助视频切换工作站实现了主会场多角度画面、各分会场监控画面和授课PPT文稿间的组合与切换,在丰富直播画面内容的同时,增加了主、分会场间的互动,确保了培训效果。

(刘　波　李　骏)

【举办“80后”处级干部党性教育专题培训班】 8月18日—24日,县委组织部举办“80后”处级干部党性教育专题培训班,赴井冈山革命老区开展革命传统教育。全县21名“80后”处级干部参加培训,培训采取专家讲授、交流研讨、体验式教学、与烈士后人座谈等形式。围绕培训主题,参训干部分组开展了党性分析。

(高志刚)

【举办村委会主任培训班】 8月28日—30日,在县委党校举办全县村委会主任培训班,94名新任村主任在党校主会场进行培训,233名连任村主任在各镇分会场收看视频直播。培训班安排了专题讲座、自我展示、经验交流和参观展览等内容,使村主任了解了当前农村发展的形势和任务,提高了履职能力和综合素质。

(李　佳)

【下发《关于进一步提高干部计算机应用水平的通知》】 8月30日,县委组织部、县人力资源和社会保障局共同下发《关于进一步提高干部计算机应用水平的通知》,对全县党政机关和事业单位中45周岁以下的在职干部运用信息化手段开展工作能力提出明确要求。

(高志刚)

【与北京电视台合作拍摄专题片】 8月至10月,北京电视台新闻频道“党建进行时”栏目摄制组,到北庄镇、溪翁庄镇合作拍摄《“双五星”评出农村新活力》和《探访北京水源地—密云水库》两部专题片,为宣传密云县党建工作成果,树立密云良好形象搭建新平台。

(刘　波　李　骏)

【拍摄北庄镇“项目党建”专题片相关素材】 9月至10月,对北庄镇2013年党建创新项目“项目党建”进行集中拍摄,收录、整理了工作开展过程中的部分影像资料,为拍摄“项目党建”专题片积累了相关素材。

(刘　波　李　骏)

【采集农村基层组织信息】 9月16日,县委组织部与县经管站联合下发通知,开展农村基层组织信息采集工作。截至10月底,将乡镇基本情况登记表、村基本情况登记表、村干部花名册、村级后备干部花名册、大学生“村官”花名册、党员花名册、入党积极分子花名册、村民代表花名册、村务监督委员会花名册、结对共建情况登记表、村获得荣誉登记表等11项、219个具体指标录入了全市农村基层组织信息系统。

(李宏仁)

【市委第三巡视组到密云县开展巡视】 8月至9月,市委第三巡视组到密云县开展集中巡视。

(崔春艳)

【试行农村党员分类量化管理】 10月初,在部分农村试行党员分类量化管理。村党支部根据年龄、文化、从业以及身体状况,将党员划分为年老体弱无活动能力、本地有活动能力和流动党员三类,分别制定考核评价标准,并以手册的形式进行日常量化管理。每半年组织村"两委"班子、全体党员和村民代表,对每个党员进行民主测评,测评成绩纳入年度量化总分。量化总分将党员认定为优秀、合格、基本合格和不合格四个等级。连续两年被认定为不合格的党员,经乡镇党委审批、县委组织部审核,进行组织处理。通过实施分类量化管理,破解了当前农村党员管理没有抓手、评价没有依据的问题。

(李　佳)

【组建面试考官、干部考察员队伍】 9月22日,印发《关于做好密云县干部考察员、面试考官资格培训班报名工作的通知》,10月15日至17日,在县委党校举办干部考察员、面试考官培训班。县属单位党政主要负责人、组织人事干部、教育卫生系统人才、县纪委、县委组织部、县人力社保局部分干部参加培训。培训班邀请了有关专家和县纪委、县委组织部、县人力社保局的相关领导进行授课,培训方式有专题讲座、政策解读、模拟演练、知识测试等。培训结束后,对通过测试的426名干部颁发了干部考察员、面试考官资格证书,其中正处级干部107人、副处级干部125人、科级干部155人、专业技术人才39人。

(王大伟)

【与中央金融单位、中央企业互派挂职干部】 10月,开展第四批与中央金融单位、中央企业互派挂职干部工作。经县委研究确定,经县委研究决定,并报市委组织部批准,县经济开发区总公司副总经理宋桂顺挂职任北京中电瑞达物业有限公司副总经理。根据市委组织部统一部署,中国港中旅集团资产经营公司新产业开发部总经理程鸿挂职任密云县县长助理。

(王大伟)

【举办首期县党代表专题培训班】 10月23日,在县委党校举办首期县党代表专题培训班,来自农村、社区、机关和企事业单位等生产和工作一线的县十二次党代会代表以及20个镇、街代表团的党代表联络员共143人参加培训。培训班开展了集中授课,并组织参观了密云华润希望小镇和北汽福田多功能汽车厂。

(郭　锋)

【开展第二轮村级组织和村干部工作群众满意度调查】 11月,在全县农村开展第二轮村党组织工作和"两委"干部满意度调查。调查范围覆盖所有农户,参与党员、户代表达11.2万人,调查内容直指群众生产生活,让群众好懂、好答、好选择。调查结束后,各镇党委采取会议、单独谈话等方式,将调查结果逐村逐人进行了反馈,各村党组织对群众反映强烈的问题及时进行了整改。

(李宏仁)

【基层党建全程记实系统获奖励和推广】

密云县以基层党建全程记实系统为基础的"破解农村党建工作'三不三难'问题"项目,获得市新农办组织的2013年新农村建设创新项目奖励。11月19日,市委组织部在密云县召开全市基层党建全程记实系统观摩推进会议,13个涉农区县委组织部参加。会议组织参观了西邵渠村村级基层党建全程记实系统平台、东邵渠镇镇级平台和密云县县级平台,听取了镇村党组织负责人关于基层党建全程记实系统使用情况汇报。会议要求全市涉农区县全面推广基层党建全程记实系统。密云县探索完善全程记实系统应用,把东邵渠镇西邵渠村、十里堡镇程家庄村、穆家峪镇阁老峪村作为试点,在村内公共区域安装户外电子大屏幕与全程记实系统相连接,对村级重大会议进行全程视频直播,让村民实时收看,及时了解村内重大事项及决策过程。

(李宏仁)

【"1+5"党组织引领和谐社区建设】 年内,建立以社区党组织为核心,居委会、服务站、业委会、物业公司、驻区单位等五种组织资源参与的社区联合党组织,整合各方面力量,构建多维服务系统,形成"党组织引领、部门支持、社会力量参与"的和谐社区建设新机制。全县40个社区建立了社区联合党组织,涉及机关、企事业单位115家,建立服务系统200个,组建服务载体(服务队、服务协会)574个,参与社区党员和在职党员7716人,为群众办实事好事5185件。中组部《党建研究》内参,2013年第11期对此项工作进行了报道。组织部课题组《"1+5"党组织引领和谐社区建设机制研究报告》被北京市党建研究会评为二等奖。

(李宏仁)

【非公经济领域党组织引领发展工作取得新进展】 年内,巨各庄镇党委实施了非公企业参与的"圆梦工程",做到"三愿合一",即将群众的需求、非公企业的意愿和党组织的意图统一起来;"四轮驱动",即资金救助、吸纳就业、项目帮扶、产业带动;"五梦同圆",即圆好农民群众"健康梦"、"安居梦"、"求学梦"、"就业梦"、"增收梦"。46家有愿望的非公企业,采取自愿捐助的办法,建立"圆梦"资金,帮助群众实现梦想。河南寨镇陈各庄村在县委统战部和河南寨镇党委的支持帮助下,党支部与注册在本村的北京赛纳赛斯工贸有限公司共同成立了"北京大疆经纬手工艺品专业合作社"。党支部引领党员农户参与项目,企业免费给农户分发机器在家生产,有关部门协调资金100余万元助力合作社发展。2013年,企业销售额达到2500万元,利润250万元,75户合作社社员户均增收2.2万余元。

(李宏仁)

【参加全市远程教育终端站点管理员示范培训班】 11月21日—22日,选派6名终端站点管理员参加市委组织部举办的全市党员干部现代远程教育终端站点管理员示范培训班。北庄镇土门村远教站点作了题为《创新形式学以致用强化效果》的交流发言,向全市参训人员介绍了土门村远教站点的具体做法和成效。

(刘　波)

【市农村实用人才工作检查调研】 11月21日,市农村实用人才工作检查调研组到密云县穆家峪镇检查农村实用人才工作,听取了2013年农村实用人才工作总结及2014年工作思路,并实地察看了建设中的华润希望小镇。

(王　桦)

【编纂组工志】 2012年3月1日启动《密云组织工作志(1991-2010)》编纂工作,客观、真实地记述1991年至2010年密云组织工作的发展历程。经过搜集资料、编写初稿、编辑修改、审稿验收、印刷发放五个阶段,2013年12月编纂工作全部完成。志书共印刷500册,发放至县领导,各镇(街道、地区)党(工)委负责人,各部委办局、各人民团体、企事业单位党委(党组)负责人和在部里工作的老领导。

(印明阳)

【量化评价科级干部选拔任用工作】 12月中下旬,在全县开展科级干部选拔任用工作民主评议和新选拔任用科级干部民主评议,涵盖全县92个处级单位、259名新选拔任用科级干部。评议参照县级领导班子“一报告两评议”核分标准，首次对科级干部选拔任用工作民主评议和新选拔任用科级干部民主评议结果进行量化评价并进行总体排名，将得分和排名情况与年度考核、干部调整相结合，强化对科级干部选拔任用工作的监督管理。

（崔春艳）

【召开党内统计工作部署会】 12月9日，召开2013年党内统计工作部署会，全县68个基层党（工）委的党统干部参会。会议总结了上一年度党内统计工作，讲解了2013年党统报表，对统计软件操作进行了培训，明确了上报时间，同时对党员信息库的建设、管理和维护提出新要求。

（李　佳）

【面向大学生村官公开选拔副科级干部】 12月，组织开展了面向合同期满在基层工作的大学生村官公选副科级干部工作，经与相关单位沟通，确定了溪翁庄镇团委书记（副科级）、西田各庄镇公共事务服务中心副主任2个公选职位。经过推荐报名和资格审核，共有109人符合报考条件，其中溪翁庄镇团委书记（副科级）职位64人，西田各庄镇公共事务服务中心副主任职位45人。经过笔试、面试、业绩评价、体检、考察、公示等环节，确定了2个科级职位的任职人选。

（王大伟）

【县党代表列席县委十二届七次全会】 12月20日，20名生产和工作一线的县十二次党代会代表（每个代表团一名代表）列席县委十二届七次全会。

（郭　锋）

【村级收入与村干部报酬调研】 年内，针对各镇村干部工资收入差距明显、自筹资金比例过大，部分村干部工资还有拖欠现象等问题，县委组织部通过召开镇、村“两委”干部及相关涉农部门座谈会、发放调查问卷、实地走访等方式，对村“两委”干部收入情况进行了调研，摸清了密云县村“两委”干部报酬的基本情况和现状，对村干部工资结构的合理性和目前存在的问题进行了分析，撰写了村级收入与村干部收入调查报告，找出了内在原因，提出了解决方案，为探索村干部职业化管理提供了基础分析和数据支撑。

（李宏仁）

【离任村党组织书记生活补贴】 年内，县委办、政府办印发了《密云县关于建立正常离任村党组织书记生活补贴机制的实施办法》（密办发〔2013〕31号），对补贴条件、补贴标准、审批程序等环节进行了详细规定，同时还明确了不享受生活补贴、停发生活补贴、取消生活补贴的情形，促使离任村党组织书记更好发挥作用。截止到12月31日，补贴资金已发放。

（李宏仁）

【基层党建创新项目管理】 年内，县委组织部结合县委中心工作，围绕党组织引领作用发挥和党员服务群众载体创新等基层党建重点内容，梳理了8个方面的创新点，引导基层党组织创新和实践。建立了由项目申报、跟踪指导、评比表彰为一体的党建创新评优机制。全县基层党组织共上报党建创新项目68个，评出一等奖4个，二等奖8个，三等奖8个，并给予了一定的资金支持。“项目党建”、“村村组团”、“‘1+5’党组织引领和谐社区建设”、“圆梦工程”等4个项目获得一等奖，一批党建创新项目在基层得到了推广。

（李宏仁）

【丰富农村党组织引领发展形式】 年内，以“新三起来”为着力点，全面推广华润希望小镇党组织引领发展的成功经验和理念,探索形成了“项目主导+组织引领+党员参与+机制保障”的“项目党建”和“支部联姻、合作社搭台、产业互补、干部联动”的“村村组团”引领发展新形式。其中,“项目党建”在北庄镇全面推广,有11个项目稳步推进,带动了全镇8个行政村休闲民俗旅游产业发展。新城子镇塔沟、苏家峪两村,组团发展红薯、土豆种植面积570亩,实现生产收入100多万元,拉动户均增收5000元。在换届选举中,两个村的“两委”干部均实现连选连任

(李宏仁)

【举办干部周末大学堂】 年内,举办10期干部周末大学堂,开设十八大精神解读、领导智慧与领导力修炼、危机管理及媒体舆情应对、提高党建科学化水平、新形势下做好群众工作的艺术与方法创新、落实十八大精神建设美丽密云、如何加强应急能力建设、创新社会管理提高群众工作能力、密云县经济社会发展形势等课程,培训干部4000余人次。

(高志刚)

【推荐交流任职和挂职锻炼干部人选】 年内,在全县范围内开展挂职锻炼干部人选和交流任职人选的推荐工作。5月10日,印发了《关于推荐交流任职、挂职锻炼人选的通知》,在本人自愿、单位推荐的基础上,经县委研究决定、市委统一安排,东邵渠镇党委副书记、总工会主席张妍交流到市教委老干部活动中心任指导处副处长,县科委副主任冯丽君交流到市红十字会任赈济部副部长,县社会办副主任王仲才挂职任重庆市南岸区民政局副局长;北京控股集团北京布莱迪工程技术有限公司副总经理苏博宇交流到密云县任经信委副主任。

(王大伟)

【处级干部到龄退休工作】 年内,经县委常委会研究,共42名处级干部办理退休手续。

(王大伟)

【评选县级党建示范点】 年内,县委组织部按照年初基层党组织申报创建、年中各镇(街)自查筛选、年底组织部考核认定三个阶段,对各镇(街)申报的37个示范点进行了检查评选,并逐一进行了点评和反馈。共评出县级党建示范点26个,给予了表彰奖励。

(李宏仁)

【年轻干部到基层挂职锻炼】 年内,县委组织部、县人力社保局共同开展县级机关选派年轻干部到基层锻炼工作。从2013年起利用5年时间,采取统一安排和各单位自行安排的形式,选派192名不足2年基层工作经历的年轻干部到基层挂职锻炼,首批46名干部于11月底前到岗。

(王大伟)

【山东省考察团到密云参观】 年内,山东省威海市委组织部、济宁市金乡县委组织部分别组团到密云县参观学习基层党建全程记实系统建设和使用情况,其中金乡县已开发完成投入使用。山东省德州市夏津县委组织部考察团到密云县参观学习党组织引领农民专业合作社发展情况。

(李宏仁)

【经济责任审计和离任检查】 年内,对26名处级领导干部进行了经济责任审计。通过发布检查预告、做报告、开展民主评议、个别谈话、查阅材料等形式,对14名离任党委(党组)书记履行干部选拔任用工作职责进行了离任检查。

(崔春艳)

【干部调整】 年内,经县委常委会研究决定处级干部任免9批次,涉及干部256人

次。按照“分工管理、联合审核、部务会审批”的程序,与县编办、县人力社保局联合审核科级干部任免7批次,涉及干部468人次。

(王大伟)

宣传工作

【概　况】 2013年,全县宣传思想文化工作按照围绕中心、服务大局、内聚人心、外树形象的工作要求,紧紧围绕学习宣传贯彻党的十八大精神这一主线,坚持“抓重点、促常态、增品质、练内功”的工作思路,弘扬正气,凝聚力量,唱响主旋律,助推大发展,为深入实施密云生态涵养发展区工作方略、建设绿色国际休闲之都、树立“红色密云、绿色密云、金色密云”形象提供了有力的思想保障、强大的精神动力、积极的舆论支持和良好的文化条件。

(宣传部)

单位名称:中共密云县委宣传部
地　　址:密云县鼓楼西大街3号
电　　话:69041582

【理论武装工作】 年内,组织县委县政府理论中心组学习12次,开展“县领导讲党课”活动3次。各处级党委中心组开展案例式、点题式、互动式等多种形式的学习。全年为各级中心组学习提供各种理论学习资料3万册,折页材料8000份。

(宣传部)

【百姓宣讲】 年内,围绕中国梦主题开展“我的梦·中国梦”百姓宣讲活动。完善县、镇(街道)、村(社区)三级宣讲体系,开展专家讲理论、干部讲政策、群众讲身边事“三结合”的宣讲。搭建起“三级宣讲体系”+“特色宣讲团”的“3+1”立体宣讲平台,全县共组建各级各类百姓宣讲团50余个,400余名宣讲员深入基层开展宣讲140余场次,直接受众达3万人次。开展了“理论专家走基层”、周末大讲堂、市民文明学校等理论宣讲活动50余场。

(宣传部)

【对内宣传】 年内,《密云报》精心策划并推出“环境建设进行时”、“美丽密云——城市新景(农村新貌)”等专版专栏,出刊56期、总计200余万字,刊登照片300余幅,每期发行量达1.6万份。县电台、电视台坚持以时政新闻和民生新闻为主、经济新闻和社会新闻宣传报道并重,新开设栏目10余个,成立“特别报道小组”对全县各领域的重点工作进行新闻解读、跟踪报道,节目制作水平得到有效提高。

(宣传部)

【对外宣传】 年内,在市级以上平面媒体和电视台发稿1210篇,获得网络转载4500余条;在《人民日报》《人民日报(海外版)》《中国日报》等媒体刊载专版20个;在《北京日报》《新京报》等媒体刊发头条新闻26个。《北京日报》报道本县新闻79篇,同比增长25%;中央电视台“朝闻天下”、“晚间新闻”,北京电视台“北京新闻”、“北京您早”、“首都经济报道”、“特别关注”等高收视率栏目播出本县新闻140条,同比增长30%。邀请接待新华社、《香港文汇报》、北京电视台、《北京日报》等中央、市级媒体记者389人次,组织接待市级以上媒体采访团11次。对在密云举行的北京航空展密云签约仪式、乔治海因茨签约、国际无人飞行器大赛、鱼王美食节、女子九球等活动进行专题报道。

(宣传部)

【挖掘“学雷锋”典型】 3月,邀请中央电视台、《北京晚报》、《京郊日报》等媒体,采访报道了密云镇西户部庄村村民崔钢林捡个“老哥”一养16年的感人事迹,并被新华、搜狐、新浪、网易等大众门户网站转发转载,使密云的好人好事传遍大江南北。同时,组织媒体持续关注智障老人回家全过程,并在中央电视台“朝闻天下”栏目中播出。

(宣传部)

【组织外国摄影师拍密云】 5月,组织4名外国摄影师走进密云,利用外国人的独特视角,拍摄了密云的长城、水库、古迹以及大好河山和风土人情,并组织摄影师走进开发区,关注重点企业的发展情况。

(宣传部)

【新闻发言人培训班】 11月13日,“密云县2013年宣传工作者暨新闻发言人培训班”在县委党校开班。培训为期一天,中国人民大学新闻学院的教授讲述了新闻报道采写策划、新媒体应用等相关知识。各镇街、各单位新闻发言人、联络员、网评员等400余人参加了培训。

(宣传部)

【党报党刊发行】 11月6日,召开“2014年度党报党刊发行工作会议”。会议传达了市委2014年度党报党刊发行工作会议精神,全面部署了2014年度党报党刊发行工作。至12月31日,圆满完成年度党报党刊征订任务。

(宣传部)

【爱国主义教育】 年内,对县域35处爱国主义教育基地的基本情况和管理工作重新汇总分析,加大对爱国主义教育基地的检查管理力度。结合清明、七一等纪念日,组织开展爱国主义和革命传统教育活动,以弘扬传统节日为契机,在清明、端午、中秋、重阳节期间,各镇街共开展诗歌朗诵、文艺演出、征文比赛等爱国主义教育活动180余场,参与群众达20000人。

(宣传部)

【政治宣传环境布置】 年内,围绕“十·一”等重点节日和“拆违打非”等重点工作,做好政治宣传环境布置。规范政治公益广告宣传用语,排查县域范围内大型立柱式广告牌内容,保证政治公益广告宣传健康规范。

(宣传部)

【重阳诗会】 10月11日,“温馨又重阳——密云县2013年重阳诗会”在县文化馆举办。县内退休老干部、退伍老战士、离退休老教师和群众代表340人观看了诗会。诗会按照重阳风俗,分为“敬老、赏菊、登高”三个篇章,来自县内基层单位、镇村的20余名表演者朗诵12首诗歌。此活动还为在场观众安排了民族独舞、古筝演奏、大合唱、诗歌朗诵等节目。

(宣传部)

【“中国梦”学习宣传教育】 年内,围绕“同筑中国梦想,共建幸福密云”主题,做好中国梦公益广告宣传工作,开展“中国梦我的梦—2013社科普及进农村”活动。多媒介进行“中国梦”社会宣传,将“中国梦”融入到群众自编自演的文艺作品中。组织干部群众参与“中国梦”学习教育知识竞赛活动,15000人参与纸质答题,完成《“中国梦”学习宣传教育工作专刊》的撰稿工作。

(宣传部)

【思想政治工作】 年内,组织广大党员干部群众观看大型电视系列片《正道沧桑——社会主义500年》。向北京市思想政治工作研究会和中宣部中国思想政治工作研究会推荐报送反映本县思想政治工作领域所取得的新成绩、新举措。做好“丹柯杯”优秀研究成果的参选工作，组织征集了38篇思想政治工作典型经验报告，通过评选、分类修改和指导，将15篇重点报告推荐到北京市思想政治工作研究会。

（宣传部）

【贾立群事迹报告会】 10月31日，在县文化馆礼堂举办贾立群事迹报告会。县内各系统、各单位党员干部以及荣获全国市县三级的劳动模范、优秀团员青年、群众代表等400余人，聆听了贾立群同志的先进事迹。

（宣传部）

【开展第三届全民阅读季活动】 结合4月23日世界读书日，开展以“携手经典，打造书香密云”为主题的群众性读书活动。活动中，举办了“换书大集”、“书香家庭”推荐评选、红领巾读书活动等。县委宣传部获第三届北京阅读季优秀组织奖。

（宣传部）

【文化、科技、卫生“三下乡”活动】 年内，全县月均开展各色文化活动55场。举办了密云县第二十三届艺术节暨2013年春节系列文化活动、“五月的鲜花”群众歌咏活动暨合唱大赛、“上河湾杯”密云县青年歌手电视大赛、“霸王鞭”舞蹈大赛、原创作品大赛暨“乡村大舞台”区县专场擂台赛、惠民文化消费季、电影放映、文化志愿服务等文化活动。组织开展了声乐指导、法律进社区进农家、健康知识大课堂、妇女保健知识讲座、林果和蔬菜种植培训、节水知识宣传等多种活动。创新“三下乡”活动形式，在《密云报》上宣传预防禽流感和手足口疫知识、防范洪水泥石流安全知识等。

（宣传部）

【社会主义核心价值体系建设】 年内，继续推进文明创建新“六个一”工程（一个村史展览室、一个宣传电子屏、一所市民学校、一所少年军校、一条文化示范街、一支文明宣传队伍），开展“文明进万家，美丽密云行”系列教育实践活动。树立一批学雷锋志愿服务明星、团队，树立一批道德典范，推动“选好人、评好人、学好人、做好人”活动开展。持续推进北京精神进校园活动，将“北京精神”纳入学前教育内容。

（宣传部）

【密云歌曲拍摄MV】 3月，歌手谭晶进行了《水云谣》演唱录音，同时录制了童声演唱版本。4月17日，十二届县委第32次常委（扩大）会议，将《云水谣》确定为密云县县歌。《云水谣》MV拍摄制作由北京金蔷薇广告有限公司负责，导演郑浩执导。7月12日，完成歌手谭晶四组实景演唱镜头录制。8月30日-31日，完成张裕爱斐堡酒庄、密云水库、人间花海、司马台长城、黑龙潭、云蒙山、房车营地等场景和演员拍摄。10月15日，完成密云水库、司马台长城、中国印的航拍工作。经过后期剪辑制作，12月21日，《云水谣》MV样片初稿制作完成。

（宣传部）

【文化创意产业】 年内，古北水镇、密云日月岛民俗演艺区项目和首云国家矿山公园工业文化旅游项目获得2013年度北京市文化创新发展专项资金支持1000万元。

（宣传部）

【政府网新闻发布】 年内，在县政务门户网站（http://www.bjmy.gov.cn/）的“今日密云”和“媒体聚焦”两个栏目共发布信息1802条，并开设了“密云拆违打非进行时”和“古北水镇风貌”两个专栏，发布照片和信息百余条。

（宣传部）

【“宜居密云”政务微博】 年内，密云政务微博“宜居密云”在新浪网、人民网、腾讯网三个网站开通，截至年底，新浪微博粉丝数量达133.8万。5月，开设了“早安密云”、“密云新鲜事儿”、“密云村画”、“密云随手拍”四个品牌栏目。8月，“宜居密云”政务微博在人民网、腾讯网同时上线，截至年底，人民网的粉丝数量达到10万，腾讯网粉丝达到4.6万。政务微博发布信息总计2200余条，转发和评论2万余次，点击率达六百万次以上，平均每条点击率在3000次以上，最高达16.9万次。在全市率先开设了“密云美食地图”、“纪录·密云”、“密云民俗文化”三个系列视频栏目。通过“网网联动”、“部门对接”等运作机制，网民通过“宜居密云”政务微博反映的102件问题办结回复率达100%。

（宣传部）

【网评员队伍】 年内，建立了100余人的县网评员队伍，50人的市级网评员队伍。建立“网络督导员”队伍，培育本土“意见领袖”。通过建立“网友俱乐部”、召开网友座谈会等方式，倾听网友意见和建议。

（宣传部）

【队伍建设】 年内，开展多层次、多角度的培训，增强宣传干部的专业技能和业务水平。县文联完成了各协会换届任务。

（宣传部）

纪检监察

【概　况】 年内，中共密云县纪律检查委员会（简称县纪委），密云县监察局（简称县监察局），密云县预防腐败局履行党的纪律检查和政府行政监察两项职能，在党风廉政建设和反腐败工作中，坚持标本兼治、综合治理、惩防并举、注重预防。查办案件力度进一步加大，纪律作风建设明显加强，监督检查工作扎实开展，预防腐败工作更加深入，反腐倡廉建设形成浓厚社会氛围，纪检监察队伍建设不断完善，各项工作取得新的成效，为维护全县改革、发展、稳定大局发挥了积极作用。

（陈　曦）

单位名称：中共密云县纪律检查委员会
　　　　　密云县监察局
　　　　　密云县预防腐败局
地　　址：密云县鼓楼西大街3号
电　　话：69041665

【常设机构设置与调整】 8月，成立密云县预防腐败局，与县纪委、县监察局合署办公，负责本县的预防腐败工作，列入县政府工作部门序列，不计入政府机构个数。县预防腐败局在县政府和市预防腐败局的双重领导下开展工作。10月，对内设机构进行了调整，撤销纠正行业不正之风办公室、领导干部廉洁自律办公室，设立党风政风监督室（预防腐败室、县政府纠风办）；撤销执法监察室，设立执法和效能监督室；撤销案件检查室，设立案件检查一室和案件检查二室。调整后，县纪委、县监察局、县预防腐败局共设置11个内设机构。

（赵晓辉）

【议事协调机构调整】 年内，对县纪委监察局机关牵头或参与的84项议事协调机构进行了调整，按照市纪委监察局有明确要求的予以保留、涉及县委县政府重大中心工作的予以保留、确需纪检监察机关牵头负责的予以保留、由其他机关牵头但与纪检监察职责直接相关的予以保留的原则，取消或不再参与42项，保留或继续参与43项，并通报全县。

（王献华）

【机关作风建设】 年内，制定了《密云县纪委监察局机关干部作风建设“八不准”》、《密云县纪委监察局机关工作纪律规定》、《密云县纪委监察局机关干部请销假制度》和《关于进一步规范委局机关公文办理工作的意见》，编写了《机关公务礼仪手册》及《机关干部日常行为规范》卡片，发至机关每位干部手中。

（王献华）

【干部队伍建设】 4月，制定下发《关于调整2013年度纪检监察干部综合考评内容的通知》，对业务考核内容进行了调整，对日常考核项目进行了细化。4月，制定下发《密云县纪检监察组织归口监督管理办法》，按照地域相邻、职能相近原则，划分为6个片区，由县纪委监察局派出督导组进行联系沟通，强化业务指导。9月，在县委党校举办纪检监察干部业务培训班，全县230余名纪检监察干部参加了培训考试。

（赵晓辉）

【调查研究】 年内，牵头起草了2013年县纪委监察局重点调研课题《关于密云县农村“三资”监管问题的调研》，其中关于建立乡镇“监审合一”的监督新机制的对策建议，被县委十二届七次全会转化为决策。11月，对2011-2013年评选出的市、县优秀纪检监察调研报告和理论文章，进行了梳理和筛选，编印了《2011-2013密云县纪检监察系统优秀调研文章选编》一书，发放到全县每一名纪检监察干部手中。

（孙振国）

【宣传教育】 年内，在《中国纪检监察报》《是与非》等市级以上媒体刊发文章11篇，其中《“三个第一”是怎么来的?》在2013年10月18日《中国纪检监察报》头版显著位置刊登。3月至5月，在全县开展廉政微小说和平面廉政公益广告创作征集活动，择优向市纪委报送廉政微小说236篇，廉政公益广告45幅，其中有5篇廉政微小说获得了优秀奖和入围奖。5月至7月，在全县开展“勤廉之星”推荐活动，共有55个基层单位推荐上报83名“勤廉之星”候选人。大城子镇大龙门村党支部书记石玉的先进事迹被千龙网廉政北京频道重点宣传报道。7月，将县内六个廉政文化教育及爱国主义教育基地（密云县预防职务犯罪警示教育基地、白乙化烈士陵园、英雄母亲邓玉芬雕塑主题广场、东邵渠镇廉政文化广场、密云华润希望小镇、古北口长城抗战纪念馆）形成东线和西线两条参观线路。10月至11月，与县委组织部干部监督科联合编辑《密云县领导干部任职前廉政法规知识读本》。

（叶 亮）

【执法和效能监督】 9月，制定并印发了《镇街（地区）政府投资项目资金监督检查工作方案》，将镇街（地区）各级各类财政性资金全部纳入了监督检查范围，同时要求镇街（地区）纪检监察组织对2012年以来的在建、新建政府投资项目进行全面摸底，建立监督台账，县纪委监察局对监督检查情况及时汇总，分析研判，并结合行政投诉、信访举报等情况确定重点监督项目，组织开展监督检查工作。11月，密云县电子监察平台（一期）正式投入试运行。系统重点建设了重大项目、政务公开、行政投诉、协同办公等4个监督模块，充分利用网络信息技术,把廉政风险点转化为监察点,实现对权力运行过程的实时监控、预警纠错。

(刘 畅)

【行政投诉】 年内,共接到各类群众投诉102件,属于受理范围的52件次,直查21件,办结21件,办结率为100%。全年共立案5件,对于5名人员给予了相应的党政纪处分(含事业人员2名)。

(李远芳)

【党风廉政建设】 4月8日,以县委办公室、县政府办公室文件印发《密云县2013年党风廉政建设和反腐败工作任务分工方案》,共确定重点工作任务45项,涉及牵头单位22个。6月13日,与县委组织部联合印发关于贯彻《北京市实施<农村基层干部廉洁履行职责若干规定(试行)办法》的通知,要求各乡镇在6月底前组织镇、村干部逐条学习。同时结合村"两委"换届,对村级干部开展了以贯彻落实规定为主要内容的教育培训。

(赵小亮)

【戴均良检查党风廉政建设】 12月31日,北京市副市长戴均良率领市党风廉政建设责任制检查组,集中听取了密云县2013年党风廉政建设工作汇报。综合日常评估、民意调查和现场检查情况,密云县党风廉政建设责任制考核得分96.24分,位居全市第一。

(崔 雪 赵小亮)

【廉政风险防控管理】 4月8日,以县委办公室、县政府办公室文件印发《密云县2013年廉政风险防控管理工作方案》。全县各单位集中开展涉权事项清理工作,共清理和确认涉权事项5319项,编制职权目录6707条,编制权力运行流程图2373张;普遍实行廉政风险项目化管理,确定重点防控项目348个,制定专项防控方案159个,涉及资金99.5亿多元。

(崔 雪)

【李振奇调研廉政风险防控管理】 4月18日,市纪委副书记、市预防腐败局局长李振奇到密云县调研廉政风险防控管理工作,对密云县廉政风险防控管理工作给予充分肯定,认为密云县不仅案件查办工作走在了全市前列,预防腐败工作也做得有特色、有亮点、有成效,农村党风廉政建设做得好。

(崔 雪 赵小亮)

【领导干部廉洁自律】 3月5日,县纪委监察局制定下发《设立廉政账户和实行收受物品上交制度的规定》,对党员、干部无法拒收和退还的现金和物品,明确规定了上交的方式方法。6月7日-15日,组织开展纪检监察干部会员卡专项清退活动。下发《关于在全县纪检监察系统开展会员卡专项清退活动的通知》,全县260名专兼职纪检监察干部在自行清退的基础上,全部填写了《会员卡个人清退情况报告表》,并向本人所在的纪检监察机关(组织)作出零持有报告。11月7日至11月25日,县纪委监察局联合县人力社保局、县编办、县财政局,在全县党政机关、事业单位开展"吃空饷"问题专项清查活动,发现并纠正问题人员6人,退缴金额16万多元。12月24日-31日,会同县委组织部,对87个县属处级单位的126名党政正职勤政廉政情况进行民主测评。

(崔 雪 赵小亮)

【政风行风建设】 5月,东邵渠镇被市监察局、市纠风办确定为"两规范一提高"工作试点。县纠风办指导东邵渠镇梳理便民服务事项108项,建立镇村两级便民服务体系。

(崔 雪 赵小亮)

【信访举报】 年内,密云县纪检监察系统共受理信访举报502件次。其中县纪委直接受理178件次,上级转办324件次;初信初访120件次,重信重访381件次,纪外信访1件;越级访16批,越级集体访4批47人。2013年年初,信访室开通了“12388”全国统一的举报电话,充分利用“信、访、网、电”四位一体的信访举报渠道受理群众来信来访。通过信访举报提供案件线索74件,立案33件,占提供案件线索总量的44.6%。

(李洪波)

【违纪违法案件查办】 年内,县纪检监察机关共立案51件(上年遗留9件,新立案42件),其中县纪委直查案件33件,基层纪委立案18件。共立大要案15件(上年遗留6件,新立案9件)。从主要违纪行为看,案件数量居前三位的是:妨害社会管理类案件20件,失职渎职11件,贪污贿赂类案件10件。结案50件,共处分党员干部50人,通过查办案件挽回经济损失1300余万元。全年突出查办违反中央八项规定的案件,先后查处了县生态建设发展研究中心主任周广文设立“小金库”进行公款消费和违反社会主义道德案件,檀营地区办事处副主任刘远超违反廉洁自律规定为其子大操大办婚礼案件。案件查处以后,及时对涉案人员作出开除党籍、行政撤职等相应党政纪处理,并迅速向全县发出通报,开展专项治理活动,发挥了很好的警示教育作用。

(晁敬涛)

【结案处分情况】 全年共审结各类违纪违法案件50件(此外,处分期满,按期解除处分3件),结案处分党员、干部50人,其中10人受到党政纪双重处分。按违纪人职级分:处级4人、科级11人、村干部15人、一般党员、干部20人。按处分档次分:党纪处分45人,其中开除党籍24人,留党察看6人,严重警告10人,警告5人;行政、事业纪律处分15人,其中开除公职4人,撤职2人,降低岗位等级3人,记大过1人,记过2人,警告3人。从违纪行为看:妨害社会管理秩序类20人,占40%;贪污贿赂类11人,占22%;失职渎职类10人,占20%;其它类9人,占18%。

(王爱明 袁 冬)

统战工作

【概 况】 年内,密云县委统战部以增进政治共识为核心,夯实“一个基础”(党外代表人士建设),突出“三个重点”(民族宗教、经济统战、自身建设),构建新格局,探索新机制,搭建新平台,充分调动广大统战人士的积极性、主动性和创造性,鼓励他们为密云的发展献计出力,统一战线的功能作用得到了充分彰显和发挥。

(吴婷婷)

单位名称:中共密云县委统一战线工作部
地　　址:密云县鼓楼西大街3号
电　　话:69041892

【开展慰问活动】 1月,走访慰问10余名民族宗教界代表人士;港澳台同胞眷属30余户、台侨企业7家;黄埔老人2名。

(吴婷婷)

【九三学社北京市密云小组成立】 3月7日,九三学社北京市密云小组成立大会在北京奥克斯特服饰有限公司隆重召开。

(吴婷婷)

【举办首期党外代表人士培训班】 4月18日,密云县第一期党外代表人士培训班在县委党校开班。培训对象共65人,涵盖全县各民主党派、无党派、非公经济界、少数民族、宗教界、港澳台代表人士和基层干部。培训内容主要包括"新时期统一战线形势与任务"、"党外代表人士能力素质提高"等相关课程。

(吴婷婷)

【密云县党外知识分子联谊会秘书处成立】 8月30日,密云县党外知识分子联谊会秘书处(简称知联会)成立。知联会是以全县党外知识分子中无党派人士为主体的群众团体,为非营利性社会团体组织,接受中共密云县委统战部的业务指导和密云县民政局的监督管理。县党外知识分子联谊会现有会员70名,分别来自于教育、卫生、经济、农业、宗教等领域。

(吴婷婷)

【开通"密云统一战线·手机报"】 9月,面向广大统战成员搭建起统战手机信息传播平台,开通了"密云统一战线·手机报",主要用于宣传县委县政府相关政策决策、统战方针政策、统战资讯等,宣传对象包括统战成员、统战工作负责人共383人。

(吴婷婷)

【助推乡村经济发展】 年内,县委统战部为推动乡村项目发展协调资金近700万元,支持项目20余个,助推了乡村经济发展。

(吴婷婷)

【民族村发展新机制运行效果良好】 年内,继续探索党组织引领、发挥党外代表人士作用、"企业+合作社+农户"的运行机制,共促民族村发展。以河南寨镇陈各庄满族村一家非公企业为试点,由企业免费给村民分发机器在家生产,企业负责收购、集中加工和销售。村党支部与企业共同成立的"北京大疆经纬手工艺品专业合作社",今年销售额近2500万元,在原有56户社员基础上,又吸纳社员24户,总数达到80户,户年均增收约2万元。带动河南寨镇"温馨家园"23名残障人员参与生产,实现了农户"机器搬回家,致富不出门"的目标。

(吴婷婷)

【全市少数民族经济工作会议在密云召开】 2013年北京市少数民族经济工作会议在密云召开,西田各庄镇政府获得"乡镇主体作用发挥"三等奖,太师庄村和古北口村被评为"民族村经济发展示范村",密云县获得"区县主体作用发挥"一等奖。

(吴婷婷)

【宗教界秩序稳定】 年内,对全县31处寺、观进行检查,各宗教活动场所有序运行,宗教活动健康和谐。

(吴婷婷)

【赴台考察城乡一体化管理】 年内,组织密云城乡一体化管理考察团赴台深入考察,增强相互交流。

(吴婷婷)

精神文明建设

【概　况】 年内,精神文明建设工作坚持以社会主义核心价值体系建设为根本,以弘扬践行北京精神为核心,以"学雷锋做文明有礼的密云人"为主线,突出抓好"文明进万家，美丽密云行”系列教育实践活动，推进道德引领工程、文明创建工程、学雷锋志愿服务活动和未成年人思想道德建设，为全县经济社会发展提供思想保证和精神动力。

（于伟明）

单位名称：密云县精神文明建设工作委员会办公室
地　　址：密云县鼓楼西大街3号
电　　话：69042746

【开展迎新春送祝福活动】 2月，县文明办开展迎新春送祝福活动。慰问了溪翁庄镇东智北村5个贫困户及村民、穆家峪镇阁老峪新村村民、十里堡镇入选“中国好人榜”的赵家五兄弟、首都道德模范梁晓华和全体公共文明引导员，送出“薪火相传点燃中国梦，文明永驻绣出北京春”等内容的春联4800余幅，并送上了慰问金及冬季保暖衣等慰问品。

（于伟明）

【开展“文明进万家美丽密云行”主题实践活动】 3月，在鼓楼街道沿湖社区组织开展了“绿色生活行”活动，通过志愿者倡议、现场示范讲解、知识问答互动、入户宣传和文艺展演等形式，宣传垃圾减量分类知识，倡导绿色出行、绿色消费和绿色生活理念。5月，在溪翁庄镇黑山寺村开展“生态新村行”活动，组织中国书法家为民俗户创作牌匾作品。9月，与摄影家协会和县供电公司联合开展“摄影家走电力”活动，通过拍摄精彩瞬间使市民更多了解电力建设和节电用电常识。

（于伟明）

【组织“永远的雷锋”主题系列活动】 年内，县文明办推荐的赵家五兄弟被评为首都“身边雷锋”标兵，梁晓华、刘淑芹、张楠等17人获首都“身边雷锋”称号，县关工委、文化志愿者协会获“身边雷锋团队”称号。3月，组织750名志愿者参加中华世纪坛“永远的雷锋”大型图片展及宣传推广活动。5月，在县科技馆举行为期10天的“永远的雷锋”主题展览，参观人数近万人，现场注册学雷锋志愿者900余人，观众留言570条。

（于伟明）

【评“身边好人”树道德典范】 年内，开展“身边好人”评选推荐活动，助人为乐崔钢林、敬业奉献郑建成等8人被首都文明办评为“首都身边好人”，并上榜中央文明网参加全国评选。4月至11月，组织开展了第四届首都道德模范推荐评选活动，首都经济贸易大学密云分校教师宋丽萍荣获“第四届首都道德模范”称号。

（于伟明）

【开展文明传播活动】 年内，建立网络文明传播队伍，发动全国和首都各级文明单位建立3至5人的网络文明传播志愿者小组，用微博、博客传播正能量；在首都博物馆举办为期一周的“美丽密云摄影展”；编印《文明密云我知道》宣传折页，普及低碳环保理念和绿色出行常识；开展“绿色出行秀达人”和“志愿者注册计时公益活动”，发放活动海报、书籍等4000份，宣传折页5000册；组织完成“变废炫宝网络秀—北京生活创意作品征集活动”，共上报62件作品，《花卉系列》、《乐器》分别获得最佳欣赏奖和最佳实用奖；编辑刊发《精神文明建设简报》18期，向县级以上媒体报送信息758篇，及时宣传文明创建典型经验做法和特色活动，被首都文明办评为“2012年首都精神文明建设信息工作先进单位”。

（于伟明）

【开展公共文明引导活动】 年内，坚持

“一月一主题”开展公共文明志愿服务活动。组织40名文明引导员到穆家峪镇宝云岭墓园宣传文明祭扫,劝阻不文明行为;深入街道社区开展“关爱孤寡和空巢老人”活动;到奥林匹克公园、密虹公园擦洗河边护栏和体育器械,开展清洁行动。公共文明引导员业余时间参加志愿服务活动近3000多个小时。8月,为进一步提升公共文明引导员的综合素质,举办了为期两天的公共文明引导员集中培训。

(于伟明)

【推进文明村镇创建“六个一”工程】 年内,按照建设“一个村史展览室、一个宣传电子屏、一所市民学校、一所少年军校、一条文化示范街、一支文明宣传队伍”标准,有序地推进文明村镇创建工程。组织镇村干部到朝阳区南磨房和高碑店等村参观学习乡情村史陈列室建设。在古北口村、西庄子村、黄峪口村、阁老峪村、史庄子村、石塘路村等建设了乡情村史陈列室,规范了蔡家洼村和大岭村的村史馆建设;在17个镇的17个首都文明村建设了LED电子宣传屏,加大农村精神文明建设宣传力度。

(于伟明)

【未成年人思想道德建设】 年内,将“北京精神”纳入学前教育内容,下发《北京精神启蒙读本》500册;开展“网上祭英烈”、“向国旗敬礼”、“学习雷锋,做美德少年”网上签名寄语活动,全县49所中小学校近3万名中小学生参与,参与率90%;组织中小学生开展“生态文明、美丽密云”新童谣作品征集传唱活动,向首都文明办推荐优秀作品50首;3月,县教委、县关工委、鼓楼街道荣获“第二届首都未成年人思想道德建设工作先进单位”称号;文化馆《来京务工人员子女“七色光艺术团”》案例,获2013年度首都未成年人思想道德建设创新案例奖。10月,在文化馆剧场举办“我的梦想·美丽少年”——乡村学校少年宫汇报演出活动,表彰24名乡村学校少年宫专兼职辅导教师,并展演了获得市级奖项的精彩节目。

(于伟明)

【完善少年军校制度】 年内,发挥少年军校育人作用,在北庄小学组织开展少年军校建设成果观摩活动,出台了少年军校总校相应实施细则。季庄小学、檀营小学等十几所中小学组织了少年军校启动仪式,开展军营一日活动、组织学生军训等丰富多彩、形式多样的爱国主义教育实践活动。

(于伟明)

决策研究

【概　况】 年内,县委研究室围绕全县中心工作,向县委常委会提交了《关于密云县2013年重点调研课题及课题分工的建议》,常委会通过全县15个重点调研课题。研究室承担县委、县政府主要领导《关于加强干部队伍建设的实践与思考》、《关于我县民俗旅游的调查与思考》两个课题,截至年底,11个重点调研课题已经完成,其中3篇调研报告在《工作研究》、《京郊调研》、《北京调研》和《北京农村经济》刊发。全县二级班子共上报调研课题86篇,上报调研成果57篇,全年编发《密云调研》29期,编辑发放了《密云县调查报告选》(2010-2012)。

(县委研究室)

单位名称:中共密云县委研究室
地　　址:密云县鼓楼西大街3号
电　　话:69043506

【中共密云县委十二届六次全会报告】 年内,起草县委十二届六次全会报告,报告全面总结了全县几年来取得的主要工作成绩,充分吸收了干部群众的意见建议,从发展思路、干部选用、作风建设、宣传引导、反腐倡廉等五个方面对营造良好政治生态环境的经验进行了系统总结,并提出了固化经验的五方面举措,坚持"一张蓝图绘到底"。

(县委研究室)

【中共密云县委十二届七次全会报告】 年内,起草县委十二届七次全会报告,报告全面总结了2013年全县主要工作,准确概况了密云发展的五个阶段性特征,紧扣十八届三中全会精神,结合密云实际,确定了20多项改革创新举措,提出了要以深化改革为动力,以开展党的群众路线教育实践活动为契机,坚持"一张蓝图干到底"。

(县委研究室)

【加强干部队伍建设的调研】 年内,由县委书记汪先永任组长开展加强干部队伍的调研。调研成果全面阐述了近年来密云县干部选拔任用工作的主要做法和取得成绩,就如何落实好十八大精神以及习近平同志有关加强干部队伍建设讲话精神,提出了具体的对策建议,对进一步营造全县风清气正的政治生态环境、加强干部队伍建设发挥了重要的指导作用。

(县委研究室)

【开展民俗旅游发展的调研】 年内,由县长王海臣任组长开展民俗旅游的调研。课题组对当前全县民俗旅游发展取得的成效、阶段特征、存在的问题以及今后一个时期推进民俗旅游发展的措施进行了广泛深入的调查研究,为县政府召开休闲旅游产业研讨会以及全县乡村旅游发展大会奠定了重要基础。调查报告先后刊登在《工作研究》、《京郊调研》、《北京调研》和《北京农村经济》,研究成果写入了县政府工作报告,对加快密云县民俗旅游发展、建设"绿色国际休闲之都"、促进农村地区发展和农民增收致富具有重要意义。

(县委研究室)

【全县民俗旅游发展系列调研】 年内,研究室围绕全县民俗旅游发展情况,深入挖掘典型材料,形成了《我县三个民俗旅游村的比较分析及思考》以及古北口村、司马台村、石塘路村、车道峪村四个民俗旅游村的调研报告,对落实全县乡村旅游工作大会精神起到了积极作用,得到了县领导和基层单位的好评。

(县委研究室)

【全县调研写作培训班】 3月27日,举办全县调研写作培训班,就如何写好不同类型公文和调研报告,对全县委、办、局、镇、街等单位文秘人员进行培训。

(县委研究室)

机 构 编 制

【概　况】 根据中共北京市委、北京市人民政府批准的《密云县人民政府机构改革方案》(京办字[2009]36号)和中共密云县委办公室、密云县人民政府办公室《关于密云县人民政府机构改革方案的实施意见》(密办发[2010]5号)文件精神,密云县机构编制委员会办公室(简称县编办)独立设置,列为县委机构序列。密云县机构编制委员会办公室为密云县机构编制委员会的常设办事机构,既是县委的工作机构,也是政府的工作机构。负责全县机构改革和机构编制管理工作。根据县委县政府批准的"三定"方案,内设综合管理科、机构编制管理科、监督检查科、事业单位登记科、信息管理中心共4个科1个中心。年内,县编办加强机构编制管理,严格依法进行事业单位登记,不断加强自身建设,完成了县政府机构改革和机构编制管理工作。

(许建国)

单位名称:密云县机构编制管理委员会办公室

地　　址:密云县鼓楼西大街3号

电　　话:69042970

【稳步推进事业单位分类】 年内,分类推进事业单位改革进入事业单位分类阶段。县政府成立分类推进事业单位改革工作领导小组,统筹协调本县分类推进事业单位改革工作。4月,事业单位分类工作动员部署会召开,事业单位分类工作正式启动。事业单位分类工作的主要任务是:在清理规范的基础上,按照社会功能,将现有事业单位划分为承担行政职能、从事生产经营活动和从事公益服务三大类别。县编办完成了全县事业单位分类方案的初步审核。

(许建国)

【深化政府绩效管理体制建设】 1月,经县编委会研究同意,市编办批准,县政府督查室加挂密云县人民政府绩效管理办公室牌子,负责组织开展政府绩效管理工作。成立县政府绩效考评中心,为全额拨款正科级事业单位,具体承担县政府绩效考评的事务性工作。

(许建国)

【设立劳动人事争议仲裁院】 4月,经县编委会研究同意,市编办批准,设立密云县劳动人事争议仲裁院,为县人力社保局所属相当副处级事业单位,经费形式为全额拨款。县劳动人事争议仲裁院的主要职责是:根据县劳动人事争议仲裁委员会的委托,承担仲裁委员会的日常工作,受理并承办辖区内劳动人事争议案件的调解和仲裁等工作。

(许建国)

【城市管理监察大队更名】 4月,经县编委会研究同意,市编办批准,密云县城市管理监察大队更名为密云县城市管理综合行政执法监察局,为密云县政府直属行政执法机构。

(许建国)

【设立预防腐败局】 7月,经县委常委会、县编委会研究同意,市编办批准,设立密云县预防腐败局,与县纪委、县监察局合署办公,负责本县的预防腐败工作,列入县政府工作部门序列,不计入政府机构个数。县预防腐败局在县政府和市预防腐败局的双重领导下开展工作。县预防腐败局的主要职责是:负责贯彻落实上级关于预防腐败工作的决策部署和政策法规;负责本县预防腐败工作的政策研究、组织协调、综合规划、检查指导;负责组织协调本县惩治和预防腐败体系建设;组织推进本县廉政风险防控管理工作;负责开展廉政教育、法规宣传、网络舆情引导等工作,组织推进廉政文化建设;协调指导企业、事业单位、社会团体、中介机构和其他社会组织防治腐败工作；承办县政府和市预防腐败局交办的其他事项。

（许建国）

【县社会治安综合治理委员会办公室更名】 7月，经市编办批准，密云县社会治安综合治理委员会办公室更名为密云县社会管理综合治理委员会办公室，为县综治委的常设办事机构，与县委政法委机关一个机构、两块牌子。

（许建国）

【组建住房保障事务中心】 7月，经县编委会研究同意，市编办批准，在撤销密云县住房保障服务中心的基础上，组建密云县住房保障事务中心，为县住房城乡建设委所属相当县属副局级事业单位，经费形式为全额拨款。县住房保障事务中心的主要职责是：承担保障性住房相关的技术性、事务性、辅助性工作。

（许建国）

【食品药品监督管理体制改革】 9月，县食品药品监督管理局（县食品药品安全委员会办公室）正式挂牌成立。县药监部门的职责、质监部门的生产环节食品安全监管职责、工商部门的流通环节食品安全监管职责、卫生部门的消费环节食品安全监管职责统一整合至新组建的县食品药品监督管理局。县食品药品监督管理局领导干部实行双重管理，以市食品药品监督管理局党组管理为主，县委协助管理。各镇、街成立食品药品监督管理所，既是县食品药品监管局的派出机构，也是街道、乡镇的内设机构。

（许建国）

【经济开发区加挂中关村科技园区牌子】 12月，经县编委会研究同意，市编办批准，北京密云经济开发区管理委员会加挂中关村科技园区密云园管理委员会的牌子。中关村科技园区密云园管理委员会的主要职责是：组织或参与编制园区发展规划、空间规划、产业布局规划以及新扩展区的控制性详细规划，组织制定、实施园区开发建设实施方案；负责园区产业促进工作，推动建设重点工程、特色产业基地，服务重大项目落地，落实示范区优化产业布局调控要求；协调开展园区创业服务、人才服务、企业服务，优化园区发展环境，调研企业需求，提出政策建议；组织开展创新成果转化、科技金融、创新能力建设、政府采购、新技术新产品推广、军民融合、国际化发展等方面的促进服务工作，按照规定管理使用专项资金；组织开展高新企业认定、高层次人才引进、信息化建设、经济分析、稳增长工作，配合统计部门做好企业入园入统工作；组织开展先行先试政策宣传培训、推广应用和政策扶持工作，协调开展园区公共服务、成果宣传、创新文化建设活动；承担县政府交办的其他事项。

（许建国）

保密工作

【概　况】 年内，密云县国家保密局（以下简称县保密局）围绕县委、县政府中心工作，充分发挥保安全、保发展、促和谐的职能作用，结合“调查研究年”活动，加强保密法制建设、法制宣传教育、依法治密和保密工作监督检查，完成了各项保密工作任务。密云县国家保密局被市保密局和市人力社保局评为“2010-2013年度北京市保密工作系统先进集体”。

(刘红娜)

单位名称:密云县国家保密局
地　　址:密云县鼓楼西大街3号
电　　话:69044352

【调查研究】 年初,县委保密委把今年确定为保密工作“调查研究年”,并在十二届县委第30次常委会上,审定并通过了《关于新形势下我县加强保密工作的调查研究》这一调研课题。从5月开始,通过文案调查、召开座谈会、实地考察制订调研方案,搜集学习相关资料,走访部分区县保密局,在全县发放《保密工作调研问卷》,于12月底完成了调研课题。

(刘红娜)

【保密检查】 3月,加强了全国“两会”期间网络信息安全监控和检查。6月4日,对县考试中心及首师大附属中学、密云二中、北师大密云实验中学等高考考点进行了保密检查。7月,对部分县直单位进行了抽查,对存在问题单位下发整改通知书。10月,对在旺和山林丰两家再生资源回收市场进行了涉密文件资料专项检查。

(刘红娜)

【涉密计算机管控系统投入使用】 截止到2月26日,经过数月安装、调试、试运行,涉密计算机防护系统现已投入使用,使全县涉密计算机的防护能力有效提升,涉密信息的安全保护得到了进一步加强。

(刘红娜)

【开展保密征文活动】 5月,开展了保密征文活动,各单位积极踊跃投稿,评选出优秀作品40篇,提高了机关干部的保密意识。

(刘红娜)

【保密制度建设】 5月,下发保密工作制度范文,要求全县各单位参照此制度,结合本单位实际情况,修订各自保密工作制度,并制发《密云县进一步加强保密机构队伍建设的实施意见》,规范全县保密工作的组织领导,明确职责,履行义务,切实发挥领导作用。

(刘红娜)

【保密教育培训】 5月,县保密局分别对县广电中心、县供销合作社和西田各庄镇保密工作人员进行了专题保密教育培训。10月,在县委党校对新任处级干部进行了保密技防演示暨保密教育专题培训。11月7日,举办了全县保密干部全员培训。

(刘红娜)

【召开保密委会议】 5月22日,召开了保密委成员会,研究部署了当前及今后一段时期的保密工作。会议就如何做好全县保密工作提出三点要求:第一,认清形势,进一步增强保密工作的责任感和使命感;第二,保密工作必须综合防范,切实做到“五防五筑牢”;第三,加强领导,全力共谋推动保密工作。

(刘红娜)

【保密队伍建设】 6月,组织全县涉密单位“三员”参加涉密网络培训班,提高技防水平,并通过考试持证上岗。7月,挑选优秀干部积极参加市局举办的保密宣讲员试讲活动。12月,组织精干力量通过考试加入市保密技术检查大队。

(刘红娜)

【保密普查】 8月,对全县各单位的国家秘密、涉密人员、涉密计算机、涉密移动存储介质、保密行政管理部门及机构、保密工作经费等共9大项、436个指标情况进行普查,查改结合、查管结合,排查工作中的风险点、隐患点和薄弱点,促进保密工作精准化管理。

（刘红娜）

【保密宣传】 8月，在全县开展保密工作问卷调查活动。11月，全县115个单位征订了《保密工作》杂志270份。12月4日，在全国法制宣传日活动中，通过悬挂保密法制宣传横幅、摆放警示教育展板、发放500份宣传图册和现场咨询等形式开展保密法律法规的宣传。全年在《密云报》法制版开设“保密直通车”栏目4期，宣传手机通信、上网设备保密防范常识和失泄密的防范措施；通过短信平台，向全县处级以上领导干部发送保密宣传警句3972条次。

（刘红娜）

【通过市委保密委“六五”保密中期检查】 10月17日，市委保密委检查组来密云县检查“六五”中期保密法制宣传教育工作，获得市委保密委检查组的好评，各项工作达到要求，高分通过检查。

（刘红娜）

老干部工作

【概　况】 年内，县委老干部局落实老干部政治待遇和生活待遇，加强离退休干部思想政治建设和党支部建设，发挥好老干部的积极作用，求真务实，开拓创新，提高老干部工作科学化水平，老干部工作取得新成效。截止年底，全县离休干部159人，平均年龄84.8岁，去世离休干部20人，死亡率12.5%。现有处级退休干部701人，现有离退休干部党支部66个，其中离休干部党支部9个，退休干部党支部27个，离退休干部混编党支部30个。

（谷　阳）

单位名称：中共密云县委老干部局
地　　址：密云县新北路17号
电　　话：69041953

【召开县委老干部工作领导小组会议】 1月11日，召开县委老干部工作领导小组会议。会议传达了北京市第二十六次老干部座谈会精神，听取了县委老干部局关于2013年市委、市政府为老干部办实事项目的情况通报，研究了2012年全县老干部工作总结和2013年工作要点、老干部工作领导责任制和密云县老干部工作领导责任制量化考核内容及标准、县委县政府为老干部办实事建议项目、老干部工作会等有关事宜。

（谷　阳）

【召开老干部主题活动研讨会】 1月18日，召开老干部主题活动研讨会。会议拟定了主题活动具体内容，成立了“学习贯彻党的十八大精神”老干部宣讲团。

（谷　阳）

【举办老干部欢度元宵佳节文娱活动】 2月23日，老干部局举办老干部欢度元宵佳节文娱活动，全县老干部欢聚一堂，看演出、猜灯谜，共庆佳节。

（谷　阳）

【召开老干部座谈会】 3月12日，老干部局召开老干部座谈会。全县离退休干部党支部书记、老干部思想政治工作研究会成员、老干部党校社区课堂副校长、老干部活动团体有关人员和县委老干部局机关全体工作人员参加座谈。对2012年“北京精神我践行，创先争优乐晚年”主题活动中的“五好”离退休干部党支部、“四好”离退休干部党员和主题活动先进集体、先进个人进行表彰;对2012年密云县老干部工作进行总结;安排部署2013年老干部工作;向老干部通报了全县党建和经济工作情况。

(谷　阳)

【举办听力义诊活动】 3月20日-21日,老干部局邀请有关专家为全县离休和副处以上退休干部进行听力义诊活动。有120位离退休干部参加。

(谷　阳)

【举办老干部党支部书记、支委培训班】 3月27日,举办离退休干部党支部书记及支委培训班。全县离退休干部党支部书记及支委、老干部思想政治工作研究会成员、老干部党校社区课堂副校长近100人参加培训。

(谷　阳)

【组织老干部参观中影数字制作基地】 4月25日,老干部局组织县级离退休干部赴怀柔参观中影数字制作基地。

(谷　阳)

【举办老干部春季运动会】 4月27日,老干部春季运动会圆满结束。共有40名老同志获一、二、三等奖,200多名老同志获纪念奖。

(谷　阳)

【为社区拨付高龄离退休干部服务工作经费】 5月7日,老干部局按照县委、县政府要求,为鼓楼街道、果园街道所辖37个社区核定拨付了2013年度高龄离退休干部服务工作经费152450元。这项工作是2013年县委县政府为老干部办的实事之一。

(谷　阳)

【组织处级退休干部健康疗养】 老干部局于6月4日-6日,6月18日-20日分两次组织145名处级退休干部赴北戴河健康疗养。

(谷　阳)

【组织老干部参观园林博览会】 6月14日,老干部局组织县级离退休干部前往丰台区参观第九届中国(北京)国际园林博览会。

(谷　阳)

【召开离退休干部主题活动交流座谈会】 6月26日-27日,老干部局组织召开离退休干部主题活动交流座谈会。老干部思想政治工作研究会成员、全县离退休干部党支部书记和老干部党校社区课堂副校长参加会议。会议交流了各离退休干部党支部主题活动工作开展情况。

(谷　阳)

【举办“红色密云·中国梦”主题宣讲报告会】 7月2日,老干部局举办“红色密云·中国梦”主题宣讲报告会。全县离休及处级退休干部、离退休干部党支部书记、老干部党校社区课堂副校长、老干部思想政治工作研究会成员参加。

(谷　阳)

【组织第二批老干部疗养】 7月8日-12日,老干部局组织县级离退休干部赴北戴河进行健康疗养。

(谷　阳)

【召开老干部大学座谈会】 9月6日,老干部局召开老干部大学教师及优秀班长、优秀学员座谈会。老干部大学11位受聘教师和14名优秀班干部、34名优秀学员参加座谈会。

(谷　阳)

【“两节”期间走访慰问离退休干部】 9月25日-27日,老干部局分四组对全县企业、乡镇、自管、易地离休干部和局机关退休干部110人进行了走访慰问。

(谷　阳)

【组织离休干部参观新农村建设】 10月10日，老干部局组织企业离休干部到巨各庄镇蔡家洼村参观新农村建设。参观了生态观光产业园区、热带水果大棚和玫瑰情园。

（谷　阳）

【举办“喜庆重阳节·共筑中国梦”文艺演出】 10月12日，老干部局举办“喜庆重阳节·共筑中国梦”文艺演出。县委老干部工作领导小组成员出席活动，与老干部们一同观看演出。

（谷　阳）

【举办老干部秋季运动会】 10月29日至11月1日，老干部秋季运动会圆满结束。运动会设置乒乓球、激光打靶、沙壶球、飞镖、台球、象棋6个比赛项目。有64个单位220名、453人次离退休干部参加比赛。其中有40名老干部获一、二、三等奖，180名老干部获纪念奖。

（谷　阳）

【举办老干部门球赛】 老干部局、老年门球协会于11月12日共同举办门球赛。赛事为期两天，有老干部局、长安社区居委会、康居社区居委会等七只代表队40多名队员参赛。

（谷　阳）

【行宫之声民乐队慰问老干部演出】 11月15日，行宫之声民乐队举办专场音乐会，慰问老干部。行宫之声民乐队是本县处级退休干部在社区引领社区文艺爱好者成立的。

（谷　阳）

【向老干部通报情况】 年内，请县旅游委、县卫生局、县610办、县教育工委负责人分别就本县旅游事业发展、卫生事业发展、防范和处理邪教工作、教育事业发展向老干部通报情况，全县离休干部、处级退休干部、老干部思想政治工作研究会成员、离退休干部党支部书记及支委、老干部党校社区课堂副校长600多人次参加。

（谷　阳）

机关党建

【概　况】 年内，中共密云县委县直属机关工作委员会（以下简称县直机关工委）紧紧围绕密云发展稳定大局，突出党员队伍建设重点，以“三进四帮扶”活动为抓手，着力建设学习型、服务型、创新型机关党组织。

（徐海霞）

单位名称：中共密云县委县直属机关工作委员会
地　　址：密云县鼓楼西大街3号
电　　话：69041425

【思想宣传】 年内，县直机关工委着重开展理想信念教育、思想理论教育和清正廉洁教育，重点抓好工委直属党组织书记、基层党支部书记、新党员的培训工作。通过开展学习宣传党的十八大和十八届三中全会精神、“七一”主题党日、“三进四帮扶”、走访慰问、座谈交流、爱心捐赠、征文演讲等多种活动，对党员进行坚定理想信念、继承和发扬党的优良传统、密切党群关系、弘扬爱国主义精神、自觉保持先进性、学习实践科学发展观等方面的思想教育。在县直机关党组织、党员中开展“万名机关党员干部结对帮扶困难家庭”、“1+5”党组织引领和谐社区建设活动，县直机关共有12个党组织被鼓楼街道评为“1+5”党组织引领和谐社区建设先进单位。“七一”前夕,开展了以“党建引领发展,实干托举梦想”为主题的党务知识竞赛和新党员“缅怀先烈承遗志、永葆本色争先锋”入党宣誓主题教育活动。组建县直机关工委“我的梦,中国梦”百姓宣讲团,在本系统共组织6场宣讲。

(徐海霞)

【组织建设】 年内,县直机关工委建立机关党组织党建联席会制度,将82个党组织划分为7个组,确定组长单位,明确工作任务;加强基层党组织班子建设,及时配齐配强县直机关党委所属总支、支部班子;加大党务干部的培训力度,举办机关基层党支部书记培训班;扎实抓好党员队伍建设,认真做好入党积极分子的考察、培养和党员发展工作,全年发展新党员51名,预备党员转正43名;确定组工系统网宣工作试点单位,做好网宣工作;制定《县直机关工委2013年度党建工作责任制考核办法》及《县直机关工委2013年度党建工作考核标准》。在县直机关各基层党组织中选树一批可看、可学的党建示范点,充分发挥示范引领作用。

(徐海霞)

【三进四帮扶活动】 年内,继续深化机关党组织、党员“三进四帮扶”活动,完善党员干部直接联系服务群众制度,在县直机关开展以“群众有困难,党员有行动”为主题的“万名机关党员干部结对帮扶困难家庭”活动,要求每个党委确定帮扶户不少于20户,每个总支、支部确定帮扶户不少于10户,工委帮扶总体目标为1000户。工委所属82个基层党组织近万名党员干部与1276个贫困户结成帮扶对子,共开展帮扶活动692次,落实帮扶资金219万元;机关各基层党组织进村帮扶470次,协调投入资金937万元。工委所属基层党组织与鼓楼、果园和檀营三个街道办事处的40个社区党组织结成共建对子,实现党组织社区全覆盖

(徐海霞)

【党风廉政建设】 年内,开展党性党风党纪教育、示范教育、警示教育、岗位廉政教育、反腐倡廉宣传教育,组织机关党员干部观看警示教育片;开通廉政教育短信平台,每周向本系统398名科级干部发送廉政警句格言及近期党风廉政建设相关的信息;开展廉政风险排查工作,梳理排查廉政风险点,确定党员发展工作为机关工委重点防控工作,制定《县直机关工委党员发展工作专项防控方案》、《县直机关工委职权目录》和《县直机关工委集体决策事项目录》;做好每月信访排查和群众来信来访工作,进一步畅通社会和群众监督渠道。

(徐海霞)

【工会活动】 年内,开展争创优秀创新标兵、优秀科室、优秀合理化建议、优秀创新成果及安康杯竞赛活动;做好税务代收代缴经费、工资集体协商、厂务公开、慰问困难职工和劳模、劳模体检等工作;组织17场女职工健康知识讲座和3场公益大讲堂;参加密云县第九届全民健身体育节活动,在县直机关广泛开展了太极剑骨干培训、健步走、健身器材展示、羽毛球比赛等活动。

(徐海霞)

【共青团活动】 年内,以“志愿服务月”活动、“网格团旗工程”为依托,县直机关团工委广泛开展“奔小康青春助你行”活动;建立“飞信团校”,采用网络飞信功能,以短信和即时消息的形式向团干部与团员

青年进行党政时事热点、普及团史知识等内容的宣传；组织机关团员青年到鼓楼西大街擦拭护栏和公交站牌，清理小广告，捡拾白色垃圾；完成出席团县委第十四次代表大会代表的选举工作。

（徐海霞）

【募捐活动】 年内，组织本系统“春风送暖”、“博爱在京城”、“四川芦山地震”、“共产党员献爱心”等捐赠活动4次，工委系统82个基层党组织，10840名党员干部及群众累计捐款103万元。

（徐海霞）

县委党校

【概　况】 年内，县委党校坚持以中国特色社会主义理论体系为指导，落实党中央和市、县委关于干部教育培训工作的最新要求，全面把握县情发展大局，认真谋划干部培训工作，不断推进教学改革创新，加强郊区一流党校建设，开展“为民务实清廉”群众路线实践教育活动，认真落实《2013—2017年全国干部教育培训规划》，把改革创新精神贯穿于党校干部教育培训各环节各方面，不断提高办学质量和水平，充分发挥干部培训主阵地、主渠道作用，全力开创党校事业发展新局面。

（郑　莉）

单位名称：中共密云县委党校
地　　址：密云县党校路9号
电　　话：69043473

【党校建设】 1月，为落实干部教育培训规划，经县委县政府同意在县委党校院内新建面积为400平米、可容纳220人的阶梯教室一座。通过项目立项、资金评审、建筑方招投标等法定环节，历时一年零三个月的县委党校阶梯教室工程于2013年4月通过整体验收更名为《博学厅》并于当月正式投入使用。

（郑　莉）

【党校学科研讨】 1月24日，县委党校召开学科建设研讨会，就加强学科建设的重要意义及如何进一步推动学科建设进行了讨论交流。学科建设是党校事业发展的重要基础，是党校核心竞争力的重要依托，是建设郊区一流党校的必然要求，是突破当前发展瓶颈，促进干部成长进步的需要。学科定位要注意“三结合”，即与自身专业、党校特点、个人兴趣相结合；与目前所在科室、本人所做工作相结合；与密云县情和干部本人今后长远发展相结合。

（郑　莉）

【举办新任村党支部书记培训班】 4月12日，县委党校举办新任农村党支部书记培训班。来自16个镇的72位新任农村党支部书记和各镇带队领导共88人参加培训。本期培训班充分发挥基层党建全程纪实系统的功效，创新培训方式，将集中授课和远程视频相结合，新任农村党支部书记在党校集中学习，255位连任农村党支部书记通过全程纪实系统在各镇分会场学习。

（郑　莉）

【举办党外代表人士培训班】 4月18日－31日，党外代表人士培训班在县委党校开班。此次培训班安排了新时期统战工作面临的形势与任务、党外代表人士能力素质提高等相关课程，邀请了中央社会主义学院和民进市委的专家学者授课。全县民主党派、无党派、非公经济界、少数民族、宗教界、港澳台的部分代表人士和部分基层干部共60人参加了培训。

(郑　莉)

【处级领导干部周末大学堂启动】 4月12日至11月30日,处级领导干部周末大学堂启动。处级领导干部周末大学堂设置党的建设与党性修养、领导素养与能力提升、和谐发展与社会建设、生态文明与绿色国际休闲之都建设和综合知识五个教学模块共34个菜单式选学专题,计划举办10—12期,培训学员7500人次。截止到11月底,处级领导周末大学堂已举办10期,5177人次参加培训。

(郑　莉)

【举办新任处级领导干部培训班】 4月16日-31日,新任处级领导干部培训班在县委党校开班,来自全县79名新任正、副处级领导干部参加学习培训。在培训内容上,围绕县委县政府中心工作和新任职干部的岗位需求及成长需要,安排党性教育、领导科学知识、农村工作方法、经济社会发展形势与县情教育等12讲教学内容和8篇自学内容。在培训方式上,坚持专家学者授课与学员自学相结合、理论学习与研讨交流相结合,加大案例式和情景模拟式教学比重,开设领导讲坛、专家讲坛、学员讲台,综合采用讲授式、互动式、经验介绍、现场教学、研讨交流等教学方式。在学员管理上,严格考勤制度,要求副处级干部请假不能超过一天,正处级干部请假不能超过半天,否则取消学籍,进行补学。

(郑　莉)

【举办人大代表培训班】 4月至7月,举办五期人大代表培训班。县十五届部分人大代表,人大常委会各委室主任、镇街人大主席、主任、秘书和人大常委会机关干部共174人参加培训。

(郑　莉)

【举办十八大精神专题讲座】 4月12日,密云县第一期处级领导干部周末大学堂,邀请中央党校马克思主义理论教研部教授作十八大精神解读的专题讲座。对领导干部如何进一步领会十八大精神,把思想和行动统一到十八大精神上来,把智慧和力量凝聚到实现十八大提出的各项战略任务上来,实现全面建成小康社会的奋斗目标等方面进行了辅导。来自全县91个单位共612名处级领导干部参加学习培训。

(郑　莉)

【举办领导科学知识专题讲座】 5月7日,县委党校邀请国家行政学院公共管理学部教授作题为《领导与管理者协调关系的智慧方法》专题讲座。全县600余名处级领导干部参加培训。

(郑　莉)

【举办公务员作风建设轮训班】 5月8日,县行政学校公务员作风建设轮训班开班。轮训班培训对象为科级以下公务员(含科级)2500人,计划培训15期,历时6个月。培训期间,聘请首都师范大学、中国人事科学研究院、中央党校、市委党校等十余位专家学者授课。来自全县各系统、各单位149名公务员参加第一期培训班学习。

(郑　莉)

【举办农民专业合作社理事长培训班】 5月7日,县农民专业合作社服务中心、县委党校、北京农业职业学院联合举办农民专业合作社理事长培训班。培训班为期20周,每周六上课。期间由北京农业职业学院优秀讲师为75家市县级“示范专业合作社”及骨干合作社理事长详细讲解合作社经营管理、市场营销、财务管理等12门专业课程。

（郑　莉）

【举办应急管理知识讲座】 5月10日，周末大学堂邀请清华大学教授做题为“危机管理与媒体舆论”专题讲座。讲座围绕提升应急管理能力的主题，详细介绍了危机事件的内涵、特征及危害，深刻阐述了危机事件的主要类型、发展规律和防控对策，深入分析了媒体应对的基本策略和引导社会舆情的基本要求。立足防控，正确分析客观形势，科学把握发展趋势，建立健全各种预警和应急机制，化危为机。全县552名处级领导干部参加培训。

（郑　莉）

【举办党员发展对象培训班】 6月3日，县委党校举办党员发展对象培训班，来自各单位的372名党员发展对象参加培训。

（郑　莉）

【举办群众工作专题讲座】 6月8日，县委党校邀请中央党校政党制度教研室教授作题为《做好群众工作的理论与实践》的专题讲座。全县563名处级领导干部参加学习。

（郑　莉）

【举办工会干部培训班】 6月17日，密云县工会干部培训班在县委党校开班。培训班培训学制三天，围绕提高工会干部综合素质和履职水平开设中国工会史、当前工会面临的新形势新任务、工会组织建设、工会如何发挥维护服务职能、工会维权的途径等培训专题。各镇街工会、开发区总工会、县直系统工会联合会、教育工会委员会主席、副主席、女工主任及所属基层工会主席、工会社会工作者421人参加培训。

（郑　莉）

【举办处级领导干部进修班】 7月3日，县委党校举办处级领导干部进修班。本期班围绕县委县政府中心工作开设政治理论与党性修养、领导素养与能力提升、生态文明与“绿色国际休闲之都”建设、管理创新与综合知识等四个专题共24讲内容。同时，安排16篇自学内容。

（郑　莉）

【举办领导力提升与领导艺术研讨班】 7月10日，举办领导力提升与领导艺术专题研讨班。研讨班围绕优化领导方法、提升领导能力主题，邀请国家行政学院、市委研究室、中国人事科学研究院、北京师范大学、中国人民大学的专家学者讲授提高领导干部调查研究能力、领导者角色认知和能力提升、情感素质与领导力提升、危机管理及媒体应对、组织文化与政府形象建设5讲专题。研讨班为期3天，来自全县各单位的154名处级领导干部参加培训。

（郑　莉）

【举办塑造良好政府形象专题讲座】 7月12日，县委党校邀请国家行政学院公共管理学部教授作题为“培养健康行政文化，塑造良好政府形象”专题讲座。全县600余名处级领导干部参加培训。

（郑　莉）

【举办提高党的建设科学化水平研讨班】 7月18日，县委党校举办提高党的建设科学化水平专题研讨班。为期3天，培训对象为密云县各镇街党（工）委副书记、组织委员，县直机关、企事业单位主管党务工作副职领导以及非公企业党委负责人，共200余人。

（郑　莉）

【举办提高党的建设科学化水平讲座】 7月20日，领导干部周末大学堂邀请中组部党建研究所副巡视员作题为提高党的建设科学化水平专题讲座。来自各单位422名处级领导干部参加培训。

(郑 莉)

【举办上半年经济社会发展形势报告会】 7月26日,县委组织部、县委党校以处级领导干部周末大学堂为平台,邀请县发改委负责人做题为密云县经济社会发展形势专题报告。478位处级领导干部参加报告会。

(郑 莉)

【举办社会管理创新高级研修班】 8月31日,县委党校举办首届社会管理创新高级研修班。研修班学制半年,主要课程有社会研究设计与研究方法、社会建设与管理中的热点难点问题、全程记实系统在社会管理中的应用等。综合运用专家授课、现场教学、现场观摩、交流座谈、学员讲台等培训方式培训。来自全县38个党政部门的50名学员参加培训。

(郑 莉)

【举办处级领导干部进修班】 9月12日,县委党校举办处级领导干部二期进修班。安排了政治理论与党性修养、领导素养与能力提升、生态文明与"绿色国际休闲之都"建设、管理创新与综合知识四个模块,包括深入学习领会党的十八大精神、讲党性顾大局修政德转作风、新时期新形势下党的群众路线与作风建设、提高领导干部调查研究能力、创新社会管理与提高群众工作能力、建设生态文明打造"绿色国际休闲之都"等28讲课程。39个单位的54名处级领导干部参加培训。

(郑 莉)

【举办公务员英语水平提升班】 9月17日,县行政学院举办公务员英语水平提升专题培训班。全县各单位39位学员参训,其中英语水平最低标准是英语四级,26人英语六级或专业八级,10人为硕士研究生。培训内容涉及县情英语介绍、日常英语对话、旅游英语、公务英语等内容。

(郑 莉)

【举办风险防控与应急管理研讨班】 9月25日,县委党校举办风险防控与应急管理专题研讨班。邀请中国安全生产科学院、国家行政学院、北京市应急办等单位专家学者讲授安全管理知识、现代应急管理理论与实践、突发事件预防与风险治理、加强应急能力建设、提高领导者应急管理能力等5个专题。研讨班为期3天,160多人参加培训。

(郑 莉)

【举办纪检监察干部培训班】 9月27日,县纪委、县委组织部和县委党校联合举办了纪检监察干部培训班。市纪委案件管理室、县纪委分别就案件检查和审理工作的业务知识、工作流程、相关法律法规进行了深入讲解。针对培训的重点内容,结合具体案例,对整个办案流程,组织参训干部进行考试。全县专兼职纪检监察干部共210人参加了培训。

(郑 莉)

【举办创新社会管理与加强民生建设研讨班】 10月11日,县委党校举办创新社会管理与加强民生建设专题研讨班,邀请中国劳动关系学院专家教授围绕加快推进以改善民生为重点的社会建设、创新社会管理与提高群众工作能力、密云县社会建设的形势和任务等专题进行讲授。研讨班为期2天,129名处级领导干部参加培训。

(郑 莉)

【举办第十期处级干部周末大学堂】 10月11日,县委组织部、县委党校以处级领导干部周末大学堂为平台，邀请中国应急管理专家、清华大学公共管理学院教授做题为“创新社会管理，提升群众工作能力”专题报告。463 名处级领导干部参加培训。

（郑　莉）

【举办公务员初任培训班】　10 月 16 日，县行政学校举办公务员初任培训班。主要内容为十八大精神解读、公务员职业道德建设、公务员制度与公务员法、机关公文写作、公务员形象与礼仪、沟通与协调等课程，并组织进行“五分钟”学员讲台活动和拓展训练活动。来自全县 28 个单位的 73 名新录用公务员参加培训。

（郑　莉）

【举办党代表培训班】　10 月 23 日，县党代表培训班在县委党校开班。围绕提升履职能力发挥代表作用的主题，开设基层党代表如何提高素质发挥作用、学习贯彻县委十二届六次全会精神打造良好政治生态环境等培训专题。同时，组织学员到北汽福田多功能汽车厂、密云华润希望小镇开展现场教学。全县 123 名党代表和 20 名党代表联络员参加了培训班。

（郑　莉）

【举办科级公务员培训班】　10 月 28 日，县行政学院举办科级公务员任职培训班，主要运用案例式、互动式、拓展训练、模拟演练、学员讲台等方式进行培训。来自全县各委办局、镇街 163 名新任科级干部参加培训班。

（郑　莉）

【举办宣传工作者暨新闻发言人培训班】　11 月 13 日，宣传工作者暨新闻发言人培训班在县委党校开班。各镇街党委副书记、宣传委员、宣传干事、记者站记者，县直各单位主要领导、全县各单位新闻发言人、联络员、网络宣传员等 380 人参加培训。

（郑　莉）

【综合类培训】　年内，配合县委组织部、县直机关工委、人力社保局、财政局、农委、文委、民政局、安监局等单位举办各类综合培训班 17 期 2954 人次；承接县委组织部、县人力社保局、财政局、公路局等单位公开选拔正科级干部笔试与面试和公务员招录笔面试、会计职称考试等 19 期 2867 人次；组织各级各类培训会议 1 期 210 人次。

（郑　莉）

史志工作

【概　况】　年内，密云县党史工作办公室、密云县地方志编纂委员会办公室（以下简称县史志办）认真学习党的十八大精神，发挥史志部门特殊作用，做好十八大精神和“中国梦”的宣传工作。统筹做好党史资料征集、研究和党史学习教育宣传工作；精心组织、周密安排、提高质量、加快进度，重点做好密云县志续修工作；突出特色，加大培训力度，进一步提高年鉴编纂专业化水平，持续开创密云县史志工作新局面。

（邢光新）

单位名称：密云县党史工作办公室
　　　　　密云县地方志编纂委员会办公室
地　　址：密云县鼓楼西大街 3 号
电　　话：69044340

【《密云年鉴》工作培训会召开】　3 月 20

日,2013年《密云年鉴》工作培训会在县委党校召开。各组稿单位主管领导和年鉴撰稿员近300人参加会议。会上,史志办对2012年《密云年鉴》工作进行总结,并对2013年工作作出安排。密云年鉴编纂委员会副主任、副县长郭鹏对年鉴工作提出要求:一是提高认识,加强领导,增强做好年鉴工作的责任感和历史使命感。二是齐心协力,加快进度,确保按时保质完成《密云年鉴》的编纂出版任务;三是总结经验,改进工作,不断提高《密云年鉴》的品位和质量。会上,史志办就《密云年鉴》(2013)编纂方案和责任分工、《密云年鉴》(2013)编写工作规范和应注意的问题对各单位撰稿人进行了培训。

(邢光新)

【悼念革命先烈】 清明节期间,县党史办到白乙化纪念碑地、古北口战役阵亡将士公墓、古北口保卫战纪念碑地悼念那些为国捐躯的革命先烈。

(邢光新)

【《中国共产党北京市密云县历史大事记》出版】 由县委党史办公室历时10年编辑的《中国共产党北京市密云县历史大事记(1933-2012)》出版。该书以大事记形式,全面、系统、客观地记述了党领导密云人民进行革命、建设和改革的历史过程。全书分新民主主义革命时期、社会主义革命和建设时期、改革开放和社会主义现代化建设时期三个部分,共23万字,同时附有126幅珍贵历史图片。县委书记汪先永为该书作序,要求每一名党员,尤其是党员领导干部,要认真学习党史,进而更加全面地总结过去、更加理性地认识现在、更加科学地规划未来。

(邢光新)

【县党史办开展“红色密云·中国梦”主题宣讲活动】 为纪念中国共产党成立92周年,贯彻落实中央、市委、县委关于开展“中国梦”学习宣传教育工作的精神,深入宣传红色密云形象,激发全县广大党员干部群众为实现“三个走在前列”目标、建设“绿色国际休闲之都”努力奋斗,县党史办在“七一”前后,开展了“红色密云·中国梦”主题宣讲活动。党史办按照“人人都是宣讲员”的要求,深入镇街、机关、农村、社区、企业,宣传“中国梦”的重大意义、基本内涵、实现路径和本质要求,宣讲党领导密云人民为实现“中国梦”不懈奋斗的红色历史。共计宣讲29次,听众3000余人。

(邢光新)

【召开《中共密云县历史大事记》编辑出版座谈会】 8月23日,县委党史工作领导小组召开《中共密云县历史大事记》编辑出版座谈会。县党史办就大事记的编辑出版作了说明。党史工作领导小组成员、老同志和读者代表进行了座谈发言。

(邢光新)

【《密云年鉴》(2013)出版】 10月,由县地方志办公室编纂的《密云年鉴》(2013)由中共党史出版社出版。《密云年鉴》(2013)设有综述、大事记、特载等24个一级栏目。该书全面系统地记录了2012年密云县经济社会发展基本情况、重大事件和重要文献信息,同时插入地图、表格和公益照片。该年鉴对原有框架、体例进行了调整:在框架上,增设了“民主党派”一级条目;创新设置了“工业与经济开发”、“农业与农村经济”、“商贸旅游”、“生态环境建设”一级条目。在内容上,增加了古北水镇、华润希望小镇、北汽福田、太子务开发区等重大项目、重点区域开发等内容。在文体上,将街道乡镇,以及独立设置的企事业单位,如学校、银行、公司全部由条目体调整为综述体。

(邢光新)

密云县人民代表大会常务委员会

概 述

密云县第十五届人民代表大会共有代表217名，于2011年12月选举产生。到2013年底有代表214名。

密云县人民代表大会常务委员会(简称县人大常委会)是县人民代表大会的常设机关，在县人民代表大会闭会期间依法行使地方国家权力机关的职权，常委会组成人员27名，主任1名，副主任5名，委员21名。

年内，县人大常委会全面推进十五届人大三次会议各项决议的落实。以支持发展的理念，坚持抓重点、求实效，在有影响上下功夫。着力突出发展、突出民生、突出生态环境和民主法治建设，切实推进了监督工作的开展。围绕为市县两级代表履职提供服务，保障代表权力落到实处。重点围绕拓宽农民增收渠道、加强城镇建设与管理、提高财政预决算监督等内容，采取“菜单式”培训方式，提高代表履职意识和能力。完善代表建议预告、代表建议督办制度，改变以往由政府先办理、人大常委会再审议的办理模式，形成了县人大常委会与县政府密切配合、积极沟通、协调行动的工作机制。狠抓领导班子和干部队伍建设，健全完善制度，加强常委会自身建设。制定和完善了《财务管理制度》、《公务接待制度》、《党建领导小组成员管理办法》、《车辆运行费用及安全管理规范》等12个制度。把作风建设放在维护全县良好政治生态环境的高度，坚持不懈抓紧抓实。增强服务意识，人人树立勤勉敬业、积极进取、脚踏实地、深入扎实、讲质量、讲效率的工作作风，自觉维护人大机关、人大干部队伍的形象。全年共举行常委会会议7次，听取审议县政府、县法院、县检察院专项工作报告17项，作出决议、决定26个，任免国家机关工作人员41人次，组织开展执法检查和工作视察15次，发挥了地方国家权力机关的作用，各项工作都取得了新进展。

(张立强)

单位名称：密云县人民代表大会常务委员会
地　　址：密云县鼓楼西大街3号
电　　话：69041264

重要会议与决定决议

【密云县第十五届人民代表大会第四次会议】 12月25日-27日举行,会议听取审议了县长王海臣关于密云县人民政府的工作报告;审议县发改委关于密云县2013年国民经济、社会发展计划执行情况和2014年国民经济、社会发展计划(草案)的报告;审查和批准了密云县2013年国民经济、社会发展计划执行情况的报告和2014年国民经济、社会发展计划;审议了密云县财政局关于密云县2013年财政预算执行情况和2014年财政预算(草案)的报告;审查和批准了密云县2013年财政预算执行情况的报告和2014年财政预算;听取审议了密云县人民代表大会常务委员会的工作报告;听取审议了密云县人民法院的工作报告;听取审议了密云县人民检察院检的工作报告。

(张立强)

【第十五届人大常委会第八次会议】 2月20日,县第十五届人大常委会召开第八次会议,会议讨论通过了县人大常委会2013年工作要点。

(张立强)

【第十五届人大常委会第九次会议】 3月26日,县第十五届人大常委会召开第九次会议。听取审议了县政府关于社区矫正和安置帮教工作情况的报告,县政府关于规范建筑市场秩序、保证建筑工程质量工作情况的报告;审查通过了县人大常委会关于石城等镇补选镇十六届人大代表的决定(草案);审查通过县人大常委会关于调整部分工作委员会委员的决定(草案);通过了任免事项。

(张立强)

【第十五届人大常委会第十次会议】 5月23日,县第十五届人大常委会召开第十次会议。听取审议了县政府关于农村人畜饮水安全情况的报告、县政府关于重大引进企业(5000万元以上)建设及生产运营情况的报告、县法院关于刑事审判工作情况的报告;通过县人大常委会关于北庄等镇补选镇十六届人大代表的决定(草案);通过县人大常委会关于县人民法院增加陪审员名额的决定(草案);通过了免职事项。

(张立强)

【第十五届人大常委会第十一次会议】 7月24日,县第十五届人大常委会召开第十一次会议。听取和合并审议了县政府关于2012年财政决算报告、2012年预算执行及其他财政收支情况的审计报告、2013年国民经济和社会发展计划半年执行情况的报告、2013年财政预算半年执行情况的报告;会议批准了2012年本级财政决算;听取审议了县政府关于办理十五届人大三次会议代表建议、批评和意见工作情况的报告;通过了任免事项。

(张立强)

【第十五届人大常委会第十二次会议】 9月24日,县第十五届人大常委会召开第十二次会议。听取审议了县政府关于旅游业发展情况的报告、县政府关于老旧楼房抗震翻建工作情况的报告、县政府关于《中华人民共和国人口与计划生育法》贯彻执行情况的报告、县检察院关于控告申诉工作情况的报告;通过了县人大常委会关于加强人大信访工作的意见;通过了县人大常委会关于大城子等镇补选镇十六届人大代表的决定(草案);通过了任命事项。

(张立强)

【第十五届人大常委会第十三次会议】 11月27日,县第十五届人大常委会召开第十三次会议。听取审议了县政府关于供热并网及腾退场地使用情况的报告、县政府关于生态商务区建设情况的报告、县政府关于2013年为群众办实事情况的报告;通过了县人大常委会关于补选县十五届人大代表的决定(草案)、西田各庄镇补选镇十六届人大代表的决定(草案);决定了十五届人大四次会议相关事项;通过了任命事项。

(张立强)

【第十五届人大常委会第十四次会议】 2012年12月18日,县第十五届人大常委会召开第十四次会议,会议讨论通过县人大常委会工作报告。

(张立强)

监督工作

【围绕推进经济建设实施监督】 年内,除按监督法规定听取审议了县政府关于2013年国民经济和社会发展计划、财政预算半年执行情况,2012年财政决算、财政预算执行和其他财政收支情况的审计报告等4个报告外,还对全县工业、重大引进企业(5000万元以上)的建设生产经营、生态商务区建设、旅游业、农村专业合作社发展等情况听取和审议了专项工作报告,组织代表进行视察检查。

(张立强)

【围绕促进社会建设实施监督】 年内,常委会对全县网格化社会服务管理体系建设、老旧小区危旧房改造、为群众办实事、农村人畜饮水安全、市政道路及附属基础设施建设和日常管理维护等工作听取审议了工作报告,组织代表进行视察检查。

(张立强)

【围绕提高生态环境建设实施监督】 年内,常委会把对生态环境建设的监督摆在突出位置,听取审议了县政府关于供热并网及腾退场地使用情况的报告,组织代表对全县城市及平原绿化工作情况进行视察,与市人大联动对山区和矿山生态修复工作进行视察检查。

(张立强)

【围绕民主法治建设实施监督】 年内,重点听取审议了县政府关于《中华人民共和国科技进步法》、《中华人民共和国人口与计划生育法》贯彻执行情况、社区矫正和安置帮教工作情况、县法院关于刑事审判工作情况、县检察院关于控告申诉情况的报告,组织代表对《中华人民共和国道路交通安全法》、药政法规执行情况进行了视察检查。

(张立强)

【信访受理】 年内,制定出台了《县人大常委会关于加强信访工作的意见》,明确来信来访办理步骤、时限和要求。全年共受理来信来访135件次,涉及664人次。其中申诉类21件次,占信访总量15%;求决类45件次,占信访总量33%;检举控告29件次,占信访总量21%;其他类信访40件次,占信访总量31%。

(张立强)

代表工作

【加强代表培训】 年内,围绕拓宽农民增收渠道、加强城镇建设与管理、提高财政预决算监督等内容,采取"菜单式"培训方式,分5期对代表629人次进行培训。

(张立强)

【为代表履职服务】 年内,常委会提出:凡常委会审议的议题,都要组织代表进行会前调研,努力做到对"一府两院"的工作报告情况明、底数清,提出的意见和建议切实可行。坚持每次常委会会议都邀请部分代表列席,增加代表对常委会工作的了解。坚持主任接待代表制度和常委会组成人员联系代表制度,通过短信沟通平台,加强常委会同人大代表的联系,畅通群众意愿诉求表达渠道。做好为市代表服务工作。利用村民民主生活日、街道设立代表接待站等形式,拓宽代表联系选民渠道,密切代表与群众联系,增强代表履职的责任感和使命感。

(张立强)

【对镇街人大工作加强联系和指导】 年内,常委会加强对镇街人大工作的联系和指导。年初召开县镇街人大联席会议,通报常委会工作要点,对镇街人大工作提出要求。制定《选举办法(参考文本)》,精心指导各镇人大日常选举工作。5月份,常委会就乡镇人大闭会期间如何开展工作、乡镇人大主席团人员构成、乡镇人大主席团常设的必要性等问题,组织镇街人大主席赴外地学习考察。

(张立强)

建议办理

年内,县人大常委会完善代表建议预告、代表建议督办制度,改变以往由政府先办理、人大常委会再审议的办理模式,形成了常委会与县政府密切配合、积极沟通、协调行动的工作机制。对县十五届人大三次会议代表提出的69件建议和闭会期间的10件建议,与县政府同步研究办理方案,同步开展调查研究,随时发现和解决问题,增强了常委会督办工作的主动性和建设性。79件代表建议已全部办复,办复率为100%。

(张立强)

密云县人民政府

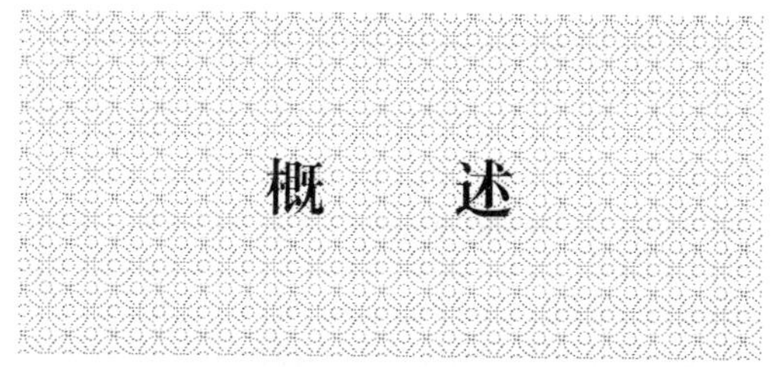

概　述

2013年,全县实现地区生产总值195.1亿元,同比增长9.3%;公共财政预算收入25.4亿元,增长14.6%;全社会固定资产投资165.1亿元,增长13.6%;社会消费品零售额116.2亿元,增长10.1%;城镇居民人均可支配收入32538元,增长10%;农村居民人均纯收入16202元,增长10.1%;全县林木生态覆盖率达到78.8%,万元地区生产总值能耗、水耗分别下降3.12%和10.5%,大气主要污染物年均浓度下降2.1%。

经济开发区主引擎作用更加突显,生态商务区总部基地后发优势强劲。年内,开发盘活闲置企业10家,引进落地实体企业20家,偿还银行贷款本息7.65亿元。完成工业收入230亿元,同比增长19.4%,占全县工业收入的66%;纳税形成县级财政收入5.5亿元,同比增长26.4%。商务区A2地块完成入市交易。华润中央公园及生态展示中心即将完工。年内,引进企业32家。京沈(京冀)铁路客运专线有限公司、中航油石化管道有限公司等大型企业在区内注册。完成税收2.14亿元,形成县级财政收入7286万元,同比分别增长101.9%和88.3%。被正式认定为“北京市总部经济发展新区”,并被列为全市首批“绿色生态示范区”。

其他重点功能区建设同步推进。通航产业基地北区通用机场开设航线16条,空域范围扩大至850平方千米。中船海丰通航公司、亚盛通航公司等一批知名企业落户密云。太子务开发区新引进企业187家,实现税收1.3亿元,形成县级财政收入6700万元。巨各庄沟域经济特色产业带在2013年沟域经济建设考核验收中居全市首位。

重大项目建设取得新进展,重点工程建设实现新突破。福田多功能汽车厂年内生产整车6.3万辆,实现收入38亿元,同比增长16%;二期扩建项目进展迅速,完成投资5亿元。古北水镇项目累计完成固定资产投资39亿元,司马台民俗旅游新村8月17日正式开村。华润希望小镇195套新民居全部封顶。密云·云蒙大桥、西统路、密关路改扩建等重点道路工程相继完工,全年新建、续建、改扩建道路通车里程90余千米。司马台35千伏、太北110千伏输变电站工程竣工投入使用。大唐煤制气进京工程管道建设全部完工。南水北调工程拆迁补偿工作顺利完成。檀营旧村改造累计搬迁847户,完成总任务的90.3%。

城乡一体化迈出新步伐,基础设施建设和产业发展同步推进。溪翁庄、太师屯、巨各庄镇域总体规划、中心区控规和穆家峪镇域总体规划获批复,十里堡、河南寨镇战略性发展规划编制完成。精心编制了《重点镇基础设施建设和经济发展规划》、《平原区路网规划》。学府路、久黄路、巨四路、穆九路等重点道路工程相继竣工。农民就业产业基地新盘活基地内企业12家,协议投资额21.8亿元。

转变发展方式,发展质量明显提高。大力推进乡村旅游发展,顺利实现"321"阶段性发展目标(3000民俗户、2万张床位、1万人就业),民俗旅游收入和人均消费持续位居生态涵养发展区前列。制定出台《密云县乡村旅游星级评定暂行办法》。11月,荣获新华网组织评选的"'最美中国'生态旅游目的地市(县)"称号。环境友好型工业支撑作用突显。汽车及零部件、生物医药、数字信息、新型建材、新能源等主导产业年内实现收入254.7亿元,占全县工业收入的74.3%,其中汽车及零部件和生物医药产业实现收入同比增幅分别达到19.8%和63.9%。规模以上工业实现产值285.6亿元,同比增长9%。都市型现代农业结构持续优化。围绕"六河、三路、一沟",发展大地田园景观6000亩。改造提升休闲农业园8个,有机果品基地30个。

全力攻坚克难,环境质量明显改善。拆违打非取得阶段性重大胜利。累计拆除违法建设815处,24.7万平方米,销帐比例位居生态涵养发展区前列。拆除违法"大棚房"507栋,3.7万平方米。查处新生违法建设30处,新生违法建设动态为零。实施清洁空气行动计划成效显著。以降低PM2.5为重点,制定了《清洁空气行动计划》和《农村地区"减煤换煤、清洁空气"行动计划实施方案》,完成了集中供暖锅炉脱硝治理、规模化养殖小区粪污治理、煤改气等年度任务,全县空气质量持续位居全市前列。

城乡污水处理设施建设加速推进。制定了《加快污水处理和再生水利用设施建设三年行动方案》,檀州污水处理厂改造工程完工并投入运行,穆家峪等4个镇级污水处理厂(站)建设完工。水库一级保护区污水处理率达到100%。城乡环境综合治理取得明显成效。制定了《城乡环境建设与管理工作职责》,落实责任,加强监管,在全市环境建设动态考核排名中连续8个月位居生态涵养发展区首位。加大水库周边环境综合治理力度,确保了水体质量。推进汤河等10条主要河道治理工程,完成了77条中小河道治理任务。实施小流域综合治理55平方千米。对39个重点民俗村实施了环境标准化提升。绿化美化工作向全域和纵深拓展。新城滨河森林公园一期工程全部竣工。高标准实施平原地区造林工程2.5万亩,平原地区森林覆盖率由2010年的23%提高到了34.4%。实施封山育林7万亩,人工造林1.5万亩。

完善体制机制,深化各项改革。政府投资项目管理不断加强。完善落实《政府投资项目评审管理规定》,全年共评审政府投资项目225个,送审金额30.77亿元,审减4.67亿元,综合审减率达15.2%。全面开展镇街政府投资项目监督检查。

投融资改革持续巩固并深化。制定出台了《支持民俗旅游发展融资财政贴息实施办法》,提供融资担保900万元,为民俗旅游发展提供了有力的资金保障。偿还政府债务本息9.6亿元。土地储备开发效果显著、效益倍增。全年完成12宗土地入市交易,总用地面积201.23公顷,成交金额41.73亿元,实现政府收益17.39亿元。农村“新三起来”成效初显。累计流转土地8.5万亩,占确权总面积的30%。农村集体经济产权制度改革已完成总任务的97%,改革进程居全市前列。探索建立农宅股份合作社,为农民闲置资产有效经营起来奠定了基础。新成立农民专业合作社84家,总数达到1131家,农户入社率84%。

加强社会建设,公共服务均等化水平显著提升。农民三大工程进展顺利。农村居民人均纯收入连续五年保持11%以上增速,新一轮促进低收入农户增收工作全面启动。坚持为广大农民免费体检,建立农民电子健康档案23.9万份;新农合参合率达到99.9%。全县637个险户搬迁中,568户已经落实;农宅抗震节能改造完成新建翻建2200户,单项节能保温改造1.2万户。6个山区应急避难场所建设扎实推进。民生保障工作不断加强。转移城乡富余劳动力6213人,继续保持“纯农就业家庭”和“零就业家庭”动态为零。云北小区二期434套经济适用房已完成主体工程。349户家庭通过公开摇号获得保障性住房。14个老旧小区142栋住宅楼综合改造,71.5万平方米建筑节能改造全部完工。实施热计量改造225万平方米,改造老旧供热管网8.5千米,城区近1200万平方米纳入集中供热管网。在全市率先建成“上下联动、层级清晰、覆盖城乡、服务高效”的“三级联动”便民服务体系和农村网格化社会服务管理标准化体系。第九届村委会换届选举圆满完成。农村基层组织建设经验得到中组部、民政部肯定与推广。

各项社会事业全面发展,安全稳定工作进一步强化。荣获2013年度“全国知识产权系统人才工作先进集体”称号。编制实施《教育基础设施建设专项规划》,投资1.6亿元,实施教育重点工程19项。高考本科上线率连续四年保持70%以上,高考录取率93.5%。在全市率先实现有线广播农村地区全覆盖,文化志愿者“暖心工程”获得第十届中国艺术节项目类群星奖。县医院迁址新建工程已完成工程总量的95%。规范实施村民一事一议筹资筹劳,被农业部评为“全国一事一议规范管理县”。研究制定了《关于进一步加强本县应急能力的实施意见》。完善社会治安防控体系,荣获“2009-2012年度全国社会管理综合治理先进集体”称号,群众安全感满意度继续保持全市首位。

(宋冠超)

单位名称:密云县人民政府
地　　址:密云县鼓楼西大街3号
电　　话:69041685　69041684

主要工作和重大活动

【丁向阳慰问古北水镇建设者】 1月6日,副市长丁向阳到密云县慰问古北水镇项目建设者。

(冼春雷)

【首家外商投资农业技术研发项目落户】 年内,由新加坡农业资源总公司投资设立的北京恒源嘉成科技有限公司落户密云。该项目投资总额963.3万美元,注册资本481.7万美元,协议外资481.7万美元,主要从事高科技农业技术研发,包括节肥、节药、节水型农业设备和生物肥料以及生物农药等产品的开发。

(冼春雷)

【林克庆到密云调研】 3月12日,副市长林克庆带领相关部门到密云县调研。林克庆一行实地查看了古北水镇、密云希望小镇和蔡家洼新农村建设情况,并详细了解了项目规划、建设进度、产业发展和农民安居就业等工作。

(冼春雷)

【与北京城市排水集团签订合作协议】 3月13日,密云县政府与北京城市排水集团签订了《水污染综合治理全面合作协议》。

(冼春雷)

【与市燃气集团签订合作协议】 3月22日,密云县政府与市燃气集团签订了《深化清洁能源利用合作协议》。

(冼春雷)

【夏占义检查平原地区造林】 4月1日,副市长夏占义到密云县检查平原地区造林工作。实地查看了西田各庄镇韩各庄村平原造林工程现场,听取了密云县平原地区造林工程总体情况汇报。

(冼春雷)

【举行首期保障性住房入住仪式】 4月1日,密云县首期经济适用房和公共租赁房举行入住仪式,并为首批入住家庭代表发放钥匙。

(冼春雷)

【与市自来水集团签署合作协议】 4月18日,密云县政府与市自来水集团签署合作框架协议。

(冼春雷)

【商务区纳入北京首批"绿色生态示范区"】 年内,密云生态商务区凭借良好的生态环境和一流的生态规划,成功纳入北京首批"绿色生态示范区"。

(冼春雷)

【张延昆来密云县调研】 5月4日,副市长张延昆到密云县调研。实地查看了首云矿业公司综合调度指挥中心、尾矿库和尾矿砂提粗车间运行情况,详细了解了企业生产自动化、安全避险自动化、尾矿库安全措施落实及矿产资源综合利用工作,随后查看了密云希望小镇建设模式、产业发展和农民安居等情况。

(冼春雷)

【苟仲文到密云县调研】 5月13日,副市长苟仲文到密云县调研。实地查看了北方交通大学附属中学密云分校和西田各庄镇中心小学,详细了解了学校办学条件、师资力量以及密云县教育教学城乡发展一体化进展情况。在威视技术股份有限公司,详细了解了企业在科技创新等方面的发展情况。苟仲文代表市政府向密云县授予了"中关村密云园"牌匾。

(冼春雷)

【市少数民族乡村经济工作会在密云召开】 5月14日,北京市少数民族乡村经济工作会议在古北口镇古北口村召开,市委常委、统战部部长牛有成,副市长程红出席会议并讲话。与会人员实地参观了太师庄和古北口少数民族村设施农业、民俗旅游业发展情况,并在古北口村文化大院召开现场会。

(冼春雷)

【王勇到密云考察】 5月18日,国务委员、国务院残疾人工作委员会主任王勇到密云县考察残疾人帮扶工作。实地查看了巨各庄镇葡萄产业协会扶贫助残基地，并走访慰问了贫困残疾人家庭，详细了解了他们的生产生活情况。

（冼春雷）

【密云商务区纳入市总部经济发展新区】 5月21日，经北京市总部集聚区认定专家评审会对37家申请单位进行评审，密云生态商务区、雁栖经济开发区等4家单位被认定为“总部经济发展新区”。未来入驻生态商务区的总部企业，均可享受北京市总部政策支持以及个性化配套服务。

（冼春雷）

【组团参加第二届京交会】 年内，县投促局、经济开发区、商务区等单位组成参展洽谈团，与中关村一同在第二届京交会会场主展区独立设置展台，集中展示密云县近年来建设“绿色国际休闲之都”的丰硕成果，推介密云独特的生态优势、产业优势、服务优势和政策优势。

（冼春雷）

【林克庆到密云县调研】 6月6日，副市长林克庆到密云县查看了巨各庄镇水树峪村村庄建设、农民生产生活和整体搬迁进展情况，并与村民代表进行座谈，随后查看了高岭镇上甸子气象观测站，详细了解站点运行和实时数据监测情况。

（冼春雷）

【国务院安委会督查组到密云县督查】 7月10日，国务院安委会第16督查组到密云县督查安全生产工作。督查组听取了密云县组织开展安全生产大检查工作情况汇报，查阅了相关文件档案资料，并分为4个检查组对镇街、学校和服装企业、燃气和液氨使用单位、矿山企业安全生产大检查工作落实情况进行了检查，对检查中发现的问题提出具体意见和建议。

（冼春雷）

【都市型现代农业示范基站启动仪式在密云举行】 7月28日，首批科技套餐工程都市型现代农业示范基站启动仪式在穆家峪镇北穆家峪村举行。副市长林克庆等市县领导出席启动仪式。

（冼春雷）

【市领导视察旅游产业发展情况】 8月27日，市人大常委会主任杜德印带队视察密云县旅游产业发展情况，副市长程红陪同。实地察看了司马台新村民俗户接待经营和古北水镇项目建设情况，分别听取了市旅游委关于本市旅游业发展及旅游大额专项资金管理使用情况，密云县旅游产业发展及司马台沟域专项资金使用情况的汇报，并就相关工作提出了意见和建议。

（冼春雷）

【建成“三级联动”便民服务体系】 年内，县政务服务中心、20个镇街便民服务中心及367个村居便民服务代办点全部建设完成并试运行。

（冼春雷）

【戴均良到密云县调研】 9月23日，副市长戴均良到密云县调研。实地查看了北汽福田多功能汽车厂、中人保财险北方运营中心、张裕爱斐堡国际酒庄和密云希望小镇，并听取了密云县经济社会发展情况汇报。

（冼春雷）

【于再清、蔡国维出席女子9球国际公开赛开幕式】 10月16日，国际奥委会原第一副主席、中国奥委会副主席于再清，市政协副主席蔡国雄出席2013CBSA北京·密云“天合成杯”女子9球国际公开赛开幕式，并为比赛开球。

（冼春雷）

【牛有成调研“新三起来”工作】 10月22日,市委常委、统战部部长牛有成到密云县调研“新三起来”工作。实地察看了北庄镇抗峪村新民居建设、玉龙谷风景区项目土地流转和干峪沟村山里寒舍乡村酒店项目农宅流转、产业发展等相关情况,听取了北庄镇“新三起来”工作汇报。

(冼春雷)

【密云·云蒙大桥正式通车】 11月14日,密云·云蒙大桥正式通车。桥梁全长744米,主塔高126.5米,是华北地区塔身最高的单塔自锚式异型悬索桥。该桥是密云新城与首都东部发展带的重要联络线工程,可缩短中心城区至密云经济开发区路程15分钟。市路政局和首都公路发展集团领导为京承高速密云经济开发区站揭牌,建设单位中铁建集团和接养单位市政路桥管理养护集团领导为大桥通车揭牌。

(冼春雷)

【林克庆到密云县调研】 11月27日,副市长林克庆到密云县调研。实地查看了北庄镇大岭新村建设情况及干峪沟村“山里寒舍”乡村酒店推进“新三起来”情况,听取了北庄镇相关工作汇报。

(冼春雷)

【举办“驻京中外知名企业投资密云行”活动】 12月12日,县政府和市投促局联合举办“驻京中外知名企业投资密云行”活动。共有26家世界500强企业代表、32家外商投资企业、32家大型民企、40家私募股权和风险投资公司、18家驻京外省市商会代表200余人参加此次活动。

(冼春雷)

【召开“新三起来”工作现场会】 12月16日,市委常委牛有成带领市有关部门及区县负责人到北庄镇干峪沟村召开“新三起来”工作现场会,听取了镇村及企业关于利用村内闲置房屋院落,依托区域环境和资源优势发展旅游产业、促进农民增收的相关情况汇报,并实地查看了“山里寒舍”项目。

(冼春雷)

【大唐煤制气管道工程试运行】 大唐煤制气管道工程于12月24日试运行。该工程在密云县境内设计长度为92千米,沿线设有分输站1座、阀室5座。全线贯通后,每天可引入来自内蒙古赤峰克什克腾旗的400万立方米煤制天然气。

(冼春雷)

【王安顺调研社会保障工作】 12月30日,北京市委副书记、市长王安顺到密云县调研社会保障工作,王安顺与副市长戴均良、林克庆等市领导先后到北庄镇东庄村卫生室、农村低保户家中和干峪沟村“山里寒舍”乡村酒店,以及鼓楼街道便民服务中心、卫生服务中心和白檀社区低保户家中视察了解城乡社会保障工作,并主持召开座谈会,听取市人力社保局、市民政局等相关部门工作情况汇报。

(冼春雷)

外事工作

【概　况】 年内,县政府外事办公室结合密云县实际,进一步扩大对外交往范围,深化各领域对外交流与合作。通过吸收和借鉴其他国家及地区的成功经验,全面提升工作能力和水平,发挥职能优势,规范和加强外事管理，利用外事助力密云经济社会发展。

（潘文静）

单位名称：密云县人民政府外事办公室
地　　址：密云县鼓楼西大街3号
电　　话：69041869

【埃塞俄比亚人民革命民主阵线代表团访密】 6月4日，埃塞俄比亚人民革命民主阵线代表团一行5人来访密云。代表团听取了密云县农业发展现状，详细了解了农村居民生产生活情况及基层党组织建设工作开展情况，实地参观了蔡家洼小区和休闲观光工业园，并同当地领导就农村发展交换了意见。

（潘文静）

【罗马尼亚民主自由党来密考察访问】 6月12日，罗马尼亚民主自由党主席瓦西里布拉加率团一行10人到密云考察访问，代表团就密云县新农村建设及基层党组织建设情况进行了交流座谈，实地参观了穆家峪华润希望小镇、张裕爱斐堡国际酒庄以及蔡家洼休闲农业园。代表团对密云县优美的自然环境、绿色、生态、休闲的可持续发展建设理念作出了高度的评价。

（潘文静）

【女子9球国际公开赛在密举行】 10月16日，2013CBSA北京密云“天合成”杯女子9球国际公开赛在密云举行。来自7个国家和地区的近百名运动员进行了激烈比赛。密云外办按照分工，与各相关单位密切配合，全程参与了外国选手的接待工作，并提供赛事开闭幕式的翻译服务，为赛事的成功举办提供了语言保障。

（潘文静）

【外交部青年干部来密云参观】 11月20日，外交部青年干部一行260余人，在密云举行了外交部青年干部参观活动。代表团参观了密云县司马台新村，密云水库以及位于密云经济开发区的北京洪福环宇餐饮有限公司和北新集团建材股份有限公司。

（潘文静）

【市外办在密建立爱心图书室】 11月12日，市外办国际语言环境建设处来密云县冯家峪小学捐赠了适合小学水平学习阅读的外语图书500余本，在冯家峪小学图书室内建立了外语角。

（潘文静）

【因公出（入）境管理】 截至12月，密云县因公出国境团组共计28批38人次，其中，随市级、部级团组26批26人次，本县自组团2批12人次。

（潘文静）

政务信息化

【概　况】 年内，密云县信息化工作以“智慧北京”建设为中心，开展“智慧密云”顶层设计，推动智慧社区建设；进一步完善工作机制，规范工作程序，加强对全县电子政务外网及政府门户网站的运维和管理，推进政府门户网站改版；协调电信运营商加大投入，继续推进信息化基础设施建设及重点项目建设，加大协调统筹力度，推进资源共享和互联互通。

（尹志东）

【“智慧密云”顶层设计】 4月，成立主管副县长为组长，县经信委、县信息中心和县信息办成员单位负责人共同参与的“智慧密云”编制工作组,并选择和长城战略咨询进行合作。向县内41家重点部门发放了智慧密云顶层设计调查问卷,并选择了39家单位进行一对一走访调研,认真摸清家底和条块需求;开展了密云县经济社会发展情况分析,以及北京市区县智慧城市建设情况研究、北京市共建平台和网络基础设施研究、市级单位未来申报项目研究等3个专项研究,明确了密云县信息化建设重点和可利用外部资源,为《“智慧密云”行动计划(2014-2018年)》的编制奠定了坚实的基础;按照市经济和信息化委印发的“顶层设计总则、指南和参考模板”,结合县情,工作组召开多次汇报和研讨会议,完成了《密云县信息化调研分析总结报告》、《智慧密云顶层设计研究报告(审议稿)》和《智慧密云行动计划2014—2018(审议稿)》。

(尹志东)

【推进电子政务建设】 年内,加强对全县电子政务外网及政府门户网站的运维和管理。以密政办字〔2013〕17号文件形式向全县印发了《密云县电子政务网络与网站群管理办法》,进一步规范了全县电子政务网络和网站群的建设与管理,保障网络与信息安全;将电子政务网出口带宽由550M提高到了1000M,并升级了上网行为管理及流量控制等网络设备,提高了政务网的运行速度。

(尹志东)

【修改完善应急预案】 年内,根据相关文件和实际,修改完善《密云县网络与信息安全应急预案》和《密云县应急通信保障预案》。

(尹志东)

【政府门户网站改版】 年内,对政府门户网站进行全新改版,邀请首都之窗运行管理中心领导和专家对门户网站建设进行业务指导,对网站的栏目、内容进行修改和完善,并拟制《密云县政府门户网站栏目更新责任表(征求意见稿)》在全县范围内广泛征求意见,改版工作基本完成。

(尹志东)

【政府门户网站互动】 年内,县政府门户网站以“实实在在为百姓服务”为宗旨,加大互动环节和宣传力度,与首都之窗共同做了3期在线访谈栏目,分别做客访谈直播间的是:“密云县农民专业合作社发展情况”、“石城村民俗旅游专业合作社”、县中医医院谈“创建无投诉岗位”。

(尹志东)

【基础设施建设】 年内,继续加大协调力度,引导电信运营商加大投入,加快推进信息化基础设施建设,完成光纤改造3万户,32个2G基站,220个3G基站,20个4G基站,为5.04万个宽带用户免费提速。

(尹志东)

【无线城市建设】 年内,协调北京移动密云分公司在2012年无线城市试点基础上,扩大无线信号覆盖范围,将鼓楼东大街、鼓楼街道和果园街道的4个社区加入到无线城市建设试点当中。

(尹志东)

【京承高速密云段手机信号覆盖】 年内,为提升京承高速路密云段全线网络覆盖质量,协调中国移动密云分公司和中国联通密云分公司就京承高速(密云段)手机信号覆盖问题进行认真研究,提出在弱覆盖路段新建基站和隧道内安装设备,增强信号发射,以解决掉话和无信号问题。建设和改造工作已全部完成。

(尹志东)

【信息化应用和推广】 年内,协调中国移动密云分公司、中国联通密云分公司和中国电信密云分公司,在县文化活动中心广场组织开展以“共享信息资源共建智慧密云”为主题的宣传展示活动。集中展示三大电信运营商在密云经济社会发展及服务民众等方面的工作成果。活动中三家运营商独立设置宣传展区,宣传视频监控、环境检测、教育医疗、新农村建设、一卡通等方面的新技术和新应用。

(尹志东)

【信息化业务培训】 年内,召开信息化管理员业务培训会,邀请专家对全县各委办局、镇街的50余名信息化管理员就政务专网和网站管理、网络设备日常维护及相关业务知识进行业务培训。

(尹志东)

【政府序列外机关软件正版化】 年内,推进政府序列外机关软件正版化专项检查和整改工作,制发了《密云县政府序列外机关软件正版化专项检查整改工作方案》,并召开密云县政府序列外机关软件正版化专项检查整改工作会,对所涉及的县人大机关、政协机关、县委办、检察院、法院等25家单位的937台计算机开展软件正版化检查整改。

(尹志东)

【无线电管理】 9月11日,以“无线电频谱—稀缺的国家战略资源”为宣传主题,与中国移动密云分公司协作互动,开展一系列内容丰富、易于接受的无线电管理宣传活动。活动借助果园街道文体广场的人才招聘会和过往的密集人群,通过发放宣传材料、海报、悬挂宣传横幅、设置展板等多种方式,图文并茂为社会公众普及无线电基础知识及管理工作。整个活动共制作展板11块,宣传气球和条幅2条,设置咨询台4个,发放无线电管理知识宣传册700余份、宣传海报400张、宣传品1600余份。还创新开拓了短信平台群发公益宣传短信和社区电子大屏幕专项宣传渠道,突破了纸质宣传品受众面窄的瓶颈,利用2万余条公益短信和鼓楼社区30余块LED电子大屏幕,扩大社区内的宣传范围,提高宣传效果。

(尹志东)

【电子政务网络管理】 年内,制发了《密云县电子政务网络与网站群管理办法》。全文共分六个部分:一是总则,对《密云县电子政务网络与网站群管理办法(报审稿)》出台的目的和依据进行说明;二是电子政务网络管理,明确电子政务外网的范围、管理单位和使用规范;三是网站群管理,对网站群范围进行界定,明确责任单位并提出建设管理原则;四是上网行为管理,要求用户加强上网行为的规范管理,严禁影响电子政务网络正常运行的不良行为;五是电子政务网络与信息安全,明确安全责任单位、工作内容和注意事项;六是附则,提出了惩罚措施。

(尹志东)

【密云科技园物联网指挥中心及示范基地建设】 年内,密云县利用先进的物联网技术,依托国家农业信息化工程技术研究中心开发的“BEBT AVL-100音视频多动能控制器”,对现代农业科技显示墙、多媒体矩阵接口、数字发言与音乐扩声、多媒体集成控制、音视频互动等系统进行集成。完成了中心控制单元、数码视频显示单元、基地监控无线传输带音视频对讲单元的安装调试,实现了密云科技园物联网指挥中心与北京国家现代农业科技城的对接,确保视频会议、农业科技技术交流、农业科技成果视频汇报、农业专家视频指导、示范基地展示等功能;完成了巨各庄镇天葡庄园、高岭镇祥和园蔬菜基地、经济开发区绿润板栗加工企业等基地的带音视频无线传输对讲单元的设备安装和调试,建成音视频互动模块,实现多地点、远距离的视频、音频和数据协同传输功能。

(尹志东)

【“密云教育云”项目建设】 年内,开展“密云教育云”创新项目建设,主要涉及7个子项目:密云县教师教育教学综合应用门户、区域标准统一认证平台、教师个人网络存储系统、教师人事基础数据中心、网络视频点播系统、教育城域网资源搜索引擎与管理系统、教育基础数据文献库。

(尹志东)

法制建设

【概　况】 年内,县政府法制办深入推进依法行政,加强法治政府建设,规范政府行政行为,为密云经济社会快速发展提供了法治保障。全年牵头制定并印发了《密云县人民政府2013年依法行政工作要点》、《密云县人民政府2013年依法行政工作报告》、《密云县关于进一步梳理行政执法主体依据和职权的通知》、《密云县人民政府关于禁止在公共场所焚烧抛撒冥币纸钱的通告》、《密云县人民政府关于禁止燃放烟花爆竹的通告》等文件,进一步建立健全重大行政决策制度,促进县政府依法、科学、民主决策。

(徐良军)

单位名称:密云县人民政府法制办公室
地　　址:密云县鼓楼西大街3号
电　　话:69044616

【办理行政复议案件】 年内,立案受理行政复议案件8件,办结8件,办结率100%。其中,裁决维持原具体行政行为或者驳回申请人行政复议申请的5件,终止行政复议申请2件,责令履行行政复议申请1件。承办市政府行政复议案件4件,市政府均维持了原具体行政行为。

(徐良军)

【规范性文件清理审核备案】 年内,共审核各类文件草案60件,并对以县政府名义下发的39件规范性文件及时向市政府法制办进行了报备,按时报备率与公布率均达到100%。对2012年12月31日前以县政府或县政府办公室名义制发的行政规范性文件进行了集中清理,确认保留49件、废止22件、建议修改5件,并将清理结果及时向社会公布。

(徐良军)

【行政执法监督】 年内,组织对20个行政执法单位的行政处罚案卷进行了集中评查,抽查行政处罚案卷80卷,案卷合格率为100%,优秀率为85%。指导基层执法单位开展行政执法工作59次,参加行政执法协调会16次,为城管大队、环保局、水务局等部门解决执法难题78个。

(徐良军)

【参与行政决策】 年内,共审核县政府常务会议上会议题148个,提供法律意见200余条;参加全县“拆违打非”和整治“大棚房”等专题会议10次;审核《密云县政府与方兴赢辉置业有限公司关于中国印国际文化旅游度假区项目开发建设协议》、《密云县政府与华彬集团合作框架协议》、《北京山里来公司国有土地收回与地上物转让协议》等合同或协议20份,参与处理二中国有土地房屋征收补偿、娄子峪村上访问题、河南寨非法开办幼儿园等涉法事务8件,为县政府制定重大决策、招商引资、推进重大项目建设、维护社会稳定等方面提供法律服务。

(徐良军)

【行政应诉】 年内,本县共发生行政应诉案件43件。从原告的情况来看:原告为公民的41件,占受案总数的95.3%;为法人和其他组织的2件,占受案总数的4.7%。从被告的情况来看,被告是乡镇政府的8件,占案件总数的18.6%;被告是县政府工作部门的26件,占案件总数的60.5%。从审理的结果来看:审结40件,其中判决撤销的7件,占结案总数的17.5%;原告撤诉的8件,占结案总数的20%;驳回原告诉讼请求的20件,占结案总数的50%;裁定驳回起诉的5件,占结案总数的12.5%。

(徐良军)

【行政调解】 年内,深入推进行政调解工作,制定了《行政调解接待人员守则》、《行政调解工作制度》、《行政调解工作流程》等七项制度,统一工作流程,统一标识制作,统一制度上墙,统一数据报表,形成了以"县政府、县直(含市属)行政部门、镇街"为主的三级行政调解工作格局。三级行政调解机构即行政调解服务中心建立并运行,接待行政复议来访人员164批200余人次,符合行政复议条件的有67件,其中案前成功调解62件,占符合受理行政复议案件数量的92.5%。全年各级行政调解机构调解案件9784件,调解成功9700件,调解成功率达99.1%,有效化解了行政争议和与行政管理相关的民事纠纷。10月29日,《法制日报》以"北京密云创新行政调解模式调查"为题报道了本县的行政调解工作,引起社会各界广泛关注。

(徐良军)

【行政执法队伍建设】 年内,建立并完善全县行政执法人员数据库,及时更新行政执法人员信息,对全县2540名执法人员实行动态管理。严格落实行政执法人员资格管理制度,对全县未取得执法资格证书的122名行政执法人员进行了公共法律知识培训与考试,并为通过考试的执法人员办理了行政执法资格证书。10月,在县委党校组织举办了推进依法行政工作专题培训班,64名分管政府法制工作的县直部门和镇街主管领导,以及140名从事政府法制工作的干部参加了培训。

(徐良军)

【依法行政】 年内,在县政府常务会议上学习了《中华人民共和国旅游法》、《机关事务管理条例》等新颁布的法律法规;在处级干部培训班上安排了《法治政府与依法行政》专题研讨;分11期对全县2500名科级及以下干部开展了依法行政专题轮训。8月,对本县自2004年国务院《全面推进依法行政实施纲要》颁布以来至2012年底推进依法行政工作情况进行了调研。9月,召开依法行政工作电视电话会议,部署了2013年依法行政考核工作。12月,完成20个镇街、56个行政事业单位的依法行政考核工作,并通过市推进依法行政工作领导小组对本县依法行政工作的检查与验收。

(徐良军)

信访工作

【概　况】 年内,中共密云县委、密云县人民政府信访办公室(以下简称县信访办)坚持用群众工作统揽信访工作,充分发挥信访事项网格化服务管理平台作用,强化"一轴两翼"工作法,以深化领导干部接访为载体,进一步畅通信访渠道,规范信访秩序,实现了"四个不发生"(即:不发生重大信访群体性事件,不发生信访极端恶性案件,不发生大规模集体越级上访,敏感时期不发生非正常集体访)工作目标。共收到群众来信2047件。其中,联名信69件,联名人次2506人;共接待群众来访2238批6741人次。其中:集体访183批3642人次;到市以上国家机关集体上访16批194人次。

(师效成)

单位名称:密云县信访办公室
地　　址:密云县鼓楼北大街8号
电　　话:69059947

【信访工作总体目标】 年内,全县信访工作总体目标是:实现"三个指标",即:重信重访控制在8%以内、信访重点人减少25%、信访积案化解率90%以上。确保"三个不出",即:小事不出村(社区)、一般事不出镇街,大事不出县。做到"四个不发生",即:不发生重大信访群体性事件,不发生信访极端恶性案件,不发生大规模集体越级上访,敏感时期不发生非正常集体访。

(师效成)

【完善领导接访机制】 年内,县处理信访突出问题联席会议办公室制定下发了《密云县领导接待信访规则》,对县领导接待日接访范围和不再接待的信访事项以及领导接待日信访秩序维护工作作出明确规定;每月10日、20日由一名县领导到信访办接待上访群众。领导接访坚持以在岗接访为主,以重点约访、带案下访、结案回访、联合会访为补充,一般信访当场化解,重要信访做出安排,坚持不接完不离岗、不谈通不结案,有效化解了多起过激访、越级访。

(师效成)

【完善信访考核机制】 年内,制定下发《2013年信访工作目标管理责任制考核办法》,考核信访工作,以信访量为依据,重点看排查预知矛盾的能力和发生信访后单位领导的重视程度和处理效果。

(师效成)

【做好全国"两会"期间信访工作】 年内,县委、县政府对信访工作统一部署,制定下发了全国"两会"期间县级领导接访时间安排表。"两会"期间,每天有一名县级领导到县信访办接待来访群众。"两会"前,全县进行了一次信访矛盾大排查,共排查出各类信访矛盾86件,其中列为县级重点矛盾12件。按照"属地管理、分级负责"的原则对信访重点矛盾逐个建立台账,落实"五包"措施。

(师效成)

【信访培训】 4月17日,信访办负责人在新任农村党支部书记培训班上作了《把握新时期农村主要矛盾,做好群众工作,化解矛盾、促进和谐》主题报告,从农村存在的主要矛盾,做好群众工作的重大意义,以及如何把握农村主要矛盾做好群众工作、促进和谐几个方面进行了详细讲解，70多名新任农村支部书记接受了培训。

（师效成）

【组织开展宣传活动】 5月10日至6月7日，在全县范围开展以“畅通和规范群众诉求表达、利益协调、权益保障渠道”为主题的信访条例宣传月活动，5月10日为主题活动日。县委县政府在法制公园设宣传站，各镇街、各部门在主要信访接待场所或者适当地点设立宣传点，共发放国务院《信访条例》和《北京市信访条例》等各种宣传材料6000余份。

（师效成）

【“贯彻十八大开创新局面”主题调研】 从6月份开始，县信访办成立三个调研组，分专题开展调研。调研课题为：1. 把握新时期农村主要矛盾，做好群众工作的理论研究；2. 关于落实属地责任，及时就地解决信访问题；3. 关于农村宅基地审批的对策与建议，由办信科组织实施；4. 通过与信访人交朋友化解缠访闹访行为的研究；5. 如何预防农民工讨薪引发的信访问题研究；6. 关于平原地区加强公墓建设的对策与建议。形成调研报告11篇，上报市3篇，其中《把握新时期农村主要矛盾，用群众工作理念和方法做好信访工作的思考》在北京信访杂志上推广交流。

（师效成）

【实施信访事项网格化社会服务管理】 年内，全县共计录入信访事项2515件，信访办录入2159件。信访办起草的密云县网格化社会服务管理标准——信访工作规范，在融入网格化社会服务管理工作的单位中第一批通过ISO9003认证。

（师效成）

对台工作

【概况】 年内，密云县人民政府台湾事务办公室、中共密云县委台湾工作办公室（简称县台办）贯彻落实党的十八大关于对台工作的指导思想、基本要求、努力方向和工作目标，紧紧围绕巩固深化两岸关系和平发展的战略任务，继续坚持以人为本、为民谋利的理念，为台湾同胞多办实事、多办好事，使两岸关系和平发展成果惠及更多的台湾同胞。依据市台办工作部署和县委“三个走在前列”的奋斗目标，开展对台工作。

（李如清）

单位名称：密云县人民政府台湾事务办公室
中共密云县委台湾工作办公室
地　　址：密云县鼓楼西大街3号
电　　话：69044991

【接待台湾基层农业代表参访团】 年内，县台办接待了以中国国民党中央委员、中国国民党高雄市副主委、中华工商业联合会主席李玉文为团长的34位台湾基层农业代表参访团来密云县进行京台基层结对交流、参访。参访团成员先后参访了穆家峪镇阁老峪希望小镇新农村建设情况、巨各庄镇蔡家洼村社区建设、工业园区设施农业园。参观结束后，交流团团员与县、镇、村及相关企业负责人就密云县新农村建设及都市型现代农业发展取得的成绩进行了深入交流。

（李如清）

【政协委员视察台资企业】 年内,县台办协助市政协领导、县政协领导、县政协港澳台侨届委员视察部分台资企业,委员们视察了经济开发区台资企业北京波昌汽车部件有限公司。

(李如清)

【涉台教育基地参加京台青少年教育研讨会】 7月,密云二中参加了在门头沟区龙泉宾馆召开的由市台办和台湾新北市教育局、台湾中华教育交流推广协会共同举办的“2013年京台青少年教育研讨会”。

(李如清)

【涉台教育基地师生参加北京学生台湾阿里山夏令营】 8月11日-17日,密云二中选派1名教师带领10名高一学生参加了由市教委主办,北京市国际交流中心承办的“2013北京学生台湾阿里山夏令营”活动,此次活动是“2013北京学生京台交流重点项目”。

(李如清)

【办理赴台初审手续】 年内,为27名公职人员办理赴台初审手续;为注册地在密云县的11名企业公职人员赴台进行商贸、培训、技术交流办理了初审手续。

(李如清)

【城乡一体化管理交流团赴台】 5月11日-19日,县台办组织相关部门15名工作人员赴台就城乡一体化管理方面进行考察交流。

(李如清)

档案工作

【概况】 年内,密云县档案局(馆)以全面融入县委、县政府中心工作和主动服务人民群众的需要为主题,以加强档案资源建设为重点,以发挥档案社会服务作用为突破口,围绕中心、服务大局,重基础、抓规范,不断开创全县档案工作新局面。截至年底,馆藏档案129个全宗124387卷件。其中,文书档案113265卷件、资料24567册、照片档案4万余张、录像资料270个多小时。

(曹金波)

单位名称:密云县档案局(馆)
地　　址:密云县西门外大街5号
电　　话:69042588

【贵州省分管档案部门领导到密云交流考察工作】 3月28日,贵州省分管档案部门领导到密云县交流、考察档案工作。考察团首先观看了密云经济社会发展档案宣传片,随后听取了密云档案工作情况的介绍,并到县科技馆、档案馆参观了密云党史展览和密云县情展览。

(曹金波)

【市档案局检查组检查】 6月24日,北京市档案局检查组到密云县档案局检查“十二五”中期档案工作情况。对档案法制宣传与培训教育、档案信息化建设、档案资源建设、档案馆馆舍建设、档案安全建设、档案利用服务建设等工作进行了全面检查,查看了档案库房、档案阅览室,参观了县档案馆举办的“密云县党史展”、“密云县县情展”、“密云水库展”和“编研成果展”等展览。

(曹金波)

【2013年档案工作部署会】 4月27日,密云县档案局召开档案工作部署会,会议主要通报了2013年业务指导和法制工作重点,包括市级机关档案测评工作、档案移交进馆及新农村建设档案规范管理等十项具体工作,并对《密云县机关档案管理考核标准》和《北京市新农村建设档案

工作测评办法》进行宣传贯彻。全县共 90 家机关单位的档案员参加会议。

（曹金波）

【北京市机关档案工作测评】 年内，县疾控中心、卫生局、地税局、法院、公安局等 5 家单位档案工作顺利达到市级优秀标准。截止到 12 月底，全县各处级立档单位室藏各门类档案共 49.6 万卷 43.7 万件。

（曹金波）

【重大建设项目档案指导】 年内，指导、检查了县经济开发区、生态商务区、房地产开发公司等 17 个重大建设项目档案工作。通过实践指导撰写了《密云县重大建设项目档案工作调研报告》。

（曹金波）

【档案普法宣传】 11 月 1 日，县档案局利用法制公园长廊开展档案法律法规知识宣传普及活动。

（曹金波）

【档案接收和征集】 年内，接收整理县政府办公室、县环保局、县文委等 10 个立档单位 1996—2012 年形成的文书档案 6276 卷。特色征集到北京市级非物质文化遗产代表作“五音大鼓”纪念封邮票、现代创作手稿、集体奖杯、文章、照片、录音录像等珍贵资料。

（曹金波）

【档案编研】 年内，完成档案编研材料 4 种，共 15.4 万字，汇编完成了《密云古代诗歌选》、《保水富民强县——密云县主要领导生态文明建设文章选编》、《美丽乡村——密云县荣获“北京最美的乡村”称号村落简介》。完成《密云县委重要文件汇编（1991-2000）》编辑任务。

（曹金波）

【档案查阅利用】 年内，县档案馆共接待档案利用者 10877 人次；查阅案卷 12441 卷；出具证明 7661 份 12590 页。查阅档案内容主要涉及文书、婚姻、建房、移民、知青等。

（曹金波）

【档案信息化建设】 年内，配合档案接收，完成 3984 卷共计 218426 条档案的电子目录接收、规范导入数据库工作；完成革命政权、婚姻档案数字化工作，共计 6 万余页。

（曹金波）

【档案业务培训】 全年共举办各类培训班 16 期，培训 700 多人次。

（曹金波）

【爱国主义教育】 年内，与各中小学共开展活动 23 场，学生人数 4237 人，做到了县域内城乡中小学校全覆盖。

（曹金波）

【县档案馆获选干部教育培训教学基地】 6 月 21 日，密云县委组织部、县委党校在充分调研的基础上，根据干部培训要求和县域资源特点，确定了首批 10 个拟建现场教学基地。县档案馆被正式授牌。

（曹金波）

【声像资料拍摄】 年内，县档案局围绕城建重点工程、重大建设项目、城乡环境建设、新农村新面貌开展照片的拍摄工作，拍摄照片 1650 余张，征集照片档案 230 余张，视频资料 15 个小时。

（曹金波）

县政府机关事务管理

【概　况】 密云县政府机关事务办主要职责是负责机关办公区域环境卫生服务、会议室服务、机关办公用房管理服务和机关安全保卫工作，承办报刊邮件的接收、传送等,承担水、暖、电维修等其他后勤服务的事项,承办县委、政府交办的其他事项。

年内,县政府机关事务办牢固树立"为领导服务、为机关服务、为机关干部服务"的思想,认真完成县委、县政府的各项工作任务,为机关工作人员提供了优美的环境和优质的服务。

(龙　斌)

单位名称:密云县人民政府机关事务管理办公室
地　　址:密云县鼓楼西大街3号
电　　话:69041674

【机关基础建设】 年内,更换了县委、县政府机关院内路面30多处近600块石板,修复石板路面200多平米;修复了1号楼卫生间墙砖,粉刷了各办公楼局部墙面,整改餐厅二层卫生间等零星工程几十处;对3号楼八层羽毛球场进行了粉刷及灯光改造,粉刷面积近900平米,更换灯具16个,同时也更换了羽毛球架。

(龙　斌)

【安全保卫】 年内,与公安、消防、信访、维稳和应急部门配合,疏导群众上访413次,2579人。联合维保单位定期对消防栓、灭火器等消防设施进行检测和保养,对泵房、楼顶水箱的重要部位进行检查,及时清理安全通道堆积杂物,消防控制室实行24小时专人值班,每月开展消防专项检查2次。发放各类报刊、杂志计2030件,接收汇款5698元,挂号1822件,快递、包裹计490件。

(龙　斌)

【后勤保障】 年内,每天对院内办公楼1000多个房间的水、电及电器设备的运行情况进行检查维修,随时关停大楼内公共场所不必要的照明电源,及时维修损坏的水闸阀门,杜绝长流水的现象。全年维修各种截门200多个,疏通管道30次,修理门窗桌椅300次,各种门锁100多把,更换玻璃近20平方米。

(龙　斌)

【餐饮接待】 年内,膳食科按照《食品卫生法》的规定,对40名工作人员进行身体检查和岗位培训,确保食品安全;在职工食堂张贴有关节约粮食的提示牌、电子屏滚动显示宣传标语,提醒干部职工注意适量取用饭菜、节约粮食;适量采购,避免浪费。核算、控制成本,加强粮食、副食品和原材料的采购、储存及加工管理,防止腐烂变质;改进供餐、用餐方式,多供应小份量食品,方便用餐人员适量选取;搞好营养配餐,菜品以本地家常菜为主,做到膳食搭配营养健康。

(龙　斌)

【会议接待】 年内,简化会议接待程序,不张贴悬挂标语横幅,会场不摆花草、水果,严格控制会务接待范围。全年共接待大小会议700余次,接待与会人员3万人次。

(龙　斌)

中国人民政治协商会议密云县委员会

概　述

年内,中国人民政治协商会议密云县委员会把握团结和民主两大主题,自觉坚持科学务实工作基调,围绕全县大局,致力科学发展,协商建言积极主动、参政议政贴近中心、服务中心主动及时,在服务大局协商议政方面取得新成果;关注社情民意,强化监督惠及民生、关注热点反映民情、服务群众温暖民心,在凝心聚力保障民生方面展现新作为;夯实基础工作,注重拓宽委员视野,进一步加强委员学习、注重发挥委员主体作用,进一步激发委员履职活力、注重提案办理落实,进一步提升提案实效、编辑出版教育专辑,文史工作又有新成果;着眼提高履职意识,加强委员服务管理,加强机关建设,提高机关服务水平,政协自身建设迈上新台阶,为促进密云经济发展和各项事业进步发挥了应有的作用,圆满完成了县政协常委会年初确定的工作任务。

（孙庆谷）

单位名称:政协北京市密云县委员会
地　　址:密云县鼓楼西大街3号
电　　话:69042938

重要会议

【十二届三次会议】 12月24日-26日,第十二届县政协三次会议在瑞海姆田园度假村举行。审议并通过常委会工作报告和提案工作情况报告;列席县第十五届人民代表大会第四次会议,听取并讨论政府工作报告,协商讨论经济和社会发展计划等报告;通过常委会工作报告决议和第三次会议政治决议;委员们就提高行政效能、推进生物医药产业发展、促进民俗旅游发展、引进教育产业、农民增收、加强食品卫生管理、完善养犬管理和服务、涵养地下水源、规范小区物业管理、加强城市基础设施管理维护、缓解城区交通拥堵、挖掘传承共工文化等,提出意见建议。

（孙庆谷）

【十二届县政协第五次常委会】 2月2日召开。审议通过关于撤销李昕旸政协委员职务的决定。

(孙庆谷)

【十二届县政协第六次常委会】 3月8日召开。审议通过常务委员会2013年工作要点。

(孙庆谷)

【十二届县政协第七次常委会】 7月31日召开。视察十里堡镇拆违空地上修建的休闲公园、河槽村大棚违法建设拆除情况,河南寨镇陈各庄村京承高速沿线违法建设拆除情况,穆家峪镇辛安庄村高扬伟业别墅区违法建设拆除情况。听取县城管大队“拆违打非”工作情况通报。要求委员、特别是常委积极参加到全县“拆违打非”暨城乡环境建设专项行动中,发挥委员应有的作用。

(孙庆谷)

【十二届县政协第八次常委会】 12月17日召开。审议通过增补委员的决定,听取三次会议筹备工作情况报告,审议通过召开三次会议的决定、三次会议日程,审议三次会议议程,审议通过表彰2013年度优秀提案、优秀社情民意信息的决定,听取县政府办公室提案办理情况通报,审议通过常务委员会工作报告和提案工作情况报告。

(孙庆谷)

【召开文史工作座谈会】 1月30日,县政协学习与文史委员会召开文史工作座谈会,总结2012年文史工作并讨论2013年工作计划。

(孙庆谷)

【召开反映社情民意信息工作会】 4月26日,召开反映社情民意信息工作会议。会议要求委员把“拆违打非”暨城乡环境建设专项行动中取得的成果、存在的问题、群众的意见及时反映给县委、县政府和相关部门。会议明确25名反映社情民意信息特约信息员,通报十二届一次会议以来反映社情民意信息工作情况,进行撰写社情民意信息培训。

(孙庆谷)

【召开征稿座谈会】 4月17日,在县教委召开《密云文史稿·教育专辑》征稿座谈会,邀请县内部分老校长、老教师参加。

(孙庆谷)

重要活动

【走访慰问贫困家庭】 1月22日,县政协慰问组到新城子蔡家甸村走访慰问,了解村民生产生活情况,为村里带去生活常识和果树种植方面图书400余册。为特困家庭送上慰问金和慰问品。

(孙庆谷)

【召开委员述职座谈会】 3月15日,县政协、县委组织部、县委统战部联合召开部分委员述职座谈会,委员推荐单位负责人应邀参加。

(孙庆谷)

【召开委员兴趣小组成立会议】 3月18日,召开委员兴趣小组成立会议。在征求委员意愿的基础上,本着“自觉自愿、自娱自乐、自我管理”的原则,成立摄影、书画、棋类兴趣小组。

(孙庆谷)

【视察冯家峪镇社会福利中心】 5月8日，县政协领导到冯家峪视察镇社会福利中心，了解农村养老服务设施建设行动计划执行情况。

（孙庆谷）

【市政协副主席沈宝昌来密调研】 5月16日，北京市政协党组副书记、副主席沈宝昌来密云县调研。考察福田汽车北京多功能汽车厂、中保财险电子商务北方运营中心、华润希望小镇。

（孙庆谷）

【县政协委员为贫困学生大学梦助力加油】 11月15日，县政协委员捐资助学仪式在北师大密云实验中学举行。此次捐资助学，委员们共捐款14.26万元，使全县5所高中的65名家庭贫困、学习优秀的高三学生得到资助。

（孙庆谷）

提案工作

【召开提案审查立案会】 1月29日，提案委员会召开2013年提案审查立案工作会议。十二届二次会议期间，共收集委员提案135件。其中城建交通环保类82件，教文卫体类17件，社法及其他类9件，经济类27件。经审查，立案110件，建议转社情民意信息15件，合并2件，转有关单位参考1件。

（孙庆谷）

【召开提案交办会】 4月3日，县政府召开2013年县政协委员提案、人大代表建议办理工作会议。县政协十二届二次会议以来应由县政府研究办理的114件提案全部交办。

（孙庆谷）

【县住建委集中答复委员提案办理情况】 6月4日，县住建委对2013年度政协委员提案办理情况进行集中答复。县住建委介绍了所承办的11件提案办理情况。与会人员就老旧小区改造和物业管理工作进行座谈。

（孙庆谷）

【视察“停车难”提案办理情况】 8月12日，提案委员会组织提交解决“停车难”问题的委员视察果园南路路边、保利花园小区停车位建设情况，世纪家园南侧建设胡同拓宽、改造宾阳北里小区改造增设停车位情况，听取县政府督查室、县市政市容委和县住建委负责人介绍解决停车难问题工作情况。

（孙庆谷）

【赴门头沟区了解古文化旅游情况】 8月21日，提案委员会就古文化旅游情况赴门头沟区了解定都阁景区开发建设情况，参观千年古刹潭柘寺。

（孙庆谷）

【主席会议成员视察农民增收相关提案办理情况】 10月11日，县政协主席会议成员、农业界部分委员和撰写促进农民增收提案、社情民意的委员视察太师屯镇太师庄村设施农业园区和古北口镇司马台新村，与涉农部门座谈。了解全县农民增收工作情况及相关提案办理情况。

（孙庆谷）

委员工作

【召开对口协商座谈会】 3月21日,县政协经济科技委员会与县经济和信息化委员会召开对口协商座谈会。就企业发展方向、项目引进、服务效能、产业提升、发展空间、管理体制等进行协商交流。

(孙庆谷)

【到县供电公司开展知情视察】 3月22日,县政协城建环保委员会到县供电公司开展知情视察。参观滨阳变电站、电动出租车充电站,察看供电公司营业大厅、党员服务队及调度控制中心等运营情况。

(孙庆谷)

【参加县法院、检察院开放日活动】 4月12日,县政协社会和法制与民族宗教委员会应邀参加县法院、检察院“开放日”活动,听取两院工作情况介绍并观看纪录片。

(孙庆谷)

【赴平谷挂甲峪村参观学习】 5月8日,县政协城建环保委员会赴平谷挂甲峪村参观学习,了解挂甲峪村科技、水利、水果、能源等“十上山”工程和旅游开发情况。

(孙庆谷)

【视察中小工业企业发展情况】 5月22日,县政协经济科技委员会视察全县中小工业企业发展情况。到北京朗迪服装有限公司、北京赛纳赛斯工贸有限公司,了解企业生产、经营和发展情况。

(孙庆谷)

【视察自来水水质情况】 5月15日,县政协教文卫体委员会考察檀州自来水厂和分水厂运作情况并进行座谈交流,了解全县自来水水质情况。

(孙庆谷)

【视察环境保护工作情况】 5月29日,县政协城建环保委员会视察全县环境保护工作情况,参观北京科勒有限公司和大关桥水质自动监测站。

(孙庆谷)

【赴怀柔北沟村考察民俗旅游发展情况】 5月29日,县政协经济科技委员会赴怀柔区渤海镇北沟村考察民俗旅游发展情况。参观北沟文化墙、商务会所“小庐面”、瓦厂旅馆、小园驿站。

(孙庆谷)

【视察北京云冶矿业有限责任公司】 6月26日,县政协经济科技委员会到北京云冶矿业有限责任公司开展知情视察。参观尾矿库、运输巷道、选矿车间、职工公寓、信息中心。

(孙庆谷)

【视察有线广播“村村响”工程】 7月10日,县政协教文卫体委员会视察全县有线广播“村村响”工程。到东邵渠镇界牌村广播室、巨各庄镇豆各庄村广播室和巨各庄镇广播站视察镇、村级广播平台使用情况。

(孙庆谷)

【视察“零就业家庭”就业帮扶情况】 7月12日,县政协社会和法制与民族宗教委员会视察全县“零就业家庭”就业帮扶情况,察看零就业家庭情况。

(孙庆谷)

【考察运河文化】 8月7日,县政协文化体育界委员和文史委员到通州区考察运河文化。参观大运河森林公园、宋庄小堡画家村，听取通州区文委介绍通州文化保护与利用经验。

（孙庆谷）

【视察城区菜市场建设与管理情况】 8月14日，县政协城建环保委员会视察密云城区菜市场建设与管理情况并与相关部门座谈。到沙河早市、沿湖小区社区便民菜店、华远批发市场，了解菜市场建设和运营、管理情况。

（孙庆谷）

【视察山区搬迁情况】 9月6日，县政协社会和法制与民族宗教委员会视察高岭镇界牌峪村，不老屯镇香水峪、阳坡地村山区搬迁工程建设情况，察看不老屯镇史庄子村村民搬迁后生产生活情况。

（孙庆谷）

【视察生物医药产业发展情况】 10月17日，县政协经济科技委员会到县经济开发区视察生物医药产业发展情况。参观北京康辰药业有限公司、北京美中双和医疗器械有限公司。

（孙庆谷）

【视察公路路网建设情况】 10月18日，县政协城建环保委员会视察县域路网建设情况。考察密关路建设情况。

（孙庆谷）

【视察"幸福晚年"工程】 10月23日，县政协社会和法制与民族宗教委员会视察"幸福晚年"工程进展情况。参观河南寨镇公办敬老院和私立金正福敬老院。

（孙庆谷）

【视察农民健康工程】 10月25日，县政协教文卫体委员会视察农民健康工程情况，参观西田各庄、溪翁庄卫生院并座谈。

（孙庆谷）

【文史工作】 年内，完成《密云文史稿·教育专辑》编辑出版工作。

（孙庆谷）

【界别小组活动】 年内，县政协组织各界别委员开展青岛啤酒三环有限公司、北京康辰药业有限公司等生产企业考察活动；到古北口民俗旅游村、新城子吉家营传统村落、县板栗科普示范基地等参观；到密云水库了解水源保护、南水北调工程。

（孙庆谷）

民主党派

概　　况

2013年,密云县共有民主党派成员64人,其中民革会员8人,民盟密云支部9人,民建密云支部21人,民进密云支部15人,农工党会员1人,致公党会员3人,九三学社密云支社7人。各党派在工作中认真落实各民主党派中央、市委有关指示精神,围绕中共密云县委、县政府的中心工作,以"同心"思想为指导,着眼增进政治共识,解放思想,切实加强自身建设,认真履行参政党职能,扎实推进参政议政,积极开展党派工作。

(吴婷婷)

中国民主建国会北京市委员会密云县直属支部

中国民主建国会北京市委员会密云县直属支部(以下简称民建密云支部)成立于2002年11月,是密云县第一个民主党派组织。截止到年底,有会员21人,其中男会员16人,女会员5名;70%的会员具有中级以上技术职称;支部有县人大常委一名,县政协委员七名;会员主要来自于政府部门、国有企业、民营企业和教育单位。

年内,支部始终把思想理论建设放在首要位置,利用支部会议组织成员学习统战理论和民建会史,交流对时事政治和社会经济的认识,组织召开支部全体会议5次。利用政协参政议政平台,参加政协的各种活动,共提交党派和会员个人提案9件;在全县政协大会上,支部作了题为《关于加快发展文化创意产业,促进产业升级》的发言;组织会员深入挖掘密云文化资源,围绕原始社会共工城遗址开展调研。与民进密云支部、民盟密云支部和九三学社密云支社携手,在太师屯镇太师庄村开展"四加一"结对共建活动,为民族村发展出谋划策,在文化产业及招商引资方面提供有力支持。加强对外联络交流。接待民建市委理论委员会到密云调研;接待民建中央机关支部和丰台区科技支部到密云观摩调研活动;组织两个非公企业交流座谈。

(吴婷婷)

中国民主促进会北京市委员会密云县支部

年内,中国民主促进会北京市委员会密云县支部(以下简称民进密云支部)围绕本县的中心工作、做好本职工作,把实现科学发展、社会和谐的目标使命转化为参政议政、社会服务的工作方向、思路和举措,不断提高组织建设,开展了一系列行之有效的组织活动。民进密云支部被民进北京市委授予“2013 年会员发展工作先进组织”称号,支部《在 2013 年两委对口联系座谈会上的发言》被评为民进北京市委 2013 年度优秀调研成果二等奖。

4 月,支部部分会员参加了县委统战部举办的党外代表人士培训班;11 月,集中组织会员召开座谈会,学习“十八届三中全会”会议精神。利用重要节日、纪念日组织成员开展特色活动,相继组织全体成员看望支部会员—全国优秀教师李瑞国老师,并召开向李瑞国老师学习的座谈会,以及“庆教师节、迎国庆茶话会、联谊交友”等活动。联合民建、民盟密云支部和九三学社密云支社一行 20 余人在太师屯镇太师庄村开展了迎新春结对共建活动。义务为村民书写春联,免费开展义诊共 200 余人次,同时县科协在村委会布置科普展板,发放科普图册,解答农业生产中的问题,将太师庄村确定为“农村科普基地”,给与 4 万元发展资金支持。年内,新发展会员一名;支部会员中有市政协委员 1 名,县政协委员 5 名。

(吴婷婷)

中国民主同盟北京市委员会密云县支部

年内,围绕与太师屯镇太师庄村开展结对共建活动,组织设计团队,实地调研,与乡村干部座谈,了解需求,沟通情况,切实找准帮扶的切入点。针对太师庄村满族文化特色,发挥村里科技设施农业初具规模的优势,规划设计休闲度假、科普体验、特色餐饮、旅游购物的相关体系和商品品牌。同时聘请专家进行三次蔬菜食用技术培训,培训 150 人次,策划、包装《太师庄食用菌-蔬菜循环发展与高校利用试验示范》项目,并向太师庄基地的两个贫困户捐款 1000 元。协助台盟中央策划、包装、申报、论证、财评《密云特色果品红肖梨的高效栽培技术示范与推广》项目,为大城子镇争取 200 万项目资金的支持做好服务工作。

(吴婷婷)

人 民 团 体

密云县总工会

【概 况】 密云县总工会(以下简称县总工会)直属工会24个,包括21个镇街、开发区总工会,县直机关、县经信委2个工会联合会,1个县教育工会委员会;截止2013年底,全县共有工会组织745家,覆盖职工71941人,会员65909人,其中农民工会员23070人。2013年职工信息采集法人单位591个,会员信息采集57863人,办理京卡的会员达到54942人,办卡率达94.95%,比2012年的91.51%增加了3.36个百分点。

全县745家企业工会组织中百人以上企业总数为93家,全部建立工资集体协商机制,建制率100%,覆盖职工31878人,占职工总人数的75.9%,已签订工资专项集体合同639家企业,覆盖职工41908人。全县745家企业工会共签订集体合同635家企业,覆盖职工41285人,其中签订独立集体合同的企业有301家,覆盖职工39972人,43份区域、行业性的340家企业工会,全部签订了区域性工资专项集体合同,覆盖职工2051人,建制率100%。在全县各乡镇、街道普遍建立了劳动争议调解组织,聘请12名律师担任劳动争议调解员参与劳动争议案件调解工作,有233个企事业单位成立劳动争议调解委员会、劳动关系调解员;建立镇街劳动争议调处机构24个,调解联络员420人。全县共立案受理各类劳动争议案件95件,集体争议案件17件,涉及职工129人,成功调解93件,涉及职工93人,调解成功率97.8%,为劳动者挽回经济损失200.5878万元。截至年底,全县有592家建立健全职代会及职工大会;厂务公开586家;教委系统68家全部建立校务公开制度,卫生系统30家普遍开展了院务公开制度。

(王 芳)

单位名称:密云县总工会
地　　址:密云县新南路36号
电　　话:69064073

【工会组建工作】 全县共有工会组织745家,覆盖职工71941人,会员65909人,其中单独工会委员会542家,包括企业工会307家,行政事业工会235家,覆盖职工64071人,会员62100人;县总工会直属工会24家;联合工会和村级工会联合会179家,覆盖职工7870人,会员3809人,涵盖法人单位2273家。

（王　芳）

【开展首届“福田杯”竞赛活动】　围绕竞赛内容和“千、百、十”工程【千条优秀合理化建议；百场技能比武和岗位练兵；十项获得市级以上认证的优秀科技成果】，全县24个直属工会的357家企事业单位，共有51383名职工踊跃参赛，提出合理化建议2164条，采纳1270条，实施541条；创新技术成果12项，竞赛共创直接经济效益2164万元。活动评选出经济技术创新标兵100个，优秀班组（科室）18个，优秀合理化建议20条，优秀创新技术成果10项。全县参加职工素质工程教育的职工有53406人。其中参加岗位技能培训的职工达到31385人，学习一门新知识的职工13379人，掌握一种新技能职工4697人，应用一项新技术职工3945人。

（王　芳）

【开展“安康杯”竞赛活动】　县总工会与县安全生产监督管理局紧密配合，在全县建会企业中普遍开展了“安康杯”竞赛活动。全县有420家企业41204人参赛，参赛班组1538个，评选出县“安康杯”竞赛优秀组织个人10名；县“安康杯”竞赛优胜企业10个。同时举办“弘扬安全文化建设平安北京”歌咏比赛活动。

（王　芳）

【“五一”劳动奖章的评选】　4月，完成了2013年全国“五一”劳动奖章、首都劳动奖章、奖状、工人先锋号的评选工作。密云县妇女手工编织协会的于海艳、密云县古北口镇司马台村党支部书记吕大如、密云县太师庄中学高级教师崔永学、密云县农业服务中心农业技术推广站站长杨明宇4同志被评为首都劳动奖章；密云县经济技术开发区管理委员会被评为首都劳动奖状；北京威克冶金有限责任公司机械运输分厂运输二段甲班被评为全国工人先锋号；密云县公安局巡警大队、内蒙古伊利实业集团股份有限公司北京乳品厂设备部制冷班组评为北京工人先锋号。

（王　芳）

【职工互助保障】　全面落实《在职职工医疗互助保障计划》，即在医保报销范围内，对参加医保且自付医疗费超过医保起付线一定额度的持“京卡”会员，给予一定比例的自付医疗费补贴。年内新发展入保会员1667人，累计入保会员32534人，有71人得到赔付，赔付金额21万元。临时救助工作形成长效机制，对因重大疾病和自然灾害造成困难的5名职工进行了救助，总计发放救助资金48600元。凡办理京卡互助卡的会员，均免费获得人身意外伤害保险和家庭火灾保险。

（王　芳）

【服务单身职工】　县总工会女职工委员会举办“搭建交友平台，寻觅最美邂逅”单身职工联谊会，为来自开发区11个企业、直属机关、果园街道、鼓楼街道等单位的100多名单身职工提供了一个沟通和交流的良好机会。

（王　芳）

【“京卡”承载服务增加】　“京卡·互助服务卡”承载的服务内容不断充实，四家加盟商总计惠及职工1280人，优惠金额为111020元。其中密云县文化活动中心在两节送温暖中，举办了“十元看大片”的活动，共惠及职工3324人，共优惠补助金额10万元。

（王　芳）

【关爱劳模工作】　对全县“劳模”基本情况进行专题调查，对全国及市级劳模、全国“五一”劳动奖章获得者进行慰问，为全县173名劳模进行了为期三天涉及十大项十二小项的身体健康体检工作。完成省部级以上劳动模范调查摸底工作。

(王　芳)

【干部队伍建设】 4月,举办了为期3天的全县工会干部培训班,421名工会干部认真聆听了知名教授专家的讲座。并组织基层工会干部参加了工会社会工作者培训、工资集体协商培训、劳动争议调解等培训。

(王　芳)

【首都职工素质工程】 以“丰富职工文化、陶冶职工情操”为主题,开展了“创建学习型组织,争做知识型职工”活动,积极推进首都职工素质教育工程。截止年底,共举办篮球、乒乓球、广播操等文体活动20场次;公益讲座、科学讲座、名家讲坛和劳模讲坛等公益大讲堂20场;职工技能、健康、安全知识等培训60场,开展岗位大练兵74场;女职工委员会在基层开展了以两癌筛查、妇科常见病、心理健康与心理调适、美容、婚姻为内容的流动课堂30场,学习教育面达到了85%。组织广大女职工进行《女职工劳动保护规定》等法律法规的学习。

(王　芳)

【宣教工作】 在密云电视台开办了《工会之声》专栏,全年共播出52期节目。联合《劳动午报》、《工会博览》记者走基层、挖素材,发表简讯、人物特写新闻48篇;《密云情况》刊登稿件11篇;基层上报《工会信息》稿件273篇,采用153篇。营造了良好社会氛围。

(王　芳)

【工会经费税务代收工作】 县总工会和税务部门配合,依托各级工会组织,一手抓建会,一手抓经费代收,经费代收工作顺利开展。

(王　芳)

【送温暖活动】 建立困难职工电子动态档案,开展“两节”送温暖、“三八”助单亲、“金秋助学”等活动,共发放“金秋助学”资金7.8万元。加大了对困难女职工的帮扶力度,实现特困单亲女职工享受低保、子女上学、特殊疾病保险三个100%的目标,“三八”节期间,有42名困难单亲女职工得到慰问,全县增加在职女职工特殊疾病互助保障计划6746份,对8名患特殊疾病女职工赔付87288元。

(王　芳)

【参与社会管理和公共服务工作】 在全县范围内建立起14个工会服务站,建成了4个规范化工会服务站、6个“职工之家”示范单位。目前县总工会系统已融入全县网格化社会服务管理工作体系之中,为工会参与社会管理和公共服务工作发挥了重大作用。

(王　芳)

【基础设施建设】 完成独立临街的760平方米的职工服务帮扶(中心)服务大厅建设,在大厅设置服务窗口。完成了工人俱乐部大厅的修缮、装修工作。

(王　芳)

共青团密云县委员会

【概　况】 年内,共青团密云县委员会(以下简称团县委)团结引领团员青年,全面实施“网格团旗”工程,建立更加科学合理的工作体系和运行机制。持续加强对青年的思想引领和服务,不断完善基层工作网络,完成重大工作任务,各项工作稳步推进,共青团工作取得新的发展。截止年底,全县 35 岁以下青年人数 13.46 万,团员 3.8 万人,直属基层团委(总支、支部)62 个。

(王赛男)

单位名称:共青团密云县委员会
地　　址:密云县鼓楼西大街 3 号
电　　话:69041545

【"两节"送温暖】 元旦、春节期间,团县委通过自筹资金、整合团市委资源,走访了县内部分生活困难的青少年家庭,详细了解青少年生活和学习情况,为他们送上了米面油等物品和保暖衣物。

(王赛男)

【志愿服务月系列活动】 3 月,纪念毛泽东同志"向雷锋同志学习"题词发布 50 周年,团县委以"志愿服务进网格　学习雷锋常态化"为主题,组织青年志愿者集中开展 7 大类志愿服务活动。组织 20 多个单位的 300 多名青年志愿者,擦拭鼓楼东西大街道路中间护栏和两侧交通站牌,清理花坛和绿化带内的白色垃圾。志愿服务月期间,各级团组织牵头,组织广大青年志愿者走进社区、村庄、网格,开展了环境保护、关爱老年人和帮扶农民工子女等志愿服务活动。

(王赛男)

【开展环保志愿服务】 3 月 22 日-28 日,团县委与县水务局合作,以"绿色密云·护水先行"为主题,开展密云水库一级圈保水护水宣传,动员水库周边十镇志愿者组织发放宣传品、捡拾白色垃圾等多种形式的志愿服务活动三十余项,发放宣传品近万份。

(王赛男)

【涉诉未成年人权益保护】 3 月,密云县综治委预防青少年违法犯罪专项组出台《密云县关于对未成年犯罪嫌疑人、被告人进行社会调查工作的方案》,组建了密云县社会调查员和合适成年人队伍,推动涉诉未成年人权益保护工作的开展。

(王赛男)

【加强志愿者队伍和服务项目建设】 年内,团县委举办密云县应急志愿者培训班,对全县 740 余名注册应急志愿者进行了培训,参加并通过了全市统一网上考核;动员文委"暖心工程"等志愿服务队伍参加关爱农民工子女活动,与农民工学校结成帮扶对子。"青春伴夕阳"志愿活动不断深化,全县 18 支志愿服务队与 18 个养老机构结成共建对子,实行"一对一"服务,结合"敬老月"活动,在全国第一个法定"老年节"前后,广泛开展了助老敬老志愿服务活动。

(王赛男)

【北京国际青年营】 4 月,北京国际青年营在穆家峪镇阁老峪村全面开工,经团县委和穆家峪镇多方协调,解决了土地流转问题,项目建设注册、立项等手续,为营地的运营提供支持。自 7 月开营以来,已接待青年团体 36 批次 4100 余人,营业额达 100 万元左右。

(王赛男)

【共青团第十四次代表大会召开】 4 月 24 日-25 日,共青团密云县第十四次代表大会举行,出席大会的代表 240 名。大会听取和审议共青团密云县第十三届委员会工作报告。大会对过去 6 年团县委工作进行了总结,部署了今后 5 年工作。选举产生出由 27 名委员和 13 名候补委员组成的共青团密云县第十四届委员会。

【"我的中国梦"宣传教育活动】 "五四"

青年节期间,团县委以“青春正能量·我的中国梦”为主题,通过座谈、参观、演讲等多种形式开展团日活动,帮助广大青年团员深入了解“中国梦”的深刻内涵;“六一”儿童节期间,各学校团组织也开展了“中国梦·七彩梦”主题活动。

(王赛男)

【开展“低端就业青年群体调研”】 6月13日,团县委组织从事保安、保洁员、餐饮服务员等低端产业工人开展了“低端就业青年群体调研”,参加座谈的20名青年全部为外来务工青年,并下发了调查问卷200份,深入了解保安、建筑业、餐饮业就业青年的工作、生活现状和心理诉求,同时也对他们今后的职业规划、发展方向进行交流。

(王赛男)

【服务青年就业创业】 6月19日,团县委协同县农业服务中心技术人员,到冯家峪镇指导大学生村官创业项目。该项目是冯家峪镇大学生村官自主创业,以食用菌种植为主,并注册成立了冯家峪镇大学生村官农业新品实验推广创业合作社,带动周边农民共同发展。

(王赛男)

【推进社区青年汇建设】 年内,团县委在鼓楼、果园两个街道分别建立了流动人口·社区青年汇、鼓楼南·社区青年汇和菁英之家·社区青年汇。活动内容包括:创业培训、交友联谊、文体娱乐、志愿服务等。三家社区青年汇开展活动97次,联系辖区青年2330人次。

(王赛男)

【开展赛会志愿服务】 7月11日,团县委组织200余名青年志愿者在穆家峪机场参加了鹰目2013空中禁毒暨禁毒志愿者进乡村宣传踏查活动启动式,并向全市志愿者发出了禁毒倡议书;8月15日组织青年志愿者在石城镇邓玉芬广场参加了记录片拍摄活动;8月18日-23日,组织近百名志愿者参加了中航工业杯无人机大赛赛会保障工作;10月11日,组织百名志愿者参加了环京自行车赛志愿服务工作;10月13日-19日,组织50名志愿者参加了女子九球赛的赛会服务工作。全年,共有400多人次的赛会志愿者提供志愿服务40000多小时,用高质量的志愿服务集中展示了密云的良好形象。

(王赛男)

【秦宜智调研】 7月24日至8月9日,团中央书记处第一书记秦宜智带领调研组到密云县8个乡镇、10个村、5家企业和4家机关事业单位的17个基层团支部进行调研,就基层党建带团建、社区青年汇、青少年思想状况和思想引导、基层团组织建设、青年就业创业、新媒体和青年社会组织等工作,召开青年座谈会21次,访谈团员青年188名。并就调研情况与县委县政府交换了意见。

(王赛男)

【社区青年汇走进武警消防队】 7月27日,3家社区青年汇的200余名青年到密云县公安消防支队十里堡中队,观看了消防安全知识宣传片和消防官兵的消防技能演练,近距离体验了火灾、地震等灾害的救险、逃生项目。

(王赛男)

【青年交友联谊活动】 8月16日,团县委在北京国际青年营密云营区举办“寻缘密云”青年交友联谊活动。来自县开发区、县法院、县卫生局、北山部队等30余家行政、事业、企业单位的253名青年单身男女参加活动。

(王赛男)

【推介民俗旅游发展】 年内,团县委协调中国青年报旅游版安排记者前往古北口村和史庄子村采访当地民俗旅游业发展情况并于中国青年报旅游周刊刊发。协调中国青年网制作密云旅游专题页面,及时转载中青报相关报道,同时协调县旅游委为专题提供相关素材。协调《咔啪》杂志组织摄影家前往古北口村和史庄子村采风,相关摄影作品安排在次月《咔啪》杂志登载。

(王赛男)

【国际青年交流活动】 10月24日,2013国际青年组织论坛暨北京友好城市青年交流营到古北口村参观新农村建设。来自26个国家、33个组织的200多名营员在当地导游的带领下参观了文化大院、御膳房、御道宫灯、古镇新风和九曲黄河阵等景点。当地村民将具有民间特色的宫灯作为礼物送给了一位国际友人作为纪念。

(王赛男)

【农村青年创业创富大赛】 8月至11月,团县委选拔出包括大学生村官、返乡创业青年在内的10名青年的创业项目参加了"北京市首届农村青年创业创富大赛",创业项目包括现代观光农业、餐饮、医疗卫生等,经过县级筛选和初赛,大学生村官的《北京冯家峪裕丰农产品产销专业合作社》项目和返乡创业的《北京木之子食用菌种植专业合作社》项目获得北京市"2013年农村青年创业创富项目大赛"创业奖,团县委获得组织奖。

(王赛男)

【敬老助老志愿服务活动】 12月10日,团县委组织青年开展"冬日暖阳"敬老助老志愿服务活动,志愿者为老人们精心准备了歌曲、诗朗诵等文艺节目,与老人们亲切交流,老人们也为志愿者表演自己的节目,志愿者还向老人送上慰问品,表达节日的祝福。

(王赛男)

【培养农村青年实用人才】 年内,团县委对农村青年进行摸底,挖掘出农村青年创业致富带头人19人、青年农民合作社10家,推荐他们加入团市委实施的"种子计划"和"青苗计划"。开展都市型农业、民俗旅游、农村社区管理、农民专业合作社运营培训四期共10人。

(王赛男)

【开展与人大代表、政协委员"面对面"活动】 12月19日,团县委举办"充分发挥网络和新媒体优势,丰富青少年文化生活"为主题的"共青团与人大代表政协委员面对面"活动。活动中,6名人大代表和政协委员及宣传部、社工委、文委、团县委等部门的领导和青少年代表参观了"密云360"网站办公地点,随后开展座谈。

(王赛男)

密云县妇女联合会

【概　况】 年内,密云县妇女联合会(简称县妇联)统筹推进城乡妇女发展,以服务大局有执行力,服务基层有影响力,服务妇女有凝聚力为工作目标,努力建设学习型、创新型、服务型的妇联组织,推动密云妇女工作迈上新台阶。全县共有镇、街道、地区妇联20个,县直妇委会35个,妇女联谊会、协会组织4个(女企业家联谊会、致富"女状元"联谊会、家教协会、妇女手工编织协会)。

(陶思遐)

单位名称:密云县妇女联合会
地　　址:密云县鼓楼西大街3号
电　　话:69042379

【创造妇女就业平台】 2月28日,联合人力资源和社会保障局在县开发区职业学校、人力社保局招聘大厅联合举办开展了女性就业春季人力资源交流洽谈会暨专场招聘会,有1271人与162家单位达成聘用意向。配合市妇联申报了“女大学生实践基地”和“创业导师”,为女大学生就业创业提供支持,促进女大学生就业创业。

(陶思遐)

【三八节活动】 年内,录制“女人故事”展示片,讲述密云优秀女性故事;在《密云报》、《密云党建》上推出20位岗位建功、杰出女性、优秀女党员典型,歌颂榜样。

(陶思遐)

【扶助贫困儿童】 “六一”期间,县妇联到新城子镇中心小学和中学,分别看望慰问5名贫困学生,为他们送去了帮扶款,并为两所学校带去了慰问金及慰问品。全年共收到扶助款14万余元,结成帮扶对子225个,有370名贫困女童得到扶助。30名女童走进了大学校门,48名女童升入试范高中。

(陶思遐)

【妇女队伍建设】 11月22日,组织全县妇女宣传员骨干140人进行“密云县基层妇女信息员”培训。培训内容为新闻撰写与媒体应对、提高信息质量、掌握新时期妇女宣传工作重点。

(陶思遐)

【妇女儿童维权】 年内,同县检察院签订《关于落实在检察机关建立妇女儿童维权通道的合作协议》、同县人民法院签订《关于落实在法院建立妇女维权合议庭的合作协议》。启动了妇女儿童维权通道和妇女儿童合议庭的工作机制。

(陶思遐)

【扶持妇女创业】 年内,全县各级妇联组织共举办手工编织、计算机等培训班近30期,培训妇女1500多人次,依托“手工编织协会”带动4000名农村妇女从事手工编织活动,利用各种展会发放宣传册2000余份,提高了农村妇女的经济收益。对200多位低收入妇女进行果树修剪、民俗旅游、种植养殖技术等培训。

(陶思遐)

【妇字号基地建设】 年内,争取市妇联有关扶持资金,协调“双学双比”成员单位,协力推进“妇”字号基地建设。配合县财政局完成了2012年项目款的审查工作,和2013年项目资金共计107万元的拨付工作,并对2014年上报的市级“妇”字号基地进行实地走访,确定了6个示范基地和一个协会组织。两家专业合作社分别被评为市级和国家级“现代农业科技基地”。

(陶思遐)

【网格化建设】 年内,依托“妇女之家”的平台和纽带作用,组织引导妇女干部群众参与网格化管理工作,对网格管理进行实时监控。20个镇街(地区办事处),35个委办局的妇联主席为二级网格负责人,与基层直接对接。

(陶思遐)

【平安家庭创建活动】 年内,成立了县、乡、村三级“平安家庭”创建领导小组。3个家庭被市妇联评为“首都平安示范家庭”。

(陶思遐)

【妇女之家建设】 年内,在全县337个行政村、42个居委会全部建成了“妇女之家”，实现 100%全覆盖。制定下发《关于加强妇女之家品牌建设的实施意见》，按照“妇女之家”的综合维权服务、创业就业服务、教育培训服务、家庭教育服务、社区文化服务、帮扶救助服务、婚姻家庭服务、家政信息服务的八大职能建立活动台账。争取资金为 20 个镇街妇女之家各补助 2 万元建设费，推动妇女之家精品化发展。

（陶思遐）

密云县科学技术协会

【概　况】 年内，密云县科学技术协会（以下简称县科协）团结和动员广大科技工作者，为全县经济社会发展服务，为全民科学素质提高服务，加强自身建设，农村科普、社区科普、青少年科普工作取得新的进展；科技周、科普之春、全国科普日、家庭数字生活技能大赛等主题科普活动取得新成效；积极开展科技套餐都市型现代农业基站建设、科技思想库建设等工作，促进了本县科普事业的新发展。

（邢向阳）

单位名称：密云县科学技术协会
地　　址：密云县西滨河路 2 号
电　　话：69088470

【出版科学发展决策参考】 年内，县科协加强科技思想库建设，建立“科技工作者建议”顾问团队，聚焦“建设绿色国际休闲之都”、“密云经济开发区发展”、“生态文明建设”专题，出版了三期《密云县科学发展决策参考》专刊。

（邢向阳）

【参加市第 13 届青少年机器人大赛】 2 月 1 日，溪翁庄中心小学等 6 所学校代表密云参加北京市第 13 届青少年机器人大赛，溪翁庄中心小学获得“综合技能”项目全市第二名、团队一等奖，其它五所学校分获 2 个二等奖，5 个三等奖。

（吕　青）

【“科普之春”活动启动】 3 月 15 日，以“普及科技助力都市型现代农业发展”为主题的科普之春活动在不老屯镇集贸市场启动。现场，农业专家、医护专家、环保专家及工商管理 3.15 宣传员向农民进行科普宣传咨询。科普之春活动期间，举办各类科普活动 154 次（期），接受培训、咨询服务群众 14798 人次，发放各类科普资料 19566 册（份）。

（谢仲国）

【参加第 33 届北京青少年科技创新大赛】 3 月 21 日–24 日，全县 1000 多名学生参加第 33 届北京青少年科技创新大赛，78 件参赛作品共获 66 项奖项。其中一等奖 8 项，二等奖 19 项，三等奖 39 项，十佳优秀科技辅导员 1 名，获奖率达 85%，获奖数量和名次居各郊区县前列，密云县科协荣获最佳优秀组织奖。

（吕　青）

【开展第十九届科技周活动】 5 月 17 日，以“普及科学知识，建设美丽密云”为主题的第十九届科技周活动在法制公园正式启动，科技周期间，县科协组织科技工作者深入社区、农村、学校开展形式多样的科技志愿活动 20 余项，开展各类科普宣传、咨询及培训活动 78 次，发放各类书籍、科普资料 62500 份，受益群众 10720 人。

（谢仲国）

【**开展科普大篷车进校园系列活动**】 6月至10月,县科协在巨各庄镇中心小学、密云二中等学校开展科普大篷车进校园系列活动,向学生展出了科普互动展品和科普知识展板,并赠送了科普图书。

(吕 青)

【**获全国基层科普行动计划奖**】 7月,鼓楼街道向阳西社区被中国科协、财政部评为全国科普示范社区,县果树中心高级工程师杨东生被评为全国农村科普带头人。

(谢仲国)

【**科技套餐工程都市型现代农业示范基站启动**】 7月28日,北京市首批科技套餐工程都市型现代农业示范基站启动仪式在穆家峪镇北穆家峪村举行,副市长林克庆出席启动式。年内,基站针对山区回民村的特点,为当地制定了山区休闲观光农业发展规划,示范生态农业、绿色农业和休闲农业等发展模式;基站举办了多场农业技术培训,科技服务辐射全镇农民。

(谢仲国)

【**科普之夏活动启动**】 8月,“科普之夏”活动在果园新里社区启动,37个社区的科普信息员和社区居民200余人参加活动,县环保学会、气象局、疾控中心等单位向居民开展科普咨询。活动期间,各单位共组织开展科普培训、讲座、展览等50场,播放科普影片5场,参与活动的科普志愿者及专家200多人次,发放科普资料7000余份。

(邢向阳)

【**参加第十届北京百万家庭数字生活技能大赛**】 年内,在第十届北京百万家庭数字生活技能大赛期间,全县参赛人数达到25000余人,参赛市民比例位居郊区首位,鼓楼街道东菜园社区、果园街道果园西里社区、康居社区获得数字魅力社区称号。本县获得总成绩全市二等奖,郊区第一名,县科协获得优秀组织工作一等奖。

(邢向阳)

【**全国科普日活动启动**】 9月14日,以“保护生态环境,建设美丽密云”为主题的科普日活动在密虹公园启动,县环保、预防、水利、野保四个学会及气象局开展科普咨询活动,共展出科普展板40余块,发放宣传材料7700份,各基层单位也组织开展形式多样的科普宣传活动。

(谢仲国)

【**农村科普示范基地建设**】 年内,投入资金20万元,建5个各具特色的农村科普示范基地。引进农业新品种9个,开展实用技术培训19期,受益农民达1425人次。

(谢仲国)

【**实施“科普惠农兴村计划”和“社区科普益民计划”**】 年内,“科普惠农兴村计划”新增科普设备33件,引进红酥脆、大榛子等新品种31项,开展技术培训47期,发放科普宣传资料1958份。“社区科普益民计划”项目新建4个科普活动室,开展各类科普活动243次,受益居民3.46万人次。

(邢向阳)

【**开展“大手拉小手—科技专家进校园”活动**】 9月26日,县科协邀请北京老科学技术工作者到密云举行科普报告会,科技专家分别在密云镇中心小学、首都师范大学附属中学、季庄小学、巨各庄中心小学、水库中学做报告,约2000多名中小学生参加活动。

(吕 青)

【**举办都市型现代农业发展论坛**】 10月25日,县科协、县农委、北京科技咨询中心共同举办该论坛,市、县科技专家对密云县休闲农业、会展农业、高端畜牧业的发展提出了自己的见解，活跃了学术交流气氛。

（吕 青）

【开展科技论文评选活动】 3月至11月，以“献身科技事业，建设美丽密云”为主题，全县2000余名科技工作者，撰写内容涵盖林业、农业、水利、教育、卫生、预防等多个专业领域的论文1400篇。县科协组成论文评审委员会对上报的138篇论文进行认真评审，评选出一等奖7篇，二等奖15篇，三等奖29篇，并将一、二等奖论文结集成册，共印1600册。

（吕 青）

密云县红十字会

【概 况】 年内，密云县红十字会以募捐救助为工作重点，发挥红十字会政府人道领域助手作用，稳步推进红十字事业全面协调和可持续发展。全年接收“博爱在京城”募捐款2163163.80元，主要用于针对因患大病、意外事故等特困群体的救助，募捐工作获“北京市捐赠工作先进集体”称号。应急救护培训，造血干细胞捐赠、无偿献血宣传、志愿服务、红十字青少年、预防艾滋病和红十字宣传与传播等工作获得了较好的社会效益。

（钱 成）

单位名称：密云县红十字会
地　　址：密云县长城环岛路南卫生局10层
电　　话：69029126

【人道救助】 年内，用于本县患五种大病、意外事故导致贫困的弱势群体救助款物165.07万元。通过“两节送温暖”活动和县红十字会博爱超市救助证直接扶助经济贫困对象877户，2000余人受益；救助因患白血病、恶性肿瘤、尿毒症、血友病、再生障碍性贫血五种大病和因意外事故造成家庭贫困群体395人，其中4人为韩资企业定向救助；0-18岁患大病儿童6人。救助社区矫正和刑释解教人员中的特殊困难群体7人。

（钱 成）

【应急救护培训】 年内，县红十字会在县域内重点机关企事业单位、乡镇、村居等45个单位开展了培训工作，参加培训人员包括旅游、交通、建筑、各企事业单位的安全员、中层管理干部、志愿者等，共举办培训班168班次，5092人参训，通过理论和实际操作考核有2021人获得了初级急救员证。组织两支共40人的应急救援队伍（区县队和社区队各20人），参加北京市红十字会组织的应急救援队集结演练活动。

（钱 成）

【义务献血捐髓宣传】 5月，县红十字会举办主题为“献血捐髓”造血干细胞科普知识讲座活动。活动中，县红十字会聘请了市有关专家，为与会100余名在街道、社区工作的红十字会兼职干部和相关工作人员，讲解了献血知识和造血干细胞知识两部分内容。使参加此次讲座的学员从模糊到清晰的掌握了相关知识。

（钱 成）

【红十字宣传与传播】 年内，根据宣传受众不同的特点，有针对性地制作宣传品，在“世界红十字日”、“防灾减灾日”等宣传日开展与群众面对面的宣传。利用互联网传播红十字人道、博爱、奉献精神，提升知晓率。县红十字会网站发布的业务活动信息和接收募捐款明细、大病救助款支出明细公示信息,近万人次浏览。

(钱 成)

密云县残疾人联合会

【概 况】 年内,密云县残疾人联合会(以下简称县残联)贯彻市残联关于促进残疾人事业发展的一系列部署,深化残疾人社会保障和服务体系建设,着眼解决残疾人现实的特殊困难和需求。审核办理残疾人证1425人。截至年底,全县共有各类持证残疾人20862人。

(王丽漫)

单位名称:密云县残疾人联合会
地 址:密云县新东路128-2号
电 话:69062379

【召开县残联第六次代表大会】 2月5日,县残联第六次代表大会召开,来自全县20个街乡镇、19个委办局的140名正式代表、列席代表听取、审议并通过了题为《站在新起点实现新跨越为推进密云县残疾人事业再上新台阶而努力奋斗》的工作报告,明确了今后五年的工作目标。

(王丽漫)

【王勇考察密云扶贫助残基地】 5月18日,国务委员、国务院残疾人工作委员会主任王勇到巨各庄镇考察葡萄产业协会扶贫助残基地,走访贫困残疾人家庭。王勇强调,要深入研究解决残疾人生产生活中的困难和问题,实实在在帮扶贫困残疾人。国务院副秘书长丁学东、中国残联主席张海迪、中国残联理事长王新宪,北京市副市长张延昆等领导出席活动。

(王丽漫)

【县残疾人职业康复中心投入使用】 年内,完成县残疾人职业康复中心(以下简称县职康中心)基础设施改造投入使用。职康中心设残疾人就业保证金审核大厅、辅助器具适配评估安装室;举办残疾人法律大讲堂;进行扶贫助残基地和职康站管理人员培训。

(王丽漫)

【残疾人网格化社会服务管理】 年内,制定《县残联融入网格化社会服务管理工作实施方案》和《密云县助残服务规范》,将全县残疾人工作与网格化社会服务管理工作有机结合,对24名机关干部和395名专职委员进行细化分工,明确服务事项、考核办及融入网格后的工作职责和具体流程,发放残联工作进网格联系卡1435张。通过"县残联、镇街残联、村残协"三级服务平台,将全县残疾人对应到每个网格,建立起面向残疾人的"网格化管理、组团式服务"工作机制。对2万名残疾人的基础信息进行调查摸底,收集各类需求信息2894条。

(王丽漫)

【残疾人社会保障】 年内,为9632名残疾人发放生活补助金2206万元。走访慰问贫困残疾人家庭4390户,慰问款物折合人民币265.8万元。为8499名参加城乡居民养老保险的残疾人发放补贴660.75万元;为16名个体就业残疾人发放保险补贴11.259万元。为9000名残疾人发放养老助残券1040.7万元。

(王丽漫)

【特殊教育】 年内,完成对全县597名残疾人青壮年文盲的调查工作,为130名残疾人大学生、高中生和低保残疾人子女大学生、高中生发放助学金40余万元,为44名贫困残疾学生发放市残疾人福利基金会捐赠款4.4万元。

(王丽漫)

【残疾人就业培训】 年内,安置残疾人就业207人,为82名残疾人进行求职登记,为11家日常用工单位推荐求职残疾人160人次,成功推荐23人就业,10名残疾人实现个体就业。残疾人就业保障金审核和用人单位7500家,核定金额2870万元。为安置残疾人就业的250家单位发放岗位补贴421.6万元,截至年底,有1498名残疾人在社会单位实现稳定就业。结合重残人特点开展居家就业创业培训,对160名残疾人进行了农村实用技术培训;560名残疾人参与了手工编织、厨师、中药网漏制作、保健枕制作等职业技能培训;选送3名残疾人参加北京市第10届盲人保健按摩师技能培训全程免费培训班。为4家盲人按摩店提供扶持资金7万元;新建4家扶贫助残基地和6家职业康复站;帮扶256名残疾人进入机构劳动和康复训练。

(王丽漫)

【残疾人康复】 年内,为全县233名残疾儿童少年提供康复服务,为24名机构康复训练的残疾儿童发放补助金额42.28万元;为1457名残疾人免费配发辅助器具1457件。组织1527名残疾人进行免费体检。在中国残联"贫困成年听力残疾人(助听器)康复项目"中,为83名听力残疾人进行了专业的纯音测听、耳膜定制。加强康复业务培训工作,协调相关单位和6个县级技术资源中心,选派8人参加市级康复学科带头人专业培训,对86名康复协调员进行了业务培训。在县职康中心挂牌成立"密云县残疾人家庭康复培训学校",完善制度职责,设专人负责全县的家庭康复培训工作,组建密云县家庭康复培训讲师团。

(王丽漫)

【残疾人组织建设和维权】 年内,培训并测评街乡镇残联理事长、残疾人专干、协管员、专职委员和温馨家园管理人员150余人次。规范残疾人信息管理及办证工作,完成残疾人状况监测和事业统计工作,本县残疾人免费上网工程通过市残联验收。在20个街乡镇示范残疾人温馨家园建立法律服务工作站,举办3期法律大讲堂活动。接待处理残疾人来信来访15件次。

(王丽漫)

【发放轮椅车燃油补贴】 年内,为113名残疾人发放残疾人机动轮椅车燃油补贴29380元。

(王丽漫)

【无障碍设施建设】 年内,投入资金1357.4万元对1400户残疾人家庭进行无障碍改造。加强《无障碍环境建设条例》宣传力度,对老旧小区无障碍改造工程进行监督。

(王丽漫)

【残疾人文化体育活动】 年内,组织2名残疾人参加北京市第二届残疾人汽车场地赛;推荐3名残疾人参加北京市首届残疾人飞镖比赛并获得团体第八名、女子第三名。在第八届北京市残疾人艺术汇演中,本县残疾人演唱的县歌《云水谣》获辅导奖。在果园街道密西花园社区创建北京市残疾人自强健身示范点1家。组织2名基层社区工作者参加北京市残疾人文化工作者培训班。

(王丽漫)

密云县文学艺术界联合会

【概　况】 年内,密云县文学艺术界联合会(以下简称县文联)围绕中心、服务大局,发挥"枢纽型"社会组织作用。团结、带领广大文艺工作者和文艺爱好者,加强组织建设,促进文联规范化管理;坚持"双百"方针,繁荣文艺创作。完成所属十大协会换届工作;举办、参加展览6次,展出作品180余件;各协会及会员参加市级大赛共获奖项71项;出版《渔阳文艺》3期。

(孙雪松)

单位名称:密云县文学艺术界联合会

地　　址:密云县西门外大街

电　　话:69044261

【开展春联下乡送祝福活动】 年初,县文联组织10余名国家级、市级书法家到北庄镇营房村、古北口镇司马台新村为村民题写春联400余幅,送去新春祝福。

(孙雪松)

【举办"潮白风采看今朝"摄影大赛】 7月2日,由县文联摄影家协会与北京摄影家协会、顺义区文联摄影家协会以及密云县水务局潮白河管理所共同举办的"潮白风采看今朝"摄影大赛落下帷幕。大赛创作主题为水利潮白河、生态潮白河、休闲潮白河和景观潮白河四个方面。活动历时10个月,共征集作品1300余幅,经专家评选,密云共有23名摄影爱好者获得奖项。

(孙雪松)

【参加北京市根石艺术优秀作品展】 9月,县文联根雕奇石协会参加北京市"迎国庆"第十六届根石艺术优秀作品展,获得最佳组织奖和一个特别评委奖及5金8银的佳绩,参展的20件根石艺术作品全部获奖。在郊区县中位列第一。

(孙雪松)

【举办迎国庆密云县首届工笔画展】 画展9月开展,展览以"水墨丹青情·描绘七彩梦"为主题。展出40余位画家及工笔画爱好者的精品美术作品100余件,用笔墨描绘美丽密云。

(孙雪松)

【举办"北京市第八届天桥杯曲艺大赛"密云赛区预赛】 9月18日,县文联曲艺家协会举办"北京市第八届天桥杯曲艺大赛"密云赛区预赛,评选出7个节目进入市文联主办的决赛,获得二等奖4个,三等奖3个。

(孙雪松)

【举办密云县根石艺术珍品展】 9月30日,县文联在县图书馆举办首届"千年奇根、万年奇石——密云县历届市级根石艺术获奖珍品展",县根雕奇石协会16名会员37件作品参展,都是历届市级以上根石大展中获得过金、银奖的作品。展览历时一个月,吸引大批根石爱好者前往参观。

(孙雪松)

【密云原创作品囊括市级展演全部奖项】 10月,县文联在参加"北京市区县(局)、产(行)业文联优秀文艺节目展演"活动中,选送的原创舞蹈《国色天香》、歌曲《云水谣》、小品《绿色农家》分别荣获一、二、三等奖,县文联获得优秀组织奖。其中《国色天香》和《云水谣》在北京市文艺展演中汇报表演。

(孙雪松)

【举办"艺韵北京"北京曲艺大赛密云专场选拔演出】 10月,县文联曲艺家协会举办“艺韵北京”北京曲艺大赛密云专场选拔演出，评选出11个优秀节目参加“艺韵北京”北京市曲艺大赛决赛，获得一个金奖、三个铜奖以及最佳创作奖、最佳风采奖和组织奖。

（孙雪松）

【完成县文联所属十大协会换届工作】 年内，县文联所属各协会换届工作于9月底全部完成，选举产生了新一届理事会和主席团成员。一批有较强活动能力和组织协调能力的中青年优秀文艺工作者担任协会工作。

（孙雪松）

【开展“文明进万家，美丽密云行”大型主题系列活动】 年内，县文联与县文明办共同举办鼓楼街道沿湖社区“绿色生活行”活动和禅味小村——黑山寺“中国书法名家进乡村”活动，由县文联书法家协会邀请国家级书法研修班的书法家向黑山寺村文明民俗户赠送15件牌匾作品，现场创作书法作品100余幅赠送村民。

（孙雪松）

【参加市级文艺大赛并取得佳绩】 年内，在第五届“怀柔杯”国际标准舞全国公开赛上，县文联选送的舞蹈选手分获青壮年和青少年各组别一、二、三名；参加第四届“北京美丽乡村书法艺术展”，密云县15幅作品入展；参加“京津沪渝都市风采”器乐大赛北京赛区决赛中，分获器乐大赛独奏金、银、铜奖；少儿组银奖、铜奖；由县文联选送的诗歌《妈妈，我多想》在首届北京诗歌朗诵大赛中获朗诵优秀奖及原创作品三等奖；参加北京市戏曲家协会主办的“家庭才艺”大赛，选送作品分获二、三等奖；参加2013年“国戏杯”学生戏剧大赛荣获一、三等奖。

（孙雪松）

【开展“文艺支教”活动】 年内，县文联组织曲艺家协会、音乐家协会、作家协会的艺术家，每周定期为穆家峪镇新农村小学“七色花艺术团”成员进行快板、山东快书、声乐、朗诵等艺术门类的文艺指导。“六一”国际儿童节之际，学员们向全体师生和家长进行了汇报演出。

（孙雪松）

【出版摄影作品集】 年内，县文联摄影协会出版《云游山水间》——密云国家、省级摄影会员作品集，共收集35位作者、270余幅获奖作品入册，宣传了密云良好的生态环境和历史文化资源。

（孙雪松）

【开展培训、采风活动】 年内，邀请国家级根艺大师为密云根石爱好者现场辅导；举办“奇石鉴赏与收藏”专题讲座；组织开展散文、诗歌作品研讨会和作家采风活动；美协会员与中央美院师生到冯家峪镇共同开展写生创作活动。

（孙雪松）

密云县工商业联合会

【概　况】 年内，县工商联开展非公经济人士理想信念教育实践活动，培养树立典型，深化帮村扶户，引导企业参与民族村建设，并与政府职能部门合作为企业提供服务，促进了非公有制经济健康发展和非公有制经济人士健康成长。

（王燕莉）

单位名称：密云县工商业联合会（商会）

地　　址:密云县鼓楼西大街3号
电　　话:69045763

【开展理想信念教育实践活动】 6月19日召开了以县工商联执委为重点的80多名企业家参加的密云县非公有制经济人士理想信念教育实践活动动员大会,制定了《密云县关于非公有制经济人士理想信念实践教育活动实施方案》,确定以“民营企业家与中国梦”为主题,以搭建活动平台、提高服务水平、强化理想信念、促进“两个健康”为总要求,开展教育实践活动。

(王燕莉)

【开展“民营企业家与中国梦”主题宣讲活动】 7月17日,县工商联召开非公有制经济人士“民营企业家与中国梦”主题宣讲大会,北京隆盛保洁服务有限公司和北京上北口文化传媒有限公司负责人进行了宣讲。7月至8月,组织部分企业家收听收看了“中国梦大讲堂”专题报告,赴国家博物馆参观了“复兴之路”展览。截止到10月8日,已有美中双和、瑞嘉鞋服等28家企业负责人为6300余名职工作了主题演讲。

(王燕莉)

【搭桥服务】 年内,县工商联邀请县委领导视察企业,参加座谈会,倾听企业的呼声、建议,为企业排忧解难,组织30多位企业代表人士赴吉林、山西、辽宁、陕西4省考察交流,达成项目对接意向4000万元,专利合作意向2个,引进环保产业落地项目1个,意向协议资金1.8亿元。

(王燕莉)

【举办招聘周活动】 年内,县工商联与县人力社保局共同举办各类招聘会20场,发布就业信息6131条,提供就业岗位8568个,1614名城乡劳动力实现了就业。

(王燕莉)

【培养树立先进典型】 县工商联主席、中加实业集团董事长梁晓华被北京市工商联推荐为全国“关爱员工、实现双赢”优秀民营企业家候选人;中防恒立总经理马军和洪福环宇餐饮有限公司董事长李广莲被全国工商联选定为“全国诚信模范”候选人;洪福环宇和奥克斯特2家企业荣获北京市十佳民营企业提名;上海大众和隆盛保洁等8家企业被评为北京市非公有制经济企业就业先进单位。

(王燕莉)

【深化帮村扶户行动】 年内,51家企业与130户农村低收入家庭建立帮扶关系。企业家根据低收入户的实际困难,通过资金、就业、销售产品等灵活方式,帮助农民增加收入,直接帮扶资金61.58万元。

(王燕莉)

【引导企业参与农业和旅游业发展】 北京洪福环宇餐饮公司利用餐饮企业的优势,牵头崔家峪等4个村发展蔬菜产业,形成“公司+合作社+农户”的蔬菜产销模式。北京安德思工贸有限公司与西葫芦峪村建立旅游合作社,助推民俗旅游业发展。7月份,县工商联携手门头沟工商联帮助北京山农生态农业有限公司与不老屯镇南香峪村合作创办“益农缘农业合作社养殖基地”,以“企业+合作社+农户”形式发展黄粉虫柴鸡养殖。巨各庄镇的非公经济人士与低收入户结对帮扶,投资50多万元,为当地360多名劳动力安排了就业。

(王燕莉)

【为地震灾区献爱心】 年内,县工商联组织全县非公经济企业为四川省雅安市芦山县地震灾区捐赠资金48.8万元,支持抗震救灾。

(王燕莉)

【调查研讨工作】 年内,县工商联先后就全县非公企业基本情况、非公经济人士对非公经济发展的意见建议、民营企业用工情况、商会建设等5个方面问题进行了调查，发放调查问卷300余份，召开座谈会8次。为促进今后工作开展和做好“两个健康”工作奠定了基础。

（王燕莉）

【发放临时困难补助】 “五一”、“十一”和“春节”期间向生活上有困难的10位原工商业者和遗孀发放了1.6万元的慰问金。

（王燕莉）

密云县私营个体经济协会

密云县私营个体经济协会（简称县个私协）充分发挥私营个体经济协会的桥梁纽带作用，深入落实县委、县政府和分局扶持私营经济发展的各项政策，发挥为政府服务、服务会员、服务工商的服务理念，推进私个经济又好又快发展，推进“五化”建设，发挥组织作用，倡导私营企业、个体户会员践行北京精神、履行社会责任，塑造私个协系统良好的社会形象。

密云县私营个体经济协会，是隶属于北京市工商局密云分局的社团组织，下辖3个企业党委，14个直属党支部，245名党员；下辖10个基层企业工会，有会员2470名。

截止到年底，全县私营企业13804户，雇工99144人，注册资金2444454万元。其中：个人独资企业1089户，雇工5966人，出资额54738万元；合伙企业141户，合伙人数344人，雇工815人，出资额186962万元；有限责任公司12568家，投资人22734人，雇工92204人，注册资本2202754万元；股份有限公司6家，雇工159人。农村牧渔业190户；制造业914户；金属制品、机械和设备修理业11户；电力燃气供应业16户；建筑业1304户；批发和零售业3645户；交通运输、仓储和邮政业247户；住宿和餐饮业190户；信息传输、软件和信息技术服务业133户；金融业15户；房地产业544户；租赁和商务服务业2228户；科学研究和技术服务业2862户；水利、环境和公共设施管理业193户；居民服务、修理和其他服务业253户；教育16户；卫生和社会工作72户；文化、体育和娱乐业970户；其他1户。全县个体工商户合计21142户，从业人员35119人，注册资金94863.71万元。其中城镇个体工商户7419户，从业人员14266人，注册资金21827.24万元。按行业划分，农村牧渔业1488户；制造业1001户；金属制品、机械和设备修理业5户；建筑业47户；批发和零售业10431户；交通运输、仓储和邮政业1903户；住宿和餐饮业2745户；信息传输、软件和信息服务业13户；租赁和商务服务业808户；科学研究和技术服务业1户；水利、环境和公共设施管理业1户；居民服务修理和其它服务业2612户；卫生、社会工作38户；文化、体育和娱乐业48户；其他1户。

2月25日至3月10日，有295名会员参加学雷锋服务献爱心活动。义务理发185人、修车54辆、修表10块、修收音机、录音机、电视机8台、修鞋31双，修锁7把、让利服务合款40000余元，发放宣传材料3000多份。年内，共有946人次参加了献爱心捐助活动，捐款总额达37580.50元。

广泛开展春节慰问贫困党员、贫困职工活动，争取县工会资金共计21000元，对宝城客运公司工会的21名困难职工进行了慰问。在“金秋助学”和扶持单身女职工活动中,为四名会员争取助学资金10000元。

年内,以“抒发光彩情,共筑中国梦”为主题,协调各方力量和各分会开展“光彩服务日”活动,共有103名会员参加献爱心服务。义务理发130人/次、修理自行车、电动车35辆、修电视、修表、修录音机等家用电器25台件;修鞋30双、优惠让利金额11500余元、接待群众咨询500人次、发放宣传材料3000余份。

(李瑞强)

单位名称:密云县私营个体协会
地　　址:密云县城新北路7号
电　　话:69043182

政法　军事

政法管理

【概　况】 年内，县委政法委健全完善体制机制，深化“平安密云、法治密云、过硬队伍”建设，推进社会治安治理，严厉打击各类违法犯罪活动，为全县经济社会发展营造和谐稳定的社会环境。查处治安案件13081件，破获各类刑事案件1410起，抓获各类违法犯罪人员1629人，打掉犯罪团伙33个，社区可防性案件下降2.7%；“两抢”发案下降7.4%；流动人口聚集区警情下降25.8%；命案破获率连续10年保持100%；交通事故、火灾事故造成的财产损失分别下降22%和89.2%；完成了全国“两会”等重要安保任务；荣获“2013年度首都社会管理综合治理先进区县”称号。

（俞首承）

单位名称：中共密云县委政法委员会
地　　址：密云县鼓楼西大街3号
电　　话：69044066

【召开全国“两会”安保维稳工作动员部署会议】 2月25日，召开全国“两会”安保维稳工作动员部署会议。会上，各镇街分别从社会稳定、政治稳定、舆情稳定、公共安全、重点人排查稳控等方面对本地区“两会”安保维稳工作落实情况进行了汇报。

（俞首承）

【召开政法系统宣传工作会议】 3月6日，2013年县政法系统宣传工作会议在县委政法委召开。会议安排部署了2013年政法系统宣传工作。

（俞首承）

【举办政法系统党支部书记培训班】 4月9日，县委政法委联合县直机关工委举办专题培训班，对政法系统100名基层党支部书记进行专题培训。通过组织学习十八大报告、新党章等内容，进一步提高了基层党支部书记的党性认识和为民服务意识。

（俞首承）

【开展政法开放日活动】 4月12日，全县政法系统开展“开放日”活动。政法机关及基层派出所、法庭、司法所全部对外开放，向群众发放各类宣传资料20余种、4000余份，邀请人大代表、政协委员、特约监督员、媒体记者和各界群众461人参加活动，展示警务装备及特色科目56个

(项),做到工作地点向群众开放,工作内容向群众开放,工作人员信息向群众开放,拉近了警民距离,融洽了警民关系。

(俞首承)

【开展政法系统“我的梦·中国梦”宣讲活动】 7月29日至8月6日,县委政法委组建政法系统“我的梦·中国梦”宣讲报告团,在政法各单位举办了六场次宣讲报告会。活动中,宣讲团成员用自己的亲身经历,讲述了政法干警的“我的梦·中国梦”。

(俞首承)

【举办政法系统新闻发言人培训班】 9月6日,政法系统新闻发言人培训班在县委党校举办。全县政法各单位科级以上干部、各镇街宣传干事240人参加培训。培训班邀请市政府新闻办和中国人民大学新闻学院负责人作专题讲座。

(俞首承)

社会管理综合治理

【举办社会面防控知识培训班】 2月28日,县综治办、县公安局联合举办社会面防控知识培训班。全县20个镇街综治办主任、派出所所长、治安志愿骨干、社会管理员及城区街道楼长及各界代表共126人次参加了培训。

(裴雪菲)

【召开县综治委全体(扩大)会议】 4月3日,召开2013年密云县综治委第一次全体(扩大)会议。各镇街主管领导、成员单位主管领导参加会议。会上,县委、县政府主要领导与综治委成员单位、各镇街签订了《2013年社会管理综合治理责任书》,对2013年综治工作做了全面部署。

(裴雪菲)

【举办职能部门进网格工作培训班】 5月8日,县综治办举办职能部门进网格工作培训班,第二批融入网格的17个综治成员单位的主管领导、主管科长、信息操作员及各镇街综治办主任参加培训。培训班就职能部门进网格的方法途径、网格化信息平台建设和使用情况进行讲解,各单位就融入网格化体系进行了经验交流。

(裴雪菲)

【召开网格化社会服务管理表彰工作电视电话会议】 7月17日,召开推进网格化社会服务管理表彰工作电视电话会议。县融入网格25个综治成员单位领导、受表彰的代表在主会场参会,各镇街设分会场。会议对上半年网格化社会服务管理工作优秀个人和集体进行了表彰。

(裴雪菲)

【召开网格化社会服务管理标准编写培训会】 8月9日,县综治办、县社会工委组织召开网格化社会服务管理标准编写培训会,县公安局、县城管局等36个部门的43名标准编写人员参加培训。会上,市标准化研究院专家对编写标准模板的操作使用进行了详细讲解,并结合标准示例对各部门编写人员所提出的问题给予一一解答。

(裴雪菲)

【召开成员单位进网格工作汇报会】 9月3日,县综治办组织召开成员单位进网格工作汇报会。县住建委、工商分局等25个进网格成员单位负责人参加会议。会议总结了前期工作经验,对下一步工作做出具体安排部署。

（裴雪菲）

流动人口和出租房屋管理

【召开流动人口管理工作会议】 4月3日，县流管委与县综治委联合召开了“2013年密云县社会建设领导小组暨社会管理综合治理委员会第一次全体(扩大)会议”。部署流动人口和出租房屋管理工作。

（王　丽）

【为外来务工人员子女办理入学】 5月17日，县流管办召开各镇街流管办主任会议，研究部署为外来务工人员子女办理入学证明相关事宜。年内，全县各镇街共为外来务工人员子女办理入学500余人。

（王　丽）

【大型市场流动人口调查】 6月6日，县流管办联合鼓楼街道、城关派出所开展“大型市场流动人口调查”工作，对建材、华远等大型市场内潜在风险进行调查，形成调查报告报市流管办。

（王　丽）

【各镇街签订流管责任制】 7月4日，县流管委召开“密云县2013年流管工作会议”。会上，县流管委与各镇街签订了流动人口与出租房屋服务管理责任制。

（王　丽）

【流动人口诉求调研】 7月10日，县流管办到鼓楼街道和县经济开发区就流动人口诉求进行调研。在盛隆电气、裕罗电气装配、伊利集团等在密企业，对外地务工人员在密生活诉请展开调研，形成调研报告报市流管办。

（王　丽）

【“12·4”普法日宣传】 12月4日，县流管办举办“12·4”普法日宣传活动，发放宣传品7500余份，其中《致流动人口的一封信》5000余份，《来京人员生活服务指南》1000余份，《北京市房屋租赁管理若干规定》1500余份。

（王　丽）

公安工作

【概　况】 年内，密云县公安局坚持“抓班子、带队伍、促业务、保平安”的总体思路，夯实基础、完善机制、提升能力，完成各项安保任务。上报国保情报信息1502件，收缴法轮功、全能神等邪教组织宣传品9700份。破获刑事案件1410起，同比上升11.9%；两拘1471人，同比上升6.5%；命案破案率持续保持100%；破获侵财案件648起，同比下降6.8%；查处各类涉网案件77起，抓获犯罪嫌疑人79人；打掉有组织犯罪团伙33个，抓获团伙成员155人。查处治安案件13081起，查处违法人员17052人。处置县政府门口闹访、进京群体访等442批2321人。完成156个行政村村庄社区化建设，协调资金596.7万元，新安装监控探头210个。社区走访抓获各类违法犯罪人员35人、在逃人员6人，社区可防性案件下降2.7%。

处罚交通违法行为13.6万起,同比下降14%。加大消防安全隐患排查力度,共检查单位6106家次,排查整改各类问题6211处。加强对外宣传工作,编发《密云公安》刊物。在《密云报》《首都公安报》《平安北京微博》及电视台等新闻媒体发表稿件370余篇。通过视频监控平台发现案件线索1300余条,协助抓获违法犯罪人员90余名。加强警用装备建设,投入60余万元,完成应急装备库达标建设和应急装备购置,投入431万元对全局基层单位办公环境和基础设施建设进行改善和维护,投入179万元建设立体车库及洗衣房,投入5059万元加大警用车辆和装备更新力度,进一步提高了警务效能。

(王　艳　张　森)

单位名称:密云县公安局
地　　址:密云县西大桥路12号
电　　话:69041350

【加强交通安全监管】 年内,县公安局交通大队共开展督导检查1500余次,发放责令限期改正通知书542份,禁止违法机动车上路行驶89次。开展交通安全宣传活动700余场次、发放宣传品近15万份,发放宣传材料20余万份。

(王　艳　张　森)

【化解民间纠纷】 年内,县公安局推进"民调进所"制度,局属各派出所与综治办、法院、检察院、司法局、民政局等部门协调沟通,将矛盾纠纷化解在基层,受理各类治安、民间纠纷629件,成功化解619件,化解率达98.4%。

(王　艳　张　森)

【整治社会面治安突出问题】 年内,县公安局开展打击整治行动,出动执法力量800余人次,查处无照经营325起,破获盗窃自行车案件11起,抓获违法犯罪人员22人,发还自行车14辆,查扣各类黑车112辆,收缴小广告4200余张,净化全县社会治安环境。

(王　艳　张　森)

【维护第九届村民委员会换届选举治安环境】 年内,县域内各行政村举行第九届村民委员会换届选举。县公安局组织、协调各职能部门和派出所配合属地党委、政府开展各项工作。发动群众力量1万余人开展保卫工作,登记选民223372人,剥权248人,委托选举215人,摸排重点村22个,排查有前科劣迹的参选人员32人、不稳定因素9件,网络舆情16件。召开宣传动员会171次,发放宣传材料5000余份,悬挂横幅202个,出板报81块,完成第九届村民委员会换届选举保卫工作。

(王　艳　张　森)

【联合打击违法犯罪】 年内,预审部门与检法机关召开联席会13次,打击处理违法犯罪人员106人,深挖破案413起;监所组织开展政治攻势12次,获取各类案件线索1336条。

(王　艳　张　森)

【发挥情报指导实战作用】 年内,全警搜集情报信息2.4万余条,获取各类线索9万余条,服务打击破案150余起,抓获违法犯罪嫌疑人110名。

(王　艳　张　森)

【创新信访工作机制】 建立案件回访反馈机制,强化信访办理责任,突出三类必访和分流直办,从源头避免和减少信访问题的发生。全年信访总量同比下降26.5%,初次信访、重复信访、三类信访同比分别下降24%、28.4%和26.6%,涉法涉诉访同比下降21.8%。

(王　艳　张　森)

【维护春节烟花爆竹燃放秩序】 2月9日，做好春节烟花爆竹燃放秩序维护工作，保护人民群众生命和财产安全，投入警力383人，社会群众力量2.2万人，在重点地区和474个禁放点维护烟花爆竹燃放秩序。

（王 艳 张 森）

【“两会”期间维稳安保】 3月，全国“两会”召开期间，协调民兵、城管等部门对县域26处卡点查控，检查车辆79336辆次，核查录入105246人次，拦截查控各类重点人43名；开展打击“涉牌”违法专项行动，查处涉牌违法行为159起，处罚交通违法行为2664起；开展“零点夜查行动”，检查单位286家，督促整改火灾隐患239处，下发责令整改通知书90份，责令“三停”单位3家；梳理水电气热等重点防控单位160个，检查单位103家，整改隐患23处；对全县16家危险物品从业单位进行安全检查，完成2.2吨炸药和枪弹的封库、清库工作。

（王 艳 张 森）

【救助登山被困群众】 6月25日23时，有9人在西田各庄三峪景区内迷路，报警请求救助。接报后，县公安局立即部署西田各庄派出所、消防支队前往景区开展搜救工作，经4小时的搜寻，在景区外的一山沟内找到9名迷路游客营救下山。

（王 艳 张 森）

【打掉非法传销团伙】 6月，经侦中队获取一传销组织活动线索，在掌握了该传销团伙的多处传销窝点及人员构成情况后，于30日将58名传销人员抓获。五人被依法刑事拘留，其余人员被教育后释放。

（王 艳 张 森）

【开展处置突发案事件拉动演练】 7月1日，开展处置突发案事件拉动演练，模拟对劫持人质并威胁引燃油罐车警情进行处置。演练涉及22个单位，78名民警。

（王 艳 张 森）

【成功救助一跳楼自杀女子】 7月15日，指挥中心接市局布警：密云县梧桐苑小区有一名女子钱某(29岁，密云县人)报警称自己准备跳楼。接报后，立即部署治安、巡警、消防、城关派出所赶赴现场处置。经2个小时说服劝解，民警成功将该女子从窗口劝下，并送往医院救治。

（王 艳 张 森）

【开展夜间大联查行动】 8月，开展夜间大联查行动，抽调城关、西滨河等派出所及县公安局备勤警力70余人，出动警车30辆，对夜间进出本县的车辆及人员进行检查。检查车辆487辆，盘查检查人员455人，核录信息410条，处罚交通违法行为23起，收缴管制刀具1把。

（王 艳 张 森）

【新实物展室布展】 6月，县公安局对实物展室(荣誉展室)重新布展，并将其打造成高品质的警察教育基地。展室分“实物展示、图片展板、文字介绍、视频互动、荣誉展区”等五个部分，反映了密云公安局半个多世纪发展、壮大的历史和主要工作成果。

（王 艳 张 森）

【创建“平安密云”警务微信平台】 10月，创建“平安密云”警务微信平台。平台具备网络舆情引导、功能信息发布、社情民意搜集、公安形象展示、队伍内部管理等五项职能。截至年底，微信网民达到1100余人，发布信息92条。

（王 艳 张 森）

【国庆节安保】 10月，组织各派出所动员社区巡防队员、保安员、治安志愿者1.2万余人投入国庆节安全保卫工作。期间，利用板报、横幅以及发放材料等多种渠道开展宣传，共召开宣传会36场，悬挂横幅72条，发放各类宣传材料5万余份。发现并消除各类安全隐患8起，搜集上报各类不稳定信息5件，化解各类矛盾纠纷20起。

（王 艳 张 森）

【北京职业公路自行车赛安保】 10月11日，环北京职业公路自行车赛第一赛段途经东邵渠、巨各庄、河南寨、城区、十里堡区域，赛程37千米，共168名运动员、100余辆机动车同步运行。县公安局提前部署，当日投入警力、社会力量3000余人，完成了密云段赛事安保任务。

（王 艳 张 森）

【党的十八届三中全会安保】 11月，为确保党的十八届三中全会期间社会治安秩序良好，县公安局提前部署，盘查车辆2万余辆，人员5万余人；查获各类上访人员182人，发现、制止“打横幅”、“抛传单”事件4起8人；破案（77起）同比上升97.4%；两拘（64人）同比上升18.5%；处罚各类交通违法行为4620起、暂扣车辆19辆，交通事故同比下降19%、伤亡人数同比下降42%；检查内部单位108家，排除隐患6处；发现整改火灾隐患151处，处罚3家；删除有害信息105条，平安密云微信平台发布信息12条，完成党的十八届三中全会安保任务。

（王 艳 张 森）

【破获重特大案件】 年内，县公安局破获八类严重案件131起，破案率同比提高10.8个百分点；成功破获8起命案，命案破案率100%；破获特大尾随取款人盗窃案、公交车系列扒窃案、“看病消灾”系列诈骗案、系列盗窃婚礼财物案等一批影响群众安全感的侵财案件206起，刑事拘留42人。

（王 艳 张 森）

【强化打防管控一体化机制】 年内，县公安局完成156个行政村村庄社区化建设，新安装监控探头210个，社区可防性案件下降2.7%；同时多警种联勤联动，建立平战结合巡控长效机制，巡逻抓获违法犯罪人员102人，核录73万余条，通过核录抓获网上逃犯及一级临控人员100名。

（王 艳 张 森）

案例举要

【破获一起尾随取款人砸车盗窃案】 4月1日上午，刑侦大队接报：事主张某（男，40岁，穆家峪人）停放在穆家峪镇达岩村村委会门口的汽车玻璃被砸，车内22万现金被盗。接报后，刑侦大队成立专案组，确定王某（男，24岁，河北承德市人）有重大作案嫌疑。4月25日晚，在河北承德市将犯罪嫌疑人王某抓获。经讯问，该人对当日伙同他人尾随事主砸车盗窃的犯罪事实供认不讳，被依法刑事拘留。

（王 艳 张 森）

【抓获一起连续持刀抢劫强奸违法人员】 4月10日，县局接报：张某被一尾随男子在其住处，持刀抢劫、强奸。县局成立专案组，并锁定嫌疑人董某某（男，22岁，顺义区人）。4月20日，县域内再次发生一起尾随单身女子持刀抢劫的案件。经分析，该案作案手段特点与“4·10”案件相同，遂布置警力开展蹲守，于当晚将犯罪嫌疑人抓获，并起获被抢物品。经审讯，董某某对其抢劫、强奸的犯罪实施供认不讳，被县局依法刑事拘留。

（王 艳 张 森）

【破获连续盗窃婚礼礼金案】 7月以来，县域内发生多起盗窃婚礼礼金案件。县局成立专案组，开展调查。确定犯罪嫌人身份后，21 日在海淀区一旅馆内将犯罪嫌疑人马某某（男，33 岁，河北省承德市人）抓获，搜查出现金 14 余万元。经审讯，犯罪嫌疑人马某某对盗窃婚礼礼金的犯罪事实供认不讳，被县局依法刑事拘留。

（王 艳 张 森）

【破获一起勒索绑架案】 10 月 26 日 18 时，县局接雍某某报警称：其儿子被家中保姆陈某某（女，30 岁，湖北省嘉鱼县人）绑架并勒索赎金 90 万元。接报后，县局立即成立专案组，开展调查。11 月 4 日，在湖南省岳阳市湘阴县将陈某抓获。经审讯，陈某对绑架勒索的犯罪事实供认不讳，被县局依法刑事拘留。

（王 艳 张 森）

【破获一起合同诈骗案】 2012 年 9 月 29 日，县局接余某报警称：河北宿强商贸有限公司于 2012 年 6 月 17 日与中宏发（北京）房地产开发有限公司的降某（男，54 岁，安徽庐江县人）签订价值 200 余万元的供应建材合同，降某给其开具一张无效支票后去向不明。经侦查，了解到降某又以同样手段两次骗取 150 万元货款。通过走访排查，民警在其落脚点进行蹲守，于 2013 年 6 月 26 日在北京东城区金鱼池中街将嫌疑人降某抓获，现该人已依法被刑事拘留。

（王 艳 张 森）

公安交通管理

年内，密云县公安局交通大队（以下简称为县交通大队）加强队伍管理，确保全县交通秩序安全稳定，确保“两会”等重点节日期间进出京车辆控制，不发生重、特大交通事故。处罚各类交通违法行为 13.6 万起，其中酒后开车 166 起、非司机 67 起、“涉牌”1170 起；共发生交通事故 4246 起，同比下降 14%；伤 2084 人，同比下降 0.9%；死亡 32 人，与上年持平。

县交通大队以严厉查处酒后开车、涉牌、乱停车等严重交通违法行为为重点，完成了“两节”、“两会”、五一、高考、中秋、十一等各类重大节点交通保卫工作；开展联勤联动专项整治行动，减少管理空隙和警力重叠，提高街面见警率、管事率、处事率，整合街面警力资源，提高警察意识、淡化警种概念，提升警务管理效能，维护好街头政治稳定和治安稳定；做好恶劣天气交通安全保障工作，交通大队立足辖区道路特点，完善恶劣天气应急预案，全面做好汛期道路交通安全管理工作，充分落实“提前预防、充分准备、快速反应、果断处置”的工作要求，强化职能作用，加强协调联动，全力做好恶劣天气情况下的交通指挥疏导，确保道路安全有序畅通；开展交通安全监管工作，共开展督导检查 1500 余次，发放责令限期改正通知书 542 份，采取禁止机动车上路行驶 89 次。强化宣传，营造氛围，开展宣传展等活动 700 余场次、制作发放各类文明宣传品近 15 万份，发放各类宣传材料 20 余万份；组织全县 1.5 万余名中、小、幼学生参加文明小交警志愿者报名活动，征集文明交通漫画作品 500 余份，组织中、小、幼学生文明交通文艺节目创造演出 35 场次。组织全体党员民警观看市局的内部警示教育片，开展“减少群众投诉，落实形象责任”和“讲政治、守纪律、树形象”等主题教育活动，对照行风政风评议、110 投诉、信访举报等反映出的问题，认真查摆、剖析问题，制定整改措施，“打造最廉洁警队。交通大队围绕全年交通安全保卫工作，克服麻痹松懈思想，做到精心组织，周密部署，确保组织到位、措施到位、力量到位、效果突出,完成了全年各项交通安保任务。

(王 艳 张 森)

检察工作

【概 况】 年内,密云县检察院(以下简称县检察院)立足区域实际,履行法律监督职能,各项检察工作全面健康发展,促进区域经济社会科学发展。始终将维护稳定和保障群众安全作为工作重点,全年受理审查逮捕案件419件558人,批准逮捕296件359人,受理审查起诉案件447件568人,提起公诉367件450人。严厉打击毒品犯罪、多发性侵财犯罪,涉众型犯罪和危害民生类犯罪,批准逮捕毒品类案件19件22人,制售假药案件4件4人。起诉盗窃、抢劫等多发性侵财案件135件150人,聚众型、涉众型案件71件146人。批准逮捕破坏市场经济秩序类犯罪11件12人,提起公诉23件26人。批准逮捕盗采盗运矿产资源案件7件12人,提起公诉3件6人。围绕经济开发区、生态商务区等八大主体功能区建设,成立专业办案组,依法打击征地拆迁、工程建设过程中的违法犯罪,办理发生在开发区的刑事案件18件19人,有力地保障了重点区域的治安状况,为企业发展营造了平安、稳定的社会环境。

(陈 兵)

单位名称:密云县人民检察院
地 址:密云县西大桥路10号
电 话:69041734

【强化诉讼活动监督】 年内,加强立案和侦查活动监督,向公安机关发出《要求说明不立案理由通知书》14份,《要求说明立案理由通知书》4份,发出《纠正违法通知书》32份、诉讼监督类《检察建议》45份,建议公安机关追捕41人,追诉漏犯15人、漏罪41起。加强刑事审判监督,针对指定居所监视居住期限未折抵刑期问题,向法院提起抗诉1件并获得改判。加强对刑罚执行和监管活动监督,对社区矫正中的违法行为发出《纠正违法通知书》26份、《检察建议》6份。加强民行活动监督,受理民行申诉案件28件,综合运用抗诉与检察建议等监督手段,建议提请抗诉2件,对26件不符合抗诉条件的案件,耐心细致地做好息诉服判工作,维护司法权威;2011年、2012年提请抗诉的3件民行案件,经法院再审后,2013年全部改判。

(陈 兵)

【融入社会管理体系】 年内,制定《"进网格、听呼声、走百家、送服务"工作实施办法》,建立健全网格信息采集、处理、反馈等工作机制,构建互动型网格化服务体系。深入网格开展工作187次,发放进网格联系卡1000余份,到镇村、街道开展法制宣传和社区矫正工作,深入上庄子等村开展帮扶工作。县检察院被评为"密云县2013年上半年融入网格化工作和志愿服务优秀单位"。

(陈 兵)

【维护社会和谐稳定】 年内,推进"全员365天24小时无缝隙检务接待"工作,共接待控告、申诉、举报650人次,受理各类信访案件126件。为使信访案件得到化解,院领导深入信访人所在镇村,认真听取各方意见,找出化解难点,制订针对性措施,妥善化解了全部挂账案件。2013年被推荐为“全国文明接待室”候选单位，并通过高检院验收。

（陈 兵）

【开展职务犯罪预防工作】 年内，先后走进供电公司、国税局、冯家峪镇等单位，开展警示教育活动，讲授法制课45次。发挥行贿犯罪档案的作用，开展行贿犯罪档案查询206次，上升58%。服务农村“两委”换届选举，发放宣传材料1万余册，深入溪翁庄、太师屯等乡镇开展专项服务工作31次，组织巡回展览和法制宣传29场次，接受咨询300余人次，保障换届选举工作的顺利进行。

（陈 兵）

【开展献爱心捐款救助活动】 年内，县检察院组织开展了“博爱在京城”、“献爱心、送真情”、“共产党员”献爱心捐款活动。共捐款3.6万元。

（曹晓华 陈 兵）

【检察开放日】 4月12日、12月10日，举办以“看得见的正义”为主题的检察开放日活动。通过走进校园、走进网格单位、走进基层群众的“三走进”方式，全方位展示了县检察院服务基层、服务群众的良好形象和做法。

（田 媛 陈 兵）

【市院检察长来院调研】 6月5日，市检察院检察长池强等到县检察院调研。池强对县检察院工作给予充分肯定，并提出三点要求：一是充分发挥检察职能，为经济社会发展服务。二是加强队伍建设，提升队伍素质和能力。三是扎实开展以为民、务实、清廉为主要内容的群众路线教育实践活动。

（李鸿鑫 陈 兵）

【暑期家长法制课堂】 年内，县检察院开设了暑期家长讲堂，通过集中开展法制讲座，增强家长法制观念，共同为青少年健康成长保驾护航。

（岳海燕 陈 兵）

【博友基层行】 8月29日-30日，县检察院开展了为期两天的“发挥检察职能服务生态文明建设”博友基层行活动，邀请博联社17位博友走进检察院，近距离了解检察工作。

（田 媛 陈 兵）

【高检院检查文明接待室】 9月12日，高检院控告厅厅长穆红玉带领“全国文明接待室”考核验收小组检查县检察院创建全国检察机关“文明接待室”情况。赞扬县检察院“全员365天24小时无缝隙检务接待机制”是增进干群感情、提高干警群众工作能力的优良机制。

（崔晨曦 陈 兵）

【“刑事案件庭前会议”专题研讨会】 9月13日，县检察院召开“刑事案件庭前会议”专题研讨会。来自全国各地司法实务界的专家、学者共60余人参加会议。会上，主题发言人员围绕刑事案件庭前会议的制度价值、启动主体、参与人员、效力与法律监督等问题进行了深入研讨。

（陈 兵）

【县人大常委会听取控申工作专项报告】 9月24日，县第十五届人民代表大会常务委员会召开第十二次会议，听取并审议了县检察院关于控告申诉检察工作情况的报告。县人大常委会对县检察院控告申诉检察工作给予充分肯定，并提出要求：严格依法办案，切实维护社会公平正义。充分发挥职能，努力维护社会和谐。进一步加强自身建设，不断强化内部监督。

（付新华 陈 兵）

【县人大会议通过《密云县人民检察院工

作报告》】 12月27日，密云县第十五届人民代表大会第四次会议审议通过了张京文代检察长所做的工作报告，选举张京文为县检察院检察长。

（付新华　陈　兵）

审判工作

【概　况】 年内，密云县法院（以下简称县法院）以司法为民、公正司法为主线，发挥审判职能，加强队伍建设，夯实基层基础，努力实现让人民群众在每一个司法案件中都能感受到公平正义的工作目标，各项工作取得了新进展。全年共受理各类案件10354件，审执结10068件，结案率为97.2%。其中，审结刑事案件415件，判处犯罪分子506人；审结民商事案件6526件，以调解和撤诉方式结案4220件，调撤率为64.7%；审结行政诉讼案件和审查行政非诉执行案件63件；执结各类案件3031件。在北京市法院“双模”、“双先”评比中，县法院被评为“北京市模范法院”，并连续四届被评为“北京市先进法院”。

（徐秀丽）

单位名称：密云县法院

地　　址：密云县西大桥路5号

电　　话：69092106

【设立驻镇审判服务站】 3月，县法院在穆家峪镇设立驻镇审判服务站，每周三由一名法官和书记员全天坐班，集中开展立案服务、法律咨询、巡回审判和诉前调解等工作，为辖区群众提供更加便捷的司法服务。审判服务站自成立以来，共接待来访群众580人次，巡回审判60次，诉前化解纠纷21起。

（徐秀丽）

【建立劳动争议案件五部门联动调解机制】 年内，县法院与县人力资源和社会保障局、总工会、政府信访办、司法局建立五部门联动调解机制，通过定期召开联席会议、互通工作情况、研讨疑难问题、个案沟通和信息互通等形式，协调解决重大、敏感案件，联合化解纠纷138件。

（徐秀丽）

【建立法官对口联系保险公司机制】 年内，县法院建立法官对口联系保险公司机制，即由承办法官集中审理涉及同一家保险公司的案件，加强与保险公司的沟通，统一赔偿标准，要求法官在案件审结后，及时将受害方的银行账户、身份证复印件等信息转交保险公司，使保险公司直接向受害方理赔。

（徐秀丽）

【制定《机动车交通事故责任纠纷案件审理规范》】 6月，县法院制定《机动车交通事故责任纠纷案件审理规范》，从主体审查，审理程序，证据收集认定、判决、宣判及判后事宜等五个方面，对机动车交通事故责任纠纷案件审理中应当注意的问题及处理方式进行了明确规范。

（徐秀丽）

【建立执行日志制度】 年内，县法院建立执行日志制度，要求执行法官对每起案件的执行情况均以日志的形式记录在卷，记录执行法官通过各种渠道收集的执行线索；外出执行情况，包括执行时间、参与人员、财产查找、执行措施等；向申请人告知权利义务及执行进度情况。

（徐秀丽）

【推行“六戒六强”工作法】 年初，县法院推行“六戒六强”工作法，即戒除“骄横”，强化“文明执法”理念；戒除“冷漠”，强化“司法为民”理念；戒除“懈怠”，强化“高效司法”理念；戒除“私情”，强化“公正司法”理念；戒除“贪腐”，强化“廉洁司法”理念；戒除“惰性”，强化“能动司法”理念。

（徐秀丽）

【建立“四二一”法检联络机制】 年内，县法院与县检察院建立“四二一”联络机制。“四”即双方于每季度末进行一次季度工作协调沟通会，全年举行四次；“二”即双方于上、下半年各进行一次半年工作通报交流会，全年举行两次；“一”即双方于每年年底进行一次全年工作总结部署会。

（徐秀丽）

【建成电子诉讼档案库】 年内，县法院建成电子诉讼档案库，将 1980 年以来的 165648 卷纸质诉讼档案全部进行电子扫描，将案件各环节的有关文书、资料和主要证据完整、准确、规范地录入电脑，形成与纸质档案相对应的电子卷宗，并在立案服务大厅设立电子档案查询台，每周二和周四由专人提供电子档案查询服务。

（徐秀丽）

【县法院官方微博正式开通】 12 月，县法院官方微博在新浪网注册，认证名称为“密云法院”。官方微博的日常管理工作由新闻办负责，并设有专门的微博管理员及时发布内容，与网民进行互动。

（徐秀丽）

【创建全国青少年维权岗】 年内，县法院被共青团中央、中央综治办、最高人民法院、最高人民检察院、教育部、公安部、民政部、司法部等 12 家单位组成的全国“青少年维权岗”创建活动领导小组评为 2013 年度全国“青少年维权岗”。

（徐秀丽）

案例举要

【强制拆除 24 栋违章别墅案】 年内，某公司未经批准擅自在穆家峪镇辛安庄村非法占地建别墅、硬化路面，北京市国土资源局先后作出三份行政处罚决定书，责令该公司拆除其非法占用的 3002.05 平方米土地上的建筑物及 5407.88 平方米硬化路面，恢复原地貌。在法律规定期限内，该公司既未申请复议或提起行政诉讼，亦未履行行政处罚决定书所确定的义务。北京市国土资源局遂向县法院申请强制执行，县法院依法作出准予强制执行的裁定。县法院多次协调穆家峪镇政府、国土部门召开执行联席会，制定了执行预案，并联系公安、消防、医疗等单位现场备勤，防止发生自伤、自残现象。执行人员进入现场后，拉起警戒线，严密布防，对冲撞执行现场的个别业主进行了依法控制，并在公证人员的现场公证下，清空违章建筑内物品。经过 14 个小时的不间断执行，24 栋违章别墅被全部拆除。

（徐秀丽）

【刘某等 5 人非法采矿案】 被告人相某、王某、伍某、袁某、刘某于 2013 年 3 月间，在未取得采矿许可证的情况下，擅自在高岭镇辛庄村庙东山场内开采铁矿石 372.92 吨。非法开采的铁矿石品位为 TFe22.83%，总价值人民币 104000 元。被告人刘某于 3 月 13 日夜，在参与非法开采铁矿石被发现后，驾驶挖掘机逃离现场时，损毁他人杏树、板栗树等共计 29 棵。经鉴定，被损毁树木价值人民币 11070 元。

县法院经审理认为,被告人刘某等5人违反国家矿产资源法的规定,未取得采矿许可证擅自采矿,情节严重,其行为均已构成非法采矿罪;被告人刘某故意毁坏他人财物,数额较大,其行为构成故意毁坏财物罪,应实行数罪并罚。被告人袁某系初犯,有自首情节,依法对其从轻处罚。被告人相某、王某、伍某能如实供述犯罪事实,依法均从轻处罚。被告人刘某能积极赔偿经济损失,对其所犯故意毁坏财物罪从轻处罚。2013年10月16日,县法院根据被告人的犯罪事实,犯罪的性质、情节和对社会的危害程度,依法判决刘某犯非法采矿罪、故意毁坏财物罪,决定执行有期徒刑1年10个月,罚金人民币3万元。其余4名被告人分别被判处有期徒刑1年到1年6个月不等,判处罚金2万到3万元人民币不等。一审宣判后,被告人未提起上诉。

(徐秀丽)

【涉华润希望小镇农村土地承包合同案】 华润希望小镇是北京市新农村建设示范工程。该工程建设需征用穆家峪镇阁老峪村部分村民的承包地。谢某等6人以拆迁补偿数额低为由,拒绝将土地流转给阁老峪村股份经济合作社统一经营管理,妨碍了工程如期开工建设。为此,阁老峪村股份经济合作社将谢某等6人诉至县法院,要求解除与谢某等6人签订的农村土地承包合同。考虑到该工程工期紧、任务重,且涉及人数较多,为确保案件妥善解决,县法院指派具有丰富审判经验的法官承办此案。承办法官协调村委会组织召开了村民代表大会,了解村民对华润希望小镇建设及土地征用补偿等问题的意见,并到被告家中逐一了解被告的诉求,做好法律释明工作。经过承办法官的反复劝导,被告谢某等6人与原告达成了和解,同意解除土地承包合同,将承包地流转给村股份经济合作社,使华润希望小镇得以顺利开工建设。

(徐秀丽)

司法行政工作

【概　况】 年内,密云县司法局按照“围绕中心,服务大局,重心下移,关口前移,内强素质,外树形象”的总体工作思路,全面推进司法行政工作创新发展,法律服务、法制宣传和法律保障等职能作用得到进一步提升。法律服务工作,村居行活动与融入网格工作结合,为村居群众提供点对点、面对面的法律服务,举办法制讲座65场次,解答法律咨询3518人次,发放宣传资料12000余份,律师代理刑事民事案件287件,公证处办理各类公证1901件。重点做好农民工、老年人的法律援助工作,办理法律援助案件500余件,解答“148”来电来访咨询3300余人次。整合县法制宣传志愿者、普法讲师团、青春船长及镇街法治文艺宣传队等法制宣传队伍,组织“12·4”法制文艺节目汇演活动,制作并发放《践行北京精神,做讲法制守秩序的北京人—致密云市民的倡议书》,开展各类法制宣传活动300场次,发放各类宣传材料11万余份,受教育人数达21万余人次。与县总工会、县劳动局联合下发《关于进一步加强劳动争议调解联动机制建设的工作意见》,完成49家规范化人民调解委员会创建工作,全县共受理各类纠纷2300件，成功件2254件，成功率98%。在全县范围内开展社区矫正工作大检查活动，加强重点时期两类人员管控工作，开展社区矫正十周年主题宣传月活动，推进中途之家软、硬件建设，年内，“两类”人员脱管、漏管和重新犯罪三项指标均好于全市平均水平。

（齐光昊）

单位名称：密云县司法局
地　　址：密云县西门外大街12号
电　　话：69041921

【人大审议社区矫正工作报告】 3月26日上午，密云县第十五届人大常委会第九次会议听取和审议了密云县政府关于社区矫正和安置帮教工作情况的报告。县司法局就本县十余年来的社区矫正和安置帮教工作情况做了报告。县人大代表充分肯定了本县社区矫正和安置帮教主要做法和取得的成效，提出意见和建议，审议通过了该报告。

（齐光昊）

【开展第三届司法行政工作开放日活动】 4月12日，县司法局以“司法行政为民”为主题开展第三届司法行政开放日活动。展出展板近40块，发放宣传资料200余份，解答咨询21人次。

（齐光昊）

【窗口单位服务规范化建设】 4月27日，县司法局部署基层站所（窗口单位）“查问题、转作风、树形象”服务规范化建设工作。规范化建设工作分两个阶段。第一阶段是通过动员部署、查找问题、培训考试、边查边改等环节，转变工作作风；第二阶段是巩固整改成果，局服务规范化建设领导小组进行督促检查，对存在的问题进行综合分析，并通报。

（齐光昊）

【开展社区矫正执法监管大检查活动】 5月起，在全县范围内开展了社区矫正工作大检查活动，在司法所自查的基础上，对在册的社区矫正对象的执法工作档案进行逐一检查。

（齐光昊）

【开展结对帮扶困难家庭活动】 7月22日，县司法局开展结对帮扶困难家庭活动，局党组筹措资金，购买化肥2吨，并以支部为单位组织党员将化肥送到了大城子镇柏崖村20个贫困户家中。

（齐光昊）

【开展社区矫正十周年主题宣传月活动】 7月至8月，县司法局开展了社区矫正十周年主题宣传月活动。7月31日，召开密云县社区矫正十周年总结大会，对本县十年来的社区矫正工作进行全面总结，并对获得市、县先进的单位和个人进行了表彰；20个镇街先后开展了社区矫正十周年宣传展板巡回展。

（齐光昊）

【开展《法律援助条例》颁布实施十周年宣传活动】 9月4日，在果园街道社区文化广场举办了纪念《法律援助条例》颁布实施十周年大型宣传活动。宣传活动以“维权弱势群体，构建和谐密云”为主题，宣传密云法律援助十年来在维护困难群众合法权益、促进社会和谐稳定中的重要职能作用。活动，共摆放宣传展板20块，发放宣传资料5000余份，发放环保购物袋200个，解答群众法律咨询60余人次，现场受理法律援助案件2件。

（齐光昊）

【走访网格，服务居民】 10月25日，县司法局公证律师管理科工作人员及村居行派驻律师深入密云镇开展网格化服务工作和法律服务村居行活动，走访了密云镇的6个村庄,发放了县司法局网格化联系卡,并与各村民调主任就网格化开展工作进行了深入座谈。

(齐光昊)

【召开十八届三中全会维稳工作会议】 10月30日,县司法局召开干部会,研究部署十八届三中全会维稳工作。会议对可能出现影响社会安全稳定的各类因素进行分析研判,对十八届三中全会会前和会中的各项维稳工作做出部署。

(齐光昊)

【对协管员进行责任制考核】 12月4日,县阳光社区矫正服务中心依照《司法行政协管员岗位责任制》,对85名协管员的工作情况进行了集中考核。

(齐光昊)

【开展司法行政进网格法制宣传活动】 12月4日,在大城子镇大龙门村开展司法行政进网格法制宣传活动,发放法律法规宣传材料、法制宣传环保购物袋300多份,解答法律咨询5人次。

(齐光昊)

【举办“弘扬法治文化 建设美丽密云”法治文艺汇演】 12月18日,县法制宣传教育领导小组、县司法局、县文委共同举办“弘扬法治文化建设美丽密云”法治文艺节目汇演。县法制宣传教育领导小组各成员单位领导、各镇街主管法制宣传教育工作的领导及各镇街300余市民观看演出。

(齐光昊)

【开展“北京司法大讲堂活动”】 年内,开展“北京司法大讲堂活动”,成立了大讲堂活动领导小组,组织了“幸福北京”、“法治北京”、“美丽北京”、“平安北京”四个阶段活动,共举办各种形式的大讲堂活动356场次,发放各类宣传材料13万余份,受教育人数达25万余人次,市县媒体宣传报道达120余次,提升了司法行政机关的知名度和影响力。

(齐光昊)

人民武装

【概　况】 年内,密云县武装部按照北京卫戍区“注重落实,科学抓建,真抓实干,全面发展”的总体思路,重点打基础,突出抓安全,深入搞调研,扎实抓落实,完成了上级军事机关和县委县政府赋予的各项任务,民兵预备役部队全面建设得到了新的提高。2013年被北京市人民政府、北京卫戍区评为“先进人民武装部”,鼓楼街道武装部被北京军区评为“先进基层武装部”。

(付合新　吴定雄)

单位名称:密云县人民武装部
地　　址:密云县南更大街199号
电　　话:69041232

【思想政治建设】 年初,县武装部党委落实机关理论学习制度,开展了“学习贯彻党章、弘扬优良传统”和“四反”等专题教育活动,组织干部职工贯彻落实党中央、中央军委、北京市和卫戍区党委关于加强作风建设的各项规定措施,重点纠治了“四风”方面存在的突出问题。通过领导讲课、观看录像、专家辅导、交流心得体会,读书的氛围浓厚了,学习的劲头增强了,思想觉悟和工作能力有全面的提高。

(付合新　吴定雄)

【组织基础专武干部培训】 3月,县武装部按照年度工作计划,对全县23个基层武装部、40名专武干部进行业务培训,就专武干部的职责任务、工作特点、民兵整组、军事训练、反恐维稳、征兵等工作流程和操作方法进行讲授。

（付合新　吴定雄）

【民兵整组】 3月,县武装部狠抓民兵整组和军事训练,按照"压缩规模、调整布局、优化结构"的总体思路,优化了组织结构,把100人的应急分队人员,全部编在了县城周边的街道和乡镇机关的干部职工中,人员在位率提高到98%以上,遇有突发事件的集中时间从原来的3~4小时,缩短到1小时之内。全县共编2个防空营、2个应急营、4个步兵分队、15个专业技术分队和334个民兵连。

（付合新　吴定雄）

【民兵应急分队训练】 4月下旬,按照北京市和卫戍区要求,县人武部组织100名民兵应急分队进行集中训练,历时22天,开展了盾棍术、队列、山林灭火、炊事车操作等科目的训练,在卫戍区组织的民兵预备役应急分队授旗及训练考核中,队列动作和炊事操作两个课目获得全市第一名的好成绩。6月下旬,利用1周时间,从鼓楼街道、果园街道抽调20名民兵应急分队骨干,在潮白河河道组织了冲锋舟操作手集训,做好汛期民兵应急分队战备工作,"北京电视台"对此次集训进行专题报道。

（付合新　吴定雄）

【完成年度征兵任务】 7月,针对征兵工作由多年的冬季征兵调整为夏秋季征兵的实际情况,县武装部利用电视、报纸、网络等加大征兵宣传工作,在全县乡镇村队主要街道悬挂横幅、张贴标语、发放宣传资料,在电视台黄金时段滚动播放征兵宣传口号和征兵知识问答、征兵电视访谈等节目。县委、县政府出台新政策,将义务兵优抚金从每年2万元,提高到每年2.2万元,优抚安置费从4.3万元增加到4.8万元。全县应征报名人数达到任务数的近3倍,完成了153名新兵征集任务,其中男兵150名,女兵3名。

（付合新　吴定雄）

【民兵应急分队参加"两会"和十八届三中全会安保执勤】 年内,县武装部分别于3月1日-20日和11月1日-16日,两次组织民兵应急分队80人,配合公安部门在5个进京路口设卡执勤,太师屯、古北口、大城子、新城子、冯家峪等5个乡镇的民兵应急分队人员,分四班24小时上岗。执勤期间配合公安民警共抽查车辆2000余辆次,处置突发事件3起,查获网上在逃人员2名,吸毒人员5名,缴获管制刀具44把,劝返上访人员20余名,为保证"两会"和"十八届三中全会"安全做出贡献。

（付合新　吴定雄）

【国防动员有效推进】 年内,根据新情况、新任务,县武装部及时协调县有关部门对国防动员领导机构进行调整,在县编办和发改委的协助下,完成了县国民经济和装备动员办公室的调整组建工作,按计划完善制定了《防火防汛救灾》、《疏散隐蔽》、《应急分队保障》等应急预案。完成了5所中学2000余名学生的军训任务。

（付合新　吴定雄）

【双拥共建】 年内,组织驻密部队与驻地镇村保持帮扶对子53个,新结双拥共建对子8个。协调驻密部队出动1150余人次参加植树造林和环境整治活动。在重要敏感时期,协调水库武警成立巡逻分队,24小时在城区执勤,协助公安做好维护社会稳定工作。协调政府安置驻密部队转业干部和随军家属,安置率达100%。“八一”、春节期间,协调机关企事业单位走访慰问了驻密部队和卫戍区驻训部队,赠送价值50余万元的慰问品。

(付合新 吴定雄)

【国防教育】 年内,在基层民兵连队深入开展了民兵“四课”教育,县武装部统一印制下发了“四课”教育教材,对民兵连队指导员和政治教员进行培训,县武装部统一为每个基层民兵连订购《华北民兵》、《中国民兵》、《中国国防报》等5种1000余份报刊杂志。利用民兵整组、应急分队军事训练、民兵执勤、征兵等时机,集中开展国防教育,向全县3500名基干民兵,发放宣传资料1万余份。在处级以上领导干部培训班上,开展了国防教育课程,聘请专家讲授国际国内形势,观看军事教育片,提高领导干部的国防观念和国防意识。协调县文明办、教委、驻密部队等单位,成立密云少年军校总校,组织驻密部队与20多所中、小学结成对子,利用暑假进行国防教育和军训。在国防教育日和征兵期间,开展国防教育宣传周活动,在全县主要街道繁华路段设立宣传站20处,向过往群众发放宣传资料20000余份,悬挂国防教育横幅300多条。在欢送新兵大会上对5名在部队立功授奖的密云籍现役军人进行通报表彰和奖励。

(付合新 吴定雄)

人民防空

【概　况】 年内,密云县民防局围绕“以人为本、民防为民、平战结合、造福人民”的宗旨,坚持以“准军事化”建设为载体,加快指挥平台建设,做好人防工程“结建”、“民防特种救援队”、防空防灾公共安全知识宣传教育等工作,推动民防事业发展。

(刘依依)

单位名称:密云县民防局
地　　址:密云县鼓楼西大街3号
电　　话:69041594

【指挥通信】 年内,县防空防灾指挥中心运转良好,与县应急办和镇街指挥中心联通正常;县防空防灾指挥中心完成升级改造工作;建成西田各庄镇、不老屯镇民防指挥所并投入使用;重新整组人防专业队,制定和落实训练计划,并组织演练和培训;组织“民防特种救援队”训练;组织人员参加全国人防办组织的训练比武竞赛;修订《人口疏散和人员隐蔽计划》;完成年度高点监控安装、更换工作及防空警报设备的巡检工作;对应急指挥车进行维护管理和人员的操作训练;更换和充实物资储备库的物资;加强民防志愿者总队的建设,对镇街民防志愿者分队开展活动进行指导。

(刘依依)

【人防工程建设】 年内,严格人防工程项目的审查审批,加强人防工程建设监督管理,对全县现有的人防工程进行全面检查,落实对人防工程建设的全程监督管理,坚持依法审批;对毁损设备及时进行更新。组织了人防工程火灾隐患排查和可燃物清理工作,对存在隐患的人防工程进行整治和维修;为人防工程统一安装标示牌,进一步规范人防工程的管理;修订《密云县人防工程防汛应急方案》,重组防汛抢险队,储备抢险物资,签订责任书,加强汛期值班。

（刘依依）

【开展民防宣传教育活动】 年内，对已建民防宣教场所和社区宣传栏进行内容更新；先后4次组织部分市民、小学生到县民防宣教基地和鼓楼街道宣教平台参观学习；深入开展"3·1国际民防日"、"5·12防灾减灾日"和"国防教育日"以及人防工程安全生产宣传教育活动；定期更新密云县防空防灾网的内容。指导全县初级中学继续开展《安全应急与人防知识》教育教学。

（刘依依）

【执法检查人防工程】 年内，落实依法行政"五项配套制度"。开展人防工程建设专项检查，摸清对已建、在建和使用的人防工程的底数。落实依法行政工作报告制度，对重要目标和重要经济目标单位的人防设施涉法情况进行了检查。

（刘依依）

双拥工作

【概　况】 年内，以提升双拥工作特色品牌、促进军政军民和谐共建为主要目标，加强全民国防教育，巩固发展"同呼吸、共命运，心连心"的良好局面，开展各项双拥工作。

（赵东方）

单位名称：密云县民政局
地　　址：密云县城后街23号
电　　话：69042485

【两节期间的拥军优属】 "两节"期间，县委、县政府组成多个慰问组对驻密部队进行走访慰问，县双拥办走访慰问部分驻密部队，发放慰问金和慰问品折款98.58万元，市级一次性生活补助58.16万元，国家一次性生活补贴104.69万元。

（赵东方）

【"八一"期间拥军优属】 "八一"期间，县委、县政府组成多个慰问组对驻密部队进行走访慰问，县双拥办走访慰问部分驻密部队，发放慰问金20万元。县双拥办与县文化馆联合举办"庆祝建军光辉节日、真情慰问驻密官兵"文艺演出，为武警水库大队全体官兵带去节日的问候。有驻军的街道地区在节日期间对驻地部队进行了慰问走访。驻密部队官兵利用休息时间走访驻地附近群众百姓，为当地生活困难群众、老党员、优抚对象、烈士遗属等送去温暖和关怀，帮助他们解决生活困难。

（赵东方）

【开展征文活动】 年内，举办"军旅情，中国梦"有奖征文大赛，并设立相应奖项鼓励各有关单位干部及部队官兵踊跃参加，活动收到参赛作品24篇，其中16篇分获一、二等奖。

（赵东方）

【少年军校】 年内，全县19所少年军校开展首都军警民共建少年军校活动。"八一"前后，各军校举办文艺演出活动，促进青少年的成长进步。

（赵东方）

【落实双拥政策法规】 年内，县双拥办为随军家属解决生活问题，为12户随军家属解决子女入学问题。各机关单位组织参观慰问驻密部队，召开单位内部复转军人、军属慰问座谈会；各乡镇街道组织召开优抚对象代表座谈会,进一步推动双拥工作的开展。

(赵东方)

【开展国防教育活动】 年内,发挥烈士陵园、光荣院、白乙化烈士纪念碑地等爱国主义教育基地的作用,组织中小学生、部队官兵、入党积极分子参观进行革命传统教育;组织机关干部及群众代表在驻密部队召开座谈会、举办国防知识讲座和影视展播等。

(赵东方)

【退役士兵安置】 年内,接收退役士兵179人,全部完成档案审核录入工作。同时,做好退役士兵一次性经济补助发放工作,发放772.2万元。协调有关单位、部门为退役士兵推荐工作,上岗110人。向市局争取资金8400元,对14名立功受奖、家庭困难退役士兵进行走访慰问。

(赵东方)

【完善抢险救灾应急体系】 进入汛期后,各驻密部队切实抓好支援地方抢险救灾、疫病防治、安保维稳建设工作,研究制定了应急预案,适时搞好应急演练。

(赵东方)

综合经济管理

发展改革

【概况】 年内,密云县发展和改革委员会(以下简称县发展改革委)开拓创新,扎实进取,完成了各项工作任务。全年实现地区生产总值 195.1 亿元,同比增长 9.3%。完成全社会固定资产投资 165.1 亿元,同比增长 13.6%。公共财政预算收入 25.4 亿元,同比增长 14.6%。城镇居民人均可支配收入 32538 元,农村居民人均纯收入 16202 元,同比分别增长 10.1% 和 11%。大气主要污染物年均浓度、万元地区生产总值能耗、水耗分别下降 5.4%、5.34% 和 10.5%。

(李亚娟)

单位名称:密云县发展和改革委员会
地　　址:密云县新北路 9 号
电　　话:69042988

【经济运行分析】 年内,环境友好型工业较快增长,经营效益不断好转,工业利润持续回升。现代制造业快速发展,汽车及零部件业增势良好,生物医药业增势强劲,企业自主创新能力继续提升,开发区 80 家企业被认定为中关村高新技术企业,18 家企业入围中关村“瞪羚计划”,5 家企业入围“十百千”工程,2 家实验室被认定为市级工程实验室。休闲旅游业提质增效,“国际绿色休闲旅游产业综合示范区”建设成效显著,旅游环境明显改善,制定《密云县支持民俗旅游发展融资财政贴息实施办法》,支持民俗旅游发展,全县民俗村已达 82 个,乡村旅游综合收入、人均消费继续走在生态涵养发展区前列。都市型现代农业融合发展,休闲农业、设施农业、景观农业、林下经济发展迅速,改造提升休闲农业园 8 个、有机果品基地 30 个,产业融合进一步加深,百年栗园、绿润、海华云都等农产品加工企业及专业合作社发展壮大。农业基础设施投入不断加大,机械化、科技化水平进一步提高。农村产权制度改革稳步推进,土地规模化、集约化经营程度提升。社会消费平稳增长,实现社会消费品零售额 116.2 亿元,同比增长 10.1%。家用电器、金银珠宝、日用百货等商品旺销。假日市场升温,县域内主要商场超市“春节黄金周”及“十一”长假销售额同比分别增长 13.6% 和 15.9%。民间消费持续活跃,限额以下住宿餐饮业消费额同比增长近 20%。社区便民菜店建设先期启动,建成社区再生资源回收站点6家。建筑业提速,商品房热销,实现商品房销售面积64.1万平方米,商品房销售额68.3亿元,建筑业总产值110.4亿元,同比增长6.5%。开发区主引擎作用凸显,实现工业收入230亿元,同比增长19.4%,占全县工业经济总量66%。纳税形成县级财政收入5.2亿元,同比增长20.7%,安置本地劳动力就业1.2万人。盘活闲置企业10家,引进落地实体企业20家,区内18条道路升级改造工程全面竣工。商务区A2地块完成入市交易,生态乐活城中央公园开工建设,生态体验中心及示范展厅主体结构完工,精品公寓一期获市发改委立项批复。北区规划建设同步实施,着力引进科技研发型、文化创意型企业总部。被认定为"北京市总部经济发展新区",并列为全市首批"绿色生态示范区"。发展实力继续提升,政府平台融资4.98亿元,累计为中小企业、民俗旅游户提供担保贷款2.08亿元。科技实力进一步增强,市级以上各类研发机构18家,累计申请专利400余件,居生态涵养发展区首位。全年引进实体项目61个,协议投资额90.4亿元,到位资金37亿元。生态商务区入驻项目112个,实现税收2.1亿元,形成县级财政收入7000万元,增长81%。太子务开发区年内实现税收1.3亿元,形成县级财政收入6700万元。

(李亚娟)

【争取建设资金】 年内,争取中央及市政府批复补助资金14.1亿元,支持县内建设项目25个。市发改委安排资金14.82亿元(含平原造林项目融资2亿元)用于支持县内建设项目42个,其中,争取资金5.14亿元,支持基础设施项目12个;争取资金4.22亿元(含平原造林项目融资2亿元),支持生态环境项目12个;争取资金4.05亿元,支持社会事业项目8个;争取资金1.41亿元,支持产业、电力、能源项目11个。重点支持了古北水镇、经济开发区、2013年京津风沙源治理工程、阳光浴室工程等建设项目。

(李亚娟)

【项目审批核准备案】 年内,完成县级审批、核准、备案项目66个,总投资41.44亿元。其中:县级审批项目29个,总投资13.8亿元;核准社会投资项目22个,总投资24.48亿元;备案社会投资项目15个,总投资3.16亿元。包括:基础设施项目26个,总投资5.77亿元;生态环境项目2个,总投资3.4亿元;社会事业项目11个,总投资6.55亿元;能源项目5个,总投资1.75亿元;二产及旅游休闲产业项目17个,总投资8.96亿元;房地产一、二级开发及其它项目5个,总投资1.5亿元。

(李亚娟)

【稳定市场价格秩序】 年内,对云北小区二期、清水湾小区经济适用房成本进行初步审查和市场调查测算,拟定经济适用住房政府指导价格的中准价格;对蔡家洼观光工业园景区门票价格进行调整;制定新建幼儿园收费标准;完成本县2012年度行政事业性收费年审和换发《收费许可证》工作。加强禽蛋及禽流感防护用品等商品价格监测工作;全力做好节假日及日常价格监测、检查工作,重点对粮、油、肉、蛋、菜价格数据进行汇总分析,及时准确反映市场商品价格波动情况,引导正确消费;制定副食品零售终端摊位费、入场费减免方案;完成本县成本监审和农本调查工作。做好涉案物品价格鉴定工作,受理涉案物品价格鉴定452件,涉案金额5671.78万元;受理价格举报、咨询512

件，核实举报案件调查198人次，协调退款1.44万余元，办结回复率为100%。

（李亚娟）

【煤炭电力调控】 年内，协调推进司马台35KV输变电工程、太北110KV输变电站工程、檀营110KV输变电工程等重点电力工程项目建设；推进华润希望小镇配套电力设施工程和老旧居民小区电网改造工程建设。制定《密云县电力安全生产执法检查实施方案》、《密云县发展和改革委员会电力安全生产大检查工作方案》、《密云县"十八届三中全会"电力安全保障工作方案》等安全生产方案。会同水务局、安监局、供电部门等单位开展电力安全检查，消除电力隐患。组织本县32家煤炭经营企业进行煤炭经营许可证的年检工作。

（李亚娟）

【节能减碳】 年内，通过实施重点领域节能工程、建设"六位一体"的基础能力以及广泛开展节能宣传培训等工作措施，本县万元GDP能耗下降5.34%，能耗消费总量控制在109.4万吨标准煤，超额完成市政府下达本县万元GDP能耗下降2.69%、能源消费总量控制在110万吨标准煤以内的节能目标任务，被市政府评为节能先进区县。压减燃煤，改善空气质量。制定《密云县2013-2017年加快压减燃煤和清洁能源建设工作方案》，重点开展供热清洁化和散煤治理等工作，减少燃煤消耗，同时加强清洁能源供应保障，建立健全工作保障机制，对压减燃煤和清洁能源保障的目标任务进行细化分解。全年实现压减燃煤2万吨。

（李亚娟）

【项目稽察监管】 年内，依法履行行政监督职能，建立月报制度，对项目建设进行全过程监管，在资金使用上严格按照项目建设进度拨付建设资金，实现建设资金与建设项目进度同步。配合市发展改革委完成本县政府投资项目专项稽查，涉及项目42个，投资金额14.7亿元；稽察本县重大项目和重点工程51个，对存在问题的项目，督促项目单位进行整改，确保项目建设顺利进行。

（李亚娟）

【窗口建设管理】 年内，县行政服务中心发展改革委窗口以"服务经济、方便群众"为宗旨，不断规范审批行为、缩短审批时限、简化审批环节，接待咨询106人次，办结核准备案项目6个，办结项目总建筑面积19602.75平方米，项目总投资6459.61万元。

（李亚娟）

统　计

【概　况】 年内，密云县统计工作按照市统计局、国家统计局北京调查总队的工作部署和全县中心工作，不断提高统计能力、提高统计数据质量、提高统计公信力，以四大工程建设为主线，加强统计监测分析工作，推进统计各项基层基础建设，做好各种专项调查工作，开展经济形势分析，打造阳光、透明统计，为领导决策提供信息支撑。

（统计局调查队）

单位名称：密云县统计局
　　　　　国家统计局密云调查队
　　　　　北京市密云县经济社会调查队

地　　址:密云县新北路甲11号
电　　话:69041432

【统计工作研讨会】 年初,局队召开2013年统计工作会。会议对2013年的工作重点、难点进行了细化、梳理和部署。会议提出:在数据产生到上报的过程中要层层把关,高标准、严要求,运用多种方式、方法,夯实基层基础数据,情况分析力求准确、全面、有高度,确保源头数据质量。增强统计部门的协调能力,创造优良的统计工作环境。密切关注民生统计相关指标的提炼,加大分析力度,突出分析重点,对全县经济形势做出准确描述和判断,为县委、县政府提供科学、准确的决策依据。

(统计局调查队)

【队伍建设】 年内,开展科级干部竞争上岗工作,共有47人报名参加,通过竞争,12名群众公认、有能力、能干事的职工上岗;有4人取得了初、中级职称,局队统计人员的专业技能进一步提高。

(统计局调查队)

【统计服务】 年内,密云县统计信息被市县相关媒体采纳304条,其中被县委、县政府刊物采纳139条。依照政府信息公开程序和范围公开信息169条,接受统计咨询298人次,对外提供统计数据15607笔,印发统计分析76篇。

(统计局调查队)

【农业综合统计数据库项目】 年内,完成农业综合统计数据库项目。调查内容主要包括农村基本情况、农业生产情况以及民俗旅游情况等三方面。重点调查指标涵盖耕地面积、乡村从业、设施农业、规模养殖、观光民俗等。调查对象为全县涉农的330个村、1个居委会,涉及17个乡镇。通过摸底调查,掌握了"三农"基础数据,摸清了"三农"家底,为全县推动集体土地流转起来、资产经营起来、农民组织起来的"三起来"工程提供数据支撑。

(统计局调查队)

【统计法制建设】 年内,开展"第三次全国经济普查宣传征文活动"及"全国统计法治征文活动和全国统计普法宣传口号征集活动"。参加《统计法》和《全国经济普查条例》知识竞赛活动,纪念《统计法》颁布30周年。组织会前讲法80余场次,2500人次参与。开展送法200余次,涉及单位200余家。组织聘用任用无统计从业资格证单位、村、居委会的统计法制培训8次,参加单位150余家。在法制公园法制长廊橱窗张贴《统计法》、《全国经济普查条例》等统计法规和经济普查宣传口号。推进统计从业资格认定,为121人办理了统计从业资格证。完善统计调查单位信用评价体系,树立诚信统计、依法统计的典型,评选出9家"统计诚信单位",给予表彰。发挥督导检查指导作用,完成统计执法检查191个单位,向212个待查单位发放查询书,查询其统计人员取得从业资格证书情况,处罚140个单位。

(统计局调查队)

【统计信息化建设】 年内,在密云统计网站发布工作动态、统计数据、统计分析等内容共计681条,当年网页浏览量约3万次。信息安全严格化,对所有内网电脑下发了IP与MAC绑定策略;为满足经济普查数据处理需求,新增内网IP地址段10.11.138.*。密云经济普查网正式上线运行。

(统计局调查队)

【能源统计监测】 年内,顺利完成全县能源消费数据采集工作,科学测算全县能源消费总量;加强对能源消费的监测,认真研究经济结构与能源消费结构,找出重点节能领域提供给县政府，为2013年完成市政府下达节能目标任务做出了贡献。

（统计局调查队）

【价格监测】 年内，对县域重点商场、超市、市场消费品日常及节假日的价格进行监测，掌握调查网点的基本情况，监测数据变化。对102个调查网点817个规格品进行分类，确保采价员依照规定采价。完成全年督导检查任务10家，其中6家生产者价格企业，4家房地产租赁企业。完成市局布置的工业生产者价格调研2篇，固定资产投资价格调研报告1篇，运输业价格1篇，14篇房地产情况及价格调研报告。

（统计局调查队）

【专项调查】 年内，开展了2013北京市摇号购车调查、居民文化消费现状及需求意向调查、居民养老现状与需求调查、党风廉政民意调查、北京市区县反腐倡廉建设民意调查等专项调查。围绕扩大内需、促进增长、调整结构政策实施情况，加强部分服务业调查及大中型企业发展的跟踪监测调查。围绕民生问题，加强对城乡居民收入调查，加强对生产、销售、投资、消费、就业、收入、价格等领域运行情况监测。

（统计局调查队）

【年度人口抽样调查】 年内，局队组织实施了2013年度人口抽样调查工作。重点参考第六次人口普查和公安、计生、民政等相关部门数据，并对人员变动较大的地区、单位进行走访，科学推算密云2013年常住人口相关总量及结构数据。

（统计局调查队）

【第三次全国经济普查】 年内，开展第三次全国经济普查工作，全面调查密云县第二产业和第三产业的发展规模及布局。县政府成立了密云县第三次全国经济普查领导小组及其办公室，制定并印发了《密云县人民政府关于开展第三次全国经济普查的通知》、《密云县第三次全国经济普查实施方案》。组建了20个乡镇（街道）及经济开发区普查机构，划分普查区386个，抽调、选聘普查人员1000余人；通过悬挂横幅、LED电子屏幕、居（村）社区橱窗等多种形式大力宣传普查工作；在鼓楼街道鼓楼南区社区和十里堡镇十里堡村开展普查综合试点；单位核查阶段共核查出应登记单位15922个。

（统计局调查队）

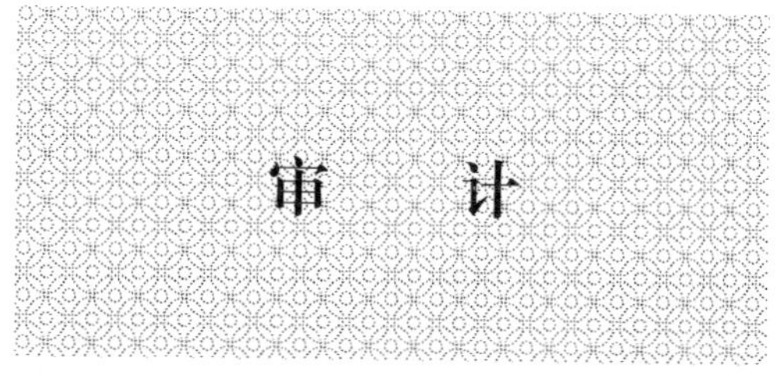

审　计

【概　况】 年内，密云县审计局坚持科学审计理念，以强化审计质量控制为核心，以创新审计管理为基础，坚持强管理求突破，促转型的工作思路，以严格制度执行为保障，加强审计队伍建设、制度建设和业务建设，不断改进审计方式方法，深化审计监督内容和效果，促进审计结果有效整改，有效发挥了审计免疫系统功能作用。

（时兴芬）

单位名称：密云县审计局
地　　址：密云县鼓楼东大街10号
电　　话：69041012

【审计成果】 年内，组织开展审计和审计调查项目47项，涉及被审计单位40个，涉及被审计领导干部23人；查出违规和管理不规范金额98213.84万元;收回财政拨款384.81万元;审减投资成本5279.71万元;停止拨付财政资金60万元;提出审计建议58条。

(时兴芬)

【同级预算执行审计】 年内,在对县财政局具体组织本级预算执行和其他财政收支审计中,重点对公共财政预算、政府性基金预算、财政专户管理、国库集中收付等财政管理改革和政策落实情况及效果进行审计。从审计情况看,财政部门充分发挥职能作用,推动经济发展,保障改善民生,财政管理实现了规范化、制度化、系统化,科学理财水平逐步提高,但在预算管理、资金使用绩效等方面还需进一步加强和改进;在政府性债务审计中,由市、县审计机关联合对县2010~2012年政府性债务情况进行跟踪审计。从审计情况看,县政府高度重视政府性债务管理工作,制定《密云县人民政府关于加强政府性债务管理意见的通知》(密政发[2012]10号),强化支出责任,并把政府性债务纳入财政支出绩效评价管理范畴,加强政府性债务监管,实行统一归口管理,构建政府性债务规模控制机制,整体债务规模处于可控状态;在部门预算执行审计中,进一步扩大审计覆盖面,按不低于全县预算单位20%的比例,安排县公安局、法院、检察院等14个部门2012年预算执行情况审计。通过审计揭示部分单位预算执行不够严格、少数单位财政改革措施落实不到位、个别部门财务管理不规范等问题。

(时兴芬)

【经济责任审计】 年内,制定出台《密云县经济责任审计工作联席会议制度》,注重发挥经济责任审计工作联席会议成员单位的作用,推动经济责任审计工作的制度化、规范化、常态化;提升经济责任审计成效,结合密云实际,提出"警示、教育、保护、整改、提高"的审计原则,对23名领导干部进行离任审计。

(时兴芬)

【政府投资项目跟踪审计】 年内,对密云镇唐庄火车站东侧地块、密云镇季庄村城后南侧地块、溪翁庄镇溪翁庄村机床研究所西侧地块、溪翁庄镇走马庄村北地块、首都师范大学附属密云中学西地块、上好家园土地、密云县城后街住宅、商服土地、观光塔住宅小区D地块、原圆明三园地块、久润花园土地、水源路南侧储备项目一级开发等11个项目的一级开发成本进行审计,已完成审计项目5个,审减投资成本5279.71万元;按照全市统一部署,对2009年至2012年中小学校安工程进行跟踪审计,就项目手续、会计核算和历史遗留问题与县教委专门召开会议,研究解决措施,确保审计整改意见的全面落实。

(时兴芬)

【专项资金绩效审计】 年内,对县2012年平原地区造林工程建设专项资金管理及使用绩效情况进行审计调查。从审计情况看,平原地区造林工程按时间保质保量,按程序实事求是,按政策农民增收,按要求保持稳定,按生态优化环境,但也存在未足额完成秋季造林任务、项目地块调整未及时报经发改部门审批和部分土地流转补助资金支付不够及时等问题;对县2013年中小河道治理工程专项资金管理及使用绩效进行审计调查。从审计情况看,通过对县龙潭沟河和汤河2条河道的治理,有效提高了沟、河的行洪能力,美化了当地的生态水环境,为保障两岸村民生命财产安全和促进旅游产业发展发挥了积极作用,但也存在项目配套资金尚未到位、项目资金支付不够及时和项目资金结存数额较大的问题;市、县审计机关联合对县2012年城镇保障性安居工程的投资、建设、分配、运营等情况进行审计。从审计情况看,截至2012年底,县住房保障体系基本建立,人民群众的基本居住条件得到改善。

(时兴芬)

工商行政管理

【概　况】 年内,北京市工商行政管理局密云分局(以下简称工商密云分局)以“服务促监管、创新增效能”为工作着力点,努力构建有利于辖区经济健康发展的市场生态环境、有利于保护市场主体创新驱动的服务体系、有利于优化消费环境的制度机制,为密云县经济社会发展做出贡献。

(王　睿)

单位名称:北京市工商行政管理局密云分局
地　　址:密云县新南路49号
电　　话:69042280

【登记注册】 年内,新发展市场主体4766户,其中企业2804户(内资非私企业145户,私营企业2639户,外商投资企业20户),个体工商户1855户,农民专业合作社107户。截到12月20日,全县有各类市场主体37595户,其中内资非私企业2541户,私营企业13467户,外资企业189户,个体工商户20239户,农民专业合作社成员1159户。协助法院系统冻结股权40户。

(王　睿)

【年检验照】 年内,全县应验照个体工商户20228户,已验照18211户,网上申报率88.53%,验照率90.03%;应检企业14065户,已检企业13438户,网上申报率99.68%,年检率95.54%。

(王　睿)

【查处违法经济案件和开展行政指导】 年内,共查处各类经济违法案件455件,其中一般程序423件,简易程序32件;开展行政指导1398次,行政提示1053次,行政告诫45次,行政约见25次,助成性行政指导165次,责令改正110次。

(王　睿)

【商标保护】 年内,开展历史文化公共资源等区域特色商标保护工作。联合县文委制定《密云县历史文化公共资源名称保护目录》,筛选16件上报国家局实行先期保护;与县知识产权协会筛查县域特色品牌资源,对30件区域特色商标提前注册。截至年底,全县共有中国驰名商标3件,北京市著名商标13件,北京知名品牌8个,原产地证明商标1件,集体商标2件,无假冒商标示范商场5家。

(王　睿)

【优化投资发展环境】 年内,办理民俗旅游合作社登记82户,涉及16个重点民俗村。支持属地街乡镇政府推进便民网点建设,推动“一个社区登记一个便民服务法人企业”试点工作,促进区域业态的科学规划和优化提升。以经济开发区为重点,支持科技型企业改制上市,为私营资本投资高技术行业提供支持,优先帮扶符合本县发展定位的环保、低耗的高新企业发展。深化个转企工作,采取工商所就近咨询收件、登记窗口设立快速受理通道等便捷措施,完成个转企68户(累计138户),引导具备企业规模申请办理个体执照的主体直接办理企业550余户。接待企业咨询2800余人次,协助登记1600余户,注册资金累计10亿元,为企业节省各类成本累计约70万元。在鼓楼街道试点开通“个体登记绿色通道”,7月实行以来协助办理个体登记85户,受理咨询400余次。将注册大厅登记职能迁入县综合服务中心,实现企业登记注册各项业务的合署办公,方便申请人办理各项手续。

(王　睿)

【广告监管】 年内,加大广告工作服务力度,规范广告发布行为,政府所在地主要大街全部达到示范街标准。在广告示范街基础上开展广告示范村推广工作,以行政村为单位,参照《示范街标准》进行申报工作。截至年底,共有广告示范街19条,规范广告1084条,其中自设性广告1016条,经营性广告68条。

(王　睿)

【整治无照经营】 年内,县政府出台《密云县人民政府关于治理无证无照经营行为维护市场经营秩序的工作意见》、《2013年密云县推进城乡环境建设治理无证无照经营行为工作方案》和《2013年密云县治理无证无照经营行为工作考核办法》等文件,健全联席会议、联动执法等制度,并协助相关职能部门开展了以城乡环境建设、废旧物品回收、夏季露天餐饮和非法大排档为专项整治内容的无证无照综合治理工作。立案查处无证无照经营类案件65件,罚没款总计27.03万元。

(王　睿)

【流通领域食品安全】 年内,结合《北京市食品流通许可证管理办法》等五个文件,对分局食品流通许可需提交的材料、现场核查标准、核准的经营范围等内容进行完善,提高了食品流通许可的准入门槛。对有条件的企业推行食品流通许可网上申请,完善食品经营主体网格台账,签订流通环节食品安全责任书,规范流通环节各项制度的落实。开展“宣传新条例、营造新氛围”食品安全宣传活动,提高食品安全责任意识。做好禽类市场监管工作,加大市场防控检查、督查力度,扎实做好H7N9禽流感疫情防控工作,禁止集贸市场内的活禽交易和屠宰行为,全县未发生禽流感疫情事件。完成食品职能划转时期的部门衔接工作,在改革过渡期间,捋顺部门职责,加强与食品药品监管部门的协调配合,确保食品安全监管工作平稳过渡,完成了工商密云分局40名划转人员的相关交接工作。

(王　睿)

【消保维权】 年内,巩固固定工商工作站及“云蒙御道”流动工商工作站作用,开展消保宣传和企业帮扶活动。加强对投诉举报数据的综合分析,根据投诉和不合格商品的处罚情况与相关企业进行警示性谈话,提高企业自律经营意识。加强绿色通道建设,坚持“六个一”(一进一退一考核、一刊一网一联席)工作模式,督促绿色通道成员单位加强内部管理、完善制度、强化自律意识。实施网格责任人先行分析、所级领导审核、分局12315中心复审的三级研判机制,促进提升申诉信息利用水平,发现违法案件线索。每月公示申(投)诉处理情况。5月以来,共受理申诉119件,转案件线索110件,申诉转案件线索率达到92.4%。

(王　睿)

【打击非法传销】 年内,联合综治、公安部门督促各镇、街道与居委会、村委会层层签订责任书，设立打击传销专项资金和奖励资金，对传销防控共同发力。联合公安、综治、流管等部门收集“无传销镇街”创建单位工作开展情况以及创建中存在的问题和困难，指导各社区开展创建工作，全面封锁传销生存空间。以辖区城乡结合部及流动人口聚集区的街道、乡镇为监控重点地区，参与县、乡镇街道、居（村）委会三级联防联动工作机制，做好与乡镇、村、公安等部门对接，在线索沟通、传销排查、打击取缔方面协同配合，深化传销监管打击机制。取缔传销窝点5个，教育遣散参与传销58人，移送公安机关5人，发放宣传材料1万余份。

（王　睿）

质量技术监督

【概　况】　密云县质量技术监督局（简称质监局）管理密云县标准化、计量、工业产品质量工作和锅炉、压力容器、电梯等特种设备安全监察工作，并行使执法监督职能。下设7个职能科室：办公室、政策法规科、计量科、产品质量科、标准化科、特种设备监察科、稽查队。另有4个技术（事业）机构：特种设备检验所、产品质量监督检验所、计量检测所、代码办公室。年内，按照市质监局的统一部署，贯彻“抓质量、保安全、促发展、强质检”的方针，紧紧围绕密云县政府“三个走在前列”的奋斗目标和“绿色国际休闲之都”的发展定位，实现弯道超越的工作目标，推进密云县经济持续快速增长。

（彭向东）

单位名称：密云县质量技术监督局
地　　址：密云县鼓楼东大街5号
电　　话：52819688

【特种设备监管】　年内，密云质监局针对薄弱环节、高风险领域开展特种设备安全专项整治。共出动执法人员2120人次，开展执法活动925起，办理行政案件21件，已结案16件，开出罚款5.3万元（与去年基本持平）。受理投诉举报70件，比去年（20起）同期增长285%，已解决69件。全县登记在册特种设备5305台，比去年同期增长12%；已注册4706台，比去年同期增长16%。其中电梯1850部，占全县设备总数的34.9%，比去年同期增加16.9%。全年下达《特种设备安全监察指令书》9份，整改率100%；投诉举报36起，解决率100%。对检查中发现的14起隐患，已全部整改。

（彭向东）

【计量监管】　年内，以“计量与生活”为主题，加大“生活需要计量、计量服务生活”方面的宣传。对辖区内7个乡镇94名乡医免费检定修理血压计132台。完成强制检定计量器具10833台件，同比上升18%，完成全年任务的180%；检查定量包装商品215个批次，合格率100%。召开诚信计量体系示范建设工作启动会，要求各单位合理配备计量管理人员，完善商品净含量管理制度，加强计量器具检定管理，确保定量包装商品净含量计量合格，并向社会开展“诚信计量管理公开承诺”。

（彭向东）

【产品质量监管】　年内，完成产品检验2185批次，其中食品1855批次，合格率

97.6%;煤炭330批次,合格率92.3%。市级监督抽取劳动防护用品,复混肥料,电动自行车等产品样品15个,合格率93%。

(彭向东)

【标准化监管】 全年接收备案标准文本108本,监督文本108本,发出责令改正通知书52份,收到标准修改通知单49份,取消备案1个。执行标准登记注册49个。

(彭向东)

【组织机构代码及行政许可受理】 全年办理代码业务总量30923份,办理行政许可受理业务1043件。

(彭向东)

【实施《首都标准化战略纲要》】 年内,三次邀请市局专家对涉及《密云县推进〈首都标准化战略纲要〉实施方案》相关单位,进行标准化基础知识的培训,提供咨询和指导,培育一批标准化业务骨干。初步构建了网格化社会服务管理标准体系,其体系含通用基础标准1项(标准化工作导则)、综合管理标准体系8项、业务标准体系30项。本县包括社会办在内的2家单位已向市局申报作为国家级服务业标准化设点项目。另有2家企业被市局向国家局推荐为第八批国家农业综合标准化示范区项目单位。

(彭向东)

【创建"北京知名品牌"】 年内,质监局组织企业参加"北京知名品牌"创建活动,召开企业负责人、质量管理人员、企业创建小组人员会议,协调解决创建工作中存在的问题,邀请市质量审定委员会专家到企业检查指导,在5月份的评选中,有2家企业的2个产品经北京市质量审定委员会最终审定获得第三届北京知名品牌。至此,本县已有8家企业的11个产品获北京知名品牌。

(彭向东)

安全生产

【概　况】 年内,密云县安全生产监督管理局(以下简称县安全监管局),坚持科学发展安全发展理念,强化安全生产基层基础、落实安全生产责任,加强宣传教育和监管监察,开展各项安全生产工作,实现全县安全生产形势总体稳定。

(陈　旭)

单位名称:密云县安全生产监督管理局
地　　址:密云县鼓楼东大街8号
电　　话:69085660

【安全生产事故指标控制】 年内,全县发生道路交通、火灾、生产安全死亡事故34起,死亡35人,死亡事故起数增加3起,上升9.7%,死亡人数增加1人,上升3%,占安全生产总体控制指标(45人)的77.8%。其中生产安全领域发生死亡事故3起,死亡3人,未突破市里下达的控制指标。

(柳世杰)

【落实安全生产责任制】 2月,县政府与43家单位签订了《2013年度安全生产目标管理责任书》。12月,对相关单位进行安全生产综合考核,优秀率达到83.7%。

(柳世杰)

【"打非治违"专项行动】 1月至12月,开展"打非治违"专项行动。对各类生产经营违法违规行为进行严格查处和严厉打击，全县共打击非法违法行为9906起，消除了大量安全事故隐患。

（柳世杰）

【安全生产隐患排查治理】 年内，全县各部门和单位共排查生产经营单位3248家，查处安全隐患22125项，已督促整改隐患22011项，整改率99%，全县共落实整改资金95.9万元，无市、县挂账隐患。

（柳世杰）

【消除液氨重大安全隐患】 9月3日，县安全监管局对北京宏宝莱饮品有限公司、北京绿润食品有限公司（以下简称绿润公司）、北京隆源农嘉禾科技有限公司（以下简称农嘉禾公司）3家液氨使用单位进行安全检查。经查，宏宝莱公司投入资金40万元，农嘉禾公司投入15万元，完成液氨压力管道安全改造，并通过质监部门检测，消除了重大安全隐患。

（杨淑荣）

【烟花爆竹销售回收】 春节期间，全县经审核规划设置烟花爆竹销售网点71个。各销售网点共销售烟花爆竹5000箱，销售金额300万元。截至2月27日，剩余烟花爆竹回收工作完成，16个临时销售大棚及有关设施拆除完毕，回收1120箱，库存共计4100箱，其中烟花类产品2300箱，爆竹类产品1800箱。

（杨淑荣）

【尾矿库应急预案通过评审】 12月18日，县安全监管局召开尾矿库生产安全事故应急预案评审会，邀请7位国家级尾矿库专家参加。会上，县安全监管局与会专家针对应急预案各要素的合规性进行论证，对预案的科学性、合理性和可操作性给予肯定，并对预案的不足之处做出点评，预案通过专家评审。

（张鹏鹏）

【夏季用电安全专项执法检查】 5月20日–24日，县安全监管局对鼓楼街道、果园街道、密云镇、十里堡镇、县工业开发区部分建筑施工工地、重点工业企业集中开展用电安全专项执法检查。共计检查企业15家，出动执法人员45人次，下达《责令限期整改指令书》15份，查出事故隐患106项。

（李　磊）

【砖厂专项执法检查】 5月下旬，县安全监管局对巨各庄镇北京檀州节能砖厂、北京密强全页岩多孔机砖厂、北京华强页岩砖厂3家制砖企业集中开展安全专项执法检查。出动执法人员18人次，下达《责令限期整改指令书》3份，共查出用电设备未做可靠的接零或接地保护、电缆线破损、室外配电箱破损、一闸多控等事故隐患45项。1家企业未按期完成隐患整改被行政处罚。

（李　磊）

【安全生产宣传咨询日】 6月9日，在县文化活动中心广场开展以“强化安全基础，保障城市运行安全”为主题的安全生产月宣传咨询日活动。活动现场四周悬挂宣传横幅、条幅8条，设置宣传咨询台20套，摆放宣传展板80块，广场大屏幕循环滚动安全生产标语，循环播放《光荣安监人》等安全生产歌曲，向过往群众发放宣传资料1万余份。

（陈　旭）

【“打非治违”知识竞赛】 6月，县安全监管局组织协调全县各部门、各属地参加国家安全监管总局、中华全国总工会联合举办的全国安全生产领域“打非治违”知识竞赛活动，共上报答卷3439份，获得全国安全生产领域"打非治违"知识竞赛活动优胜单位奖。

(陈　旭)

【举办安全生产大型公开课】 9月25日,县委组织部、县安全监管局在县委党校联合举办安全生产大型公开课暨处级以上领导干部培训班。培训以"安全管理"为核心,凝练了"正思想,转理念;明概念,清责任;建制度,固本安"的安全生产管理精髓。县各职能部门和属地政府200余名处级以上领导干部参加培训。

(陈　旭)

【规模以上企业安全生产标准化达标】 年内,县安全监管局开展规模以上企业安全生产标准化达标工作。9月11日至11月28日,中国安全生产科学研究院组织2个专家组入驻密云,历时两个半月对全县规模以上企业开展现场评审。最终全县规模以上企业全部通过达标验收,其中186家企业通过国家三级达标验收,11家通过二级验收,2家通过一级验收。

(张鹏鹏)

【安全生产培训考核】 年内,组织开展特种作业培训班36期,培训人数1449人;组织特种作业人员安全技术考试10期,参考人员1789人;组织高危行业考核报名10期,参加人数296人;组织人员参加市安全监管局举办的职业卫生授课教师培训考核,4名人员取得了职业卫生教师培训合格证书。

(李红霞)

【事故查处】 年内,全县查处生产安全事故3起,2名事故责任人员被移送司法机关,3家生产经营单位受到行政处罚。

(李　磊)

综合行政服务

【概　况】 密云县综合行政服务中心是县行政审批和公共服务事项集中办理的综合性行政部门。负责对中心各窗口的管理、协调、服务工作。中心建筑面积9300平方米,其中直接服务群众的公共面积5800平方米,进驻单位30个,工作人员150余人,日均接待量800余人。年内,共受理各类行政审批及服务事项37497件,办结37435件,办结率99.8%,行政投诉为零。

(周橡楠)

单位名称:密云县综合行政服务中心
地　　址:密云县新东路285号
电　　话:69027266

【便民服务体系建设】 年内,县综合行政服务中心"三级联动"便民服务体系建设工作被列入《2013年密云县委、县政府折子工程》和《密云县2013年为人民群众拟办的重要事实》。

(周橡楠)

【便民服务体系建成】 年内,建成"上下联动、层级清晰、覆盖城乡、服务高效"的"三级联动"便民服务体系。县综合行政服务中心、20个镇(街)便民服务中心、367个村(居)便民服务代办点全部建成并试运行。

(周橡楠)

【服务中心改扩建工程】 年内,县综合行政服务中心扩规改造工程竣工并投入使用,总建筑面积9300平方米,实行"分厅制”服务模式，即：按照行政审批服务的功能性和关联性，分领域整合审批服务事项，划分为五个服务厅，分别为注册登记服务厅、房产交易服务厅、固定资产投资项目行政审批服务厅、综合服务厅、中介服务厅。

（周橡楠）

【便民服务入网格】 年内，县综合行政服务中心以“三级联动”便民服务体系为依托，制定便民服务融入网格化社会服务管理工作实施方案，完成第二批融入网格化社会服务管理工作。

（周橡楠）

【建成电子监察系统】 年内，县综合行政服务中心全面建成电子监察系统，实现对县镇两级便民服务体系所有行政职权和便民服务事项办理全流程、全业务、全覆盖视察监控。

（周橡楠）

【申报国家级政务服务标准化试点】 年内，县综合行政服务中心组织申报“北京市密云县‘三级联动’政务服务标准化试点”，加快建立政务服务标准化体系。

（周橡楠）

工业与经济开发

工业管理

【概　况】 年内,全县工业经济保持稳中有进的健康发展态势,整体处于较快发展区间。全年累计完成工业总产值320.5亿元,同比增长10.8%,完成年计划315.9亿元的101.5%;工业主营业务收入348.9亿元,同比增长10.5%,完成年计划342.7亿元的101.8%;利润总额18.1亿元,同比增长13.7%。规模以上企业完成工业总产值287.9亿元,同比增长9.9%,超额完成市下达计划(同比增长9%)。从主要行业来看,汽车及零部件业占全县工业比重四成以上,完成主营业务收入143.1亿元,同比增长21.5%。生物医药业保持高位运行态势,完成主营业务收入10.2亿元,同比增长58.9%,占全县工业比重2.9%。食品饮料业小幅增长,完成主营业务收入53.5亿元,同比增长2.5%,增速比上年减缓5.3个百分点,占全县工业比重15.3%。纺织服装业持续收缩,完成主营业务收入28.7亿元,同比下降19.6%,降幅比上年扩大13.8个百分点。其中:服装服饰业完成主营业务收入14.5亿元,同比下降13.2%,降幅比上年扩大4.8个百分点。黑色金属矿采选业降速放缓,完成主营业务收入23.5亿元,同比下降3.6%,降速比上年减缓16.5个百分点。铁精粉累计产量213.4万吨,同比增加8443吨。

（尹志东）

单位名称:密云县经济和信息化委员会
地　　址:北京市密云县鼓楼东大街8号
传　　真:69041692

【一区七基地】 年内,“一区七基地”共完成工业收入269.5亿元,占全工业收入77.2%;同比增长16.5%,高于全县工业平均增速6个百分点;拉动本县工业增长12.1个百分点。其中,县经济开发区拉动工业增长10.8个百分点。

（尹志东）

【农民就业产业基地提升】 年内,落实《农民就业产业基地提升考核办法》,以盘活闲置土地、引进入区企业、建设标准厂房、完善基础设施等指标为重点,督促各试点镇制定落实提升方案,确定年度目标,并对落实情况进行检查。全年基础设施累计投入8507万元,盘活闲置企业12家,腾退企业1家。实施《环开发区三镇与经济开发区对接方案》,指导有关乡镇开展相关工作。河南寨镇外立面设计改造、基础设施改造初级设计已完成,十里堡镇隆源小区道路建设工程完成投资323万元。

(尹志东)

【规模工业企业】 年内,133家规模以上企业完成工业总产值287.9亿元,同比增长9.9%,超额完成市下达计划(同比增长9%);主营业务收入316.9亿元,同比增长9.8%,占全县工业比重90.8%。

(尹志东)

【年收入亿元以上企业】 年内,年收入亿元以上企业50家,共完成工业总产值251.1亿元,占全县工业的78.3%,同比增长11.9%。其中:年收入10亿元以上企业6家,完成工业总产值123亿元,占全县工业的38.4%,同比增长6.4%;年收入5-10亿元企业8家,完成工业总产值54.1亿元,同比增长22.8%;年收入1-5亿元企业36家,完成工业总产值74.0亿元,同比增长14.3%。

(尹志东)

【出口交货值】 年内,规模以上出口企业涉及12个行业大类,其中9个行业增长。完成出口产品交货值23.9亿元,同比增长13.9%。其中:汽车及零部件业13.3亿元,同比增长58.1%;纺织服装业5.3亿元,同比下降34.9%。

(尹志东)

【招商引资】 年内,累计签约工业项目31个,协议投资额19.8亿元。其中:协议投资1亿元以上项目5个,协议投资额14亿元。

(尹志东)

【工业固定资产投入】 年内,工业固定资产投入项目61个,累计完成投入20.4亿元,同比增长2.3%。累计投入5000万元以上项目8个,完成投资12.7亿元,占投入总额62.3%。投入前三位的行业:汽车及零部件业5.7亿元,占投入总额27.9%;食品饮料业3.2亿元,占投入总额15.9%;黑色金属矿采选业3.1亿元,占投入总额15.1%。

(尹志东)

【节能减排】 年内,对4家监管企业2012年节能完成情况进行考核。协调相关部门落实《2013年密云县空气行动计划》,完成金润佳美铝合金塑钢铝合金门窗厂和北京爱丽龙印刷有限责任公司退出工作。完成3家企业签订能源管理合同。对463家工业企业进行调查,摸清耗能数据。对全县1000吨标煤以上重点能耗企业建立重点能耗企业台帐,加大监控力度。建立雾霾天气应对机制和空气污染应急预案,对檀州节能砖厂、科勒公司等10家雾霾天气重点监控企业执行停产、限产工作,成功减少污染物排放15%,与三环公司、首云公司、化工建材公司签订重点污染期间减排和停产承诺书。推进燃煤锅炉改造,压减燃煤1820吨,开发区完成2台50蒸吨燃气锅炉安装并试运行。133家规模以上工业企业综合能源消费212730.12吨标煤,同比下降1.29%;万元产值能耗0.0951吨标煤,同比降低6.98%。

(尹志东)

【能源调控企业】 年内,29家重点用能监测企业综合能源消费量15.3万吨标煤,同比下降1.29%;万元产值能耗0.0951吨标煤,同比下降6.98%。从能耗总量增减情况看,11家企业能耗同比增长,16家企业能耗同比下降,北新建材没有同期数未进行对比,建华铸钢停产未进行统计。从单耗同比增减情况看,7家企业万元产值能耗同比增长;20家企业万元产值能耗同比下降,其中:16家企业下降幅度大于4.82%。从行业上看,纺织服装业单耗同比增长,其他五个行业单耗同比下降,其中:黑色金属矿采选、建材和其他行业下降幅度大于4.82%。

行业	企业个数	1-12月万元产值能耗(吨标煤)			
		本月止累计	同期止累计	同比±%	增减幅度比上月±百分点
合　计	29	0.0951	0.1022	-6.98	0.05
黑色金属矿采选	6	0.2067	0.2271	-9.00	-3.86
食品饮料	6	0.1429	0.1441	-0.81	3.17
汽车及零部件	5	0.0367	0.0391	-6.02	1.80
纺织服装	5	0.0217	0.0195	11.16	-4.13
建材	5	0.3789	0.4152	-8.75	-2.80
其他	2	0.0302	0.0344	-12.16	-2.81

(尹志东)

【推进企业上市】 年内,制定2013年上市工作要点,召开第三次上市工作联席会部署上市工作;以"两高六新"为重点,开展第二批上市资源企业申报工作,美中双和、派石公司等9家公司提交申报材料;争取县内和外埠上市公司募投项目落地密云,先后与DDI国际、博天集团、中电加美、合纵科技等公司进行接洽并达成共识;举办上市业务培训6期,组织县经济开发区100余家企业开展上市政策宣讲,普及上市知识。推动北京富泰革基布股份有限公司递交上市申请并被正式受理。

(尹志东)

【非政府投资核准备案】 年内,共办理核准、备案及其他类项目76项。其中核准项目2项;备案项目51项;市级项目初审3项;撤销备案项目7项;建设期审核项目2项;招投标审核项目1项;办理产业证明初审1项;项目审核9项。核准投资总额0.77亿元,备案投资总额23.95亿元。

(尹志东)

【中小企业融资】 年内,与中关村科技担保公司、首创担保公司、农业担保公司等担保公司,再担保公司及中国信托投资公司、中信信托投资公司开展集合信托,年初征集资金需求企业60家,全年为企业成功融资1.9亿元;与北京星展银行、北京市融资租赁公司合作推行融资租赁方式,为3家企业融资2000万元;与广发银行、北京银行合作采取信用贷款方式,成功为2家企业成功融资700万元;与国元证券、中信信托公司合作,采取私募债方式成功为2家企业融资2亿元。同时,召开银企协调会,改善融资环境。根据金融部门、企业需求召开协调会,随时发现并解决融资过程中存在的问题,为银企双方共同发展搭建平台。新增企业贷款户数20户、金额1亿元。

(尹志东)

【国家中小企业发展专项扶持资金项目】 年内,成功为北京康辰药业有限公司冻干粉针车间质量升级改造项目申请国家扶持资金259万元、北京精和顺磁业有限公司磁性材料生产技术改造项目申请国家扶持资金172万元、为北京国电四维清洁能源技术有限公司新建高压变频器生产线项目申请国家扶持资金116万元。组织北京亨通斯博通讯科技有限公司、北京美中双和医疗器械有限公司、北京富特盘式电机有限公司3家企业申报重点产业振兴和技术改造项目。对获得国家中小专项项目进行管理，北京鑫海金奥胶印有限公司、北京元驰液压制造有限公司的项目情况良好，并顺利完成竣工验收。

（尹志东）

【完善密云中小企业网】 年内，突出“两大平台、两个系统”进一步完善密云中小企业网，着力解决困扰中小企业发展的融资、信息等关键性问题。投融资服务平台已进入试运行阶段。项目申报系统正式上线运行，中小企业数据库建设完成采集方案、软件工作。对密云县中小企业网窗口平台建设项目进行验收，完成7个板块开发初步方案。

（尹志东）

【国资监管】 年内，监管范围的34户国有及国有控股企业（包括：矿山公司及其下属共6户企业；房地产开发总公司及其下属共17户企业；县供销合作社及其下属共9户企业；首政集团和青岛三环啤酒有限公司）资产总额112.6亿元，比年初的103.7亿元，增加8.9亿元，增长8.6%；负债总额83.4亿元；所有者权益总额38.8亿元，比年初的30亿元，下降2.3%。实现销售收入34.9亿元；利润1.67亿元；上交税金5亿元（其中，增值税20750万元，所得税7653.1万元，资源税10307.1万元，消费税4640.9万元，营业税2461.4万元，城建税1389万元，教育费附加901.9万元）。上缴国有资产收益3000万元。

（尹志东）

【完成供暖整合工作】 年内，完成心连心热力公司对长安、久润、海华、白檀、恒居、智信行、顺兴广厦等七家小型供热公司的九座小锅炉供暖资产收购工作，实现对县域城区集中供暖。

（尹志东）

【推进县社与北京枫尚世纪商贸有限公司合作】 年内，经第30次县政府常务会决定，同意引进北京枫尚世纪商贸有限公司以租赁形式与县供销合作社合作设立北京燕赛奥特莱斯购物中心。县国资委全面参与盘活密云燕赛购物中心资产工作，北京枫尚公司出资3800万元对原购物中心进行改扩建，营业面积1万平方米，年销售额可达2亿元以上，年上缴税金400万元。同时在安置390余名原有职工基础上新招本地就业400余人。该中心已营业。

（尹志东）

【接收北京天成开元密云市场服务中心】 10月17日，县供销合作社召开接收工作大会，正式整体无偿接收北京天成开元密云市场服务中心全部资产及在册职工。该中心系北京古玩城市场集团下属独立核算的国有法人企业，注册资本为1373万元，注册地址及经营场所为鼓楼南大街兴旺市场内，场地使用面积10027.37平方米，主要经营业务为商品零售和摊位出租，现有职工32名。该中心划转至县供销合作社由其履行出资人职责，作为其二级企业统一管理并承担国有资产保值增值责任。

（尹志东）

【企业退出】 年内，白河风景区开发总公司和北京万事达食品工业公司2家企业破产终结。

（尹志东）

【监管制度】 年内，修改《密云县国有独资公司监事会管理暂行办法》、《密云县国有及国有控参股企业负责人薪酬管理暂行办法》;草拟《密云县国有独资公司职工监事管理暂行办法》、《密云县国有独资公司监事会议事规则指导意见》、《密云县国有独资公司监事会议事规则范本》、《密云县国有企业财务报表考核暂行办法》。

(尹志东)

【2014年度国有资本经营预算编制(试点)工作启动】 10月30日,县国有资产监督管理委员会与财政局召开所属企业2014年度国有资本经营预算编制(试点)工作部署会,以密云县房地产开发公司、密云供销合作社作为试点,启动国有资本经营预算编制的各项工作。

(尹志东)

【产权管理】 年内,为监管企业和县经济开发区办理8项审批手续,规范帐务处理,防止国有资产流失。完成产权重新登记工作,共重新办理登记企业73户,总注册资本246104.06万元。其中:监管企业54户,注册资本117317.06万元,非监管企业19户,注册资本128787万元;监管企业中有一级企业8户,二级企业36户,三级企业8户,四级企业2户;非监管企业中有一级企业2户,二级企业14户,三级企业3户。审计确认国有资产收益合计4792.08万元(其中:国有股权收益:4354.16万元;国有土地占用费437.92万元),并全额上缴入库。

(尹志东)

【政府采购】 年内,县政府采购中心严格执行《政府采购法》,加强内部管理,提高政府采购资金使用效率。共立项105项,采购预算16928.6万元;组织招标活动98次,完成采购金额14191.4万元,资金节约率11%。

(尹志东)

【重大事项报告】 年内,县国资委认真宣传贯彻新的《关于国有及国有控股企业重大事项报告制度的暂行规定》,并结合工业项目核准备案,认真做好日常监管,办理项目审批手续20个,并顺利开展2013年上半年和全年监管企业重大事项的检查工作。

(尹志东)

【发放国有企业职教幼教机构退休教师生活补贴】 年内,县国资委对已审核通过的国有企业职教幼教机构退休教师2012年生活补贴进行核算;对新申请的国有企业职教幼教机构退休教师进行资格审查并核算2011年、2012年生活补贴;1月31日前,31名退休教师申请补贴共538319.88元,均发到个人手中。

(尹志东)

【系统维稳】 年内,县国资委化解企业遗留的各类矛盾,解决了一大批涉及老国有企业职工住房、保险、物业、工资等转制遗留问题,为破产转制企业的1525名退休职工支付取暖费108万余元,为破产转制企业的34名在职职工支付各项保险、低保工资、煤火费等企业负担321.4万元,维护职工权益。投入资金18万余元进行房屋修缮,精心管理9栋企业自管楼房和4片184间平房,累计为职工排忧解难办实事38件。全年共接待职工429人/423次,其中:六人以上群体上访为77人/9次,办理完成信访件11件。

(尹志东)

密云经济开发区

【概　况】 年内，密云经济开发区完成工业收入241亿元，比上年增长17%；园区企业上交各项税金20.7亿元，增长23.2%；形成财政收入5.48亿元，增长26.4%；完成全社会固定资产投资19.03亿元；年末园区从业人员3.4万人，其中密云本地就业人员1.2万人，占35.3%。全年共盘活闲置企业10家，涉及土地299.81亩，建筑面积5.79万平方米。修订了《密云经济开发区关于土地及厂房转让、出让、出租价格标准的管理规定》。共引进落地实体项目21家，占地1186亩，协议投资额33.8亿元。区内北汽福田、万都底盘、今麦郎、裕罗等企业均平稳发展。

（郎　郎）

单位名称：北京密云经济开发区

地　　址：密云经济开发区兴盛南路8号

电　　话：69044661

【苟仲文调研】 5月13日，副市长苟仲文到中关村密云园调研，代表市政府向“中关村密云园”授牌。

（郎　郎）

【市人大代表密云团视察】 12月5日，市人大代表密云团代表视察开发区经济发展情况。

（郎　郎）

【鑫芳源塑料制品项目落户】 年内，鑫芳源塑料制品项目落户开发区，投资4000万元，占地7.49亩，地上建筑物2973.39平方米，生产销售生活用品。年产值4亿元，上缴税金800万元，解决劳动力就业200余人。

（郎　郎）

【格力森生物工程项目落户】 年内，格力森生物工程项目落户开发区，总投资5100万元，嫁接盘活北京成功工贸有限公司厂房2000平方米，生产销售啤酒和食品级Y-氨基丁酸，7月投产。年产值3亿元，年纳税800~1000万元。

（郎　郎）

【鑫达源通汽车销售公司落户】 年内，鑫达源通汽车销售公司落户开发区，总投资4000万元，占地37.37亩，建筑面积7677.88平方米，销售进口、国产别克汽车、汽车零配件等。年销售收入2亿元。解决本地就业劳动力200人。

（郎　郎）

【搏世因（北京）高压电气有限公司】 年内，搏世因高压电气有限公司嫁接北京博杰运通电动车制造有限公司厂房3739.55平方米，占地13.21亩，生产销售电力配套产品。实现年收入1亿元，年纳税500万元，解决本地劳动力就业40人。

（郎　郎）

【北京天迈流化设备项目落户】 年内，北京天迈流化设备项目盘活乐艳影视公司土地25.17亩、厂房6866.5平方米。总投资2.9亿元，生产销售定制硫化设备等。实现年销售收入5.1亿元、上缴税金1亿元，解决本地劳动力就业500人。

（郎　郎）

【希马克资本总部基地项目落户】 年内，希马克资本总部基地项目一期在开发区落户，占地311亩，投资24亿港元。

（郎　郎）

【北京建优成业汽车销售公司落户】 年内，北京建优成业汽车销售公司租用开发区三期厂房,建筑面积3471.96平方米,从事"福建奔驰"系列医用救护车的改装、销售和售后服务。总投资2000万元,实现年销售收入2亿元、税收750万元,解决本地劳动力就业60人。

(郎　郎)

【治理园区卫生环境】 年内,开发区组织环卫工人500多人次、大型机械台班100多个,对停产企业厂区进行集中整治,清理道路两侧绿化带杂草2万多平方米。

(郎　郎)

【规范企业垃圾处理行为】 年内,开发区成立环境综合管理办公室,建立企业环保档案。区内各企业将生产、生活、建筑垃圾全部交由开发区物业公司集中清运、分类消纳处理,对工业垃圾委托有资质的环保清运公司进行消纳处理,并联合县环保局对区内企业进行全面检查。

(郎　郎)

【6条道路绿化美化升级改造工程竣工】 3月下旬起,开发区每天出动园林工人200余名、机械台班20余个,移植、新栽苗木60余万株,栽植宿根类花卉2.6万平方米,摆放时令花卉3.8万株,铺设草坪13.8万平方米,铺设喷灌管道1.5万米。

(郎　郎)

【B区道路升级改造工程竣工】 年内,开发区B区道路升级改造工程竣工。云西三街、云西七街两条道路,全长2260米。铺设沥青混凝土路面4.6万平方米,更换路缘石4620米,新建雨水管道540米,改造绿化带2.54万平方米。

(郎　郎)

【举办春季大型招聘会】 2月28日,经济开发区管委会组织115家企业到场招聘,提供就业岗位4300个,近5000名求职者与用工企业达成了就业意向。

(郎　郎)

【举办"招用本地劳动力就业优惠政策"培训会】 4月9日,县经济开发区举办就业优惠政策培训会,县人力资源和社会保障局工作人员详细讲解了"招用本地劳动力补贴的标准、年限、申请、审批"等方面内容,并就有关问题进行了现场解答。来自区内90多家企业的人力资源负责人参加了培训。

(郎　郎)

【举办高校毕业生专场招聘会】 8月7日,县经济开发区管委会、县人力资源和社会保障局联合举办2013年高校毕业生专场招聘会,组织雷蒙德公司、今麦郎公司、以岭生物公司等24家企业现场招聘,提供230个职位。

(郎　郎)

【促进本地劳动力就业】 年内,开发区建立网络招聘平台,为75家企业发布380个岗位、5440个就业信息。举办"春风行动"招聘会1次、"暑期毕业生就业服务月活动"招聘会4次。建立劳动用工平台交流群、社保平台交流群,全县20个镇街社保所、区内100余家企业加入。定期发布企业招聘信息,将招聘信息发到全县各居委会、各村。

(郎　郎)

【促进企业快速发展】 年内,开发区帮助12家企业提供担保服务24项,融资总额5.943亿元;帮助企业申报政策扶持资金17项,到位1067万元;为12家拟上市企业提供重点帮助,3家企业已进入申报阶段,1家企业已进入上市辅导期,2家企业已完成股改,6家企业正在股改。

(郎　郎)

【推进中关村密云园建设】 年内,制定了《关于认定中关村高新技术企业的实施办法》,66家企业入选中关村高新技术企业,

28 家企业加入了中关村信用促进会；开展“新四条”和“1+6 先行先试政策”宣讲活动 7 次，覆盖园内企业 205 家；与中关村金融处沟通，推荐 18 家企业入围中关村“瞪羚计划”，享受贷款贴息政策，并与产业处沟通，推荐 5 家符合条件的企业入选“十百千工程企业”；帮助三辰新材料、力标伟业、赫宸环境 3 家企业在中关村新三板上市。

（郎　郎）

【偿还贷款】 年内，偿还银行贷款本金 6.55 亿元、利息 1.09 亿元，总计 7.64 亿元，开发区总公司总债务已由 28.86 亿元减少至 15.238 亿元。

（郎　郎）

【开发区幼儿园开园】 2 月 27 日，经济开发区幼儿园正式开园，该幼儿园位于康宝路 10 号，总占地面积 6482 平方米，教学楼建筑面积 3026.40 平方米。美术、音体、图书等活动室及辅助用房 1763.83 平方米，户外活动面积 2900 平方米。开设 12 个教学班，可容纳 350 名幼儿入托。经验收，已达到北京市一级一类幼儿园标准。

（郎　郎）

【开发区社会服务管理工作站通过市级验收】 年内，开发区社会服务工作站通过市级验收，工作站整合党建、社会服务、工会、共青团和妇联五个工作平台，推进实施“五站合一”，辐射性服务开发区 221 家企业及员工。

（郎　郎）

【中关村密云园建设】 年内，编制完成《关于认定中关村高新技术企业的实施办法》，园区内中关村高新技术企业达 48 家，组织 16 家企业对接中关村高新技术企业认证。开展产业政策宣讲活动，覆盖开发区、商务区及县域内企业 215 家。帮助合纵科技等 13 家企业发展成为中关村信用促进会会员，享受中关村科技金融政策；申报力标伟业、美中双和等 7 家企业享受中关村商标、专利扶持政策。

（郎　郎）

【13 家企业入选“瞪羚计划”】 年内，入选“瞪羚计划”的亨通斯博公司、杰利阳公司等 13 家企业，涵盖了电子信息、能源环保、生物工程及新医药、新材料等战略性新兴产业，是县内首批入选“瞪羚计划”企业，可享受中关村贷款贴息及担保补贴政策。

（郎　郎）

【中关村密云园政策对接】 年内，开发区内 66 家企业被认定为中关村高新技术企业，享受中关村科技扶持政策支持。20 家企业加入中关村企业信用促进会，享受中关村科技金融政策支持。13 家高成长、跨越式发展企业入围中关村科技园区“瞪羚计划”，享受中关村融资、贷款贴息等方面支持。

（郎　郎）

【中关村密云园“中关村高新技术企业”认定】 8 月 28 日，中关村密云园举行第二批“中关村高新技术企业”颁证仪式。密云园已有 66 家企业通过“中关村高新技术企业”认定。

（郎　郎）

【中关村密云园企业研发投入强度加大】 年内，中关村密云园高新企业共实现收入 113 亿元，超额完成 90 亿元全年任务。园区企业共有科技人员 1371 人，用于科技活动经费支出 3 亿元。

（郎　郎）

【64 家企业通过安全生产标准化验收】 年内，开发区 64 家企业中通过安全生产标准化验收的有三级标准企业 59 家，二级标

准企业5家。

(郎 郎)

【两家企业获评2013年市级工程实验室】 年内,康辰药业公司“出血性疾病药物北京市工程实验室”和仁创科技公司“硅砂生态建筑技术北京市工程实验室”项目获市发改委认定。两个项目总投资1.33亿元。

(郎 郎)

【3家企业通过市第16批市级企业技术中心认定】 年内,开发区中科恒源、七九七音响、中电加美3家企业技术中心被认定为北京市第16批市级企业技术中心。

(郎 郎)

【企业科技创新成效显著】 年内,开发区区内企业共获得国家发明专利140项、国家新型实用技术专利339项。获得市级以上科技进步奖7项、列入市级以上科技计划14项。仁创集团研发中心被认定为国家重点实验室,亨通斯博公司等6家企业研发中心被认定为市级科技研发机构。

(郎 郎)

【5家企业获市2013年度“统计诚信单位”】 年内,北京倍舒特妇幼用品有限公司、北京力标伟业科技有限公司、万都(北京)汽车底盘系统有限公司、北京亨通斯博通讯有限公司、北京神威新星科贸有限公司被市统计局计入市企业2013年度“统计诚信单位”信用信息系统,3年内免于执法检查。

(郎 郎)

【举行韩资企业“博爱在京城”捐款仪式】 3月28日,19家韩资企业共向红十字会捐款8万元,其中,裕罗公司两次捐款1.7万元。

(郎 郎)

【合纵科技公司专利创收】 年内,合纵科技公司获得国家新型实用技术专利23项,被市知识产权局评定为“专利试点单位”、被市科委授予为“自主创新产品新锐奖”。该公司在国家电网公司各省(地区)2013年第一批配(农)网设备协议库存招标采购项目中,中标10个项目,签下3.28亿元订单,涉及山东、甘肃和黑龙江等省份。中标产品包括环网柜、箱式开闭所、美式箱变、欧式箱变、非晶合金变压器、柱上负荷开关和柱上断路器等。

(郎 郎)

【赛龙公司刹车片产品汽车整车市场占有率位居国内第一】 年内,赛龙公司生产各式刹车片、转子衬片400万台,占全国汽车整车生产量的五分之一,位居国内同行业第一。年销售收入由2004年的4800万元,增加到5.2亿元,增长了10倍多,成为全县规模较大的汽车零部件企业。

(郎 郎)

【仁创集团“硅砂资源利用国家重点实验室”通过科技部验收】 年内,仁创集团在凝炼研究方向、条件建设、队伍建设、运行管理和制度建设、开展科学研究等方面完成了建设任务书规定的各项指标,符合国家重点实验室总体要求,过审核验收。

(郎 郎)

【杰利阳公司国家发明专利已达7项】 年内,杰利阳公司围绕天然气压缩机的研发生产,7项发明被国家知识产权局批准为国家发明专利。分别是:高分辨率模拟信号采集自动控制系统、高鲁棒性能动力输出自适应调节系统、人机界面数据监控系统、润滑脉冲式安全保障系统、连续检测非周期性运行时间系统、电气控制系统构成自检及安全冗余评估系统、硬件说明。

(郎 郎)

【绿润公司获评“北京市农产品加工先进企业”】 年内,经北京市农工委、农委、人力资源和社会保障局的联合考评全市142家农产品加工企业,绿润公司获得“北京市农产品加工先进企业”荣誉称号。全市获评此项殊荣的农产品加工企业仅10家。

(郎 郎)

【华源泰盟公司科研成果获奖】 年内,华源泰盟公司与京能集团所属北京热力公司合作完成的“基于吸收式换热的热电联产集中供热技术”2项科技成果获得市科学技术奖励大会一等奖。

(郎 郎)

【大象食品公司农业产业化运营】 年内,大象食品公司与县内8家蔬菜种植合作社建立合作关系,遍布西田各庄、河南寨等7个乡镇,带动农户200余户,年加工蔬菜400余吨。

(郎 郎)

【北新建材新型房屋扮靓农民新生活】 年内,北新建材公司在石城镇建设了北新房屋密云石城镇新农村项目,推广低碳环保型房屋。

(郎 郎)

【聚丽威公司获国家高新技术企业认定】 年内,聚丽威公司获国家高新技术企业认定。该公司研发生产的高性能塑料颗粒产品应用于汽车、家电、建筑等领域。年产量5000余吨,市场覆盖华北、东北10个省市自治区。

(郎 郎)

万都(北京)汽车底盘系统有限公司

万都(北京)汽车底盘系统有限公司成立于2003年1月,注册资本3800万美元,为韩国独资企业,占地208.23亩,主要生产汽车底盘系统及零配件,2003年2月正式投产,并带动和仁宝利得、厚成泰克等11家韩国汽车零部件协作厂落户。2005年,在确保“北京现代”零部件供应的同时,成为东风悦达起亚的供应商,2007年成为美国通用的供应商,2012年成为上海大众和比亚迪的供应商。年内,成为国内3家韩系车型、7家美系车型、3家德系车型、10家中国自主车型等23家汽车生产厂家的供应商。年销售收入39.65亿元,上缴税金2.04亿元,首次突破2亿元,形成县级财政收入4370万元。

(郎 郎)

今麦郎饮品股份有限公司

今麦郎饮品股份有限公司成立于2005年10月,由今麦郎集团与台湾统一集团共同出资组建成立,总投资18亿元,注册资本9.9亿元。总部设在开发区,占地203亩,从事饮品研发、生产和销售。经过8年多的发展,公司在全国有十余家生产基地,进口生产线22条,员工总人数3500余人,年产值达35亿元。年内,实现营业收入25.38亿元,上缴税金5506万元。其中密云厂区4条生产线,从业人员506人,密云就业159人。其他基地分别位于黑龙江哈尔滨、吉林长春、河北隆尧、河北唐山、河南郑州、河南漯河、陕西宝鸡、安徽天长、湖北咸宁、浙江杭州、山东兖州、山西晋中等地。

(郎 郎)

北京裕罗电器装配有限公司

北京裕罗电器装配有限公司于2002年10月入驻开发区,由韩国现代裕罗株式会社独资成立,占地61亩。原名北京世元伊协斯电器装配有限公司,2008年3月变更为现名。2003年9月开工,2004年8月投产,是北京现代汽车线束产品主要配套企业,生产北京现代全系汽车的发动机线束、地板线束、车门线束、仪表线束、AIR/BAG线束等整车线束。年内,公司完成营业收入21.43亿元,同比增长21%,纳税4208万元,从业人员1173人,其中密云本地413人。下属配套企业由1家发展壮大为4家,分别为北京威海金泓、北京承佑电器、承德宏泰兴、北京波尼陀世元,5家企业用工超过5000人。

(郎　郎)

中国人民财产保险股份有限公司电子商务北方运营中心

中国人民财产保险股份有限公司电子商务北方运营中心于2010年12月6日落户开发区,建设4000坐席规模,总面积4万平方米。2011年10月12日中国人保财险集团与密云县政府签署战略合作框架协议,同年10月16日,启动入驻仪式,成为国内最大(就业)单体电销职场,年内,共解决就业2196人,其中密云本地1250人。完成注册工作,全年缴纳营业税金2375万元。

(郎　郎)

伊利集团北京乳品厂

伊利集团北京乳品厂于2000年9月动工,2001年8月产品上市,2001年9月16日正式落成剪彩,占地84亩,总投资2.4亿元。主要生产设备全部从国外引进,前段处理引进瑞典利乐公司设备;后段共6台灌装设备,分别从法国、意大利、美国引进,生产车间内实现微机全自动化控制。年内,实现销售收入6.5亿元,实现税金2905万元,解决劳动就业525人,本地就业328人。

(郎　郎)

北京康辰药业股份有限公司

北京康辰药业有限公司于2003年落户开发区,已经累计投入8000余万元,拥有从事创新药物研发的专业机构——新医药研究所,已申请国家发明专利10项,已获得发明专利5项。完成了被列入国家863计划的“一类新药尖吻蝮蛇血凝酶的临床研究”、“一类新药盐酸洛拉曲克的临床研究”。尖吻蝮蛇血凝酶(别名“苏灵”),将血凝酶的单一组分纯度提升至99%,是国内具有自主知识产权的创新科研成果。2009年7月,尖吻蝮蛇血凝酶下线,并投入批量生产。年内,公司实现营业收入5.98亿元,同比增长66%;上缴税金1.19亿元,同比增长71%。随着康辰抗肿瘤新药“盐酸洛拉曲克”的申报生产,康辰股份公司将在今后实现跨越式发展。

(郎　郎)

金诚信矿业管理股份有限公司

金诚信矿业管理股份有限公司成立于2008年1月7日,2011年将总部迁入开发区,注册资金2.8亿元,备有各类矿山工程设备2800余台(套),涵盖矿山井建、开拓、采准和回采等各个工序,在开发区和云南昆明设立两个大型设备储备维修基地。公司主营业务是矿山工程建设、委托采矿运营、配套设备物资贸易,承担着

28个矿山建设和采矿运营管理项目。曾荣获纳税信用A级企业、重质量守信用企业、三A级信用企业等多项荣誉；荣膺"2012年度中国矿山采掘行业最佳自主创新企业"称号，由公司制定的《非煤矿山凿台车平巷快速掘进施工工法》被评定为国家级工法。年内，实现收入17.65亿元，税收9749万元。

（郎　郎）

密云生态商务区

【概　况】 北京密云经济开发区商务开发中心成立于2010年10月18日，隶属于北京密云生态商务区管理委员会，主要负责开发建设密云生态商务区（以下简称"商务区"）。商务区位于密云新城南段，潮河穿区而过，紧邻南山，京沈高铁密云东站在商务区二期腹地，依山傍水，区位优势明显。园区规划总面积6.94平方千米，分两期开发，一期潮河北岸1.75平方千米先行启动建设。按照商务区"坚持一流标准，大力发展符合生态涵养的高端生态商务产业"要求，重点发展绿色环保、健康医疗、休闲旅游、文化及设计创意等产业，全力打造突出生态特色的"山水商务、田园总部"。

（赵廷廷）

单位名称：北京密云经济开发区商务开发中心
地　　址：北京市密云县水源东路358号
电　　话：69076363

【财税新突破】 全年实现税收2.14亿元，完成年度任务的107%，同比增长108%；形成县级财政收入7286万元，完成年度任务的121%，同比增长88%。全年引进企业32家，入区企业总计112家，注册资本总计61.1亿元，企均注册资本5455万元。

（雷　凯）

【纳入绿色生态示范区】 4月，商务区被纳入北京首批绿色生态示范区。5月，被市商务委正式认定为"北京市总部经济发展新区"。

（雷　凯）

【中央公园开工】 3月19日，华润生态乐活城中央公园开工建设。

（徐丽丽）

【坟冢迁移】 截至4月17日，商务区北区B、C地块内186座坟茔迁移完毕，为顺利完成B、C地块拆迁工作提供有利保证。

（王显荣）

【A-2地块上市】 A-2地块总占地面积为613亩，总建筑体量为44万平方米，其中，商业建筑体量36.6万平方米，住宅建筑体量7.5万平方米（含自住型商品房2.5万平方米）。11月21日，A-2地块完成入市交易，绿地控股集团有限公司以18亿元中标。

（王显荣）

【临水管线接通】 商务区临水工程于2012年10月17日开工，12月22日完成管道铺设工作。2013年3月14日完成竣工验收，临水管线全面接通，确保华润项目建设期用水需求。

（邵　宇）

【地块控规审查】 7月17日，取得北京市水务局《关于密云生态商务区0104、0105、0304、0305街区调整后规划水资源论证报告的批复》;10月18日,取得北京市规委《关于密云新城南山路、水景街道路工程设计方案的批复》;9月17日,取得北京市规委关于密云新城MY00－0104－0065、MY00-0105-0089等地块控规审查意见。

(王显荣)

【中航油石化管道公司落户】 年内,中航油石化管道有限公司落户商务区。该公司注册资本5亿元,主要业务是在全国各机场与其周边石化炼油厂之间修建航油输送管道并运输航油。该项目建设期为5年。

(孙铭遥)

【京沈客专线落户】 年内,京沈京冀铁路客运专线有限责任公司落户商务区。该公司负责京沈高铁客运专线北京与河北段的投资建设及后期运营。

(庞星月)

【中国港中旅资落户】 年内,中国港中旅资产经营公司落户商务区。该公司注册资本14.03亿元,主要负责资产的投资经营、管理、收购、处置、置换、转让、租赁、托管、销售等服务。

(雷　凯)

【《人民日报》专版报道商务区】 3月4日,人民日报第20版专版刊登题为《山水商务田园总部,北京密云生态商务区:亲山近水生态优美投资创业的"金土地"》的文章,全面系统介绍密云生态商务区,旨在引发各界强烈关注,吸引更多优秀企业与商务区建立广泛合作。

(郭　海)

【资金支持】 10月31日,商务区向市科委申报的"智慧生态园区综合服务系统研发与示范应用"项目,成功申请北京市科技扶持资金300万元。

(赵廷廷)

重大项目和重点工业企业

北京云创谷经济开发中心

北京云创谷经济开发中心于2012年11月15日正式注册成立,属全民所有制国有企业,主要承担招商引资、土地开发、企业服务等职能。云创谷经济开发中心位于白河西岸,密云新城西北角,规划面积6.73平方千米,分两期开发,一期利用原北京首钢石灰石矿国有土地开发建设。云创谷经济开发中心将产业定位于以酒店、会议、会展、精品购物等为内容的休闲旅游服务产业;提供社区服务,配备高端和中端生活设施齐全的综合型健康养老产业;以动漫设计、数字媒体等为内容的文化创意产业。拟利用云蒙山浅山区及白河水系优美的自然环境和生态资源打造三产主导、行业精品、经营持续、效益突出的产业示范基地。

年内,云创谷经济开发中心采用电话招商、网络招商、以商招商的策略进行全方位招商,引进注册企业217家,其中房地产建筑类企业10家,广告传媒类企业89家,其他企业118家。云创谷经济开发中心全年纳税总额13194万元,其中营业税5140万元,土地增值税7350万元,形成县级财政收入6804万元。

云创谷经济开发中心配合县规划分局进行太子务矿区废弃矿坑的治理研究,已完成初步成果的编制工作,并得到首规委认可。太子务矿区规划范围:南至密西路、北至西智村北、东至白河及新城界、西至京密引水渠,规划用地总面积约17.5平方千米。

云创谷经济开发中心加强规划区管理成立了由周边5个村17人组成的看护巡查队,其中:太子务6人、东户部庄3人、西智4人、李各庄3人、西户部庄1人,不间断巡逻检查,发现问题及时上报,及时处理。同时,中心积极配合西田各庄镇和密云镇政府完成了规划区内3家料场(占地面积110亩)的拆除工作。

(沈春丽)

单位名称:北京云创谷经济开发中心
地　　址:密云县西田各庄镇太子务村村东原首钢石灰石矿办公楼
电　　话:61013992

古 北 水 镇

北京密云古北水镇(司马台长城)国际旅游度假区(简称古北水镇)是北京市"十二五"期间旅游业引擎项目之一,属于北京市文化创意产业与旅游业重大项目。项目以司马台长城为依托,坚持"一流的长城、一流的保护、一流的开发"理念,以中国北方古建筑为载体,充分挖掘山、水、长城、民俗文化、北方建筑风格等多种创意要素,全面展示北京乃至北方地域丰富的民俗文化,充分体现了"山、水、城"的完美融合。形成了集观光旅游、休闲度假、商务会展、创意文化等旅游业态为一体,参与性和体验性极高的"国际文化休闲旅游度假目的地",北京市文化旅游新地标。

项目规划总占地面积9平方千米,总建筑面积约43万平方米,预计总投资45亿元,截止到12月,完成累计投资39亿元。

年内,古北水镇项目快速发展,各项建设全面推进。项目建设总面积已达39.5万平方米,其中土建工程基本完工17项,共28.2万平方米。沿河景观已基本完善,基础设施基本完备,为项目正式进入试运营阶段做好了充分准备。

项目度假区内以"营、镇、堡、寨"划分为"四区三谷"。四区为民国街区、水街风情区、卧龙堡民俗文化区、汤河古寨特色民宿区、老营区、民宿餐饮区,三谷为后川禅谷、云峰翠谷、伊甸谷。四区三谷内又包含了一个古村落、两个大型酒店、六个精品酒店和十个文化展示体验区。截止到年底,六区三谷及相关酒店和体验区已在司马台长城脚下基本建成。古北水镇民国街区(镇区民国街区部分)、古北水镇水街风情区(山水城水街A区作坊街)、卧龙堡民俗文化区(长城书院景观台地、日月岛演艺区)、汤河古寨区(样板房民宿、司马台水库及司马台长城1~10号烽火楼区域)等"六区",包括司马小烧酒坊、永顺染坊、英华书院等景点已建成,具备试运营条件。可启用住宿客房316间(其中:水镇大酒店196间、民宿五处共77间),开放住宿区域餐厅餐位946个(水镇大酒店餐位880个,民宿餐位66个),提供会议室7个。作为开放式小镇,银行、邮局、菜场、综合超市、药店、诊所、快递、书店、干洗店等一系列日常生活所需的配套设施,基本具备启用条件。国内面积最大、设施设备最完善的游客服务中心建设完成。

年内,北京古北水镇旅游有限公司就业人数已有600余人,以"新员工入职、仪容仪表规范、礼仪礼节礼貌、消防安全"等为内容的各种员工培训在进行;步行、电瓶车、游船三条游览线路都具备开放条件;游客服务中心内部装修接近尾声,可以为游客提供咨询预订、登记入住、行李寄存运送等服务。连接景区与京承高速的马北路支线(路长约3.14千米,路宽8.5米),连接景区与101国道的司曹路一期(路长约12千米,路宽8.5米)道路工程均已竣工。对汤河13千米河道进行治理,清淤河道3.7万立方米,绿化河道9.6公顷,建设湿地3.4公顷。电、气、热等基础市政设施准备就绪。国家电网北京密云供电公司司马台35千伏变电站投入使用。景区内两个总配电力工程已竣工,22个分配完成16个,等待供电。输送天然气的调压箱、阀门井等逐个定位施工。景区内2条消防环线,3个停车场(可提供车位近1000个)已建成。供暖工程已完成水压测试验收。环境保护及垃圾、污水处理方案已完成。市政管网、直饮水厂及日处理能力3000吨的污水处理厂工程设备基本安装完毕,直饮水厂及污水厂进入试运行阶段。

10月28日至11月6日古北水镇内部进行为期10天的免费体验式开放。接待游客量达到近1万人次,平均每天1000人次。

(张雪云)

单位名称:密云县司马台雾灵山国际休闲度假区管理委员会
地　　址:密云县古北口镇司马台村古北水镇景区
电　　话:69040288

华润希望小镇

华润希望小镇涉及阁老峪等6个行政村2791户面积31790亩。小镇建设分两期进行,一期在阁老峪村原址建设新民居,二期在南穆家峪等5个村集中建设新民居,新社区,并根据沟域经济发展规划发展生态、休闲、观光、高端旅游产业,实现农民增收致富就地城镇化。

年内,华润希望小镇党委改进工作方法,创新管理机制,完善落实《希望小镇党委和管委会例会》、《华润希望小镇新民居建设成本核定控制》、《希望小镇新民居建设施工管理监理例会》等工作机制,规范《希望小镇建设镇村工作组例会制度》,组建阁老峪村沟通议事小组和新民居质量监督小组,全程参与新民居建设、产业发展;定期组织党员和村民代表查看施工现场,将新民居建设质量、材料标准和施工进度在村委会公开栏和电子信息平台上展示,每周更新;创新《华润希望小镇新民居建设成本核定控制》的四方共管机制,由县住房和城乡建设委员会、华润集团、中国建筑第八工程局有限公司和镇村四方共同推荐厂家,严格招标程序,共同制定标的,做到公开透明,科学控制建设成本,保证工程质量。在一期新民居结构设计和总平面设计过程中,发挥农民的主体作用,重要会议扩大到村民议事组成员。

年内,确定电力基础设施项目招标平台,完成新民居太阳能供热采暖系统造价评审,降低新民居建设实验费用;规范和探索希望小镇土地资源整合及利益分配机制,根据不同地类、不同使用主体,不同使用性质,确定不同的流转土地补偿价格,完成分配方案。

年内,新民居(一期)81栋(195套)完成室内外装修;小区红线内电力、给排水、弱电、燃气等相关小市政管线铺设工作基本完成;市政路网(穆石路、黑大路和沙石路)全线贯通,完成小区宅间主路床工程;

污水处理站、天燃气压缩站完成设备安装;电力开闭站完成两个配电室主体施工建设;完成《华润希望小镇新民居(一期)选房回迁方案》、《选房结算阶段贷款流程》、《新民居回租回购实施办法》等五个配套实施办法的初稿;完成新民居楼号、门牌编号,制定《新民居选房现场工作方案》,组建宣传动员、政策咨询、组织协调等12个选房回迁工作小组,完成对希望小镇217套新民居占地与建筑面积的测绘工作。

年内,完成木棉花乡村酒店接待中心展示区建设,探讨与村集体46套部分产业用房对接;五丰农业基地投资300多万元,打造室内外景观,七彩市民农场从12月初开始对外出租销售,已完成百余块的土地地块租赁,营业性收入超过20万元;农超对接项目进展顺利,核桃油、蜂蜜等特色农产品已进入北京、天津30余家华润万家超市。村旅游接待中心装修完成,开始接待服务;天福号农庄农业循环生态园完成建设并投入使用;保鲜库及西班牙火腿车间基础建设及设备安装工作基本完成;引进"北京国际青年营地"项目,青年营地自7月10日开营,已陆续接待北京首开集团、市烟草公司等50多批近6000余名青年的户外教育培训。此外,还接待了35个国家的200多名国际青年交流培训,带动农民增收60万元;编制完成《北京国际青年营地发展规划》,筹划成立希望小镇旅游公司,集成现有产业优势,依托华润集团、天福号、北京国际青年营地的产业平台,通过产业联动实现希望小镇的产业增收,让农民在发展中受益;在先期规划的基础上,结合希望小镇发展建设现状,丰富了《阁老峪村发展规划》,起草了《阁老峪村产业发展实施方案》,研究具体实施内容和时间计划;结合2014年的回迁,打造民俗产业,提高村民劳动技能,村旅游合作社组织举办厨师培训班1期,有60多人参加培训;村里选派10多名年轻人,在青年营从事教练员的学习培训,为希望小镇发展培养具有专业技能的农村实用人才;村劳务用工合作社承接工程建设1150万元,带动阁老峪村劳动力50多人就业。同时,华润、天福号等相关产业安置40人长期就业,机械台班增收280万元;民俗旅游人数增加1.5万人次,增收90万元,加上产业分红收入,年底农民人均纯收入超过2万元,比2012年增加20%以上。

(张玺云)

单位名称:华润希望小镇
地　　址:密云县穆家峪镇阁老峪村
电　　话:61052451

北汽福田汽车股份有限公司密云多功能汽车厂

北汽福田汽车股份有限公司密云多功能汽车厂于2009年9月入驻开发区,同年12月23日奠基,2010年3月1日正式开工,2011年6月21日投产。年内,生产整车6.3万辆,实现收入39.47亿元,同比增长21%;实现就业2778人,安置密云本地就业656人。

(郎　郎)

单位名称:北汽福田汽车股份有限公司密云多功能汽车厂
地　　址:北京市密云县西统路(密云经济开发区B区)
电　　话:61005010

密云冶金矿山公司

年内,密云冶金公司强化精细管理,

深化挖潜增效,加快资源战略实施步伐,推进安全和谐班组建设,扩大综合利用产业规模,实现企业健康持续稳定发展。完成铁精粉产量213万吨,完成年计划的104%,同比增长0.4%;砂石料产量2018万吨,完成年计划的90%,同比增长2.1%;销售收入22.1亿元,完成年计划的134%,同比下降2.2%;税前利润2.81亿元,完成年计划的162%,同比下降24.9%;上交税金3.77亿元,完成年计划的138%,同比下降19.6%。

3月,首云矿山救护队完成四级升三级工作,公司全系统应急救援保障体系全面建成;4月,5家矿山企业会同县安监局、总公司、属地镇政府、卫生院、矿周边村民完成尾矿库应急救援演练;5月至8月,落实市、县防汛部署,实现安全度汛目标;6月,5家矿山企业组织开展安全生产月系列活动;7月,5矿开展国务院安全大检查系列活动;8月,公司制定下发加强安全和谐班组建设实施意见,强化班组制度体系建设、安全标准化建设、创新能力建设、文化建设、民主建设;5月,云冶公司通过安全标准化一级企业认证;8月,首云公司通过安全标准化一级企业认证;12月,公司危险货物运输班通过安全标准化三级认证。

年内,云冶公司上峪、麻子坑深部工程完成井巷工程25248米,累计完成工程总量的90%;威克公司井下开采工程全年完成井巷工程1331米,累计完成工程总量的12%。露天采场北端帮扩圈剥岩工程剥岩总量866万吨,完成工程总量的26%;建昌公司桑园、芦头采场采剥总量623万吨;桑园矿区井下开采工程完成项目立项审批,进入工程前期准备阶段;12月末,首云公司井下-16米至-76米转段工程完工。

年内,5家矿山企业完成矿区道路硬化3.4万平米、采场治理8.7万平米,新栽各类树木、乔灌木83万株,新增绿化面积21.8万平米;7月,云冶、建昌两条新建年处理能力150万吨碎石生产线正式投产;11月,落实市县清洁空气行动计划分解任务,启动实施矿山公司2013-2017年全县废弃矿山生态修复实施方案。

5月,首云公司选矿节能改造完工,吨精粉电耗下降12千瓦时。1月至5月,完成提砂工艺改造,尾矿排放减少88%,产率提高29.3%;5月,建昌公司完成选矿细筛改造,筛分效率提高15%。6至8月,完成尾矿回收改造,月增产精粉600吨。全公司技改技措可创直接经济效益近2400万元。全公司全年引进各类专业技术人才55名,大专及以上学历员工达到职工总数的20.5%,同比增长2.7个百分点。

北京檀城伟业投资有限公司 该公司成立于2008年9月,主要负责首云矿业股份有限公司国有资产监管及首云铁矿(首云矿业股份有限公司前身)退休职工管理。2013年4月,经密云县经济和信息化委员会批准,划转密云冶金矿山公司。至12月末,企业总资产5.39亿元,净资产4.57亿元,在职职工21人,退休职工1662人。

首云矿业股份有限公司 该公司原为北京首钢铁矿,始建于1959年,1970年建成投产,是集采矿、选矿为一体的国有中型冶金矿山企业,是原冶金部重点矿山企业之一。历史上曾隶属于北京冶金局和首钢总公司,2003年9月划转矿山公司,更名为北京首云铁矿,2009年改制为股份有限公司。年内,公司有在职职工

1273人,总资产15.1亿元,净资产8.65亿元。全年铁精粉产量60万吨、砂石料产量972万吨、销售收入5.37亿元、税前利润0.3亿元、上交税金0.49亿元。

北京云冶矿业有限责任公司 该公司1985年筹建,1990年试生产,是集采、运、选矿为一体的综合性矿山企业。原为冯家峪铁矿,2005年转制为有限责任公司。年内,公司有在职职工1180人,总资产8.21亿元,净资产5.4亿元。全年铁精粉产量54万吨、砂石料产量151万吨、销售收入5.27亿元、税前利润1.25亿元、上交税金1.22亿元。

北京威克冶金有限责任公司 该公司是集采矿、选矿为一体的综合性矿山企业。原为北京威克直接还原材料厂,由1986年始建的巨各庄铁矿和1999年建成的密云球团厂于2000年合并而成,2005年转制为有限责任公司。年内,公司有在职职工1321人,总资产8.16亿元,净资产4.59亿元。全年铁精粉产量41.6万吨、砂石料产量478万吨、销售收入5.62亿元、税前利润0.76亿元、上交税金1.16亿元。

北京建昌矿业有限责任公司 该公司是集采矿、选矿为一体的联合生产企业。由矿山公司2003年收购太师屯铁矿组建北京建昌铁矿后,2005年转制为有限责任公司。年内,公司有在职职工288人,总资产2.8亿元,净资产1.86亿元。全年铁精粉产量30.5万吨、砂石料产量117万吨、销售收入3.12亿元、税前利润0.31亿元、上交税金0.36亿元。

密云县放马峪铁矿 该矿始建于1986年,是集采矿、选矿为一体的冶金矿山企业。属密云县高岭镇办企业,2006年由矿山公司托管。年内,放马峪铁矿有在职职工500人,总资产3.92亿元,净资产1.77亿元。全年铁精粉产量27.3万吨、砂石料产量300万吨、销售收入2.68亿元、税前利润0.2亿元、上交税金0.53亿元。

北京莱迪投资有限公司 该公司成立于2005年,是以矿山技术咨询服务为主的股份制企业。年内,公司有在职职工4人,总资产9244万元,净资产9240万元。

北京首钢石灰石矿 该矿始建于1959年,为首钢冶炼辅助原材料生产基地,总占地面积2128亩。2003年9月划转矿山公司,2007年7月闭矿,成立留守处。年内,石灰石矿有在职职工7人,总资产1539万元,净资产-1385万元。

(刘小泉)

单位名称:密云冶金矿山公司
地　　址:密云县鼓楼东大街3号
电　　话:69044227

北京青岛啤酒三环有限公司

北京青岛啤酒三环有限公司(简称三环公司)注册资金2980万美元,现具备年产啤酒30万千升的生产能力,拥有员工845人,是青岛啤酒股份有限公司华北区域重要的生产基地,主要生产“青岛”、“山水”、“崂山”等系列啤酒。公司传承青岛啤酒享誉百年的精深酿造技术,将传统酿造工艺与现代高新技术融合,形成了别具特色的啤酒风味。

年内,三环公司以“服务和支持市场为导向,提升质量专业化管理”的工作方针,实现产量啤酒20.03万千升,销量19.65万千升,销售收入4.4亿元,税前利润2817万元,上缴税金8618万元。荣获由市国家税务局、市地方税务局联合授予的“北京市纳税A级企业”荣誉称号;被县委授予“密云县优秀基层党组织”荣誉称号;连续2年荣获青啤集团经营管理进步奖。

三环公司通过对标管理,立足现有设备并进行针对性的更新改造,有效解决制约生产及产品质量的问题,产能同比增幅5.2%,为生产啤酒20万千升奠定基础。同时通过一系列的节能降耗攻关项目的推进,使公司能耗各项指标较同期明显降低,同比节约费用约140.97万元。

年内,三环公司投入安全费用68万余元,环保费用45万余元,全员人均接受安全培训19.77学时。安全生产标准化工作以密云县得分第一的成绩,通过密云县安监局、中国安科院专家的验收;获密云县经信委系统“平安杯”安全知识竞赛三等奖、密云县经信工委“安康杯”优秀组织单位、青啤集团“安全模范工厂”荣誉称号。

(谢海波)

单位名称:北京青岛啤酒三环有限公司
地　　址:密云县果园西路9号
电　　话:69043019

北京渔阳旅游集团

北京渔阳旅游集团系密云县全民所有制企业,注册资金1000万元。集团以旅游资源(产品)开发、投资咨询、工业与民用建筑工程施工等为主导,兼营书刊发行(零售)、国内旅游以及房地产开发、销售等项目。

集团现致力于云蒙山风景名胜区维护和开发。云蒙山风景名胜区是密云县唯一一处国家级森林公园和国家级地质公园,同时也是北京市政府批准的第一批市级风景名胜区,素有北国“小黄山”之称,是密云县西线旅游规划的核心景区。依据《云蒙山风景名胜区总体规划》,已建成的云蒙山中部景区配备有大型服务区、扶梯和国际先进的客运索道,使游客真正体会到休闲、娱乐、观景的舒适和惬意。

2008年渔阳集团通过合作方式对云龙涧景区进行资源整合,景区的奥运会会徽“中国印”是国内唯一经奥组委审批同意的大型摩崖石刻,北京奥运会期间,曾以其蕴含的浓厚中华文化和奥运精神为奥运会添光放彩,如今的中国印摩崖石刻已成为密云县西线旅游地标性景观。

2011年渔阳集团控股成立金渔阳电动出租车公司,在全县范围大力推行电动出租汽车服务,现共有100辆纯电动出租车上路提供载客服务,实现安全运营350万千米。2012年,渔阳集团协调政府各方力量,推进农民住宅抗震节能保温改造及全县旅游环境提升工作。累计完成全县15个乡镇,173个行政村,17154户的农宅单项改造,完成全县13个乡镇,33个行政村,门头牌匾改造、外立面粉刷、停车场改造、旅游接待站建设等旅游环境提升工程。

(李红伯)

单位名称:北京渔阳旅游集团
地　　址:密云县城后街20号
电　　话:69087238

农业与农村经济

农业农村综合管理

【概　况】 密云县农村工作委员会(简称县农委)以转变发展方式为主线,以促进农民增收为根本,以加快推进产业融合发展,提高城镇化和新农村建设水平为重点,强基础、促统筹、抓产业、促富民,持续推动农业农村发展新局面。年内,全县农林牧渔业总产值47.3亿元,同比增长3.8%;完成平原造林2.5万亩。粮食播种面积26万亩,粮食总产量8.8万吨。农村居民人均纯收入1.6万元,同比增长11%。

(农　委)

单位名称:密云县农村工作委员会
地　　址:密云县水源东路358号
电　　话:69041735

【都市型现代农业形成"三个三"的发展格局】 年内,以奶牛、肉(柴)鸡、蜜蜂为主的生态养殖业。通过环境减排,粪污治理,合并散户区形成规模现代化养殖,全县奶牛存栏20303头,肉鸡存栏199万只,蛋鸡171万只,养蜂8.5万群,规模化养殖场达到594个。以板栗、苹果、梨为主的绿色林果业成为山区农民重要的经济支柱。板栗27万亩,年产1808万公斤;苹果2.6万亩,年产1406万公斤;梨3.7万亩,年产2262万公斤。以无公害蔬菜、有机杂粮、花卉为主的特色种植业。无公害蔬菜基地3万亩,有机杂粮2万亩,花卉2780亩。

(农　委)

【休闲农业园区建设】 年内,投资275万元,重点对久运河谷葡萄园等8个休闲农业园区实施环境、设施和文化等建设,提高园区品质。全县共有各类休闲园区300余个,年接待游客322万人次。

(农　委)

【农产品销售】 年内,以店中店形式在物美大卖场建立"密云农产品专柜",30余家合作社近百种产品进驻卖场,日均销售额达万元。洪福环宇餐饮有限公司与库北地区10家重点蔬菜种植专业合作社签订产销协议,收购价格较当日新发地蔬菜批发价格上浮15%。康顺达等6家合作社与市区住宅小区对接,建立一家一户会员制配送销售渠道,建立会员制配送3.5万户。

(农　委)

【"菜篮子"重点建设工程】 年内,发展新菜田 1219.73 亩，其中设施农业 169.41 亩、露地菜田 856 亩、改造提升老旧棚室 194.32 亩。建设市级设施农业标准园 2 个，提升百亩以上县级标准园 11 个。建设市级设施蔬菜集约化育苗场 3 个，市级“菜篮子”工程优级农业标准化基地 16 个，新认证无公害基地 15 个。

(农　委)

【农产品销售】 年内，组织 5 家农业龙头企业参加第十一届中国国际农产品交易会，充分展现密云县优质农产品和农业品牌形象。组织 11 家企业及合作社参加首届北京农业嘉年华活动，分获最佳展销、最佳服务保障等奖项。举办密云县第六届板栗经贸洽谈会，116 家板栗专业合作社与全国 200 余家板栗经销商实现对接，共组织收购板栗 9800 吨，实现销售收入 6800 万元。举办密云县第二届西甜瓜采摘节、第三届东部渠御皇李子节、张裕爱斐堡第四届葡萄·葡萄酒文化艺术节等活动，促进密云特色农产品的销售流通。

(农　委)

【6 种农产品通过市地理标志资源普查初审】 年内，“密云水库鱼”、“北台玉葱”、“密云板栗”、“黄土坎鸭梨”、“大城子红肖梨”和“石峨御皇李子”6 种地域特色农产品，由市农产品安全办公室统一上报农业部，统筹纳入《北京市地域特色农产品普查备案目录》，作为今后全市农产品地理标志登记保护、产业发展和品牌培育提升的重要依据。

(农　委)

【农产品生产质量】 年内，农业部和市级开展蔬菜样品抽检 230 个，合格率 100%。县级每半月定期对蔬菜生产基地开展质量抽查，共检测蔬菜样品 5251 个，合格率 99.8%。畜禽养殖业全年共抽检各类样品 15563 份，其中：饲料样品 151 份，畜禽产品样品 388 份，其它样品 15024 份，抽检样品全部合格。

(农　委)

【农业标准化生产】 年内，在全县蔬菜生产基地推广标准化生产，126 家蔬菜农业标准化基地实行分级动态管理。创建市级蔬菜优级标准化基地 17 家，市、县级设施农业标准园 14 个，市级集约化育苗场 3 个。加强“三品”认证工作，认证无公害农产品基地 79 个。4. 建设标准化养殖场 101 家，其中：优级 13 家，良好级 37 家，达标级 51 家。

(农　委)

【生态农业建设工程】 年内，建立有机果品生产追溯体系，巩固提升 30 个，6.5 万亩有机果品基地，建设绿色蔬菜基地 1 万亩。以提升“肉蛋菜奶”主要农产品供应保障为目标，创建蔬菜、渔业和畜牧市级优级农业标准化基地 16 个。加强无公害农产品监管，新认证无公害农产品基地 15 个。推广绿色生物防治技术，开展 40 万亩板栗和玉米防治桃蛀螟的赤眼蜂繁育和放蜂工作。

(农　委)

【农产品安全】 年内，农业部和市级开展蔬菜样品抽检 230 个，合格率 100%。县级每半月开展蔬菜质量抽查，检测样品 5251 个，合格率 99.8%。畜禽养殖业全年共抽检各类样品 15563 份，抽检样品全部合格。

(农　委)

【生态安全农业建设工程】 年内，建立有机果品生产追溯体系，加大对农药残留的检测力度；巩固提升 30 个，6.5 万亩有机果品基地，建设绿色蔬菜基地 1 万亩。以提升“肉蛋菜奶”主要农产品供应保障为目标，创建蔬菜、渔业、畜牧市级优级农业标准化基地16个。加强无公害农产品监管，新认证无公害农产品基地15个。推广绿色生物防治技术，开展40万亩板栗和玉米防治桃蛀螟的赤眼蜂繁育和放蜂工作。

（农　委）

【遏制违法违规用地】 年内，对全县所有设施农业进行日常巡查监管，建立常态化巡查监管联动工作机制。各乡镇及时掌握设施农业发展变化情况，并建立台账报送和巡查记录长效管理制度。每半年对各镇监管工作进行督导检查，并通报检查结果。

（农　委）

【保洁员报酬】 年内，全县共有村级保洁员2281人，同比增加113人。1月份全县保洁员月平均工资708.9元，同比增长9.5%。其中：全县保洁员月工资最高的是北庄镇，为1400元；月工资增幅最大的是巨各庄镇，为1300元，同比增长62.5%（从每月800元增至1300元）；月工资最低的是高岭镇、大城子镇、石城镇、西田各庄镇，均为每月500元。

（农　委）

【促进低收入农民增收】 年内，开展低收入农户实用技能培训2000人次。优先安排有劳动能力的低收入农户劳动力实现公益就业。

（农　委）

【农村环境建设】 年内，全县镇村级专职保洁员总数已增至2263人。收集转运设备达1.3万多台（件）。全县农村地区共出动14.2万人次，清理积存垃圾13万余吨，拆除私搭乱建8.2万平方米。太师屯镇获得北京市卫生镇称号。

（农　委）

【“支农惠农”政策性农业保险】 年内，全县政策性农业保险承保涉及17个乡镇，363个村，9231户，累计总保费1925万元，同比增长22%。全县6112户农民获得保险赔偿1800万元，同比增长72.7%。

（农　委）

【农民住宅抗震节能改造】 年内，在16个镇238个村完成农民住宅抗震节能改造2500户，完成新建翻建和综合改造2630户，超额完成年度计划的5.2%。通过改造，采暖期农户室内温度提高3~5度，全县年减少用煤2630吨，实现农民减支2630万元。

（农　委）

【农民实用技术培训】 年内，县农委围绕主导产业发展及农民需求，采取科技入户、技术服务等形式，组织开展设施农业、有机果品、绿色养殖等农民实用技术培训10.1万人次，超额完成年初确定的培训任务。

（农　委）

【低收入农民职业技能培训】 年内，开办厨师、电工和电焊工3个专业，经过各镇申报、县职业学校审核、体检，100名低收入农民参加培训。

（农　委）

【5家企业获“双百双促”资金扶持】 年内，绿润、洪福环宇、百年栗园等5家农业产业化龙头企业分别与大龙门村、塔沟村、上庄子村等低收入村结对共建，带动农民就业增收，这5家企业获得市级资金扶持234万元。

（农　委）

【获“促进农民增收一等奖”】 1~3季度，全县农民人均纯收入增长速度位于区县首位，获得北京市新农村建设促进农民增收一等奖，奖励资金1000万元。

（农　委）

【"暖起来"和"亮起来"工程】 年内,"暖起来"工程总投资900万元,涉及4个镇15个行政村,建设太阳能公共浴室15座,解决了2.15万余名村民冬季洗澡难问题。"亮起来"工程总投资800万元,涉及15个镇36个村庄路段,安装太阳能路灯2341盏,年节约用电11.71万度,节省电费开支近6.5万元。

(农 委)

【山区安装红福源新型电热供暖设施】 年内,在不老屯等3个镇386户新民居试点安装低温电热辐射地暖供暖设施,部分搬迁村已安装完成并投入使用,相比燃煤等供暖方式可节约开支1000元左右。

(农 委)

【水库保护区群众生活补助】 年内,涉及一级保护区内7个镇43个村35410人,共发放补助资金2140.77万元。

(农 委)

农业行政管理

【概 况】 密云县农业局,同时挂密云县动物卫生监督管理局牌子,负责本县农业行政管理和农业行政执法监督以及畜牧兽医行政管理工作。所属单位有密云县动物卫生监督所、密云县动物疫病预防控制中心、密云县渔政监督管理站、密云县农机监理站、密云县种子执法监督站和18个派出机构。年内,全县实现生猪存栏14.1万头,同比增长7.63%,生猪出栏22.27万头,同比增长4.07 %;奶牛存栏18837头,同比下降10.57%;鲜奶产量7.87万吨,同比下降2.6 %;肉鸡存栏134.72万只,同比下降53.91%,肉鸡出栏1675万只,同比下降38.84 %;蛋鸡存栏228万只,同比下降7.6%,鲜蛋产量2.35万吨,同比增长9.3 %。全县畜牧业产值19亿元。

(王玉琴)

单位名称:密云县农业局
地 址:密云县新西路康居小区北侧
电 话:69043038

【生猪规模场标准化改造项目】 年内,本县有4个规模场完成了生猪规模标准化改造项目。项目以改造猪舍、场区、水、电、路和动物防疫设施为主,总投资为655多万元,其中国家投资为320万元,市级配套160万元,企业自筹175多万元。

(陈奎春)

【北运河粪污治理项目】 年内,对本县5个规模场进行粪污治理,总投资在270多万元。

(陈奎春)

【实施减排工程】 年内,对30个规模养殖场实施符合减排要求的治理项目。

(陈奎春)

【产业发展基金项目】 北京市产业发展基金项目在本县建设1个规模奶牛场,1个肉鸡养殖专业合作社,年内,此项目各项工作全部完成。

(陈奎春)

【现代化肉鸡养殖项目】 年内,由合作社牵头与北京肉鸡协会合作,在西田各庄镇建设现代化肉鸡养殖场,养殖场实现全自动化管理,实现全年出栏肉鸡100万只。项目总投资2900多万元,申请市级资金扶持400万元。

(陈奎春)

【"菜篮子"工程项目】 年内,对七家养殖场开展了北京市"菜篮子"工程项目,主要以改造畜禽舍、水、电、路等,总投资为550万元,争取市级资金为370万元,企业自筹180多万元。

(陈奎春)

【建立移动农网】 年内,县农业局成立了移动农网,发布各类养殖信息7万余条。信息内容涉及肉鸡、生猪、奶牛、蛋鸡等畜种,有饲养管理技术、疫病防治技术、动物保健等。

(陈奎春)

【畜牧补贴】 年内,全县能繁母猪存栏26498头,共发放补贴资金264.98万元。

(陈奎春)

【动物防疫体系建设】 年内,建立县、镇、村三级动物防疫体系,使全县动物防疫工作做到镇不漏村、村不漏户、户不漏畜禽、畜禽不漏针;全年畜禽免疫率、监测率、出栏动物产地检疫率、屠宰检疫率、外埠进京动物的检疫监管率达到100%。

(王兴龙)

【产地检疫】 年内,推行签约兽医辅助下的官方兽医制度,4个官方兽医室负责全县动物检疫工作,共检疫生猪14.49万头、禽类4177.69万只、种蛋2445.16万枚,产地检疫率100 %。

(王兴龙)

【屠宰检疫】 年内,在北庄、太师屯、高岭、古北口、新城子、大成子、不老屯等镇生猪私屠乱宰多发地开展整治工作,两个驻场兽医室负责动物屠宰检疫工作,共检疫猪23.21万头,禽类129.5万只。

(王兴龙)

【公路检疫】 年内,番字牌、古北口两个公路动物防疫监督检查站,对过往的运载动物及产品的车辆进行监督检查、查证验物,禁止不合格的动物和动物产品进入北京市场。共检疫出入境牛1460头、猪59.38万头、禽类64.3万只,畜禽产品约1.55万吨,消毒车辆6086辆。

(王兴龙)

【动物卫生监督执法】 年内,县动物卫生监督所按照"风险分级,量化监督,档案管理"的监管模式,共出动执法人员2622人次、车913车次,检查养殖场、市场超市、宾馆、冷库、饲料生产、兽药经营、饲料厂等场所2831个。

(王兴龙)

农业生产服务

【概　况】 年内,密云县农业服务中心围绕菜篮子、粮食、渔业养殖、籽种、农业景观五个重点工程,完善农技推广、农产品质量安全监管、农机服务、市场信息服务、农业金融保险五个服务体系,营造和谐、学习、服务、成长、清明五个氛围的工作思路,推进为农服务工作,促进全县农村持续发展、农业持续增效、农民持续增收、生态环境持续改善。全年种植业、水产养殖业、农机服务业实现总产值145660.4万元,同比增长5160.4万元,增幅3.67%。

(李　婷)

单位名称:密云县农业服务中心
地　　址:密云县新南路甲52号
电　　话:69083718

【农业生产指标的完成情况】 年内,全县完成蔬菜播种面积6.5万亩,总产量3.3亿公斤,实现产值76000万元,同比增长33.3%;粮经作物播种面积28.35万亩,总产量11011.8万公斤,实现产值27848.6万元,同比增长13.7%;落实养殖水面15.5万亩,完成商品鱼产量4800吨,实现渔业综合收入20500万元,同比增长2.5%;投入大型农业机械9641台,农机作业总收入21311.8万元。抽检蔬菜样本5630个,水产样品309个,检测合格率100%。

(李　婷)

【重点工程建设】 年内,完成老旧设施改造194.32亩,新发展露地菜田676亩;建设市级蔬菜标准园2个,县级蔬菜标准园11个,市级高标准蔬菜集约化育苗场5个。实施9万亩玉米高产高效示范方建设,通过推广新品种、新技术,平均亩产达到806.4公斤,比全县玉米平均亩产高385公斤。开展密云水库增殖放流工作,向密云水库投放鲢、鳙等净水鱼类苗种24.45万公斤计800万尾,放流成活率达99.7%。繁育优质玉米籽种150万公斤,满足县域内供应80万公斤。完成太师屯"人间花海"、新城子农田、东邵渠"皇李御道"等景观节点建设,促进农业与旅游产业深度融合。

(郭　珊)

【农技推广体系建设】 年内,开展基层农技推广服务体系建设,组建八支专业服务团队,形成首席专家+岗位技术指导员+全科农技员+基地农户的农技推广模式。启动新型职业农民培养工程,围绕种植业、休闲农业等重点产业,培育新型农民500人;强化对村级全科农技员管理,组织全县17个镇农业技术服务中心,328个村级服务站,3280户农户对328名全科农技员进行考核,合格率100%。

(王中鑫)

【农产品质量安全监管体系建设】 年内,在保证全县20万亩玉米、20万亩挂果板栗鳞翅目病虫害生物防治全覆盖的基础上,实现生物防治技术在林业病虫害防治领域的应用;完成22家农药连锁店的建设与职能升级,成立农资连锁配送总店,服务覆盖全县菜田98%以上;率先在全市推行"农家乐"蔬菜农残监管服务模式,对县域内5个乡镇19个民俗村的农家乐自产蔬菜开展农药残留检测样品500余个,检测合格率达100%。

(崔晓英　丁守付)

【农机服务体系建设】 年内,巩固提高玉米、小麦等主要大田作物生产全过程机械化水平,并通过实施保护性耕作技术,促进农作物秸秆综合利用;推广设施农业省力化机械,结合国补农机项目,补贴日光温室卷帘机200台、补贴日光温室自动开窗机300台;创新合作社建设,以实现"现代化设备、专业化队伍、社会化服务"为目标,完成农机服务示范社升级改造一期工程建设。

(王树生)

【加强蔬菜基地建设】 年内,进一步扩大天安农业蔬菜供应基地,建设蔬菜加工车间,车间总面积2600平方米,产能30吨/日;引进京客隆集团与蔬菜基地建立长期产销合作,向首都提供新鲜蔬菜。

(刘士华)

【密云水库渔业资源调查】 年内,对密云水库开展渔业资源现状摸底调查,内容包括水库理化指标、饵料基础、鱼类生长及组成等项目,并编写《密云水库渔业资源调查报告》,为水生野生动物保护,水库渔业合理开发利用提供科学依据。

(郑　旭)

【无公害基地建设】 年内,建成种植业无公害生产基地39家，覆盖15个乡镇，占地面积1212.53公顷，蔬菜杂粮认证品种226个，年产无公害蔬菜、杂粮5.44万吨。新认证无公害渔业养殖基地10家，累计建成水产无公害生产基地21家。

（宗海明　张爱民）

【高产高效竞赛活动】 年内，组织全县蔬菜、草莓等种植户参加北京市农业技术推广站开展的高产高效、嫁接育苗竞赛活动，茄子、草莓、香菇分别获得全市高产高效第一名；黄瓜靠接、甜椒贴接分别获得全市果类蔬菜嫁接育苗竞赛第一名。

（李春伶）

【土壤重金属污染防治普查】 年内，在17个镇313个行政村布设采样点位1249个，其中，粮田采样点位976个，蔬菜采样点位273个，将所有土壤普查资料及各阶段产生的数据，按照规定归档管理保存。

（宗海明）

【农机学校更名】 年内，县农机学校更名为密云县农业职业技术学校。在保留原有拖拉机驾驶员和农机手的培训、考核、发证职能的基础上，新增农业实用技术，农业法律法规及农产品安全，职业技能培训、考核、鉴定、发证，农业系统技术人员的继续教育，乡镇农业专业技术人员和全科农技员培训等相应的六项新职能，为全县农业发展和新型职业农民的培育创造了有利条件。

（王晨妤）

【成立农业产业化服务科】 年内，成立农业产业化服务科，负责优质农产品产业化、市场化服务，农产品市场信息服务，农业产业金融保险服务，组织、申报、实施农业产业化项目以及县内农业产业化服务组织技术指导等工作。

（李　浩）

【成立县农业环境保护站】 年内，成立县农业环境保护站，承担农业环境保护、农业生态环境质量的监测与评价、危害农业生态环境的主要污染进行调查和监测等职责，有效增强对农业生态环境的保护与监管力度。

（李　浩）

农村合作经济管理

【概　况】 密云县农村合作经济经营管理站是县政府直属的农村经济综合管理部门。年内，农村经管工作以促进全县农村经济发展和维护农村社会和谐稳定为工作目标，结合农村经管工作职能特点和工作实际，规范管理、强化监督，突出重点、深层次挖掘，全面促进农村经管工作实现创新发展，完成了各项工作任务。

（聂明一）

单位名称：密云县农村合作经济经营管理站

地　　址：密云县鼓楼东大街29号

电　　话：69042046

【产权制度改革】 截至年底，村级集体经济产权制度改革全县累计完成322个村，占全县需要改革村总数（331个村）的97%。改革后共量化集体净资产12.33亿元，股东总数253594个，集体股东322个、社员股东253273个，集体股本金2.47亿元、社员股本金9.86亿元。改革总体进程位居全市前列。

（聂明一）

【清理农村经济合同】 年内,开展农村经济合同清查,共清理经济合同16256份,其中问题合同1905份;清查出拖欠承包费合同848份,拖欠金额2010.23万元。针对问题合同进行清查整,规范问题合同839份,其中补充完善379份;清理拖欠159份,回收拖欠款170.28万元;签订补充协议8份;订立书面合同284份;终止合同9份。

(聂明一)

【规范推进农村土地流转】 截至年底,全县流转土地面积8.5万亩,比上年增加1.6万亩。签订流转合同50973份,土地流转占确权面积28万亩的30%。其中采取确权确利方式流转3.8万亩,出租3.7万亩,转包0.8万亩,其他方式流转0.2万亩。在规范农村土地流转工作中,严把流转程序关,为土地流转提供相应的法律宣传、政策咨询、合同签订指导、矛盾纠纷调处等服务,加强对土地流转价格的统计、监测和分析,向农民提供土地流转价格信息。

(聂明一)

【农村经济审计】 年内,对552个单位进行了审计,审计资金总额21.87亿元。对69名村干部进行了离任经济责任审计;对50名村干部进行了任期经济责任审计。对2012年度村级组织正常运转专项补助资金管理使用情况、粮食直补补贴资金发放情况、山区生态林补偿资金发放情况、国家投入专项补贴资金情况、国家投入生产建设项目补贴资金情况、国家投入公共建设项目补贴资金、财政村级奖补资金发放情况等审计资料全部纳入农村管理信息化平台。3月起利用在线审计系统对农村集体经济组织的财务收支、招待费、专项资金、土地补偿费、干部任期责任审计等内容进行了全面审计。

(聂明一)

【村级公益事业建设一事一议】 年内,一事一议财政奖补项目第一批共32个,涉及16个镇32个村;第二批项目12个镇16个行政村。项目以修建田间路、护村坝、污水排放及收集、村内排水沟治理、田间道路及漫水桥治理及其他小型农田水利工程等为主,项目投资总额2656.25万元,其中,财政奖补资金2125万元,村民筹劳折资531.25万元。年底,第一批项目完工,经县级验收。

(聂明一)

【村账双托管】 年内,全县17个镇333个村,有330个村完成村级资金委托乡镇管理工作,占行政村总数的99%,托管资金近10亿元。年底前有300个村完成了账户分设工作,正在办理的有7个村。

(聂明一)

【农村产权交易】 年内,农村产权交易工作,以北京交易所网、手机报、微博等为交易广告平台拓宽交易空间,实现稳步推进,已有30个企事业单位来密云参与项目交易勘察。《密云县关于规范农村产权交易工作的意见》已上交政府常务会讨论。

(聂明一)

【农村管理信息化建设】 从5月开始,17个镇172个村的新电脑已全部配送到镇、村。全县331个行政村的信息化专用电脑以及各镇农村财务托管中心电脑的《京农系统》全部升级为V5.1版,县镇《农经平台》升级到V3.2版。农村管理信息化四级联网,实现了及时、在线了解农村经济社会发展状况,为各级政府制定农村社会经济发展政策提供及时、在线的数据参考。

(聂明一)

【农村经济运行监测】 年内，全县农村经济运行平稳，农村经济主要指标继续保持两位数增长，实现农村经济总收入 249 亿元，同比增加 27.11 亿元，增长 12.2%；农民人均纯收入实现 15498.8 元，同比增加 1608.6 元，增长 11.6%；农民人均所得实现 14047.7 元，同比增加 1279.1 元，增长 10%。

（聂明一）

农民专业合作社服务

【概　况】 密云县农民专业合作社服务中心，负责研究拟定农民专业合作社发展规划；推进农民专业合作社组建和规范化运作；落实农民专业合作社扶持奖励政策；为农民专业合作社提供融资、人才、科技、信息、培训、保险等服务；协调解决农民专业合作社发展遇到的困难和问题；完成县政府交办的其他工作。

（王　宇）

单位名称：密云县农民专业合作社服务中心
地　　址：密云县信远大厦三段
电　　话：69083999

【合作社建设】 截至年底，全县注册成立农民专业合作社 1149 家，注册资本已达 6.47 亿元，登记入社户数 54775 户，带动非登记入社户数 26481 户，占农业人口户数的 84.6%。在新注册登记的 102 家合作社中，注册登记部代理服务 39 家，镇级服务平台代理 63 家。

（王　宇）

【三品认证建设】 截至年底，获得“三品”认证及商标注册的合作社共 102 家。合作社“三品”认证 57 个，其中：无公害农产品 15 个，绿色食品 8 个，有机食品 36 个，地理标志 1 个，拥有注册商标的合作社 42 个。

（王　宇）

【起草合作社管理相关文件】 年内，拟写了《市级、县级示范社实施动态考评管理办法工作的通知》，编制了《示范社检查考核表及国家级、市、县级示范社检查评审评分标准》，检查考核内容包括：章程规范、办公场所、三会、两证、两册、一账、一上、两日、两公开、财务管理、资金互助、档案管理等。

（王　宇）

【旅游合作社建设】 年内，推进全县民俗旅游的规范化，标准化，组织化，网络化发展。已取得执照的民俗旅游专业合作社 85 家，涉及 14 个镇，工商注册人数 2760 人。

（王　宇）

【政策性农业保险规范建设】 年内，在全市出台的险种中，本县共参保种植、养殖 19 个险种，承保涉及 17 个乡镇，377 个村，9353 户，累计总保费 1930.9 万元。理赔涉及 12070 户，受损规模 41819 亩，共赔付资金 1759 万元。

（王　宇）

【发挥市场销售平台作用】 7 月，以板栗联社为平台，召开第六届密云有机板栗经贸洽谈会。会议其间，合作社与板栗收购商签订了 80 份收购意向，意向收购量达 1.3 万吨。年内，以北京栗联兴业板栗专业合作社为平台，采取基层合作社与骨干合作社同客商直接对接的形式进行收购。板栗总产量 1.5 万吨，其中 22 家板栗收购定点单位共收购板栗 1.1 万吨，占全县板栗总产量的73%,栗农自行销售0.4万吨,占全县板栗总产量的27%。

(王 宇)

【推动合作社品牌发展】 年内,在市、县电视台、京郊日报、中华合作时报、劳动午报、中国信息报等媒体发布信息,提高国内外消费者对密云品牌农产品的认知度。推荐基层合作社参加"昊江水产"杯2012中国合作经济年度成就评选活动,康顺达农产品产销合作社获了50佳合作社品牌奖。

(王 宇)

【组织理事长培训】 自4月19日起,中心与北京市农业职业学院合作,对全县的市县级75家合作社理事长开展了为期半年有针对性的培训,此次培训共开设合作社经营管理、合作社市场营销、合作社品牌、农业生态建设等12门课程。

(王 宇)

【规范合作社财务管理】 年内,协助太师屯镇车道峪养鱼合作社,冯家峪志军合作社,宝玉伯财合作社,河南寨两河养羊等10家基层合作社完善财务账目核算。协助新城子镇纪委完成北京巴各庄有机苹果合作社的财务检查审核工作,协助古北口镇司马台民俗旅游合作社完成财务建账工作。

(王 宇)

商贸　旅游

商贸管理

【概　况】 年内，密云县实现社会消费品零售总额116.2亿元，同比增长10.1%，在五个生态涵养发展区中，本县零售额总量居首位，增速居第五位。外贸出口总额达到3.92亿美元，同比增长10%，总量在五个生态涵养发展区中排名第一。

（胡婷婷）

单位名称：密云县商务委员会
地　　址：北京市密云县檀西路21号
电　　话：89089310

【总部经济发展新区】 年内，密云县生态商务区被市商务委命名为北京市总部经济发展新区。县商务委商务开发区全力申报总部经济集聚区命名，最终促成生态商务区成为北京市总部经济四大发展新区之一。随着北京市总部经济政策的出台，密云县将享受更多的发展扶持政策，实现远郊区县总部经济的跨越式发展。

（胡婷婷）

【京交会上取得丰硕成果】 5月28日至6月1日，第二届京交会在北京举行，密云以生态及北京数字信息产业基地功能区为优势获得120平方米展示区，发放宣传材料400余份，开展有效洽谈30余家。在闭幕式上，县政府与华润弘景（北京）房地产开发有限公司签约华润五彩城商业综合体暨北京郊区休闲商业中心项目，投资总额1.5亿美元。

（胡婷婷）

【推进“菜篮子”工程】 年内，大象（北京）食品有限公司完成10家社区便民菜店建设试点任务，为群众购买蔬菜等鲜活农产品提供便利。

（胡婷婷）

【再生资源回收体系建设】 年内，建设完成6个再生资源规范化回收站。分别在石桥、檀州、亚澜湾等社区。加大回收市场整治力度，21个回收站进入山林丰再生资源回收市场规范经营，2个回收站被取缔。

（胡婷婷）

【餐饮业“农餐对接”】 年内，洪福环宇及金地来大酒店2家餐饮公司成为北京市开展“农餐对接”工作的试点单位，分别与密云农业生产基地签订了农产品购销协议，两家企业共使用蔬菜、杂粮等原材料1万余吨，与农产品生产基地实现互惠互利。

（胡婷婷）

【百货店分等定级】 根据《商务部关于开展零售企业分等定级试点工作的通知》精神,北京鑫海韵通商业大楼密云百货店成功申报达标百货店。

(胡婷婷)

【粮食流通管理】 年内,全县粮油市场安全稳定,粮食质量合格率和宜存率均为100%,具有粮食收购资格的企业全部建立了粮食质量档案,完成16个乡镇的退耕还林补助粮供应底帐核对工作和粮食供应工作,《密云县粮食供给应急预案(2013年修订)》编制印发。

(胡婷婷)

【单用途商业预付卡规范管理】 年内,对重点发卡企业进行了"实名登记、非现金购买、限额发行"等三项制度的动员和培训,向发卡企业宣传《单用途商业预付卡管理(试行)办法》。

(胡婷婷)

【行业安全生产监管】 年内,与53家重点企业签订《2013年度安全工作目标管理责任书》。开展行业安全生产标准化建设工作,物美鼓楼大卖场等14家企业通过县三级标准验收。开展"商务行业及商品交易市场安全生产大检查专项整治"等活动8次,印发了5期专题《简报》,检查企业1106家次,查出问题或隐患709项,均已在规定时限内督促整改完毕。

(胡婷婷)

【酒类经营者备案】 年内,全县新备案登记酒类经营户167家,总数达到4661余家,完成应备案户数的90%以上。

(胡婷婷)

【行业执法常态化】 年内,对规模以上重点单位实现安全检查全覆盖。检查生猪定点屠宰企业55个次、集期市场46个次、商场超市773个次、餐饮业365个次、民俗户62户次、粮食仓储企业20个次、生猪产品经营户63户次、食盐经营户843户次、粮食经营户35户次。检查商业零售业、餐饮业安全生产356户次,检查酒类登记备案796户次;食品安全127户次;检查大排档135户次,可燃物清理61户次,消除煤气中毒隐患134户次。消除其它各类安全隐患17处。

(胡婷婷)

对外经济

【概　况】 年内,全县外贸出口总额达到3.92亿美元,同比增长10%,总量在五个生态涵养发展区中排名第一。

(胡婷婷)

【为外经贸企业服务】 年内,县商务委审批加工贸易合同及其变更业务审批936项,完成对外贸易经营者备案企业94家;审批加工贸易企业生产能力证明32家;完成2013年度第一批中小企业国际市场开拓资金拨付申请书面材料初审工作。

(胡婷婷)

【外商投资情况】 年内,新批外商投资企业16家,投资领域主要涉及商业批发、咨询、管理等行业。投资总额1961.94万美元,协议外资928.89万美元,实际利用外资983.6万美元,比上年同期增长67%。

(胡婷婷)

重点商贸企业

北京市密云县烟草专卖局(公司)

北京市密云县烟草专卖局(公司)围绕行业“卷烟上水平”和“依法治企”的要求,推进各项工作的落实。全年拥有固定资产647.42万元,流动资产13982.29万元,总资产14678.59万元。有从业人员78人。共销售卷烟24052.24箱,同比25894.57箱下降7.11%;累计实现毛利8370.11万元,同比8267.99万元增加1.24%;实现单箱销售额2.15万元,同比1.96万元增加9.69%;实现利税7789.41万元,利润3808.52万元,税金3980.89万元,成本利润率10.11%。

年内,强化“12313”举报处理,共受理举报63起,查获案件138起,其中一般案件130起,简易案件8起,判刑3人。在一般案件中查办9起5万元以上大要案,共查获卷烟284.48万支,其中假烟11.92万支,走私烟3.32万支,真烟269.24万支,罚没款共13.81万元,案件的移送率、抄备率100%。查办了京、冀、闽“1·30”首起部级督办网络案件。截至年底,在市局行政执法责任制考核中排名全市第8位。年内,密云烟草专卖局与县交通局举行联席会议,签订《北京市密云烟草专卖局北京市密云县交通局关于建立联合执法机制工作的意见》;与县工商分局举行联席会议,签订《北京市密云县烟草专卖局北京市工商行政管理局密云分局关于建立联合执法机制的意见》;与公检法举行联席会议,签订四方协议。

截止到年底,辖区共有零售许可证2145个,其中正常经营户1914个,停业户231个。年内,新发放零售许可证305个,延续零售许可证1480个;共开展法制宣传12次,参与人数1160人次,其中对烟草销售诚信户培训4次,法律进机关2次,法律进农村2次,法律进行网点1次,“12.4、3.15、5.25”法律宣传活动各1次。密云烟草辖区内共有网上订货户数1876户,达到正常经营户的97%,网订客户比例在全市排名第3位,网上订货成功率保持在99%以上,在全市排名第2位。

年内,密云烟草以“精准管理、精准营销、精准服务”为理念,加强各项业务建设,形成14个规范性文件;开展科技创新,2个QC成果获得北京市烟草专卖局(公司)鼓励奖,年度完成3个科技项目。

(张　磊)

单位名称:北京市密云县烟草专卖局(公司)
地　　址:密云县鼓楼东大街2号
电　　话:69020227

北京密云供销合作社

年内,北京密云供销合作社围绕加快转变经济发展方式这条主线,推进各项工作的开展,全年实现销售收入30000万元,上缴税金1050万元。

药材公司:以配送工作为重点,为社区和医疗机构做好服务,与一家二级医院实行药房托管试点。全年药品配送额完成20007万元,实现利润15.7万元。

裕民顺种植养殖专业合作社:在组织好原有谷物、豆类等农产品种植的基础上,在南台子、前火岭、保峪岭、西白莲峪等4个行政村种植黑谷子150亩,黑绿豆50亩,为小杂粮礼盒增加新的品种。全年实现销售收入50万元,比2012年的40万元增长25%。重点工程农产品加工项目于4月下旬开工建设,保鲜库整体工程完工,进入设备调试阶段。

云建公司在建项目:啤酒厂嘉益园住宅小区住宅楼11号楼建设面积4000平方米,年底已交工;中加麓秀住宅楼建设面积11000平方米,已整体交工,等待验收;一中西侧住宅楼建设面积16万平方米,2月18日开工建设,年底封顶。

山林丰再生资源回收有限公司:全年市场收入77万元,回收量11.6万吨,交易额5510万元;分拣打包中心全年分拣量7.7万吨,交易额6580万元。年内新增租户4户,市场入达驻商户58户,市场入住率达70%。新建社区回收站点6个,回收站点增至33个。

北京密云燕赛奥特莱斯购物中心于6月8日正式营业。改造后的购物中心购物环境改善,硬件设施提升,各种国内、国际知名品牌折扣店落户密云。商品销售额提高60%以上,成为密云商业中心区的新亮点。

(张露凡)

单位名称:密云县供销合作社
地　　址:密云县鼓楼东大街16号
电　　话:69043146

密云县粮油总公司

年内,密云县粮油总公司共完成综合性收入44900万元,完成年计划的163%,同比增加61%;实现利润136.2万元,完成年计划的413%,同比增加325%;上缴税金499万元,同比去年增加264%。各级储备粮数量达到19万吨。

按照《粮油库存保管暂行办法》的规定,从1月份开始执行库存盘点制度,各单位对所存储备粮进行测量计算,在保留实物底稿和测量表的基础上,认真填写盘点明晰表和汇总表,还对盘点过程中出现的问题予以说明;各仓储单位均达到了“四无”粮仓标准;以“入库粮食质量好、数量准,出库粮食客户满意”为工作原则,共完成各级储备粮轮换15万余吨,完成储备粮轮换任务。

制定《密云县粮油总公司合同管理办法》、《合同审查会签管理细则》、《合同履行期间管理细则》、《客户信用等级评价工作细则》等规章制度来规范合同管理。成立法务部,专门负责公司法律事务性工作,并根据实际工作需要制定完善了13项管理制度。

9月,将公司所属(北京宝益粮油储备库、北京市高岭粮食收储库、北京密云溪翁庄粮食收储库、北京市西田各庄粮食收储库)四个粮食收储库合并到“北京宝益粮油储备库”,该库法人由公司总经理担任,同时撤销四个法人单位的法人资格,实行集中管理、财务统一核算。统一核算后,除了实现各收储库人、财、物的统一整合、管理,还理顺了各库职工的工资标准,实现了同岗同筹的目标。

年内,共完成粮食贸易经营量33万吨,同比去年增加90%;完成退耕还林补助粮供应折合原粮5700吨,本轮供应面积共11.4万余亩,涉及276个行政村、67134户。

完成高岭粮食收储库1号平房仓的续建工程和西田各庄粮食收储库的旧仓改造工程。从4月开始实施安全生产标准化建设的创建工作,建立健全各项安全生产规章制度百余项,并于11月8日,经过专家评审组的复评,通过行业二级评审。

（张印花）

单位名称:密云县粮油总公司
地　　址:密云县鼓楼东大街29号
电　　话:69042230

投资促进

【概　况】 密云县投资促进局负责对全县投资促进工作进行统一指导、管理、协调等工作。年内,全县共引进实体项目66个,协议投资额105.6亿元,实际到位资金37亿元。

（张富强）

单位名称:密云县投资促进局
地　　址:密云县西大桥路69号
电　　话:69098188

【参加第二届京交会】 5月28日,第二届中国(北京)国际服务贸易交易会在国家会议中心开幕。会上,县政府与华润置地弘景(北京)房地产开发有限公司签订了“华润五彩城商业综合体项目”。县投资促进局组织经济开发区、生态商务区、数字信息产业基地等有关单位和人员到会参展洽谈,共参加会议活动20余场。

（张富强）

【参加中外投资机构暨民营企业北京投资发展洽谈会】 7月2日,2013中外投资机构暨民营企业北京投资发展洽谈会在北京国际饭店举行。会上,县经济开发区管委会与嘉和美康(北京)科技股份有限公司签订了入区协议。县投资促进局现场推介了县经济开发区和生态商务区。县投资促进局、经济开发区、商务区40余人参加了本届洽谈会,国内外知名股权投资机构及国内大型民营企业家400余人受邀参会。

（张富强）

【参加第五届投资北京洽谈会】 7月31日,第五届投资北京洽谈会在北京国际饭店举行。县投资促进局、经济开发区、商务区和穆家峪镇、巨各庄镇等共30余人组成代表团参加了洽谈会。会上,密云参会人员开展招商洽谈活动,与20多家企业(涉及会展、广告、建筑、供暖、动漫、股权投资)进行了交流洽谈。

（张富强）

【北京市宏达建筑有限公司总部落户密云】 8月2日,北京市宏达建设公司总部落户密云生态商务区,企业注册资金5168万元。公司具备市政公用工程施工总承包壹级、房屋建筑工程施工总承包壹级、装修装饰工程专业承包壹级、钢结构工程专业承包贰级资质。

（张富强）

【第二届国际无人飞行器创新大奖赛在密云举办】 9月20日-24日,“中航工业杯—第二届国际无人飞行器创新大奖赛”在密云机场举行。大奖赛的主题为“普及和创新”,由竞技赛、创意赛、创新作品展、高端航模飞行表演、创新论坛五部分组成,期间还组织开展了航空模拟器体验、航空摄影展等系列活动。25日,在第十五届北京国际航空展览会上举行了大奖赛的颁奖仪式。向来宾和各国参赛队员展示了密云县通航产业的发展成果。

（张富强）

【参加第十五届北京国际航空展览会】 9月25日,第十五届北京国际航空展在北京国家会议中心开幕。华彬集团在密云展区与美国贝尔直升机公司签订了合作备忘录,采购500架贝尔直升机,并与广西机场集团、河南郑州航空港管委会签署战略合作协议。华彬天星通航公司分别与北青集团、北京海丰科技公司签署战略合作协议。

(张富强)

【卡-32直升机成功降落密云机场】 10月18日,中信海直公司卡-32大型直升机降落密云机场。卡-32直升机在密云机场驻扎一周进行了相关的飞行测试,而后随中国南极考察队赴南极执行科考任务。卡-32直升机的成功起降,标志着密云机场已具备起降大中型直升(舰载)机的条件。

(张富强)

【在第九届北京国际金融博览会上设展招商】 10月31日至11月4日,第九届北京国际金融博览会在北京展览馆举行,密云县设置独立展区。县投资促进局、经济开发区、商务区共60多人组团在展会上开展了招商推介活动。会议期间,密云参会人员共参加论坛活动10场,与200多家企业进行了交流洽谈。

(张富强)

【中航油石化管道有限公司总部落户密云】 12月16日,县政府与中航油石化管道有限公司举行签约仪式,县政府与中航油石化管道公司签订《战略合作协议》,密云生态商务区与中航油石化管道公司签订了《商务合作协议》。该项目建设期为5年。

(张富强)

旅　游

【概　况】 年内,密云县旅游发展委员会(以下简称县旅游委)以重大项目建设为引领,以提升传统产业为重点,以营造旅游环境为抓手,以加大旅游宣传为促销手段,完善旅游设施为基础,继续围绕"国际绿色休闲旅游产业综合示范区"建设开展各项工作。全县接待旅游人次907万人次,同比增长4.4%,实现旅游综合收入38.57亿元,同比增长5.6%,其中民俗旅游接待702万人次,同比增长10%,民俗旅游收入6.08亿元,同比增长5.8%,民俗旅游收入连续三年位居五个生态涵养发展区首位。获中国旅游行业协会"2012中国县域旅游之星10强";获2013年北京国际旅游商品博览会"优秀组织奖"、"最佳展台奖"和"最佳人气奖";获新华网通讯社"最美中国"生态旅游目的地市(县)称号。

(米　兰)

单位名称:密云县旅游发展委员会
地　　址:密云县城后街20号
电　　话:69043175

【固定资产投入】 年内,全县旅游业共完成固定资产投入8.5亿元,涉及古北水镇国际休闲旅游度假区、密云国际绿色休闲旅游产业示范区、酒香之路3个项目。其中,古北水镇国际休闲旅游度假区项目,计划总投资41亿元,全年累计投资7亿元;密云国际绿色休闲旅游产业示范区项目和酒乡之路项目分别完成固定资产投资5000万元和1亿元。

(李如升)

【旅游专项资金申请】　年内，争取市旅游委旅游商品扶植资金 137.3 万元，支持项目分别为北京明都酒业产品研发、北京娜之英文化传播公司产品研发、北京渔阳集团砖雕产业、北京洪福金正商品生产转换、北京京纯蜂业商品转换、北京鑫记伟业食品转换项目。获得市旅游委涉外会展赛事奖励支持 21.59 万元；世纪阳光、云湖度假村分别获得 2.52 和 19.07 万元的奖励支持。

（李如升）

【环境建设】　年内，旅游环境建设工作以“规划、规整、建设、管理”为原则，围绕古北水镇试营业、密关路、穆九路开通等重要旅游节点和旅游线路沿线进行配套设施建设和环境综合治理工作。主要涉及民俗村和旅游交通沿线村庄的拆违清乱及绿化美化；以国际化旅游导示标志为设计基础，进行旅游导示系统建设；规范提升民俗户、沿街商铺门头牌匾、广告牌示，与村庄整体建设风格相统一；结合北方民居风格，改造提升沿线房屋墙体外立面及沿街花墙；在重要交通节点及主要旅游交通沿线建设景观小品、文化墙；改造提升民俗村游客服务中心、停车场、卫生间等公共服务设施，建设污水处理厂站，减少对生态自然环境的污染。

（郑晓齐）

【民俗旅游】　年初，召开全县乡村旅游发展动员大会，部署了“民俗旅游三年行动计划”，并与全县民俗村签订了《2013 年密云县旅游安全责任书》（乡村旅游业），确保民俗村（户）的旅游安全工作落到实处。四月中旬，分组对全县 12 个旅游乡镇，67 个民俗村，2110 户民俗户进行检查验收。7 月，组织开展 2013-2014 年度“寻找‘北京最美的乡村’宣传评选活动”，并确定司马台村、史庄子村、遥桥峪村三个候选村参选。制定《密云乡村旅游星级评定暂行办法》，并经县政府常委会、县委常委会审议通过，环境、卫生、美食、住宿、服务五个方面评定星级民俗户。8 月，完成密云乡村旅游特色业态年度初审工作，草亭垂钓园、卢苑、百花汇、北京久运河谷葡萄采摘园、天利和硕绿色生态庄园、北京云西盛世花卉种植专业合作社、北京云景山庄、维旌山庄、丛林鸟户外运动俱乐部 9 家申报企业经初审合格，已上报市旅游委审核批复。10 月，召开乡村旅游发展大会，对乡村旅游工作进行全面部署，对乡村旅游提出“开眼界、转观念、增技能、淳民风”要求。11 月，起草《关于建立密云县“促进民俗旅游产业发展联席会议制度》的请示，提请县政府统筹建立密云县“促进乡村旅游产业发展联席会议”制度，集政府各部门合力，迅速、有效破解乡村旅游产业发展过程中的难题。年内，乡村旅游床上用品洗涤配送涉及 11 个乡镇，49 个民俗村，1293 户民俗户，共发放单人床上用品 29010 套，双人床上用品 8000 套。全县已发展民俗村 90 个，民俗户 3096 户，民俗旅游合作社 84 家，新业态 49 家，25 家市级民俗村。不老屯镇史庄子村、溪翁庄镇黑山寺村被市旅游委授予“市级民俗旅游村”称号。

（葛　瑞）

【旅游策划市场营销】　年内，以踏青赏花、清凉戏水、美食采摘、冰雪风情四个季节主题为切入点，开展密云房车露营生活节、张裕爱斐堡葡萄酒文化艺术节等系列宣传活动。举办“密云礼物为密云代言”为主题的旅游商品大赛，《密云古风》纪念桌贴系列、黑色杂粮月饼等近百余件作品参赛，其中“密云本地菜八大碗”、“密云杂粮”等作品获市旅游委“北京礼物”旅游商品大赛银奖及优秀奖。参加中国北方石家庄旅游交易会、贵州中国国内旅游交易会等大型室内、户外宣传推广活动,共发放宣传品近10万余份。加强与京津地区旅行社联系,分阶段组织京津地区旅行社来密云采风踏线。与门户网站千龙网、艺龙旅游网、《中国旅游报》等主流媒体进行深度合作,推广“亲密之旅云游四季”年度主题。通过北京电视台《天气播报》栏目宣传“北京密云绿色国际休闲之都”品牌;在北京电视台《首都经济报道》《北京新闻》等栏目进行密云特色旅游宣传。

(王凤桐)

【行业管理】 3月,与住宿业、旅游景区、民俗村签定了232份《密云县旅游安全责任书》;6月,县旅游委与32家旅游景区、20家临山临水小型度假村和40个民俗村签订了《防汛安全责任制》。进行旅游市场检查185次,其中联合执法检查3次,涉及全县旅游景区(点)、宾馆饭店、民俗旅游村、旅行社等单位共计200余家,下发整改通知单110份。组织旅游企业开展消防、防汛、防恐防爆等各项应急预案演练30余次。7月,组织乡镇旅游主管镇长、旅游办主任及旅游企业总经理参加贯彻《旅游法》培训班。8月,联合县体育局在云佛山度假村举办旅游行业救生技能培训班。伊利乳品厂被评为AA级旅游景区;市等级景区复核小组完成对本县7个AA级以下景区进行复核。市星级饭店星评委员会完成对文锦世博国际酒店、水库宾馆2家三星级饭店复核,县星级饭店星评委员会完成云佛山度假村、云湖度假村等其余6家三星级饭店复核。8月,以云湖度假村为试点开展并通过了安全生产标准化的达标验收;张裕爱斐堡景区、瑞海姆度假村、雾灵山庄、文锦世博酒店、云佛山度假村于10月25日前通过安全生产标准化验收,旅游行业第一批安全生产标准化达标企业完成验收。全年,旅游投诉受理和处理率达到100%。

(马凤德)

【旅游咨询】 年内,完成密云旅游网和旅游政务网的改版升级,完善密云旅游委官方微博建设,完成密云手机随身游系统的开发、测试及上线,加强网络宣传实现网络信息咨询服务的全面提升。加快旅游咨询服务体系建设,溪翁庄旅游咨询中心完成移址,并被市旅游委评为北京市精品咨询站;推进石城镇咨询站、京承高速52千米停车区及咨询站设计工作;撤销花溪小寨、御龙红酒庄园、百味庄园、双圣峪4个咨询站,并收回前期建设投入的资产。全年组织、参加主题旅游咨询活动4次;加强“五一”、“十一”等重要节假日的咨询工作,做到宣传资料充足,人员到位、服务到位、设施设备到位。

(李 云)

【旅游培训】 年内,编写、印刷《密云民俗旅游指导手册》3000册,发至16个乡镇、村级合作社、民俗户及新业态经营者。3至4月,对穆家峪镇大石岭村民俗旅游经营者、东邵渠镇界牌村、石峨及东葫芦峪民俗旅游经营者进行培育培训。7至9月,对司马台新村、龙潭沟、黑山寺等景区工作人员进行了重点培训。11月,对石城镇、溪翁庄镇、古北口镇、新城子镇、穆家峪镇、西田各庄镇、不老屯镇、巨各庄镇,180户民俗户进行提升培训。发放《北京京郊旅游发展实践》、《北京京郊旅游专题研究》等教材,举办“百千万”民俗旅游培训16个培训班次,其中村长班2个,带头人班14个,共培训4179人,累计12537人次。

(白桂英)

财政 税务 金融 保险

财政管理

【概况】 年内,县财政局发挥财政职能作用,加强预算刚性管理,优化资源配置,强化资金统筹,全力组织财政收入,着力保障和改善民生,为密云经济建设、社会建设、生态建设和重点项目建设提供了坚实的财力保障。

（宋曼利）

单位名称:密云县财政局
地　　址:密云县鼓楼东大街1号
电　　话:69041643

【财政收入】 年内,全县财政收入保持平稳较快增长,突破25亿元,完成公共财政预算收入254207万元,为年度预算的105%,比上年增长14.6%。县财政收入增幅排在全市区县第5位。在生态涵养发展区,收入总量排在第2位,增幅位居第1位。

（宋曼利）

【财政支出】 年内,全县财政预算内总支出1266645万元,比上年增长29.7%。其中:公共财政预算支出896248万元,完成年度预算的126.9%,比上年增长16.5%。基金预算支出370397万元,完成年度预算的275.1%,比上年增长78.5%。全县预算内总财力达到1535555万元,比上年增加270857万元,增长21.4%。

（宋曼利）

【夯实税源基础】 年内,投入资金32027万元,落实《密云县关于加快县域经济发展的若干政策》,促进企业做大做强。全县贡献财政收入前30名重点企业2013年纳税形成县级财政收入73419万元。全年共引进实体项目61个,协议投资额90.4亿元。

（宋曼利）

【支持重点经济功能区建设】 年内,投入资金22555万元,完善区内基础设施激发重点经济功能区的纳税潜力。县经济开发区、生态商务区、太子务新区2013年纳税形成县级财政收入68931万元,同比增长45.8%,占全县税收形成财政收入的34.8%,比上年提高6.9个百分点。

（宋曼利）

【落实结构性减税政策】 年内,对营改增等结构性减税政策影响进行评估的基础上,推进营业税改征增值税试点改革工作,进行营改增企业5134户,减轻企业税负 21117 万元。

(宋曼利)

【强化税源监管机制】 年内,强化对税源企业的监管与服务,健全综合部门组收协调机制。在强化对生态商务区开发、绿城、观光塔二期等重点地块开发的税源监管的同时,健全完善税务、国土、建委、市政等综合部门参予的房地产项目利益调整、异地建筑安装企业纳税协调机制。异地建筑安装企业纳税形成县级财政收入 5455 万元,比上年增长 56.5%;房地产项目利益调整 3418 万元。

(宋曼利)

【创新非税管理机制】 年内,将预算单位实有资金管理纳入系统,实现票据领用、单位开票、银行代收、汇划上缴、指标管理、会计记账和数据提取业务的一体化管理,完成财政专户非税收入 25762 万元,同比增长 14.4%。

(宋曼利)

【镇街财政收入】 年内,镇街公共财政预算收入完成 90524 万元,同比增长 17.3%,完成镇街任务的 102%。2010 年以来累计让渡镇街财力 6.1 亿元,其中 2013 年让渡财力 2 亿元,当年镇街自身财力达 11.5 亿元。

(宋曼利)

【推进“三农”工程】 年内,农业方面支出 166515 万元,增长 10.1%。推进“农民增收、农民健康和农民安居”三大工程。投入 2753 万元支持全县 1700 户蜂农发展养蜂产业,实现蜂产业总收入 8363 万元;深度发展葡萄产业、有机果品基地建设、康顺达产销联盟及 1131 家基层专业合作社的设施农业建设。落实“新农合”政策补贴 17423 万元,报销医药费 19513 万元,参合率达 99.9%。完善“县、镇、村”三级医疗服务体系,免费为农民体检,维护农民健康。实施泥石流易发区搬迁、农民住宅抗震节能改造和农村优抚社救对象危房改造工程,提升农村道路、安全饮水和垃圾处理水平,改善农村基础设施和农民生活环境。

(宋曼利)

【促进教育均衡发展】 年内,教育支出 118109 万元,增长 18%。投入资金 944 万元,落实“两免一补”政策;支持教育办学达标工程和中小学三年行动计划,为全县中小学配备多媒体、空调等设备 47960 台(套);投入 36818 万元推进二中、五小等 14 所学校 14.4 万平方米改扩建工程;新建七园、庄头峪等 4 所幼儿园,缓解入园难问题;筹措资金 6777 万元支持职业教育发展,改善职业学校实训环境。

(宋曼利)

【提升卫生服务水平】 年内,医疗卫生支出 103799 万元,增长 37.8%。;落实社区卫生服务中心药品采购非零差率和零差率补贴,直接减轻百姓药费负担 1428 万元;投入资金 16800 万元,为县医院、中医院、妇保院等 6 家单位购置核磁共振等医疗设备 156 台(套),提升医疗机构及专业公共卫生机构服务能力;建立社区家庭医生服务队 125 支,推进家庭医生、“健康自测小屋”等医疗服务;县医院迁址新建已完成工程总量的 95%。

(宋曼利)

【完善社会保障体系】 年内,社会保障和就业支出 109666 万元,增长 17.4%。投入资金 20132 万元,为全县 7 万余名城乡老年居民缴纳城乡居民养老保险补贴及老年保障金;提高城镇居民基础养老、福利养老和城乡低保补助标准;确保居家养老服务“九养”、“一老一小”医疗保险等惠民政策资金的落实;投入1.1亿元帮扶困难群众,完善社会救助体系,实施救助18722人次;建立帮扶"零就业家庭"长效机制,加大培训力度,开发就业岗位3596个,输出城乡富余劳动力6213人。

(宋曼利)

【提升公共服务保障能力】 年内,公共安全支出38630万元,增长6.9%。保障治安综合检查站、公检法司系统业务装备、办案专款等经费。整合全县社会监控系统,搭建社会治安综合管理平台。为50284户居民安装一氧化碳报警器,确保煤火取暖户安全过冬。文体传媒支出20316万元,增长10.7%。支持基层文化活动中心、村级文化广场建设,实现有线广播"村村响"全覆盖。开展"美丽密云、幸福密云"系列文化活动,成功举办女子九球国际公开赛、国际公路自行车赛等大型赛事。科学技术支出16586万元,增长16.2%。实施科普惠农兴村和科普益农工程,加快推进北京科技成果转化(密云)示范基地和密云国际休闲生态农业科技园建设。投入资金9660万元,落实公交票价折扣,老年人、残疾人免费乘车等惠民政策。

(宋曼利)

【强化生态环境建设】 年内,生态环境保护支出38439万元,增长20.1%。落实"六护"经费,对74处废弃矿坑、矿点进行地形地貌修复、绿化、景观提升等生态治理。投入资金3亿元高标准造林2.5万亩,全县林木生态覆盖率达到78.8%;投入6135万元保障水利重点支出,治理中小河道478千米,保障县镇污水处理设施正常运转,水库一级保护区内污水处理率达100%;投入2357万元开展城区及农村生活垃圾分类、公厕运行、地下管线维护等各项环境卫生治理工作,改善了地表环境质量;投入5009万元开展既有节能居住建筑供热计量改造、燃煤锅炉清洁能源改造和纯电动出租车运营补贴工作,推进减煤换煤,支持秸秆和垃圾禁烧行动,改善大气环境。

(宋曼利)

【加强资金统筹力度】 年内,实现土地收益5.3亿元,同比增加2.3亿元。发挥融资平台作用,拓宽融资渠道,全年融资4.98亿元,为中小企业、民俗旅游户提供担保资金2.08亿元。加强财政结余资金管理,盘活资金1.4亿元,缓解全县重点工程建设资金压力。开展财政对外借款清查工作,及时回收1844万元。采用增加定存利息的手段实现财政间歇资金增值的最大化,形成财政收益5407万元。

(宋曼利)

【推进城乡一体化建设】 年内,筹措资金19.2亿元,推进城乡一体化进程。密关路、密云·云蒙大桥等路桥工程竣工通车。琉辛路、密兴路二期等90余千米城乡道路相继完工;司马台35千伏变电站正式投入使用,檀营110千伏输变电工程、垃圾综合处理中心等重点工程稳步推进;实施农宅、抗震节能和老旧小区综合改造工程,改造14个小区,62万平方米,受益居民8520户。

(宋曼利)

【加强财政资金监管力度】 年内,加大政府投资项目评审力度,评审项目244个,送审资金29.9亿元,审减5.3亿元,综合审减率17.7%;启动政府采购电子网络交易平台实现采购项目237个,完成政府采购预算3.3亿元,节约资金0.2亿元;核实政府批办各单位资金申请5.1亿元,核减1.2亿元,节减率23.5%,全年节约财政资金6.7亿元。巩固国库集中收付改革成果,完成财政直接支付资金735342万元,增长14.1%;推进公务卡制度改革,由8家扩展至112家预算单位,通过公务卡管理系统支付890笔,累计支付金额108.2万元;建立完善绩效目标编报、绩效自评和重点评价相结合的考评体系,考评项目13个,资金13824万元;审批国有资产收益50笔、3.1亿元,均上缴国库。

(宋曼利)

【创新财政监督方式】 年内,采用"制度+技术"模式,在严格执行《密云县财政财务管理与监督暂行办法》等规章制度的基础上,启动国库集中收付动态监控系统,对财政资金收付情况进行全面动态监控。监控平台累计报警信息633条,核查资金5.3亿元,核查检查各类财政资金42.8亿元,同比增加5.7亿元。完成行政事业单位和农村基层会计人员业务培训1684人次。

(宋曼利)

【严格债务管理与控制】 年内,配合审计署完成机构运转支出和政府债务审计工作,对政府债务进行了全面清理。偿还政府债务本息9.6亿元,近四年累计偿还本息35.3亿元,政府债务由2009年末的54.8亿元,减少到2013年末的35.2亿元,债务风险率由124.4%降到58.3%。

(宋曼利)

【规范公务用车管理】 年内,制定《密云县党政机关公务用车核编工作实施方案》,对全县96家处级单位的公务用车进行重新核编,建立健全新的车辆数据库,对公务用车进行逐一清理,办理过户车辆93辆。

(宋曼利)

【严格控制"三公"经费】 年内,公务接待、公务车购置及运行和因公出国(境)费都得到控制与压缩。同时,采取严格审批经费支出、执行公务卡制度等有效措施财政局机关"三公"经费支出同比下降7%。

(宋曼利)

【开展财政信息公开工作】 年内,在县政府信息公开系统主动公开财政部门信息122条。县级政府部门财政预决算和"三公"经费信息公开范围由10家扩大至20家。

(宋曼利)

【强化财政宣传报道】 年内,在《中国财经报》、《中国财政》杂志刊登14篇新闻篇目,宣传密云县财政局改革创新成果;创办《密云财政》杂志6期,累计出刊20期;县财政局撰写新闻专访在《北京日报》进行了报道;撰写的调研报告《"甜蜜"的事业—关于密云养蜂产业的调查和思考》在市政府《工作研究》特刊第6期刊登。

(宋曼利)

【党风廉政建设】 年内,制定《密云县财政局2013年党风廉政建设和反腐败工作任务分工方案》、《密云县财政局党风廉政建设责任制检查考核办法》,严格执行《密云县财政局内部监督检查暂行办法》,对全局内设账户的财务收支情况进行检查与清理,对存在问题进行了及时纠正;完成了全县党风廉政建设涉及财政部门的1项牵头和18项协办任务。

(宋曼利)

北京云创担保中心

年内,云创担保中心积极扶持县域中小企业发展,落实制度创新、方法创新、内容创新的工作思路,明确担保责任,确定担保目标,强化担保措施,以服务企业为宗旨，加强风险控制，强化管理，开拓创新，缓解了中小企业的融资难问题，配合投融资平台担保资源整合工作，保持担保业务快速稳步发展的良好势头。全年累计中小企业担保放款33笔，担保金额9630万元，担保企业累计实现就业1955人，实现纳税1599万元。7月，通过协调政府投融资平台、首创担保公司、北京银行密云支行和其他政府部门，取得了小额担保业务资质，全年新增小额担保业务9笔，担保金额100万元。担保贷款项目出现代偿1笔。

年内，中小企业33笔贷款业务，签订落实合同责任书282份，办理房产抵押20家34套，机器设备抵押8家价值8648万元，车辆抵押8家44辆，股权质押13家15035万元。签订土地及地上物转让协议18家，第三方信用反担保1家，保险受益1家1000万元。签订资产转让协议1家，每笔业务均签订了夫妻或个人连带责任承诺函。新增自主创业小额贷款9笔业务，房产抵押8套，银行存款止付1笔3万元。

北京云创担保中心通过各种手段加强反担保措施的落实，挖掘受保企业的资源，以受保企业资产抵押与个人反担保组合，个人反担保与关联企业担保组合等资源组合化解贷款担保过程中可能出现的风险。充分结合法定代表人夫妻或股东个人无限连带责任保证、财产抵押、股权质押、承租权转让等反担保措施，加大受担保企业的违约成本，增强反担保的控制能力，减低资金使用风险，确保国有资金的安全使用。

（万聪颖）

单位名称：北京云创担保中心
地　　址：密云县鼓楼东大街5号
电　　话：69062392

国家税务

【概　况】 年内，密云县国家税务局（以下简称国税局）按照“规范一线，发展两翼”工作思路，履行税收职能，落实结构性减税措施，深入开展“营改增”试点工作及税源专业化管理，和谐税企关系，科学统筹，真抓实干，促进地方经济的发展。

（张拥军）

单位名称：密云县国家税务局
地　　址：密云县鼓楼东大街15号
电　　话：69042376

【税收收入情况】 年内，县国税局完成各项税收270083万元，同比增收32602万元，增长13.7%，完成市局计划任务的100%。其中：增值税165795万元，同比增收18320万元，增长12.4%；企业所得税90126万元，同比增收15603万元，增长20.9%；车辆购置税6156万元，同比增收807万元，增长15.1%。累计完成县级税收46091万元，同比增收11387万元，增长32.8%，完成县政府计划任务的102.2%。

（侯焱晖）

【税收收入特点】 年内，辖区内经济运行良好，市、县两级税收创历史新高；各月份税款入库不均，增减幅度较大；流转环节的增值税、消费税仍占主导地位，企业所得税比例持续上升，呈两位数增长；营业税改征增值税试点工作平稳运行，拉动税收快速增长；五是从税源结构看，第三产业税收逐步递增，布局更加合理；县域内商业、房地产、商务服务业、专业设备制造业、医药制造业发展快速;纳税规模企业逐年递增,税收贡献突出;受政策性因素影响,车辆购置税增幅放缓;采矿企业税收收入受铁精粉价格下调影响整体减收。

(侯焱晖)

【"营改增"试点】 年内,县国税局加强"营改增"试点改革,将改征范围扩大至现代服务业广播影视服务。所辖"营改增"纳税人共计 5134 户,入库改征增值税 21498 万元。"营改增"一般纳税人 916 户,入库改征增值税 14741 万元;"营改增"小规模纳税人 4218 户,入库改征增值税 5383 万元;扣缴义务人 27 户,入库增值税 1374 万元;改征行业上文化创意产业入库税收最多,入库增值税 995 万元,占全部改征增值税的 48%;鉴证咨询服务,入库增值税 479 万元,占全部改征增值税的 23%。全年因"营改增"试点工作累计减收税款 18840 万元。

(侯焱晖)

【依法治税】 成立 2013 年税收执法督察工作领导小组,认真开展日常督察、专项督察、疑点核查和重点督察工作;做好"两法"衔接信息共享数据平台工作。与县检察院召开沟通会,制定上报数据办法,全年向检察院报送 6 件;年内,发生行政处罚案件 676 件,处罚金额 91.48 万元,实际执行处罚完毕 610 件,处罚金额 56.05 万元(含上年未执行案件);加大税收案件查办力度召开大案审委会 4 次,书面审理 4 次,审理重大税务案件 14 件,补税 381.98 万元,偷税处罚 264.75 万元,发票等行为处罚 11 户次共计 19.83 万元,移送司法机关 8 户。

(侯焱晖)

【税种管理】 年内,县国税局辖有增值税纳税人 19467 户,占税务登记户数 21157 户的 92.01%。加强对啤酒制造业、烟草批发业、小汽车制造业、红酒制造业的服务管理,受北汽福田产业布局调整因素影响,消费税同比减收 2116 万元,下降了 20.97%。加强对车辆购置税的征管力度,有车辆购置税纳税人 6337 户次,同比增加 676 户次,增长了 11.94%。做好增值税退税审批工作,审批增值税退税 472 户次,退税额 3108 万元,办理出口退税 8290 万元。提高企业所得税汇算清缴工作质量及后续管理工作水平,进行 2012 年度汇算清缴的企业户数为 6330 户,其中汇算申报率为 99.43%,盈利面为 84.22%,有税率为 80.14%。规范企业所得税减免税备案,2012 年度,辖内享受减免税的企业 773 户次,减免企业所得税额 21554.38 万元。加强非居民税收管理,非居民税收入库 4404 万元,开具税务证明及备案 81 份,付汇金额折合人民币 24645 万元;办理非居民企业享受税收协定待遇 19 户次,累计减免税额达 2.6 亿元。完成 2012 年度自动情报交换工作,涉及美、日、韩三个国家,提供自动情报共计 10 户、20 份。

(侯焱晖)

【纳税服务】 年内,梳理和规范了各税种税收优惠政策,加强政策辅导,强化跟踪落实,充分发挥政策效应;加强纳税宣传。以办税服务厅为主要宣传阵地,利用宣传橱窗、展板、电子滚动屏及时向纳税人宣传税收政策,宣传当前税收工作重点;推进办税服务厅建设,优化办税流程,提升"一窗式"办公效率,改进和完善 12366 纳税服务热线和涉税短信业务,拓展新的服务平台;以税收宣传月为契机,开展税法进市场、税法进校园、税法进企业、"打击发票违法犯罪宣传日"等一系列税法推送普及活动;组织召开外包服务单位座谈会,向服务单位提出书面整改措施,开展重点跟进式监管,提升服务单位水平。

(侯焱晖)

【征管评估】 年内,办理开业4300户,注销685户,重新登记53户,迁入登记58户,迁出12户,开具各类证明18份。核实行业信息5234户。批准企业自印发票5.2万份,接待纳税人涉税查询1100余次,发票查询1500余份。向公、检、法出具证明11份,涉及各类发票60份。涉税咨询500余次。进行指令性评估7户,指导性评估550余户次,房地产专业评估81户;“营改增”企业补缴增值税77.38万元。日常纳税评估90余户,补缴增值税61.7万元,补缴所得税2.7万元,滞纳金及罚款2.7万余元。

(侯焱晖)

【税务稽查】 年内,接受稽查任务53户,共查出应征税款1238万元;审结案件54户,达到重大案件标准案件18件;累计执行完毕税务稽查案件56户,入库各项收入658万元。发出各类委托协查118件,涉及发票4387份;收到各类受托协查81件,涉及发票901份。

(侯焱晖)

【税务文化建设】 年内,组织税法宣传进企业活动和“4·15”、“12·4”税法宣传活动;县国税局机关党委与宾阳社区居委会和白檀社区居委会的党总支签订了党组织的共建协议,并在白檀社区建立“国税局税法宣传站”和“国税信箱”;打造税务廉政勤政文化品牌,以“两规范,一提高”试点工作为契机,加强行业作风建设,组织税务干部参观“明镜昭廉”明代反贪尚廉历史文化园,以古鉴今,警示后人;开展“勤廉之星”和“服务之星”争创活动,树勤廉典型,用身边人,身边事教育引领干部廉洁执法、优质服务,勤政为民。

(侯焱晖)

地方税务

【概　况】 年内,密云县地方税务局(以下简称县地税局)坚持依法组织收入,优化纳税服务,优化征管环境,充分发挥税政职能作用,完成各项税务工作任务。

(韩　旭)

单位名称:密云县地方税务局
地　　址:密云县鼓楼东大街7号
电　　话:69044784

【税收收入】 年内,累计完成各项税费收入35.5亿元,增幅17.4%,其中完成地方公共财政预算收入28.5亿元,同比增收4.3亿元,增幅17.5%。完成县级公共财政预算收入15.2亿元,同比增收1.7亿元,增幅12.9%,对全县财政收入贡献率达到60%。

(韩　旭)

【税务登记】 年内,累计正常登记户26919户,其中国有企业179户,集体企业254户,私营有限责任公司7204户,其他有限责任公司5440户,个人独资企业287户,个体工商11021户,股份合作企业241户,股份有限公司68户,涉外企业245户,其他类型企业1980户。

(韩　旭)

【依法治税】 年内,制定县地税局“十二五”时期依法行政工作措施,通过“六五”普法中期检查验收工作,提高依法治税水平。申报北京市法治文化单位建设示范点。制定县地税局内部财务审计办法和配合外部审计监督工作规程,完善督察内审制度体系。

(韩　旭)

【日常征管】 年内,完成免征企业发票工本费工作和个体工商户定额核定工作;协调县流管办,增加两处个人出租房屋委托代征单位;与县发改委、建委、规划局取得联系,掌握辖区内建筑项目情况,堵塞征管漏洞;建立服务商户绿色通道,全程代理个体工商户纳税人税务登记事项;完成“营改增”扩围工作,进行税负影响测算;应对房地产市场调控,确保存量房过户正常办理。

(韩　旭)

【服务区域经济社会发展】 年内,与县委、县政府、各委办局及重点税源户进行座谈,广泛征集意见,结合实际制定工作方案。组成7个工作组,完善联系协同、提前介入、跟踪服务等工作机制,有针对性的对县级重点工作进行精细化管理和全程跟踪服务。县地税局领导班子走访镇、街、乡,共同研讨税收政策,提供纳税服务,帮助解决实际问题。配合开展第三次全国经济普查,提供基础信息数据,保证经济普查工作的顺利进行。

(韩　旭)

【评估稽查】 年内,推进专项评估工作,对建筑业、房地产经纪业、物业管理业、住宿业共128户企业进行专项评估,发挥纳税评估在税源专业化管理中的能动作用,促进组收。开展专项检查,加大重大案件查办力度,打击发票违法犯罪活动,实行案件跟踪机制,提高稽查整体效率。

(韩　旭)

【纳税服务】 年内,开通无线网络服务,方便纳税人随时获取信息和资料,提高办税效率。对企业财务人员及税务干部近600余人进行纳税辅导。召开重点纳税人座谈会。完成纳税信用A级企业的评定工作,做好C级企业评定试点工作。稳妥解决纳税人投诉事件,有效缓解征纳矛盾。发挥纳税服务移动车、残疾人办税绿色通道和A级企业办税绿色通道的作用。

(韩　旭)

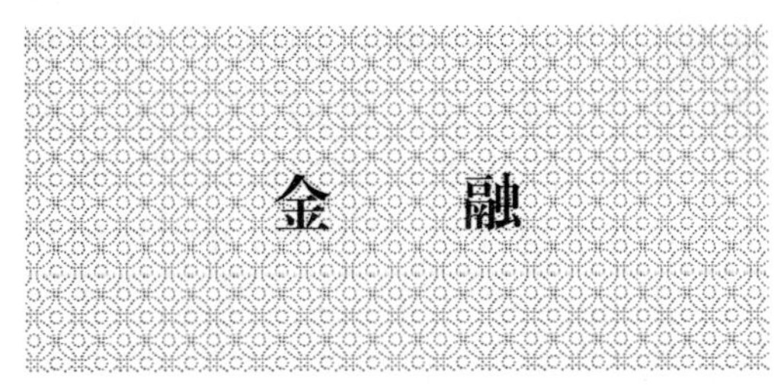

金　融

中国银行股份有限公司
北京密云支行

中国银行股份有限公司北京密云支行(简称中行密云支行),成立于1988年7月。现有干部员工87人,下辖2个网点支行(鼓楼东大街支行、城西支行),1个营业部,内设3个部室(办公室、业务管理部、业务发展部)。办理人民币存款、贷款、结算业务,办理票据贴现,代理发行金融债券,代理发行、代理兑付、销售政府债券;代理收付款项;办理外汇存款、外汇汇款、外汇贷款;外币兑换;国际结算、结汇、售汇;通过上级行办理代客外汇买卖;代理国外信用卡付款。总行在中国银行业监督管理委员会批准的业务范围内授权的业务;代理保险法律法规和行政规章制度许可范围内的险种。

年末,中行密云支行人民币存款余额

为183633万元，其中：公司存款84959万元，储蓄存款98573万元，同业存款101万元。外币存款余额为1099万美元。人民币贷款余额为73845万元，较年初增长15936万元。

中行密云支行制定服务管理办法，服务工作采取非现场、现场、蹲点相结合的方式，做到“四个一”，即每天一检查，每周一蹲点，每月一总结，每季一分析。服务管理人员每天不低于四个小时的非现场监控检查。在分行神秘人全年测评中，取得了中行北京分行第一名的好成绩。

年内，中行密云支行，从增强员工保密意识入手，利用行务会让中层干部学习保密文件，利用晨会组织员工学习保密文件重点。成立了保密检查小组，每季度对全行涉密文件、计算机安全、涉密存储介质、内部资料的管理进行一次检查，将保密工作落实情况与绩效考核挂钩，提高保密工作管理水平。

中行密云支行通过培训学习等形式加强对党员领导干部的廉洁从业教育和对广大员工的依法合规教育。按照“三重一大”实施管理办法，进一步完善内部监督制度，确保重大决策、重要干部任免、重大项目安排和大额度资金使用的决策程序规范、民主、科学。

（郝康明）

单位名称：中国银行股份有限公司北京密云支行
地　　址：密云县鼓楼南大街24号
电　　话：69043884

中国工商银行股份有限公司密云支行

中国工商银行股份有限公司密云支行（简称工行密云支行），原名中国工商银行北京市密云县支行，隶属中国工商银行北京市分行领导。办理人民币存款、贷款、结算业务；办理票据贴现；代理发行金融债券；代理发行、兑付、销售政府债券；代理收付款项；办理在中国银行业监督管理委员会和总行批准的业务范围内授权的业务。密云支行共有在岗员工176人，内设公司业务部、机构业务部、个人金融业务部、个人信贷业务部、运行管理部、综合管理部等六个部室及二个附属机构，下辖支行营业部、车站路网点支行、新东路网点支行、公园街网点支行、开发区网点支行、阳光街网点支行等六个营业网点，附属机构为现金中心。

年内，密云支行实现分行计划口径拨备前利润0.79亿元，本外币全部余额48亿元，本外币各项贷款20亿元。

密云支行围绕“服务品质提升年”主题，对照群众和客户期盼，不断加强和改善窗口服务质量，以提升网点服务水平，践行“为人民服务”为宗旨，通过成立服务工作委员会、持续开展服务态度专项治理活动、加大对网点现场指导频率和力度、开展客户在我心中服务大讨论活动、落实银监局及分行布置的纠风和民主评议工作等，窗口服务质量明显提高，客户服务规范度、满意度达到优良水平。

（苑秋燕）

单位名称：中国工商银行股份有限公司密云支行
地　　址：密云县鼓楼南大街7号
电　　话：69042424

中国建设银行股份有限公司北京密云支行

中国建设银行股份有限公司北京密

云支行(以下简称建行密云支行),成立于1980年。主要业务包括办理人民币存取款、贷款、结算业务,办理票据贴现,代理发行金融债券,代理发行、代理兑付、销售政府债券,代理收付款项;办理外汇存款,外汇贷款、外汇兑换、国际结算,结汇、售汇;代理保险法律法规和行政规章制度许可范围内的险种等。

建行密云支行共有3个内设部室,3个内设中心,县域内有1个营业部,5个升格支行,3个储蓄所,在职员工161人。

截至年底,建行密云支行实现拨备前利润1.16亿元;支行客户人民币金融资产95.85亿元;客户融资总量5.1亿元,贷款余额15.36亿元;缴纳地方税款746万元。

年内,建行密云支行深化财政服务,通过制订“财政统发单位服务年”专题服务方案,采取延长营业时间、加强客户拜访、给予信用贷款优惠、设立财政服务专区、实行差别化服务等措施,加大对财政机构客户的维护。建行密云支行支持地方小微企业发展,提供资金支持和优质服务。同时落实综合金融服务方案,为大中型客户提供全方位的客户综合服务。推进小企业、个人消费、个人助业贷款业务,年内个贷余额创历史新高,在带动支行资产业务稳步增长的同时,也帮助密云地区千家万户实现住房梦。个人银行业务理财、保险、基金等各项产品销售及分期业务较上年同期实现大幅增长,信用卡、分期业务、手机银行活跃客户新增、善融商务、自助设备交易量比等指标完成率排在分行系统前列,网点二代转型情况得分在分行排名第一。

(殷慧鑫)

单位名称:中国建设银行股份有限公司北京密云支行
地　　址:密云县新中街85号
电　　话:69044986

中国农业银行股份有限公司北京密云县支行

【概　况】 年内,中国农业银行股份有限公司北京密云县支行(以下简称农行密云支行)作为县域内综合性金融服务机构之一,秉承“大行德广,伴您成长”的服务理念,紧紧围绕“服务三农,城乡联动”的战略方针,致力于为广大客户提供卓越的金融服务,加强客户服务体系建设,持续推进网点转型,打造标准化的服务平台,为县域经济蓬勃发展提供“一揽子”金融服务和资金支持。

年末,农行密云支行共设立12家营业机构,其中包括支行营业部、东大街支行、东门支行、行宫支行、檀州支行、保利花园支行、阳光街支行、双井支行、工业开发区支行、西大桥支行、水库支行和滨阳分理处。支行在岗员工255人,其中合同制员工223人,派遣制员工32人。

年末,各项存款余额78.11亿元,较年初增长4.07亿元。其中储蓄存款余额48.95亿元,比年初增加3.77亿元,对公存款余额29.16亿元,比年初增加0.3亿元。各项贷款余额15.45亿元,较年初增长3.86亿元;实现中间业务收入2994万元,考核利润总额11670万元,拨备后利润1.12亿元。

年末,农行密云支行个人贷款户数3021户,余额9.77亿元,年内共投放个人贷款800笔,累计金额4.76亿元,其中涉农贷款12笔,累计619万元;成功发放一笔4000万元个人商用房“联名贷款”,实现了分行系统内该项业务零的突破;成功为县域重点企业办理5000万元票据池贴现业务，开创了支行首笔票据池贴现业务；农行密云支行创新产品，发放北京市首笔合作社联保贷款200万元，率先攻破农民专业合作社融资担保难题，获得北京市银监局好评；在北京分行“三化三铁”创建活动中，2个网点达到“三铁”，9个网点达到“良好”；密云保利花园支行获得分行“优秀职工小家”光荣称号；农行密云支行获得分行“优秀职工之家”光荣称号。

（郭巍）

单位名称：中国农业银行股份有限公司北京密云县支行
地　　址：密云县密云镇滨河路24号
电　　话：69041923

中国农业发展银行北京市密云支行

中国农业发展银行北京市密云县支行（简称农发行密云县支行），以国家信用为基础，筹集农业政策信贷资金，承担国家规定的农业政策性和经国务院批准开办的涉农商业性金融业务，代理财政性支农资金的拨付，为农业和农村经济发展服务。

截至年底，实现利润4889万元、人均利润272万元、资产利润率3.04%、成本收入比10.47%、日均存款3415万元、人均中间业务收入0.14万元，各项工作取得良好成效。

截至年底，各项存款余额2636万元，其中单位活期存款余额为1634万元；财政补贴存款余额为1002万元。

截至年底，各项贷款总额17.75亿元，占全部资产99.62%。其中：农村基础设施贷款0.34亿元，占贷款总额的1.91%；农民集中住房建设贷款1.9亿元，占贷款总额的10.71%。

年内，成功营销国际业务85万美元，国际业务保持稳步发展态势，促进了支行业务的均衡发展。

（关越男）

单位名称：中国农业发展银行北京市密云支行
地　　址：密云县新南路73号
电　　话：69043434

北京农商银行密云支行

北京农商银行密云支行共有营业网点30个（营业部1个，网点支行29家个），内设7个部门，在职员工411人。主要经营范围包括办理人民币存款、贷款、结算；办理票据贴现；代销基金、国债、保险；代理收付款项；办理外汇存款；国际结算；贸易融资；结汇、售汇等。

年末，北京农商银行密云支行存款市场份额居密云同业之首。各项存款余额113.31亿元，较年初增加10.31亿元，其中：储蓄存款余额67.49亿元，较年初增加5.30亿元；对公存款余额45.82亿元，较年初增加5.01亿元。各项贷款余额21.19亿元。

年内，北京农商银行密云支行加大物理网点建设力度，檀西路网点支行、新北路网点支行迁址开业。各网点共布设ATM和存取款一体机74台、自助终端42台并安装理财POS。设立社区便利店5个、乡村自助店2个、乡村便利店6个，改善社区和农村支付环境。加快推进网点转型，加大文明规范服务培训、督导和检查力度，对5家营业网点进行转型，增强网点综合服务和营销能力，提升客户满意度。

年内,北京农商银行密云支行开展“普及金融知识万里行”活动,在营业网点和人员密集区域以悬挂横幅、设立咨询台、摆放宣传展板、分发宣传材料、指导客户使用金融工具等方式,向公众宣传反洗钱、反假币、防范金融诈骗等金融知识和技能。5 月 3 日,配合北京银监局在石城镇开展了“送金融知识下乡”活动。参加“博爱在京城”救助计划,向红十字会捐款 14510 元;向“4·20”四川雅安地震受灾的农村信用社捐款 19150 元。

(张智峰)

单位名称:北京农商银行密云支行
地　　址:密云县鼓楼南大街 25 号
电　　话:69041036

北京银行股份有限公司密云支行

北京银行股份有限公司密云支行(简称北京银行密云支行),成立于 2008 年 12 月 18 日,有两家营业网点,分别是密云支行和季庄支行。年内,支行内部机构设置为“两部两室”,分别为公司业务部、个人业务部、营业室、办公室。现有员工 53 人。

北京银行密云支行成立以来,与密云县政府在民生、三农等领域保持高度对接,扎根密云,秉承“真诚所以信赖”的服务理念,把“建设和完善首都农村金融体系,切实增强金融强农惠农”作为发展方向;把支持农业发展、改善农村面貌、增加农民收入做到实处。支行获得 2013 年度北京市银行业“三农金融”特色服务示范单位。

截至年底,密云支行各项存款余额 31.29 亿元,其中本外币公司客户存款余额 24.34 亿元,市场份额占比 14.85%,同业排名第四位;本外币储蓄存款余额 6.95 亿元,市场份额占比 2.9%;支行累积发放各类贷款 31.20 亿元,其中本外币公司客户贷款余额 27.79 亿元,市场份额占比 35.59%、位居密云地区同业排名第一位;本外币个人贷款余额 3.41 亿元,市场份额占比 8.43%。

年内,北京银行推出“镇域经济”服务理念,把服务镇域经济作为创新工作的重点。密云支行与巨各庄镇签署“镇域经济战略合作协议”,依托“镇域经济”相关产品,加强对巨各庄镇实体经济的支持力度,向蔡家洼工业园以及葡萄酒庄等 14 户中小企业发放贷款 1455 万元,推动巨各庄镇的“酒乡之路”的建设,促进了地方税收增长以及带动了巨各庄镇的农民就业。

年内,密云支行响应人民银行的号召,推出了助农取款“村村通”金融服务,深入各村镇推广宣传,普及业务知识,支行安装助农取款机具 50 台,涉及 9 个乡镇 31 个自然村,使用率已经达到 20%,满足了农村居民的小额取款需求。

年内,密云支行开展金融知识宣传活动,举办了“国债进乡村”、“反假币宣传”、“北庄镇大岭村共建活动”、“檀营乡保险知识讲座”等活动,将金融合作范围扩大到密云的每一个角落。

(聂珊珊)

单位名称:北京银行股份有限公司密云支行
地　　址:密云县鼓楼东大街 19-5
电　　话:69087741

北京密云汇丰村镇银行有限责任公司

北京密云汇丰村镇银行有限责任公

司(以下简称“密云汇丰村镇银行”)于2009年2月开业,是香港上海汇丰银行有限公司在中国大陆地区全资设立的第四家村镇银行。密云汇丰村镇银行将“支农支小、支持三农”作为自身业务发展定位和工作方向。截至2013底,密云汇丰村镇银行累计发放涉农贷款24674万元,其中:公司类贷款累计发放15000万元,自然人贷款累计发放9674万元。

密云汇丰村镇银行1月份推出了保函业务,通过此项业务,在满足客户需求的同时,也拓宽了吸存渠道。

年内,密云汇丰村镇银行开展“送贷下乡”、“金融知识进万家”等活动。举办了大型的反假币宣传活动。联合密云电视台和县农业合作社服务中心录制贷款支持农户发展的专题片,在电视台播出后增进了群众的了解和信任,对产品服务推广起到积极作用。

密云汇丰村镇银行在服务实体经济,“支农支小”,帮助农民和农村小微企业增收致富的同时,还积极履行社会责任。开展了“汇丰村镇银行学生成长计划”项目,每年资助密云地区两所学校的30个优秀贫困高中生完成学业并定期为密云2个中学普及金融行业知识;开展“汇丰敬老计划”项目,定期慰问福利院的老人并捐赠电脑设备、过冬棉服等物品。密云汇丰村镇银行每年为员工设立2天志愿者假期,鼓励员工参与社区服务和建设,为新农村和谐社会做出贡献。

(孙　阳)

单位名称:北京密云汇丰村镇银行
地　　址:密云县新东路126-1号
电　　话:58120700

中国邮政储蓄银行股份有限公司北京密云县支行

中国邮政储蓄银行股份有限公司北京密云县支行(简称邮储密云支行),依托覆盖城乡的网络优势,坚持服务“三农”、服务中小企业、服务社区的定位,打造有特色的全功能零售商业银行。产品种类涵盖个人业务、公司业务、信贷业务、理财业务、国际业务、批发类资产业务6大金融业务板块。建成了包含个人网银、企业网银、电话银行、手机银行、电视银行、网上商户在内的邮政金融服务网络。年内,密云支行已开设鼓楼直属支行、果园西路支行、密东广场支行3家二级支行。各项贷款结存5.56亿元,储蓄余额为8.18亿元,对公存款余额1.19亿元。

年内,密云支行对全县卸任的大学生“村官”开展竞聘,已招聘大学生“村官”24名,大学生“村官”的成功转型开辟出了农村邮政金融的发展空间。立足于服务社区、服务“三农”、服务小微企业,代发密云县鼓楼、果园街道办事处水库移民款6881人次,共计385.33万元;代扣社会保险7079人次,共计371.4万元。

11月,邮储银行微信银行正式上线,微信银行在业务的开办、功能的设定、操作特点等各个方面充分考虑了客户的整体特点。全年,邮储银行电子银行(个人网银、电视银行、电话银行、手机银行、微信银行)中的211项产品功能全面升级,满足不同客户类型的需要。

(蔡丽梅)

单位名称:中国邮政储蓄银行股份有限公司北京密云县支行
地　　址:密云县果园西路42-44号
电　　话:69042209

中信银行股份有限公司北京密云支行

中信银行股份有限公司北京密云支行(简称中信银行密云支行),成立于2012年10月25日,为国有股份制商业银行。内设3个部室(营业部、零售业务部、公司业务部),干部员工共22人。主要办理人民币存款、贷款、结算业务;办理票据贴现;代理发行金融债券;代理发行、代理兑付、销售政府债券;代理收付款项;办理外汇存款;外汇汇款;外汇贷款;国际结算;代理国外信用卡付款;通过上级行办理代客外汇买卖;总行在中国银行业监督管理委员会批准的业务范围内授权的业务。

年末,中信银行密云支行对公存款余额32200万元,个人管理资产39737万元,贷款余额13860万元。

中信银行密云支行将自身业务发展与区域经济发展紧密结合,在为企业配置金融方案时系统分析、准确定位,为矿山企业配置了专属的综合性金融服务方案,解决了企业的融资需求,使得企业该年营业收入大幅增加,缴税额同比增长。

支行在日常经营中,大力发展极具特色的业务品种,突出了自身、优势,迅速提升市场占有率。其特色产品有:理财产品、主题借记卡、出国金融全程通业务、私人保管箱业务、中小企业金融服务。

中信银行密云支行重视为客户服务质量,不同业务区域划分明确,配套设施完善,员工服务热情周到,专业素质高。支行不断拓展新业务,以满足不同客户的需求,秉承“承诺于中,致任于信”的服务宗旨,为客户提供优质全面的金融服务。

(王　巍)

单位名称:中信银行股份有限公司北京密云支行
地　　址:密云县鼓楼东大街19号院19-10
电　　话:61094656

中国人民财产保险股份有限公司北京市密云支公司

年内,中国人民财产保险股份有限公司北京市密云分公司(简称人保财险密云支公司)实现保费收入14139万元,直接赔款10159万元,全险种综合赔付率73.76%,其中:车险赔付率77.73%,非车险赔付率65.81%。

在种植业方面,承保险种主要包括玉米、葡萄、梨、苹果、大棚等险种。仅不老屯地区梨的承保2013年比2012年增加316户,增加7118亩,总保费同比增长63%。新城子镇蔡家甸和东沟两个村承保的苹果保险比2012年同期增加1075亩,保费增长116%。养殖业,通过与县农业局以及各乡镇的动物防疫部门协调,及时掌握养殖户信息,大幅提高了承保质量和数量。其中奶牛和生猪,分别增长20%和16%。能繁母猪的承保增长35%。

6月26日,新城子镇蔡家甸地区遭受暴风、冰雹灾害天气,农户受灾严重,蔡家甸和东沟两个村226户种植户,2000多亩的苹果树遭受了严重的经济损失。灾后,公司农村业务部人员及时赶赴现场,查勘损失情况,确定损失程度,并及时将赔款赔付给受灾参保农户,为农户恢复生产提供了经济保障。

承保了全县的见义勇为救助责任险和自然灾害公众责任险。通过引入商业保险,对完善社会救助机制和灾后补偿机制,建立健全应对突发事件的紧急救助体系,提高救助能力,维护社会稳定和谐做了有益的尝试。

在财产险业务上,细分客户群,锁定目标,大力发展一、三产业企财险业务。抓住基础设施建设、产业结构调整带来的工程险发展机遇,发展工程险业务;通过传统渠道、农网渠道、银保渠道,大力发展分散性家财险、意外险业务,积极开拓团险业务。

车辆加强续保和转保管理,续保率达到70%。5月公司与县财政局续签了2013-2014年度密云县行政事业单位政府采购公务用车定点保险的协议。

4月公司组织农网业务人员在太师屯镇集市开展保险产品的咨询、宣传活动。9月份,营销人员逐个学校走访宣传学生平安保险。10月份,走进社区宣传家财险,为社区居民普及家财险常识。

夏季和冬季,公司分别针对不同企业不同保险种类发函,进行风险提示,组织员工深入企业了解风险状况,协助企业做好风险管控。

(赵东梅)

单位名称:中国人民财产保险有限公司北京市密云支公司
地　　址:鼓楼南大街19号
电　　话:69044128

中国人寿保险股份有限公司北京市公司密云支公司

年内,中国人寿保险股份有限公司北京市分公司密云支公司(以下简称中国人寿密云支公司)实现保费收入12800万元。其中新单保费4407万元,期交保费1156.83万元,十年期保费732.28万元,短险保费1123.80万元。在中国人寿总公司“降速度,调结构”的战略背景下,中国人寿密云支公司保费较上年呈负增长。

个人业务保险:通过1季度开门红、5月份的“社区代表”招募活动、7月至8月的“密云怀柔业务对抗赛”、10月至12月份的“回馈客户,增值服务”活动,全面推动业务发展。完成新单保费905万元,10年期保费701万元,标准保费551万元,短险保费470万元。召开70场客户说明会,20场“升级营销”说明会。个人保险架构人力221人,年度新增人力42人。

银行保险业务:以销售鑫丰产品为契机,加快发展趸交业务;以银行转型发展期交业务为契机,以关爱、爱心和安心等主要产品为抓手,推行微沙、网沙、产说会、HPC等会议经营模式,完成新单保费2800万元,期交保费260万元。

团体业务保险:以意外险业务为发展重点,推进计划生育保险、学生平安保险、老年人意外保险等“口子型”业务,首推了“综合服务与专属保障相结合”的“计生干部专属保险”、“教师员工专属保险”,完成短险保费646万元,短期意外险522万元。

年内,中国人寿密云支公司受理客户理赔、年金领取、满期给付等业务135378件。中小学生保险赔款140万元,计划生育保险赔款297万元。设立“无线上网”客户服务体验区,开展“颗粒归仓,保单复效免息”专项活动,开展集团业务和老业务“月转年”专项活动。

(王丽荣)

单位名称:中国人寿保险股份有限公司北京市分公司密云支公司
地　　址:密云县滨河路22号
电　　话:69024089

证　券

海通证券股份有限公司
北京密云鼓楼东大街证券营业部

海通证券北京密云营业部是密云地区第一家合法证券经营网点。营业部将借公司卓越的经营理念和品牌,营业部经营面积 800 平方米,员工 14 人。2013 年实现业务收入 800 余万元,客户数量达到 1 万 1 千户,大小非托管市值约 10 亿元,托管资产 20 亿元。

营业部的业务品种齐全,包含:A 股、B 股、个股期权、封闭式基金、开放式基金、中小板、创业板、代办股份转让、国债、企业债、融资融券、股指期货、报价回购、约定式购回、集合资产管理产品等。年内,营业部在融资融券、约定购回等创新业务上取得了突破,为当地投资者解决了资金周转等问题。

借海通证券为全国一流的创新券商的服务平台,营业部为客户提供包括:证券投资、现金管理、资金融通、企业上市等各种金融服务。营业部代销有 60 多家基金公司的 300 多只基金,基金认购手续费全免,申购费低至四折;海通证券还推出了固定收益类理财产品,期限灵活,从几天到一年,年化收益率达 4.4%-7%;营业部有多名投资给顾问,为客户提供专业化的理财服务,并在每周三、周六定期举行投资者沙龙活动与投资者进行面对面交流。营业部提供网上交易、vip 客户专用通道等多种交易方式。

(柴　岳)

单位名称:海通证券股份有限公司北京密云鼓楼东大街证券营业部
地　　址:密云县鼓楼东大街 19 号
电　　话:89081212

城乡建设与管理

城乡规划

【概　况】 年内，北京市规划委员会密云分局完善规划编制体系，加强村镇规划指导，开展乡村规划编制；完成密云新城综合交通规划和市政设施专项规划；参与协调本县重点工程的规划编制、方案审查工作。抓规范化管理，严格审批程序；加强对建设工程项目批后规划监督检查工作；切实加强地名和档案管理，认真办理人民群众来信来访；积极推进政府信息公开。

（师会芬）

单位名称：北京市规划委员会密云分局
地　　址：密云县新北路13号
电　　话：69041365

【规划编制工作】 年内，在县城0101、0102、0103、0106、0201、0202、0203、0204、0306九个街区深化控规方案已经市规划委批复备案的基础上，推进密云新城剩余九个街区深化方案的编制和报批工作。密云经济开发区和生态商务区的九个街区深化方案已全部通过市规划委技术审查会审查，根据技审会审查意见已进行化调整，市规划委已将此成果上报到市政府。具体情况如下：根据县经济开发区1、2、3期及河南寨工业园区所处的0205、0206、0301、0302、0303五个街区控规深化方案编制的水资源论证报告经市水务局审批通过，市规划委据此正在行文向市政府申报；进一步落实生态商务区城市设计方案，将生态、绿色、高端的设计理念延续并融入0104、0105、0304、0305四个街区控规深化方案中，四个街区的控规深化方案的水资源论证报告已完成；0104、0105街区所在的生态商务区一期已完成了城市设计、市政管线综合设计、道路设计、河道景观修复设计等工作。

（师会芬）

【重点项目的规划批复】 年内，已经取得控规批复的项目有：生态商务区A组团和溪翁庄镇水库调节池东侧地块已取得地块控规批复（商务区A1地块已经摘牌、正在申报华润乐活城项目规划设计方案，A2地块二级规划条件已经核发，具备上市条件；溪翁庄镇水库调节池东侧地块已完成入市交易，开发单位中投集团与浙江绿城联合体已开工建设一期工程）。生态商务区B、C地块控制性详细规划、城建六公司多功能地块控制性详细规划、民兵训练基地项目选址及地块控制性详细规划、县看守所选址、中储粮密云直属粮库和宝益粮库搬迁选址已取得市规划委总体规划处审查意见,已具备启动一级开发工作条件。

(师会芬)

【重点项目的规划审查】 市规划委正在审查的项目有:密云废弃矿区综合治理规划研究已完成,经县政府审查;城后街地块、上好家园地块、久润花园地块等历史遗留问题地块控制性详细规划已通过市规划委技审会审查,已完成公示,待批复;消防指挥中心(三单位)地块、县社会福利中心等公共服务设施项目地块控规已经市规划委技审会审查,已公示结束,待批复;大唐庄小唐庄王家楼一级开发及农民回迁楼等旧城改造项目地块控规完成公示,并上报市规划委待审查;富帛公司厂区改造地块、建材市场改造、一街新村改造、长安小区东区、体育活动中心及0306住宅用地地块控规、开发区三期北汽福田配套宿舍项目、开发区三期鸿云地块控规、大唐庄东北地块等项目地块控制性详细规划已编制完成,正在完善规划成果、电子化、公示等程序;恒居公司靶场用地控规已编制但因涉及京沈高铁路由调整及绿化隔离带问题,项目已暂停。

(师会芬)

【重点项目的规划编制】 正在编制的项目有:中铁十六局办公区及家属区改造、檀营地区改造、白道峪奇石文化产业园等项目。已为古北水镇国际休闲度假区项目古北大酒店、兰谷spa酒店、长城人家接待区及山水城修复修缮工程、安全饲料添加剂及动物保健品产业化基地项目、密云县二中改造一期工程、原圆明三园旅游房地产开发项目、华润希望小镇示范区项目(含配套设施)、远大黄金酒店项目、国际老年大学项目办理了有关规划手续。

(师会芬)

【推进重大基础设施建设】 年内,密云新城再生水厂已取得市规划委核发的选址意见书、新城地表水厂已办理完选址意见书、云西地区再生水厂已办理完建设工程用地规划许可证。马北路、马北路支线、新中街、云西四路、雁密路东延、西统路北延等道路工程正在进行市属相关部门的审批和技术审查。司马台变电站已取得项目规划意见复函、太北变电站已取得项目建设用地规划许可证、北京华电密云20兆瓦光伏发电项目综合办公楼已核发建设工程规划许可证。小城镇污水处理市场化建设工作稳步推进,完成了四个场站的选址,管网初步设计方案已完成初步审查。组织相关部门审查了10余项市政基础设施设计方案,包括市政府重点工程——京沈高铁、大唐煤制气管道工程,以及城市道路、平原区路网、变电站、天然气管网、河道综合治理、垃圾综合处理中心等基础设施建设。

(师会芬)

【乡镇规划编制】 年内,加强了镇域总体规划、镇中心区控规编制和报批工作推进力度。全县共14个镇需要编制镇域总体规划,其中溪翁庄、太师屯、巨各庄、石城、穆家峪、冯家峪、高岭、大城子、新城子、东邵渠、不老屯等11个镇的镇域总体规划获得市规划委批复。其余3个镇的镇域总体规划编制完成,已上报市规划委待批。围绕镇区发展和重点项目建设,加快落实镇中心区控制性详细规划的编制与报批。溪翁庄镇、太师屯镇、巨各庄镇的镇中心区控规已经市规划委审批;穆家峪镇、大城子镇、新城子镇的镇中心区控规已报市规划委审查;石城镇、高岭镇、东邵渠镇的镇中心区控规成果已审查会通过,正在修改完善;冯家峪、不老屯镇的镇中心区控规已经属地镇政府审查,正在修改;其余镇的镇中心区控规正在抓紧编制或待镇域总规批复后及时编制。

(师会芬)

【村庄规划编制】 年内,分局组织业务骨干赴北庄、太师屯、不老屯等镇实地调研,了解镇、村发展需求,召开多次规划协调会,指导村庄规划编制。5 月 8 日,规划分局会同县政府督查室共同召开全县镇、村规划编制调度会,促进镇村规划的编制。14 个镇需要编制村庄规划的 282 个行政村中,共 141 个已经县政府批复;不要求编制村庄规划的 52 个行政村(即城镇化整理型村庄)部分根据实际情况编制了村庄环境整治规划,其中 15 个村已经县政府批复,累计审查了 167 个村的村庄规划。

(师会芬)

【专项规划的编制与报批】 年内,密云生态商务区 A 地块市政专项规划及管线综合设计已获市规划委批复,其中水景街、南河路和新中街南段道路工程设计方案已经分局初审,并报市规划委基础二处待批;密云新城综合交通规划已通过市规划委基础一处、专家会评审,已报市政府待批;《密云新城地名规划》已通过县委、县政府、市规划委及专家会评审,待市政府批复。

(师会芬)

【规划成果电子化】 年内,按照控规成果电子化的标准完成了新城内 8 个街区的电子化成果备案工作。西田各庄镇、北庄镇、古北口镇的镇域总体规划和溪翁庄镇、太师屯镇、巨各庄镇、穆家峪镇、新城子镇、大城子镇的镇中心区控规的电子化成果已编制完成。县民兵训练基地选址及地块控规、看守所选址规划、中储粮密云直属粮库和宝益粮库选址规划、九松山生态园项目地块控规等规划成果电子化工作也同步完成

(师会芬)

【规划审批概况】 年内,共依法核发各类许可 174 件,不予许可或不同意共 14 件。规划意见书类 57 件,其中规划选址 14 件(普通工程 11 件、市政 3 件),规划条件 43 件(自有用地 25 件、授权供地 1 件、土地供应 5 件、乡村建设 2 件、市政 10 件)。核发建设用地类规划许可 17 件,其中普通工程 16 件,总用地面积约 138.15 公顷,建设用地面积约 74.58 公顷;市政工程 1 件,总用地面积 4.01 公顷,建设用地面积 3.19 公顷。核发建设工程规划许可证 82 件,其中普通工程 63 件,建筑面积约 113.4 万平方米;市政工程 12 件,约 65.5 公里;乡村建设(含临时)7 件,建筑面积约 2.42 万平方米。核发规划意见复函、设计方案 44 件,其中城镇建设 37 件,乡村建设 4 件,市政建设 3 件。核发规划许可延续 1 件。2013 年底开工建设限价房 15220 平方米及经适房 460 套。华远澜悦项目已通过局务会审查,北京市华远置业有限公司对设计方案进行了调整;清水湾项目设计方案已通过县政府审议,并于 6 月 16 日取得了设计方案审查意见;为康居南区、北源里、果园新里北区、宾阳里、行宫小区及石桥西区等小区共计 114 栋住宅楼办理老旧小区节能改造规划备案手续,改造项目涉及住宅楼节能改造、周边路面翻新硬化、厨厕污水分流、室内给排水、室外疏通更新污水管线、小区封闭、室外照明线路及控制系统、外墙重建、外墙护栏更换、补划停车位等方面。

(师会芬)

【规划监督执法】 年内,协助镇街做好违法建设认定工作。通过查阅档案、现场踏勘,做好违法建设认定工作。在河南寨镇的打非拆违行动中,3天内对103宗,近10万平方米的违法建设进行了认定;在对密云镇辖区内县医院新址东侧36户、商务区69户违法建设认定中,经执法人员四次现场踏勘、三次与镇村相关人员会商,认定工作已基本完成。分局执法人员共查阅档案236卷,踏勘现场约300余次,认定违法建设266宗,建筑面积约14万平方米。完成规划验收51件,452栋,105.71万平方米;规划验线8件159栋,6.98万平方米。认真解决历史遗留问题,帮助县经济技术开发区企业完善规划手续。对74家未批先建的企业项目补办手续。完成对九家企业的行政处罚,共计罚款为3055.34万元。查处违法建设30起,违法建设面积8.6万平方米。其中,移送城管4起,建筑面积3330平方米;移送乡镇政府12起,建筑面积5.32万平方米。行政处罚4起,建筑面积45898.9平方米。完成卫星查违七个批次,40处图斑的核查,发现违法建设14处。为城管、乡镇政府及街道出具违法建协查复函设290件,建筑面积17万平方米。

(师会芬)

【地名管理与审批】 年内,依法办理地名、建筑物、道路的命名和更名手续。审批建筑物名称备案4个。

(师会芬)

【城建档案管理】 年内,完成建筑工程档案登记36件、市政工程档案登记15件;全年规划审批档案整编及上架179卷、竣工档案整编及上架1038卷、录入文书档案1182件;预验收档案42件,出具档案预验收证明42份;档案内部查阅249卷113余人次,外部查阅195卷77余人次。

(师会芬)

【开展调研】 年内,开展全县集体建设用地规划研究工作。以集体建设用地的高效利用,区域统筹、城乡一体化为视角编制集体建设用地规划,对密云县村庄规划及村庄环境整治规划进行分析研究。以十里堡镇为例,利用集体建设用地结合新型农村社区建设开发模式,推进农村城镇化,完成由传统农村社会向现代城镇化社会转型,有效解决现有城镇空间制约矛盾,改善农民生活生产条件,维护地方稳定,探索多样化的小城镇发展建设模式.

(师会芬)

住房和建设管理

【概　况】 年内,密云县住房和城乡建设委员会(简称县住建委)系统完成社会固定资产投资165.1亿元、同比增长13.6%,房地产开发投资37.5亿元、同比下降12.9%。本县建筑业辖区内开复工项目120个、1506个单体工程,建筑面积427.35万平方米,竣工验收工程35个、286个单体工程,建筑面积83.15万平方米。建筑业实现产值110.4亿元、同比增长6%,实现收入95亿元、同比增长1.1%,利润2.8亿元、同比增长3.7%,缴税3.2亿元、同比持平。辖区外开复工278万平方米、同比下降13%,实现产值77亿元、同比增长5%,实现收入71亿元、同比持平,缴税2.2亿元、同比增长4.8%。

（郑　燕）

单位名称：密云县住房和城乡建设委员会
地　　址：密云县水源东路339号
电　　话：69041658

【大唐庄东南住宅楼及配套项目工程竣工】 大唐庄村，1-18号住宅楼、组团大堂及地库建设工程，建筑面积19.85万平方米，总投资5.66亿元。2011年3月30日开工，2013年10月29日竣工。工程由北京绿地京宏置业有限公司建设，北京中环世纪工程设计有限责任公司设计，上海创宏建设集团有限公司、上海商联建筑工程总承包有限公司施工，北京时创工程项目管理有限责任公司监理。

（郑　燕）

【大唐庄农民住宅17项工程竣工】 大唐庄农民住宅楼建设工程，包括1-16号住宅楼及配套设施，建筑总面积7.65万平方米，均为地上6层，砖混结构，工程总投资8094万元。2007年11月12日开工，2013年5月14日竣工。由大唐庄村委会开发，北京龙安华诚建筑设计有限公司设计，北京市坤宝城市建设工程有限公司施工，北京首发工程监理有限公司监理。

（郑　燕）

【阳光苑住宅楼工程竣工】 阳光苑住宅楼建设工程，包括A1、A2号住宅楼，建筑面积1.39万平方米，地上8层，框架剪力墙结构，工程总投资1.18亿元。2010年3月4日开工，2013年10月30日竣工。由北京市密云县房地产开发总公司建设，北京中建恒基工程设计有限公司设计，北京华云建筑工程有限公司施工，北京首发工程监理有限公司监理。

（郑　燕）

【御水花都住宅楼竣工】 御水花都住宅楼建设工程位于西大桥路38号（北院），包括1号、6-12号住宅楼，建筑面积2.15万平方米，工程总投资1.92亿元。2010年1月15日开工，2013年12月9日竣工。由北京密狮房地产开发有限责任公司建设，北京龙安华诚建筑设计有限公司、北京凯帝克建筑设计有限公司设计，北京泉润建设工程有限公司施工，北京云湖工程监理站监理。

（郑　燕）

【香密园4号住宅楼竣工】 香密园4号住宅楼建设工程位于密云县妇幼保健院南侧，建筑面积6509.05平方米（其中人防面积624平方米），工程总投资为1300万元。2010年3月1日开工，2013年5月24日竣工。由北京世纪鸿房地产开发有限责任公司建设，北京五豪世纪建筑设计有限公司设计，中国新兴保信建设总公司施工，北京筑福建业工程管理有限公司监理。

（郑　燕）

【嘉益园住宅楼竣工】 嘉益园住宅楼建设工程位于果园西路6号，包括5-10号、14、15号住宅楼，建筑面积2.93万平方米，工程总投资3196万元。2011年8月19日开工，2013年5月30日竣工。由北京嘉云发房地产开发有限责任公司开发，北京利时怀阳建筑设计有限公司设计，北京云建城市建设工程有限公司施工，北京日日豪工程建设监理有限责任公司监理。

（郑　燕）

【滨阳西里住宅楼竣工】 滨阳西里住宅楼建设工程位于新东路西侧育才路东侧，包括C31、C39、C40号区住宅楼。总建筑面积6147.54万平方米，工程总投资556.35万元。2009年5月1日开工，2013年4月24日竣工，由北京嘉翼宸房地产开发有限责任公司建设，北京中铁工建筑工程设计院设计，北京宾阳建筑工程有限公司施工，北京中集协建设监理有限公司监理。

（郑　燕）

【隆华熙园住宅楼竣工】 隆华熙园住宅楼建设工程位于农机路2号，建筑面积14.24万平方米，工程总投资2.86亿元。2010年9月25日开工，2013年5月8日竣工。由北京中加恒业房地产开发有限公司开发，北京新松建筑研究发展有限公司设计，山东建华土木有限公司施工，北京国金管理咨询有限公司监理。

（郑　燕）

【卧龙国际山庄146项工程竣工】 卧龙国际山庄146项建设工程位于白河西侧、龚庄子南侧、京密引水渠东侧（密云国际会议中心西侧），包括B区0123-0268号楼，总建筑面积4.95万平方米，工程总投资9895万元。2009年9月1日开工，2013年8月13日竣工，由北京慧诚房地产开发有限公司建设，中外建工程设计与顾问有限公司设计，浙江一建建设集团有限公司施工，北京京大信诚工程监理有限公司监理。

（郑　燕）

【中加链条厂住宅楼竣工】 中加链条厂住宅楼建设工程位于双井村，包括1-10号住宅楼，总建筑面积3.97万平方米，工程总投资5721万元。2011年2月20日开工，2013年1月4日竣工，由北京中加伟业房地产开发有限公司建设，北京市密云县建筑设计所设计，北京云建城市建设工程有限公司、北京天恒建设工程有限公司施工，北京亿铭新世纪建筑工程监理有限公司监理。

（郑　燕）

【彩虹园2号住宅楼竣工】 彩虹园2号住宅建设工程位于沙河村，总建筑面积8658.59平方米，工程总投资909.16元。2009年7月17日开工，2013年1月7日竣工，由北京顺兴广厦房地产开发有限公司建设，北京中建恒基工程设计有限公司设计，江西中恒建设集团公司施工，北京中集协建设监理有限公司监理。

（郑　燕）

【城后街北侧住宅小区5项工程竣工】 城后街北侧住宅小区5项工程，包括1-4号住宅楼及配套用房，总建筑面积2.56万平方米，工程总投资3708万元。2011年4月5日开工，2013年3月12日竣工，由北京慧友房地产开发有限责任公司建设，北京中天元工程设计有限责任公司设计，北京金桥建筑集团有限公司施工，北京首发工程监理有限公司监理。

（郑　燕）

【大唐庄东南住宅楼及幼儿园竣工】 大唐庄东南住宅楼及幼儿园建设工程位于新西路东侧、新北路南侧，建筑面积0.24万平方米，工程总投资682万元。2012年5月25日开工，2013年10月29日竣工。由北京绿地京宏置业有限公司建设，北京中环世纪工程设计有限责任公司设计，承德长城建设集团有限公司施工，北京时创工程项目管理有限责任公司监理。

（郑　燕）

【明日花园会所竣工】 明日花园会所建设工程位于滨阳村南侧，建筑面积0.16万平方米，工程总投资600万元。2008年12月31日开工，2013年9月26日竣工。由北京明日房地产开发有限公司建设，中外建工程设计与顾问有限公司设计，河北沧贸建筑安装工程有限公司施工，北京华远建设监理有限责任公司监理。

（郑　燕）

【中加吉鼎商业楼竣工】 中加吉鼎商业楼建设工程位于阳光街南侧、滨河路东侧、旧密顺路西侧。包括1-11号商业楼，建筑面积3.18万平方米，工程总投资5112.37万元。2011年7月22日开工，2013年6月13日竣工。由北京中加伟业房地产开发有限公司开发，北京利时怀阳建筑设计有限公司设计，南通启益建设集团有限公司施工，北京大正建设监理有限公司监理。

（郑　燕）

【中央机房及科研辅助用房竣工】 中央机房及科研辅助用房建设工程位于金叵罗村，建筑面积0.12万平方米，工程总投资1110.94万元。2011年9月20日开工，2013年12月26日竣工。由中国科学院对地观测与数字地球科学中心建设，北京都林国际工程设计咨询有限公司设计，北京华云建筑工程有限公司施工，北京鸿厦基建工程监理有限公司监理。

（郑　燕）

【综合楼工程竣工】 综合楼建设工程位于西田各庄村东，包括综合楼、电子车间、生产车间、警卫室，建筑面积10635万平方米，工程总投资1170万元。2011年10月20日开工，2013年3月11日竣工。由北京富华鑫标准件有限公司建设，北京维美工程设计有限公司设计，河北天宏建筑工程有限责任公司施工，北京亿铭新世纪建筑工程监理有限公司监理。

（郑　燕）

【军队离退休干部服务中心办公楼竣工】 军队离、退休干部服务中心办公楼建设工程位于西门桥北（河西），建筑面积2.24万平方米，工程总投资7860万元。2010年6月10日开工，2013年7月29日竣工。由北京市军队离休退休干部密云服务中心建设，北京立人建筑设计有限公司设计，北京城建六建设工程有限公司施工，北京政泰隆工程监理咨询有限公司监理。

（郑　燕）

【鑫唐园旅游附属用房竣工】 鑫唐园旅游附属用房建设工程位于东智西村西侧，总筑面积2870.37平方米。工程总投资574万元。2008年8月20日开工，2013年10月12日竣工。由北京巨龙伟业工贸有限公司开发，北京利时怀阳建筑设计有限公司设计，河南城建建设集团有限公司施工，北京首发工程监理有限公司监理。

（郑　燕）

【县委党校阶梯教室竣工】 县委党校阶梯教室建设工程位于党校路9号，建筑面积400平方米，工程总投资155.3万元。2012年8月28日开工，2013年2月6日竣工。由县委党校建设，中铁工程设计院有限公司设计，北京华厦恒建设集团有限公司施工，北京中集协建设监理有限公司监理。

（郑　燕）

【高岭粮库1号平房仓项目竣工】 高岭粮库1号平仓建设工程位于高岭村，建筑面积0.31万平方米，工程总投资1026万元。2012年6月8日开工，2013年12月6日竣工。由北京市密云县粮油总公司建设，北京智博慧建筑设计院设计，江西中恒建设集团有限公司施工，北京中集协建设监理有限公司监理。

（郑　燕）

【注射剂车间等4项竣工】 注射剂车间建设工程位于水源路，建筑面积6201.97平方米，工程总投资为1600万元。2011年10月28日开工，2013年5月17日竣工。由北京北陆药业股份有限公司建设，信息产业电子第十一设计研究院有限公司设计，北京华云建筑工程有限公司施工，北京双诚建设监理公司监理。

（郑　燕）

【焊装车间1竣工】 焊装车间建设工程位于云西开发区(四期)西统路东侧，建筑面积3.3万平方米，工程总投资2.7亿元。2010年8月15日开工，2013年1月31日竣工。由北汽福田汽车股份有限公司建设，机械工业第四设计研究院设计，新兴福田建筑工程有限公司施工，北京建工京精大房工程建设监理公司监理。

（郑　燕）

【保障性住房综合管理】 年内，通过复审、市级备案的共90户经济适用房、419户限价房、2户廉租房、6户公租房家庭、187户保障性住房家庭；对申请廉租房的185户家庭进行入户调查复核。全年发放廉租补贴181户，52.92万元。年底前完成了343户家庭的选房工作。80户承租公租房家庭共缴纳房租64.87万元、押金8.12万元，其中79户享受公租房租金补贴32.08万元。共批复房改房63套，4194.68平方米。兑现发放住房工龄工资1157.78万元。

（郑　燕）

【保障性住房建设】 年内，新开工保障房706套，其中经济适用房480套，建筑面积2.68万平方米；限价商品房226套，1.52万平方米。全年新开工建设超额完成153%。在施保障房737套，其中首师大附属密云中学西侧配建限价商品房303套，2.14万平方米；云北小区二期经济适用房434套，2.41万平方米。竣工保障房124套，其中檀府家园配建限价房63套，6000平方米；桃源一号配建限价房61套，5500平方米。

（郑　燕）

【加强施工安全监管】 截止年底，县内在施项目133个，建筑面积380万平米。检查工地共460个次，1350万平方米，发现问题隐患1580余个，全部进行整改。申报文明工地12个。下达限期整改通知书11份，简易程序处罚6起，罚款6000元；一般行政处罚10起，罚款5万元；行政处理11起。对5家施工单位进行了约谈告诫。组织安全生产例会2次；报送安全生产信息14篇；发放宣传材料900余份；开展现场安全知识咨询1次。与建筑公司、建设单位、监理单位签订各项安全生产责任制270余份。发放起重机械登记编号230台，办理使用登记110台。发送安全生产信息3000余条。

（郑　燕）

【工程质量监管与竣工备案】 年内，在监工程206项，单体1932个，约675.12万平方米；其中上年结转工程约190项，1713个单体，约536.43万平方米；新开项目51项，505个单体，约221.84万平方米；竣工工程35项，286个单体，约83.15万平方米。全年共实施监督检查536次，抽查26379个单体，建筑面积约832.82万平方米，出动质监执法人员1508人次。查出问题1550条，全部整改。研究制定了《2013年度专项检查计划》及《2013年度第三方抽检计划》，对在施工程项目专项抽检6次。按计划组织了“冬施复工工程”、“结构在施工程”、“给排水、电气工程”、“保障房工程”、“质量月”等11次专项检查活动。进行行政处罚两起，处罚金额共计1.08万元。发出责令改正通知书18份。全年办理竣工备案34项，约85.99万平方米，共受理质量投诉36起，全部得到处理。

（郑　燕）

【建筑劳务管理】 截至年底，支付审核工程款、劳务费和农民工工资23项。共检查工地164个，650人次；接待处理劳务纠纷群体事件16起，并全部处理完毕。涉及拖欠劳务费、工人工资金额2837.2万元，涉及农民工1210人。开展工地流动人口管理工作，向县流动人口管理办公室上报工地外地农民工花名册，共计8万人次。配合县卫生局对县域内建筑工地外来务工人员麻疹、流脑疫苗接种对象进行摸底统计；开展工地艾滋病宣传干预工作，每月对农民工进行预防艾滋病宣传不少于1000人，共计宣传培训10000人；配合县人力资源和社会保障局清欠拖欠工人工资的工作，处理群体性事件1起。

（郑　燕）

【房屋登记管理】 全年共完成房屋登记15836件，312.76万平方米，同比增长57%，其中新建商品房登记5819件，登记面积70.41万平方米；存量房屋登记4026件，建筑面积47.51万平方米；抵押设立登记3416件，65.91万平方米；抵押注销登记2231件，建筑面积45.88万平方米；初始登记40件，65万平方米；变更登记58件，2.79万平方米；遗失补证246件，15.26万平方米。办理存量房网上签约1591套；网签注销审核525套；购房资格审核2270件；完成房源补录1982套、房源核验1024套；档案查询1300余次；接收法院司法协助执行文书242件；信访答复68件。

（郑　燕）

【物业服务管理】 年内，有85个物业服务企业填写了物业项目收支报告并在显著位置进行了公示，公示率达到92%，重点抽检了28个项目，责令整改并行政积分处理企业1家。联合县安监局检查了23家有限空间作业情况，对本县辖区内注册的42家二、三级物业服务企业资质进行核查；办理物业项目合同变更的企业14家；资质变更的8家。全年防汛检查90个项目，180人次，排除隐患320个。7月12日，组织58家物业服务企业、90余人参加“2013年物业服务企业防汛工作专项培训”的讲座。指导配合街道组建业主大会及业委会4家，新换届1家。与物业企业签订《密云县住房和城乡建设委员会严厉打击违法用地违法建设目标责任书》62份；制定下发《密云县住房和城乡建设委员会关于做好物业服务区域内垃圾清运和绿化管护工作的通知》60份。

（郑　燕）

【房屋安全管理】 年内，实施老旧小区改造涉及宾阳西里等14个社区、142幢住宅楼，建筑面积60万平方米，投入资金6829.2万元。截至5月31日，2012年“7·21”漏雨房屋涉及28个社区，274幢，漏雨面积19.6万平方米。其中238幢、16.4万平方米，由县政府出资2700万元统一修缮；36幢住宅楼、3.2万平米由物业公司启动应急程序使用维修资金371万元进行了修缮。共检查房屋828.57万平方米（其中直管产2.11万平方米；物企管理产677.67万平方米；单位自管142.28万平方米；私产6.51万平方米）。5月30日，与县直机关、管房单位、物业公司、地下空间管理等150多家单位签定了防汛责任书。6月5日，组织房管所、进万家物业公司进行了联合防汛演习。汛期雨后检查平房2208间次，漏雨8间；楼房2352幢次，漏雨192幢；汛期通过短信平台发送预报的雨情、汛情等信息3000余条。梳理、核对出原有普通地下室88处，总面积约12.6万平方米，已重新备案24处。对60

家单位库房、地下车库、半地下车棚等场所进行了执法检查,存在问题已全部整改。

(郑　燕)

【企业资质管理】 年内,全县有房地产开发企业139家,其中一级资质3家、二级资质6家、三级资质7家、四级资质97家,暂定资质26家。施工企业175家,其中房建总承包企业24家(一级2家、二级6家、三级16家);水利总承包2家(二级1家、三级1家);市政总承包16家(一级4家、二级1家、三级11家);一级矿山总承包1家;三级电力总承包1家;三级公路总承包1家;专业承包企业110家(一级9家、二级29家、三级72家);劳务分包企业20家。全年办理房地产开发新设立企业13家,暂定资质延续13家,暂定资质升四级6家,三级资质降四级9家,四级资质延续53家;企业变更14家;注销21家企业。办理资质变更41家;办结新设立建筑企业20家;增项专业承包资质2家;晋升二级专业承包资质2家。

(郑　燕)

【建筑企业人员管理】 年内,办理建造师注册575人,其中初始注册254人;变更注册96人;注销注册49人;增项注册5人;延期注册171人。

(郑　燕)

【建筑节能减排管理】 年内,进行建筑节能设计审查备案37项。(其中公共建筑20项,30.03万平方米;居住建筑41项,77.2万平方米),节能标准执行率达到100%。建筑节能专项验收备案69项,100个单体,建筑面积25万平方米。既有住宅节能改造137栋,61.6万平方米;抗震加固改造(翻建式)11栋住宅楼3万平方米。公共建筑节能改造22栋8.07万平方米;农民住宅抗震节能综合改造2500户。

(郑　燕)

【招标投标管理】 全年共办理工程招投标项目107项,建筑面积158万平方米,合同金额34.59亿元。其中公开招标68项,120万平方米,占全部工程的76%;合同金额21.7亿元,占全部工程的62%。邀请招标34项,直接发包5项。

(郑　燕)

【有形市场监管】 年内,共办理入场登记100项,投资总额约30.62亿元,其中施工总承包工程交易入场登记56项(包括公开招标36项,邀请招标及集中备案20项),同比增长9.8%;办理监理工程交易入场登记44项(包括公开招标30项,邀请招标及集中备案9项,直接发包5项),同比增长15.79%。

(郑　燕)

【房地产市场管理】 年内,共批准销售新建商品房7048套,建筑面积74万平方米,其中商品住宅6146套,66万平方米;别墅、高档公寓、经济适用房、两限房、商业楼及其它902套,8万平方米。销售新建商品房5737套,建筑面积约58万平方米,其中商品住宅销售4618套,建筑面积约50万平方米;经济适用房、两限房、别墅、高档公寓、商业及其它1119套,8万平方米。共交易存量房4026套,51.2万平方米。审批54笔预售资金非正常支取业务,审批金额12.9亿元。

(郑　燕)

【房地产经纪机构管理】 在本县备案经营的房地产机构共81家(其中分支机构45家)。年内,办理经纪机构备案业务22件,变更业务16件。

(郑　燕)

【房屋征收拆迁管理】 年内,核发拆迁许可证19项，2568户，总建筑面积为52.36万平方米。全县共完成拆迁507户、拆除建筑面积9.9万平方米。9月4日，受理了关于“密云新城云西四路道路工程”集体土地上房屋拆迁许可证的申请。依照法定程序启动了密云二中、密云第五小学改扩建项目的房屋征收工作。密云第五小学建设工程已顺利完成房屋征收，共计6户，建筑面积914平方米。密云二中建设项目已签约9户，县政府于10月11日对剩余5户下达了《密云县人民政府关于房屋征收补偿决定》。共进行拆迁现场检查15次。办理拆迁许可证延期24件。接待上好家园和城后街集体上访等来信、来访78次，已全部回复。

（郑 燕）

【建材市场监管】 年内，收缴新型墙体材料专项基金828万元、散装水泥专项资金51万元，收缴率100%。核验新型墙体材料使用情况14个项目，建筑面积44万平方米，返退441万元。配合市住房城乡建设委对预拌混凝土企业执行绿色达标情况和建筑材料的使用情况进行专项检查12项，抽检样品36组。对42个砂石料堆放场、砂石加工厂、搅拌站进行打击“三非”工作年底已清理完成13个；对砂石料遮盖6个；正在清除（销售）或正在拆除设备3个；清除部分砂石料但设备未拆的2个；已停产的3个。

（郑 燕）

【推进执法】 年内，立案调查建筑企业资质案件20件，已全部处罚。其中处罚肢解发包2件，无资质开发2件，资质变更未备案1件，违法工程6件，提供大型施工机械未按规定进行检查和维护保养8件，一房二卖1件。共处罚金额65.98万元。

（郑 燕）

【应急信访投诉】 年内，承办各类信访1137件次、同比增长62.43%，已办结回复1123件（办结率达98%），14件正在处理中。接待人访共88批次、同比增长114.63%，632人次、同比增长22%。承办复查复核件2件。全部办结回复。

（郑 燕）

【行政监察】 年内，共清理职权事项467项，其中行政处罚311项、内部管理39项、行政管理37项、行政许可34项、行政执法15项、行政服务12项、行政审批11项、政裁决3项、行政监督2项、行政检查2项、行政调解1项。包括重要请示和报告、市县折子工程等重大专项工作、重大建筑、工程违法违规行为处理、干部任免、调配等16项集体决策事项。处级以上领导填写《处级领导干部廉政风险重点防控项目表》。

（郑 燕）

住房公积金管理中心

北京住房公积金管理中心密云管理部，作为北京住房公积金管理中心垂直管理的分支机构，按照中心的工作部署，结合密云县的实际情况，组织开展各项工作。截至年底，全县住房公积金归集单位837个，归集人数5.37万人，余额14.14亿元。全年发放公积金个人贷款3805笔，贷款金额21.06亿元，贷款回收情况良好。

年内，管理部组织召开县社保局、财政局、国资委等相关部门推进进城务工人员建立公积金工作研讨会，与社保及相关部门沟通，了解哪些单位应建未建，哪些单位大量雇用农民工。找出突破口确立催建催缴目标单位，专人跟踪到底，完成建立工作。截至年底，新增单位数91个，新增归集人数(含今年新增统计口径以外私营企业公积金建立人员、进城务工人员)5376人,完成全年任务的137.60%。

北京住房公积金管理中心从4月8日开始实行差别化贷款政策,在继续按照规定调查借款申请人家庭住房登记记录和个人住房贷款记录的基础上,进一步审核借款申请人的住房公积金购房提取情况,在调整第二套住房贷款首付款比例,合理确定借款申请人的贷款额度,限定借款申请人的月还款额等方面也做出新的规定。密云管理部按照中心差别化贷款政策,加强资金风险防范,做好住房公积金贷款工作。每一笔贷款从初审、复审、贷款发放到后期管理,加强监督检查,堵塞工作漏洞,加强资金风险防范,确保资金安全,完成全年住房公积金贷款任务。全年发放住房公积金贷款3805笔,发放金额21.06亿元,贷款回收情况良好。

(叶　明)

单位名称:北京住房公积金管理中心密云管理部
地　　址:北京市密云县东源路31号
电　　话:69087748　69057057

密云县房地产开发总公司

北京市密云县房地产开发总公司(以下简称总公司)全年完成总收入41463万元,上缴税金1833万元,完成了各项经济指标。

云北小区二期经济适用房项目,建设用地面积11882.122平方米,总建筑面积24130.13平方米,规划住宅共434套。该工程于2012年12月19日开工建设,2013年11月11日完成主体封顶。

清水湾小区三期经济适用房项目,建设用地面积18336平方米,总建筑面积26766平方米,规划住宅共480套。该工程于2013年7月29日开工建设,年底前已达到正负零。

兴云小区改造工程,涉及2号、3号、4号、5号4栋楼房,总建筑面积24533平方米。该工程于2012年8月13日开工建设,年底前已完成外网工程。

既有非节能居住建筑改造工程,涉及果园中南区、沿湖小区、滨阳小区、石桥小区、行宫小区等老旧小区64栋住宅楼,改造项目包括外墙保温、楼顶保温防水、更换节能窗、热计量改造等工作,改造总面积22.55万平方米,10月底前全部竣工,改造后室温平均提高了2度,保障百姓温暖过冬。

既有房屋抗震节能改造工程,其中车站路14号、16号住宅楼翻建式加固工程总建筑面积5896.4平方米,年底前已完成主体封顶进入二次结构工程。鼓楼东区2号、3号楼加固改造工程总建筑面积11229.12平方米,年底前已完成给水立管、室内碳纤维加固、化粪池、屋面、外墙保温、门窗等改造工作。

集中供暖改造工程、热计量改造工程,节能居住建筑供热计量改造任务238万平方米,该工程于8月1日开始施工,10月底前已完成189万平方米改造任务。非节能居住建筑供热计量改造,涉及沿湖南区、宾阳、行宫、果园南区、果园中区等5个小区48栋楼共17万平方米,该工程于8月31日开始施工,年底前已全部完工。②老旧管网改造工程,涉及康居、花园、石桥和兴云等21个老旧居民小区76万平方米供热面积,改造老旧供热管网总长85140米。该工程于5月7日开始施工,11月中旬全部完工,确保了居民按时供暖。年内,储煤26万吨,确保全县冬季供暖和百姓用煤。

原富帛公司土地一级开发项目，该开发项目位于密云县城西燕落寨村北，项目用地面积182.86亩，总建筑面积58117平方米，已办理前期手续。

（郭永全）

单位名称：北京市密云县房地产开发总公司
地　　址：密云县水源路358号
电　　话：69042066　69042943

北京云煤工贸有限公司

北京云煤工贸有限公司（以下简称云煤公司）前身为1951年9月成立的城关合作煤站，隶属密云县供销社；1976年9月由县社划归密云县物资局，更名密云县煤炭供应站；1979年11月划归到市煤炭总公司，更名为“北京市煤炭总公司密云县公司”，晋级为局级单位，2002年10月31日更名为北京云煤工贸有限公司；2007年8月云煤公司整合到密云县房地产开发总公司，注册资金2000万元，其中北京首政置业集团有限公司出资额1500万元，出资比例75%；北京心连心物业管理公司出资额500万元，出资比例25%。注册、经营地址：密云县火车站西路2号，经营范围：制造、销售煤炭煤制品。云煤公司现有在职职工32人。

年内，落实北京市2013—2017年清洁空气行动计划和京政发【2012】16号《北京市2013年农村地区“减煤换煤、清洁空气”行动实施方案》以及密云县减煤换煤任务指标，销售优质蜂窝煤759.1吨，销售优质煤球1455.96吨。按照北京市燃煤质量指标要求，储煤发热量均在5500大卡以上，含硫量小于0.5%，灰分小于13%，历时3个月储煤26万吨，保障全县人民温暖过冬。

（郭永全）

单位名称：北京云煤工贸有限公司
地　　址：密云县火车站西路2号
电　　话：69042066　69042943

北京首政置业集团有限公司

北京首政置业集团有限公司是密云县委、县政府专门为檀营满蒙民族乡整体转制、旧村改造、开发建设于2007年批准成立的国有企业集团，它由冶仙塔风景区管理处、工贸公司、书画院等组成。集团共有员工1500人，其中管理人员100人，由密云县房地产开发总公司管理人员中具有多年从事房地产开发和企业管理经验的人员组成。在管理人员中具有各类专业技术职称人员达到50名。

檀营地区旧村改造和开发建设项目包括铁路以南檀营国际生态城建设和铁路以北冶仙公园建设（兼作县城地区紧急避难场所）项目两部分。檀营国际生态城计划总投资70亿元，总建筑面积140万平方米，其中住宅楼98万平方米（含回迁楼38万平方米），配套楼、地下车库、幼儿园等公建面积27万平方米，还有中学、小学、中心医院、文化活动中心、地区办事处、购物中心及高压配电等15万平方米公建配套设施。檀营回迁楼工程，水电、道路、弱电等配套设施已全部完成；小区内景观设计的庭院、上百种树种种植、草坪铺设等全部完成，并于2012年获得“北京市十大优秀生态宜居住宅”，已有2371套住房办完入住手续。

冶仙公园位于密云县城东北部，景区以“冶仙塔”为轴心，由冶仙塔、普照寺、游乐场等部分组成，总占地面积1150亩，冶仙塔部分占地面积800亩，公园占地面积350亩，由首政置业集团开发修建，总投资4亿元，现有工作人员248人。公园分为四大区域:冶仙塔文物保护游览区、文化广场、宗教活动场所和游乐场所。其中冶塔仙灯为燕京八景之一,冶山最高峰海拔332.5米。每逢节假日公园内,游客络绎不绝,不仅解决了檀营转职居民的就业问题,同时又为密云新城增加了绿地面积,改善了城市环境质量,为新城居民提供了健身、休闲场所。

(李方妤)

单位名称:北京首政置业集团有限公司
地　　址:密云县水源东路358号
电　　话:69072750　61095408

北京中加实业集团有限公司

北京中加实业集团有限公司(以下简称中加集团)是集房地产开发、革基布生产销售及物业管理为一体的集团企业。

年内,上缴税金10228万元,累计纳税6.66亿元。实现商品房开发面积22万平方米,累计完成商品房开发面积150余万平方米。对外捐款46万元,累计对外捐款2632万元。

年内,“绿港项目”,取得大产权证并为业主办理了小产权证;“中加麓秀”,完成项目主体、市政及外围工程等,已具备竣工验收条件,进入精装修前期的准备工作阶段;“中加博悦”,总建筑面积16万余平方米,主体结构全面完成,并顺利通过四方验收,批准预售面积80885平方米,销售面积78483平方米,销售率达50%;“台湖项目”,总建筑面积32万平方米,分三期开发,5月7日,一期开发面积8万平方米;“中加涞水”,制定了《涞水项目整体推进规划》、完成《前期市政调研报告》、获得《免除配建保障性住房的批复》,完成一期住宅商品房立项,基本具备动工条件;“福园、锦园”,完成业主的入住手续,完成居委会用房交接手续,完成了项目竣工备案手续,完成重新变更土地证手续;“吉鼎商业”,完成测绘、备案、验收工作;“中加大厦”,办理完成小产权证20套,累计办理完成小产权证70套;“新土地资源”,取得河南寨镇陈各庄村66公顷的一级开发项目、平谷区10万余平方米工业用地、密云建材市场南侧5.2万平方米土地储备开发权。

年内,中加集团党委组织“春风送暖”、“共产党员献爱心”捐款活动,共上交捐款12340元;向石城镇捐修路款20万元;向北京棋院捐款16万元,累计捐款166万元;向溪翁庄镇东智东村65周岁以上老人发放了近10万元的生活补助金。

富泰公司,6月20日向中国证监会递交了上市全部材料并已受理。

北京天道酬勤物业管理公司,投诉处理率达到100%;处理突发事件28起;综合维修3240项;补种草坪600余平方米。作为朝阳区同行业的代表接受了中央电视台新闻频道的专访并在13频道播出。中加物业管理公司现拥有150人,服务于5个园区,管理建筑面积达40万平方米。私搭乱建控制在零增长。

(王淑金)

单位名称:北京中加实业集团有限公司
地　　址:密云县云秀花园红梅园1号楼
电　　话:69084096

国土资源管理

【概　况】 年内,北京市国土资源局密云分局(简称密云国土分局)服务密云"绿色国际休闲之都"建设,统筹保发展、保资源、保民生,依法履职,完成了各项任务,为地区经济社会又好又快发展做出了积极贡献。

(李　孟)

单位名称:北京市国土资源局密云分局
地　　址:密云县水源东路358号
电　　话:69042926

【土地资源】 密云县位于北京市东北部,属北京市的远郊县,北、东与河北省滦平县、承德县、兴隆县接壤;西、南、东南与本市的怀柔区、顺义区、平谷区毗邻。密云县山多地少,山地(丘陵、低山、中山)、平原、水域分别占土地总面积83.3%、8.3%、8.4%,故有"八山、一水、一分田"之说。根据2012年密云县土地变更调查成果数据显示,本县土地总面积为2225.87平方千米,占全市总面积13.56%,为全市土地面积最大的区县,其中农用地1793.41平方千米,占总量80.6%,建设用地395.24平方千米,占总量17.76%,未利用地37.2平方千米,占总量1.67%。(详见下表)

密云县2012年土地利用现状统计表

地　类		面积(公顷)
合　计		222587.39
农用地	小计	179341.03
	耕地	16469.2
	园地	30155.56
	林地	130369.97
	牧草地	2346.30
建设用地	小计	39524.06
	城镇村及工矿用地	13877.07
	交通运输用地	3248.39
	水域及水利设施用地	22398.60
未利用地	小计	3722.30
	其他土地	3722.30

(李　孟)

【土地规划】 密云县市区乡三级基本农田保护区专项规划经过分局编制、县政府论证、市局审查、分局修改完善等系列过程后,10月经市国土局正式批复同意。该规划是基本农田多划定政策使用的前提,实施这一政策将有效解决密云县重大民生、公益项目占用基本农田而无法落地的难题。密云县土地整治专项规划已完成分局编制、县政府论证,市局正在进行审查。

(李　孟)

【建设项目用地预审】 年内,完成建设用地预审项目31个,总建设用地面积77.46公顷,其中农用地37.88公顷,建设用地37.84公顷,未利用地1.74公顷。全年为"基本农田整理项目"项目、"密云县老旧住宅小区改造四期工程"等69个项目核发了建设项目用地预审意见函。

(李　孟)

【征地及农用地转用项目用地管理】 全年审核集体农用地转为建设用地项目1个,用地总面积15.0557公顷。办理征地手续3宗,总面积1.5138公顷。征收土地结案项目6个,面积226.5415公顷。

(李　孟)

【土地整理及耕地占补平衡】 年内,实施了5个区县自筹的土地开发整理项目,总建设规模4983.39亩,预计新增耕地约2000亩;实施了5个高标准基本农田整治项目,总面积3万亩,不涉及新增耕地。纳入耕地占补平衡考核范围的项目共计4个,共补充耕地指标9.7578公顷(146.37亩)。

(李　孟)

【土地供应】 年内,供应用地12宗,总用地面积约201.22公顷,建筑规模151.04万平方米。土地总成交价款41.73亿元,含土地开发成本 24.33 亿元，政府收益 17.40 亿元。其中，经营性用地项目 5 个(含商务区 A-1 项目)，总用地面积 168.16 公顷，建筑规模 120.58 万平方米，总成交价款 40.20 亿元，含土地开发成本 23.09 亿元，政府收益 17.10 亿元；完成工业用地入市交易 7 宗，总用地面积 33.06 公顷，建筑规模 30.46 万平方米，土地总成交价款 1.53 亿元，含土地开发成本 1.24 亿元，政府收益 0.29 亿元。

(李　孟)

【保障性住房用地供应】 年内，完成保障性住房供地 3 公顷，含保障性安居工程用地计划新增供应公租房(含廉租房)用地 2 公顷。计划外限价商品房供地指标 1 公顷。新增供应公租房(含廉租房)用地指标落实在观光塔住宅土地一级开发项目 C 地块；限价房供地指标以配建方式落实在观光塔住宅土地一级开发项目 D 地块，该地块于 2013 年 2 月底以挂牌方式出让。

(李　孟)

【地籍管理】 年内，办理土地权属审查 92 宗，面积 409.32 公顷。共处理权属争议 18 件，行政诉讼 1 件。在季度变更调查的基础上，完成年度 348 个图斑的变更调查外业核实，内业整理工作。农村集体建设用地使用权确权登记颁证工作，已完成全部外业调查，共调查 1942 宗，除西田各庄镇沿村、建新、大辛庄三个村明确表示并出具承诺不参与使用权调查外，全部调查测量完成，调查率 100%。

(李　孟)

【土地登记】 截至 12 月 31 日，共办理国有建设用地使用权登记 130 件，登记土地面积 472.0356 公顷；办理国有建设用地使用权土地注销登记 6 件，涉及土地面积 113.51 公顷；办理日常集体建设用地使用权土地登记 10 件，涉及土地面积 11.2937 公顷。办理国有建设用地使用权抵押权登记 144 件，涉及土地面积 366.1477 公顷，贷款金额 724965.43 万元；办理国有建设用地使用权抵押权注销登记 100 件，涉及土地面积 836.7227 公顷，贷款金额 359135.70 万元。

(李　孟)

【国有土地使用权】 年内，为 6 个项目核发了划拨决定书，用地总面积 10.6605 公顷。全年共办理国有建设用地使用权出让 15 宗，其中，新建工业项目 7 宗地，出让面积 24.39 公顷，收取政府土地收益 15284 万元。完成北京黄金实业有限公司、北京古北水镇旅游有限公司等 9 个项目的国有建设用地使用权出让合同变更工作。

(李　孟)

【宅基地报批】 年内，受理 10 个乡镇 40 个行政村 102 户农村村民住宅用地申请，经逐户现场勘察核实，对符合农村村民住宅用地的 5 个乡镇 10 个行政村 33 户农村村民住宅用地，按程序完成了审批和备案工作。

(李　孟)

【第三届国土资源节约集约模范县(市)创建活动】 年内，密云县开展了第三届国土资源节约集约模范县(市)创建活动的达标考核工作。经计算，密云县在达标考核阶段总体得分为 79.77 分，且所有考核项目均达到 60 分以上，达到了国土资源节约集约模范县(市)达标考核要求。

(李　孟)

【国土资源执法监察】 全年立案查处土地违法案件 36 宗，占地面积共 91.35 亩，依法依规将违法建筑物全部拆除；完成土地变更调查工作，实地核查 349 个变化图斑,监测面积4167.1亩。全年查扣盗采盗运矿产资源机械、车辆25台(辆),其中钩机2台,铲车4辆,重型卡车8辆,六轮农用车11辆。

(李　孟)

【服务窗口建设】 全年共受理行政许可和行政服务事项及其他事项810件,办结804件,按时办结率为100%。受理有关业务公文47件,整理、装订并移交到局档案室各类业务档案共计841件。受理法院协助执行43件。接待业务咨询2600余人次。入驻密云县综合行政服务中心以来,密云县国土分局窗口连续8年获得“红旗窗口”标牌,工作人员曾全部获得“服务标兵”荣誉称号。

(李　孟)

【矿产资源】 密云县矿产资源丰富,金属矿物有铁、金、银、钨、铬、铅、锌等,其中,铁矿已探明储量9.67亿吨,占全市铁矿储量98%以上,主要分布在水库周边地区,包括太师屯、不老屯、高岭、巨各庄、冯家峪、石城、穆家峪7个镇。非金属矿以砂石、石灰石为主,其中砂石储量最大,主要分布在潮白河流域和西田各庄镇、十里堡镇等地。

(李　孟)

【矿产资源开发管理】 年内,完成县域内7家矿产资源企业矿产资源开发利用年检工作,完善矿产资源统计基础表。完成对县属5家铁矿企业是否存在超层越界开采行为的执法检查工作,未发现越界开采行为。收缴2013年度矿产资源补偿费750.95万元,采矿权使用费0.95万元。

(李　孟)

【地质灾害防治】 密云县大部分山区乡镇均位于地质灾害易发区,年内,密云县国土分局采取多项措施重点做好汛期地质灾害防治工作。成立了汛期地质灾害应急指挥部和应急调查队,逐级建立并落实防灾责任制,严格执行地质灾害险情巡查、灾害应急调查、灾情速报、汛期24小时值班等制度,及时、有效地预防和处理地质灾害;完善群测群防体系,各镇、村专门设立了群测群防员,负责本区域地质灾害隐患点灾害情况的监测、记录和上报工作,建立隐患台帐,落实“七包、七落实”政策;按全市统一部署组织技术单位和各有关乡镇开展了1比5万地质灾害详查和避险场所、避险路线的评估调查,摸清了底数,对今后的地质灾害防治工作夯实了基础;加强对全县地质灾害易发区的巡查力度,掌握隐患发展情况,提前采取措施,避免灾害发生;开展宣传教育,向受地质灾害威胁群众发放地质灾害防治明白卡,提高群众防灾避险意识。本县地质灾害防治工作经受住了汛期多次强降雨的考验。

(李　孟)

【矿山环境治理】 年内,重点对水库周边废弃铁矿矿山地质环境治理示范工程进行了实施,在施7个项目区,主要位于巨各庄、太师屯、高岭等镇以及首云、威克、建昌铁矿内,项目的外业工程部分已近完工,预计2014年验收。

(李　孟)

【国土普法宣传】 年内,以“4·22”世界地球日、“6·25”土地宣传日、“12·4”法治宣传日为契机,开展国土资源法制宣传活动,通过新闻媒体播报、手机短信平台、悬挂横幅、展板、发放宣传资料、设立街头宣传点等多种形式宣传国土资源相关政策、法律法规和基本知识,倡导珍惜地球资源、建设美丽中国的理念,提高广大群众依法依规用地和节约集约利用资源的意识。

(李　孟)

【信访工作】　截至12月,密云县国土分局共接待来访173批401人次,共收到来信85件,办结率100%,办理12336违法举报线索117件,处理率100%。

(李　孟)

市政市容建设与管理

【概　况】　密云县市政市容管理委员会(县城乡环境建设办、县爱卫办)是负责本县市政基础设施、相关市政公用事业、市容环境卫生管理、城乡环境建设综合协调、城市综合管理协调和爱国卫生的县政府工作部门。年内,负责建设、协调全县新改建城乡道路工程20余项,年底前90余千米城乡道路相继完工,向社会放行。其中,西统路、密关路、马北路支线、密兴路二期等道路工程竣工通车,对兴盛南路、四眼井胡同、果园南路等城市道路提级改造,对新西路、康居路、建设胡同等路面塌陷及时修复,提高城区市政基础设施承载能力和维护管理水平,确保了城市运行平稳有序。完成了五条市级达标道路及一个重点区域环境建设,创建了"日巡查、周通报、月曝光"工作机制,"门前三包"管理见成效。进一步完善"户分类、村收集、镇运输、县处理"的垃圾处理体系,完成了城区10个居住小区的垃圾分类达标试点工作。大唐煤制天然气管道工程全面完工,完成了255万平方米热计量改造任务和21个老旧小区管网改造。

(赵　丽)

单位名称:密云县市政市容管理委员会
地　　址:密云县新西路60号
电　　话:69044627

【京承高速联络线西统路工程】　工程北起经济开发区四期环岛,南与京承高速公路相接,全长7.8千米,概算投资11亿元。密云·云蒙大桥全长744米,作为华北地区最大的独塔自锚式悬索桥,被誉为"华北公路第一桥",成为县域内崛起的新地标。云蒙大桥南北横跨潮白河,分为主桥、引桥、梯道桥三部分,主桥长370米。塔高126.5米,外形采用"种子"造型,象征着发展和希望。8月31日,云蒙大桥竣工,西统路全线贯通。11月14日,高速路收费站经济开发区站正式开通。通车后,从北京市区驾车到密云经济开发区比通车前节省15分钟。

(赵　丽)

【白云街道路工程】　道路起点101国道绕城线,终点至车站路,全长2.41千米,按照城市次干路标准建设,工程概算投资9407万元。涉及铁西路跨线桥、跨白河桥2座桥梁建设,跨白河桥于2012年10月完工,铁西路跨线桥于2013年10月份完工。年内,新西路至云秀小区1.4千米路段铺油通车,同步实施给排水、交通、照明、绿化工程。

(赵　丽)

【101国道绕城线工程】　全长12.45千米,概算投资9.67亿元。5月份,绕城线二期前栗园段雨水蒸发池完工,蒸发池长44米,宽22米,池底高度3.5米,蓄水容积达3388立方米;9月底,县政府与北京铁路局签订沙河、小唐庄火车站拆迁补偿协议,年底,沙河、小唐庄两座火车站2.3

千米范围内的设施拆改移工作完工;12 月 23 日,小唐庄铁路道口与 101 绕城线平改立工程完成箱涵顶进工程,完成工程总量的 77%,10 千米具备通车条件。

(赵　丽)

【县医院配套道路工程】 项目包括阳光街、檀营街 2 条道路工程,全长约 1.4 千米。其中檀营街起点位于新南路,终点位于水源路,道路全长 640 米;阳光街起点位于檀西路,终点位于规划檀东路,道路全长 725 米。年内取得可研、初步设计规划意见的批复,初步概算上报待批,并完成招投标及财政评审。

(赵　丽)

【垃圾综合处理中心工程】 项目位于巨各镇水峪村,占地 691.5 亩。年内,项目取得规划选址方案、规划选址意见书、土地预审、水保、洪评、交评、环评、社会稳定风险评估报告、地震安全性评论报告的批复,完成场区初勘、订桩、地灾评估及水资源论证工作,开展可研报告报批工作。

(赵　丽)

【京承高速联络线西统路北延工程】 项目全长 16.03 千米,主要包括道路、桥梁、排水、交通、照明、绿化工程。年内,项目取得设计方案、水保、洪评、环评、土地预审、社会风险评估报告的批复,可研报告上报市发改委待批。

(赵　丽)

【储备项目前期手续申报】 年内,雁密路东延、云西四路 2 条道路工程取得可研报告批复,初步设计及概算报市规委待批,项目基本落地。云西路东延北起密新路,南至规划云西八街,道路全长约 3.7 千米;雁密路东延东起兴盛北路,西至云西四路,道路全长约 3.8 千米;新中街改造工程起点水源路,终点潮河北路,道路全长约 360 米,已取得北京市规委设计方案批复及国土局密云分局用地预审意见的批复,可研报告正在批复中;东进路、司曹路二期工程各项前置审批手续已经完成,可研报告等待市发改委批复。

(赵　丽)

【道路建设地上物拆迁】 年内,完成了密兴路二期、司曹路一期、马北路支线、密关路、潮东路、京承高速与琉辛路连接线等工程的地上物拆迁协调工作,为公路建设顺利实施奠定了基础。密兴路二期工程起点巨各庄镇霍各庄村,终点大城子镇北沟村,与河北省兴隆县相接,全长 28.3 千米,县公路分局负责建设,市政市容委负责协调拆迁。涉及巨各庄、大城子两个镇共 24 个行政村,2033 户,拆迁房屋约 2 万平方米,伐移各种树木 60 余万株。年内,地上物拆迁补偿工作全部完成,工程全线贯通。

(赵　丽)

【人大、政协建议、提案类工程】 年内,承办人大建议、政协提案件 37 件,其中拓宽世纪家园南口道路、规划管理育才路西侧绿化带、修缮南更大街牌楼、修建沿湖小区东门口水泥隔离带等 16 件 A 类件全部完成,办结率、满意率达到 100%。

(赵　丽)

【“门前三包”管理】 年内,与全县各镇街及经济开发区签订“门前三包”责任书,签订率达到 100%。对城区沿街商户进行统一挂牌,明确责任、内容及范围,确定专人并配备笤帚、簸箕、擦布等工具;加强日常维护管理,要求各街道设置“门前三包”巡查员,佩戴标识进行巡查。

(郭　洁)

【创建五条市级重点达标道路和一个重点区域】 年内,完成新西路、檀西路、城后街、新北路、密溪路5条市级达标大街和果园街道城后街地区区域环境提升工作,顺利通过市级验收。共安装路名牌20块,步行者导向牌13个,更新、增设果皮箱52个;拆除、规范牌匾标识482块,联合城管局对五条示范街重点道路两侧800余处临街商户外立面及门窗上的各种贴字、喷涂、广告进行清除;修复破损路面10070平方米;栽植树木68株、花草4500平方米;清洗护栏900延米,清理堆物堆料91处,规范施工围挡1400延米,清除小广告559条。

(郭　洁)

【制定“日巡查　周通报　月曝光”机制】 年内,县城乡环境办制定“日巡查、周通报、月曝光”机制。日巡查:成立环境建设巡查督导小组,加强日常巡查督导。与县网格指挥中心对接,对发现的环境问题,现场拍照、明确完成时限,并对事件处理过程进行跟踪督导;周通报:通过《城乡环境动态》,每周向环境建设委员会主要领导及成员单位通报本周发现的未整改的主要问题,并将通报情况与各单位年终绩效考核挂钩;月曝光:对典型问题制作专题片,每月在县政府常务会上播放一次,推动各单位、各部门加大环境问题整治力度,促进城乡环境水平不断提升。

(郭　洁)

【开展净街、净巷、净社区活动】 年内,以鼓楼东西南北大街为核心保障区,新西路、新南路等11条主要大街为重点严控区,整治占路游商、“僵尸车”、乱设灯箱广告、乱堆乱放、店外经营等行为,执法治理58次,小型集中整治134次,纠正街面违法行为5.7万起,查处无照经营2180起,处罚“门前三包”责任未落实165起,清理垃圾渣土518处,1793吨。

(郭　洁)

【校园周边环境整治】 年内,协调城管、公安、卫生、工商等部门和属地镇街,发放校园周边商户告知书,开展校园周边“五小”门店专项执法检查,查处无照或证照不全商户;加大校园周边巡查密度,在上下学高峰期派专人盯守;对密云一小、密云七中周边裸露地块内的垃圾进行清理,累计清运垃圾渣土800余吨,砌筑围墙400余米;设置规范统一的“环境卫生责任公示牌”,逐一明示地块面积、责任单位、责任人、监督电话等,方便市民监督。

(郭　洁)

【进京第一印象区域环境整治】 年内,研究制定《进京第一印象工程专项整治工作方案》,实现“一无两清四控”目标:即铁路、公路两侧100米内无违规户外广告,道路及附属设施清洁,控制白色污染、垃圾渣土、私搭乱建和堆物堆料。在101国道沿线累计拆除违章建设1.4万平方米,整治牌匾214块,墙体外立面装饰、改造、粉刷10.7万平方米;垒砌花墙1.1万延米、砖墙2800延米;建景观小品5处,停车场8600平方米;建旅游接待中心1处300平方米,修建步道1300延米;清理积存垃圾600余吨;拆除京承高速两侧违章建筑7.1万平方米。

(郭　洁)

【创建环境优美居住小区、街巷胡同】 年内,动员社区居民和环境志愿者积极参与环境建设,自觉维护、改善居住环境。瑞和园小区获评北京市优美居住小区,新东路南延街获评北京市优美街巷胡同。

(郭　洁)

【夜景照明管理】 年内新建、改扩建、装饰装修沿街建筑夜景照明申请总计20件,完成审批3件,完成批复景观照明效果17件;每天巡视检查,发现问题及时与施工单位进行沟通，维修、更换问题灯具；节假日及重要活动期间调整景观灯效果及开闭时间；滨河路、鼓楼东西大街夜景照明工程通过验收。

（郭　洁）

【停车场管理】　年内，联合旅游、城管等部门，在重大节日期间，对停车企业进行联合检查，督促各企业限期整改，消除事故隐患；对停车企业进行备案登记，新备案企业2家，新增车位312个，全县共有备案停车场55个，车位10213个，停车经营企业48家。

（郭　洁）

【市政道路设施管护】　年内，加强市政道路日常巡查，发现各类市政设施隐患、乱堆乱放等情况4594件，补、铺沥青路面6442平方米，修复花园小区、宾阳小区等处沉降坑43处，修补步道2939平方米，换、修交通护栏842节，更换及维修路缘石1839米，确保市政设施完好率达98%以上。

（张　莉）

【地下管线管护】　年内，对城区5260座水口分别进行彻底清掏；更换及维修雨水、污水井盖229个；城内街道疏通冲洗雨、污水管道共计37305米；整理及加固水泥隔离墩860米，在县城各雨水篦子口撒鼠药共20箱。

（张　莉）

【四眼井胡同道路改造工程】　该道路改造工程全长265米，铺设沥青混凝土路面2182平方米，铺设雨污水管道600米、检查井27座、单篦雨水口18座，包括照明工程、交通工程、绿化工程。5月份工程全部完工。

（张　莉）

【果园南路道路改造工程】　该道路改造工程全长400米，北起新南路，南至农机路，按照城市支路标准建设，道路红线宽20米，车行道宽8米，两侧路侧带宽6米，铺设沥青混凝土路面3624平方米，铺设雨污水管道1115米、检查井18座、双篦雨水口18座，安装路灯14盏，同步建设完成交通、绿化工程。9月份工程竣工通车。

（张　莉）

【新东路雨水方沟改造工程】　该工程砌筑雨水方沟405米，直线检查井6座，转弯检查井2座，直角转弯检查井1座，八字式涵洞出水口1座，铺设钢筋混凝土管道5米。工程于汛期前完工，保证了汛期雨水排放通畅。

（张　莉）

【城镇防汛】　年内汛期，市政防汛抢险大队备勤17次，抢险9次，累计出动人员1080人，出动机械车辆360台次。在全县4600余座雨污水检查井加装防坠网，防止积水形成时井盖移位导致人员、车辆掉落。

（张　莉）

【垃圾渣土消纳管理】　年内，办理渣土消纳许可21件，准运许可21件，渣土消纳场所许可1件，检查建筑工地54个。消纳场正常运行，消纳建筑垃圾97万吨，清理和协调清理垃圾渣土约4500余吨

（陈立亚）

【城区非法小广告治理】　年内，有31名志愿者对城区街道、社区长期进行保洁清理覆盖，清理各类非法宣传品约85万张。

（陈立亚）

【城区环境卫生】　年内，完成228.74万平方米的道路清扫保洁任务，完成202万平方米、城南地区、城乡结合部环境卫生综合整治工作，保证了城区93座公厕的正常运行。清运处理生活垃圾15万吨，抽渗

滤液2万立方米,处理填垃圾30.8万立方米,处理污水1.6万吨;收运、处理餐厨垃圾1863.6吨,医疗垃圾225.4吨;洒水3.5万吨;清抽粪污4.2万吨,处理粪便粪污1.02万吨,生活垃圾无害化处理率达98%。

(曹　雪)

【扫雪铲冰】 年内,5次降雪,出动除雪专业作业人员1000余人次,机械车辆50余台,抛洒融雪剂180余吨。

(曹　雪)

【清扫保洁设施建设】 年内,投入93万元,购置压实机一台,机扫面积148.57万平方米,清扫保洁新工艺作业率达85%,街巷胡同环境卫生专业作业率达95%以上。

(曹　雪)

【城区环卫设施建设】 年内,完成公厕改造8座,垃圾楼新建3座、改建3座,地下垃圾中转站新建3座、改造3座,更换和新添果皮箱200个,更换和新添垃圾桶157个。

(曹　雪)

【农村环卫设施管护】 年内,利用市容环境卫生划转资金914万元,对镇级7座垃圾转运站及10个镇的垃圾收集运输设施和农村公厕的日常运行管护予以补贴,确保了生活垃圾无害化处理率达标和农村环卫设施的正常运行。

(袁晓峰)

【非正规垃圾填埋场治理】 年内,完成了密云镇李各庄村、太师屯镇太师屯村2处非正规垃圾填埋场治理工程,总投资1200万元。

(袁晓峰)

【城区垃圾分类】 年内,共完成城区蓝河湾、开元、新景家园等10个小区的垃圾分类工作。通过“分类投放、分类收集、分类运输和分类处理”全过程管理,全县实施生活垃圾分类居住小区达45个,城区60%以上的居住小区实现了垃圾分类达标。全县生活垃圾无害化处理率达到98%、资源化率48%,达到了市级考核标准。

(曹　昆)

【市容环境卫生干净指数考核】 年内,由市市政市容委环卫处、市环协、市环科所通过月检查、季通报排名考核结果,密云在10个郊区县中综合排名第三。

(袁晓峰)

【餐厨废弃物处理】 年内,通过行政许可资格审查的方式确定了“北京奔冀废弃油脂处理厂”为密云从事餐厨废弃油脂经营收集运输服务单位,废弃油脂得到资源化利用,已有40家大型餐饮单位的餐厨垃圾(泔水)得到集中规范处理。

(曹　昆)

【户外广告规范整治】 年内,联合城管局、鼓楼、果园街道拆除改造市政府违规上账楼顶广告19处32块,拆除四眼井胡同、果园北街、东源路、康居东路、行宫街、长安街、农机路、花园路、南河路、阳光街10条示范街违规户外广告81块;对10条街52块断亮的牌匾标识及广告完成规范整改;拆除鼓楼东西大街、果园西路等8条大街近60块宣传栏;整改破损广告及牌匾119块,违规户外广告拆除、整改率达到100%。

(张　卉)

【病媒生物防制】 年内,实施灭蚊蝇活动,组织专业消杀队伍对居民小区、公共场所统一消杀,共使用灭蚊蝇药物4.6吨,喷雾器34台。重点对城区内公共区域及各乡镇有鼠区域进行灭鼠，投放灭鼠药 23.55 吨、发放毒饵站 1500 个、毒饵盒 500 个、插警示旗 4150 个，对全县灭鼠投药情况进行抽查，投药覆盖率达到 100%。

（张　卉）

【公共场所禁烟】 年内，县卫生局、疾控中心、环保局、市政市容委 4 家单位通过市爱卫会评审成为首批无烟机关、无烟单位。5 月 30 日，联合疾控中心、鼓楼卫生服务中心等单位在东菜园社区举办世界无烟日主题宣传活动。

（张　卉）

【深化爱国卫生健康细胞工程】 年内，申报创建 6 个健康促进示范村和 3 个健康社区，10 月底全部通过北京市爱卫办检查验收工作。

（张　卉）

【农村户厕改造】 年内，对 2 万座农村户厕进行检查改造，完成维修更新零部件等。

（张　卉）

【热计量改造】 11 月底前，北京心连心热力、蔡家洼供热、暖阳热力、明珠供热 4 家公司完成全县 36 个小区 225 万平方米热计量改造。

（李　剑）

【老旧供热管网改造】 年内，完成兴云、康居、石桥小区等 21 个老旧小区供热管网改造，涉及供热建筑面积 73.4 万平方米，管道总长度 85140 米，其中外网管道 53650 米，室内干管 31490 米，项目总投资 6600 万元。完成 2014 年 11 个老旧小区约 101 万平方米老旧管网改造工程的前期申报工作。

（吴明鑫）

【供热行业管理】 11 月 15 日起正式供热，建立 11 人的供热管理服务投诉热线，实行 24 小时值班备勤制度，成立 4 支应急抢险队伍，15 个维修站点，遇到突发问题，及时抢修维修，确保“两节”、“两会”期间安全稳定供热。

（吴明鑫）

【大唐煤制天然气管道密云段工程】 该工程密云段起点古北口长城穿越处，终点至河南寨镇与怀柔交界处，途径古北口、北庄、太师屯、大城子、巨各庄、河南寨 6 个镇约 92 千米，总占地约 7000 亩，协调拆迁总户数 8717 户、各类杆线移改 67 条。沿线设有分输站 1 座，阀室 5 座。工程于 2012 年 5 月底启动，2013 年 8 月 19 日完成全部地上物拆迁，12 月 18 日正式运行。

（霍文静）

【全县燃气使用】 全县共有燃气企业 7 家，瓶装液化石油气供应用户 3 万户、年销气量 6400 吨；管道压缩天然气供应用户 5.5 万户（其中工福用户 200 家）、年销气量 1500 万立方米，燃气管道 550 千米；压缩天然气用户 810 户，年销气量 450 万立方米。

（王　欣）

【古北水镇 CNG 站建设】 该工程于 2011 年 11 月开工建设，2013 年 10 月 25 日建成投入运营，古北水镇内 11 处用气点燃气逐个开通置换。

（王　欣）

【“减煤换煤　送气下乡”惠民工程】 12 月 20 日，大城子镇聂家峪、大城子村率先启动“减煤换煤，送气下乡”工程，工程面向农村用户，即在农村地区居住并且在当地派出所登记的住户，不包含正在使用秸秆气和已有天然气管网辐射区域或其他能源用户。供应 15 公斤规格炊事用液化石油气,市政府每罐补助25元,县财政每罐补助25元,市液化气公司每罐补贴5元。其中两口人以下每户每年供气量6瓶、三口人以上每户每年供气量8瓶。

(王　欣)

【燃气行业管理】　年内,完成了餐饮业燃气安全专项治理工作,下达执法文书300份、发现并整改隐患400个,餐饮行业签约验收率达到100%,通过市政府绩效考核。开展全县居民用户及出租房屋燃气使用安全检查,聘请10名社区管理服务人员为燃气监督员,组织大型宣传教育活动15次、企业安全教育培训20余次、大型燃气应急演练2次。

(王　欣)

【铁路道口安全管理】　年内,对全县9处监护道口进行无线3G视频监控维护,9处道口水泥铺面改造为橡胶铺面,并在周边种植花草4500株;对岭东、李各庄道口进行临时用电改造;全体监护员参加市集中业务培训3次,安全接送火车11万余次,道口安全检查730人次,检查道口6570处,实现了"零死亡、零伤亡、零事故"目标。

(李晓亮)

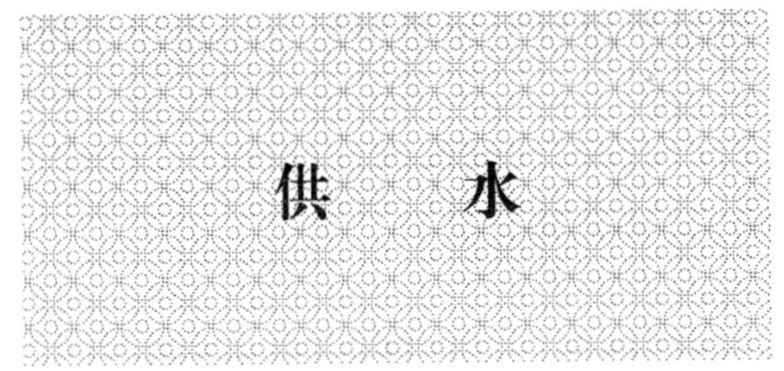

供　水

【概　况】　北京檀州自来水有限责任公司,其前身是成立于1973年的密云县自来水管理站,1995年撤管理站成立密云县自来水公司。2001年1月,公司被北京市自来水集团等8家单位收购,转制更名为"北京檀州自来水有限责任公司"。公司设综合部、财务部、企管部、科技生产部、设计室、安保部、统计核算室、稽查队、水厂(含水质监测站)、水费营销部和工程公司(含供水抢修处)11个部门(单位),在册职工153人。供水服务面积35平方千米,供水范围主要集中在密云城区。现有地下水水源地1处,水厂和分水厂各1座,水源井17眼,补压井4眼,配水泵10台,清水池2座,日综合供水能力5.5万立方米。主营业务范围是加工制造自来水,修理、安装、维护供水管线和供水设施,供水设备的铸造,加工自来水管道及零配件,水质监测和信息咨询等。

(王立男)

单位名称:北京檀州自来水有限责任公司
地　　址:北京市密云县新西路60号
电　　话:69041845

【提高供水保障能力】　年内,在分水厂加装除砂器1台,使分水厂的的供水能力达到2.4万立方米/日,总供水能力达到5.5万立方米/日。建立健全设备管理台帐,按照设备检修计划对供水设备设施、高低压配电系统等进行全面检修和试验,重点进行了分水厂数据传输系统改造、调整部分水源井故障潜水泵泵型等工作,保证所有设备处于良好运行状态。

(王立男)

【水质监测】　年内,严格按照水质三级检测制度要求,完成出厂水检测3959项次,水源水检测5697项次,管网水检测3096项次,合计12752项次,水质合格率均为100%。密切关注密云地区的水质变化情况,严格控制出厂水的硝酸盐氮指标,检测结果控制在集团预警值(9mg/L)以下。

(王立男)

【供水管网运行通畅】　年内,进行自来水

管网大、小型维修1313处，更换DN20至DN100截门194座；检测管线18295.3米，检查设施井798座，并定期对城内供水管网巡视检查，及时处理发现的各类安全隐患。

（王立男）

【节能降耗成效显著】 年内，按月对水厂、分水厂、水源井电表及设备运行台时进行查抄，分析设备单耗，为设备更新改造和经济合理调度提供依据，完成三个水源井T字头水泵节电分析工作，三台水泵全年节电9.54万千瓦时；制定水厂水源热泵夏季制冷方案，调整机房部分阀门启闭状况和循环泵运行状况，6月至8月节电1.6万千瓦时；公司超额完成集团当年下达的1.4985吨标煤的节能指标。

（王立男）

【职工教育培训管理】 年内，开展了营销员业务培训、有限空间作业培训以及高低压变配电运行实操演练、柜台业务员金牌服务培训等，完成培训14项。

（王立男）

【开展“世界水日”供水宣传进社区活动】 3月22日为“世界水日”。公司在沿湖小区开展以“水质是生命确保首都供水安全”宣传进社区活动，制作宣传展板6块、发放宣传手册300份、组织群众填写调查问卷60份，公司人员为群众做现场咨询。

（王立男）

【通过县政协宣传水质】 5月15日，县政协文教卫生领域的委员到水厂、分水厂和水质监测站实地考察公司供水水质情况及保障措施，政协委员观看了公司与县电视台制作的水质电视宣传片，并结合集团企业文化二次提升和金牌服务等展现公司对外服务工作。政协委员们表示将通过政协的渠道向社会广泛宣传、多方呼吁，打消百姓对自来水水质的疑虑。

（王立男）

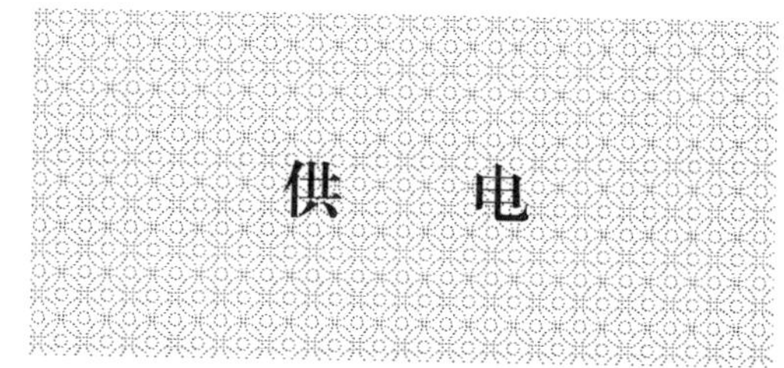

供 电

【概 况】 密云供电公司（简称公司）是北京市电力公司直属供电企业，负责密云地区电网规划建设、运行管理、电力销售和用电客户的供电服务工作，为密云地区党政机关、重大政治活动和城市运行安全供电。公司设置10个职能部门、2个业务支撑与实施机构，下设15个班组、1个供电营业所、17个农村供电所。共负责110千伏变电站10座，主变压器20台，容量743.5兆伏安；35千伏变电站14座，主变压器27台，容量258兆伏安；110千伏线路8条，长度145.103千米；35千伏线路30条，长度269.179千米；10千伏架空线路110条，长度1801.463千米；10千伏电缆线路127条，长度297.682千米。年内，密云电网供电营业户数23.13万户，总用电量14.75亿千瓦时，地区最大供电负荷29.59万千瓦。

（丁亚娟）

单位名称：密云供电公司
地　　址：密云县新中街3号
电　　话：69042580

【太北110千伏输变电工程】 年内，新建110千伏清水河变电站。该变电站是密云地区首个智能变电站，采用全户内布置方式，整体设计融入资源节约、环境友好和工业化理念。该变电站位于密云县太师屯镇,本期建设3.15万千伏安主变压器2台,110千伏进线2回,10千伏出线20回。10月11日,该变电站正式投入运行。输变电工程总投资1.15亿元。

(徐赛宗)

【司马台35千伏输变电工程】 年内,新建35千伏司马台变电站。该站位于古北水镇景区内,直接为景区和司马台新村供电,占地面积8784平方米,建筑面积858平方米,是全户内型变电站。司马台变电站按照终期110千伏规模设计建设,一期安装20兆伏安主变压器2台,10千伏出线10回,电源线路长20千米。10月15日,该变电站正式投入运行。输变电工程总投资1.02亿元。

(徐赛宗)

【农村电网升级改造工程】 年内,农网升级改造工程进入全面实施阶段,安排大规模停电施工76次,改造高低压线路400千米,分换装变压器84台、加装开关213台,完成工程项目23项,完成总工程量约75%。工程中率先全面应用防雷新技术。

(常　新)

【10千伏变压器分换装工程】 年内,公司筹措资金,组织实施春节应急配变分换装工程、夏应急分换装工程、10千伏重载变压器分换装工程,共计分换装配电变压器36台,容量7860千伏安。

(常　新)

【智能表更换工程】 年内,对密云县域内的低压居民和非居民用户进行智能表更换,将原有机械电能表全部更换为国家电网公司要求的本地费控智能电能表(内置微功率无线或载波模块),并实现数据采集。年内对城区内城网实施改造65582户,其中非居民改造4522户,居民改造61060户;对农村地区农网改造116219户,其中非居民改造10260户,居民改造105959户,同步进行计量装置改造,工程总投资7349万元,截至年底共计更换居民智能表11.6万具。智能表更换工程,使密云地区低压计量方式由使用机械表直接到使用智能表,跨过使用卡式表,实现了对供电主网、配网全网实时监控和系统对用户供电设备实时监测。

(李　祎)

【密云电动车充电站二期工程】 年内,密云电动出租车充电站二期工程完工。此工程位于密云檀东路电动出租车充电站一期预留位置,新增充电停车位48个,安装14千瓦交流充电桩25个,总投资701万元。工程完工后,充电站充电停车位共计100个,14千瓦交流充电桩51个。站内设监控计费系统和视频监控系统,通信采用公网无线通信方式。

(徐赛宗)

【故障抢修】 7月31日,受大风暴雨天气影响,密云电网发生10千伏电力线路故障53路次,断线75处,线路受损10.3千米。公司调集多方力量,仅用24小时恢复影响全县供电的255个高低压故障点,去树2587棵。公司共出动抢修人员230余人、抢修车辆60余辆。县政府协调森林消防扑火大队支援抢修人员20余人,混油锯10把,车辆5辆。国网北京市电力公司调集平谷供电公司、顺义供电公司75人组成两支应急抢修队支援抢修并紧急调用6辆发电车、12辆发电机组以及其他抢修物资投入使用。

(丁亚娟)

【营销与优质服务】 截至年底,新增高低压用电客户3301户,新增接电容量12.88万千伏安。全年累计受理报装申请7302户。完成业扩报装工程验收、送电工作

169项。做好重点工程协调工作，召开重点客户方案协调会9次，确保密云县古北水镇旅游景区、今麦郎公司、保障房建设项目临时施工用电等工程如期送电。推进民生工程建设，11项老旧小区改造和檀营光纤到户工程全面竣工。对重要客户、临时代永久小区开展用电安全服务和隐患排查治理，与县发改委、安监局组织专项检查，提升居民供电保障能力。开通192处第三方缴费网点。与县邮政局合作，在4个乡镇推行邮递员上门送电费充值卡业务。开展智能表用户短信服务，短信订阅率达到41%。组织开展"电能替代便捷万家"主题活动，推广热泵、电采暖、电锅炉、双蓄空调等电能替代技术，组织家用电器推广活动4次、农业电气化推广活动3次，进行电能替代宣传走访企业30家。公司党委与10个镇村开展"共建和谐供用电文明村"活动，公司共产党员服务队开展延伸服务活动，以进"共建村"和学校为契机，开展保电工作30次、大型用电宣传127次、及时解决"爱心户"用电困难28次、节能评估11次、扶贫助困97次，参加活动队员1273人次，发放宣传手册13000余份，解惑答疑1800余次，受益人群29465人。

（丁亚娟）

【光伏发电工程并网】 6月29日，位于西田各庄镇的中海阳光电子技术有限公司自发自用屋顶光伏电厂正式并入密云电网。该公司光伏发电项目并网总容量500千瓦，年均发电量约73万千瓦时，可减少二氧化碳排放727吨，是密云县第一个企业申请分布式多晶硅、建筑一体化光伏发电工程的发电并网项目，也是北京首个企业自发自用的太阳能光伏并网项目。

（丁亚娟）

城市消防

【概　况】 密云县公安消防支队（以下简称消防支队）以强化社会面火灾防控、提升灭火救援作战能力为重点，严格落实各项规章制度，强化消防安全监管，完成了各项消防安全保卫工作，确保了全县火灾形势的稳定。结合全县消防安全实际，全年共出动检查力量12252人次，检查单位6123家，督促整改火灾隐患6245件，处罚179起，罚款122.3万元；完善消防宣传机制，各镇街宣传面覆盖达100%。接报处置各类警情1290起，其中火警813起，抢险477起，出动车辆2705辆，出动警力15813人次，救助被困人员166人。

（王　艳　张　森）

单位名称：密云县公安消防支队
地　　址：密云县十里堡镇燕落寨村
电　　话：69027887

【开展消防安全大检查行动】 1月9日至17日，消防支队会同派出所、鼓楼街道、安监、属地居委会，联合开展消防、预防煤气、烟花爆竹、流动人口管理综合检查。共检查商户（铺）169家，清查320余人，发现隐患30处，并当场整改各类隐患17处，发隐患通知书13份。

（王　艳　张　森）

【开展元宵节"零点夜查行动"】 2月24日晚，消防支队成立6个夜查小组，对夜间营业场所进行消防安全突击检查。查单位24家，发现各类火灾隐患22处，当场整改9处，下发《责令整改通知书》8份，拟处罚款10000元。

(王　艳　张　森)

【解决寒冬山区饮水问题】 3月,太师屯镇多个山村地下水井结冰,水管冻裂,村民饮水成难题。太师屯消防中队成立学雷锋志愿小组,定期给村民送水,解决了当地村民日常生活问题,得到群众一致好评。

(王　艳　张　森)

【开展"情系夕阳"活动】 4月9日,消防支队开展"情系夕阳"活动,消防官兵来到敬老院,帮助老人整理卫生、陪老人聊天、排查消防安全隐患,并对院内工作人员进行消防培训,提高其防火、灭火能力。

(王　艳　张　森)

【成功营救登山被困群众】 5月4日20时,消防支队接群众报警称:在石城镇黑龙潭景区山上有3名游客被困,其中1人腿部受伤,3人具体位置不详。接报后,支队立即部署车辆、人力开展救援工作。经过七小时连续搜救,在一悬崖处发现迷路游客,并成功营救下山。

(王　艳　张　森)

【成功救助被困司机】 5月22日9时59分,溪翁庄消防中队接群众报警,镇上某建筑工地有一辆压路机发生侧翻,司机被困,有生命危险。接报后,立即出动一辆消防车,8名消防官兵赶赴现场,开展救援。1小时后,成功解救被困司机,并送往医院救治,使其脱离生命危险。

(王　艳　张　森)

【成功应对罕见暴雨天气】 6月24日,密云城区出现短时间的罕见暴雨。穆家峪镇新农村、十里堡排山汽车城等多地被淹,积水平均水深一米多,最深地带有两米多,严重威胁群众生命财产安全。消防支队处置险情11次,出动警力90人次,出动车辆18车次,抽水10余次,处置电线火险3起、建筑物垮塌1起,组织车辆排水400余吨。

(王　艳　张　森)

【救助被玩具卡住下体的男童】 7月24日6时55分,十里堡消防中队接群众报警,县医院急诊室有一名2岁男童被玩具卡住下体,急需救援,中队迅速出动消防官兵赶赴现场,成功将玩具取下,使男童及时得到救治。

(王　艳　张　森)

【营救五名登山游客】 9月20日,石城镇梨树沟南侧山上有五名因迷路而被困的游客,无法下山,情况紧急。指挥中心迅速调派溪翁庄消防中队一辆消防车共8名消防官兵,赶赴现场进行救援,将其营救下山。

(王　艳　张　森)

【开展商品市场消防安全专项整治行动】 10月22日,消防支队开展商、市场消防安全专项整治行动。检查组先后检查了日尚商品批发市场、鑫海韵通百货等单位。此次行动,共检查此类单位15家,发现各类火灾隐患21处,当场整改10处,下发《责令整改通知书》4份,拟查封1家隐患单位,罚款2万元,将火灾隐患消除在萌芽状态。

(王　艳　张　森)

【开展"我帮家里找隐患"活动】 11月9日,消防支队联合县教委在全县97家中小学校、幼儿园共计5万名学生中开展了"我帮家里找隐患"消防宣传活动。要求全体学生回家"客串"成家庭防火员,对照10类常见的消防安全隐患图片,检查"家庭防火工作",对于防火措施不到位的情况,纳入不良记录,登记在"我帮家里找隐患"登记表中。

(王　艳　张　森)

【查封隐患群租房】 12月9日，消防支队联合属地派出所等部门对康居南区17号二层进行消防安全检查时，发现该楼层为群租房，存在严重的消防安全隐患，支队监督员立即依法将其查封，责令整改。

（王 艳 张 森）

防震减灾

【概 况】 年内，密云县地震局（以下简称县地震局）制定年度工作计划和工作目标，继续以地震监测预报、震害防御、地震应急三大体系建设为抓手，充分发挥政府部门职能作用，提高全县防震减灾能力，为经济社会发展提供防震减灾安全保障。全县共有监测台站13个，强震台16个，动物异常宏观观测站8个。

（齐桀赓）

单位名称：密云县地震局
地 址：密云县檀西路13号
电 话：69041672

【落实地震会商制度】 年内，县地震局共完成地震周会商及加密会商55次。完善地震监测设施及监测环境动态管理档案、地震监测设施定期检查维护等动态管理机制，定期对全县13个地震监测台站，16个强震台，8个动物宏观异常观测站进行走访，每月对台站进行电话核实，一季度一检查，对台站人员实行台帐式管理，保证监测设备的正常运行。加强监测预报日常管理，严格执行地震监测数据收集报送制度及24小时应急职守制度，在重点时段启动专门工作方案加强监测县内发生地震前兆异常现象，第一时间实地走访排查并及时与北京市地震局沟通。

（齐桀赓）

【震情应急】 8月，群众报告南穆家峪村有一水井水温增高，接报后，县地震局立即派专业人员赶赴现场进行调查了解，经分析是水井浅，有机物变质发热造成水温升高，排除了群众的疑虑。

（齐桀赓）

【开展灾情速报培训】 年内，县地震局对12个微观，8个宏观测报网点的测报人员进行了例行业务培训；对密云县地震灾情速报志愿者服务队431名队员进行了灾情速报的培训，培训内容包括《破坏性地震应急条例》《地震现场工作管理规定》《密云县地震应急预案》《地震速报规定》和速报程序、内容、方法。

（齐桀赓）

【检查地震监测设施】 年内，密云县地震局对全县地震监测设施及监测环境进行了4次执法检查，并对观测站点的工作人员进行防震减灾法律法规知识的普及和宣传。

（齐桀赓）

【加强抗震设防审核管理】 7月1日，密云县地震局进驻县行政服务中心，凡是抗震设防审核的单位和个人，一并到县行政服务中心咨询办理，地震局对进驻的专职工作人员进行了专业知识培训，精心设计并印制了项目办理流程折页宣传品，以方便服务对象。

（齐桀赓）

【防震减灾示范点建设】 年内，果园街道密西花园社区及学府花园社区被授予密云县防震减灾示范社区称号；太师屯镇龙潭沟村、太师屯镇太师庄村、西田各庄镇于家台村及巨各庄镇蔡家洼村被授予密云县防震减灾示范村庄称号。

(齐桀赓)

【开展防震减灾知识赶大集活动】 年内,在十里堡镇、河南寨镇、东邵渠镇、高岭镇和溪翁庄镇进行了防震减灾知识宣传,通过悬挂"防震减灾知识进镇村"、"加强地震安全、共建美好家园"为标题的横幅、摆放展板、设咨询台、发放宣传材料宣传品等多种形式向过往群众宣传防震减灾知识。

(齐桀赓)

【举办防震减灾知识讲座】 年内,开展防震减灾知识"进机关、进学校、进企业、进社区、进农村、进家庭"的"六进"活动,到果园街道学府花园社区、密西花园社区、果园新里社区、兴云社区、太师屯镇太师庄村、龙潭沟村,西田各庄镇于家台村、巨各庄镇蔡家洼村、冯家峪中心小学、南菜园小学、第七中学举办防震减灾知识讲座。

(齐桀赓)

【开展科普宣传果园街道全覆盖活动】 年内,在果园街道开展防震减灾科普宣传社区全覆盖活动。通过讲座、摆放展板、发放宣传品等多种形式,对果园街道11个社区进行了防震减灾科普知识宣传普及,使防震减灾科普知识在果园街道全覆盖。

(齐桀赓)

【防震减灾科普知识放映月】 县地震局将5月定为防震减灾科普知识放映月,在县法制公园和密虹公园播放《地震来了怎么办》宣传片,使广大群众在遛弯散步时就能够学习到防震减灾知识。

(齐桀赓)

【地震应急演练】 年内,县地震局分别到南菜园小学、密云县第七中学、学府花园社区、密西花园社区、太师屯镇龙潭沟村、太师屯镇太师庄村、西田各庄镇于家台村、巨各庄镇蔡家洼村组织防震减灾应急疏散演练10次。

(齐桀赓)

【地震应急避难场所建设】 年内,完成了密云城区奥林匹克公园、太阳公园、法制公园、长城环岛公园,大剧院等5处临时地震避难场所的树立标志工作。同时与首政公司、密云体育局、规划分局联系,推进冶仙山公园、新建体育局Ⅰ类地震避难场所一体化建设。9月至10月,对石城、不老屯、高岭、冯家峪、新城子5个正在建设的山区乡镇避难场进行了抗震设防检查,提出了避难场所建设建议。

(齐桀赓)

城管监察

【概　况】 年内,密云县城市管理综合行政执法监察局(以下简称县城管执法监察局),完成机构更名、领导班子换届,围绕创建"效能城管、法治城管、科技城管、和谐城管",开展"三大整治行动、四大爱民工程"。纠正违法行为为9.6万起,处罚4559起,上缴罚没款170万元;制作一般程序案卷448宗,案卷评查优秀率达到100%;办理人大建议、政协提案8件,同比上升166.7%,办结率和满意率均达到100%;办理信访件256件,实现全年无重大重复上访户、无群体性信访事件的"两无"目标;办理城管热线群众举报5621件,提供咨询服务1718件,群众回访满意度达到89.9%、同比上升4.3%。

(吴　彬)

单位名称：密云县城市管理综合行政执法监察局
地　　址：密云县檀营街
电　　话：69041096

【机构更名】 7月26日，经县编办批准密云县城市管理监察大队正式更名为密云县城市管理综合行政执法监察局（简称密云县城管执法监察局），8月2日举行挂牌仪式。

（吴　彬）

【“拆违打非”专项行动】 年内，排查上报市台帐违法建设875处，27.2万平方米；拆除违法建设822处，24.9万平方米；分别完成市级违建台帐总数的94%和92%。查处新生违法建设30处，1278平方米，保持新生违法建设零增长。

（吴　彬）

【街面环境秩序综合整治】 年内，以鼓楼东、西、南、北大街为核心保障区，新中街、新西路、新南路、新北路等11条主要大街为重点严控区，强化点位布控，日常监管，综合整治。开展大规模执法行动58次，小型集中整治134次，纠正街面违法行为7.5万起，查处无照经营2591起，暂扣经营工具2279件，处罚“门前三包”责任未落实192起，查扣黑车337辆，清掏小广告窝点2个，没收非法小广告1.6万张，没收灯箱广告300余个，清理垃圾渣土601处，2159.2吨。

（吴　彬）

【清洁空气行动】 年内，围绕《密云县2013-2017年清洁空气行动计划》，以治理PM2.5为重点，开展整治行动。签订绿色文明施工承诺书52份，检查工地150处（次），纠正施工扬尘违法行为144起，处罚16起；开展运输车辆夜间联合执法检查10余次，查扣违规运输车辆123辆；联合公安、工商、商务、卫生、环保等部门治理露天烧烤大排档，取缔非法消夏夜市79处，查扣烧烤工具191件，桌椅640件，露天烧烤问题举报同比下降10.5%。

（吴　彬）

【燃气安全专项执法】 年内，以500平方米以下餐饮企业为检查重点，对全县餐饮企业、宾馆饭店、施工工地等公服用户进行拉网式检查。发放《致燃气公服用户的一封信》600余封，检查700余户（次），排除隐患300余起，查处私接私改燃气管线、未安装可燃气体浓度检测报警装置等危害公共安全行为28起，查封掺混二甲醚的液化气站2家。

（吴　彬）

【实施治脏治乱工程】 年内，规范了沙河早市东西口、果园种子公司路的占路商贩；解决了101国道延线工程车辆占路问题；清理了新中街、新东路、果园西路二手车占路销售市场；整顿了东源路两侧乱停车辆，会同交管部门，强制拖离非法占道车辆50辆。

（吴　彬）

【实施净化美化工程】 年内，规范了新北路、城后街、新西路、檀西路等4条城市主干道两侧门头牌匾，拆除、更新门头牌匾300余块，拆除楼顶广告14处；整治破损残旧牌匾标识23处，查处断亮霓虹灯67处，清除临窗广告359处；拆除了京承高速路出京方向63.8千米处违规设置的大型单立柱户外广告。

（吴　彬）

【实施排忧解困工程】 年内，加强医院、学校周边的高峰值守，落实人盯技控，规范、查处违法行为657起；开展静心行动，查处夜间施工扰民12起;开展夜间防汛紧急调动3次,扫雪铲冰行动4次。

(吴　彬)

【实施便民利民工程】　年内,协同街道、社区、物业等部门入户走访,拆除康居、果园、宾阳等6个老旧小区500余处,6000余平方米影响小区改造工程的违法建设;协调设置临时便民市场13个,新增便民信息栏5处,修复受损绿地7450平方米,清理垃圾2364吨。

(吴　彬)

【组建联合执法小分队】　年内,成立治安、交通、环境三大秩序整治领导小组,与治安、交管联合办公,按照"4211"模式(即4名协管员、2名城管队员、1名治安民警、1名交通民警),组建2支联合执法小分队。每天开展高发点位巡查,治安民警对相关人进行控制,城管队员先行登记物品,交通民警疏导行人、车辆,实现了对5条重点大街、3处秩序乱点的长效治理。

(吴　彬)

【推进城管网格化建设】　年内,制定城管融入网格实施方案,按照管辖区域和职责权限划分1254个基础网格,一线执法队员100%融入网格,实行实名制管理;梳理出12个方面364项执法管理事项,明确整治标准和完成时限。健全完善网格化管理运行机制,制定城管网格化管理工作制度、培训制度、考核办法以及奖惩制度,受理网格单据1638件,全部按规定办结。

(吴　彬)

【开展"双学一创"主题教育系列活动】
年内,开展"双学一创"主题教育实践活动,成立党员突击队19支、设立党员示范岗46个,提高管理服务水平。按照"转变作风、深入群众"的要求深入到社区、村庄、企业、学校解民忧、办实事,宣传城管、服务群众1300余次,办理实事579件,收到锦旗及社会各界表扬32件,同比上升300%。

(吴　彬)

交通　邮电

公路建设

【概　况】 年内，北京市交通委员会路政局密云公路分局(以下简称县公路分局)优化密云县路网结构，大力推进重点工程项目建设。马北路支线、密云水库西线、京承高速与琉辛路连接线等重点工程相继完工通车；密兴路二期工程取得实质性进展；新东路、新西路等城市道路先后改造完成，路域环境和通行能力明显改善。年内，完成建设、养护等各项投资5.5亿元，包括实施新改建工程5项(续建4项)、提级改造工程3项、平改立工程3项、大修工程6项、旧桥改造工程7项、铁路监护道口路面改造工程2项，以及实施地质灾害防治、路面中小修、水毁修复等养护类各项工程10余项。截至年底，密云公路分局公路养护总里程644.404千米/62条，其中国道64.50千米/1条、市道186.14千米/7条、县道393.77千米/54条；桥梁236座；隧道14座。全县乡村公路总里程1313.657千米/847条，其中乡公路696.481千米/247条，村公路617.176千米/600条；桥梁245座。全县共设有公路管理站16个，专职养护人员428人。全年完成路面大修工程44千米/20项、桥梁改造3座、绿化工程1项，投入资金4424万元；完成乡村公路水毁恢复重建工程19.7千米/29项、修复桥梁3座，投入资金2086万元。

(高　原)

单位名称：北京市交通委员会路政局密云公路分局
地　　址：密云县新南路109号
电　　话：69042929

【开展违法非公路标志专项打击行动】 元旦前后，县公路分局对违法非公路标志的违法行为开展专项执法行动，共出动执法人员10余名，车辆4台，对京承高速、京沈线、顺密路、密关路等国省干线部分路段的违法非公路标志进行了强制拆除，共清理各类违法非公路标志29面。

(胡冬生)

【处置冰雪天气引发的路政案件】 1月31日傍晚，由于冰雪天气导致道路结冰，顺密路发生多起因交通事故造成公路附属设施损坏的路政案件。接到报警后，县公路分局路政执法人员立即赶赴现场，及时通知养护单位到场清理，并紧急组织执法人员采取码放反光锥筒、挥动发光指挥棒等方式疏导交通。至当晚22时案件处置完毕,道路恢复畅通。

(胡冬生)

【开展春节走访慰问活动】 2月6日,县公路分局领导带队到太师屯镇精神文明建设共建村车道峪村进行走访慰问,给低收入户送去慰问品,为品学兼优的贫困学生捐赠了助学金,与车道峪村干部就精神文明共建工作进行座谈。此外,还走访慰问分局离休老干部、劳动模范、生活困难退休老职工15户,慰问离退休职工180余人次,送去了新春的祝福。

(聂树宇)

【做好春节期间路政管理与应急保障工作】 年初,县公路分局制定《重点节假日、重要活动期间路面保障工作预案》,在春节期间组织开展路政巡查和治超载工作,共计出动巡查车辆8辆次、执法人员24人次,累计巡查里程1200余千米;出动治超执法人员70人次,在五个治超检查站依法查处超限车辆,有效保障了县域内公路安全畅通。

(胡冬生)

【开展"两会"期间公路安全保障工作大检查】 2月27日,县公路分局对密云县境内京沈路、马北路、黄下路等230余千米线路进行了检查,检查主要内容为路容路貌、交通标志、公路绿化等,并要求各部门高度重视国家"两会"期间道路安全保障工作,重点做好降雪、冰冻等突发事件的应急保障准备工作,确保物资、人员齐备,一旦发生突发事件能够做到反应迅速,处置有效。

(王明雪)

【整治桥下空间违法行为】 2月25日至3月8日,县公路分局对辖区内桥下空间违法行为进行了集中整治,发现桥下违法堆物堆料3处,进行了清理,并对逾期未整改的其它桥下空间违法行为进行治理,确保安全。

(胡冬生)

【拆除违法非公路标志】 3月19日-21日,县公路分局开展专项执法行动,对擅自设置非公路标志和已经查处拒不整改的违法行为实施打击,共出动执法人员10余名,执法车辆3台,对京沈路、顺密路、密关路等主要线路部分路段的违法非公路标志进行了强制拆除,共拆除各类违法标志49面。

(胡冬生)

【开展"4·1"法制宣传日活动】 4月1日,县公路分局以《公路法》和《公路安全保护条例》为宣传重点,开展了法制宣传活动。通过现场咨询、新闻报刊、公路可变情报板以及网站、微博等方式向全社会普及公路法律法规。共出动宣传人员10余人,发放宣传材料1000余份;制作宣传展板4块、条幅1条。通过可变情报板滚动播放公路法律法规共计40余条。

(高　原)

【六项续建公路工程复工】 4月9日,密云县6项续建公路工程先后复工,分别是密兴路二期改建工程第5标段、马北路支线道路工程、京承高速与琉辛路连接线提级改造工程、东太路一期提级改造工程、檀营路提级改造工程和安达木河桥大修工程。

(尹华兴)

【开展路域环境综合整治专项行动】 4月12日,县公路分局对京沈路、顺密路等15条国省干线和重点旅游路线路域环境进行了总合整治,完成路肩培土,边沟、边坡、路肩杂草清理等路基标准化作业200

余平方千米；修补路面坑槽、翻浆等多种病害 3000 平方米，对路面 2.8 万延米裂缝进行灌缝处理；完成公路路树乔木 30315 株、灌木 6.57 万株的修剪整形作业。

（朱亚男）

【京沈路新安达木河大桥建成通车】 4 月 26 日，京沈路安达木河大桥建成通车，该桥位于京沈路 104 千米处，因原桥老旧，承载能力不足且桥梁结构存在明显的安全隐患，故在原桥基础上进行拆除重建。新桥全长 182.04 米，全宽 12.24 米，跨径为 7×25 米，桥梁净宽 10 米，两侧各设置有全宽 1.12 米钢护栏人行道。

（崔建春）

【开展防汛工作检查】 5 月 17 日，县公路分局开展防汛工作检查，内容包括物资储备、应急队伍、机械车辆等方面情况，重点对十里堡泵站运转情况进行全面检查，并对各公路道班的防汛准备情况进行了部署。各物资储备点已储备格宾网 410 立方米，麻袋 600 条，铅丝 6 吨，红锥桶 150 个，波形钢护栏 200 余米；同时配备有发电机、水泵、应急灯等抢险设备数十台，确保密云公路安全度汛。

（刘珊珊）

【召开公路防汛工作会】 5 月 31 日，县公路分局召开了 2013 年度公路防汛工作会，传达贯彻了北京市防汛抗旱指挥部第一次会议精神，发布了“2013 年公路防汛指挥部第一号令”，研究并部署了本年度公路防汛工作任务。分局要求各部门高度重视防汛工作，力争在遇标准以内洪水时，做到不断路、不垮桥、不死人，保障公路畅通。

（刘珊珊）

【马北路支线工程进入路面施工阶段】 6 月 4 日，马北路支线（京承高速公路司马台立交～司曹路一期）道路工程进入路面施工阶段。该工程位于密云县东北部古北口镇境内，道路起点为京承高速司马台出口现状道路，终点连接在建的司曹路一期工程，路线全长 3.14 千米。其中，景区外道路路线全长约 1.44 千米，设计等级为一级公路，设计时速 60 千米；景区内道路路线全长约 1.7 公里，设计等级为二级公路，设计时速 40 千米。工程总投资 8400 万元。

（李　宁）

【多项措施应对强降雨】 6 月 4 日，密云地区出现入汛以来的首场强降雨，县公路分局及时启动防汛抢险应急预案，紧急增派巡视车辆和人员加强对公路、桥梁和下凹式立交桥的巡视，另有 80 人、20 台车辆备勤，发生突发事件随时出动。此外，分局加强了应急值守和信息报送工作，降雨期间共收发各类信息 100 余条，800M 电台呼叫 5 次，并通过可变情报板向社会及时发布交通气象和预警信息 50 条，为市民出行提供服务，确保县域内道路、桥梁均安全、畅通。

（高　原）

【琉辛路塌方紧急抢险】 6 月 5 日上午 8 时，县公路分局养护巡视人员发现琉辛路 K8+400 处发生上塌方 500 余立方米，造成公路阻断。分局立即启动公路应急事件处理预案，组织抢险人员、机械赶赴现场进行处理，同时通过古北口、四合堂、建材市场、太保庄（双向）等 4 处可变情报板发布“山体滑坡断路绕行信息”，提醒社会车辆绕行。13 时 20 分，交通阻断已打通，傍晚完成全部清理工作，道路恢复正常通行。

（高　原）

【公路桥梁安装“身份证”】 6 月 21 日，

县公路分局完成了对市、县级公路桥梁中心桩号标志牌的设计安装工作,如同给桥梁装上了"身份证",这在全市范围内尚属首次。桥梁中心桩号是公路桥梁数据库信息的重要组成部分,它为公路桥梁检测数据的采集提供可靠理论依据。此次安装标志牌的桥梁共有209座,囊括了县域内市道、县道的绝大部分桥梁。标志牌设计采用了厚度为3毫米的黄色亚克力材料雕刻而成,具有耐磨、防腐、抗高温、抗寒等功能,标识的字体颜色采用了国标通用标准,即国道为红色、市道为蓝色、县道为黑色,字体清晰醒目,保存时间长。与此同时,分局还采用GPS定位系统完成了对密云县域内国、市、县级公路、桥梁的数据校对和调整工作,涉及公路644.404千米/62条。

(李建华)

【公路防汛抢险应急演练】 6月24日,县公路分局开展了以防大汛、抗大洪、救大灾为立足点的公路防汛抢险应急演练。演练设计情况是密云地区发生强降雨,分局通过路网管理信息平台发出降雨黄色预警,启动防汛预案,各防汛抢险队伍到岗备勤。15时至17时,公路养护巡视人员陆续报告京沈路K75+800处出现风倒路树2株,造成道路阻断;西统路统军庄立交桥、密西路韩各庄立交桥出现桥下积水,超过27厘米警戒线。接报后,分局立即调动抢险队伍赶赴现场排险,并在第一时间将情况上报市交通委路政局和密云县应急办,同时联系密云县公安局交通大队协助封路,并通过公路可变情报板发布路况信息。与此同时,抢险人员及车辆赶到现场,设置交通警示标志,迅速处置风倒路树,恢复交通,对桥下积水路段进行封路、排水、打开调头阀。17时30分,抢险任务完成,路网管理信息平台解除降雨黄色预警,同时将抢险演练情况上报市交通委路政局和密云县防汛办公室

(朱亚男)

【密关路改建工程收尾】 6月27日,密关路改建工程路面上面层沥青砼摊铺工作全面启动,工程总体进入收尾阶段。该工程起点位于七孔桥,终点位于琉辛路大关桥,全长10.7千米。县公路分局严把工程质量,在上面层摊铺施工前,对中面层标高、平整度、厚度等进行了全方位检查,并以此确定上面层的施工厚度,以确保路面总体结构厚度满足规范要求。

(尹华兴)

【岭东平改立工程进入顶管施工阶段】 6月27日,密云岭东铁路平交道口改立交工程开始实施排水管线顶管作业,这项技术因时间短、工序快、对建设公害小等优点被广泛应用于公路建设领域。顶管施工最大限度缩小了施工占地,减少了施工对附近居民的干扰。

(尹华兴)

【旧桥改造工程进展顺利】 7月,本年度实施的7项旧桥改造工程进展顺利,工程涉及京沈路、黄下路、密兴旧路等多条主要道路。京沈路安达木河桥改造工程已完工通车,京沈路白龙潭立交桥、黄下路半城子桥已完成吊梁作业。

(李 宁)

【修筑路侧垃圾桶平台】 7月8日,县公路分局对穿村公路两侧摆放的垃圾桶进行规范治理,修建了垃圾桶平台,共建成垃圾桶平台98处,惠及河东路、沙太路沿途多个村镇,总投资20余万元。

(李建华)

【101国道绕城线加装检查井防坠网】 县公路分局于6月底前完成了101国道绕城

线沿途所有检查井的防坠网加装工作。防坠网为聚乙烯材质，通过不锈钢膨胀钩固定在距离井口很近的位置上，可承受2至3个普通人的重量，即使行人因积水路滑或视线受阻不慎踩入井口，也不会坠入井中，避免事故的发生。

（李　宁）

【白龙潭立交桥大修工程完工】　8月1日，密云白龙潭立交桥大修工程完工通车。该桥位于京沈路（G101）K92+733处，桥梁全长27.1米，宽15米，上跨久黄路，是通向密云白龙潭景区的必经之路。此次大修内容主要是对原有桥梁上部结构进行拆除，再在原有桥台基础上新建上部结构，工程总投资336万元。

（尹华兴）

【通过市“平安工地”中期考核】　8月7日，市交通委路政局“平安工地”考核组对马北路支线道路工程进行“平安工地”中期考核。经考核，该工程项目综合得分为93.95分，达到“平安工地”建设良好等级。

（王明雪）

【乡村公路“7·21”水毁恢复重建工程开工】　8月8日，密云县乡村公路因2012年“7·21”水毁恢复重建工程开工。工程共有29项，其中修复道路19.7千米，改造桥涵3座，涉及不老屯、北庄、十里堡等12个镇，总投资2086万元。

（彭玉柱）

【路网外场设施建设启动】　8月9日，县公路分局召开路网外场建设第一次工地例会，正式启动2013年度路网外场设施建设项目。该项目主要包括交通运行状态监测设备2套、视频监控设备3套、可变情报板3套、3G车载视频设备2套，进出京视频监控设备2套，共投入资金约205万元。

（王廷俊）

【松曹路提级改造工程获长城杯金质奖】

8月12日，密云县松曹路提级改造工程获市政基础设施竣工长城杯金质奖。松曹路（S312）起点位于密云县太师屯镇松树峪，终点位于曹家峪，路线全长39千米，原道路等级为山区三级公路，路面宽6.5米。此次提级改造后，公路等级提升为山区二级公路，路基宽8.5米，路面宽7.5米，设计时速40（60）千米。此次工程对部分路段线型进行了“拉直”调整，调整后路线全长24.947千米，新建桥梁8座。

（李　宁）

【易塌方山体加装SNS主动防护网】　8月21日，县公路分局对京沈路、琉辛路部分高边坡隐患路段实施了地质灾害防治工程，为易塌方山体加装了SNS主动防护网9570平方米，削坡3200立方米，总投资546万元。

（刘珊珊）

【乡村公路大修工程开工】　8月中旬，密云县2013年度乡村公路大修工程开工。工程共24个项目，大修路面44千米，改造桥梁3座，绿化工程1项，惠及冯家峪、十里堡、石城等13个镇，总投资4424万元。

（彭玉柱）

【交通安全设施更新】　9月12日，县公路分局对京沈路、顺密路、密沙路等主要线路的交通安全设施进行了统一油饰和清洗，共油饰中央铁艺护拦3636延米、清洗中央PVC护拦5000延米、翻新钢板护拦3万延米，总投资100余万元。

（李建华）

【预防性养护工程开工】　9月16日，密云公路预防性养护工程开工，涉及单平路、密兴旧路、黄下路和新东路等4条路线，总投资2300余万元。

（尹华兴）

【改造城市道路】 9月,密云县完成新东路、新西路改造工程,投资1000余万元。新东路和新西路是密云县城东部、西部的重要道路,新东路全长2.95千米,路面宽11.5米~28米;新西路全长3.76千米,路面宽6米~26米。工程采用了环保型新材料,能够有效降低城市噪音,使行车更加舒适。

(高鹏宇)

【马北路支线改建工程完工】 9月27日,马北路支线改建工程完工通车。该工程起点位于京承高速司马台出口,终点与在建的司曹路一期工程相接,路线全长3.1千米,分为景区外道路和景区内道路两部分,总投资8400万元,是密云县区域路网规划的重要组成部分,同时也是京承高速连接司马台景区、司曹路的重要联络线,沿途有密云紫海香堤香草艺术园、古北口镇民俗村等多个旅游景点。该工程被列为北京市政府折子工程和北京市交通委员会2013年重点工程项目。

(崔建春)

【密关路改建工程完工】 10月10日,密关路改建工程完工。该工程起点位于七孔桥,终点位于琉辛路大关桥,全长10.67千米,设计标准为二级公路,路基宽13.5米-20.5米,路面宽12米-19米,设计时速40千米,项目路基工程由石城镇负责实施,市交通委路政局负责路面及交通工程部分的建设,路面工程总投资4665万元。

(高 原)

【密兴路二期改建工程前沙岭隧道上导贯通】 10月27日,密兴路二期改建工程前沙岭隧道完成上导贯通。密兴路二期改建工程全长28.3千米,共有5个标段。其中,位于第五标段的前沙岭隧道是整个工程项目的重点之一,它承担着连接京冀两地的重要功能,全长875米。

(赵廷杰)

【小唐庄平改立工程箱涵施工】 密云小唐庄平改立工程是与101国道绕城线一期工程的节点项目,分为站南、站北两处工程,总投资2400万元。11月6日,两处工程开始进行铁路箱涵施工,箱涵总长度46米。

(赵廷杰)

【邓达路改建工程开展前期工作】 邓达路改建工程是支持穆家峪希望小镇建设,促进红门川河流域旅游开发的重要交通基础设施项目,全长5.3千米,设计标准为三级路,总投资3400万元。该项目于11月下旬取得发改委立项批复,施工图设计已编制完成。

(赵廷杰)

【国道101彩虹门积水点治理工程开工】 12月中旬,国道101彩虹门积水点治理工程开工,该工程是县公路分局为消除国道101彩虹门处排水防患而实施的惠民工程,工程全长1460米,总投资1000万元。

(赵廷杰)

【乡村公路“7·21”水毁恢复工程完工】 12月6日,对2012年密云县公路“7·21”水毁恢复工程全部完工,工程共29项,修复道路26条/19.7千米,改造桥涵3座,涉及不老屯、西田各庄等12个镇,总投资2086万元。

(彭玉柱)

【“12·2”交通宣传日活动】 12月2日,是“全国交通安全日”,县公路分局开展了以“安全交通,生命至上”为主题的宣传活动,通过图片展板、电子大屏、公路可变情报板、网站、微博等平台播放和宣传交通安全相关内容,共发布交通安全主题宣传标语60余条次。

(谭 静)

【岭东平改立工程完工】 12月3日，密云岭东平改立工程完工通车。该工程位于京承铁路线K81+495千米处，道路工程起点为现况纺纱厂路（兴云小区东西街），终点与岭东村东现况路相连，道路全长609米，总投资1649万元。

（尹华兴）

【开展“12·4”法制宣传日活动】 12月4日是全国法制宣传日，县公路分局以《公路法》和《公路安全保护条例》为重点，以电视、报刊、公路可变情报板等传统媒介和网站、微博、手机彩信等新兴媒体为平台开展了宣传活动，共出动宣传人员20余人，发出宣传材料2000余份；随邮政报刊投放《公路安全保护条例》宣传彩页17000余份；发送手机宣传彩信20000条；制作图片展板及条幅6块；通过电子显示屏和16块可变情报板全天滚动播放公路法律法规和宣传口号共计130余条。

（高　原）

【本年度乡村公路工程全部完工】 12月上旬，本年度乡村公路各项工程全部完工。工程共52项，包括乡村公路大修工程23项，水毁修复工程29项，其中路面工程46项/63.6千米，改造、修复桥梁涵洞5座/422.5平方米，绿化工程1项。全部工程惠及冯家峪、十里堡、石城等16个镇，总投资6500余万元。

（彭玉柱）

【密兴路二期改建工程收尾】 12月末，密兴路二期改建工程施工接近尾声。该工程起点为巨各庄镇霍各庄村，终点为大城子镇北沟村，与河北省兴隆县相接，全长28.3千米，共分为5个标段。目前1-4标段22.1千米已完工通车，剩余第5标段正在施工。位于第5标段的前沙岭隧道是该工程的最后一个节点部位，全长875米，隧道上导已经贯通，正在进行下导段洞二次衬砌施工。

（高　原）

交通运输

【概　况】 年内，密云县交通局加强对客运、货运、水运、机动车维修等行业监管力度，大力推进交通依法行政，维护运输市场秩序和社会稳定，全年交通运输经济综合收入13.26亿元，同比增长15.03%，位居北京市5个生态涵养发展区第二位。全县共有公交企业3家，公交线路58条，公交车664辆，线路总里程3151千米。

（曹　莹　高　峰）

单位名称：密云县交通局
地　　址：密云县西大桥路16号
电　　话：69042597

【依法注销机动车维修企业】 1月10日，县交通局在《法制晚报》发布通告，对因厂址变更失去联系方式，或因经营许可证有效期届满未按规定延续的29家机动车维修企业依法给予注销。

（曹　莹　高　峰）

【新增公交车辆】 1月12日，密82路即密云——平谷线路新增4辆公交车，每天发车班次由原来的4班次增加到16班次，满足百姓出行需求。

（曹　莹　高　峰）

【做好春节运输保障工作】 1月15日，县交通局制定春运保障方案。要求各客运企业根据节日特点、运营线路情况和客流升、降规律,提前作出客流预测,增加发车班次,调整首末车时间;加强从业人员职业道德和业务技能的培训,确保服务人员着装整洁、礼貌待客、规范服务、语言文明;完善应急预案,落实应急车辆、人员和措施,特别是要做好“雪、雾”天气应急保障,掌握山区道路通行条件,视天气情况停开山区线路客车。

(曹　莹　高　峰)

【机动车维修市场迎来节后小高潮】 2月,密云县机动车维修量达2.6万辆次,维修收入0.2亿元,同比分别增长22%和15%;汽车销售355辆,销售收入0.36亿元,同比分别增长24%和25%。

(曹　莹　高　峰)

【开展法制宣传活动】 3月1日至4月30日,县交通局制作法制宣传展板在县法制公园展出,展板内容包括:交通局职责、中华人民共和国道路运输条例、行政许可事项、公交线路现状图、治超公告、水运管理规定、市民出行安全知识、机动车维修质量管理规定等。

(曹　莹　高　峰)

【严把活畜禽及禽类产品运输准入关】 4月7日-14日,县交通局共出动执法人员436人次,出动执法车辆71车次,检查禽类及禽类产品预防H7N9禽流感和畜类传染病。其中检查鸡肉49车364.5吨,活鸡12车206400只,鸭产品26车265.6吨;畜类及畜类产品:活猪61车7133头,活牛2车31头,牛羊肉5车12.3吨,未发现可疑现象。

(曹　莹　高　峰)

【新司马台综检站办公楼投入使用】 司马台综合检查站办公楼改扩建工程4月初竣工。该站为国家一类治理超载站,占地59亩,建筑面积2458平方米,总投资3600余万元。办公、生活设备设施基本到位,交管、路政、运政、环保、动检部门正式进驻,已实现了综合办公一体化。

(曹　莹　高　峰)

【北京金信恒通海马4S店开业】 4月20日,北京金信恒通海马4S店落户密云县。该店具有汽车销售、售后服务、二手车服务、配件供应和金融保险等5S服务体系,总投资500万元,建筑面积3400平方米。运营后可实现年销售额2000万元,解决劳动力就业25人。

(曹　莹　高　峰)

【落实防汛保障措施】 5月10日,县交通局召开防汛工作部署会,成立交通防汛指挥部,下设运输市场、维修企业、综合检查站及交通执法大队防汛领导小组;配备应急储备车辆115辆,其中客车75辆、货车40辆,设置3个车辆集结停放点,并对所有应急车辆进行专人专车实名登记;成立由5家企业50名专业技术人员组成的交通车辆抢修队。

(曹　莹　高　峰)

【密5路公交车延长运行线路】 5月13日,密5路公交车将终点站东康各庄延线至前厂村,延长里程2.3千米,日发6班次,有效解决了巨各庄镇前厂村村民出行难问题。

(曹　莹　高　峰)

【开展安全生产培训】 5月14日,北京市消防大队对密云县20家一类机动车维修企业和3家客运企业进行了安全生产培训,内容包括消防、救灾、抗震等知识。

(曹　莹　高　峰)

【化学危险品运输“绿色车队”成立】 5月20日,密云县首家化学危险品运输“绿色车队”成立,该车队隶属于县冶金矿山公司,拥有专业运输车7辆,从事一类一项

（爆炸品）运输。

（曹　莹　高　峰）

【维护高考秩序】　6月7日-8日，县交通局在高考点布岗布控，加大巡查力度；清理考点周边非法营运车辆，重点是揽客的“黑面的”、“黑出租”，保证考点周边交通秩序安全有序；加强公交车监管，整顿不按班次、不按站点停靠行为进行，保障没有专车接送的考生能够乘公交车准时到达考点。

（曹　莹　高　峰）

【开展“安全月咨询日”活动】　6月9日，县交通局在密云县长途汽车站设置宣传点，开展交通运输活动，悬挂横幅2条，设置展板3块，向市民发放宣传材料400余份，解答各种提问和咨询150余人次。

（曹　莹　高　峰）

【开展公共交通服务满意度调查】　6月18日，县交通局开展公共交通服务满意度调查活动，共发出调查问卷100份，调查内容包括司售人员服务态度、公交车环境卫生和是否准时发车等情况。乘客提出建议：司售人员服务态度有待进一步提高；增加山区公交线路车辆；更换大型公交车；早班车增加班次等。

（曹　莹　高　峰）

【开展旅游景点水运安全大检查】　7月2日，县交通局与公安、安监和旅游等部门组成执法小组，对清凉谷、黑龙潭和桃源仙谷等旅游景区进行安全检查，消除安全隐患。重点检查营运船舶技术状况、船员及救生员配备和资质、水上娱乐设施等情况，对不符合安全条件、未取得营运资质的4家单位下发整改通知书，责令停业整顿。

（曹　莹　高　峰）

【开展机动车维修企业用电安全专项检查】　7月14日，县交通局联合安全生产监督管理局对密云县域内机动车维修一类企业进行用电安全专项检查，检查内容包括员工安全培训记录、特殊工种证件档案管理、劳动防护用品发放使用情况及员工操作间、配电室电路电器使用防护等情况。

（曹　莹　高　峰）

【开通密6路公交支线】　8月1日，密云县檀营地区正式开通密6路支线公交车，起点清水潭，终点檀营国际生态城，运营里程17.4千米，日发22班次。

（曹　莹　高　峰）

【电动出租车驾驶员进行培训】　8月22日，县交通局对新招聘的59名电动出租车驾驶员进行了集中培训，内容包括交通法律法规、运营文明守则、运营规章制度等。随后，在专业技术人员带领下到金宇阳公司进行了实际操作演练。

（曹　莹　高　峰）

【开展交通行业安全生产专项整治行动】　9月1日-10日，县交通局对82家运输企业、198家维修企业进行排查，检查包括资质审查和现场隐患排查2大类共17项内容。行动期间，共出动执法人员350人次，检查企业25家，下发限期整改通知书5份、暂扣物品决定书5份、交通违法行为通知书5份。

（曹　莹　高　峰）

【第二批50辆电动出租车正式投入运营】　9月2日，密云县第二批50辆电动出租车正式运营，县域内电动出租车数量增加到100辆。

（曹　莹　高　峰）

【京客隆站西移】　密云县第二小学“京客隆”超市停靠站涉及12条公交线路，存在遮挡路口北侧行人和司机视线的安全隐患。9 月 20 日,县交通局联合市政市容委、园林绿化中心及宝城公司,决定将该站西移 20 米,避开学校路口。

(曹 莹 高 峰)

【保障北京职业国际公路自行车赛密云赛段安全畅通】 10 月 13 日,“2013 年北京职业国际公路自行车赛”举行。县交通局牵头负责国际公路自行车赛密云赛段道路遗撒治理工作,从源头治理超限超载车辆。比赛期间,执行 24 小时值班,严把各路口,杜绝超限超载车辆上路,确保比赛路段安全畅通。

(曹 莹 高 峰)

【开展营运性自卸车辆企业专项检查】 10 月 20 日,县交通局对密云县辖区 12 家营运性自卸车辆企业进行专项检查,要求从事运输建筑垃圾的车辆“四统一”,即车辆须为绿标车且加装全密装置;车辆后箱板喷涂反光、放大车号;车辆驾驶室两侧车门喷涂运输企业(个体)名称;车辆驾驶室上方安装三棱体标识顶灯,印“渣土运输”字样,夜间保持开启状态。

(曹 莹 高 峰)

【民用运力车辆信息核查工作完成】 10 月 30 日,县交通局完成了县域 4435 辆民用运力车辆信息核实、更新、系统录入工作。核查结果显示:正常使用车辆 2418 辆,占 54.5%;注销或报废车辆 420 辆,占 9.5%;已过户车辆为 189 辆,占 4.46%;因信息不准而无法找到车辆所有人的车辆 1119 辆,占 25.2%。

(曹 莹 高 峰)

【做好十八届三中全会期间道路运输安全保障工作】 11 月 9 日-12 日,县交通局临时启用古北口老站为临时关卡,抽调执法人员和车辆,坚持 24 小时执勤,有效遏制进出京超限超载行为;坚持固定站点与流动治超相结合,加强对西统路、左堤路、右堤路等超限超载行为多发路段、重点区域的治理;会同公安、公路等部门形成联防联动工作机制,严厉打击重型车辆的超限超载行为。

(曹 莹 高 峰)

【登报注销 8 家机动车维修企业】 12 月 12 日,密云县交通局在《法制晚报》发布通告,对因厂址变更失去联系方式,或因经营许可证有效期届满未按规定延续的 8 家机动车维修企业依法给予注销。

(曹 莹 高 峰)

【新建 166 个农村候车亭】 12 月 30 日,密云县 10 个镇的 166 个农村候车亭全部建设完成,并通过验收。

(曹 莹 高 峰)

【更新公交车辆】 年内,全县新增公交车 14 辆,更新公交车 9 辆,公交线网得到优化,百姓出行更为便捷。

(曹 莹 高 峰)

【优化公交线网】 年内,全县新延伸密 2 路、密 5 路、密 15 路三条公交线路,开通密 6 路公交支线;迁移 980 光阳站、沙河站站牌和涉及县域内 12 条公交线路的京客隆站点。

(曹 莹 高 峰)

【治理车辆超限超载】 县交通局全年共出动执法人员 48105 人次、执法车辆 5055 辆次,检查车辆 164234 辆,组织联合流动治超 30 余次,查扣超限超载车和违法违章车辆 55 辆,卸载转运货物 2291.68 吨,确保超限超载率控制在 4.8%以下。

(曹 莹 高 峰)

【交通运输行政服务】 县交通局全年共开办汽车驾驶员从业资格培训班 6 期、培训学员 450 人;进行汽车综合性能检测 9582 辆次;受理各种申请许可事项 8569

件，其中小客车指标业务 3254 件，办结率 100%。

（曹　莹　高　峰）

【扩大绿色车队规模】　年内，县交通局组建"绿色车队"18 个，营运货车 195 辆，比上年增加 33 辆。

（曹　莹　高　峰）

【电动出租车示范运营成效明显】　年内，北京金渔阳区域电动车出租有限公司 100 辆电动出租车累计载客 311229 车次，总行驶里程 223.6 万千米。其中载客里程 117.4 万千米，里程利用率 52%；平均每辆车日出租次数 10 次，行驶里程 77.6 千米，载客里程 40.7 千米。

（曹　莹　高　峰）

【"一卡通"系统安全有效运行】　年内，县交通局累计补办、发放司售管理卡 100 余张，调整空调车费率 2 条；操作系统检查公交车 435 辆次；上车抽查公交车 425 辆，共 1350 班次；向客运企业划账 49 笔，累计金额 3400 余万元；申请财政补贴票款 12 笔，累计金额 6600 余万元，资金数额清晰准确，财政结算及时到位。

（曹　莹　高　峰）

宝城公司

北京市宝城客运有限责任公司（以下简称宝城公司），是密云本地所属的民营公交客运企业。公交线路网覆盖全县除新城子镇外其它所有街道和乡镇，为全县 95%以上的百姓提供客运服务。

宝城公司现有在岗职工 862 人，公交运营车 413 辆，运营线路 47 条，线路总长度 2416 千米。全年共发班 898361 车次，运营总里程达 3304.9 万千米，累计运送乘客 6919.39 万人次。全年创收 1.2 亿元，上缴税金 132 万元。

年内，宝城公司为满足密云地区百姓不断增长的出行需求，购进新车 62 辆，其中 28 辆用于更新老旧车辆，其余 34 辆为增加线路运力。公司秉承"安全第一、预防为主、从严管理、狠抓落实"的安全管理理念，开展驾驶员安全行车培训活动，组织讲解交通事故案例分析会及司售安全生产教育例会 12 次，开展 2 次全体司售人员参与的车辆消防演练活动。利用车载监控设备，加强对运营车辆的行车安全管理。配合县教委，制定了山区寄宿制学生的接送方案，确保将每名寄宿学生安全送达。应阁老峪、前厂、白草洼、苍术会、西苍峪等地百姓需求，对各村沿途线路及车辆进行调整，方便了当地百姓的出行。

（孙继鑫）

单位名称：北京市宝城客运有限责任公司
地　　址：密云县河南寨开发区
电　　话：61096780

北京鑫新通达客运有限公司

北京鑫新通达客运有限公司（简称鑫新通达客运公司）有在岗职工 75 人，设运营调度室、财务室、劳资科、安全监督科 4 个科室，1 个修理车间和工会组织。拥有公交运营车 53 辆，固定资产原值 2011 万元。2013 年鑫新通达客运公司新购置公交客运车 10 辆（福田欧五），其中更新车 5 辆新增 5 辆，淘汰了老旧车辆。年内，新开通密云至蔡甸东沟支线，里程 90 千米。公司现有公交运营线路增至九条：密云至大角峪，线号 38 路，里程 96 千米；密云至司马台，线号 51 路，里程 76 千米；密云至花园，线号 52 路，里程 112 千米；密云至苏家峪,线号50路,里程105千米;密云至遥桥峪,线号39路,里程94千米;密云至坡头,线号37路,里程94千米;密云至通州,线号89路,里程72千米;密云至塔沟,线号53路,里程90千米;密云至蔡甸东沟支线,里程90千米。

2013年鑫新通达客运公司运送乘客224万人次,行驶里程353.92万千米,发车班次47896车次。公司全年运营总收入597.48万元,比2012年增长11.2%;全年上缴税款19.77万元。

年内,鑫新通达客运公司,新建车间修理大棚一处;投资10万元对大角峪五级站进行装修改造。

(于海东)

单位名称:北京鑫新通达客运有限公司
地　　址:密云县穆家峪镇东坝头村
电　　话:89012468　18210783166

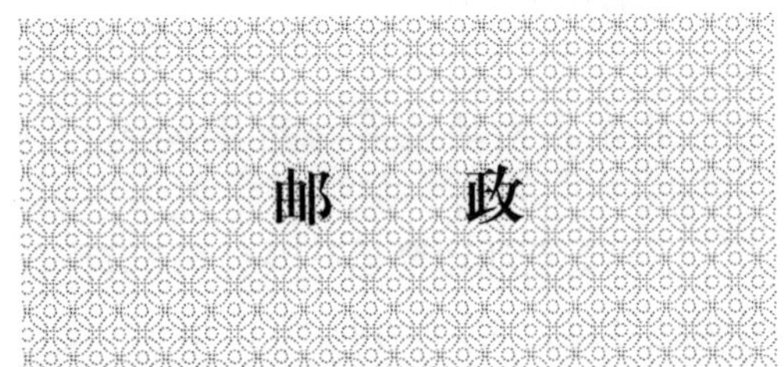

邮　政

【概　况】 密云县邮政局隶属于北京市邮政公司,是国有通信企业,担负着本县邮政通信服务工作。下辖5个支局、一个投递部、邮政网点22个、集邮专卖店1个,投递道段53条,投递里程2423千米,投递点7338个,乡村通邮率100%。现有员工297人,其中在岗职工195人,劳务工102人。

年内,县邮政局依据北京市邮政公司"转方式、调结构、强管理、增效益"的工作方针,坚持解放思想、创新经营,依托县域内资源深入发展,增强服务能力,满足社会需求,推进邮政公共服务均等化。始终遵循"团队和谐,求真务实,开拓进取,永争第一"的企业宗旨,创新经营模式,强化企业管理,提升普遍服务水平。

(吕京娟)

单位名称:密云县邮政局
地　　址:密云县鼓楼东大街38号
电　　话:69042408

【金融业务】 年内,县邮政局调整存款结构,创新经营理念,以存款余额发展为主线,发展代发业务、对公业务、理财业务。年末个人储蓄余额时点规模19.49亿元,本年累计净增7842.78万元;对公余额时点规模2564万元,年日均余额累计净增1016.97万元。

(吕京娟)

【函件业务】 年内,县邮政局函件业务实现出口5821319件。办理日常封片卡、数据库商函和DM广告等低本高效业务。结合县旅游资源把旅游宣传作为函件业务发展突破口,开发了以"山文化"、"水文化"、"长城文化"、"城市文化"、"景区文化",五大特色为载体的《密云风光系列邮资明信片》,该系列邮资明信片凭借文化与旅游的完美结合,凭借与互联网二维码技术相结合,在县旅游发展委员会主办的2013年"密云礼物·为密云代言"商品大赛中荣获文化旅游纪念品三等奖。

(吕京娟)

【集邮专业】 年内,销售邮票63016枚,销售集邮品册153918册。重点抓好个性化邮票、形象宣传年册、定向邮品的开发工作,开发县域市场,制作"密云风光"宣传纪念册，与县旅游委合作开发制作了“北京密云绿色国际休闲之都”高档礼品册、集邮镇纸等集邮产品。

（吕京娟）

【发行专业】 年内，报纸订阅12444249份，杂志累计订阅496716份。完善了《报刊投递费用结算办法》，通过激励机制，调动局内全体投递人员的工作积极性，充分发挥其“一岗双责”作用，全身心投入到“万元邮路”工作上来。强化幼儿市场开发，与世纪英才等5家幼儿园达成入园收订合作意向。

（吕京娟）

【电商专业】 年内，发展短信和彩信广告业务，加强高端用户、活跃用户的加办情况；发展航空客票、火车票业务，扩展票务代理业务的市场份额；稳抓代收费和邮乐购业务；利用邮政电商平台网络优势，成功开发太师屯镇车道峪人间花海景区电子门票代售业务。

（吕京娟）

【分销业务】 年内，全县村邮站覆盖率达到100%，定期组织村邮员进行业务培训。加强三农服务站经营管理，以服务地方经济、方便百姓生活为宗旨，为农民群众提供农资、技术信息及日常生活用品连锁配送等服务。

（吕京娟）

【代理速物和包裹专业】 年内，代理速递出口34063件，国内普通包裹出口24038件。利用网购业务领域，开展节日营销，重视日常邮件的保价工作，做好军营包裹的收寄工作。

（吕京娟）

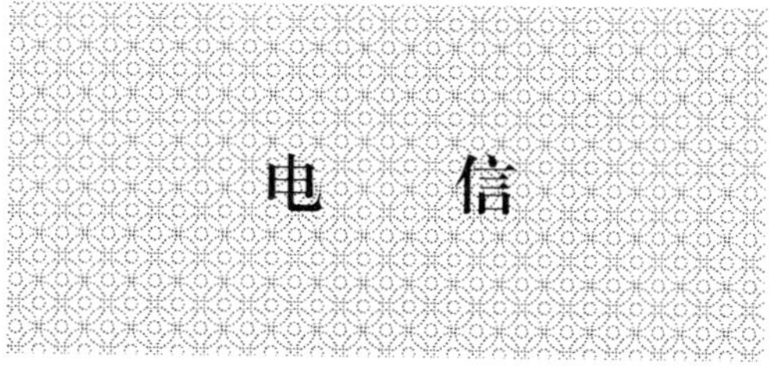

电　信

中国联合网络通信有限公司
北京市密云分公司

中国联合网络通信有限公司北京市密云县分公司（以下简称联通密云分公司）原密云县电信局，为密云地区主导通信运营商，在全县范围内为公众客户、商企客户和政府机构等客户提供包括固定电话、移动电话、数据传输、互联网、宽带接入等基础电信业务和增值电信业务，以及与业务相关的行业应用、系统集成、技术开发、技术服务、信息咨询、工程设计施工等相关服务。截至年底，固定电话客户13.48万户、移动客户20.83万户、互联网宽带客户超过7.5万户。

年内，联通密云分公司牢固树立“一切以客户为核心，一切从市场需要出发”的理念，以推进3G、互联网和融合业务发展为突破口；以提升服务质量、网络能力为基础；以流程优化、团结拼搏、快速执行、管理提升为手段落实公司任务，履行了密云地区主导通信运营商的责任，保障了密云地区通信畅通。

年内，按照县政府“信息化基础设施提速”的要求，以政府网格化为基础拓展各项通信建设工作，提升密云地区信息化。协调区域投资3600余万元，加强政企信息化建设、新农村信息网络建设，建设完成2G基站4个、3G基站28个，优化了密云地区联通移动网络资源。推行“光速惠民”高速网络理念,新建宽带端口 9056 个,使全县光纤覆盖率达 87%,覆盖 18.12 万户。

密云联通作为区域主导运营商,及时修订、完善应急通信保障预案,明确职责和操作流程,成立各级防汛组织和 8 支抢修队伍。坚持以保障网络安全为基础,执行应急保障机制、践行“为民服务创先争优”承诺,全年共完成各类通信重保 40 多次,与国家天文台沟通把通信专线改造成灾备方式,并组织专人驻守确保“嫦娥三号”发射和落月期间的现场通信重保工作及汛期抢险等重要通信保障任务。

5 月 17 日,结合“世界电信日”在密云大剧院广场设置综合展台,“高品质宽带”、“视频监控”、“环境监测”、“农村信息化”、“校园一卡通”等业务吸引众多客户驻足观摩,充分展示了主导运营商智能、丰富的通信产品。9 月,中国联通第四届“乒乓在沃”密云赛区选拔赛暨“联通杯”领导干部乒乓球邀请赛在密云二分体育馆成功举行,全县近 350 余名干部、职工参与本次比赛。11 月,在克服建设资金、工程物料诸多困难下完成“古北水镇”的通信一体化建设。年内,利用各节假日时点,从北京公司争取各项优惠补贴政策,在小区、街道、商业区等人口密集地区广泛宣传,开展移动“0”元购机、沃家庭优惠套餐、宽带包年捆绑等形式的促销活动,给密云地区百姓带来信息便利和实惠。

(杨　毅)

单位名称:中国联合网络通信有限公司北京市密云县分公司
地　　址:密云县鼓楼东大街 33 号
电　　话:69043001

中国移动通信集团北京有限公司密云分公司

中国移动通信集团北京有限公司密云分公司(以下简称中国移动北京公司密云分公司),经营移动、固定电话通信业务、互联网接入服务,为密云地区 40 余万客户提供移动通信服务。截至年底,在密云累计投资近 5 亿元,开通 2G 基站 348 个,3G 基站 140 个,4G 基站 43 个,主要分布在密云县城及郊区 17 个乡镇,实现平原、3A 级以上旅游景点和重点道路全覆盖,行政村覆盖率达到 98%,人口覆盖率达到 95%。驻地网建设开通社区 26 个,覆盖用户 26000 户,开通用户 3875 户。在密云地区陆续推出“全球通”、“神州行”、“动感地带”三大品牌和“大众卡”、“家园卡”、“无线座机”等面向百姓的产品。提供物联网、互联网专线、数字传输专线、综合语音接入、企业固移通、呼叫中心直联和移动 400、统一 CENTREX、集团短彩信、小区短信、会议助理等多种综合业务。完成了“无线城市”一期工程建设工作,在“市民主页”上建立了密云专栏;保障了密云县水务局、防汛办以及农业智能化建设、智能交通、重点景区、酒店等多行业多领域实施运行。在行政办公信息化应用中,为密云信息中心互联网出口扩容,年底已扩容至 300M,实现信息中心信息数据传输高安全性,高保障性。

年内,密云分公司与密云县科委合作,重点打造“密云县休闲生态农业电子商务平台”,入驻商户 14 家,上线商品 45 种,带动密云县农产品销售累计金额达到 1084.5 万元。协助县公安局做好重大节假日及燃放烟花爆竹的安全预警工作;协助县水务局、乡镇政府开展防汛抗旱预警、防煤气中毒等预警工作；协助县园林局开展护林防火安全提醒工作，累计发送小区短信17次90万余条。为属地50余家中小学及幼儿园提供家校互动沟通服务，城区学校用户覆盖率已达85%以上，服务学生家长累计达到2.5万用户，平台应用条数已达上千万条。为供电局提供无线抄表服务，提供无线传输卡累计达到7000余部，满足35万用户电表无线智能传输。为“密云经济开发区总公司”、“北汽福田汽车股份有限公司”、“中国人民财产保险公司密云呼叫基地”共30余家企业提供信息化等通信服务。为保障“国际模拟飞行”大赛以及南山滑雪场举行的“国际滑雪”大赛的完成，密云分公司对举办方的应急通信给予支持。与密云县经信委和企事业单位协作，完成密云县重点商业区、各大公园、银行等重点公共区域的WLAN无线覆盖工作，向客户提供连续三年免费的WLAN无线接入服务。覆盖面积约60万平方米，建设AP点1031个，开通热点56个。

（赵豫花）

单位名称：中国移动通信集团北京有限公司密云分公司
地　　址：密云县新南路97号
电　　话：69040136

中国电信股份有限公司北京分公司密云电信局

中国电信股份有限公司北京分公司密云电信局（以下简称密云电信局）隶属于中国电信股份有限公司，成立于2008年10月1日，是密云地区三大主导运营商之一。密云电信局始终秉承“用户至上，用心服务”的经营服务理念，致力于全县信息化基础设施建设，发展固话和互联网业务，并在以天翼3G为主导的移动通信业务领域有重大突破，在全县范围内为公众客户、商企客户和政府机构等客户提供包括固定电话、移动电话、数据传输、互联网、家庭宽带等基础电信业务和增值电信业务，以及相关的行业应用、系统集成、技术开发、技术服务、信息咨询、工程设计施工等相关服务。

年内，密云电信局不断提升3G覆盖率，并为4G的部署发展做准备，新建3G基站40余个，新增室分覆盖热点20余个，基本完成了密云地区3G覆盖率100%的目标。

密云电信局不断拓展合作厅、代理店及合作专区的数量和规模，增大电信在密云地区的服务辐射范围，使其扩至边远村镇，新增代理店30余个，合作厅20余个，专区10余个。

密云电信局在基础网络服务和语音服务的基础上发展了多种兼具优质和优惠的产品和资费，下半年推出的“三元土豪卡”和“High Double”礼包两款产品让客户享受到了“优质实惠”的套餐服务。

密云电信局在人口密集区地开展宣传和节假日的摆台活动，进一步扩大密云电信局在密云地区的影响力，组织包括摆台、“5·17世界电信日”等活动200余场。

密云电信局，继续为县检察院、银行、教育、城管、开发区企业等在内的政企用户提供便利优质的服务和优惠的资费，并结合市场需求新推出包括“会易通、翼校通”等在内的行业应用产品，满足客户发展的需要。

年内，密云电信局与北京悦居绿洲房地产开发有限公司、北京馨悦致远房地产开发有限公司、北京新博城房地产开发有限公司、北京宁坤房地产开发有限责任公司、北京世豪房地产开发有限责任公司达成合作意向,新签小区5个,包括阳光水岸小区、华远澜悦小区、云溪花园小区、世豪酒店小区等,服务面积110万平方米,为包含保利花园小区在内的1万余个家庭提供"光纤到户"的服务方式,为建设"智慧北京"的目标贡献力量。

(曹　岭　田春燕)

单位名称:中国电信股份有限公司北京分公司密云电信局

地　　址:密云县花园小区坤源综合楼103-104室

电　　话:56511976

生态环境建设

园林绿化林业

【概　况】　年内，密云县园林绿化工作，以建设生态文明为总抓手，围绕打造绿色密云和促进经济发展的目标，将林业建设与促进农民增收、改善生态环境相结合，全面加强绿化美化各项工作，全县园林绿化整体水平有了明显提升。全县森林覆盖率达到61.01%，林木绿化率达到69.31%，林木生态绿化率达到78.81%。同比“十一五”末分别增长了3.24%、4.47%和5.54%。

（张海军）

单位名称：密云县园林绿化局
地　　址：密云县西滨河路2号
电　　话：69042920

【平原造林工程】　年内，平原地区造林任务2.5万亩，安排在西田各庄、河南寨、溪翁庄、穆家峪、十里堡、巨各庄6个镇。按照“一镇、一渠、一环”的总体布局，重点围绕风沙危害区西田各庄镇、京密引水渠两侧和密云新城外环路建设，进行人工造林，打造大规模城市森林景观和生态廊道。其中春季造林3月15日至5月10日完成，历时56天，完成造林面积23750亩，占全年总任务的95%，超额完成市下达的春季完成全年总任务90%的目标；秋季造林自11月中旬至12月中旬完成1250亩建设任务。全年共栽植苗木112万株，林下栽植万寿菊3000亩，播种二月兰20750亩。

（张海军）

【京津风沙源治理工程】　年内，共完成人工造林1.5万亩，涉及14个镇、32个地块，共栽植针、阔叶树111万株；爆破造林600亩，其中巨各庄镇蔡家洼村400亩，冯家峪镇黄粱根200亩。春季已完成栽植任务，共植树4.2万株；封山育林7万亩。涉及14个镇，完成修枝、间株、补植5.5万亩，建牌示34块，拉围网1.1万米，管护人员已上岗巡护。

（张海军）

【彩叶造林和公路绿化】　年内，彩叶造林工程建设地点为新城子镇遥桥峪水库后山，面积2500亩，共栽植各类苗木12.5万株；公路河道绿化工程地点为巨各庄镇域内的左、右堤路，学府路，密兴路，全长30千米，栽植柳树、连翘、丁香、黄刺玫等1万余株。

（张海军）

【山区生态林管护】 全县共有5025名管护员参加管护,镇级管护专业队15支、381人(大城子、穆家峪、西田各庄3个镇90人专业队不享受政策),村级林务员272人(含农村科技员兼任35人),村级管护专业队276支,季节性管护员4497人。2013年至2014年度生态公益林管护员换岗工作已全部完成。

(张海军)

【全民义务植树】 年内,全民义务植树活动共接待中央国家机关、首都高校及社会团体等赴密义务植树单位共计83批次、2.12万人,部级领导干部参加植树活动7次,开展大型义务植树活动9次。共栽植油松、侧柏、白腊等树木6.8万株。

(张海军)

【城镇绿化美化】 东邵渠镇5月底已完成整体绿化工程,共完成绿化536公顷,栽植苗木38万株,草坪1万平方米;大城子镇按照规划设计已完成绿化8公顷,栽植苗木3.2万株,草坪0.2万平方米。

(张海军)

【果树发展】 年内,新发展果树12882亩,建设葡萄基地8个,2120亩;全县干鲜果品总产达到8774万公斤,实现总产值5.18亿元,同比分别增涨3.9%和5.6%。

(张海军)

【种苗和花卉】 年内,全县共有在册苗圃100个,苗木总产量2600万株,年产值1300万元,苗圃总产值达1.2亿元。花卉生产企业11家,共有从业人员548人,花卉种植面积2851亩,花卉产业年产值2000万元,主要生产花卉品种为百合、玫瑰、杜鹃、薰衣草等。

(张海军)

【养蜂业】 年内,密云县中华蜜蜂繁育基地建设(一期)项目开工,新建和改造中华蜜蜂蜂场15个,建设繁育基地房屋10间,购买相关设备、养蜂机具3000余套。密云县蜂产品质检中心建成,添加检测检验设备36项、53台,建检测室及试验室110平方米。规模蜂场在公路沿线修建集养蜂、蜂产品销售和旅游为一体的“蜂舞云间”小木屋16间。“蜜蜂大世界”项目主体工程完工,该项目获市财政资金支持480万元,建设内容包括蜜蜂文化博物馆综合楼、蜂产品销售大厅、蜜源植物种植区和园区道路,建筑总面积3800平方米,已完成综合楼主体建设施工,修建道路2000米,种植蜜粉源植物34亩。

(张海军)

【森林防火】 本年度防火期,全县共接到火情报警14起,未形成森林火灾,同比下降44%。实现了“无森林火灾和人员伤亡事故”的森林防火工作目标。在“两节”、“两会”、“清明节”、“五一节”及高火险天气时,全体民警加班备勤,每天出动警力和车辆,深入镇村和有林单位重点部位查隐患,堵漏洞,共检查有关单位527个,发出检查备忘录466份,排查火险隐患215处,提出整改意见215条,制止违章用火21次,罚款3800元。全县共开设防火隔离带162万延米,清理林下可燃物4.4万亩,“封山、封沟、封路”300余处,面积达50万余亩。

(张海军)

【林木病虫害防治】 年内,全县设465个测报点(其中国家级中心测报点1个,市级测报点52个,县级测报点412个),共监测美国白蛾等危险性林木有害生物3种,常规性林木有害生物15种。针对平原造林工程新增测报点12个,开具《调运检疫要求书》393份,《产地检疫合格证》283份,共涉及苗木97万株。美国白蛾防控工作，针对虫情发生情况及时采取灭杀行动，共出动3341人次，使用药剂15.56吨，防治面积12.69万亩，做到了有虫不成灾。

（张海军）

【林政资源管理】 年内，共批准林木采伐申请501件，采伐林木34.2万株，立木蓄积1.74万立方米。主要是森林健康抚育采伐，农民建房用材，成林、过熟林更新，危树清理及部分工程采伐。审核、审批征占用林地3件（分别是巨各庄镇蔡家洼污水处理设施建设运行项目工程、密云密西路36号院项目、南水北调来水调入密云水库调蓄工程）。野生动物疫源疫病监测工作，坚持候鸟监测日报制度，全县共监测到各类候鸟40万只，未发现禽流感传播疫情及其他异常情况。

（张海军）

【林木案件查处】 年内，共接林木处警67件，经调查立案50起，现已办结29件。处罚违法单位14个、违法人员14人，罚款19.59万元，责令补种树木19380株，结办人民来信来访28件（其中市级信访10件，县级信访18件），结办率100%。

（张海军）

【小区绿化改造】 年内，住宅小区绿化涉及东菜园小区、康居小区和九润东区。工程于3月25日开工，到5月底已全部完成栽植任务，共改造绿化面积4万平方米，栽植苗木7万株，绿篱800延长米。

（张海军）

【屋顶绿化】 年内，屋顶绿化工程安排在康居小区，绿化总面积1500平方米，4月10日开工，到5月15日完成。共栽植丁香、锦带、卫矛等花灌木4000余株，铺设甬路、文化石等250平方米、绿植铺设1250平方米，栽植绿篱500延长米。

（张海军）

园林绿化服务

【概　况】 密云县园林绿化服务中心承担县城绿化、美化、公园、风景名胜区方面的行政管理等职责。年内，完成新城滨河森林公园续建工程、西统路平原造林工程、城区绿地改造及景观提升工程、公园设施维修工程等，以及园林巡查和日常管护工作。

（罗　丹）

单位名称：密云县园林绿化服务中心
地　　址：密云县西门外大街2号
电　　话：69069996

【滨河森林公园续建二期工程西段】 密云新城滨河森林公园建设一期和二期西段，于2010年3月开工，2013年10月竣工。完成整地289万平方米，客土135万立方米，栽植各种乔灌木38万株，种植地被草坪49万平方米，道路广场铺装5.9万平方米，铺设绿化灌溉管道6.1万延米，安装电力电缆4327延米及其相应电力配套设施，建2座厕所和管理房，建设停车场2处，面积达4000平方米，公园道路硬化铺装5000延米。密云新城滨河森林公园建设一期工程被评为2013年北京市园林绿化优质精品工程。

（罗　丹）

【城滨河森林公园建设二期工程东段】 年内，滨河森林公园建设二期工程的部分已腾退土地标段现已进场施工。整地56万平方米，客土24.8万立方米，栽植各种乔灌木2.87万株，地被草坪47.8万平方米,铺设绿化灌溉管道8155延米。

(罗　丹)

【滨河路行道树改造工程】　8月,对滨河路实施改造,该工程绿化面积6000余平方米,历时35天。共移植苗木320株,完成绿化栽植5968平方米。其中栽植乔灌木1042株,色带626.94平方米,花卉1621.9平方米,沙地柏936.21平方米、草坪736.3平方米。

(罗　丹)

【新东路东侧绿地改造】　年内,新东路东侧绿地改造工程完成整理绿化用地2150平方米、栽植丹麦草2150平方米,栽植侧柏80株、拆除铁栏杆142.2米、挖掘侧柏绿篱2575株、安装新水泥路牙551.7米、铺装地面水泥砖50平方米。

(罗　丹)

【中国(北京)国际园林博览会布展】　年内,根据北京市园林绿化局关于第九届中国(北京)国际园林博览会关于开展立体花坛、花园小品大赛的公告的精神,密云县参赛小品名称“幽燕俊秀”,由北京中际碧洲园林绿化有限公司设计并承建,占地面积180平方米。应主办方请求作为经典小品保留在园内永久展出。

(罗　丹)

【公园、道路日常管护】　年内,对辖区内的43条道路,10座注册公园和滨河森林公园及38块绿地进行日常管护,面积达606万平方米。其中管护涂白树木7.8万余株、树木修剪2万余株、修剪草坪306万余平方米、修剪色带8.8万余平方米、整理绿地(清运垃圾、枯枝落叶)1200万平方米、浇水183车次、机械维修240台次、管道维修37处12次、喷洒药物6510余吨累计防治面积达1980公顷。开展绿地卫生整治行动,其中整理绿地1212万平方米;清理枯枝、死树1000余株;清理垃圾2000余方,除草20万平方米。在公园主要入口设置宣传牌38块,温馨提示牌110块;对遭到破坏的防护石墩及时维修,保证其防护功效;增设防护立柱、石墩,防止机动车、游商进入;加大巡查力度,同公安、城管部门对进入公园内的机动车、游商及时劝阻出园。

(罗　丹)

【路旁树木绿地补植】　年内,对鼓楼东西大街、檀西路南延、新西路等17条主干道路行道树进行补植以及绿地补植。其中行道树补植乔木1200余株,绿地补植花卉6.8万余株、花木1.9万余株、色带400平方米、种植草坪2000平方米。

(罗　丹)

【公园设施维修】　年内,对公园设施进行维修,包括:飞鸿世纪园欧式回廊维修、白河公园水上汉白玉围栏改造、法制公园围栏正门角门改造、奥林匹克健身园五环门粉刷石阶维修、密虹公园大殿前广场改造、银河绿地“春之旋律”雕塑粉刷、滨河公园“飞腾”雕塑粉刷、阳光绿地“绿之魂”雕塑粉刷、彩虹桥检测和过街天桥涂装翻新、白河两岸护栏改造、绿地井盖给水管网维修、公园绿地破损路面及设施维修、白河公园管理房维修、长城公园管理房前广场硬化铺装。

(罗　丹)

【花园单位建设】　年内,对老干部局、图书馆、规划局、水务局、县城管大队、广电中心、卫生局、西滨河派出所等15家单位进行景观提升,栽植白蜡、栾树、卫矛、女贞、月季、萱草等花木4.8万余株。

(罗　丹)

【抢险救灾】　6月29日、7月15日和8月4日,密云县发生3次特大暴风雨灾害,对滨河森林公园和城区公园绿地造成树木折损4000余株。县园林中心出动人员50余名,机动车14辆,对倒伏树木进行修剪和清理,城区共扶倒树147株,修剪树冠、清理断枝471株。

(罗　丹)

【街道花卉景观布置】　年内,在鼓楼东西大街、迎宾大道等主要街道,通过花卉的品种、色彩、高低搭配等措施,塑造绚丽的立体花卉景观效果,满足城市三季有花和节日喜庆氛围的需要,共栽摆花卉67万余株。

(罗　丹)

【园林绿地网格化管理】　年内,对园林网格采取"3+11+38+43"模式。"3"为设置3个网格图层,包括公园图层、绿地图层、道路图层。"11"包括:10座注册公园和1座滨河森林公园。"38"包括:城区38块绿地。"43"包括:城区43条道路。每一个公园、每一条道路为一个网格,划分责任区,制定《城市园林绿化养护管理工作规范》、《养护工人职责》等岗位职责,逐级签订责任制,做到"人员、职责、任务"三落实。

(罗　丹)

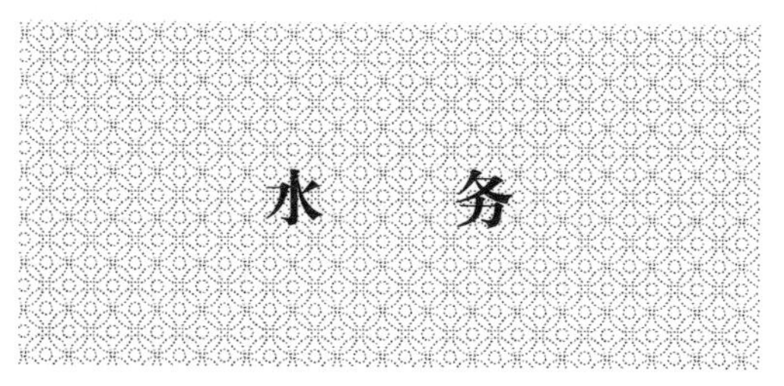

水　务

【概　况】　年内,密云县水务局继续坚持"保水是第一责任"的工作理念,把握全市"三四八"水务发展机遇(即实施三年污水行动计划,四年水务工程建设,八大类水利工程),以"着眼水环境,完善水设施,强化水管理,弘扬水文化、确保水安全"为目标,推进重点工程建设,强化、细化防汛措施环节,认真落实最严格的水资源管理制度,着力构建"清水下山、净水入库、水系连通、水生态修复"的密云水生态环境工作新局面。

(宁晓巍)

单位名称:密云县水务局
地　　址:密云县新北路18号
电　　话:69042146

【中小河道治理工程】　中小河道治理工程是2012年启动的全市四年水务工程建设的重要组成部分。2012年冬及2013年春完成了中小河道治理第一阶段建设任务。治理主要河道2条,其中治理汤河13.09千米,治理龙潭沟河11.6千米;对白河涧、田庄、半截峪、司马台、石门、响水峪、西坨古、令公、牤牛沟9座小水库实施了除险消隐工程;对全县流域面积在1平方千米以上,涉及户数在30户以上的77条中小河道进行了拆违、清淤、清障、疏浚,清除淤积物378万立方米,拆除行洪障碍物5938平方米,移伐树木1.5万棵,治理总长度478千米。治理后的河道全部达到了行洪要求,防洪能力明显提升,为安全度汛奠定了基础。

(宁晓巍)

【"7·21"水毁修复工程】　年内,解决穆家峪、巨各庄等13个镇11656人的饮水问题;重建大石岭、潮河羊山一号2座漫水桥;修复羊山二号、构件厂、河槽和王各庄4座漫水桥;清除大城子镇域内河道淤泥6.4万立方米。

(宁晓巍)

【小城镇污水处理厂站建设工程】　该工程包括:新建大城子、冯家峪、巨各庄、新城子、西田各庄5个镇级污水处理厂(站),维修恢复古北口、高岭、穆家峪3个镇级污水处理厂(站);配套建设大城子、冯家峪、巨各庄、石城、新城子、西田各庄、高岭、古北口、穆家峪9个镇的污水收集管网和再生水回用管网。年内,完成了大城子、冯家峪污水处理站主体工程和高岭污水处理站维修恢复工程。

(宁晓巍)

【南水北调配套拆迁工程】 年内,北京市南水北调来水调入密云水库调蓄工程(密云段)开工。全长17.7千米,主要以输水管道建设为主,建设地址由密云水库大坝沿京密引水渠左堤到疃里村与怀柔交界处,涉及西田各庄、溪翁庄2个镇,拆迁占地1914.86亩。密云县主要负责工程沿线的拆迁占地以及工程建设过程中的协调工作。

(宁晓巍)

【小流域治理工程】 年内,依托京津风沙源项目及土地出让金项目,共治理小流域5条,治理水土流失面积55平方千米。

(宁晓巍)

【农村安全饮水工程】 年内,解决全县16个镇饮水设施冬季冻损及管网破损等问题。维修饮水管路34.9千米,安装变频设备14套、打大口井10眼,维修安装水泵22台套。

(宁晓巍)

【城乡雨洪利用工程】 在密云、西田各庄、溪翁庄、河南寨、十里堡、巨各庄6个镇,建设农村雨洪利用工程7处,新增蓄水容积7.56万立方米。在新城子镇政府、梧桐苑小区等7家社会单位建设雨水收集池7座,蓄水总容积0.21万立方米。

(宁晓巍)

【防汛】 年内,组织夜间避险演习;开展全县各镇街防汛指挥长防汛知识培训;防汛避险实现"一镇一图一册"的基础上,将抛绳器作为防汛重要物资进行储备;将县镇森林防火大队纳入县防汛抢险队伍;建立军民临时避险场所;开展防汛知识宣传周活动;制定了防汛工作方案;建立了水务局领导联系镇街督促防汛措施落实制度;在县域预警发布上,县防汛办与县应急办建立了联动机制,与县气象局形成了联合会商机制等"十个首次",使更加具有实用性和可操作性。汛期内各镇街转移群众2万余人次,无人伤亡。

(宁晓巍)

【降水情况】 全年累计平均降水522毫米,比上年全年675毫米少23%。县域内大中水库蓄水总量为12.722亿立方米,其中密云水库蓄水12.41亿立方米,比去年同期增加1.545亿立方米。汛期总的特点是降雨量偏少,分布不均匀,局地出现极端天气并出现灾情。全县汛期(6月1日至9月15日)累计平均降雨455毫米,比多年同期490毫米少7%,比上年同期466毫米少2%;汛期受强降雨、大风冰雹影响,全县17个镇街出现了3次不同程度的灾情,累计经济损失2.344亿元,受灾人口48544人。

(宁晓巍)

【节水工程】 年内,全县计划用水指标1.0016亿立方米,实际用水8430.84万立方米,征收水资源费2306.11万元,征收污水处理费1182.49万元。办理施工临时用水指标审批30项,办理节水设施竣工验收7项,办理节水设施审查3项。创建市级节水型单位20家,创建市级节水型小区3个,创建市级节水型村庄4个。向全县推广、换装节水器具11363套(件)。

(宁晓巍)

【水政执法】 年内，联合相关部门，开展了对河道内非法排污、超标排污等行为的联合执法行动，查处向河道、雨水口及雨水管道违规排污行为64起。开展打击盗采盗运矿产资源、水资源执法检查、水利工程保护、节水检查等各类联合执法活动。出动执法人员2366人次，车辆930车次，夜查39次，联合执法121次，办理案件131起，查抄渔网37片、地笼、鱼库19个、皮筏2艘、电鱼1起；与城管、环保、供排办、水政联合执法8次，发放违建通知书6份；联合北庄镇政府拆除价值60余万元的石料加工设备一套；拆除违章建筑1处；罚款3.15万元，批评教育8918人，维护了全县的水事秩序和良好水环境。

（宁晓巍）

【河湖水环境百日整治行动】 年内，开展了"河湖水环境百日整治行动"，集中清除全县河湖管理范围内现有的垃圾渣土、水面漂浮物等，打击向河道内排污以及河道内违章建设行为等。在县电视台制作河道保护宣传节目7期；悬挂宣传条幅125条；清理建筑垃圾及生活垃圾3650立方米，打捞水域垃圾230吨，清除拉拉秧及枯树干枝460立方米；向潮河、白河投放鱼苗8000公斤；安装警示标志360块，增设"温馨提示"牌30块；发放违建通知书6份；拆除违章建筑1处；查处非法倾倒垃圾事件1起保障了全县河湖水环境的整洁和秩序稳定。

（宁晓巍）

【水务普查公报向社会发布】 密云县于2010年开始进行第一次水务普查，普查工作年内完成。第一次水务普查公报已经县政府常务会审议通过，并向社会发布。

（宁晓巍）

【签署水污染综合治理全面合作协议】 3月13日，密云县人民政府与北京城市排水集团有限责任公司合作框架协议签约仪式在密云县政府举行。

（宁晓巍）

【签署合作框架协议】 4月18日，密云县人民政府与北京市自来水集团有限责任公司《合作框架协议》签约仪式在密云县政府举行。

（宁晓巍）

【密云县被确定为"全国水生态文明城市建设试点"区县】 7月，水利部在全国共确定45个基础条件较好、代表性和典型性较强的城市，开展水生态文明建设试点工作，密云县是北京市唯一被列为水生态文明城市建设试点的区县。

（宁晓巍）

密云水库

【概　况】 年内，北京市密云水库管理处以"全面落实精细化管理，确保水库'四个安全'"为目标，完成了水库管理各项工作任务。

（郭久波）

单位名称：北京市密云水库管理处
地　　址：密云县溪翁庄镇
电　　话：69014674

【防汛供水】 年内，与各防汛部门及防汛指挥部成员单位签订责任书，开展水库安全检查，建立隐患台账，对安全隐患及时进行排除。完成流量、水位等观测任务，准确发送雨水情、气象预警等信息。完成

2012年度水文资料整编工作。协调水库上游地区向密云水库补水,密云水库蓄水量十年来首次超过12亿立方米。全年向北京城区安全供水2.87亿立方米。

(郭久波)

【工程管理】 年内,加强对全处水工建筑物、闸门启闭机、电气设施设备运行维护。开展了工程安全性态评价,水利工程运行安全可靠。完成第三溢洪道启闭机电动机更新、白河枢纽金属结构防腐、潮河主坝坝肩护坡等60项岁修维护工程。完成第二溢洪道交通桥维修、密云水库10千伏高压线路更新、南石骆驼副坝下游坝坡维修改造等6项消隐工程。

(郭久波)

【水资源管理】 年内,在"世界水日"、"中国水周"期间,向市民发放水源保护邮政宣传品,在电视台播出水源保护主题公益广告。安排水环境保护员捡拾废弃物、劝离游人、水事违法行为报告。拦截进入库区车辆5.9万余辆,游人13万余人次,制止钓鱼、露营、拉马载客等违法行为7000余起。拆除违章建筑总面积约4.5万平方米。完成各项水质监测任务,割除危害性水草、杂草,做好库区水面保洁工作。完成春季鱼苗投放净水增殖工作。密云水库水质保持在Ⅱ类,符合饮用水源地标准。

(郭久波)

【水源涵养林管理】 年内,制订详细的病虫害防治方案。在水库林区重点部位安装黑光灯20盏,及时清除网幕和病枝枯枝。针对不同的病虫害进行生物药剂喷洒防治。加大对林区的巡视检查力度,共拆除猎捕工具10余件,处理盗伐林木案件2起,说服教育4起,稳定了林区生物的多样性和林木安全。防火期内,全面部署水库涵养林防火工作,落实护林防火责任制。完善扑火预案,开展扑火队伍业务培训和实地演练。在重点地区开设防火道,清理路边易燃物,严格控制火源进入林区。做好节假日期间的防火工作,禁止在非指定区域燃放烟花爆竹,设置临时检查站,严防火种上山。

(郭久波)

【南水北调密云水库调蓄工程】 年内,成立了密云水库南水北调工程协调领导小组,配合市南水北调办公室及相关设计部门完成南水北调来水入密云水库调蓄工程的踏勘、调研及设计工作。参与有关征地拆迁190余亩、树木移伐5万余株,完成临时设施搭建、方案审查等相关工作。9月,该工程密云水库段开始施工,工程包括:第九标段承建溪翁庄泵站和七孔桥节制闸,第十三标段承建PCCP管线铺设,第十四标段承建溪翁庄泵站出水管及白河发隧洞加固、走马庄隧洞加固。密云水库管理处配合相关单位做好工程施工工作,分派专人负责各标段施工现场监督、协调、管理,做好相关资料的收集和整理。

(郭久波)

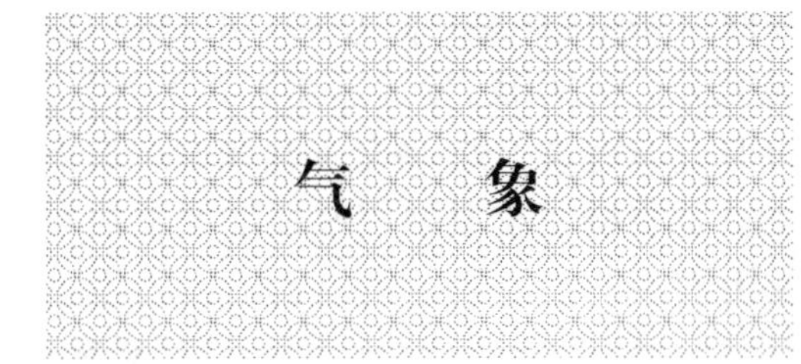

气　象

【概　况】 2013年密云地区全年气温偏低,年平均气温为10.8℃,比常年(1998-2010年)同期平均气温11.3℃偏低0.5℃;1月-3月、6月、9月-10月比常年同期平均气温偏低,4月明显偏低。5月、

8月、12月平均气温偏高。7月、11月气温接近常年平均值。本年降水量偏少，年降水量为589.4毫米，比常年同期降水量628.0毫米偏少近1成。光照资源较少，总日照时数2178.8小时，比常年同期2502.3小时偏少323.5小时。极端天气较多，10月23日至12月底没有明显降水，无降水期持续时间长，汛期降水量主要集中在6月，并在6月12日出现一次冰雹天气、24日出现一次大风天气、24日和29日各出现一次暴雨过程。

（徐柳溪）

单位名称：密云气象局
地　　址：密云县新南路33号
电　　话：69085650

【降水情况】 年内，密云地区全年降水量589.4毫米，比常年同期（628.0毫米）偏少近1成，与上年（856.6毫米）偏少近3成。降水比较集中，1月、2月降水量比常年同期偏多，6月明显偏多，6月降水量为185.1毫米，比常年同期（85.6毫米）偏多1倍多；11月微量降水、12月无降水，两个月的降水量均比常年同期明显偏少，其它月份均比常年同期偏少。

（徐柳溪）

【防雷安全大检查】 8月至9月，密云县气象局进行防雷安全执法检查，加强密云县境内的雷电防御管理，有效预防了雷电可能引发的事故。

（薛禄宇）

【林克庆考察上甸子大气本底污染监测站】 6月6日，副市长林克庆等领导到密云上甸子大气本底站进行考察调研，参观了反应性气体、气溶胶实验室、铁塔观测平台等气象监测设备，并听取工作人员的详细介绍本底站PM2.5的监测结果及两种PM2.5监测设备产生监测结果差异的原因。

（付立娟）

【气象为农服务】 年内，成功申报中央财政“三农”服务专项，按照“有专业人员、有服务方案、有指标体系、有业务平台、有适用技术、有示范田块、有合作机制、有直通服务、有信息反馈、有效益评估”的“十有”标准开展现代农业气象服务示范县创建。

（郑秀琴）

【县政府印发《密云县人民政府关于进一步加强气象工作的意见》】 11月29日，县政府第43次政府常务会通过《密云县人民政府关于进一步加强气象工作的意见》（密政发（2013）55号）。该文件确定，成立集气象灾害防御、人工影响天气、农业气象服务“三位一体”的县气象灾害防御指挥部，并将气象防灾减灾工作纳入地方政府绩效考核；成立主管副县长任组长，气象、农业、林业、水务等部门主要领导为成员的气象为农服务工作领导小组，组织成立由有关部门的技术专家和农民专家组成的涉农专家联盟（农业气象专家咨询委员会），作全县农业气象的决策、咨询和农业气象服务技术指导。会议还通过了《密云县气象灾害应急准备工作认证管理办法》、《密云县气象灾害应急准备工作认证实施细则》。

（付立娟）

【气象服务】 7月15日，针对西田各庄、石城、冯家峪、不老屯等镇自主首发了暴雨橙色预警信号，县气象局分区发布预警信号，预警时效性更强、区域更精确，在气象灾害防御上更具针对性。另外，密云气象局为第二届国际无人飞行器创新大奖赛和2013CBSA北京密云“天合成”杯女子九球国际公开赛提供了气象服务。

（丁立芳）

【县气象局被评为科普教育基地】 4月,县气象局被北京市科委评为“科普教育基地(2013-2015)”。全年免费开放。

(李雪静)

【气象服务系统纳入全县网格化社会服务管理系统】 7月,县气象服务系统正式纳入密云县网格化社会服务管理。

(李雪静)

环境保护

【概 况】 密云县环境保护局负责对密云地区的环境保护工作实施统一监督管理。年内,以密云县空气质量进一步改善、主要污染物浓度下降为目标,落实清洁空气行动计划和减排责任制,履行环境保护工作职能,夯实管理基础,进一步提高环境保护队伍的整体素质,加大环境执法力度,遏制环境违法行为,防范突发事件,全面推进环境保护工作,为全县经济社会的发展提供环境保障。

(辛思行)

单位名称:密云县环境保护局
地　　址:密云县新南路65号
电　　话:69052231

【依法办理项目审批】 年内,坚持“便民、公开、依法、高效”的原则,规范和完善环保行政审批程序性规定,受理及办结建设项目审批事项810件。办结环保审批验收项目84件,关停项目41个。

(辛思行)

【完成控制大气污染任务】 年内,起草了《密云县2013-2017年清洁空气行动计划》,制定了《密云县扬尘污染控制方案》。按照控制大气污染措施,对全县150家使用燃煤单位进行摸底排查,对258台(次)燃煤锅炉进行检查。采暖季出动执法人员390人次,监测燃煤锅炉174台(次),对两家污染物排放超标的单位责令限期整改。密云县二氧化硫年均浓度21.3微克/立方米、二氧化氮年均浓度43.6微克/立方米、可吸入颗粒物年均浓度85.9微克/立方米、细颗粒物年均浓度71.6微克/立方米、一氧化碳年均浓度1.17毫克/立方米。同比二氧化硫下降25.8%、可吸入颗粒物上升0.7%、二氧化氮上升9.0%,平均下降比例为5.4%

(辛思行)

【加强水源保护】 年内,加强密云水库执法检查,对水库重点单位防治污染设施运行情况进行检查,对重点地段进行封闭管理,阻止游人进入密云水库一级保护区。劝出进入库区的车辆439辆、游人1756人。对密云水库防护网的检查,及时维护、维修环库公路内侧防护网,阻止游人接近密云水库水面,避免对密云水库水质造成污染。汛期对密云水库一级保护区内20家绿化基地污水处理设施及污水池水位进行检查,防止水污染事件发生。对密云水库走马庄副坝工程管理范围内3处改变山场管理使用性质房屋进行了拆除,拆除违法房屋面积1854平方米。密云水库及县境内水质,监测结果均符合国家规定的Ⅱ类水体标准。

(辛思行)

【环保专项执法检查】 年内,开展秸秆禁烧专项整治行动。督查县城周边、101国道、高速路两侧及河南寨镇等乡镇,出动执法人员210余人次。加强辖区内排污企业地下水污染检查,加强水源保护区内的单位和污水处理厂、垃圾填埋场、尾矿库、汽车零部件制造等企业的监察工作。开展了屠宰行业专项执法检查,要求排污设施完善,确保正常运行。执法检查排放污水企业154家次,取样监测75家,对1家存在问题的单位责令限期整改。对辖区内的印刷企业进行了检查,未按要求办理环保审批手续,责令补办环保审批手续,同时对7家存在问题的印刷厂下发了限期整改通知。开展汽修行业专项执法检查。责令部分二类汽修企业签订危废处置合同,规范管理,按要求储存、处置废机油、废棉丝等危险废弃物,对存在问题的企业责令限期整改。对县域内5家铁矿尾矿库监督检查,建立日常环境应急管理制度,做好环境应急工作。对县域内涉氨、涉氯及危险化学品企业进行了现场检查。加强危险废物环境监管,共检查危废企业100余家次,对1家不按规定收集危废物的企业立案处罚。对涉及审批类问题的企业责令限期补办环保审批手续。对涉及重金属排放3家企业进行执法检查。开展噪声专项检查。35家单位的厂界噪声进行监测,其中17家噪声排放超出国家规定标准,依法下达限期整改通知书。

(辛思行)

【污染减排】 年内,完成县经济开发区30蒸吨供热锅炉煤改气任务。完成县城中、西南2座集中供热中心6台燃煤锅炉的脱硝设施治理。完成檀州污水处理厂增加污水处理量、农业源完成粪污治理工程。完成27家粪污治理项目市级资金补助工作。全县二氧化硫排放量为3774.15吨,削减率为3.33%;氮氧化物排放量为3053.34吨,削减率为5.43%;化学需氧量排放量13734吨,削减率为4.29%;氨氮排放量748吨,削减率为7.26%。

(辛思行)

【机动车监测检查】 年内,累计淘汰老旧机动车4562辆;实现50辆电动出租车示范运营。检测车辆358613辆次,处罚尾气超标车辆1568辆,处罚金额11.09万元。其中路检机动车25020辆次,夜查机动车3931辆次,处罚车辆551辆次;遥感监测机动车181553辆次,筛查出超标车辆262辆次,248辆次挂网,其中有34辆次接受处罚处理;检测外地进京车132324辆次,劝返393辆次,处罚超标不合格车辆718辆次。入户检测车辆15785辆次,处罚车辆51辆次,发放限期治理通知书6份。检查加油站油气回收,削减挥发性有机物污染,下达限期整改通知书64份,处罚加油站3家,罚金3400元。

(辛思行)

【排污收费】 年内,完成排污申报收费97户,实际征收额为201.19万元。查处环境违法案件4起,罚款22.65万元。接待各类环境信访333件。所受理的信访案件全部在规定的时限内结案。

(辛思行)

【监测数据】 年内,完成监督性监测和研究性监测。出具有效监测数据1万余个,完成监测实验楼的改造工程。市政府对密云县政府绩效考核项目中的河流跨区县界断面达标率为100%。声环境质量综合达标率为74.9%

(辛思行)

【环保宣传】 年内,环保新闻宣传报导工作,向上级信息部门报送各类环保信息稿件192篇,其中被上级信息刊物采用58篇。“六·五”世界环境日期间,在滨河公园发放宣传材料1500多份,提高公众参与保护环境意识。协调果园、鼓楼街道的18个社区,开展28场“六型社区”讲座活动,发放《践行绿色北京、倡导绿色出行》倡议书、环境理论、污染减排、提升空气质量、新时期发展思路、低碳生活、老旧机动车淘汰指南、环保布袋等宣传材料1500多份,受教育群众900多人。

(辛思行)

【生态保护】 年内,完成了穆家峪镇碱厂村中央农村环保专项补助资金的拨付和冯家峪镇拆除鸡舍项目的中央农村环保专项资金申报工作。完成农村环境综合整治项目验收调查。开展农村地区压减燃煤调查。全县农村地区的燃煤总量为274158.1吨(包括取暖用煤总量261057.7吨和其他生活用煤量13100.4吨)。开展生态县建设复核工作,完成七项建设指标填报工作。

(辛思行)

生态文明建设

【概 况】 密云县生态建设发展研究中心(密云县生态办)承担协调县内生态文明建设相关工作、生态文明建设相关课题研究、组织协调生态环境保护宣传教育等职责。年内,密云县在生态涵养发展区工作方略指导下,落实"六护"机制,发展生态经济、改善生态环境、促进社会和谐、培育生态文化、提高生态意识,打造全国生态文明示范区。加强制度建设,修订完善了《密云县生态文明建设纲要》。深化产业结构调整,重点发展环境友好型工业、休闲旅游业、都市型现代农业和总部经济,三次产业结构比例为10:47:43,万元地区生产总值能耗和水耗分别比上年下降4.71%、10.5%。履行保水职责,开展密云水库周边环境综合治理,水库一级保护区污水处理率100%,密云水库水体质量保持在国家二类标准以上。全县共有污水处理厂(站)247座,城镇生活污水集中处理率90%。推进龙潭沟河、汤河等10条主要河道治理工程,完成了77条中小河道治理任务。开展小流域综合治理,治理水土流失面积55平方千米。密云县被水利部确定为全国水生态文明城市建设试点。在全县农村和45个社区推进垃圾分类,全县生活垃圾无害化处理率为97%。实施清洁空气行动计划,以防治细颗粒物(PM2.5)污染为重点,实施八大污染减排工程(源头控制减排、能源结构调整减排、机动车结构调整减排、产业结构优化减排、末端污染治理减排、城市精细化管理减排、生态环境建设减排、空气重污染应急减排),大气质量进一步改善,PM2.5年均浓度为71.6微克/立方米,位列全市第二。开展"拆违打非"专项行动,累计拆除违法建设815处、24.7万平方米,销账比例位居生态涵养发展区前列。实施平原绿化造林2.5万亩,京津风沙源治理工程完成封山育林7万亩、人工造林1.5万亩。全县森林覆盖率60.97%,林木覆盖率69.27%。实施"农民三大工程"(农民增收、健康、安居工程),推行立体分类式网格化管理,社会服务管理水平进一步提高。面向机关单位干部职工,开展了生态文明知识竞赛;面向居民,开展了环境保护、节能减排、防灾减灾、绿色生活等主题教育实践活动,营造了"生态文明,全民共建"的良好氛围。

(伊琳立)

单位名称:密云县生态建设发展研究中心(密云县生态办)
地　　址:密云县鼓楼西大街3号
电　　话:69045178

【赞皇县考察】 1月26日，河北省石家庄市赞皇县考察团一行30余人到密云考察国家生态县创建、生态文明建设工作。

（伊琳立）

【开展群众性生态文明宣传教育实践活动】 3月至11月，结合世界水日、世界气象日、全国城市节水宣传周、节能宣传周等环保纪念日，开展生态文明社区（乡村）行、生态文明知识竞赛两项群众性生态文明宣传教育实践活动。以“保生命之水、护生态环境、建美丽密云”为主题，累计发放《低碳生活一点通》、《绿色生活简明读本》、《城镇生活垃圾分类指导》等材料近万份；在全县100多个单位中进行了生态文明知识竞赛，普及县情和生态文明知识。

（伊琳立）

【生态文明调查研究】 4月至9月，开展了“关于强化密云生态文明建设”课题研究，邀请城市管理、水利、环保、旅游等方面的专家来密云进行了座谈和实地考察，为密云生态文明建设建言献策，调研成果在《密云科学发展决策参考》上发表。

（伊琳立）

【通过国家生态县初核】 5月至10月，组织筹备国家生态县复核迎检工作。制定了《关于做好国家生态县复核工作的实施方案》，召开了国家生态县复核工作协调会，对复核内容所涉及的五项基本条件和22项建设指标进行了责任分工，撰写了国家生态县建设工作报告和技术报告，收集整理了生态县复核相关档案材料，设计了现场考察路线。10月，通过了北京市环保局国家生态县复合组的初核。

（伊琳立）

【修订《密云县生态文明建设纲要》】 年内，按照生态文明建设的内涵和新形势的发展要求，对《密云县生态文明建设纲要》（密发〔2009〕1号）进行了修订。《纲要》中补充了党的十八大、市委十一次党代会和县委十一届七次全会以来生态文明建设的新思想、新内容，增加了“生态人居”和“生态文明制度建设”两个部分，提出从生态经济、生态环境、人居环境、生态文化、社会建设、生态制度六个方面加强生态文明建设。经县委第45次常委会议审议通过，12月31日，《密云县生态文明建设纲要（修订稿）》（密发〔2013〕8号）印发。

（伊琳立）

【开设生态文明建设专栏】 年内，在密云电视台、密云人民广播电台和《密云报》开设了“生态文明建设”专栏，刊登、报道密云生态文明建设先进经验、事例、人物和亮点工作。

（伊琳立）

【开展绿色出行宣传活动】 年内，开展“低碳生活·绿色出行·清新空气”、“‘做文明有礼密云人——文明进万家，美丽密云行’之绿色生活”等主题宣传活动，以入户讲解环境保护和绿色出行知识、现场指导垃圾分类方法、开展环境保护有奖知识问答等形式，普及绿色出行相关知识。

（伊琳立）

【建立生态文明资料数据库】 年内，初步建立了密云县生态文明资料数据库。内容包括：生态文明建设重要指标数据、生态资源情况、生态文明管理制度、生态建设成果。

（伊琳立）

科技 教育 文化 卫生 体育

科 技

【概况】 密云县科学技术委员会(以下简称县科委)是县政府负责科技管理工作的职能部门,与密云县知识产权局合署办公。全年储备科技项目38项,立项27项,获得国家、市级科技立项支持资金5086.57余万元,高新技术企业发展到73家、G20企业发展到4家、市级以上研发机构发展到18家。完成技术合同成交总额1.8亿,新申请专利552件,同比增长51.6%,获得授权专利254件,同比增长119%,增幅位于全市首位。获得“全国知识产权系统人才工作先进集体”荣誉称号。

(焦 扬)

单位名称:密云县科学技术委员会
地　　址:密云镇西滨河路2号
电　　话:69042877

【召开高新技术企业财政支持资金兑现会】 1月9日,联合县财政局、经济开发区召开“2012年度密云县促进高新技术企业发展财政支持资金兑现会”。会议通报了《密云县关于加快县域经济发展的若干政策》的落实情况。全县18家高新技术企业获得财政支持资金600余万元。自政策实施以来,已有53家企业受益。

(宋立荣)

【农村中学科技馆揭牌运营】 1月25日,全国首家农村中学科技馆在高岭中学建成并投入使用。馆内建有科普展品、数字科技馆、科普图书、学生科技创意作品和多媒体投影5个展区,16项展品,510册科普图书。

(苑光前)

【首都科技条件平台密云工作站项目通过验收】 3月4日,“首都科技条件平台密云工作站2012年度建设运行”课题通过市科委验收。该课题实施期间,共签约企业和研究所10家、科技管理专家29名,受理并回复企业需求50余项,举办供需对接35次、培训6期,4项科技成果在密云落地。

(赵 亮)

【县人大代表调研科技进步法执行情况】 3月26日,县人大常委会组织部分人大代表调研《中华人民共和国科技进步法》在本县的贯彻执行情况。人大代表们听取了科技进步法执行情况报告,察看了北京首云铁矿有限公司、北京康辰药业有限公司和北京绿润食品有限公司的科技创新成果。

（张怀东）

【获得专利执法授权】 4月2日，县科委获得市知识产权局“专利行政委托执法”授权，可独立开展专利执法工作。年内，开展执法检查4次，对假冒专利商品给予立案查处，255件商品信息录入北京市专利商品动态监控系统。

（景 姗）

【科技成果推广普及活动】 4月25日，在果园街道康居社区、密西花园社区开展科技成果推广普及活动。活动中开展了科普知识讲座、免费口腔检查等活动，参加居民达200余人。

（李大轩）

【“4·26”知识产权宣传】 4月26日，联合县工商局、文委等部门，在鼓楼文化活动广场开展“4·26”知识产权宣传活动。活动中解答群众各类问题100余次，发放《知识产权政策法规汇编》、知识产权宣传册等宣传品2000余份。

（景 姗）

【高新技术企业工作会】 4月26日，召开“2013年密云县新认定高新技术企业工作会”，北京康华远景科技有限公司等14家新认定的高新技术企业参加此次会议。会上详细讲解了高新技术企业扶持政策，并为14家企业颁发了高新技术企业证书。

（宋立荣）

【樱桃种植培训】 5月5日，邀请市农科院樱桃专家到穆家峪镇水漳村进行樱桃种植技术指导培训，30余种植户参加。培训后，专家到种植大棚内现场示范、讲解了果树修剪技术，并逐一解答了种植户提出的技术问题。

（赵红霞）

【科技进步县考核部署】 5月8日，召开科技进步县考核工作部署会，部署了2013年科技进步考核工作，并就科技进步考核指标体系、应用方法及相关事项进行了讲解、答疑。18个相关县直单位和5个镇街负责科技工作的工作人员参加。

（王宗存）

【防灾减灾科普宣传】 5月12日，在密西花园社区开展以“识别灾害风险、掌握应急技能”为主题的科普宣传活动，为社区居民宣讲了基本急救知识，对心脏骤停、溺水等突发事件的救助办法进行模拟演示，展出“科学防灾避险，保障生命安全”展板30余块。

（李大轩）

【防震减灾科普知识进校园】 7月2日，联合县地震局在北庄镇中心小学开展防灾减灾知识进校园活动，展出防震减灾展板40余块，并向学生讲解了地震和泥石流来临时的避险措施。

（许小亮）

【“科普行”启动】 8月29日，在鼓楼街道东菜园社区举办2013年“科普行”活动启动仪式。向社区居民播放了科普影视作品，发放科普书籍、光盘等科普宣传品。

（李大轩）

【华润希望小镇新农村建设科技示范工程通过验收】 9月13日，华润希望小镇新农村建设科技示范工程课题通过市科委验收，该课题实施期间，在华润希望小镇示范了新型墙体保温建筑材料和雨水回收处理、好氧生物接触氧化+高效过滤+MBR（膜生物反应器）污水处理等先进节能环保技术，为新农村建设提供了技术支持与借鉴。

（蔡大海）

【“密云金秋科普游”活动】 9月19日–

21 日,联合蔡家洼休闲观光工业园、张裕爱斐堡国际酒庄、首云国家矿山公园 3 家北京市科普教育基地,开展“密云金秋科普游”活动,接待游客 5744 人,其中团队游客 1608 人,实现旅游消费 65.25 万元。

(李大轩)

【召开知识产权质押融资对接会】 10 月 24 日,召开“密云县知识产权质押融资业务培训及专利投融资项目对接会”,40 余家科技企业参加。会上,向企业讲解了中关村知识产权优惠政策、知识产权质押贷款及评估流程,2 家企业与北京银行代表签订了质押贷款意向合约。

(景　姗)

【数控养蜂技术培训】 11 月 26 日至 12 月 4 日,对县内养蜂大户进行为期 9 天的数控养蜂培训,讲授了数控养蜂技术的原理和具体操作方法,蜜蜂选育、蜂群的管理以及春季繁育、蜂群越冬等技术。

(赵红霞)

【科技进步考核】 年内,通过地方考核、专家复核和社会公示等环节,密云县顺利通过国家科技部 2011—2012 年度科技进步考核。

(胡凤霞)

【高新技术成果转化项目认定】 年内,国电四维清洁能源技术有限公司“基于智能穿越技术的高效节能高压变频器产业化项目”等 5 个项目通过北京市 2013 年度高新技术成果转化项目认定,获得支持资金 900 万元。

(宋立荣)

【高新技术企业管理】 年内,新认定高新技术企业 17 家,73 家高新技术企业实现收入 69.7 亿元,同比增长 23.4%;高新技术产品(服务)收入 51.4 亿元,同比增长 32.8%;纳税总额 3.58 亿元,同比增长 19.3%;申请专利 161 项,授权专利 42 项。

(宋立荣)

【中关村新技术新产品认定】 年内,北京建生药业有限公司金水鲜胶囊和金龙胶囊、北京三辰工业新材料有限公司硅橡胶等 5 项产品被认定为 2013 年度第一批中关村国家自主创新示范区新技术新产品。享受中关村新技术新产品(服务)应用推广专项资金支持。

(宋立荣)

【“科技惠农行动计划”科技示范基地认定】 年内,北京海华云都生态农业股份有限公司等 9 家农业企业被市农科院认定为“科技惠农行动计划”科技示范展示基地。

(魏长山)

【农业科技示范基地培育】 年内,制定《密云县特色生态农业科技示范基地管理办法(草案)》,培育百年栗园北京油鸡成果转化科技示范园等科技(科普)示范基地 6 家。

(魏长山)

【区域特色商标注册】 年内,挖掘“汤河”、“黄土坎”等区域特色品牌资源 12 件,提交商标注册申请 31 件。累计 168 件商标获得授权,“古北水镇”等 31 件商标已转让或许可给县内相关单位使用。

(景　姗)

【农业科技服务平台建设】 年内,建成密云休闲生态农业科技信息服务平台,宣传农业科技信息 12 万条,推介县内名优农产品 51 种,实现销售额 1084 余万元。

(赵红霞)

【科技成果转化示范基地建设】 年内,北京科技成果转化(密云)示范基地建设完成一期(北区)东、西侧道路路面铺设,奥科瑞丰、华源泰盟等 7 家企业落户基地,注册资金总额达 1.4 亿元。

（张宝忠）

【市级科普教育基地】 年内，县科技馆、气象局、黄峪口养蜂合作社被认定为北京市科普教育基地。

（李大轩）

【专利申请】 年内，新申请专利 552 件，同比增长 51.6%，获得授权专利 254 件，同比增长 119%，增幅位于全市首位。

（景 姗）

【市级专利试点企业认定】 年内，北京康辰药业有限公司等 10 家企业被认定为北京市专利试点企业，全县北京市专利试点企业达到 53 家。

（景 姗）

【科技研发项目鉴定】 年内，北京建生药业有限公司等 12 家企业的 53 项研究开发项目通过市科委鉴定，享受税收加计扣除政策。

（宋立荣）

【获市级科学技术奖】 年内，北京斯伯乐科学发展有限公司的“乙烯装置碱洗塔黄油抑制剂研发与产业化”项目和北京赫宸环境股份有限公司的“静态清灰袋式除尘技术研究”项目分别获得北京市科学技术二等奖和三等奖。

（宋立荣）

【技术合同登记】 年内，登记技术合同 56 份，合同成交总额 1.8 亿元。

（赵 亮）

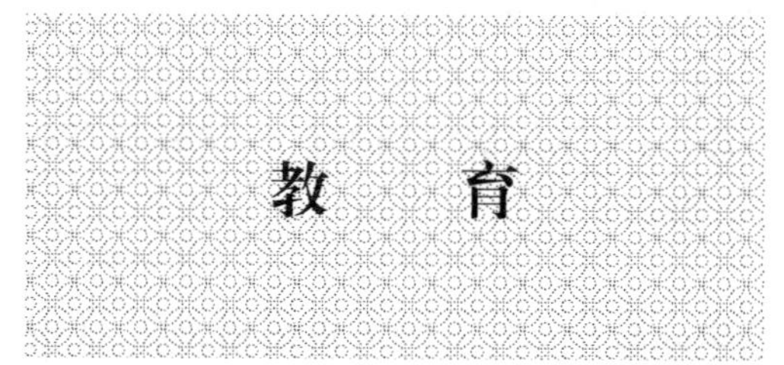

教 育

【概 况】 年内，密云县教育委员会（以下简称县教委）围绕“学有优教”目标，强化教育软硬件建设，抓好中小学校新键、扩建工程，改善城乡办学条件；实施“名校、名师、名校长”工程，加强教师岗位交流，促进城乡教育优质均衡发展。截至年底，全县幼儿园有 67 所，幼儿班 391 个，在园幼儿 10253 人，幼儿园离园人数 3535 人，入园人数 3337 人，教职工 1673 人，其中专任教师 876 人。幼儿园总占地面积 237393 平方米，园舍建筑面积 125695 平方米。小学共有 40 所（其中少数民族学校 4 所，五小、檀营、古北口、提辖庄。另外，东白岩小学今年因改造，学生和教师并入巨各庄中心小学）。小学寄宿制学校 16 所。教学班 603 个，小学在校学生 20436 人，小学预计毕业生 3076 人。小学教职工 2042 人，其中专任教师 1481 人，占教职工总数 72.5%，本科以上学历占 92.3%，大专以上学历占 100%。小学县级以上骨干教师 266 人。小学总占地面积 601920 平方米，校舍建筑面积 199993 平方米，计算机 6398 台，其中教学用 5779 台。初级中学 18 所，初中教学班 308 个，初中在校生 9897 人。初中在校生中本市农业户籍学生 6046 人。初中住宿生 1559 人，初中毕业生 3529 人，初中招生 3064 人，初中预计毕业生数 3383 人，普通中学总占地面积 893312 平方米，校舍建筑面积 273043 平方米，计算机 6657 台，其中教学用 6211 台。普通中学共有教职工 2602 人，其中专任教师 1817 人，占教职工总数 69.8%。初中专任教师中中学高级 239 人，占 19.98%；中学一级 476 人，占 39.80%。初中县级以上骨干教师 196 人。高中在校学生 6329 人，比上年减少 476 人，减幅 7%。高中在校生中本市户籍 6197 人。高中毕业生 2154 人，高中招生

1852人,其中本市户籍1790人。高中专任教师621人,生师比10.2:1。高中专任教师中中学高级227人,占36.55%;中学一级151人,占24.32%。高中县级以上骨干教师121人。中等职业学校1所,分为3个校区。有职业高中和成人非全日制中专两种类型学生,职业高中共开设16个专业,成人非全日制中专共开设2个专业。职业高中在校学生1925人,中职教职工262人,其中专任教师159人。专任教师中高级职称38人,占23.9%;中级职称48人,占30.2%。职业中学总占地面积148276平方米,校舍建筑面积54365平方米,计算机1272台,其中教学用1219台。各类成人学校376所,年受教育培训总数168920人次,学历教育开设专业13个。毕业836人,招生834人,在校生2806人次。教职工142人,其中,专任教师78人。成人学校占地面积131100平方米,建筑面积45200平方米,固定资产总值2350万元。

(黄维国)

单位名称:密云县教育委员会
地　　址:密云县新南路103号
电　　话:69041752

【召开中学生成长导师制工作总结暨优秀导师表彰会】 1月2日,召开"密云县学生成长导师制工作总结暨优秀导师表彰会",全面总结2013年学生成长导师制工作;太师庄中学、河南寨中学、东邵渠中学、密云二中、北师大密云实验中学5所学校的德育主任,分别就本校导师制工作的特色和亮点作典型发言;密云二中、十里堡中学、北交大附中密云分校、密云五中获得《我与学生的故事》教育案例一等奖的4位优秀导师代表,同与会人员交流自己和学生的感人故事。

(黄维国)

【举行校级干部竞争上岗面试】 1月5日–6日,举行校级干部竞争上岗面试,获得面试资格的81名应试者公开竞争校级干部岗位。本次面试严格按照规定程序进行,由县人力资源社保局及县教委领导共同担任考官,科学、民主选拔符合教委系统需求的优秀人才。共有30名教师获得了校级干部上岗资格。

(黄维国)

【密云三小加入北京实验二小教育集团】

北京实验二小是一所底蕴深厚的百年老校,具有先进的办学理念,并成立教育集团,在全国拥有18家成员校。为推动学校发展,密云三小加入北京实验二小教育集团。1月15日,双方在密云三小举行签约仪式。签约仪式上,北京实验二小向密云三小的师生介绍了实验二小教育集团"以爱育爱"、"双主体育人"的品牌理念,表示将密云三小建设成为密云乃至全市的名校,带动密云基础教育的整体发展。

(黄维国)

【"读书学榜样,做专业幼儿教师"展示活动】 1月16日,开展"读书学榜样,做专业幼儿教师"现场展示活动,活动分为四部分:一是小结2012年各园所开展"读书学榜样,做专业幼儿园教师"展示活动情况;二是为"读书学榜样,做专业幼儿园教师"优秀个人颁发证书;三是优秀个人做专业发展感悟及特长展示;四是第四幼儿园园长王淳谈幼儿园如何成就教师专业发展。

(黄维国)

【举办园长工作交流与论坛活动】 1月24日,举办园长交流、研讨活动,36名幼儿园园长交流了本学期重点工作措施和成效，并围绕“提高保教质量、培育园所文化”这一主题开展研讨。

（黄维国）

【六幼与市五幼建“手拉手”合作关系】 2月22日，密云县第六幼儿园与北京市第五幼儿园签订“手拉手”活动协议书，两所幼儿园本着资源共享、互助互利、优势互补的原则，按计划定期开展活动。3月，六幼的部分教师到北京五幼观摩学习。

（黄维国）

【县教委组织小学校长赴境外研修】 2月17日至3月10日，县教委选派16名小学校长赴美国哈佛大学等4所名校参观考察，学习国外先进的教育理念、成功的教育经验，从教育体系建立、学校管理、课程设置、师资队伍建设、质量监控等方面与外方教育专家进行研讨交流。

（黄维国）

【“绿色耕耘”初中英语教师语言研修班开班】 2月28日，密云五中、六中、新农村中学和十里堡中学的33名初中英语教师参加在密云教师培训中心举办的“绿色耕耘”初中英语教师语言研修培训班的学习。本期研修共计130学时，分为集中学习、分组实践、成果展示与交流三个阶段，旨在通过理论学习、专家引领等形式提升教师专业素养，促进教师专业发展，从而实现“聚焦教材话题，提升教师课堂教学语言能力”的研修目标。

（黄维国）

【召开小学“减负”工作专题会议】 3月14日，召开小学减负工作专题会议，全县小学主管副校长参加会议。与会人员学习了市教委减负工作相关文件，结合市教委小学教育工作会议精神，具体解读课程计划、课时数、在校学习时间、有偿家教等关键问题；对各校上报的减负工作实施方案进行分析指导，提出进一步修改、完善建议，对学校课程表、作息时间表审核备案工作提出了明确要求；部署了市、县两级减负工作督导随访和作业改革创新案例征集工作。

（黄维国）

【组织第四届青年教师读书论坛活动】 4月，县教委团工委在本系统教工团组织中开展了青年教师读书学习活动，通过理论学习、读书活动、主题论坛、社会实践等多种形式，使广大青年教师树立终身学习理念，转变思想、主动学习，不断提高团员队伍的战斗力，增强团组织的吸引力和凝聚力。全县43所中小学、幼儿园的650名青年教师参与本届读书活动。有10个单位荣获优秀组织奖。

（黄维国）

【六小与首师大附小结成合作学校】 4月24日，密云六小与首师大附小结成友好合作学校，两校分别介绍了本校基本情况和办学理念，表达了合作交流、共同进步的良好愿望，首师大附小向密云六小赠送了《必须保卫童年——童心教育的理念和实践》一书。

（黄维国）

【北京现代汽车公司向县职业学校捐赠教学设备】 在4月29日举行的北京现代汽车公司2013年“车教助学”捐赠仪式上，北京现代汽车公司向密云县职业学校捐赠整车2辆、发动机4台，价值32.6万元。

（黄维国）

【启动农村大学生培养工程】 县社区教育中心按照首都新农村建设农民大学生培养工程的要求，面向全县农民招生，开办考前辅导班。5月，有130余名青年农民通过成人高等学校全国统一招生考试，成为首期农村行政管理专科班学生。

(黄维国)

【举办防震减灾科普知识进校园活动】 4月25日,县教委和县地震局联合举办防震减灾科普知识进校园活动。县地震局工作人员从地震的概念、分类、形成以及发生地震时应急避险原则要点、自护自救方法等方面,为七中师生做防震减灾知识专题讲座,全校师生进行了避震疏散演习。活动共发放地震科普知识宣传材料和防震减灾知识手册1000余册。

(黄维国)

【组织"我的创意植绿故事"大赛】 5月14日,县教委团工委组织"我的创意植绿故事"大赛,来自全县23所学校的48名少先队员参加比赛。经过激烈角逐,有3名小学生获得一等奖。

(黄维国)

【中小学生"复兴中华,从我做起"演讲比赛】 5月14日-15日,县教委举办中小学生"复兴中华,从我做起"演讲比赛,全县99名中小学生围绕演讲主题畅谈了对爱国的理解,抒发了自己的人生理想和奋斗目标。有5名学生获一等奖,7名学生获二等奖,18名学生获三等奖。

(黄维国)

【参加北京市"海氏躲避球"和"绑腿跑"比赛取得优异成绩】 5月25日,太师屯中心小学代表密云县参加由市教委、市青少年活动管理中心主办的阳光体育2013年北京市中小学生绑腿跑和首届"海氏躲避球"比赛,获得"海氏躲避球"项目第一名、绑腿跑比赛第八名,并获阳光体育2013年北京市中小学生绑腿跑比赛"最佳人气奖"。

(黄维国)

【名师工作室教师赴无锡跟岗研修】 5月26日至6月1日,县教委组织小学语文、数学、英语、科学4个名师工作室的22名教师赴江苏省无锡市育红小学和育英实验小学参加了为期一周的跟岗研修,参观两所学校的校园文化建设,听取学校负责同志有关办学理念、教育教学、办学特色等基本情况的介绍,现场观摩名师课堂教学,参加学校教研活动,与学校干部教师就提质减负、家校合育、课题研究等多项内容进行座谈、研讨。

(黄维国)

【举办2010年入职教师演讲比赛】 6月15日,密云县新教师基本功系列展示活动之"我的成长之路"演讲比赛在教师培训中心举行。2010年入职的113名教师参加演讲,2012年入职的135名教师全程观摩。参赛教师从不同角度梳理了自己三年的成长历程,总结了三年来的工作经验与教训。

(黄维国)

【第四幼儿园成为市级示范园】 7月22日,市教委召开北京市示范园验收总结会,密云县第四幼儿园被认定为市级示范园。同时,溪翁庄镇东智幼儿园通过北京市二级二类园验收,全县级类园总数达到30所。

(黄维国)

【召开中学干部培训交流会】 8月30日,县教委中教科请中国教育科学研究院课程教学研究中心副研究员、教育学博士孙智昌为中学干部做"学校课程建设"培训,各中学校长、中层干部,教研中心教研员参加培训。培训结束后,各中学教学干部围绕学校课程建设、有效备课、有效课堂、有效作业、有效考评等五个方面展开研讨。

(黄维国)

【组织“月圆国圆传承经典”主题教育活动】 中秋节前夕,组织全县中小学开展“月圆国圆,传承经典”主题教育活动。密云二小走进社区参与“迎中秋”文艺演出,展示学生才艺;巨各庄中心小学开展“传承民间艺术共舞霸王鞭”活动,弘扬传统文化;密云五小举办“2013 中秋印象”摄影大赛,提高学生审美情趣;密云镇中心小学以国旗下讲话等形式,向学生传颂中秋节的诗歌、故事,提升学生的传统文化修养。

(黄维国)

【举行幼儿园早期阅读培训活动】 9月24日,县教委请南京师范大学宁谊幼儿教育研究发展中心中国学前教育研究会“十二五”《早期阅读指导研究》课题组培训讲师于洋、刘红羽为全县幼儿教师做幼儿早期阅读读本分析和教学指导策略培训。两位讲师通过讲座辅导、组织分组研讨、展示读本分析内容等形式,分析解决教师在早期阅读活动中的困惑,明确课题研究目标,传授激发幼儿阅读兴趣、帮助幼儿养成良好阅读习惯、掌握早期阅读技能的方法。

(黄维国)

【22 所幼儿园成为学前教育数字图书馆分馆】 9月26日,市教委请中国数字图书馆、学标教育科技中心为密云县第一幼儿园等 22 所幼儿园进行数字图书馆安装培训,22 所幼儿园正式成为学前教育数字图书馆分馆。学前教育数字图书馆为全县幼儿园师生及幼儿家长提供高质量的数字图书阅读资源以及教学信息学习、交流、展示的服务平台。

(黄维国)

【“乡村学校少年宫”挂牌】 9月26日,在 2013 年中央专项彩票公益金支持乡村学校少年宫建设启动暨辅导员培训会上,太师屯中心小学继东邵渠中心小学、穆家峪中心小学后被授予“乡村学校少年宫”称号。“乡村学校少年宫”是依托农村学校现有资源条件,适当添置相应设备,使其成为学生课外、校外活动的重要场所。北京市 2011 年启动第一批“乡村学校少年宫”项目建设,密云县已有 3 所小学成为北京市“乡村学校少年宫”校。

(黄维国)

【第五届“校园金话筒”小主持人大赛圆满结束】 10月18日,县教委团工委举办“校园金话筒”小主持人大赛,24 所小学、16 所中学的 64 名校园小主持人参加比赛。本次比赛通过绕口令、新闻播报、辩论赛三个环节,全面考察选手的组织编稿能力、语言表达能力、应急思辨能力、逻辑思维能力。三小、六小、三中、二中的 4 组选手荣获比赛一等奖。

(黄维国)

【县社区教育中心举办《密云水库鱼致富经》赠书仪式】 12月19日,县社区教育中心在溪翁庄镇成人学校举办《密云水库鱼致富经》赠书仪式。各镇成人学校教师、溪翁庄镇民俗户代表 152 人参加。《密云水库鱼致富经》一书是县社区教育中心承担的北京市教科院教学资源建设研究项目,县社区教育中心组织人员利用 2 年时间进行编、印制,该书包括“领您认、带您吃、教您做、帮您赚”四个部分,作为农民旅游培训的乡土教材,陆续发放到水库周边民俗户手中,传播密云水库鱼文化,促进农民增收致富。

(黄维国)

密云县第八幼儿园

密云县第八幼儿园座落在李各庄村

南,原为密云镇城关中心幼儿园,2011年被密云教委接收改为密云县第八幼儿园,幼儿园占地面积为4909平方米,建筑面积为2933平方米,教室46间,其中专用教室舞蹈室和美劳室共八间;教学设备完善,班班配备电脑及显示器。

在园幼儿324名,十二个教学班,教师总数为64人,专任教师24人,其中本科学历共15人,占教师人数的62%,大专学历7人,占教师总数的29%,中专学历2人,占教师总数的8.4%;中级职称2人,占专任教师总数的1.6%;县级骨干教师2人,占教师总数的0.4%。

年内,第八幼儿园落实"北京市学前教育三年行动计划",以提高教育教学质量为重点,全面提高保教质量和办园水平。在干部中开展读书交流与管理论坛活动;组织开展师德演讲比赛活动,评选八幼"最美教师";开展骨干教师、名师工作室成员献好课活动;组织10名新调入教师做好拜师工作;请北京五幼不同岗位教师进行班级管理交流讲座;依托十二五继续教育开展"琴、棋、书、画、舞、工、讲"为内容的"七彩培训"课程,提高教师基本技能。扎实开展园本教研工作;进行县级科研课题"引导幼儿感受生活中美的研究"立项及研究工作,加快美术特色课程建设进程。全面启动"第八幼儿园第一届艺术节"及"第一届艺术节"活动,加强园所文化环境建设,逐步形成园所文化特色。

(黄维国)

密云县第九幼儿园

密云县第九幼儿园位于新溪路43号院1号楼,2013年10月开园。隶属于密云县教育委员会,园所占地面积3000平方米,建筑面积2380平方米,户外活动场地1580平方米。带盥洗室的幼儿活动室9套,室内文化建设工程完成后拥有"儿童绘本馆"1个,"美工坊"1个,"多功能厅"1个。幼儿园开设9个教学班(大中小班各3个),容纳幼儿270人。现幼儿园招收3个小班,在园幼儿57人。年内,投入630余万元用于园所设施,条件高于北京市一级幼儿园标准。

园所教职员工26人,专任教师8人,其中,本科学历2名,占25%,大专学历5人,占62.5%,幼教中专1名,占12.5%;小教一级教师2人,占25%,小教二级教师3人,占37.5%,未定级3人,占37.5%。全园有市级骨干教师1人,县级学科带头人1人。

九园本着"葆有天性、蒙养心性、注重个性、主动发展"的教育理念引领园所科学保教。博爱、温馨、宽松的精神环境,让幼儿感受家的亲和力;安全、丰富、童趣、动态的物质环境让幼儿亲历感知、探索;基础课程+生活课程的课程模式以及"两个尊重"、"两个坚守"的工作原则促进幼儿全面而富有个性的发展。

(黄维国)

密云县檀营满族蒙古族小学

檀营满族蒙古族小学位于密云县城东北,檀营街,在密云外八景冶塔仙灯脚下。学校创办于1944年,称为扶轮小学,后更名为檀营小学,1983年随着满蒙民族乡成立,更名为檀营满族蒙古族乡中心小学,是北京市唯一一所满蒙族小学。1987年前隶属于穆家峪乡中心小学,1987年9月开始隶属于檀营乡管理。1998年8月,檀营村办幼儿园挂靠到学校,当时幼儿园大、中、小班各一个,幼儿 84 人。

檀营满族蒙古族小学占地面积 17352 平方米,建筑面积 9316 平方米,体育场(馆)面积 6000 平方米。图书馆(室)藏书 1.5 万册,各类报纸 5 种,杂志 30 种。固定资产总值 11323046.85 元,全年教育经费投入 12429292.09 元,全部由国家拨款。教职工总数 77 人,专任教师数 54 人,占教职工总数的 76.06%;本科学历有 62 人,占教职工总数的 80.52%;专科学历 12 人,占教职工总数的 15.58%;中专学历的 3 人,占教职工总数的 3.9%;副高级职称有 1 人,占教职工总数的 1.3%;中级职称的有 41 人,占教职工总数的 53.25%;县级骨干 7 人,占教职工总数的 9.1%,校级骨干 8 人,占教职工总数的 11.27%;在校生 800 人,毕业生 117 人,毕业合格率 100%;招生 203 人。普通教室 24 个,专用教室 10 个。

年内,学校马头琴乐队参加北京市民族教育学会组织的民族艺术展演并获一等奖。学校两次被评为密云县师德先进集体、连续第五年被评为北京市科研先进单位,连续第二次被评为北京市先进工会小家、北京市民族团结示范校。

(黄维国)

古北口镇中心小学

古北口镇中心小学建于 1923 年,由地方绅士将清朝的“大府衙门”改建成学校,1985 年学校更名为古北口镇中心小学。1991 年,中心小学下辖河东、北甸子、汤河、北台、潮关 5 所完小。1991—1992 年县、镇联合投资,建办公楼两栋。1993 年司马台小学、杨庄子小学并入古北口镇中心小学。2000 年古北口镇中心小学成为农村寄宿小学。

学校总占地面积 18288 平方米,建筑面积是 5484 平方米。学校共有 5 个专用教室,包括:计算机室、科学实验室、音乐室、劳技室、美术室。现有教职工 67 人,其中专任教师 35 人;小学高级教师 41 人,占教职工总数的 61.2%;本科学历 57 人,占教职工总数的 85.1%;大专、中专、高中学历共 10 人,占教职工总数的 14.9%;市级骨干 1 人,县级骨干 6 人,校级骨干 5 人,骨干教师数占教职工总数的 17.9%。现有在校生 262 人;共 12 个教学班;借读生 25 人;毕业生 61 人;毕业生合格率为 100%;本年度招生 38 人。学校现有图书 5 万余册。学校本年度经费投入 1290152.02 元;固定资产总额 9954731.18 元。

年内,学校开展了以“爱读书、乐读书、会读书”为重点的教育教学工作。被评为市级小学生综合素质评价先进单位;大课间跑步县级评比一等奖;县级美丽少年综合展示优秀校;县级小学生行为习惯评比优秀校。

(黄维国)

密云县第六小学

密云县第六小学始建于 1995 年 9 月,当时有 4 个教学班,1997 年 9 月,双井小学合并到六小。1999 年 8 月,燕落寨小学合并到六小。2000 年 8 月,岭东小学合并到六小。

学校占地面积为 10765 平方米,建筑面积 5916 平方米,运动场面积 7665 平方米。学校共有普通教室 29 个、专用教室 9 个,拥有计算机 215 台,数字资源量 200GB,图书馆藏书 30252 册,有 29 个教学班,在校生 1222 人。共有教职工 79 人,其中硕士研究生 2 人,占教师总数的 2.5%;本科学历 62 人,占教师总数的 78.5%;大专学历 11 人,占教师总数的 13.9%;中专及以下学历 4 人,占教师总数的 5.1%。中级职称 49 人,占教师总数的 62%;初级职称 19 人,占教师总数的 24.1%;占教师总数的 13.9%。北京市骨干教师 4 人,占教师总数的 5.1%。县级学科带头人、骨干教师、骨干班主任 11 人,占教师总数的 13.9%;校级骨干 8 人,占教师总数的 10.1%。

年内,学校践行诚·信文化,强化责任落实,追求“人人都是管理者,个个都是责任人”的积极的文化氛围。在春蕾杯作文竞赛中,有 109 人次分获市县级奖;代表密云县图书馆参加北京市课本剧展示,获得北京市小红领巾读书活动青少年原创科普剧二等奖;参与北京市科学学科录像评优课获市级一等奖;密云六小荣获密云县小学“美丽少年”综合素质展示优秀学校;密云教委教职工广播操比赛二等奖;北京市书香燕京先进校;北京市红领巾读书活动荣获示范单位称号。

(黄维国)

十里堡镇中心小学

十里堡镇中心小学前身为河槽私塾,始建于 19 世纪初(具体时间不详)最初由 2 个教书先生分别负责“私塾”与“洋学”课程的教学。解放以后(1948—1958 年)在河槽村建立初级小学。由国家统一派教师,统一使用教材。1989 年,十里堡中心校更名为十里堡镇中心小学。2002 年暑假铁路以南的河槽小学、庄禾屯小学、王各庄小学合并为十里堡中心小学迁到庄禾屯村西头,新建教学楼。

十里堡镇中心小学占地面积 36448 平方米,建筑面积 9401 平方米,图书 7000 册,有普通教室 24 个、专用教室 14 个。学校年度经费投入 276 万元,固定资产总额 1705 万元。学校共有教职工 121 人,其中专任教师 118 人,具有本科以上学历 85 人,占专任教师总数的 72%。高级职称有 1 人,占专任教师总数的 0.8%;中级职称有 79 人,占专任教师总数的 66.9%。市级学科带头人 2 人,,占专任教师总数的 1.6%;县级学科带头人 1 人,占专任教师总数的 0.8%;县级骨干教师 11 人,占专任教师总数的 9.3%;县级骨干班主任 3 人,占专任教师总数的 2.5%。十里堡中心小学共有在校生 904 人,开设 24 个教学班,借读生 404 人,占学生总数的 44.7%;本市户籍有 500 人,占学生总数的 55.3%;外省市户籍的有 394 人,占学生总数的 43.6%。六年级毕业生 153 人,毕业率 100%;一年级招生 166 人。

年内,十里堡镇中心小学本着“润泽生命”的办学理念,突出特色建设,打造学校品牌,学校教育教学质量稳步提升,获得教学质量先进单位,校本培训先进单位,北京市科研先进单位;在北京市奇奇运动会中获得冠军,在密云县跑步、课间操评比中均获一等奖,北京市跳绳比赛团体第六名的成绩。

(黄维国)

北京师范大学密云实验中学

北京师范大学密云实验中学,2002 年 9 月 1 日落成开学,原名为“密云二中分校”,2004 年 12 月成为北京师范大学附属学校,更名为“北京师范大学密云实验中学”,属公办全日制城镇普通高中校。学校坐落在檀城东区阳光街路南，总占地面积为87210平方米，总建筑面积为29979平方米，主要建筑有：教学楼、办公楼、实验楼、学生宿舍楼、图书馆综合楼、体育馆和学生食堂。学校建有数字化实验室、计算机房、多媒体教室、音乐、美术、舞蹈等专用教室，设施完备、设备齐全，现有藏书50000余册，报刊、杂志210种，学校固定资产总额5819万元。全校有41个教学班，在校学生总数1793人，住宿生778人，毕业生508人，毕业率77.6%，高考上线率48.5%，高一招生450人，最低录取分数线448分。学校在册教职工228人，专业技术人员214人，专任教师148人，占教职工总数64.9%；高级职称55人，占专任教师37.2%；中级职称69人，占专任教师46.6%；市县级学科带头人、骨干教师19人，占专任教师12.8%。

北师大密云实验中学以"终身教育思想"为办学核心理念，开展教学研究，提高教学质量，开展体、美、卫、艺术、课外、校外教育，促进学生的全面健康和谐发展，重视校园文化建设，打造书香校园。获2013学年卫生工作先进单位；工会工作先进单位；高三(7)班评为北京市先进班集体；物理教研组被评为2012—2013学年度先进教研组。

（黄维国）

东邵渠中学

东邵渠中学始建于1960年，当时校址在东邵渠村内，现址为东邵渠村东侧。1995年，西邵渠中学、石峨中学合并到东邵渠中学，2010年由县、镇两级政府投资650万元，新建一座现代化综合楼，2011年9月1日投入使用。

东邵渠中学占地面积为26780平方米，建筑面积6409平方米，教室6个，专用教室10个。教师总数为52人，其中专任教师29人，占教职工总数的55.8%。其中本科学历教师44人，占教职工总数的84.6%，大专及以下学历8人，占教职工总数的15.4%；高级职称7人，占专任教师总数24.1%，中级职称23人，占专任教师总数的79.3%；市级学科带头人1人，占专任教师总数3.4%；市级骨干2人，占专任教师总数的6.9%；县级学科带头人1人，占专任教师总数的3.4%，县级骨干教师2人，占专任教师总数的6.9%。2013年在校生数，195人6个教学班毕业生人数:86人，毕业率100%，招生数人:60人，升学率100%。

年内，学校与北京LP6公益组织联合举办"心无界，爱无疆"爱心手拉手公益活动、"爱祖国、美行动、舒豪情"才艺展示表演赛、"感师恩，送真情"诗歌朗诵会、安全演练、社会实践大课堂等活动。在教育科研方面，重视教学改革，深入探讨导学案在课堂教学中的应用，开展骨干教师示范课、精品展示课、教学评优课等多种活动；开展好教师论坛系列活动，对班主任和任课教师进行系统辅导，提高教师的综合素质。学校重视校园文化建设，增加了学生学习生活活动展示板，美化校园环境。教师论文获市县级一二三等奖近20篇，录像课研究课获县级一二等奖近10节。在密云县中学综合体育项目比赛中获团体总分第一，在"第十九届北京市中小学生自然科学知识竞赛"网上答题中，获优秀组织奖，在时事竞赛中团体总分获全县第二，在交通安全节目汇演中小品获县级二等奖，在第十三届中学生中英双语演讲比赛中获县级三等奖，在"美丽中国绿色北京可爱家乡中学生时事电子期报评选中获市级一等奖。

（黄维国）

密云县巨各庄中学

巨各庄中学的前身是焦家坞中学，始建于1968年，属三年制初中校，2006年6月合并原塘子中学，成立巨各庄中学。学校占地43000平方米、建筑面积20300平方米，体育场19800平方米；图书馆藏书49132册，电子图书100GB，订阅杂志、报刊78种；拥有计算机362台，所有教室和专用教室统一安装了电脑、白板、音箱、实物投影等多媒体，并实现网络班班通，校园出口总带宽100Mbps，数字资源量120GB；普通教室35个、专用教室12个、实验室9个。

巨各庄中学现有在校生890人；教学班27个；初高中毕业生448人，毕业率98%；初高一共招生270人；2013年初高三升学总人数448人，升学率98%。现有教职工163人，其中专任教师107人。专任教师中硕士研究生7人，占专任教师6.5%；本科学历100人，占专任教师93.4%；副高级教师34人，占专任教师31.8%；中级职称45人，占专任教师42%；市县级学科带头人2人，占专任教师1.8%；市县级骨干教师23人，占专任教师21.5%。

年内，学校教学工作以落实“五抓”，即“抓常规”“抓基础”“抓细节”“抓课堂”“抓习惯”为突破口，促进学生全面发展；德育工作以重习惯培养，促文化建设，创和谐校园为德育目标，讲尊师，讲礼仪，讲纪律，讲秩序。抓常规，抓细节，抓规范，抓习惯。加强教师职业道德建设，落实全员德育，重点做好德育干部、班主任、教师校本培训工作。加大养成教育的力度，抓好“四种习惯”培养。培养具有优秀品质、健全人格、健康心理和进取精神的合格中学生，同时树立师德典范。荣获2012-2013学年初高中教学质量先进单位；被县教委评为2012-2013学年绩效先进单位。

（黄维国）

密云县第七中学

密云县七中校址在密云县城西北部的大唐庄村，前身为密云二中初中部，2013年1月更名为密云县第七中学。

学校占地52亩，建筑面积12865平方米，固定资产770余万元。学校拥有教学楼、实验楼、图书馆楼、办公楼各一栋、4个标准篮球场和1个标准运动场。27个标准教室。3个物理实验室、3个生物实验室、2个化学实验室并设有先进的数字化实验室1个、史地专室1个、美术专室1个、国画专室1个，音乐专用教室2个，学校图书馆藏书2.5万余册，每个班级都配有电子白板、多媒体教学设备。学校教职工112名，专任教师86名，本科及以上学历教师108人，占教职工总数的96.4%。市级骨干教师2人，占专任教师的2.3%；县级学带1人，占专任教师的1.2%；县级骨干教师11人，占专任教师的12.8%；县级青年骨干教师2人，2.3%；校级骨干教师10人占专任教师的11.6%。专任中高教师15人，占专任教师的17.4%，中一教师36人，占专任教师的41.9%；35岁以下青年教师35人，占专任教师的40.7%，交流教师35人，占专任教师的40.7%。

年内，学校秉承“让每一名学生都成为有用之才”的办学理念，按照“科学、民主、反思、提升”的工作要求，培养“品德高尚、学业精良、情趣高雅、身心健康”的中学生。开展了“文明守纪，做美丽中学生”主题教育活动。形成了良好的班风和学风。在参加密云县中小学生综合运动会中获4金、8银、3铜，位列全县第二；男子篮球队在密云中学生篮球赛中取得全县第三名，有26位教师的62篇论文获市、县级的奖项；学校获得县级综合素质评价优秀奖和县级第十四届春雷杯作文组织优秀奖。

（黄维国）

密云县职业学校

密云县职业学校学校始建于1983年9月，校名为“密云县第五中学”。1992年4月，学校被国家教委认定为市级重点职业高中校。1999年12月，学校征用大唐庄土地72亩，解决了学校运动场、食堂、综合楼、办公楼等建筑用地，使学校占地面积增加到123亩。2002年3月，县教委对职业学校布局加以调整，将原密云县第二职业学校整建制合并到密云县职业学校。2007年2月，学校被国家教育部认定为国家级重点中等职业学校。2008年7月，原密云县塘子职业学校合并到密云县职业学校，原塘子中学校址经过改造，成为密云县职业学校的东校区，投资2400多万元兴建了教学楼宿舍楼、数控专业实习车间、汽修专业实习车间，

学校占地面积13.6万平方米，校舍建筑面积7.2万平方米。全年教育经费投入6409.3万元，固定资产总值12033.87万元，图书馆建筑面积4155平方米，藏书10.3万册，设有校本部、东校区和西校区3个校区，5个系部，开设旅游服务与管理和美容美发与形象设计等13个专业，在校生1925人，75个教学班。毕业生729人，就业率95%，职业资格证书取证率87%。招生564人。教职工262人，专任教师中具有研究生学历9人，本科及以上学历占教师总数98%；高级专业技术职务55人、中级67人；“双师型”教师87人。

年内，密云县职业学校以国家级改革发展示范校建设为中心，以三个示范专业建设和两个特色项目建设为重点，以点带面，全面提升教学质量，全校有308人报名参加单考单招考试，其中自主招生录取人数为189人，112人参加考试，107人上线，上线率达98%；38名学生参加北京市专业技能竞赛及文化基础课竞赛获奖。开展农民培训工作，承办农村低收入户技能培训班，开设电工、焊工、中餐烹饪3个专业，学员在为期一个月120学时的学习之后参加职业技能资格证书考试。

（黄维国）

密云县教师培训中心

密云县教师培训中心的前身为“密云县教育局培训中心”，成立于1995年6月。由当时密云县教师进修学校与密云师范学校合并而成，称“密云县教育局培训中心”又称“密云师范学校”。2001年，密云师范学校改为密云第六中学。2003年3月，密云县教委决定撤消密云第六中学与培训中心合署办公，各自成为独立的法人单位，同时将“密云县教育局培训中心”更名为“密云县教师培训中心”。

密云县教师培训中心占地面积13334.2平方米，建筑面积4124平方米。有独立的教学楼和办公楼，18个专任教室。培训中心现有教职工22人，其中高级

教师7人(占教师总数44%)、中级教师6人(占教师总数38%)、初级教师3人(占教师总数18%),县级骨干2人(占教师总数12.5%)。一线教师中有2人为研究生学历,1人为教育硕士,其余教师均为本科学历,所占比例高达81%。

中心专门负责密云县教委所属的中小学、幼儿园、职业学校及直属单位的干部、教师培训及学历进修工作。年内,中心与首都师范大学、北京教育学院等高校合作,依托高校与密云县优秀师资,坚持落实项目负责人管理制度,采取多样化的培训方式,完成了“携手同行”——中小学校长研究工作室,学校发展提升工程,校本培训基地校建设工程,小学校长赴美培训;举办党政正职干部读书论坛,校级干部任职资格培训班,中小学德育干部能力提升专题研修班,密云县教委系统优秀青年教师培训班。开展优秀青年教师演讲比赛及选拔面试活动;开办京郊“绿色耕耘”小学英语教师培训班,京郊“绿色耕耘”密云初中英语教师研修班;“友善用脑”培训,“十二五”小学第三、四、五期班主任研修班,“十二五”中学第三、四期班主任研修班,新教师培训,幼艺专科班,学前本科班等培训项目。中心荣获“密云县教委系统安全管理工作先进单位”、“教育年鉴编纂工作优秀单位”、“巾帼文明示范岗”、“密云县教委系统体育道德文明风尚奖”等荣誉称号。

(黄维国)

首都经济贸易大学密云分校

年内,首都经济贸易大学密云分校(以下简称首经贸密云分校)以立德树人为根本任务,以全面转变工作作风为统领,以学风和教风建设为重点,全力推动素质教育,深化教育教学改革,加快推进现代化学校建设,维护校园和谐稳定,努力办好人民满意的教育。

年内,首经贸密云分校孙茂芳志愿者服务队参加密云县十四次团代会、北京青年营活动、第二届“中航工业杯——国际无人机创新大奖赛”、第三届环北京国际职业公路自行车赛、2013“CBSA”北京·密云“天合成杯”女子九球国际公开赛等大型活动志愿服务593人次;与果园街道、鼓楼街道、地税局、国税局、公安局、水务局等单位联合建立大学生志愿服务基地,定期组织大学生社区志愿者开展税法宣传、禁毒、红丝带、节水护水等志愿者活动。分校“孙茂芳志愿者服务队”被北京市志愿者联合会和首都文明办评为“首都学雷锋志愿服务示范岗”。

3月18日,首经贸密云分校第六届社团文化节开幕,文化节历时16天,10个专场。本届文化节,推出首部校园微电影展播、校园DV摄影大赛,利用新媒体技术完成摄影、美术、书法作品展等活动。6月29日,合唱社团参加密云县“五月的鲜花”合唱大赛获得三等奖。首经贸密云分校举办首届公寓文化节,历时1个月,开展了公寓安全知识竞赛,公寓文化墙、舍徽设计大赛,公寓棋牌、变废为宝大赛,星级宿舍评比等活动,宿舍参与达100%。

年内,首经贸密云分校评选出国家奖学金2人,国家励志奖学金53人,北京市国家一等助学金113人,北京市国家二等助学金145人,校内一等奖学金32人、二等奖学金79人、三等奖学金172人,资助总金额达125万元;以生活补贴和伙食补贴等形式,资助学生1754人,资助金额105.24万元。

年内，组织生源校主管领导座谈会，邀请重点生源校主管领导来校参观考察，了解分校的设施建设和办学特色；对68所生源校入校宣传，与家长和考生面对面宣传，发放招生简章2万多份。利用广播电台、北京考试报、阳光高考平台、高招宣传网、区县高招网上链接、电话咨询和校园开放日等进行招生宣传和咨询，接待考生和家长电话咨询1600多人次，来校实地考察咨询120多考生次。学校16个专业18个班级录取660人，其中北京信息职业技术学院密云教学部4个专业4个班级110人；新生实际报到630人，其中北京信息职业技术学院密云教学部100人。

年内，首经贸密云分校与中国银行北京分行、招商银行北京分行、交通银行、北京顺义银座村镇银行、中国电信北京分公司、北京邮政公司、北京外企人力资源服务有限公司、二十一世纪不动产、链家房地产、北京世捷安方物业管理有限公司、北京汇俊物业管理有限公司、恒泰证券股份有限公司、华西证券股份有限公司、上航假期（北京）国际旅行社有限公司、世纪东方国际旅行社等达成合作意向，建立实习实训基地，为540名毕业生提供就业岗位2409个。2013届毕业生就业率达98.8%，签约率达88%。

年内，首经贸密云分校与北京交通大学合作开办软件工程专业研究生学位班，首期招录了89人。天津理工大学高自考项目管理专业本科班新招录133人，累计在读生178人。北京科技大学远程教育新招录本专科学生891人，累计在读生2284人，其中本科1154人。组织英语口语、高级网络营销师、会计从业资格、计算机等级、计算机模块、商务管理师中级和金融服务师培训考试3500多人次，共考取证书1673个。学校推荐2013届80名优秀毕业生参加高职升本科考试，录取62人，录取率为77.5%，位列北京市高职院校前列；460名毕业生通过英语应用能力考试，通过率达85.17%，超过教育部评估指标中规定的70%的优秀标准。

年内，首经贸密云分校教师参加全国高校外语教学比赛获优胜奖；参加北京市财经类专业能力导向教学设计大赛，2名教师获二等奖，2名获优秀奖；组织学生参加北京市职业院校国际商务单证技能竞赛，2名学生获二等奖，3名学生获三等奖；北京市职业院校会计技能大赛，4名学生获三等奖；全国大学生数学竞赛北京赛区竞赛，2名学生获一等奖，3名学生获三等奖，指导教师获优秀指导奖。

年内，以“创建节能型学校”为主题，举办2013年大学生体育节，以及迎新晚会、2013级主持人大赛和歌手大赛、魔石话剧周、社联主场秀、元旦晚会、教职工运动会等文化体育活动，丰富校园文化生活。

（沈晓春）

单位名称：首都经济贸易大学密云分校
地　　址：密云县西大桥路7号
电　　话：69044566

文化文物

【概　况】 密云县文化委员会（以下简称县文化委）是主管全县文化、文物、新闻出版和广播、电影、电视工作的政府职能部门。设有文化活动指导科、文化市场管理科、法制科和党政办公室及文化行政执法队(副处级)。下属6个单位:文化馆、图书馆、文物管理所、大剧院、电影发行放映管理中心(简称电影中心)和新华书店。

年内,县文化委以满足人民群众精神文化需求为出发点和落脚点,加强公共文化设施建设,丰富群众文化生活,繁荣净化文化市场,加强非物质文化遗产的挖掘传承和文物保护工作,推进密云文化繁荣发展。县文化委系统单位、个人共获得国家级、市级奖励85项,其中"暖心工程"被文化部评为第十届中国艺术节项目类"群星奖",图书馆被评为第五届全国服务农民、服务基层文化建设先进集体,县文化委获北京市公共文化服务工作突出贡献奖。

(李红生　马　超)

单位名称:密云县文化委员会
地　　址:密云县西门外大街2号
电　　话:69041925

【图书馆评估定级】 年内,密云图书馆通过第五次全国公共图书馆评估定级工作组的检查考评,更新了图书馆网站地方主要文献数据,被文化部命名为国家"一级图书馆"。中共中央宣传部、文化部、国家新闻出版广电总局授予密云图书馆第五届全国服务农民、服务基层文化建设先进集体荣誉称号。

(董克宗)

【有线广播"村村响"工程】 年内,完成北庄镇7个行政村广播电视有线网络改造工程。对2009年试点建设的新城子镇、河南寨镇有线广播"村村响"工程进行联网改造,完成"村村响"工程县级平台设施设备建设。

(高文满)

【高清交互机顶盒推广】 年内,完成了季庄小区、石桥小区等1.7万多户居民的高清交互机顶盒的发放安装,全县有6万户居民安装使用了高清交互机顶盒,可以收听收看180多个广播电视频道,并享受到预约挂号、数字学校、互动娱乐等远程服务。

(高文满)

【第二十三届艺术节】 2月,密云县第二十三届艺术节暨2013年春节系列文化活动以"美丽密云幸福密云"为主题,开展了开幕式文艺演出、文化志愿者"暖心工程"送福下乡和庆新春"送文化下乡"等多项重点活动,营造了浓厚的节庆氛围。

(潘智勇)

【"五月的鲜花"合唱大赛】 6月29日"五月的鲜花"合唱大赛决赛在密云县文化馆举行。全县32支合唱队伍,1572名队员参加"五月的鲜花"合唱大赛,大赛将《云水谣》列为参赛必选曲目,以推进县歌传唱。决赛分农口和城口两个组别,评出了一、二、三等奖、最佳指挥奖、最佳伴奏奖、特别贡献奖和优秀组织奖。

(潘智勇)

【2013年青年歌手大赛】 8月31日,"2013年青年歌手大赛决赛"在密云大剧院礼堂举行。来自各镇街、各工委和社会团体的114名选手报名参加海选,20名选手进入决赛。最终评选出一等奖1名,二等奖3名,三等奖6名和优秀奖10名。

(宋歆鑫)

【"霸王鞭"舞蹈大赛】 10月29日,密云县2013年"霸王鞭"舞蹈大赛决赛在密云大剧院礼堂举行,大赛分为库南和库北两个赛区,21支队伍参加。檀营地区办事处和冯家峪镇代表队分别获得库南和库北赛区一等奖。

(宋歆鑫)

【原创作品大赛】 以“贯彻十八大，建设新密云”为主题的原创作品大赛暨“乡村大舞台”区县专场擂台赛复赛于11月7日开赛，全县24个单位选送的40余个节目参赛，经过评选13个优秀节目入选“乡村大舞台”专场擂台赛。

（宋歆鑫）

【惠民文化消费季活动】 年内，全县开展了以教授辅导文化技能、基层文艺展演为主的“文化夜市”活动；在“文化惠民月电影展映”活动中，大剧院以5元的低票价放映了《大上海》、《北京遇上西雅图》等5部优秀国产影片，5000多名群众观影，票价优惠总额达15万多元，县电影中心放映公益电影100场，观众达12000人次；新华书店加盟为文化惠民卡签约商户，持卡顾客到店购买图书音像享受九折优惠，并向山区群众捐赠图书2600册。

（潘智勇）

【农村文艺演出星火工程】 年内，组织“农村文艺演出星火工程”，北京歌舞剧院歌剧团等专业院团和北京一飞艺术团等非专业团队，为广大群众演出1000多场。

（潘智勇）

【公益电影放映工程】 年内，开展“春节数字电影贺新春”、夏季露天定点公益放映、“生态密云科技电影月”、“安全生产月百场电影进工地”、“送电影进军营”等专题放映活动，“农村电影放映工程”放映电影近1.6万场，观众达120万人次。

（杨海艳）

【图书服务工作】 年内，县图书馆为各基层服务点流动送书130多次，图书流通13万册次。在“第三届密云县全民阅读季”活动中，开展了“休闲密云・快乐阅读”读书风景摄影展、红领巾读书活动、“换书大集”、“书香家庭”评选、“走进图书馆”等活动，同时指导镇（街）、村（居）依托益民书屋、共享工程举办各种读书活动。密云图书馆荣获第三届北京阅读季先进集体。

（董克宗）

【基层文化队伍建设】 年内，组织镇街文化服务中心主任参市文化站长培训班；邀请市文化艺术活动中心专家委员会成员对县文化馆业务干部和各镇、街文化中心工作人员，进行大型群众文化活动策划及合唱与指挥等知识培训；组织益民书屋管理员、共享工程基层服务点管理员培训；举办乡镇放映员培训班；县文化馆开展舞蹈、合唱、声乐等阵地培训，培训基层文化业务骨干及文化志愿者达1万余人次。同时，还选拔业务干部深入石城镇、冯家峪镇等单位进行艺术培训。

（潘智勇）

【文化志愿服务】 年内，在第十届中国艺术节上，文化志愿服务项目“暖心工程”获得群众文化领域政府奖最高奖项——“群星奖”。组织文化志愿者走进聋人学校和新农村外来务工子女小学开展艺术辅导和文艺演出及捐赠活动。实施“七彩艺术送欢乐文化惠民送上门”社区入户志愿服务活动。组织书法、绘画、手工剪纸等艺术门类志愿者走进县城街道社区的高龄、孤寡、残障等弱势群体家中，到鼓楼残疾人职业康复站进行一对一艺术辅导。开展摄影志愿服务进山区活动，组织百余名摄影志愿者深入贫困家庭，为孤残及高龄老人拍照，将拍好的照片冲洗、装框送到老人手中。在“九九重阳情”——密云县文化志愿者走进穆家峪镇敬老院活动中，志愿者们表演了文艺节目，并现场教授用废旧物品制作环保手工艺品技艺。

（宋歆鑫）

【文化经营】 年内，县新华书店完成了中小学教材发行工作和寒暑假和开学期间的图书销售工作,“4·23”世界读书日和“六一”国际儿童节期间开展优惠售书活动,组织赴边远山区农贸市场下乡售书。8月,新华书店被国家新闻出版广电总局、中国书刊发行业协会授予2011-2012年度出版物发行行业“文明店堂”光荣称号。大剧院组织“周末场演出”活动,邀请中国木偶艺术剧院、北京河北梆子剧团等专业院团来密云演出。配合学校德育教育工作,组织中小学生观看舞台剧《想飞的孩子》、《七彩湖》和《青春雷锋》、《目标战》等影片。

(王宪民)

【文化市场行政审批】 年内,实施“全程办事代理制”,行政审批事项实现网上公开,新审批各类经营场所15家,全县文化经营场所达到253家。完成了文化市场行政审批规范化建设暨行政审批大检查工作。

(高文满)

【文化市场“扫黄打非”】 年内,健全完善文化市场管理暨“扫黄打非”工作机制,研究制定《2013年密云县“扫黄打非”工作方案》,开展了“净网”、“清源”、“秋风”、电游执法周等执法行动,高密度巡查网吧电游场所、图书音像门店、印刷复制企业。完善广播电视安全播出工作机制。严格印刷企业分级管理制度,对县域内印刷复制企业分级情况进行调整。制定《密云县文化市场和“扫黄打非”工作融入网格化社会服务管理实施方案》及实施意见,文化市场进一步融入网格化管理。全年共出动执法人员2979人次,出动检查车辆1179车次,检查各类场所共3177家次。受理举报11起,办结案件17件,罚款2.2万元,没收非法出版物2000余本,没收光盘500余张,联合公安、工商取缔黑歌厅1家,依法收缴涉赌机型17台。

(李卫革)

【文化娱乐场所安全监管】 年内,举办消防安全培训、文化娱乐场所经营单位安全生产大型公开课和“安全生产月”培训等活动,加强两节、两会、国庆、中央全会等重点时期文化市场安全检查。与文物管理使用单位签订《文物安全保护责任书》、《烟花爆竹禁放安全责任书》。开展文物保护单位“冬春季火灾防控专项行动”、汛期安全隐患排查,并严格执行定期安全检查制度。县文化委在2013年北京市区县文化委员会文物安全和文物执法工作考评中获得优秀单位荣誉称号。

(李卫革)

【文物保护】 年内,对全县文物保护单位进行梳理,规划2013-2015年三年修缮计划,进一步推进文物抢险修缮工作。将文物纳入全县网格化管理系统,并落实责任到岗、任务到人的文物工作人员网格化监管责任制。启动密云县第一次全国可移动文物普查工作,召开全县“第一次全国可移动文物普查工作部署会”,成立县普查领导小组,配合北京市文物古建研究所,协调各镇、街,对全县的不可移动登记在册文物进行统一挂牌。

(郑宝永)

【博物馆展览】 年内,县博物馆免费接待参观者,“5·18”国际博物馆日举办开放活动,在馆外悬挂标语,馆内免费发放相关书籍。

(郑宝永)

【非遗传承】 年内,在“清明节”、“端午节”和全国第八个“文化遗产日”、“七夕节”、“中秋节”期间,分别举办了“红色沃土的怀念”、“五月初五话端阳”、“密云县非物质文化遗产琳琅展”、“百姓艺苑——七夕秀巧搭鹊桥”等活动，各镇（街）、村（居）组织开展了小型多样、群众喜闻乐见的民俗文化活动。以传统民间舞蹈“蝴蝶会”为基础创作的《吉祥彩蝶》，参加了“舞动北京——群众舞蹈大赛”原创精品节目展演。文化馆荣获“北京市年度非遗保护贡献奖”。

（宋歆鑫）

广播电视

【概　况】 年内，密云县广播电视中心（简称县广电中心）坚持新闻立台，发挥广播电视媒体舆论引导作用，推进重点工作和重点项目建设，新闻、专题节目把镜头更多的对准基层、对准民生，更具贴近性，新开设栏目十余个，全方位宣传展示了本县文明风尚。全年密云电视台第一套节目累计播出5980小时，第二套电视节目累计播出5743小时，密云人民广播电台（94.1兆赫）累计播出6230小时。制作、播出电视新闻365期，3685条，总长约6456分钟；广播新闻626期，4690条，6260分钟；制作大型宣传片20部。

（丛　杉）

单位名称：密云县广播电视中心
地　　址：密云县西大桥路18号
电　　话：89096037

【主题宣传报道】 年内，密云电视台《密云新闻》推出《辉煌2013》子栏目，总结2013年全县各行各业的丰硕成果；全年长设子栏目《贯彻落实十八大精神——实事惠民》《聚焦平安密云》《民政与民生》以贯彻落实党的十八大精神为主线，围绕县委、县政府各个时期的中心工作，突出宣传实施密云生态涵养发展区工作方略、建设“红色密云绿色密云金色密云”、县重点工程项目、重要会议、重要活动。3月，县广电中心成立了新闻特别报道组，报道内容主要集中在本县生态文明建设上，重点是拆违打非、环境整治，此外，还涉及拟办实事——“老旧小区改造”、重大项目重点工程——“平原造林”、“西统路联络线工程”等。

（丛　杉）

【精神文明建设宣传报道】 年内，密云电视台《密云新闻》播出《捡来的老哥》系列节目，记录了本县西户部庄村村民崔钢林16年来收养照顾走失的聋哑人“老哥”的点点滴滴以及帮助“老哥”一家人团聚的事迹。老哥”系列报道以“凡人善举、大爱无边”的视角传递社会正气，诠释新时期雷锋精神。这组报道分别在北京电视台、中央电视台播出。

（丛　杉）

【生态文明建设宣传报道】 3月11日，密云电视台《密云新闻》开设《环境建设进行时》子栏目，以“民生、民情、民意”为关注点，利用记者出镜、全方位采访及新闻现场等形式，将本县生态环境建设的重大举措和重点工程传递给受众。

（丛　杉）

【《事事关心》栏目】 密云电视台《事事关心》栏目每周三晚20:06在密云电视台一套首播，节目时长15分钟。内设3个板块，分别是《聚焦》《在身边》《小博说事》，围绕密云县委、县政府的中心工作，尤其是为民办实事工程，解读政策、关注民生。

年内,推出《特别节目——重拳出击拆违打非》《看北京落实“八项规定”招招见实》《度过最严交规“不适期”》等节目,共制作播出52期。

(丛　杉)

【《经济一刻钟》栏目】 密云电视台《经济一刻钟》栏目每周一晚20:06在密云电视台一套首播,节目时长15分钟。以密云都市型农业、生态环保型工业、休闲旅游业、建筑建材和房地产开发几大支柱产业经济发展所取得的成果为宣传报道主题,重点关注了北汽福田、司马台新村建设情况、县经济开发区发展情况。年内,推出了《国际绿色休闲旅游产业综合示范区建设巡礼》系列节目。共制作播出反映县经济建设取得的成果和拆违打非专项行动特别报道的经济类专题节目52期。

(丛　杉)

【《檀州大舞台》栏目】 密云电视台《檀州大舞台》栏目每周五晚20:06在密云电视台一套首播,节目时长30分钟。年内,推出了《檀营喜迁新居过大年》《云水谣唱响密云大地》《让历史活着》《展琳琅民间技艺显魅力非遗文化》《乡村美景游人醉民俗文化耐人寻》等节目,并对《乡村大舞台优秀作品选拔赛集锦》《放歌新密云实现中国梦北京城建·上河湾杯合唱大赛》《北京城建·上河湾杯密云县2013年青年歌手电视大赛》《温馨又重阳》等23场活动进行了录制播出。

(丛　杉)

【《科普大篷车》栏目】 密云电视台《科普大篷车》栏目每周六晚20:20在密云电视台一套首播,节目时长15分钟。由中国科协声像中心提供,内容主要涉及高新领域、公众生活科学知识、科技发展新动态、先进适用技术普及等科普知识。全年共播出52期,总长780分钟。

(丛　杉)

【《农艺直通车》栏目】 密云电视台《农艺直通车》栏目每周六晚20:15、19:57分别在密云电视台一套、二套首播,节目时长5分钟。主要围绕密云农业的发展,介绍农艺常识,让农艺走进百姓的日常生活。全年共制作播出15期。

(丛　杉)

【《就业直通车》栏目】 密云电视台《农艺直通车》栏目每周一晚20:25在密云电视台一套播出首播,节目时长5至10分钟。节目宗旨是“就业咨询全方位,人才服务零距离”,第一时间将最新鲜的就业信息、最科学的就业指导、最权威的政策解读送到千家万户。全年共制作播出11期。

(丛　杉)

【《绿色家园》栏目】 5月21日,密云电视台推出了《绿色家园》栏目,每周二晚20:00在密云电视台一套首播,节目时长15分钟。主要围绕生态文明宣传,从科学的角度剖析人类的生产生活等行为与环境变化的循环因果关系,倡导新的环保理念,开拓人与自然、环境和谐相处的美好未来。

(丛　杉)

【《教育专线》栏目】 8月31日,密云电视台推出了《教育专线》栏目,周六晚《密云新闻》后在密云电视台一套播出,隔周播出,节目时长10至15分钟。内设五个板块,分别是《教育资讯》《教育直通车》《校海观潮》《心灵之窗》《教育宝典》,主要报道本县教育方面的相关资讯,从教育发展的实际出发,宣传教育政策、教育改革成果,推广先进典型。

(丛　杉)

【《疾控在线》栏目】 9月21日,密云电视台推出了《疾控在线》栏目,周六晚《密云新闻》后在密云电视台一套播出,与《教育专线》栏目穿插隔周播出。节目时长15分钟。内设三个板块,分别是《疾控进行时》《健康苑》《疾病预防早知道》,主要内容是及时播报本县新近发生的有关疾病预防控制方面的动态信息,并向大众普及公共卫生和预防医学相关知识,传播健康理念。

(丛　杉)

【广播电台节目改版】 年内,密云人民广播电台对广播节目内容、形式、播出时间进行了调整,由早、中、晚分时段播出,改为从6点30分开始播音至23点40分播音结束。全新推出了《休闲密云》《天地一家》《健康时空》等栏目,同时对《法制传真》《教育园地》《我的社区我的家》《三农有约》《密云经济报道》专题栏目进行包装,加大了记者采录音响节目比重。《评书联播》节目由每天2集连播,延长到每天3集连播。《广播剧场》由目前每天播出1集,延长到每天2集连播。

(丛　杉)

【技术保障和安全播出工作】 年内,县广电中心进一步规范播出机构和网络传输机构安全管理,推行ISO9001安全播出管理体系,定期对供电系统、主控机房、演播大厅、直播室和传输接口等重要部位进行排查检修,并对全县各乡镇总计133个山区无线覆盖站点,进行维护检查,排除隐患,做好安全播出及供电安全保障等工作。

(丛　杉)

【获北京市级奖节目】 年内,县广电中心采制的长消息"生物特工"赤眼蜂,荣获2012年度优秀广播电视节目二等奖;长消息"全程纪实系统让农民也能参政议政了"、新闻性专稿"党是人民的主心骨",荣获2012年度北京市优秀广播电视节目三等奖;《奉献之歌》《水库五十载一曲大鼓书》《养殖能手成为我市首位农民碳汇购买者》《经济一刻钟》《檀州大舞台》《科普直通车》栏目荣获"2010—2012年度北京市广播影视奖"优秀作品;县广电中心获北京市第七届和谐杯乒乓球比赛优秀报道奖、北京市第九届全民健身体育节优秀报道奖及2013年北京市安全生产月活动优秀新闻报道奖。

(丛　杉)

医疗卫生

【概　况】 密云县卫生局是县政府负责全县卫生事业的管理职能部门,辖区内共有各类登记注册的医疗卫生机构641个,其中二级医疗机构4家(密云县医院、密云县中医院、密云县妇幼保健院、密云县太师屯镇社区卫生服务中心),一级医疗机构30家(社区卫生服务中心18家、专科疾病防治所2家,北京市密云水库医院,私营医院9家),疾病预防控制中心1家,卫生监督所1家,私人诊所、门诊部、医务室118个,村卫生室457个。卫生技术人员3119人,其中执业(助理)医师1305人、注册护士1042人。床位1485张。平均每千常住人口拥有卫生技术人员6.55人、执业(助理)医师2.74人、注册护士2.19人、床位3.12张。

(邢　颖)

单位名称:密云县卫生局
地　　址:密云县长城环岛东南侧
电　　话:69041278

【生命统计】 年内,全县出生3651人,出生率为8.48‰;死亡2765人,死亡率为6.42‰,自然增长率为2.06‰。死因顺位前十位依次为:脑血管病,心脏病,恶性肿瘤,损伤和中毒,呼吸系统疾病,内分泌、营养和代谢及免疫疾病,消化系统疾病,泌尿生殖系统疾病,神经系统疾病,传染病寄生虫病。户籍人口期望寿命77.68岁。

(邢　颖)

【卫生改革】 年内,19家社区卫生服务中心在设立全科诊室及住院病房的基础上,增设内、外、妇、儿、中医科、计划生育手术室及相应的医技科室。城区居民出行15分钟就可到达医疗机构,农村医疗机构覆盖率达到100%。3家二级医院全年完成预约挂号2198人次,其所有临床诊疗科室均开展双休日门诊,双休日门诊科室48个。3家二级医院31项检验结果互认,32个病种进入临床路径管理。19个社区卫生服务中心及下设卫生服务站实行国家基本药物制度,并通过全市统一的社区采购供应管理信息系统,统一网上采购、统一配送、统一价格、零差率销售。社区零差率药品使用品种650个品种2991个品规。

(邢　颖)

【社区卫生】 全县设置社区卫生服务团队125个,团队成员500人,覆盖全县19个镇街、1个地区办事处的376个村(居委会)。截至年底,累计签约8.88万户,18.62万人。建立城乡居民电子健康档案43.3万份,建档率92%,其中建立农民电子健康档案23.9万份。各社区卫生服务中心通过门诊诊疗、健康体检、慢病管理等方式对健康档案进行维护、更新、完善。1400人经考核取得《北京市慢性病防治家庭保健员合格证》,其中159人取得《北京市慢性病防治中医家庭保健院合格证书》。年内,县卫生局召开创建工作动员会,推荐西田各庄镇、河南寨镇、巨各庄镇社区卫生服务中心争创"北京市示范社区卫生服务中心"。经市卫生局专家组复核评估,西田各庄镇、河南寨镇、巨各庄镇社区卫生服务中心获"北京市示范社区卫生服务中心"称号。全县已创建国家级示范社区卫生服务中心1家(鼓楼社区卫生服务中心);创建北京市示范社区卫生服务中心4家(果园社区卫生服务中心,西田各庄镇、河南寨镇、巨各庄镇社区卫生服务中心)。

(邢　颖)

【农村卫生】 全县有村卫生室457个,其中村办270个、私人办185个、乡镇卫生院设点1个、其他1个,乡村医生507人。年内,聘任263名乡村医生到243个政府购买服务的村卫生室工作。243个村卫生室实行药品统一配送、统一管理、药品零差价销售及新农合报销等职能,全年销售药品总额350万元,其中基本药物280万元。开展乡村医生考核注册工作,经考核,注册乡医597人,变更注册13人,注销53人。参加新农合269033人,参合率99.91%。实行门诊加住院的报销政策,做好"四免五减"、"二级医院出院直报"村卫生室农合报销、部分病种实行单病种付费工作,并推出农民持卡就医,使新农合在以户为单位的基础上,从过去一户一本过渡到一人一卡。全年新农合住院报销22150人次,报销金额14102.57万元;门诊报销120.35万人次、报销金额5138.18

万元；门诊减免1193644人次，减免金额3253.5万元。共有96名低收入人员享受特困人员住院押金减免和出院即时结算，其中达到封顶线18万元8人。

（邢 颖）

【传染病防治】 年内，全县25个法定传染病报告单位均实行网络直报，疾病预防控制中心实行24小时疫情值班制度。报告乙、丙类传染病17种3838例，报告发病率789.25/10万。无甲类传染病发生，乙类传染病11种713例，报告发病率146.62/10万；丙类传染病6种3125例，报告发病率642.63/10万。21个监测点共监测禽流感高危人群139.14万人次，无人感染禽流感、不明原因肺炎等病例发生。21家肠道门诊共接诊腹泻病人4674例，未检出霍乱/疑似霍乱病例。手足口病共发病902例，采集咽试子标本407件，其中阳性211件；处理聚集性疫情64起，均得到有效控制。

（邢 颖）

【结核病防治】 年内，起草并以县政府名义下发《密云县结核病防治十二五规划和实施方案》。加大对结核病防治知识与免费治疗政策的宣传力度，进行业务培训233人次。发现确诊和疑似肺结核患者243人，全部进行报告与转诊。新建档肺结核患者123人，系统管理121人，全部给与免费治疗和全程督导管理，系统管理率98.37%。

（邢 颖）

【性病、艾滋病防治】 年内，加强艾滋病防治知识宣传和培训，举办培训班，147人参加培训。县医院皮科等监测哨点共筛查血清标本945份，无HIV抗体阳性，梅毒ELISA抗体检测阳性45份、RPR阳性32例。开展重点场所和高危人群干预工作，共干预56498人次，发放宣传折页5000份。

（邢 颖）

【慢性非传染性疾病防治与管理】 年内，全县19个社区卫生服务中心应用医生工作站在线录入慢性病规范化管理数据，并将慢性病管理工作纳入绩效考核。高血压规范化管理25004人，有效控制率42.4%；糖尿病规范化管理7339人，有效控制率42.38%。开展脑卒中筛查及高危人群管理工作，选取7个乡镇，随访1518名脑卒中高危人群，随访率99.03%。

（邢 颖）

【地方病防治】 年内，对溪翁庄镇等5个乡镇的居民户碘盐进行抽查，共检测居民食盐样品291份，检测幼儿园、学校等重点单位食盐样品62份，全部合格。孕妇和育龄妇女尿碘检测1229件，合格率89.34%。对饮水型氟中毒病区改水后的3个乡镇4个自然村的饮用水进行了枯水期和丰水期水氟含量监测。监测水样共7件，全部小于1.0mg/L。对大城子镇北庄头村和巨各庄镇沙厂村8-10岁小学生进行氟斑牙调查，调查21人，氟斑牙患病率为0%。

（邢 颖）

【精神卫生】 全年重性精神病人建档2056人，规范化管理1940人，规范管理率94.36%，已录入北京市精神卫生管理信息平台。精神病新发病人88人，发生轻度滋事15人次。对符合标准的患者在其到精保院复诊时给与免费药品补助，共有300余人享受药品补助，补助金额47600元。为县内在档重型精神疾病患者开展自愿免费健康体检，体检747人，体检率38.4%。

（邢 颖）

【学校卫生】 年内，全县有在校中小学生

39646人,监测完成34024人,监测结果:营养不良受检34024人,患病2683人,患病率7.89%;肥胖检出5241人,患病率15.40%。视力受检34019人,视力不良检出18835人,视力不良率55.37%。口腔受检33897人,恒牙患龋6357人,恒牙患龋率18.75%。贫血受检33909人,检出1673人,患病率4.94%。沙眼受检33980人,检出62人,患病率0.19%。深入学校开展窝沟封闭工作,完成牙窝沟封闭4815人,封闭9169颗牙。联合县教委在全县中小学、幼儿园和职业学校开展控烟工作。

(邢　颖)

【计划免疫】 全年疫苗接种158658人次,其中常规接种93551人次、外来务工人员接种12232人次、应急接种4009人次、第二类疫苗接种48866人次。强化查漏补种,调查外来儿童5854人,其中无卡176人、无证55人,漏种158人次,均及时补卡、补证、补种。接报疑似预防接种异常反应65例,均及时调查处理。

(邢　颖)

【公共卫生监测与评价】 年内,职工应体检人数6058人,实检人数6058人,检出疑似病例8例,已确诊2例,均已按要求上报市卫生局网络;对157家毒害物质单位的644名从业人员进行了职业病防治知识培训。开展放射卫生监测工作,全年共检测24台医用诊断X线机,监测46个单位182人,715人次的个人射线剂量。开展食品安全抽检工作,抽检138家单位540件样品,合格率99%。公共场所共完成委托检测任务367户,集中空调通风系统检测委托24个单位,检测项目151件,合格率100%。

(邢　颖)

【健康教育与健康促进】 年内,在镇街社区开展健康大课堂讲座285场,受众13491人次。对269名在校学生进行了全国青少年烟草流行监测调查,为学校控烟工作安排提供相应数据。开通“密云县健康教育”微博,发布健康信息1135条。出版《密云疾控报》4期4万份。

(邢　颖)

【卫生监督】 年内,日常卫生监督检查5077户次,合格4723户次,合格率93.03%。其中餐饮服务单位3291户次,合格2967户次,合格率90.2%;公共场所1216户次,合格1195户次,合格率98.3%;医疗卫生570户次,合格561户次,合格率98.42%。对餐饮经营单位、厂矿、机关企事业单位、学校、托幼园所、工业开发区企业等单位负责人和卫生监督员培训41场次5108人,发放《北京市食品安全条例》等法规资料9600套、宣传画、宣传手册5000余份。组织卫生监督员、辖区卫生协管员开展卫生监督协管巡查1570户,排查非法行医和无证经营餐饮服务22起,无证从事供水和供水过程不符合卫生要求的4起(其中取缔1起、责令停止执业3起),排查农村自备水源无证供水34起,共计处罚8起,罚款1.76万元。11月,县卫生局的食品安全监督管理职能划转到县食药监局,20名工作人员与部分车辆及执法设备一同划转。

(邢　颖)

【量化分级管理】 全年共完成餐饮服务食品安全动态量化评级1870户,其中优秀561户,良好1138户,一般171户。对798个公共场所进行分级,完成633个,其中A级63个、B级489个、C级78个,不予评级3个。

(邢　颖)

【卫生行政许可与举报投诉】 全年接收、

受理资料2203件，发放卫生许可证1718件，其中餐饮服务1233件、公共场所387件、生活饮用水40件、放射诊疗（认可书）58件。不予许可425户次，注销卫生许可证28件，补发许可证2件。接报公共卫生投诉187件，办结率100%，其中餐饮服务153件、公共场所4件、生活饮用水6件、医政24件。实施行政处罚，406起，其中罚款116起、警告290起，罚款363034元。

（邢　颖）

【大型活动卫生保障】 年内，完成节日和重大活动的食品卫生、公共场所、生活饮用水卫生保障，未发生食物中毒和水污染事件。

（邢　颖）

【妇女保健】 年内，全县有产妇3613人，系统管理3589人，系统管理率99.34%；住院分娩率100%。高危孕产妇2152人，高危孕产妇筛查率59.56%，高危管理率100%。孕产妇死亡率为0，活产3561人，访视3597人。新生儿期纯母乳喂养率73.22%。2013—2014年度两癌筛查工作，12个乡镇、街道截至年底已完成宫颈癌筛查17235人、乳腺癌筛查17195人，筛查出宫颈癌0例、乳腺癌5例。农村孕产妇住院分娩补助和叶酸发放工作，分娩补助969人；发放叶酸1999人，叶酸11994盒。全年计划生育手术8917例，并发症发生率1.12/万。

（邢　颖）

【儿童保健】 年内，5岁以下儿童死亡11例，死亡率3.01‰；婴儿死亡9例，婴儿死亡率2.47‰。新生儿访视3608人，访视率98.82%。新生儿甲低、苯丙酮尿症筛查3679人，听力筛查3667人。0~6岁在册儿童24228人，保健管理23790人，保健覆盖率98.19%。

（邢　颖）

【医疗接疹】 年内，门诊3578862人次，急诊528036人次，留观132969例。入院29791人次，出院29284人次，床位使用率65.00%，平均住院日11.11天，死亡率1.4%。住院手术8578例。

（邢　颖）

【行政审批】 全年审批许可新医疗机构20家，注销医疗机构43家，变更注册101家；医师执业注册114人，变更209人，注销注册138人。

（邢　颖）

【医院感染管理】 年内，对全县73家基层医疗机构的医院感染管理的重点科室进行集中检查指导。加强抗生素使用管理，制定《2013年抗菌药物专项整治工作方案》，方案中对各医疗机构抗菌药物种类、采购途径、门诊、住院患者抗菌药物使用率等指标作出明确规定。集中组织对各医疗机构临床医生开展了专项培训、考核，考核合格者，根据不同职称授予不同级别的抗菌药物处方权限。

（邢　颖）

【检验结果互认】 年内，在二级医院开展严格的实验室室内质控和室间质评工作，31项检验项目通过市卫生局检验结果互认检查验收，在北京市所有二、三级医院间相互认可。

（邢　颖）

【临床路径管理】 年内，在二级医院开展临床路径工作。开展临床路径病种32个，各病种入组率、完成率均完成指导意见的要求。

（邢　颖）

【医疗护理】 年内，办理护士延续注册788人，变更注册38人。继续推广优质护理服务试点,县医院、中医医院、妇幼保健院三级医院全部病区均开展了优质护理服务。在二级医院开展护理管理者、专科护士培训工作,全年选送护理管理者进修培训 87 人次,培养专科护士 19 名。

(邢　颖)

【院前急救】 年内,组织急救分中心、急救站人员参加中法培训中心急救知识专项培训 12 次 109 人次。全年急救分中心和各急救站共出动救护车 7532 次,抢救病人 6907 人次;为各种大型活动提供医疗保障 183 车次、医护人员 554 人次。

(邢　颖)

【对口支援】 年内,24 家医疗机构 32 家县外医院保持对口支援关系,支援医院派出专家 353 人次,诊疗患者 20867 人次,举办专题讲座 140 场,义诊群众 6437 人次。捐款捐物合计 29.4 万元。

(邢　颖)

【血液管理】 年内,县中心血站推行无偿献血招募与临床科学献血工作,采集全血 2956 单位、血小板 8241 单位。为密云县、怀柔区临床供应血液 7833 单位。

(邢　颖)

【麻醉、第一类精神药品管理】 年内,完成医师处方权备案 14 人次,变更处方权 1 次,销毁过期麻、精药品 80 支(片)。组织专人开展麻精药品专项检查,各单位均能做到从正规渠道采购麻精药品,验收、出入库账目清楚,登记齐全。

(邢　颖)

【中医服务】 年内,县内 19 家社区卫生服务中心(卫生院)均设置中医科,并能提供中成药服务。5 月,中医流动医院正式启动,流动医院由 2 辆巡诊车组成,车上配备中成药、饮片及心电图、血糖仪等设备,同时装备新农合减免系统,每周在 14 个乡镇开展巡诊工作,就诊患者 1526 人次,健康体检 479 人次。

(邢　颖)

【医疗设备】 年内,全县医疗机构万元以上医疗设备 2451 台,总值 31388 万元。

(邢　颖)

【医学教育】 年内,开展县级继续医学教育 382 场,听课 52643 人次。参加继续教育医务人员 3489 人,学分达标 3364 人,达标率 94.8%。针对乡村医生开展在岗培训,技能考核 580 人,合格率 100%。

(邢　颖)

【卫生科研项目】 年内,各医疗卫生单位申报首都卫生科研发展专项基金 5 项;申报全国促进中医服务人众工作委员会 1+X 科研项目 3 项,3 项申报全部获批,获得科研经费 30 万元。向县科委申报科学技术奖 17 项,获得一等奖 2 项,二等奖 1 项,三等奖 3 项。

(邢　颖)

【人才队伍建设】 全年引进外部医药专业大学毕业生 70 人,招录本地大中专毕业生 212 人。通过执业资质考试 211 人。安排 63 名基层医务人员到 6 个进修基地学习,30 名医生到市级医院进修学习。从城内及平原地区医疗机构抽调 156 名医务人员到 10 个山区卫生院开展支援工作。送出 75 名医生参加住院医师规范化培训,29 人参加“3+2”住院医师规范化培训。加强重点专业技术骨干培训,县卫生局制定并印发了《密云县卫生系统学科带头人、学科骨干管理暂行办法》(密卫政字〔2013〕10 号),现 137 人的候选名单已选拔完成,相关评比工作正在进行中。

(邢　颖)

【财务管理】 年内,对各医疗单位财务工作的监督检查,内审率 100%。全年财政补助收入 41424.8 万元，上级补助收入 702.5 万元，医疗单位业务收入 101222.9 万元，业务支出 114491.1 万元。

（邢　颖）

【基本建设】 年内，县医院新建工程完成工程总量的 95%；穆家峪镇社区卫生服务中心改扩建项目基本完工；密云镇社区卫生服务中心投入使用；精神卫生保健院迁址新建工程进入入场开工阶段。1 月，县卫生局机关迁入位于长城环岛东南侧新址，与密云县卫生局卫生监督所等单位合署办公。

（邢　颖）

食品药品监督管理

【概　况】 年内，北京市密云县食品药品监督管理局（以下简称食品药品监管局）组建成立，在 20 个乡镇、街道（地区）设立食品药品监督管理所，11 月 1 日起，食品药品监管局正式履行食品药品统一监管职责。食品药品监管局，扎实履行食品药品监管职责，实现了机构改革平稳过渡，保障了辖区人民群众食品药品安全。

（李墨玉）

单位名称：北京市密云县食品药品监督管理局
地　　址：北京市密云县新北路 15 号
电　　话：69049953

【辖区企业情况】 年内，辖区食品流通环节经营主体 4095 户（其中企业 605 户，个体 3490 户）；食品生产企业 66 家，食品添加剂生产企业 2 家，食品加工小作坊 29 家；餐饮服务企业 3036 家；食品市场 27 个（其中集期 25 个）；药品生产企业 11 家；药品经营企业 187 家；医疗器械生产企业 21 家；医疗器械经营企业 123 家；保健食品生产企业 1 家；保健食品经营企业 172 家；化妆品经营企业 3329 家，化妆品使用企业 774 家，生产企业 1 家。

（李墨玉）

【食品药品机构改革】 年内，密云县食品药品监管机构改革工作完成。9 月 6 日，密云县食品药品监督管理局和密云县食品药品安全委员会办公室正式挂牌成立。9 月 27 日，20 个镇街食品药品监督管理所全部挂牌成立。11 月 1 日起，正式履行食品药品统一监管职责。

（李墨玉）

【加强日常监管】 年内，检查食品生产企业 280 户次；药品生产企业 25 户次；医疗器械生产企业 45 户次；化妆品生产企业 2 户次。检查食品经营者 23855 户次；餐饮服务 5400 户次；药品经营企业 193 户次；医疗器械经营企业 72 户次；化妆品经营企业 50 户次；保健食品经营企业 105 户次；医疗机构 97 户次。医疗机构、药品生产企业上报药品不良反应报表 238 份，医疗机构器械不良事件上报数 50 例。

（李墨玉）

【食品检测】 年内，完成快速检测样品 2168 个，不合格 118 个，合格率 94.56%；抽检样本 616 个，不合格 50 个。在不合格的样本中，市级下架 43 个，超额完成市局全年任务的 66.67%，县级下架 7 个。配合检验机构抽检 557 个，不合格样本 10 个，抽检合格率 98.20%。其中商场超市抽检样本 307 个，发现 1 个不合格样本，检测合格率达到 99.67%。市场抽检样本

250 个,发现不合格样本 9 个,检测合格率 96.4%。市级监督抽查本县食品企业产品 49 个批次,检验合格 48 个批次,产品抽检合格率为 98.0%。食品生产企业日常监督抽查 164 个批次,未发现产品不合格情况。对 6 家生产企业的原料、半成品等进行风险监测共 16 个批次,所监测样品均合格。

(李墨玉)

【药品技术监督】 年内,完成日常药品抽验 582 批次(含基本药物 151 批次),其中评价性抽验 140 批次,监督性抽验 240 批次,基础测试 202 批次(包含药品快筛 40 批次),完成全年任务 100.3%,药品抽验合格率 100%。承担并完成了中药饮片专项整治 35 批次,药包材 5 批次,药品国抽 16 批次的抽取任务。抽验医疗器械 34 批次,其中 1 批次不合格,21 批次未发布检验结果。抽检保健食品 40 件,合格率 100%。抽验化妆品 41 批次,其中 30 批次检验合格,11 批次国家局未发布检验结果。

(李墨玉)

【行政许可】 年内,受理发放食品流通许可 1356 个(其中企业 190 个,个体 1166 个);餐饮服务许可 1100 户;药品各类行政许可 195 件:保健食品类完成行政许可 43 件;医疗器械类经营行政审批 45 件;生产类行政许可 8 件;药品经营类行政许可 85 件;核发药品经营质量管理规范认证证书 22 件。

(李墨玉)

【安全用药宣传“三百”工程】 年内,在全县开展药品法制宣传和社会公众安全用药知识教育,实施安全用药宣传“三百”工程:一是“百条安全用药知识”进家庭;二是安全用药书籍进“百家农村书屋”;三是“百场安全用药宣传讲座”进社区、进农村、进机关。征集安全用药宣传标语 100 余条,向“百家农村书屋”赠书 2 万余册,组织 8 名北京知名医院专家来密云进行安全用药知识专题讲座。

(李墨玉)

【开展保健食品专项整治工作】 年内,检查保健食品经营企业 121 家,生产企业 1 家,出动执法人数 366 人次,同保健食品经营企业签订《打四非责任书》131 家。对 3 家存在问题企业,已经要求其整改,对其中 1 家经营假冒保健食品文号产品以及经营未经批准声称特定保健功能产品的企业,已移送稽查部门。

(李墨玉)

【开展打击走私专项斗争行动】 年内,检查食品流通、生产企业 192 户次,药品零售企业 30 家,其中批发企业 1 家。快速检测食品 163 个,全部合格;抽检花生及其制品样品 4 个,已送检测机构检测。抽检食品加工作坊的样品 34 个,全部合格。对 3 家肉制品生产企业及 5 家肉制品加工作坊进行检查,未发现走私及掺杂掺假生产加工行为。未发现辖区药品经营企业购进、存储、销售无合法证明药品行为。

(李墨玉)

【开展食品药品安全专项整治行动】 年内,开展“酒类专项检查”、“肉制品专项检查”、“花生米专项检查”、“进口食品专项检查”、“乳制品专项监督检查”、“禽流感防控专项监督检查”、“抗震救灾物资检查”、“春节前‘四品一械’市场专项检查”、“确保防治呼吸道疾病药品及口罩类产品的质量安全的专项检查”、“中药质量专项检查”、“麻黄碱复方制剂专项检查”等各类专项检查 98 个。

(李墨玉)

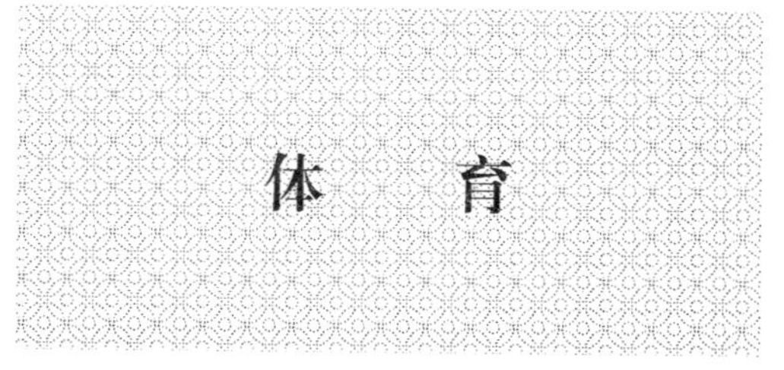

体 育

【概　况】 年内，密云县体育局围绕十八大提出的“广泛开展全民健身活动，促进群众体育和竞技体育协调发展”的指导思想，实施《全民健身条列》、《全民健身计划（2011-2015 年）》，以构建全民健身公共服务体系为核心，努力提高公共体育服务能力和水平。举办国际体育赛事并形成品牌，加大竞技体育训练和管理力度，培养和输送优秀体育后备人材。全年举办国际级比赛 1 次；参与国际级比赛保障工作 1 次；举办县级各类比赛 200 余项次，参加人数 22.7 万多人次；参加全国比赛 1 项次，获得金牌 2 枚；参加市级比赛获金牌 56 枚，银牌 54 枚，铜牌 57 枚。

（胡思洋）

单位名称：密云县体育局
地　　址：密云县党校路 9 号院内 3 号楼
电　　话：69072309

【参加第九届“精武杯”全国民间武术交流赛】 1 月 2 日，在河北省香河天下第一城举办的第九届“精武杯”全国民间武术交流赛上，果园街道体育协会以集体项目“传统陈氏太极拳组合套路”获得冠军，并获得个人项目传统陈氏太极剑第一名和健身气功第二名。

（胡思洋）

【举办“迎新年促和谐”密云少儿围棋定级赛】 3 月 12 日，“迎新年促和谐”密云少儿围棋定级赛在县青少年宫举行，来自天下谷、宏宇阁和 923 等 5 个围棋俱乐部的 56 名少年围棋爱好者参加，28 人晋升为 10 级，宏宇阁围棋俱乐部的刘思睿获得第一名。

（胡思洋）

【举办少儿围棋定级赛】 3 月 30 日－31 日，2013 年密云县少儿围棋定级赛在县体育局举行，来自各学校、俱乐部 130 多名少年围棋爱好者参加，53 人成功晋级，晋级者将获得相应的级别、段位证书。

（胡思洋）

【美丽密云·休闲养生太极行——32 式太极剑培训】 1 月至 5 月，接受 32 式太极剑培训的镇街体育骨干、城乡居民近 600 人。5 月 7 日，在体育局篮球场，举办培训活动，各单位处级领导干部、职工、城乡居民、大学生村官等体育骨干，分期分批接受培训指导，学完之后在全县范围内进行推广和普及 32 式太极剑。

（胡思洋）

【举办第九届全民健身体育节】 5 月 14 日，密云县第九届全民健身体育节启动仪式暨潮白河畔健步走活动在白河健身长廊举行。近 200 人参加了 4000 米健步走活动。5 月 15 日，近百名自行车运动爱好者在白河两岸，参加了 4000 米自行车骑行游活动。5 月 16 日，500 名长跑爱好者参加了潮白河畔长跑比赛，路径全长 2000 米。

（胡思洋）

【举办第七届“和谐杯”乒乓球比赛】 5 月 18 日，由县体育局、县乒乓球运动协会共同主办的密云县第七届“和谐杯”乒乓球比赛在北京师范大学密云实验中学体育馆举行，47 支代表队近 300 名乒乓球爱好者参加。比赛分为镇、街道、职工三个组别，采取小组单循环赛制进行。

（胡思洋）

【国民体质测试】 6月14日,县体育局在滨河公园广场开展国民体质测试活动。此项活动,持续到9月底结束,对1800人进行了测试,测试主要对象为年龄20—59岁的成年人和60—69岁的老年人,每5岁为一个年龄段,测试内容包括身高、体重、肺活量、台阶试验等20个项目。指导受测者针对不同的体质、环境,制订科学的健身计划,正确使用健身器械,科学健身,提高健身效果。

(胡思洋)

【举办"十里堡汽车城"杯羽毛球比赛】 密云县"十里堡汽车城"杯羽毛球比赛于6月23日、24日在瑞海姆田园度假村体育馆举行,26个代表队300余名选手参加。比赛共设男、女子单打比赛;混合团体比赛;领导干部男、女子单打比赛三大项。

(胡思洋)

【举办"越强嘉业杯"篮球比赛】 全民健身日——密云县"越强嘉业杯"篮球比赛于8月7日至22日在北京师范大学密云实验中学体育馆和全民体育健身园篮球场举行,47支代表队参加。比赛分为职工组、镇街组、公开组三个组别。经过16天的比赛,鼓楼街道、十里堡镇代表队分获镇街组比赛冠、亚军;县教委、县市政管委、县政法委代表队获得职工组比赛前三名;公开组前三名分别由越强嘉业、南通启益、密云二中代表队夺得。

(胡思洋)

【普及32式太极剑推进全民健身运动】 年内,县体育局在全县开展了《健康密云·休闲养生太极行》32式太极剑推广活动。对全县656名学员进行为期13天的太极剑培训。鼓楼街道、果园街道和老干部局等单位共3000余人接受了32式太极剑系统培训,太极剑骨干人员达500余人,累计培训学时达165学时。

(胡思洋)

【举办"天元杯"少儿围棋棋王赛】 8月17日,"天元杯"少儿围棋棋王赛在天元围棋俱乐部举行,天下谷、宏宇阁等6个围棋俱乐部和季庄、古北口围棋特色校的近百名少儿围棋爱好者参加。比赛采用积分编排赛制,每两个月进行一次季赛,每次季赛前三名参加年度总决赛。年度总决赛录取前八名给予奖励,第一名选手获得"2013年度少儿棋王"称号。

(胡思洋)

【参加十二届全国运动会】 在第十二届全国运动会上,艾雨南以总成绩435公斤获得男子125公斤以上举重冠军,薛超华获得自行车场地赛个人全能比赛银牌。

(胡思洋)

【举办2013年北京市青少年自行车锦标赛】 9月15日-16日,以"骑行玫瑰情园、体验魅力乡村"为主题的2013年北京市青少年自行车锦标赛在巨各庄镇蔡家洼村举行。密云县及昌平、通州、怀柔3个区的近80名运动员参赛。比赛按性别和年龄分为男女甲、乙、丙组,比赛项目包括200米个人计时赛、500米个人计时赛、1千米个人计时赛、5千米个人计时赛、1千米个人障碍计时赛、40千米个人赛等。

(胡思洋)

【参加北京市第十四届青少年锦杯赛】 北京市青少年锦标赛于8月5日至9月16日期间举行,密云县青少年业余体校近百名运动员参加了自行车、举重、田径、摔跤、柔道等10个项目的比赛,共夺得金牌51枚、银牌39枚、铜牌41枚,金牌数量位居全市十个郊区县前列。

(胡思洋)

【举办中国联通第四届"乒乓在沃"密云赛

区选拔赛】 9月14日，中国联通第四届“乒乓在沃”密云赛区选拔赛暨联通杯领导干部乒乓球邀请赛在北京师范大学密云实验中学体育馆举行。300多名乒乓球爱好者参加，比赛分为选拔赛和领导干部邀请赛两组进行，同时，在选拔赛中还按照年龄和性别设置了7个小组，各组别前两名参加北京市联通公司选拔赛。

（胡思洋）

【举办北京“加持杯”休闲垂钓比赛】 9月21日，在北庄镇朱家湾村金水湾钓鱼基地举办了北京“加持杯”休闲垂钓比赛，22支区县、单位代表队近百名钓鱼爱好者参加比赛。石景山区代表队以总重量29.75公斤的成绩夺得团体比赛第一名，东城区代表队以单尾2.5公斤的重量夺得单尾最重的奖项。

（胡思洋）

【环北京职业公路自行车赛第一赛段密云段】 10月11日，环北京职业公路自行车赛进行了第一天的比赛，其中第一赛段密云段共有37千米，19支世界顶级车队的约160名车手参加。途经了东邵渠镇、巨各庄镇、河南寨镇、鼓楼街道、果园街道和十里堡6个镇街。布置了19处宣传点，对整体赛事和密云的生态景观进行宣传，在赛段沿途布置群众表演站点20个，布置安保等社会力量6000人。

（胡思洋）

【举办“台协杯中式8球对抗赛”】 9月29日至10月2日，2013年密云县首届“台协杯”中式8球对抗赛在沸点台球俱乐部开赛。比赛由县体育局、县体育总会、县台球协会主办，沸点台球俱乐部、聚星台球俱乐部、聚义台球会所承办，共有50名选手参赛。

（胡思洋）

【参加“马虹杯”陈氏太极拳联谊赛】 10月，果园街道由8人组成的太极拳表演队伍参加了在石家庄市河北体育馆举行的“马虹杯”2013年陈氏太极拳联谊赛，果园街道代表队在获得了团体二等奖和道德风尚奖；队员田玉美获得个人陈氏太极拳、太极剑一等奖。

（胡思洋）

【举办女子9球国际公开赛】 10月13日–19日，由国家体育总局小球运动管理中心、密云县人民政府、中国台球协会共同主办，北京天合成房地产开发有限公司冠名赞助的2013CBSA北京·密云“天合成杯”女子9球国际公开赛在县青少年宫举行。10月13日、14日进行会外赛的争夺，赛决出16名选手进入会内赛。车俏蓝夺得冠军。国际奥委会原第一副主席、中国奥委会副主席于再清，市政协副主席蔡国雄，市人大常委会原副主任赵凤山等领导出席了开、闭幕式。

（胡思洋）

【参加体育节、和谐杯乒乓球赛】 11月内，密云县参加了在昌平区体育馆举行的北京市第九届全民健身体育节总结大会暨北京市第七届和谐杯乒乓球总决赛。密云县第九届全民健身体育节共举办县级体育活动8项次、开展基层体育活动60项次，全县参与活动人数达5万人。县教委、县水务局等20家单位获得本届体育节优秀组织奖；县财政局、县房地产开发总公司、县广播电视中心分别获得本届体育节精神文明奖、活动创新奖和优秀宣传报道奖。从密云县第七届和谐杯乒乓球决赛中选拔出来的县体育局、果园街道、巨各庄镇3支优胜代表队参加了北京市和谐杯乒乓球总决赛，县体育局、果园街道代表队获得本次总决赛一等奖，巨各庄镇代表队获得总决赛二等奖。鼓楼街道、密云镇等13家单位荣获本届体育节优秀组织奖；县广播电视中心获得体育节优秀报道奖。

（胡思洋）

社会服务与管理

社会工作管理

【概　况】　年内,中共密云县委社会工作委员会、密云县社会建设工作办公室(以下简称县委社会工委、县社会办)推进网格化、社区规范化、社会领域党建、社会动员四方面工作。组织40个部门编制了《北京市密云县网格化社会服务管理标准》,以县委、县政府名义发布,被国家标准委确定为国家级服务业标准化试点;统筹推进城乡社区建设,建成6个市级"一刻钟社区服务圈"示范点、3个市级社区规范化建设示范点和11个农村社会服务管理创新试点;健全社会领域区域化党建新格局,深化"非公党建推进工程",非公党建覆盖率达到80.1%;确定2013年为密云县"志愿服务品牌建设年",精心打造10大志愿服务品牌,全县注册志愿者达6.8万人。

(李　悦)

单位名称:中共密云县委社会工作委员会
　　　　　密云县社会建设工作办公室
地　　址:密云县鼓楼西大街3号
电　　话:69059001

【市政协委员视察密云县网格化体系建设工作】　5月21日,市政协组织部分委员来密云视察网格化体系建设工作。委员们实地视察了县网格化指挥中心和东邵渠镇网格化指挥中心、便民服务中心及西邵渠村社会服务管理站,听取了县、镇有关负责人工作汇报,并进行座谈。

(陈小忠)

【县人大代表视察社会建设和网格化体系建设工作】　4月27日,县人大代表视察社会建设和网格化体系建设工作。人大代表先后到县网格化指挥中心、鼓楼街道网格化指挥中心、东邵渠镇网格化指挥中心和便民服务中心进行实地查看,听取了县社会办负责人对网格化体系建设工作的汇报,并进行了座谈。

(刘　杰)

【认定第二批县级"枢纽型"社会组织】　3月7日,经县社会建设工作领导小组研究,认定"县慈善救助协会、县体育总会、县民办教育协会、县医学会、县水利学会、县旅游行业协会、县关心下一代协会、县农民专业合作社服务协会、县商户管理协会、县社会工作者协会、县社会组织联合会"等11家单位为第二批县级"枢纽型"社会组织。

(张　宁)

【社区工作者培训】 3月27日至4月17日，分两期对全县560余名社区工作者进行了轮训，在全市率先完成年度“万名社区工作者培训”工作任务。由北京青年政治学院负责聘请市社会建设领域专家，讲授中外社会建设理论概述等9门课程。

（仇 鑫）

【召开社会建设工作领导小组暨综治委会议】 4月3日，召开2013年社会建设工作领导小组暨综治委第一次全体会议。会议就社会建设和综治工作提出要求。

（陈小忠）

【政府专项资金购买社会组织服务项目绩效考评】 5月7日，市专家考评组对县政府专项资金购买社会组织服务项目进行绩效考评，实地检查评估家业如心社工事务所和果园街道社会组织联合会、关爱农村留守儿童、社区智能化便利服务项目开展情况。考评组专家一致认为，密云县此项工作体制机制健全，过程管理严格，服务效果突出，取得了较好的社会效益。

（李 悦）

【全市社区建设工作现场会在密云县召开】 5月29日，全市社区建设工作现场会在密云县召开，各区县汇报了社区建设重点工作完成情况。实地考察了鼓楼街道向阳西社区党组织、居委会、服务站建设情况和果园街道社区建设工作进展。

（李 悦）

【召开非公党建工作推进会】 6月5日，召开非公党建工作指导员座谈会暨2013年非公党建工作推进会。听取20名非公企业专职党建指导员工作汇报，总结各镇街非公企业党建工作推进情况，就继续做好非公企业新建党组织工作进行部署。

（仇 鑫）

【召开镇街“枢纽型”社会组织建设工作推进会】 6月14日，召开镇街“枢纽型”社会组织建设工作推进会，推动“枢纽型”社会组织向镇街延伸。会议要求各镇街把握时间节点，健全各项手续，积极引导“枢纽型”社会组织依法登记注册。

（刘 杰）

【召开网格化社会服务管理标准体系建设部署会】 7月12日，召开网格化社会服务管理标准体系建设部署会，会议部署了《密云县建设网格化社会服务管理标准体系工作方案》，要求与会职能部门建立健全网格化社会服务管理标准体系，加快职能部门融入，推动网格化体系纵深发展。

（李 悦）

【《密云县网格化社会服务管理标准》通过专家评审】 10月25日，中央、国家机关和北京市有关部门的社会服务管理、标准化、信息化领域专家组，对密云县网格化标准体系进行评审。专家组一致同意密云县网格化社会服务管理标准体系通过评审，建议结合专家组的评审意见进一步修改完善。

（李 悦）

【总结表彰网格化工作者及志愿服务者】 12月23日，召开2013年度网格化社会服务管理及志愿服务工作总结表彰推进会。会议对本年度网格化先进工作者、融入网格优秀志愿者和优秀单位进行了表彰；同时围绕贯彻落实党的十八届三中全会精神，推动密云网格化社会服务管理向纵深发展，对全县各级各类网格化工作人员提出了明确要求。

（陈小忠）

【网格化标准被列入国家级试点项目】 12月31日，经国家标准化管理委员会批准，“北京市密云县网格化社会管理服务标准试点”被列入国家级服务业标准化试点项目,项目计划执行时间为2年(2014年1月1日至2015年12月31日)。

(陈小忠)

人力资源与社会保障

【概 况】 年内,密云县人力资源和社会保障局立足"民生为本、人才优先"的工作主线,大力促进城乡劳动力就业,不断健全社会保障体系,继续强化人才队伍建设,努力构建和谐劳动关系,推动了全县人力社保各项事业稳步发展。

(李 振 赵 杰)

单位名称:密云县人力资源和社会保障局
地　　址:密云县新西路32号甲
电　　话:69043551

【就业再就业】 年内,获北京市人力资源和社会保障局和北京市财政局批复,将本县145个行政村纳入市级促进就业政策范围,提高了农村劳动力的就业竞争力。开发就业岗位3867个,其中开发绿色就业岗位1073个,城镇实现新增就业9512人,城镇登记失业率为1.74%,同比下降0.27%,城镇登记就业率达到65.27%,同比上升1.30%。举办各类求职招聘会98场(含高校毕业生专场招聘会45场),开展送岗位下乡活动12次,采集空岗信息21832个,实施职业指导15522人次。帮扶68户"零就业家庭"共77人实现就业,保持了零就业家庭动态为零。为各类就业困难人员申请促进就业资金1715.90万元。发放促就业小额担保贷款7笔,贷款总额165万元,帮助了72人成功创业,带动218人就业。

(李 振 赵 杰)

【社会保险扩面】 年内,基本养老保险参保单位3505家,同比增加713家,增幅25.54%;参保人数166908人,同比增加5684人,增幅3.52%。失业保险参保单位3517家,同比增加722家,增幅25.83%;参保人数135567人,同比减少6033人,减幅4.26%。工伤保险参保单位3588家,同比增加707家,增幅24.54%;参保人数147900人,同比增加5129人,增幅3.59%。职工基本医疗保险参保单位3580家,同比增加757家,增幅26.82%;参保人数187149人,同比增加49094人,增幅35.56%;城镇居民基本医疗保险参保人数27901人(其中老年人参保4871人、学生儿童参保22378人、无业居民参保652人)。生育保险参保单位3573家,同比增加722家,增幅25.32%;参保职工129070人,同比增加3605人,增幅2.87%。年内共计发放社保卡19164张,发放完成率98%。

(李 振 赵 杰)

【社保基金收支】 年内,收缴社会保险基金176894.55万元,同比增长27.94%;支出各项基金132574.04万元,同比增长20%,各项保险的收缴率均达98%以上。其中:养老、失业、工伤、生育等四项保险基金收缴108603.42万元,支出75191.21万元,同比分别增长29.15%和15.37%;职工医疗保险基金收缴68291.13万元,支出57382.83万元,同比分别增长26.19%和26.66%。

(李 振 赵 杰)

【城乡居民养老保险】 截至年底,城乡居民累计参保人数107361人,实现累计参保覆盖率98%和当年续保率98%以上。收缴基金11844.99万元，支出12600.25万元。当年领取养老金人数26537人，比去年同期增长5069人，同比增长23.61%。

（李 振 赵 杰）

【福利养老金】 截至年底，城乡无社会保障老人享受福利养老金人数45850人，同比减少0人。累计发放福利养老金16406.41万元，同比增支985.41万元，增幅6.39%。

（李 振 赵 杰）

【医保审核】 年内，加强医疗保险的审核监督控制和数据管理，通过内控系统筛查医疗机构异常数据4095笔，涉及违规交易103笔，合计违规金额3683元，个人监控指标异常数据9212笔，下发“医疗保险告知书”警示违规参保人195人次，约谈3人，追回违规费用2.1万元。

（李 振 赵 杰）

【内控监督】 年内，内控监督部门检查基金补缴业务102510笔，涉及102510人次，涉及补缴基金10278.73万元，社保稽核部门对1117家企业下发了催缴通知书，收回月报欠缴金额740万元，清欠率达到87%；基金监督部门抽查企业22家，有13家企业存在漏缴社会保险费问题，共补缴保险基金119.45万元，系统显示补缴完成率达117%；处理四险监督系统问题单195条，处理医保监督系统问题单521条，共追回医保违规金额405.48元。

（李 振 赵 杰）

【公务员管理】 年内，建立年轻干部到基层锻炼的工作机制，选派43名县直机关年轻干部到基层锻炼；完成公务员和规范收入单位招考工作，为县财政局、县经信委和县人力社保局等44个单位招录公务员94人；组织规范收入单位考试9次，为县财政局、县文联等12个单位招录工作人员23人。全年办理县属局级领导任免手续8批，涉及处级干部71人，其中提交县人民代表大会任免7人。办理行政机关、参照管理单位和规范收入单位科级干部任免手续182人，全员参与竞争上岗，非领导职务36人。办理调动手续137人，为95人办理了北京市工作居住证手续。

（李 振 赵 杰）

【事业单位人事管理】 年内，组织事业单位公开招聘4次，为县委组织部、县科委、县园林绿化局等40余家单位招聘工作人员400人，公开选拔行政事业单位科级干部67人。为82名事业单位工作人员办理调配手续，其中县内调动40人，外区县调入31人，调往外区县11人。办理事业单位科级干部任免135人。

（李 振 赵 杰）

【人事考试】 年内，组织公务员录用、全国职称外语、二级建造师和北京市社区工作者等考试11场次，参加考试人数共计17579人次，发放北京市初级专业技术资格证书336个，卫生专业技术资格证书768个，会计资格证35个，经济专业资格证书19个，二级建造师证书50个，社区工作者职业水平证书47个，职称外语证书499个。

（李 振 赵 杰）

【“大学生村官”管理】 年内，选聘大学生村官215人，其中男94人，女121人；党员24人，团员191人；本科170人，硕士5人，专科40人；北京生源187人，外埠生源28人，圆满完成2013年大学生村官选聘工作。截至2013年11月，在岗大学生村官644人。做好合同期满大学生村官再就业工作，合同期满“大学生村官”共95人，录用公务员13人、事业单位招聘28人

(包括专项事业编12人)、企业招聘19人、自主创业3人、大学生村官续聘20人,其他12人。

(李　振　赵　杰)

【人才引进】 年内,引进高级人才19人,为县教委、县卫生局、金诚信、雅迪利等43家企事业单位引进外埠应届毕业生211名,引进专业以高科技和紧缺专业为主,涉及法律、临床医学、教育、矿业管理和核技术应用等多种专业。

(李　振　赵　杰)

【人事代理和档案管理】 3月份开始全面启动流动人员人事档案数字化建设项目,实现流动人员人事档案服务管理工作"一点登记,多点服务"的规范化、信息化、网络化服务管理新模式,为存档单位和存档人员提供更加便捷、高效、安全的人事档案公共服务。年内共接收人事档案1976份,转出档案1088份,人事档案总量15252份。现有立户存档单位279家,新增单位存档集体21家。为代理人员出具相关证明材料、接待单位查(借)阅档案服务近1500人次。

(李　振　赵　杰)

【工资福利与退休管理】 年内,审批兑现了机关、参照管理、纳入规范收入单位2012年度在职人员和2012年办理退休手续人员工作性津贴(人均8000元);兑现了2012年度规范收入管理单位在职人员和2012年办理退休手续人员绩效管理奖金(人均3000元),共涉及人员4260人,支付绩效奖金1239万元;核增2012年事业单位绩效工资总量1027.96万元,涉及职工10634人;完成了全县机关事业单位保留津贴审批,共涉及人员15968人,补发津贴5033.22万元;兑现了2012年度规范收入管理单位绩效管理一次性奖金(人均4000元),核增了事业单位绩效工资总量(年人均4000元),涉及19487人,支出绩效奖金7538.61万元;审核发放教委在职职工学年奖6076万元,涉及人员6420人。春节前夕对全县66名行政机关、事业单位科级及以下在职和退休重症患者进行了慰问。

(李　振　赵　杰)

【公务人员考核与奖励】 年内,全县列入公务员考核范围的人员3639人,其中优秀711人,占考核人数的19.54%,称职2786人,占考核人数的76.56%,不称职1人,占考核人数的0.03%,未定等次人员141人,占考核人数的3.87%;未参加考核人员8人,占考核人数的0.22%。受奖励人员868人,其中嘉奖704人,记三等功164人。列入事业单位人员考核范围的14226人,其中考核为优秀等次的人员2122人,占考核人数的14.92%,合格等次人员11656人,占考核人数的81.93%,基本合格等次12人,占考核人数的0.08%,不合格等次9人,占考核人数的0.06%,未定等次人员389人,占考核人数的2.73%,未参加考核人员38人,占考核人数的2.67%。

(李　振　赵　杰)

【干部教育培训】 年内,组织北京地区全国专业技术人员计算机应用能力考试6场4100余人次,考试合格率70%。培训新录用公务员72人、新任科级职务公务员163人。组织专门培训和在职培训25次,涉及人员11536人次。举办高级研修班3期,其中在县行政学校举办社会管理创新市级高研班1期,与县动物疫病预防控制中心联合举办"犊牛培育新技术"高级研修班1期,与县农业技术推广站合作举办"日光温室防寒技术研究"高研班1期。

组织全县7200名公务员、管理干部、专业技术人员参加了《当代科学技术发展前沿与趋势》的学习培训,学员参训率达100%。

(李　振　赵　杰)

【职业技能培训与鉴定】　年内,培训城乡劳动力3827人(其中培训农村劳动力3705人,城镇失业人员122人),培训创业人员147人,组织高技能人才培训43人,非补贴性培训585人。组织部分用人单位开展岗位练兵活动,此次活动共涉及3个工种,400余人参加,激发了职工立足岗位学技术练技能的热情。两位技师分别荣获第三批北京市有突出贡献的高技能人才和2012年享受北京市政府技师特殊津贴称号。组织职业技能鉴定53个批次,鉴定总人数达到2923人次,其中失业人员9个批次,涉及592人次,特种作业人员2个批次,涉及50人次,本市农村劳动力42个批次,涉及2281人次,鉴定的工种主要包括中式烹调师、保洁员、焊工、维修电工、绿化工、餐厅服务员6个工种。

(李　振　赵　杰)

【劳动关系】　年内,劳动监察部门巡查企业1174家,查处违法企业63家,为1849名职工追回拖欠工资1319.31万元,劳动合同签订率达到96%;查处各类举报投诉案件,劳动监察群众举报案件处理结案率达到100%。调解仲裁委员会共受理各类劳动争议案件2074件,同比增加247件,增幅13.52%,结案率达100%。建立并完善领导包案制、急事特办等各项重要维稳制度,接待群众申诉、投诉、举报、咨询4375人次,其中信访调解1883人,调解率达43.04%,为职工讨要工资203万元。

(李　振　赵　杰)

民政工作

【概　况】　年内,密云县民政局坚持把保障改善民生质量和创新社会服务管理为工作首任,加强在重点领域、重点项目的改革力度,推动密云民政事业扎实开展,发挥民政部门在社会建设中的保障作用,为完成“十二五”民政事业发展奠定了坚实基础。

(赵东方)

单位名称:密云县民政局
地　　址:密云县城后街23号
电　　话:69042485

【城乡低保】　年内,城市低保标准从家庭月人均520元调整为580元,农村低保标准从家庭月人均400元调整为500元。城乡低收入家庭认定标准维持现行标准家庭月人均740元。农村集中五保年供养标准从8970元提高到9962元,扣除预留医疗费15%,月供养标准为705.64元;分散供养的农村五保供养对象月保障金额按照农村低保月标准的115%进行调整,现供养标准为月人均575元。全县共有城乡低保对象8016户12747人,其中城市低保对象823户1281人,农村低保对象7193户11466人;城乡低收入对象1980户,5973人,其中城市低收入对象189户527人,农村低收入对象1791户5446人;农村五保对象683户701人。支出保障金5724.29万元,同比增加支出14%。

(赵东方)

【医疗救助】　年内,多渠道宣传城乡特困

人员医疗救助政策，提高救助力度。审批医疗救助人员9146人，发放救助资金1376.73万元。

(赵东方)

【建立核对机构】 11月26日，经县编办批准，成立密云县居民经济状况核对中心，负责使用和维护居民经济状况信息核对平台，出具核对报告，承担本县居民经济状况的具体政策落实工作。

(赵东方)

【社会救助】 年内，加大对低保边缘群众在医疗、教育、住房、突发事件方面的救助力度，提高救助标准。投资1444.5万元，为370户农村社救对象翻建维修危旧房屋，其中翻建300户，维修70户。发放教育救助1018人452.82万元。发放临时救助、一次性生活补助及燃煤自采暖补贴共计16819户次28168人736.9万元。落实孤儿各项补助政策，集中收养和社会分散领养的孤儿生活费实现了城乡统一标准。“两节”期间走访慰问城乡各类社会救助对象8072户，发放慰问金及慰问品折款458.315万元。

(赵东方)

【防灾减灾】 年内，制定了《密云县灾害救助应急预案》；建立了应急救助及时沟通会商、信息共享、灾情评估、款物调送、灾后重建等工作机制；健全了救灾应急征用补偿制度，规范物资征调、使用、归还、补偿相关工作；加强了救灾物资储备库设施建设，救灾物资储备总量不断增加，并完成了筹建救灾物资储备库的选址工作。完成了本县2个全国、3个市级防灾减灾社区的创建任务。

(赵东方)

【推进养老服务设施三年行动计划】 年内，7个镇街改扩建社会福利中心，新增床位911张，争取市级改扩建及设备资金791万元；民办养老机构新审批及改扩建项目新增床位502张，全县新增床位1413张，总床位增至3693张，入住老人1966人，养老机构达到28家。养老机构公办民营改革工作不断深入，完成2家养老机构公办民营改革。建设8家镇街级养老管理服务中心和49家村、居委会级养老服务中心。

(赵东方)

【养老服务机构规范化管理】 年内，开展医疗卫生进院，文体娱乐进院，劳动拓展进院，亲情关爱、精神慰藉服务进院，“朝阳伴夕阳”主题活动，定期组织老年人外出活动。在全县28家养老机构开展养老服务机构规范化管理工作。9家养老机构完成星级评定工作，全县82%的机构已通过星级认定，达到星级标准。

(赵东方)

【社会捐赠】 年内，全县共接收捐赠款381.52万元，其中共产党员献爱心捐赠款1453536.84元，春风送暖捐赠款709723.50元，四川雅安“4·20”地震捐赠款1651281.60元，日常捐款656元。接收捐赠衣物2522件。市捐赠中心为本县慈善超市(爱心家园)及拟建爱心家园拨付救助物品8000份，其中油4000桶，大米4000袋。

(赵东方)

【征地超转人员管理】 年内，做好京承高速三期工程355名征地超转人员的接收工作。完成征地超转人员生活补助费调标工作，为2211名超转人员发放医保卡，发放生活补助费、医疗补助费4655万元。

(赵东方)

【基层政权建设】 截至6月底，全县327个村完成了村委会换届选举工作，实现了县委提出的“两保持、两降低、一确保”的工作目标。东邵渠镇西邵渠村在本届选举工作中，被中组部、民政部确定为村委会选举工作观摩点，并得到了上级领导对本县基层民主政治建设工作的肯定。

（赵东方）

【优抚、抚恤金发放】 “两节”期间，发放慰问金和慰问品折款98.58万元，市级一次性生活补助58.16万元，国家一次性生活补贴104.69万元。为农村优抚对象翻建危旧房50户，落实资金270万元。新确认烈士子女33人，累计确认烈士子女226人，落实资金241.03万元。新增加老年退役士兵138人，累计1556人，发放补助资金共计99.888万元。发放临时困补409人次22.76万元。

（赵东方）

【修缮烈士纪念设施】 年内，对烈士陵园等18处重点烈士纪念设施进行修缮，投资总额达到528万元。

（赵东方）

【见义勇为权益保护】 年内，向市见义勇为基金会争取资金，救助见义勇为困难人员20人，发放救助资金9.2万元。将见义勇为人员奖励标准5000元提高到36469元，发放奖励金2人。

（赵东方）

【烈士陵园管理】 年内，继续发挥烈士陵园爱国主义教育基地作用，做好“清明节”和“七一”等重要节日活动的接待工作。接待祭扫人员1200人，烈属20人。

（赵东方）

【军休干部服务管理】 年内，现有军休干部37人，军队无军籍职工6人。春节、八一、重阳等节日期间，组织召开了军队离退休干部座谈会，解决军休干部的实际困难；开展各项文体活动，丰富军休干部的文化生活，军休干部的政治待遇和生活待遇得到较好落实。全年共走访慰问军休干部300多人次。

（赵东方）

【社会组织管理】 年内，制定《密云县社会组织量化考核标准》，提升社会组织规范化。依法做好登记工作，确保执法合格率100%，全县共有社会团体89个，民办非企业单位106个，超额完成市局培育发展挑战值8%（14个）的目标。合理布局枢纽型社会组织，实现对本区域内社会组织的组织协调和资源统筹，已有2个街道和3个乡镇成立了社会组织联合会。对申请成立的符合社会需求的公益类社会组织进行了重点扶持，一方面是社工类社会组织，另一方面培育特殊行业的社会组织。

（赵东方）

【社区建设】 年内，推进城市“六型”社区创建工作。通过完善工作机制，落实综合治理和整改措施，鼓楼街道车站路南、鼓楼南、檀州家园、白檀、宾阳西里、宾阳、行宫、花园西、檀城东区、檀城西区、长安西区、向阳西、阳光13个社区和果园街道兴云、果园新里、季庄、西北路、学府花园5个社区，共计18个申报六型社区示范单位创建的社区全部通过市级评估验收，并被命名为“北京市六型社区示范单位”。鼓楼街道顺利通过了市民政局“全国和谐社区建设示范街道”的前期评估和验收。

（赵东方）

【社区服务】 年内，依托96156社区服务平台和电子保姆智能呼叫系统、小呼叫、电子小帮手服务器等社区服务平台，扩大和加强社区加盟服务商队伍，推进“智能化”社区创建。将社区老年餐桌及日托所、社区便民服务网点等社会服务资源纳入网格,深入推进“一刻钟社区服务圈”建设。开展2次社区志愿服务工作培训工作,培训社区志愿工作人员130人次。社区志愿者网上实名注册人数20147人。同时,开展了“时间银行”、“心理咨询疏导服务”等多个品牌建设活动。

(赵东方)

【农村社区建设】 年内,327个农村社区服务站办公设备和标识全部安装到位,实现全覆盖,并通过市级验收。农村社区建设坚持以村委会换届选举工作为中心,全面推进农村社区基础设施建设工作、服务站规范化建设工作、实施农村社区服务站规范化运行“百村计划”,全县有100个村列入规范化建设目标。开展农村典型示范社区创建工作,因地制宜,分类指导,按照不同类型予以区别建设,冯家峪镇西苍峪、不老屯镇永乐、溪翁庄镇北白岩、西田各庄镇苍头、巨各庄镇丰各庄、穆家峪镇阁老峪、太师屯镇上庄子、石城镇河北、西田各庄镇西康各庄9个村通过市级验收被命名为“北京市农村社区建设典型示范社区”。

(赵东方)

【社会工作者队伍建设】 年内,召开全县社会组织进社区活动动员大会,推动专业社工组织到社区开展活动,在向阳西社区建立专业社工试点,形成了社区、社会组织、社工三社联动灵活的创建机制。完成了全国社会工作人才队伍试点示范社区、单位、企业的申报工作,馨欣社工事务所被命名为“北京市社会工作实验基地”。推进穆家峪镇华润希望小镇人才助力工程,开展社会工作知识培训班,参加培训100人。全县取得职业水平证书人员达到161人,其中助理社工师121名,社工师40名。

(赵东方)

【婚姻收养登记】 年内,婚姻、收养登记工作坚持严格执法,保证执法合格率100%,办理婚姻、收养登记13321对(例),其中结婚登记4902对、离婚登记1615对、补发结婚登记证2792对、补发离婚登记证74对、出具婚姻记录证明3921份、收养登记10例、补办收养登记7例,办理了本县首例解除收养登记。

(赵东方)

【殡葬管理】 年内,丧葬补贴及时足额发放,全年发放1023万元。开展了殡仪市场清理整顿。宝云岭墓园打造生态式、园林化公墓,完成了清明节期间群众扫墓接待工作。

(赵东方)

【流浪乞讨人员救助】 年内,与县公安、城管、卫生等部门协调配合,开展重大节日、十八届三中全会召开期间的城市街道、居民小区、商业街、公园等场所的巡查。开展“北京市未成年人社会保护试点”工作,由市民政局出资购买本县“家业如心社会工作事务所”社会服务,鼓楼街道和十里堡镇作为试点单位,探索开展未成年人监护监督和建立困难未成年人救助帮扶机制。

(赵东方)

【福利企业发展】 年内,全县36家福利企业,安置人数1467人,销售收入达到33266万元,实现利税2567万元。创建两家“残疾人职工之家”,福利企业残疾人职工月均工资标准达到1900元,比北京市2013年最低工资标准1400元,提高35.7%。福利企业申请社会保险补贴金额186万元,申领残疾人就业岗位补贴金额206万元。

(赵东方)

【福利彩票】 年内,福利彩票发行全年销售9257.38万元，同比增长1.92%，支持了福利事业的发展。

（赵东方）

老龄工作

【概　况】 年内，密云县老龄工作坚持以改善老年人物质文化、精神文化为着力点，落实老年人优待政策，推进养老设施建设，为顺利完成“十二五”时期老龄事业发展目标奠定了坚实基础。

（赵东方）

【大力弘扬孝道文化】 组织开展2013年度“孝星”和为老服务示范单位命名活动，全县评选出“孝星”300名，为老服务示范单位30家。

（赵东方）

【打造密云长寿品牌】 年内，县老龄办和北京华夏人口与社会发展研究所在人民大学文化大厦举办“密云不老屯长寿文化论坛”，对不老屯镇悠久文化及良好的自然环境进行了推介。参与2013北京国际老龄产业博览会，展示养老食品、电子保姆、养老环境及密云风光。

（赵东方）

【节日慰问】 春节期间，对26名高龄特困老人进行慰问，送去1.56万元慰问金；敬老月期间，对191名高龄老人进行走访慰问，送去11.54万元慰问金。

（赵东方）

【开展为老服务活动】 年内，依托龙头企业、餐饮企业、民俗户，服务员和养老（助残）员，建立养老（助残）餐桌352个、托老（残）所361个，为老年人提供日间照料服务。

（赵东方）

【加强养老服务队伍建设】 年内，完善对养老护理员培训、取证、上岗的全程管理，建立了护理职业资格等级与工资挂钩机制。4月，举办了初级养老护理员培训班，培训88人，全部取得初级护理员证书。

（赵东方）

【落实老年福利政策】 年内，发放养老券1158万元，兑付养老券1324.65万元；给予95周岁及以上37位老年人医疗补助10.9万元；为有需求的老年人配备“小帮手”电子服务器428部；办理老年优待卡4511张，办理老年优待证534个，发放90周岁及以上老年人高龄津贴89.65万元。

（赵东方）

【老年人精神关怀和法律援助】 年内，建设镇级老年人精神关怀服务站6家，村（居）级老年人精神关怀服务室24家。依托精神关怀服务站（室）、“96156”社区服务热线，鼓楼心理慰藉服务队为空巢老人上门进行一对一精神关怀服务。同时，法律援助中心为老年人提供无偿法律援助。

（赵东方）

民族宗教侨务工作

【概　况】 密云县域内现有满、回、蒙古、壮、土家、苗、朝鲜、彝、布依、侗、瑶、白、仫佬、锡伯、傈僳、达斡尔、维吾尔、藏、土、仡佬、毛南、黎、羌、鄂伦春、裕固、佤、傣、哈萨克、纳西、畲、东乡、水、哈尼、景颇、俄罗斯、鄂温克、赫哲族等37个少数民族成份,人口35148人,占全县常住人口的7.5%。县域汉族、满族、回族、蒙古族占比重较大,其中汉族人口占绝对多数,满族位居第二,其次是回族、蒙古族。

县域民族学校有4所,分别是:檀营满族蒙古族中心小学,提辖庄满族小学,古北口民族中心小学,密云县第五小学。在校生1940名,在职教职工239名,其中少数民族学生332名,少数民族教职工31人。作为民族团结教育活动的基地之一,民族学校的特色教育和校本教材等形成了各自特色,有古北口民族中心小学的棋类特色校,檀营中心小学的武术、马头琴演奏艺术特色校等。

县域内现有宗教活动场所7个,其中佛教宗教活动场所4个,伊斯兰教活动场所2个,基督教聚会点1个。宗教教职人员34人,其中佛教30人,伊斯兰教4人。

(艾晓利)

单位名称:密云县民族宗教侨务办公室
地　　址:密云县城后街23号
电　　话:69042820

【市少数民族经济工作会在密云召开】 年内,全市少数民族经济工作会议在密云县召开。与会同志实地参观了太师庄村设施农业建设、古北口村民俗旅游发展情况,并在古北口文化大院召开现场会,总结了2012年全市少数民族乡村经济工作,会议表彰了2012年度北京市少数民族乡村经济工作获奖单位。市委常委、统战部部长牛有成,副市长程红出席会议并讲话。

(艾晓利)

【国家民委民族工作培训班学员考察】 7月11日,国家民委主办的"第三期武陵山片区民族工作培训班"湖北、湖南、重庆、贵州四省市的民族工作部门的学员及教师共76人,到密云进行实践教学活动,参观了太师庄村循环农业建设、古北口村民俗旅游开发,听取了县生态办关于密云县创建全国生态县及水源保护区的做法及经验。

(艾晓利)

【赵文芝到密云调研】 10月22日,市政协副主席赵文芝带领部分委员到太师屯镇太师庄村和古北口镇古北口村,调研太师庄村的设施农业和北口村的民族旅游产业发展情况,赵文芝对密云县民族乡村经济发展工作给予充分肯定,她希望密云县继续强化对口帮扶机制,加大各民族乡村科技、培训、文化、教育等软实力的建设,促进县域民族乡村经济建设更好更快发展。

(艾晓利)

【民族文化】 年内,在古北口镇两个民族民俗村,挖掘整理了手工剪纸,手工绘绣和民族小吃,其中满族小吃达到40余种,并在传统节日组织游客参与风味小吃比赛。调查全县民族传统体育项目开展情况,走访了两所学校、两个街道,培育民族传统体育表演项目。在檀营小学开展了柔力球推广项目,完成了柔力球小学生比赛规则的初稿工作,完善该校民族摔跤套路。在古北口小学加强棋类特色校建设,不断提高学生的实力。

(艾晓利)

【宗教工作】 腊月二十八为全县回族低保群众发放一次性过节补贴,确保回族低保群众过节有肉吃;7月17日开斋节前夕,县委领导慰问了伊斯兰教协会及密云清真寺全体工作人员,给四位阿訇送了慰问金，体现了党对少数民族的关怀。对全县清真食品市场进行检查，未发现假牛羊肉等问题；对全县清真食品市场优中选优申报三处清真项目；每逢节日都到密云二中慰问和田班师生。

（艾晓利）

【召开民族宗教界代表座谈会】 1月29日，组织全县民族宗教界代表人士座谈会；2月28日协助610做好乡镇相关工作人员宗教知识培训及《宗教信仰与群众习练功法》的调研工作；4月18日协助统战部举办全县党外人士培训班；4月25日组织阿訇观摩《古兰经》诵读比赛；5月11日组织全县伊斯兰教界代表人士到古北口进行爱国主义教育；7月26日全市优秀阿訇到密云清真寺演讲；9月4日组织民管会主任到市里交流管理经验。

（艾晓利）

【规范宗教活动】 年内，联合公安、旅游、文物等部门对全县31处寺观进行检查，指出存在问题并限期改正；取缔冯家峪镇西庄子村、西口外村两处非法佛堂；要求白龙潭风景区五龙祠、冶仙塔风景区撤走非法常住道士；阻止大云峰禅寺非法人员参加法会活动；解决法兴寺更换负责人、承包、与藏传佛教有交往等问题，8月22日取缔十里堡镇圣洁防水有限公司组织的非法聚会。对全县佛道教场所及信众情况进行调研；上报全县31处寺观目前使用情况；为全县宗教活动场所更换新登记证。

（艾晓利）

【参加市侨商洽谈会】 年内，参加北京市侨办举办的侨商洽谈会。确定密云参加侨商洽谈会的项目材料，组织县商委、投促局和经济开发区参加水立方举办的侨商洽谈会，在密云的展台向各界侨商做好宣传工作。

（艾晓利）

【万侨助万村工程】 年内，太师屯镇葡萄园村被确定为北京市"万侨助万村"工程的示范村，在村委会设立了侨法宣传角，建立了"六五"侨法宣传栏，营造尊重侨爱护侨的良好氛围和舆论环境。北京市侨办出资5万元支持葡萄园村文化建设，丰富村民的业余文化活动。

（艾晓利）

人口和计划生育

【概　述】 年内，密云人口计生工作紧密围绕全县发展大局，以稳定低生育水平为前提，以促进人口长期均衡发展为目标，以深化"三抓三强化"（即：抓机制，促长效；抓队伍，强基础；抓服务，提质量）不断创新人口服务管理模式，人口形势保持稳定，各项人口指标实现预期。

（代秋菊）

单位名称：密云县人口和计划生育委员会
地　　址：密云县新西路60号院2号
电　　话：69043413

【人口基本数据】 截止到9月底，全县户籍人口出生3989人，计划生育政策符合率97.62%，符合市人口计生委下达指标，人口出生率9.28‰，自然增长率2.8‰。

（代秋菊）

【计划生育依法行政】 年内，落实农村部分计划生育家庭奖扶、独生子女死亡家庭和独生子女伤残家庭特别扶助制度，累计年审发放2256人。再生育政策审批565例;下达社会抚养费征收决定书228例,社会抚养费征收率88.08%。受理政策咨询类及各类信访629件次,信访结办率99.68%。

(代秋菊)

【流动人口管理与服务】 截至9月底,全县外地来京成年育龄妇女26399人,已婚育龄妇女13386人,持原籍《流动人口婚育证明》15492人,查验注册婚育证15139人,验证率97.72%;免费孕检率86.21%,三种责任书签定率99.32%。制作发放了《流动人口计划生育宣传册》,开展了"流动人口春节帮扶行动",增设流动人口图书角25个,为28名流动已婚育龄妇女一次性发放200元长效避孕节育措施奖励。与21个省市签定流动人口双向协作承诺书,建立并巩固现居住地与户籍地"信息互通、服务互补、管理互动、责任共担"的"一盘棋"格局。

(代秋菊)

【计划生育宣传】 年内,开展了"计生新气象,巳岁展宏图"主题宣教活动。全县共开展各类宣传咨询3400余场次,发放宣传品15万份,走访计生家庭21851户,其中女孩户7281户。深化主题宣传,举办了"计生服务技能大练兵"活动,组织培训50余场次,竞赛25场次,参与人数3000余人次。召开"幸福家庭"表彰大会,有1200个家庭荣获县、镇两级"幸福家庭"称号。举办了纪念7·11世界人口日暨"关爱女孩儿"等主题活动,设计制作青春期健康教育折扇2万把发至中小学生手中。为80个行政村安装了阳光计生公开栏,为10个乡镇设立大型广告宣传牌11块,在县城主要大街设立宣传栏36块,制作图文宣传册14万份,营造人口计生工作的良好社会氛围。

(代秋菊)

【计划生育服务】 年内,落实避孕药具普惠易得工程和避孕不失败促进工程,全县设立各类免费药具发放网点共671个,避孕有效率达98.47%,药具随访服务率达100%。"三无村(居)(无违法生育、无引产、无人流)达标81个村(居),同比增加35个。出台《密云县关于加强孕前型服务管理工作的实施方案》,加大对"三无"村(居)的奖励力度,引导长效避孕措施落实,流引手术比上年减少78例,出生人流比1:0.29。开展国家免费孕前优生健康检查项目工作,全县年度参检人群完成702对。免费向新婚夫妇发放健康服务包1473份。为1.5万名已婚育龄妇女免费康检。为75036名已婚育龄妇女进行了多项生殖健康检查服务,体检率达到了91.5%。实施计划生育科普知识进万家活动,开展生殖保健知识讲座46场次,授课人数4578人次。

(代秋菊)

【计划生育协会工作】 年内,与中保人寿密云支公司深化合作,在全县范围内开展计生家庭意外伤害保险工作,对当年参保的独生子女特扶家庭、独生子女伤残特扶家庭和独生子女低收入家庭给予每户29元的一次性补贴,个人只负担1元。全县共有5.3万户计生家庭投保,其中独生子女家庭投保3.7万户。计划生育家庭意外伤害保险,全县共有16.8万户次计生家庭参保,其中独生子女家庭参保近12万户次。筹措资金,在穆家峪镇建立了面积为206平方米的0-3岁婴幼儿教育示范基地。完善了果园街道"心灵家园"工程。为本县在册的187名计划生育特扶人员发放"暖心卡"。以独生子女死亡家庭为目标人群,为其提供养老保险、疾病身故保险、意外伤害身故保险、意外伤害医疗保险、烧伤保险、残疾保险以及女性重疾保险。试行《密云县特殊困难和农村独生子女家庭大病扶助办法》，深化对计生家庭的人文关怀。

（代秋菊）

【人户分离人群计生服务管理状况调查】 4月至11月，县人口计生委与首都经济贸易大学劳动经济学院人口所联合开展了密云县人户分离人群计生服务管理状况调查与分析课题研究。通过定性与定量研究方法，对全县人户分离育龄人群、小城镇、城乡结合部建设开发农转非等人口总量、规模、结构、分布、职业类型、计生服务管理状况等内容调查，提出了人口计生公共服务管理对策建议，为科学决策服务。

（代秋菊）

【融入网格化社会服务管理体系】 年内，成立了“密云县人口计生系统网格化社会服务管理专项工作领导小组”，制定了《密云县人口计生系统融入网格化社会服务管理工作实施方案》、《密云县人口计生委融入网格化社会服务管理工作考核办法》、《密云县网格化社会服务管理标准人口计生服务工作规范》。

（代秋菊）

【开展春节慰问送“福”活动】 1月15日，县人口计生委慰问小组，对全县20个镇、街的104户计划生育困难家庭、困难计生干部、计生专干和宣传员进行走访慰问，为他们送去了大米、食用油等慰问品、慰问金和集计生政策、知识、祝福为一体的图文并茂宣传品。

（代秋菊）

【县经济开发区计划生育宣传】 3月11日，在县经济开发区组织的大型招聘会现场，设立了人口和计划生育政策咨询台，为1.3万求职人员提供计生政策咨询，并发放计生宣传品、计划生育政策、法律法规知识手册5000多份、计生避孕药具3000多盒。

（代秋菊）

【召开人口和计划生育工作会议】 4月2日，在县委、县政府会议中心召开人口和计划生育工作会，会议全面总结了2012年人口计生委工作，并对2013年工作做出具体部署。会议强调：要进一步统一思想认识，明确计生工作只能加强，不能削弱；在改革中必须继续强化对人口计生工作的领导；加强计生民生建设力度，运用综合手段推动计生家庭发展能力。

（代秋菊）

【“7·11”世界人口日暨关爱女孩主题活动】 7月11日，县人口计生委、计生协会联合举行纪念“7·11”世界人口日暨关爱女孩行动主题活动，县综合治理出生人口性别比领导小组成员单位、联络员及各镇（街）计生干部、女孩家庭代表等150余人参加纪念活动。

（代秋菊）

【计划生育服务技能大练兵】 3月至8月，全县20个镇、街道和县经济开发区分别采取培训、测试、比赛等方式开展计划生育服务技能大练兵活动，通过基层初赛和预赛，层层选拔，最终由各镇（街）、开发区计生办工作人员、村（居）计生专干、计生宣传员组成的8支代表队进入了县级决赛。开发区管委会代表队以250分的高分获得冠军。全县2200余人参与练兵，参与率达到99%。

（代秋菊）

【召开“幸福家庭”表彰大会】 9月17日，在县人口计生委会议室组织召开“9·25”公开信发表33周年暨“幸福家庭”表彰大会，会议对获得本县第二届“幸福家庭”称号的100户家庭进行了表彰。

（代秋菊）

街道　乡镇

鼓楼街道

鼓楼街道位于密云县城中心地带，东至新东路以东和檀东路以东，与檀营地区和穆家峪镇接壤；南至潮河中心线，与河南寨镇接壤；西至白河中心线，与果园街道和密云镇接壤；北至京承铁路中心线，与檀营地区和密云镇接壤，占县城建成区的三分之二，辖区总面积13.06平方千米。辖白檀、北源里、宾阳、宾阳北里、宾阳里、宾阳西里、长安东区、长安西区、车站路、车站路南区、东菜园、鼓楼、鼓楼南区、花园东区、花园西区、石桥、檀城东区、檀城西区、太扬家园、檀州家园、行宫、行宫南区、向阳东区、向阳西区、阳光、沿湖、云秀花园、亚澜湾28个社区，管辖楼房1147栋，别墅290栋，平房3787户；常住人口106749人，流动人口18980人。辖区内有新经济组织6860家，新社会组织248个，行政事业单位141个，中小学及幼儿园23所。

街道以“和谐社会建设年”为总抓手，不断完善社会服务功能，重民生强服务，严管理求创新，打基础谋发展，抓落实见实效，实现“和谐鼓楼、幸福鼓楼、美丽鼓楼”的奋斗目标。

经济建设　全年共引进企业70家，注册资金总金额7500万元，完成落地实体项目投资2200万元。实现财政收入2113.53万元，同比增长17.55%。

社会建设　年内，街道便民服务中心增设了服务商户“绿色通道”窗口，为辖区商户办理工商、税务、卫生等各项登记手续提供了“统一受理、项目代办、快速转办、并联审批、办结告知”的一站式服务，办理工商执照44份，食品流通许可证59份。中心共受理业务21886件，办结21626件，办结率98.8%，日均受理70件，单日最多接待人数300余人。登记社情民意12条，解决难事、急事18件。

开展“我的梦·中国梦”主题宣讲活动，10名宣讲员进机关、下社区、入商户，开展宣讲15场次，受益群众2000余人。组织机关、社区干部集中学习12次，学习“中国梦”有关论述9篇、党报党刊政论性文章4篇。利用社区电子显示屏，共发布党务、政务信息200余条。

建立街道、社区两级组织机构和指挥平台，实施街道、社区、网格、节点四级管理。根据辖区人、地、物、事、组织等情况，完成了辖区 64 个网格 346 个节点的重新划定。将维护治安秩序、管理实有人口、排查化解矛盾、反应群众诉求、提供社会服务、巡查市政市容、开展党建工作、志愿服务工作等纳入网格管理，实现了网格之间无缝隙对接，网格化社会服务管理全域覆盖。指挥中心共处理各类信息 97782 件，办结率 99.85%。其中，社区服务管理站处理信息 79262 件，办结率 99.88%；指挥中心处理信息 18520 件，办结率 99.69%。

96156 便民服务热线坚持全年每日 24 小时无间断、无断点服务，共受理服务请求 3045 件，日平均受理 10 件，单日受理最高 27 件。

开发用人单位岗位信息 1603 个；职业指导 620 人次；帮助零就业家庭就业 42 户；办理城镇居民基本医疗保险 7066 人；办理城乡养老保险参保 778 人；全年完成就业 1410 人，完成就业困难人员就业 1045 人，就业困难人员就业率达到 70.75%；推荐就业岗位 1603 个，推荐成功 267 人；办理灵活就业 804 人；举办技能培训班 3 次 81 人；社会化管理建立企业退休人员档案 2152 份，失业人员档案 1328 份；为各类享受医保人员报销药费 600 万元；受理丧葬补贴申请 120 份，发放补贴款 55 万元。

落实各项救助政策，“两节”期间为低保家庭发放慰问金 133698 元，救助低保家庭 193 户 324 人，发放低保金 199 万余元。救助低收入家庭 48 户；救助孤儿 5 人，发放孤儿基本生活补贴 8.4 万元；医疗救助 129 人次 312358 元；教育救助 17 人 70795 元；住房救助 18 户 59220 元。根据临时救助政策，对不符合低保低收入条件的困难家庭实施临时救助 71 人次 50800 元。慈善救助 2 户白血病家庭。

年内，实现辖区人口动态监测，依法规办理出生证、独生子女证 1098 例(其中一孩证 618 例，二孩证 84 例，独生子女父母光荣证 396 例)，计划生育免费四术挂单 749 例，避孕节育知情选择指导 382 例，免费孕前体检证明 228 例，已婚育龄妇女春秋两季健康体检 12000 余人。流动人口实现有序管理，建卡 1500 人，卡片核销 745 人，验证 40 人，办理流出人员婚育证明 150 例，流入人员免费孕检 54 人，核实出生 102 例，生育服务联系单 75 件，全员信息更新 3800 余条，核查婚育证明 40 件。年度计划生育率达 97.91%。

开展“百名优秀教育工作者”评选活动，并于 9 月 5 日召开鼓楼街道庆祝第 29 个教师节暨“百名优秀教育工作者”表彰大会。整合社区和学校教育资源推进区校共建，开展社区教育共建活动，全年受教育的市民和学生达 4 万余人次。

年内，举办健康大课堂 45 场，受众 1.6 万余人次。加强居民建档和慢性病规范化管理，完成全民健康档案 80054 份，电子建档率为 100%。家庭医生签约 26463 人，培训家庭保健员 200 人。

年内，组织各类文艺演出、体育活动 4900 场，其中大型主题活动 6 场，参加市、县级活动 20 场，参加各类比赛 18 场，社区日常活动 4836 场，参加活动居民共计达 15 万余人次。

配合县有关部门做好 2013 年“环京公路自行车赛—鼓楼赛段”保障工作，街道党工委、办事处共召开专项会议 4 次，通过多次实地观察、测量、计算，制定了周密的活动方案，对负责组织的 1000 名观众站位及职责做出详细安排部署，确保了鼓楼赛段观众队伍及安保工作的井然有序。人民调解委员会共排查出各类矛盾纠纷和不安定因素220起,调解成功214起,调处成功率97.2%。受理居民群众来信、来电、来访174件,与上年同期相比增加70件,办结率达到100%。

街道应急指挥中心成立了由30名基干民兵组成的抢险队,通过强化训练,提高了应急抢险能力。

年内,以沿湖、东菜园2个社区为试点,创新开展居民代表常务委员会(监督委员会)工作。共收集社情民意70余条,解决问题38件,监督低保评审、安保补助发放等事项20余件,构建起了"社区党组织领导——居民(代表)会议决策——居委会、服务站执行—监委会监督"的管理格局。

生态建设 年内,对宾阳西里、白檀、车站路南、行宫、宾阳里、鼓楼南、长安东、行宫南、檀城西、宾阳10个社区76幢住宅楼进行改造,涉及297个单元,3800余户居民。路面硬化51000平方米,室内给排水及雨水污水管线改造21500米,自行车棚改造14500平方米,室外涂料粉刷及油漆11500平方米。

行宫、宾阳北里社区两处锅炉房改建工作已经完成并投入使用,其中行宫社区改建面积约3100平方米,改建为室内综合文化活动中心、室外文体活动广场和停车场,受益居民约2.1万人;宾阳北里社区改建面积约2100平方米,改建为以便民菜店、粮油店、小百货、"三修一配"为主的便民市场、室内文化活动中心室和室外文化活动广场,受益居民约1.9万人。

年内,对辖区内的28个社区违法建设情况进行全面摸排,建立台账。街道共拆除违法建设406处,6121.58平方米(其中拆除上账违法建设391处,4357.9平方米;拆除帐外违法建设15处,1763.68平方米);拆除新生违法建设24处,285.37平方米;制止新生违法建设36起;拆除绿地围挡452处,23808平方米。

开展"春季环境大扫除活动"和"五一环境大扫除活动",定期开展每周五的"环境清洁日活动",共清理街巷1436次,清理无主自行车1113辆,清理废旧物品925件,清理堆料堆物、建筑垃圾2364吨,清理生活垃圾768吨,清理白色污染6162公斤,清理卫生死角3910处,清理地下车库、自行车棚1319处,清除非法张贴小广告31649张。

年内,为机关内各科室及所有社区统一配发了200辆绿色环保自行车,以服务居民为原则,方便居民借用骑行。为机关、社区公务人员及居民提供绿色出行工具18000余人次。

党的建设 鼓楼街道共有党总支20个,其中社区党总支18个;有129个党支部,其中社区党支部86个,机关党支部7个,非公企业党支部5个,双管支部4个(城关派出所支部3个、网格中心党支部),社会福利中心支部1个、社区商管协会党支部26个。党组织关系在街道的党员3300名,全年发展党员36名。

全面推行"1+5"党组织引领和谐社区建设模式,街道层面联合11个县直单位组建了党建联席会,社区层面全部建立了以社区党组织为基础,居委会、服务站、业委会、物业公司、驻区单位党员负责人作为席位制委员的联合党组织。年内,各社区累计召开联合党组织例会104次,讨论议题136件,内容涉及下水管道疏通、社区绿化、违法建设拆除、电力改造、楼顶防水等各个方面,已解决130件,办结率达95.6%。

年内，在机关社区在职党员中深入开展以“亮身份、明职责、促践诺”为载体的“共产党员先锋岗”活动。发放党员工作标牌1154个，正面印有共产党员标识，并贴有党员照片，背面印有为民、务实、清廉六个字。坚持每月8日的“党员服务日”活动，采取大讲堂、远程教学、研讨交流等方式加强教育培训。举办了5场主题培训活动，累计参训人员达1000余人次。

街道建立志愿者队伍230支，志愿者注册人数13690人，占街道常住人口的17%，志愿活动参与率达到常住人口的25%。年内，协调辖区商户志愿者参与网格内的社会管理、环境治理、安保巡逻、义诊咨询、文体活动、免费理发等志愿服务280余次，受益群众2000多人；调解各种矛盾纠纷42件，排查隐患130次，协调解决占道经营、环境卫生、扰民等各种难点问题50件；加盟96156热线呼叫系统、电子保姆签约服务商及养老助残定点单位的商户志愿者已达163家、800多人。

（曹虹宇）

单位名称：密云县鼓楼街道办事处
地　　址：密云县新南路110号
电　　话：69042737

果园街道

果园街道位于密云县城白河以西，东、南、西、北，分别与鼓楼街道、县经济开发区、十里堡镇、密云镇接壤。辖区总面积7.9平方千米。辖康居、果园新里、果园西里、果园新里北区、兴云、密西花园、新北路、康馨雅苑、季庄、瑞和园、学府花园、绿地、福荣、嘉益14个社区，其中，绿地、福荣、嘉益为年内新建社区。常住人口8.8万人，楼房462栋，单元2414个

经济建设　年内，引进落地实体企业1家，续建企业1家，完成到位资金2200万元。财政收入1038万元，完成全年任务数的106%。

社会建设　年内，组织538人开展了职业指导和技能培训，为失业人员提供岗位4000余个，为592人办理了招工手续，登记失业人员就业率为65.1%，城镇就业困难人员就业率为66.6%。

完成果园新里社区、新北路社区、兴云社区、季庄社区、学府花园社区5个社区“六型”社区创建工作。按时兑现2012年养老（助残）服务单位奖励资金99万元，奖励75家居家养老（助残）服务单位，其中养老餐桌6家，托老所11家，为老服务单位64家。为116名低保、低收入人员报销医药费268439.60元。为辖区内10名低保、低收入家庭新考入大学的学生办理了大学生救助。完成水库移民身份重新认定工作，核定人口2043人。为38户申请廉租房的居民发放廉租补贴142500元。做好“博爱在京城”募捐救助工作，累计捐款45000元。

为43名残疾人配发辅助器具59件。为38户残疾人家庭无障碍设施改造140件。为30名残疾人长期提供职业康复服务。为50名残疾人举办工艺枕、绣球等手工艺品培训班。开展法律知识、超市购物、心理健康讲座等特色助残活动8次，受众600余人次。组织23名无业重度残疾人到密云县医院进行免费体检。

建立法官、民调干部联系制度,及时指导民事调解工作。县法院民三庭设立专门办案组,负责审理果园街道辖区各类民事案件,对重点民间纠纷实行诉前了解、诉中沟通、诉后通报制度,并确定9名法官对果园街道所辖11个社区进行包片联系,就辖区个案随时进行联系,定人定责。果园街道各级调委会调处纠纷213件,调解成功211件,调解成功率99%。

以司法大讲堂和法律服务形式开展法制宣传活动,讲课15场次,邀请法官、律师、检察官为居民授课,受教育人达1500人次,发放宣传资料8000余份。对34名社区服刑人员进行矫正,无违法犯罪情况发生。开展向日葵社区创建工作,接收社区戒毒人员3人,开展禁毒宣传活动1次。办理法律援助8件,胜诉金额140万元。

完善网格化社会服务系统,推动辖区资源整合,实行“一站、五员、三种力量”进社区、入网格,各方面专业社会力量参与支持网格化社会服务管理。接报各类事件48106件,办结47764件,办结率达99.28%。

实行矛盾调解的“一单式”办理工作机制,推动人民调解和行政调解相衔接、推动矛盾调解和社会服务管理创新相融合。发挥3000余人楼门信息员、治安志愿者、人民调解员三支基层维稳队伍作用,扩大基层维稳队伍,维护社区稳定。

加强流动人口和出租房屋的管理服务,开展宣传教育活动5次,发放宣传材料10000余份。街道有来京人员8418人,出租房屋3237户。

通过社区市民学校和14个教学点向不同人群提供内容丰富的社区教育培训。全年举办各类宣传活动70余场,发放宣传品5.5万余份。14个社区教育志愿者,举办健康讲座110场,进行抗震减灾、环保知识、手工制作等知识培训114场,受教人数5万余人次,培训率达社区常住人口的45%。

完成便民服务中心升级改造工程,业务窗口由15个整合为13个,工作人员由16人增至23人,新增新生儿入户、低保低收入申请等21项业务,现有服务事项81项。街道除新增3个社区外,其余11个社区全部增设便民服务点,为居民办理80项业务。在6个社区建立两级视频连线系统,居委会工作人员与街道窗口人员通过网络连接视频直接对话咨询,缩短了办事时间,减少了居民办事路途。

完善社区心理服务中心建设,以“十个一”工程为重点,推进心理服务进社区。深入社区、学校举办心理健康知识讲座79场,其中亲子教育35场,受众近1万人。共接心理咨询热线214人次,进行面对面心理咨询202人次。编发《心灵之友》报13期,1.5万多张,赠送各种健康书籍近5100多册。为阳光职康中心的残疾人开展心理服务近40次。为果园小学学生家长和全体师生进行讲座8场,受众3000余人次,发放传统文化书籍1200册。与学校全体师生向灾区捐赠课外读物近5000本。

完成公共信息网的信息录入上传工作,上传信息493条,图片149张,社区大课堂相关信息15条,完成了市里下达的任务指标。在北京市社区志愿者管理系统注册志愿者6133人,各社区完成了人口数10%的志愿者注册工作。

智能化社区服务在走向正常化、标准化发展的道路。截止到年底,“电子保姆”已有加盟服务商78家,为60岁以上居民安装电子保姆4068户,提供服务4870次。96156便民热线和小呼叫69041967,咨询单呼入量共计267个，录入并更新96156服务商共13家，办事指南55条。

年内，放映公益电影138场次，受益群众1.8万人次。组织开展街道、社区大型文化活动280余场次，其中街区广场大型活动42场次，观看人员达8.5万余人次。举办各类文化培训班50余期，参加培训者达2万余人次。

推进基层文化建设，成立“文化中心”，分设文学创作、摄影、书画、赏玩艺术、居家美食、居家盆艺等社团组织，聘任12位专业顾问，以文化沙龙和文化大集的形式，为社区居民提供形式多样的文化服务。定期组织专业讲座、研讨交流、作品展示、征文比赛、实地观摩创作等活动，年内，开展文学讲座24场、摄影讲座24场，每月组织书画活动2次、摄影展1次。文化中心组织开展了美食、盆艺、文体、健康“四大”主题活动37场，提升了居民幸福生活指数。举办新秧歌、抖空竹、健身操等各类健身项目培训180余场次，受益居民达6万人次。发展健身团队64支，建立14个辖区自治组织协会，发展会员880名，打造体育生活化街区和健身品牌队伍。

生态建设　年内，签订“门前三包”责任书1160户，签订率达到100%，悬挂门前三包责任牌986户，探索实施“门前三包挂牌亮星”工作，街面环境秩序明显改观。清理小广告3000余张，清理卫生死角130处，清理积存垃圾1200吨。建立市、县两级“拆违打非”台帐，年底全部拆除并销账，其中市级台帐143处，面积3954平米；县级台帐330处、面积7743平米。地区管理委员会指挥中心共有指挥、监控、社区巡查人员141人，接报各类信息624件。

投入资金2852.6万元，完成康居、果园西里、果园新里中区、果园新里北区4个，66栋楼老旧小区改造工程。进行抗震节能改造社区3个，35栋楼，3570户，184220平方米。完成7.21屋面防水改造楼房51栋，402户，4万平方米。

与县绿化办开展社区春季义务植树活动2次，230人参加，植树10亩，550株。完成地下车库平台种植花草540平方米。完成2013年市级花园式街道和瑞和园花园式社区验收工作。

与辖区内的各生产经营单位共签订各类责任书2548份，与辖区内机动车车主共签订责任书14364份，配合城管、公安、工商等开展联合执法38次，出动联勤联动人员240余人次，出动执法车辆60余辆，检查各类生产经营单位217家，整治专项点位63个，发放宣传材料8500份，处罚无照经营32起，店外经营205家，查处“黑车”36辆。

推进垃圾分类工作，累计试点小区11个，招募垃圾分类“绿袖标”指导员62名，发放公用大垃圾桶363个，户用小型垃圾桶12400个，设立垃圾分类公示牌14块。开展5次主题宣传活动，发放宣传材料6500余份。

党的建设　年内，开展机关干部“三进社区”活动，强化“两委”例会制度，加强领导班子和干部队伍建设。

发挥街道社区党组织的核心引领作用和党员的先锋模范作用，深入推进“1+5”党组织引领和谐社区建设工作，聘任63名社区党组织和11名社区居委会席位制委员，为社区建言献策。形成共建单位42家，开展共建活动97次。组建非公有制经济组织党支部3个，聘任3名离退休老干部担任党建工作指导员。

整合辖区内党员志愿服务资源,成立治安维稳、心理健康等志愿服务队5支,各类志愿者3000人,深入社区开展志愿服务活动393场,参与人员达3.5万余人次。深入开展“三代表”进社区、“走动式”工作法、“三官”服务站等活动,拓展“一网三平台”等智能化网络服务平台,进一步畅通民意反映渠道。

深入推进“五好”基层党组织建设,依托商管协会和街道社会组织联合会党总支,在11个社区分别成立“一招鲜”、“巾帼”为老服务等志愿服务型特色服务队伍,提升党组织服务群众的能力。将964名党员划分入网格,承担联系群众、改善民生、解决矛盾、维护稳定等职责,发现问题2380件,解决2270件。开展“入千户访万人心连心”活动,组织志愿者等360人,走访1650户,4950人,收集社区环境、路面积水等问题178件,解决169件。

建立了“菁英之家”社区青年汇,开展青年就业创业交流、主题教育、志愿服务等联谊活动。张贴宣传海报90余张,发放自制宣传单、需求调查问卷150份,征集青年活动意见建议以及活动需求20余条,围绕节点开展政策宣传、节能环保等各类活动32次,参与的人数750人次。

街道社会组织联合会搭建文化、体育、计划生育、就业、爱心互助、为老服务、商户管理、志愿者、流动人口与出租房屋自治管理、心理服务中心、健康生活促进协会11个领域的服务平台,发展分会组织61支,会员3300多人,日常活动约10000余场,服务居民达10余万人次。

(王　一)

单位名称:密云县果园街道办事处
地　　址:密云县新西路2号
电　　话:69041079

檀营地区
(檀营满族蒙古族乡)

檀营地区位于密云新城东部1.5千米处,区域面积2.73平方千米,是清代满族八旗驻防营的故地,距今已有230多年历史,是满、蒙、回、汉4个民族共同生活的地区。2002年,全乡所有农业人口转为非农业人口,2005年成立地区办事处。2008年设立了3个居委会。截至年底,檀营地区3个社区,常驻人口计2683户,6234人,流动人口4968人,辖区内有幼儿园、民族小学各一所。

年内,檀营地区以推进城市化建设为中心,实施“环境、民生、文化、党建、维稳”五项工程,加强干部、党员和社工三支队伍建设,建立完善组织动员、共驻共建、典型带动、激励助推四项机制,建设“宜居、文化、和谐”新檀营。

经济建设　全年完成财政收入1624万元,较上一年度增长15%。引进注册企业61家,1000万元以上企业6家,财政收入200万元。

城乡建设　4月份开始,对762户未搬迁院落进行入院调查、核实情况、宅基地确权、公示。9月10日启动搬迁奖励期后抽调机关干部30余人,将拆迁公司和机关、社区干部划分为8个大组,下设25个动迁工作组发动群众搬迁。将各服务公司、社区、机关中参与拆迁的党员进行资源整合,成立临时党总支,下设11个临时党支部和37个党小组,通过党小组包片和党员包户的形式,组织党员骨干、居民代表参观回迁楼样板房并召开座谈会，促进居民支持搬迁。年内，搬迁院落847个，占总体搬迁户数的90.2%。

社会建设　年内，檀营地区划分为11个大网格，36个小网格。社会服务网格管理工作创新管理模式，机关干部入网入格、工作职能入网入格。地区领导干部联系社区，担任网格协调指导员；职能科室依托协管力量，将分管职能全部或部分下沉到网格，使服务落实到基层，将网格反映问题解决在基层。根据网格化社会服务管理内容，整合现有服务管理力量，整合各类人员共计697人，其中整合各类管理员122人；整合机关干部42人；整合志愿者队伍533人。社区服务站上报信息共8072条，所有上报情况都在网格内及时处理办结。取缔传销团伙案件一起。

投资100余万元，建设便民服务大厅，改善了为居民服务的硬件条件。整合社保、就业、计生、民政、流管等科室的共计81项与群众生产生活最直接最密切的职能业务，给居民提供便捷优质的服务。实行A、B、C角色顶岗制，有效避免了人员流动带来的不便。全年共为群众办理各种便民服务事项1481件，其中地区便民服务中心办理即办事项168件，承办事项476件，社区代办点共受理办结837件。投入资金130余万元，檀营社区和第二社区两个社区居委会搬迁新址，设立居民之家，开展托老服务，社区服务与管理实现规范化。

全年共接待来访273批次，489人次，其中集体访8批，121人次。在檀营的整体搬迁奖励期，接待来访135批次，占全年信访量的49.5%。采取了多层次、多角度、多方式的信访接待活动，坚持日常排查、定期排查、专项排查和重要敏感时期集中排查相结合、深入广泛开展宣传教育，规范信访秩序，解决了涉及群众切身利益的上访问题。

加强对安全生产、交通安全、消防安全、食品和药品安全工作，签订了安全责任书，进行安全检查60次。协同县安监局、建委、城管、工商、公安、卫生监督所等部门执法10余次，出动工作人员160人次，出动车辆60车次，拍摄安全隐患现场照片和各类宣传照片380余张，发出现场检查文书200份、整改通知书8份，整改复查记录8份，排查一般安全隐患120个，已整改120个。开展燃气安全进社区活动，邀请北京燃气密云公司安全负责人，针对新建成社区居民如何正确使用天然气，以及防止家庭燃气安全事故的宣讲活动。群防群治，发挥派出所和专职巡防队作用，在重大活动敏感时期加强了防控，确保了“两节”、“两会”期间社会稳定。

综治、流动人口管理部门集中开展对流动人口的法制宣传教育活动。开展流动人口的法制宣传教育活动4次，发放《檀营地区流动人口和出租房屋管理与服务手册》、《为您揭秘盗抢骗》、《致来京人员一封信》、《预防煤气中毒警示贴》等宣传材料3000余份。

年内，实现就业72人，有26人被企业招工录用，其中5人为地区办事处提供的公益性就业岗位，有39人实现灵活就业，享受政策补贴，7人实现个人全额缴纳保险。举办暑期专场招聘会一次，提供岗位318个，涉及20多个工种，22人达成就业意向，同时发放有关社保政策方面宣传材料120余份；失业人员技能培训32人。对登记的失业人员进行职业指导530人次，空岗采集录入450人次，推荐失业人员成功就业105人次。提前完成了全年的任务指标。一老一小、无业居民参保人员达到468人,参保率达到95%以上,其中老年人参保96人,婴幼儿参保359人,无业居民参保13人。超转人员共报销医药费205人次,报销金额532619.83元。一老一小报销药费9人,总金额73273.48元。退休人员报销药费6人,总金额7466.01元。医保卡补换卡、二次申领84人次,更改定点医疗机构12人次。一老一小人员申领社保卡60人次。

计划生育工作,计划生育率98.21%,兑现各类计生奖励,组织651名育龄妇女参加了春、秋两季生殖健康体检。

生态建设 年内,投资200余万元,请专业公司在檀营国际生态城周边征地进行了绿化美化。对檀营回迁楼南北两侧及周边道路两侧进行绿化,共栽植银杏树240棵,白腊50棵,柳树18棵,打造“银杏大街”景观。对久润东区进行小区绿化改造,补植新植苗木40000余株,新增绿地2000平方米。10月中旬,檀营国际生态城A2区通过“首都绿化美化花园式社区”的验收,冶仙塔旅游风景区管理处通过“首都绿化美化花园式单位”的验收。

党的建设 年内,成立了驻区单位物业公司、社会组织参与的地区党建联席会。3个社区均成立了社区联合党组织,居委会、服务站、业委会、物业公司等单位负责人和驻区单位党支部书记作为席位制委员。组建了社情民意收集、社会组织服务、志愿者服务、党员服务、便民服务五大服务系统。成立了由包居干部、党代表、人大代表、居民代表、网格管理员等组成社情民意服务队,设置社情民意征集箱。在推进旧村改造搬迁工作中,党员干部及网格员深入街道、胡同收集居民对拆迁工作的认识和态度,收集意见和建议20余条。

采取重温党的历史、学习密云红色革命史,表彰先进基层党组织、优秀党支部书记、优秀党小组长和优秀共产党员、慰问老党员和困难党员等多种形式纪念建党92周年。慰问困难党员,发放慰问金3000元。表彰各类先进45个(名)。新发展党员7名。有200余名党员参与双承诺活动,共承诺300余项。

拍摄了具有地区民族文化特色的电视专题片《喜迁新居过大年》。全年累计上报新闻、信息稿件372篇。其中,被电视台、电台采用的新闻稿件177条,密云情况采用51条,密云报18篇,昨日县情采用26条,宣传动态22条,社会建设40条,精神文明简报8条,专刊采用9篇,市级以上媒体采用21篇,典型材料5篇,刊发檀营地区旧村改造工作简报17期,搬迁期间撰写广播稿40余篇。以“畅想中国梦,建设新檀营”为主题开展征文、演讲活动。举办社区大讲堂《中国梦百姓宣讲团——走进社区》宣讲活动,组织“学雷锋志愿服务行动”、“践行北京精神——争当社区文明小使者”等宣传教育活动。

(张英娜)

单位名称:密云县檀营地区办事处
檀营满族蒙古族乡人民政府
地　　址:密云县育才路9号
电　　话:69091389

密　云　镇

密云镇东至白石岭东山脊,与穆家峪

镇接壤；南至新北路和季庄村西南，与果园街道和十里堡镇接壤；西至小唐庄村西，与西田各庄镇接壤，北至李各庄村和西户部庄村北，与溪翁庄镇和西田各庄镇接壤。镇域面积13.7平方千米，辖李各庄、季庄、大唐庄、小唐庄、王家楼、西户部庄6个村。

经济建设　年内，实现农村经济总收入11.8亿元，同比增长12.3%；农民人均纯收入实现19123元，同比增长11.3%；财政收入7023万元，同比增长16.4%；工业收入完成76593万元，同比增长10%；建筑业产值完成3.9亿元，同比增长106%；大农业总产值完成1.41亿元，同比增长11%；旅游业收入487万元，同比增长11%；全社会固定资产投入（剔除房地产投资）完成8100万元，其中，工业投资3370万元，同比增长67%。

完成招商项目2个，协议投资总额4.1亿元，到位资金总额1.4亿元，分别完成全年任务量的105%和102%。

全镇建筑业开复工面积97.62万平方米（其中新开工55.97万平方米）；竣工34.8万平方米，搬迁205户。密云县医院迁址新建项目11项单体工程，规划建筑面积138672平方米，全部工程基本已进入装修阶段，完成总工程量的86%。溪水雅地住宅楼小区二期建筑面积10万平方米，已完工待验收。中加荣园住宅小区位于首都师范大学附属密云中学西侧，总建筑面积16.2万平方米，主体结构基本完工。唐源住宅小区占地面积2.38公顷，建筑面积6.9万平方米，已进入内外装修阶段。阳光水岸住宅小区建筑面积5.4万平方米，已进入主体结构封顶阶段。一街新村、南菜园新村旧城改造项目地块控规市规划正在审批中，安置补偿方案正在拟定中。

开展“打非治违”专项整治工作，拆除52处违法建设，总建筑面积约21099平方米。

社会建设　年内，完善镇房屋安全防汛抢险预案；镇政府与各村签订了房屋安全防汛责任书，开展辖区内的险户危房的调查摸底工作，全镇共有险户31户，危房95间，涉及居住人口65人。根据险户危房情况，各村安排专人遇到下雨时组织到避险地点进行避险，确保人民群众的安全。

政府与各村签订保护矿产资源责任制；将镇域管辖的土地分为“黄、橙、红”三个级别，红色代表基本农田、橙色代表耕地、黄色代表沙滩地，按颜色深浅制定土地巡察力度，实行分片巡察，六护人员做到每日巡察发现违法用地、破坏矿产资源行为及时制止并上报处理。

完成春播、夏种、农业技术推广服务、农产品及农机安全管理。利用国家惠农政策完成农业重点项目申报3项，涉及资金1960万元，项目包括旧棚改造、新棚建设、县级蔬菜标准园建设等方面并已通过验收。完成小麦直补政策性保险1360亩，惠及农户1600户。申报农业园区建设项目，协调资金400万元为设施园区进行道路硬化。

城镇失业人员就业75人，完成任务的107%；农村富余劳动力就业172人，完成任务的93.5%；培训126人，完成任务的100.5%；采集空岗信息1233个，完成任务的102%；职业指导505人，完成任务的101%；城乡居民养老3495人，“一老一小”、“无业居民”参保23人，充分就业村4个，消除“零就业家庭”、消除“纯农就业家庭”，企业常规检查15户，无拖欠工资现象。

发放最低生活保障金、五保供养金、慰问金、残疾生活补贴、及各类救助金等共283.5万元,助残券33.63万元,救灾粮油2.26万公斤、慰问品290份,捐款1.3万元,惠及5150人次。

新型农村合作医疗参合农民7926人,参合率100%。新农合四免五减减免13117人,减免25万余元;住院报销505人,报销金额316万元;红十字会募捐善款2.9万元,完成任务的100%;

办理群众来信28件51人次,办理群众来访46批217人次。

落实流动人口重点人、重点户清查、核查、管控机制,管理员进行月走访、周走访、日走访,“来有登记,走有核销,租有登记,停有核销”。坚持“五见面”工作制度,工作中见房屋、见物品、见证件、见承租人、见出租人,使流动人口违法犯罪现象、出租房屋安全隐患和可能引发流动人口群体性事件的矛盾纠纷问题明显减少。全年外来人员8603人,人户分离3924人,出租房屋2309户,核销外来人员23420人、人户分离12915人,出租房屋512人。

党的十八大和全国“两会”期间,镇政府成立了专项指挥协调领导小组,各村、各单位严格部署、落实各项防控工作,负责社会面安保的公安干警、民兵力量、治安巡防队、社会单位保安、各部门协管力量、治安志愿者及安全稳定信息员实现上岗执勤率100%。

全镇共划分为75个网格。将流动人口管理员、六护员、清洁员、治安巡防员以及部分党员、村民代表、和谐创安自治协会会员等各种管护资源进行整合,优化配置,建立一支“全能型”社会管理员队伍。建立网格化指挥中心,录入事件54803件,其中治安管理类12643件,街道环境类7703件,社区管理类24455件,居民诉求类500件,市容环境类1831件,宣传广告类4136件,施工管理类607件,街面秩序类2753件,治安防范类45件,突发事件类115件,食品安全14件,其他5件。

完善防汛工作实施方案、抢险应急预案;在汛前,季庄村投入资金5万元对积水点进行排水管网的工程改建;南菜园投资2万元进行了排洪沟的疏通、大唐庄村投入5万元对排洪沟进行清淤和修复。镇政府投入资金3.2万元在辖区内36个积水点设置65块警示标志牌,提醒村民及过往行人、车辆通过积水点区域时注意安全。中小河道治理,挖排洪沟和河道清淤760立方米。

李各庄雨洪利用工程,投入30万元,土方开挖750立方米、土方回填552立方米、填装铅丝石笼1140立方米。梧桐苑小区和北京鑫丰源工贸有限公司两处雨水收集利用工程,投入40万元,收集雨水300立方米,用以灌溉绿地或作为消防用水备用水源。李各庄村挖机井1眼,井深43米,供水管网长850米,相关设备安装齐全,并已投入使用,水质达标,水量可满足村民生活需要及经济发展需要。大唐庄、小唐庄、李各庄和季庄村供水管网修复工程,投入7.1万元,修复破损管网2350米,维修水塔一座,更换水泵4套。

生态建设 镇以“十八大安保城市秩序治理专项行动”整治内容为重点,全镇累计投入资金201.2万元,清理建筑和生活垃圾43500吨,清理乱推乱放100处,清理卫生死角68处,清除不规范广告、标语460余处,捡拾白色污染物205公斤。全镇有清洁人员60名、公路养护员4名、白色污染捡拾员5名、公厕保洁员6名、季节性蚊蝇打药员9名。村级有运输建筑垃圾的农用车3辆,垃圾站点100个,垃圾桶550余个,地下垃圾大箱6个,更换新垃圾桶 140 余个。

河西 6 个村旧村改造工程进展顺利,李各庄村 11、12 号两栋回迁楼,建筑面积 1.1 万平方米,已全部完工待验收;王家楼、小唐庄回迁楼地块 10 月 22 日启动,已开始地下文物勘察,规划定桩正在进行中;大唐庄村绿地国际花都建设工程项目,总占地面积 8.45 万平方米,建筑面积 20.85 万平方米,18 栋住宅楼,已全部竣工;大唐庄大北地地块一级开发实施方案正在编制中;季庄村西门外大街南北两侧旧村改造项目协议正在洽谈中;西户部庄村旧村改造正在招商洽谈中。

截止年底,101 国道绕城线密云镇段拆迁工作基本完成。

党的建设　年内,全镇 30 个党员服务队定期开展政策宣传、医疗服务、环境整治和扶贫济困等志愿服务,共为群众办好事实事 260 余件次,受益群众 3 万余人次。以爱心捐款、走访慰问和党员大会等多种形式开展"主题党日"活动,全镇党员和入党积极分子共捐款 2 万余元。完成村党支部和第九届村委会选举工作,实现了村支书、村主任全部"一人兼",村委全部为党员;结合理论中心组学习,开展十八届三中全会、县委十二届各次会议等主题学习培训共 30 余次;"大学生村官"开展以尊老、爱国等为主题的宣讲及志愿服务活动,市、县电视台及密云报等媒体多次报道。

远程电教工作,每个站点及时点播并按月上报播放内容及时长,全年播放电教片 80 余场次。实施党建信息化工程,通过移动信息机给全镇党员发送各类信息 3 万余条次。深化"党员承诺"活动,引导有活动能力的党员每人承诺 1 至 2 件实事,全镇党员共承诺事项 1100 余件。利用元旦、春节和七一等节日,走访慰问建国前老党员、困难党员共 76 人次,送去慰问金及帮扶资金 8 万余元。实施畅通民意工程,由 130 余名党员、村民代表和"村官"组成调查员队伍,每月 2 次入户进行民情民意调查,全年共征集群众建议 130 余条,均已及时反馈;全年共有 18 个重大事项通过民主决策得以顺利实施;各村重新修订了《村民自治章程》,开展了新一轮村民代表设岗定责及承诺活动,全镇 266 名村民代表共承诺为村民办实事 357 项,已基本落实。

全镇现有非公企业 25 家,其中规模以上 4 家,共有党员 32 名,成立 4 个联合党支部,1 个企业党支部,实现了非公企业党建工作的全覆盖。

完善、修订了《村级制度汇编》和《机关工作制度汇编》,更新村级"两委"干部工作规范 24 项,村级党务工作制度 27 项,村级民主管理制度 15 项;机关工作制度 31 项,党务工作制度 22 项。签订党风廉政责任制 113 份,形成"一把手负总责、一级抓一级"良好局面。贯彻落实《农村基层干部廉洁履行职责若干规定(试行)办法》,对照领导班子和基层站所负责人的"21 个不准"及村"两委"班子成员廉洁履行职责行为的"26 个不准"进行自查,对查出的问题及时整改;成立"进一步加强廉政风险防控管理工作"领导小组,编制职权目录 97 项,集体决策目录 35 项;将相关科室 108 项服务职能进行明确和整合,并对镇便民服务大厅进行升级改造,实行"内外循环"的运行机制,通过变被动服务为主动服务,做到"事事有着落,件件有回音"。

(邱　爽)

单位名称:密云县密云镇人民政府
地　　址:密云县新南路 110 号
电　　话:69041242

河南寨镇

河南寨镇位于密云城南3千米处,北起潮河南岸,南至顺义唐指山,东至东山,西至顺义、怀柔、密云交界处的潮白河中心,面积66.7平方千米,耕地3.9万亩。辖陈各庄、提辖庄、山口庄、东套里、鱼家台、南金沟屯、荆栗园、团结、中庄、套里、芦古庄、北金沟屯、河南寨、北单家庄、宁村、圣水头、赶河厂、新兴、莲花瓣、钓鱼台、南单家庄、台上、下屯、金沟、沙务、两河、平头、前金沟28个行政村,8985户,25210口人,劳动力1.5万人,流动人口3885人。

镇域内有密云外八景中的"黍谷先春"和"圣水鸣琴",南山滑雪场和全国著名的南山房车小镇。潮河、潮白河从东北向西南流经镇域西部,潮河总干渠南北贯穿整个镇域。密顺路、河东路、京承高速路为镇域重要交通枢纽。河南寨镇是密云县粮食主产区和蔬菜主产区之一,是密云新城南区和密云生态商务区南区。

经济建设　全年农村经济总收入25.6亿元,同比增长11.1%;财政收入4016.9万元,同比增长18.3%;农民人均纯收入16997元,同比增长13.7%。

年内,引进了北京云阳鑫通石材雕塑有限公司、北京星晟龙波工贸有限公司、北京荣茂新捷电梯有限公司等5家企业,实际投资1.33亿元。引进非落地企业40家,注册资金3000万元。为企业争取政策性补助资金183万元用于扩大再生产。盘活闲置企业3家。为园区内55家企业全部建立档案。投资100余万元,对工业园区进行外立面改造、绿化美化,完善基础设施建设。朗迪、云佳等企业万元产值能耗同比分别下降6%和7%,实现了节能减排目标。

投资750万元,改造提升平头、套里、南金沟屯、荆栗园等蔬菜园区大棚79栋,新建育苗基地1300余平方米,完善园区道路等设施建设。康顺达产销专业合作社依托自身技术优势、市场优势和产品优势,与县域36家农副产品合作社签订战略合作协议,建立"产销联盟",农副产品统一包装、统一收购、统一销售,打入高端市场,带动农户3000余户,销售农副产品90万公斤,销售收入1亿元,户均年增收3000元。

投资170万元,对芦古庄等村进行了旅游环境整治。举办了"康顺达"采摘节、南山房车露营生活节等活动。依托南山滑雪场、房车小镇优质旅游资源,在圣水头等村发展民俗户40户。
依托康顺达、南山房车小镇、南山滑雪场等旅游资源,成立旅游专业合作社,带动农户40户发展民俗旅游,户均增收3万元;通过招商引资,安排劳动力就业540人。

社会建设　年内,新增保洁员、护林员等公益性岗位45个。举办实用技术、农村富余劳动力引导性培训班96期培训5626人次,占全镇劳动力总数的50.4%。

投资212.5万元,为20240名农民入新型农村合作医疗保险,农民参合率达到99.9%。为农民免费体检,为重病患者、优抚社救对象、残疾人报销医药费842万元,发放各类救助款565.1万元。被评为北京市献血先进单位。

为23个村144户村民建抗震房，完成700户节能抗震单项改造。投资280万元，在提辖庄等村安装太阳能路灯447盏；为新兴等村建太阳能浴室4个，解决1230户村民冬季洗澡难问题。为低保户翻建危房30户120间，发放补助资金134万元。为126户残疾人改造无障碍设施。建立一站式便民服务中心，确定服务事项108项，设立28个村级代办点，受理事项6870件，办结6714件，日均受理54件，办结率97.7%，其中村级代办2099件，占业务类总办结件的36.5%。为28个村更换智能电表8290块，报装高压工程3项、更换线杆379棵线路11.3万米。新建圣南路2.2千米。按政策发放水库移民补贴资金392万元，利用中央水库移民资金766万元。在提辖庄、平头等10个村安装水表3912块，铺设引水管道9800米、污水管道3850米，修排水沟1550米。硬化街道1080平方米，惠及人口17504人。

完成28个村有线广播"村村响"工程。中学122名考生考取密云二中21人，升学率100%。投资300万元，在两河村新建北京市首个村办公助幼儿园，解决了周边9个村幼儿入园问题。为全镇育龄妇女免费"两癌"筛查。完成计划生育各项工作，计划生育率达到98.3%。

实行网格化社会服务管理，开展司法服务进网格、志愿服务进网格、便民服务进网格等立体化管理模式。建立信访新机制，建立信访接待、领导干部约访等制度，实行信访接待日有两名党政领导班子成员同时接待群众来访。制定《河南寨镇安全工作方案》进行防火、防汛、食品等安全监管，杜绝重特大安全事故的发生。

生态建设　年内，以生态商务区建设为契机，以建设美丽河南寨·打造密云新城泛生态商务区为主题，制定镇域战略规划，将全镇规划为北侧生态商务区、东侧旅游度假区、西侧休闲农业区、南侧临空服务区四大功能区。

制定《打击违法用地违法建设专项行动工作方案》、《第一阶段拆除实施方案》、《强制拆除违法建设现场组织实施方案》、《强制拆除违法建设风险评估报告》，以拆除京承高速两侧违建为突破口，推进拆违打非专项行动，共拆除违法建设169处，11.6万平方米。联合县教委等部门，依法关闭河南寨村爱泽非法幼儿园，将116名幼儿妥善安置到公办园。

大唐煤制气管道铺设工程在河南寨镇境内长22千米，涉及20个村517户，占地800余亩。镇党委、政府成立督导组，各村党支部、村委会及相关单位密切配合做拆迁户思想工作，拆除设施12.5万平方米，伐树14.5万株，迁坟冢929座，建阀室2个，穿越南山滑雪场、房车营地等重要节点10余个，处理矛盾纠纷60余起，保障了大唐煤制气管道工程建设。

制定了《河南寨镇环境卫生管理办法》和实施细则，对京承高速路、顺密路、宁山路等重点地区环境进行治理。在圣水头等村开展"减煤换煤，清洁空气"工作，推广新型燃煤682吨，实现禁烧秸秆7711亩，减少了环境污染。投资1342万元，治理京承高速路沿线废弃砂石坑1000亩。打击盗采盗运矿产资源行为，查扣盗采盗运沙石车辆12辆。

两河村农业节能示范工程，实现了牛粪—沼气—沼液—小麦、玉米种植循环模式，推进了有机农业发展。向阳农机合作社被农业部授予"全国农机合作社示范社"和"全国农机维修示范点"称号。

党的建设　年内，完成村"两委"换届选举工作。全镇28个村党支部顺利完成换届选举,24个村党支部书记连选连任;15个村实现党支部书记、村委会主任"一身兼",占总数的53.6%,与上届持平;"两委"交叉任职48人,占总数的57.8%,比上届提高3.5%;村委会主任不是党员的村4个,比上届减少2个。举办村党支部书记和村主任培训班10期213人次。组织党员活动日10次,参与党员8257人次,为群众办实事456件,受益群众52551人次。新发展党员29名。

组织召开村民代表会3次,通过议题370件。重大事项票决86件。为群众办实事210件。投资8万余元,对28个村公开栏全部更新。为921名村民代表设岗定责。修订印制发放《村民自治章程》7800份。按照民主决策八步法,解决群众需求108件。

坚持每月例会制度和月考核制度,建立村官服务队4支,开展服务5次,受益群众1600人次。建立村官党支部,党支部隶属镇党委,党支部每周召开一次例会,每月组织村官开展一次集中培训,每季度召开一次党员大会,每半年组织一次述职评议。每名支部成员联系1-3名党员村官,做好业务指导;每名党员村官联系1-3名非党员村官,做好传帮带;每名村官联系1-3名困难村民,为村民办2—3件实事好事。建立大学生村官党支部、"镇村干部公开履诺言"、"党小组建在网格上"创新项目。推进"企业+合作社+农户"的党组织引领经济发展模式,以赛纳赛斯企业为基地,辐射带动周边56户村民发展家庭工业,解决60余名妇女劳动力就业。

输送10名青年参军入伍,完成征兵工作。

在县、市级以上媒体刊登、播出稿件近400篇。创建首都文明村1个。在全镇开展了我的梦——中国梦演讲比赛和宣讲进村活动。

(王东艳)

单位名称:密云县河南寨镇人民政府
地　　址:密云县河南寨镇河南寨村
电　　话:61086001

十里堡镇

十里堡镇位于密云县西南部,西与怀柔区接壤,南与河南寨镇为邻,北与西田各庄镇交界,101国道贯穿镇域,地理位置优越,交通便利,属于密云地区典型的城郊型乡镇。总面积26平方千米,辖十里堡、河漕、程家庄、庄禾屯、双井、岭东、靳各寨、水泉、杨新庄、红光、清水潭、统军庄12个行政村和4个居民小区,总人口20254人,10076户,农村劳动力12152人。农业以种、养殖业为主,经济以工业、科技、建筑、汽车销售为主导产业。年内,实现财政收入4476.9万元,同比增长27.1%;农村经济总收入25亿元,同比增长12.8%;工业总产值8.4亿元,同比增长18.3%;农民人均纯收入16300元,同比增长11%;全社会固定资产投资5209万元,完成年计划的143%。

经济建设　年内,隆源工业小区道路绿化美化工程竣工,排水改造工程全面完成;双井、王各庄、靳各寨等村(居)工业大院道路升级改造工程竣工,硬化面积1.7万平方米。"一区七院"整体环境明显改善，带动了招商引资，引进紫微斯达建材机械等落地企业9家，协议投资额4.6亿元，到位资金1.8亿元。

以北超伺服、龙鼎源为代表的高新技术企业发展壮大，龙鼎源实现工业产值近亿元。新引进入驻集中办公区企业269家，集中办公区企业共形成税收1亿元。本地房地产企业健康成长，海怡庄园房地产项目纳税4500万元。《绿色纳米材料制版技术在传统印刷行业应用与示范》项目，获得市科委支持，争取市财政科技经费200万元。中安防伪自主研发的防伪标识印刷一体机，突破国外高端印机设备核心技术垄断，取得农业部绿色认证标识。投资规模1200万元的北京汽车4S店落户十里铺镇。

年内，利用水库移民扶持资金800万元，完成庄禾屯、王各庄、程家庄、十里堡、河漕5个村（居）绿化美化、雨水管道改造、环境提升等后扶项目20个；争取水库移民中央结余资金1000万元，完成河漕道路硬化、清水潭养殖小区基础设施提升和设施农业园电网改造等项目；争取水库移民中央结余资金900万元，打造统军庄设施农业产业园和黑色有机食品基地设施，已完成立项、研工作；争取“一事一议筹资筹劳”财政奖补项目资金128万元，完成水泉集雨工程、红光排水治理工程和河漕养殖小区道路硬化工程；争取国土部门扶持资金911万元，完成统军庄、清水潭、岭东3个村3000余亩高标准农田建设项目。

将“黑白黄”特色品牌，延伸为“黑白黄蓝绿”五彩农业，获得北京市新农村建设创新奖，并在全市推广。黑色杂粮和宫廷黄鸡在北京市农业嘉年华展览会上，荣获最佳畅销产品奖；王各庄、清水潭等村精品白杏再获丰收；朝凤园、鲟龙园特色餐饮品牌知名度逐步提高；蓝莓种植基地接待观光采摘游客8000余人次，销售蓝莓1万公斤，实现收入600万元；绿色有机蔬菜和绿色农产品加工逐步走上规模化、标准化道路。全镇现有农业设施园1500亩、休闲果园1330亩，有100余户农民直接参与“五彩”农业的生产与销售，户均年收入增长了36%。

生态建设　年内，编制了十里堡镇都市型现代农业发展规划，提出了“一核两带五组团”的发展战略；编制了进密第一印象景观带规划，“进密第一印象”工程快速推进；修订了12个村的村庄规划及村庄环境整治规划；编制了水杨红三村新型农村社区建设规划。编制潮白河新型农村社区试点规划和潮白河棚户区改造项目规划。11月8日，“潮白河”（即101国道南侧）5个村被列为新增的市级新型农村社区试点。11月18日，市政府专题会原则同意，将这5个村纳入北京市棚户区改造计划，选取其中一个村先行先试，成为北京市首例在远郊区县集体土地上进行棚改的试点。

年内，完成京承高速联络线西统路、101国道绕城线、岭东平改立、农村电网升级改造等重点工程的保障工作。完成燕大路、十靳路修缮工程，实施了水杨路、清水路路面铺油工程，对101国道和老密古路两侧的21个路口进行修缮。破解中心镇区及101国道两侧雨污排放难题，获得市发改委、市路政局支持，市拨资金1000万元已到位。通过修建集雨池等举措，解决了十里堡、明珠花园雨水排放难题。

年内，拆除了杨新庄、红光两个村私搭乱建和镇域内群众反映强烈的大规模违法建筑，拆除河漕两处设施农业园内违法“大棚房”和库区内遗留历史违法建筑，累积拆除违法建筑面积10.5万平方米。注重拆治结合,王各庄社区3处违建拆除后进行土地平整新建休闲公园,实现“拆一片、绿一片、美一片”。其中杨新庄村和谐拆违经验,在北京电视台等媒体上多次报道。

年内,建设主干道两侧中草药种植为主的高标准景观农田,加强沿路村(居)环境整治,建设庄禾屯印刷文化主题公园。投入资金240万元,新增专职保洁员60名,新设地下垃圾大箱、垃圾桶90个,清理积存垃圾1.2万吨。完成平原造林工程1122亩。杨新庄被评为北京市绿色村庄,河漕被评为县级绿色村庄,朝凤园和峰顺康公司被评为县级花园式单位,王各庄成为密云县“菊海漫游”旅游经典线路的起点,全镇形成了优美的生态田园景观和乡村风貌。

社会建设 年内,举办大型招聘会两场,提供就业岗位700个,富余劳动力就业率84.3%。依据企业用工和群众就业需求,组织技能培训三期,210名农村富余劳动力获得劳动技能等级证书。发挥全市首家镇级爱心救助协会作用,为50户因病、因灾等致贫的生活困难家庭,送去救助款44万元。投入资金30余万元,完成镇社会福利中心改造提升工程。实施农民安居工程,完成62户农宅抗震节能改造。

组织了“美丽十里堡、幸福十里堡”摄影展等一系列赛事。医疗卫生服务水平不断提升,参加新农合的农民全部享受免费体检,报销药费300余万元。认真落实计划生育目标管理责任制,计划生育率达到97.13%。投入资金30余万元,建成便民服务中心并投入使用,为群众办理社保、民政等业务2600余件。

整改各类安全隐患597起,获得市级“安全生产月”先进集体称号。对各类矛盾和不稳定因素早预防、早发现、早化解,接访批次、人次同比下降30%和20%。完成庄禾屯村原农场土地重新分配工作,为新时期农村土地分配、使用和焦点矛盾化解积累了经验。

实行村级公章镇村共管,对村委会和股份经济合作社两枚公章,实行专人、专柜“双锁”制管理,避免了村级管理乱盖公章,给集体造成经济损失和纠纷。全镇12个行政村依法依规、按期、圆满完成了第九届村民委员会选举工作。

加强应急队伍建设,成立了制止违法行为巡护队、防汛抗旱应急队和森林消防队三支队伍,提升了应对突发事件、防汛抗旱、护林防火和抢险救灾能力。面对7月28日、31日暴风雨天气,第一时间启动防汛抢险应急预案,镇村干部提前到岗到位,转移危房险户群众,疏通道路,确保汛期群众生命财产安全。妥善处理了云蒙大桥施工民扰问题。

党的建设 年内,召开严肃机关工作纪律大会,制定下发《关于严肃机关工作纪律的通知》,对推诿扯皮、无故迟到旷班、作风慵懒散软等问题进行集中整顿。把各项政府安排和分配的财政资金管理使用情况纳入监督管理范围。开展“百名干部进万家”活动,机关干部与各村网格联系对接,察民情,听民意,解民忧。

村委会换届工作严把程序,精心组织,完成了换届各项任务。全镇12个行政村中实现“一人兼”的村达到7个,较上届提高16.6%;交叉任职20人,提高8.3%;女委员14人,提高25.4%。先后举办了村(居)“两委”干部培训班、“新三起来”培训班。“两委”干部满意度调查显示,平均满意度达到92%以上，较去年上升5个百分点。

加强农村党员管理，对程家庄、十里堡、靳各寨3个试点村党员进行分类量化管理，从参加组织生活、服务群众、遵纪守法等方面进行考核评价和日常量化管理。

通过下派镇干部进村任职、规范组织管理、塑造文明村风等一系列举措，解决了靳各寨村的历史遗留问题，成为后进村转化的典型，《北京支部生活》等市县媒体先后给予报道。创新党务、村务公开形式，程家庄村成为全市首批通过电子显示屏对村民代表大会进行"直播"的村。投入240余万元，对各村（社区）党支部办公场所进行室内外装修，更新办公器材，并统一规范了村级组织的各项规章制度。在楼道、会议室安装廉政主题橱窗装饰，出台督查工作办法，认真开展监督检查。

（李　铮）

单位名称：密云县十里铺镇人民政府
地　　址：密云县西大桥路67号
电　　话：89022193

西田各庄镇

西田各庄镇位于密云西南部，东靠密云县城，西与怀柔接壤，南与十里堡镇相连，北依云蒙山南麓。镇域面积129.64万平方千米，其中耕地面积6.9万亩。全镇辖西田各庄、河北庄、董各庄、仓头、渤海寨、水洼屯、西恒河、疃里、沿村、大辛庄、西智、太子务、东户部庄、韩各庄、于家台、西山、建新、朝阳、卸甲山、马营、康各庄、西庄户、西沙地、小水峪、兴盛、牛盆峪、白道峪、小石尖、署地、王庄、青甸、黄坨子、坟庄、龚庄子34个行政村，常住人口4.1万人。密云经济开发区"四期"坐落于镇南。沙通铁路贯穿全境，京承高速路距镇中心2千米。全镇设中小学5所，远程教育和成人教育29所。镇级卫生院1所，下设4个社区卫生服务站。镇级社会福利中心1所。

经济建设　年内，实现农村经济总收入26.74亿元，同比增长15.5%；财政收入7535.4万元，同比增长14.8%；大农业总产值3.98亿元，同比增长15.1%；全社会固定资产投资1.98亿元，完成年度任务的282.7%；工业总产值2.84亿元，完成年度任务的100%；建筑业总产值11.01亿元，同比增长3.5%；旅游收入1209.9万元，同比增长6.1%；农民人均纯收入14856元，同比增长11.2%。

继续推进北京华电（密云）光伏发电、北京奥特翔游乐设备、北京海华云都奶牛养殖基地、白道峪奇石文化产业园等项目。北京华电（密云）光伏发电项目完成土地租赁协议签订和38亩建设用地征地，年度固定资产投入1亿元，成立北京密云华电太阳能科技发展有限公司；北京奥特翔游乐设备项目年度固定资产投入2053万元，完成厂区建设，进入试投产；北京海华云都奶牛养殖基地项目年度固定资产投入5020万元，完成厂区建设和道路水电等配套设施建设。白道峪奇石文化产业园项目办理前期手续和准备征地、开工前期工作。

民俗旅游业，新发展白道峪民俗村民俗户53户，新增床位320个，解决就业106人；完成白道峪、西沙地、牛盆峪3个村的旅游中转站申报验收工作;加强对白道峪、牛盆峪、小石尖、小水峪、西沙地等5个旅游合作社的监督管理,申报坟庄旅游合作社;结合平原造林工程,打造“花海漫游”特色乡村旅游线路。

城乡建设 年内,完成镇域总体规划编制,已经县政府审议、首规委总规处论证通过;6个村村庄规划编制已获审批;26个村村庄规划编制完成,经县规划局等部门审核后正在修改中;镇中心区详细规划正在编制中。

完成对白道峪、小水峪、兴盛、小石尖、卸甲山、西康各庄片区基本农田基础设施的升级整理;对龚河路、季河路、韩河路、卸牛路、西小路、康小路、疃仓路、统仓路、董太路等9条公路进行修复,西沙地村新建桥梁1座。

完成大辛庄等6个村排污防涝基础设施建设和董各庄村环境改造提升工程。新建阳光浴室5座。实施农民住宅抗震节能改造工程,完成西康各庄等14个村2899户外墙保温及门窗更换,为64户符合抗震节能标准的新建、翻建户发放节能补助资金128万元。

社会建设 年内,组织开展农民创业、技能培训286人次,实现农村富余劳动力就业296人,密云环保工业园获“北京农村劳动力就业安置先进单位”称号。投入30余万元改造升级镇社会福利中心,被评为北京市“二星级养老机构”,新增4家社区养老服务中心。完成残疾人职康站建设。

8月15日,镇便民服务中心建成运行,设立建设规划、计划生育、流动人口、民政残联、城乡社保、农村医保、劳动就业等服务窗口12个、业务引导台1个,涉及108项业务,与县行政服务大厅联网。建成后共受理业务3719件,在规定时间内全部办结。完成34个行政村便民服务代办点基础设施建设,建立健全各项规章制度,完善相关办事程序。从村两委干部和大学生村官中选出工作人员79人;统一制作村级便民服务代办点标示牌、职责牌和受理、咨询事项,全部安装上墙,并统一印制下发工作台账。

建立层级分明的网格化管理结构体系,将便民服务、农村劳动力就业、计划生育、流动人口管理、重点人管控等工作融入网格,确定沿村、牛盆峪两村为网格化社会服务管理示范村。通过信息平台各村网格管理员上报各类安全稳定信息50260件,评选出优秀网格化管理员、网格优秀志愿者、优秀网格化信息平台管理员96名。

成立社会组织联合会,会员30家,主要开展知识技能培训、创业培训、组织公益事业、就业相关法律法规宣传、会员单位横向交流调研等工作。加强社区规范化建设,新增西康各庄、仓头两个市级规范化农村社区。完成第九届村民委员会换届选举。

开展“打非治违”活动,向企业提出整改隐患意见55条,已全部整改;开展安全生产大检查,下发整改隐患通知书75份,提出整改条款375条;详细摸排取暖户,发放一氧化碳报警器600个。10月15日,组织20余家企业法人、负责人在北京昌益和自动化设备制造有限公司开展“万名工人安全承诺”签字活动;6月10日,组织各村安全员,企业、学校、超市、饭店等单位法人、负责人150人在北京杜根鸿运科技发展有限公司开展企业自救技能逃生演练活动。做好汛期防汛,投入近1000万元对牛盆峪、白道峪、小水峪三条河道进行疏浚，整修堤坝；调查摸底危房险户，上报险户287家、495人、1032间危房；编制各村危房险户及避险路线转移示意图，做到一镇一册，一村一图。防火敏感期对所有山区林地进行24小时巡查，及时有效处理各类火情，被评为年度县森林防火先进乡镇。

投资108万元，与宝城客运公司合作，为镇域4所小学、1所中学提供24辆学生专用公交车，确保学生上下学安全。开展各类文化系列活动450余场，放映电影1410场；参加县第七届和谐杯乒乓球比赛，获一等奖；完成有线广播“村村响”工程；继续实施“暖心工程”系列活动之“摄影志愿服务进山区”文化志愿服务活动，为镇域贫困家庭和高龄、孤寡、残障老人无偿提供摄影留念；完成全镇免费健康体检工作，人数达11600余人。

全镇符合政策生育率为97.05%。投入5.72万元为独生子女家庭投保计划生育意外保险；兑现独生子女父母奖励费46.6万元；投入18.3万元免费为已婚育龄妇女进行生殖健康体检及两癌筛查。

生态建设　年内，完成平原造林工程19404亩，荒山造林600亩，栽植银杏、油松等树种85.57万株，林下栽植地被菊150万株，对密西路两侧、西田各庄至卸甲山道路两侧以及河北庄至西康各庄道路两侧区域进行重点打造，形成景观连续不断的林木环线，全镇林木覆盖率提高到48%。

配合推进南水北调工程西田各庄段建设工作，迁离坟茔1080座，涉及500余户，补偿已兑现到户，1043亩地上物评估已完成，地上物补偿基本完成。

开展“拆违打非”专项行动，对镇域内违法占地、违法建设，制定详细拆违计划，组织二十余次执法行动，清理违法占地76009平方米，拆除违法建设48163平方米，其中强力拆除违规大棚房建设205栋14380平方米，拆除水库一级保护区内违法建设15处4521平方米。

落实“六护”机制，打击盗采盗运行为，对重点地段24小时不间断巡查。加强中小河道综合治理，动用土石87万立方米，清理河道垃圾350立方米，疏浚白道峪、牛盆峪、小水峪三条河道23千米。投入专项资金415万元，对不规范的垃圾存放点、村与村交界处进行整治，清运垃圾7150吨，捡拾白色垃圾1950公斤，清除乱堆乱放460处，卫生死角515处；筹建高标准垃圾分筛厂1座，新购垃圾运输车2辆、地上大箱12个、垃圾桶210个，解决农村生活垃圾收集处理问题。

党的建设　年内，新发展预备党员24名，预备党员转正5名，转入党员53名，转出党员31名。全镇共有党员2202名，其中，建国前老党员36名，困难党员42名。

推进非公有制企业党建工作，确定1名党建指导员，成立云西市政党支部、北京海进春宇市政工程有限公司党支部2个非公有制企业党支部。

组织创建联络员、党员、大学生村官、村书记主任、机关干部等人员开展各类培训2745人次。完成34个村“两委”干部、后备干部、村务监督委员会、党员等四级网络信息的录入、上传和维护。开展村干部群众满意度调查，印制表格7种32000余份。对2012年竞争上岗后的科级干部进行试用期满考核。

创新党建方式，按季集中培训党员，全镇党员年内完成轮训，培训内容与农村工作实际相结合，提高实效性；改变村级创建档案检查方式，由入村实地查看改为由村大学生村官每月20日前报考核表时携带档案查看,及时发现问题。

(邱 翔)

单位名称:密云县西田各庄镇人民政府
地　　址:密云县西田各庄镇大辛庄村
电　　话:61018021

溪翁庄镇

溪翁庄镇位于密云县城北部,北濒密云水库,距密云县城12千米。镇域面积88平方千米,辖溪翁庄、金叵罗、北白岩、尖岩、东营子、黑山寺、石墙沟、白草洼、东智东、东智西、立新庄、石马峪、走马庄、东智北14个行政村,26个自然村,第一、第二、第三、第四、第五、润溪6个居委会,总人口2.7万人,其中农业人口1.4万人,居民和流动人口1.3万人。是国务院确定的全国重点镇,北京市42个重点镇之一,功能定位是集休闲、旅游、度假、会所和高档居住为一体的"田园城市、山水小镇"。镇内有中学1所,小学2所,成人学校15所,幼儿园4所,医院2所,卫生服务站3个,村卫生室24个,密云水库管理处、华电培训中心等市属单位21个,派出所、法庭、工商所、国税所、地税所、邮局、电信局、兽医站、电管站、信用社、农行分理处等派出机构18个。

年内,溪翁庄镇农村经济总收入13.9亿元,同比增长10%,财政收入实现8979万元,同比增长15.2%,农村人均纯收入1.7万元,同比增长11%。

经济建设 全年农林牧渔业总产值22260.6万元,同比增长1.6%。农业产值5320.9万元,同比减少21%;林业产值3883万元,同比增长55%;牧业产值11912.7万元,同比增长6.7%;渔业产值1144万,同比减少23%;耕地面积13299亩,生产粮食2093.4吨。

全镇有2个农贸市场,市场年交易总额2146万元。旅游总收入3.4亿元,同比减少8.1%,接待人次230万人次,同比减少8.3%。

年内,引进企业196家;引进中投发展有限公司房地产项目。企业总收入完成105274万元,完成年计划101%;工业总产值完成40572.5万元,完成年计划96.6%;工业收入45316.9万元,完成年计划100.7%。企业固定投资计划完成20934万元。农民就业基地入住企业17家,占地面积651亩,实现销售收入30214.9万元,实缴税金269.5万。镇域内共有服装企业4家:北京铜牛瑞蓝制衣有限公司、鑫磊服装厂、塞亚制衣服装有限公司、金华服装厂,全年实现收入9494.9万元,税金112.5万元。农产品加工企业主要是北京汉业科技有限公司和特驱农牧科技发展有限公司,销售收入21407.3万元。建筑企业6家,实现建筑业产值27990.9万元,完成年计划的118.1%。

社会建设 年内,发展民俗旅游业,镇政府补贴200多万元,实施民俗户标准化客房改造工程,改造民俗户156家,新增标准客房400间,接待游客137万人次,民俗旅游综合收入实现4947万元,渔街被评为"首都文明示范街"。促进劳动力就业,共采集岗位3800个,安排招聘会6次,新增就业415人。发放临时救助款40万元,走访慰问困难党员群众700余户。全镇低保户605户，发放民政事业费1200万元。新型农村合作医疗农民参合15156人，参合率达99.49%，共报销医药费878万余元。城乡居民养老保险参保6178人，完成责任制的100%。实施农民住宅节能保温改造工程，新改造民居862户。实施农村社救对象危旧房改造44户。完成镇敬老院，北白岩幼儿园改扩建主体工程建设。

年内，开展群众文化活动，组织“五月鲜花”歌咏、第三届文化夜市、赞歌献给党、象棋、篮球比赛等文体活动92场，观众近5万人次。北京周末相声俱乐部溪翁庄分部在文体活动中心正式揭牌并进行了两场演出。各村及文体中心放映电影837场。群众利益维护机制不断完善，群众反映的问题和合理利益诉求得到有效解决和维护，群众上访批次同比下降40%。人口计划生育率达到97%。

推进农村网格化社会服务管理工作，建立了镇农村网格化社会服务管理领导小组、镇指挥中心、村社会服务管理站和单元网格四级服务管理平台。年内，各村网格化服务管理站上报信息56743条，涉及民生、商贩侵街占道、抗洪防汛和环境卫生保护等方面，所有上报事件均在网格内办结。推进村庄社区化和网格化特色示范村建设，镇政府出资12万元为溪翁庄村和走马庄村购置了电脑、打印机、办公桌椅、文件柜和一体式触摸屏等办公设备，配备网格管理人员，每个网格至少两名工作人员根据服务对象情况开展个性化服务，并依托村级为民服务站，开展“一站式”、“代办式”、“点题式”、“主题式”服务。

生态建设　年内，完成平原造林、荒山造林、绿化美化等工程，新增绿地面积2000亩，完成森林健康经营抚育3600亩，新栽果树500亩，观光采摘园及标准化果园建设稳步推进。全镇的绿化资源达到了二级养护标准，营造了山水林田路满眼尽绿、处处皆景、浑然一体的生态景观，获得北京小城镇建设先进镇、首都全民义务植树先进单位称号。

加大密云水库周边环境综合整治力度，形成了“横到边、竖到底、全覆盖”的保水防控体系。开展违法建设专项整治行动，全年查处违法建设立案45宗、结案33宗，拆除违法建筑1万余平方米，制止违法建设12起。加强市政公共设施的巡查、检查工作，对城镇公园、公厕、人行步道、公交站牌等设施进行定期维护。坚持季度环境检查制度，全镇环境卫生状况始终保持优良状态，环境卫生改善情况问卷调查结果群众满意，被评为首都城市环境建设先进单位。

城乡建设　年内，镇中心区五条路网建设完成总工程量的60%；集约化供水项目日供水1万吨水厂的工程完工。园明三园项目完成1878亩土地的入市交易，实现了当年入市，当年开工，当年见效，其中2万平方米30余栋住宅楼已竣工，完成项目前期投资7亿元；黄金酒店及立新村整体开发项目进展顺利，完成投资2.6亿元；国际老年大学项目开工面积1.5万平方米，完成投资1亿元。完成集中供热管网和换热站项目投资1.2亿元。密石路建设工程市发改委补助资金1476万元。走马庄地块和中心区拆迁改造项目土地一级开发前期工作在进行中。

党的建设　年内，完成村党支部、村委会换届选举工作。选举产生村主任、副主任、委员共53人，10个行政村实现支部书记、村主任“一人兼”，占总数的71.4%，与上届持平；“两委”交叉任职共20人，比上届增加5人。

开展理论学习40余次，参加人次4900人，重点学习了十八大报告、中央八项规定、习近平总书记一系列重要讲话精神、县委、县政府重要文件等。开展党员服务日活动，镇村累计开展服务180次，服务群众1万余人次；开展党组织、党员双承诺活动，镇党委、村党支部共承诺办实事完成70件；全镇共有722名党员承诺办实事完成792件，受益群众达24580人。

（胡春阳）

单位名称：密云县溪翁庄镇人民政府
地　　址：密云县溪翁庄镇溪翁庄村
电　　话：69012529

穆家峪镇

穆家峪镇位于密云县东部，北依密云水库，西与密云县城相邻，东南部与本县巨各庄镇接壤。1965年设穆家峪公社，1983年改区，1987年置乡，1993年建镇。镇域总面积102平方千米，辖22个行政村（49个自然村）和3个居委会。截止年底全镇共1.7万户，总人口4万人，其中农民2.4万人，居民8583人，流动人口8430人。

年内，实现农村经济总收入22.9亿元；大农业总产值2.36亿元；工业总产值5.14亿元；建筑业总产值6.1亿元；旅游业综合收入1.7亿元；财政收入9287万元；全社会固定资产投资4.6亿元；农民人均纯收入16189元。

经济建设　年内，农业总产值2.36亿元，同比增长4.9%。全镇耕地面积2.8万亩，可利用草地面积1.1万亩，林地面积5.5万亩。粮食作物以玉米、杂粮为主，生产粮食2308.1吨。主要经济作物有大豆、花生等，产量170.7吨。畜牧业以生猪、蛋鸡为主，总产值1.1亿元。完成水漳、碱厂村1500亩葡萄补植，九松山、阁老峪村700亩梨园补植；水漳村新发展樱桃500亩；大石岭村建蓝莓园200亩；在西穆家峪、达岩、水漳、九松山、北穆家峪五个村发展玉露香梨1300亩；在庄头峪、达岩村建设3000亩有机果品基地；实施庄头峪村红香酥梨园、华润万家果园基础设施改造提升工程；以庄头峪红香酥梨、百年栗园柴蛋鸡养殖等为代表的农民专业合作社已发展到91家，入社农户3700户，全年实现销售收入8759万元。

全镇共有工业企业102家，规模以上工业企业6家，分别是：华云构件厂、庄头峪人防构件厂、北京中防恒立人防设备有限公司、鑫源百成铸造厂、百年栗园饲料加工厂、北京华源盛兴服装服饰有限公司。其中北京华云古建人防构件厂、北京中防恒立人防设备有限公司年销售收入达到亿元以上。镇域内有华云农民就业基地1个，成立园区管委会、土地一级开发办公室、重点项目推进办公室，为就业基地发展建设提供服务指导，投资700万元，拓宽园区主干道，铺设电信光缆、天然气管道进园区，年内腾退企业4家、盘活企业2家，实现劳动力就业2668人，

年内，旅游业接待游客154.5万人次，同比增长11.5%。其中民俗旅游收入4396.6万元，同比增长10.1%；民俗旅游接待73万人次，同比增长8.9%。新创建北穆家峪村民俗村1个，新增民俗户84

家,发展北穆家峪"回民宴"、辛安庄"铜锅宴"、水库周边地区"全鱼宴"等特色民俗村6个。

形成由京承铁路、京承高速公路、101国道构成的交通运输网络。京承铁路线境内长3千米。京承高速公路境内长10.2千米,有穆家峪、辛安庄2个出口。101国道境内长15千米。有县、镇级公路19条,总长72千米。

年内,引进泰华投资有限公司等25家注册企业,纳税总额2.2亿元;与世嘉旅游开发公司签订框架合作协议,在碱厂村建设德懋堂项目,协议投资额16亿元。

年内,完成希望小镇阁老峪(一期)217套新民居建设工作,污水处理站、天燃气压缩站、电力开闭站等基础设施建设同步跟进。木棉花乡村酒店接待中心竣工;七彩农场完成市场销售,营业性收入20余万元;天福号农庄西班牙火腿车间完成建设及设备安装;"北京国际青年营地"7月份开始运营,接待35个国家50多批5000余名青年的户外教育培训。吉马红酒庄园项目进行手续办理,编制地块控规;九松山高尔夫会所项目开工建设,占地9.8亩。与北京世嘉房地产开发有限公司签署密云·德懋堂项目框架协议,完成注册公司相关手续的办理。

年内,完成《穆家峪镇战略发展提升规划》、《穆家峪镇绿地系统规划》、《穆家峪镇交通系统规划》、《穆家峪镇旅游发展规划》、《华云农民就业产业基地发展规划》、《穆九沟域发展规划》、《红门川河湿地系统发展规划》以及22个行政村《村庄规划》、《穆家峪镇中心区控制性详细规划》和《穆家峪镇中心区市政基础专项规划》编制上报工作。

社会建设　年内,对城镇失业人员、农村富余劳动力开展就业技能培训指导1万人次;新农合参合率99.94%,参合人员报销金额1791万元;实施民居抗震节能改造1046户;为社救、优抚对象翻建、维修房屋85间;为优抚和社救对象107户困难家庭办理临时困难救助,申请救助资金共计7.8万元;为优抚和低保对象以及低收入户办理医疗二次报销和大病救助201人次,25.8万元;为优抚对象办理医疗减免72人次,8.4万元;建立医疗救助台账;为65周岁以上老年人办理优待卡315人次,4091张;为80周岁及以上780位老人办理了养老服务券;有70位90周岁及以上老年人享受高龄老人津贴,发放养老服务券89.7万元。组织文化演出182场次,放映电影1248场次。

年内,网格化管理搭建三级组织机构,即:村民代表、党员与网格户之间形成的"1+1+X"网格服务队伍、村级社会服务管理站、镇农村网格化社会服务管理领导小组。网格内发生事件21840件,网格内解决21386件,上报镇指挥中心事件462件,派发解决451件,密云县网格中心与市长热线、非紧急救助系统资源整合,派发出454事件,镇解决433件;碱厂村被确定为出席北京市的网格化社会服务管理示范村;镇、村两级调委会共排查调处各类矛盾纠纷267件;镇综治办协调派出所、工商所、城管、安全科、文化服务站等部门对本辖区的重点地区刘林池、新农村城乡结合部进行清理整顿,清理低端业态企业18家,从业人员及三无人员268人;为流动人口办理入学手续30份,为流动人口育龄妇女检查身体268人,调解矛盾纠纷2起,春节慰问流动人口2户;刘林池新农村地区综合服务管理中心协调相关部门开展联合整治活动,共出动车次306次,出动945

人次,发放宣传材料480份;利用网格化管理信息平台,向网格内发送禁种铲毒宣传信息500余条;向群众发放《致密云县广大干部群众的一封信》4000余份;完善国家安全人民防线、铁路护路、禁毒、保密等工作,健全多元调解体系。

生态建设 年内,投资2亿元,完成穆九路、穆石路、黑大路、沙石路等20千米的路网建设;垃圾处理、污水处理、供水、供电、供热等基础设施建设同步跟进。新城地表水厂、镇污水厂扩规、天然气管道进镇区等工程项目顺利实施,完成穆九路东线11个村的农村电网改造工程及101国道"明亮工程"。镇级一站式便民服务大厅及村级服务站全部投入使用;投资1500万元的镇卫生院改扩建工程全面竣工;投资1200万元的镇文体中心工程主体结构封顶;投资700万元的镇第二幼儿园顺利开园;前栗园等11个村的阳光浴室工程通过验收;新农村中学与北京161中学"名校办分校"工程进展顺利。

年内,完成平原造林1295亩,封山育林3000亩,荒山造林1900亩,荒山造林补植500亩,森林健康经营4000亩,四旁植树8万株;创建市级绿色村庄2个,县级绿色村庄1个,花园式单位6个。实施环境美化工程,西穆家峪、荆子峪、辛安庄等村粉刷墙面15万平方米,制作景观围栏3000延米,垒砌挡阻墙、景观墙2万立方米,更换广告牌匾80块;投资1000万元完成京承高速路两侧6个裸露矿坑的治理工作,投资3000余万元完成小东河及红门川河治理工程。

党的建设 年内,完成第九届村民委员会换届选举工作,全镇22个行政村有14个村实现书记、主任一人兼;两委交叉兼职34名;每个村有1名妇女委员;40岁以下村委会成员16名,41-50岁的34名;有60%的村级干部为青年中坚力量。到7月底,全镇22个行政村按照各村"户数"标准,每村选举产生31名以上村民代表;选举产生110名村务监督委员会成员;8月份经过村班子、村民代表讨论,修订新一届《村民自治章程》;新发展党员29名,开展入党积极分子、发展对象培训73人次;庄头峪、百年栗园、前栗园、水漳4个党员科技致富示范基地共有党员86人,带动村民1234户;落实党委委员联系党代表、党代表联系党员以及定期召开联系代表座谈会、季度小组例会、党代表工作例会的"双联三会"工作机制,建立党代会年会制,实行党代表提案制度。年内,党代表共入户走访4200人次,梳理收集涉及生态环境、经济发展、社会稳定、民生保障、文化建设、工作作风等6类意见,通过联系走访、交流座谈、小组例会和代表工作例会等形式共收集党代表提案20个,解决问题17个;推行民主听"政"机制,各村成立由村务监督委员会、老党员、老干部、群众代表等10人组成民主听"政"小组,每月列席"两委"联席会议,在南穆家峪村、九松山村、庄头峪村、水漳村等四个村试行,年内,累计召开两委联席民主听"政"会24次,讨论议题54个,通过决议47项,听政小组提出合理化建议54条,落实重大事项11件;推进"三型"党组织建设,机关干部和村两委干部年内走访4030户,收集群众咨询问题1075个,95%以上政策咨询得到现场解决;组建由青年机关干部、中小学教师、事业企业骨干力量、大学生村官等40名组成的网宣队伍,共发表原创性文章220余篇,跟帖量4000余条;深化结对共建活动,中央党校进修部、中组部干部监督局、北京城市规划设计院等20多家单位、院校与本镇结对共建。

（张玺云）

单位名称：穆家峪镇人民政府
地　　址：密云县穆家峪镇南穆家峪村
电　　话：61051168

巨各庄镇

巨各庄镇位于密云县城东南部，距县城6千米，东临大城子镇、南与东邵渠镇和河南寨镇相连、北隔潮河与穆家峪镇相邻，京承高速紧邻蔡家洼村和沙厂村分别设有出口，密平路、密兴路纵贯全镇，京承铁路穿境而过，交通便利，地理位置优越，是全县六个重点小城镇之一。镇域总面积107.8平方千米，境内有总容量2120万立方米的沙厂水库，北部山地矿产资源丰富，其中以铁矿、页岩为主，首云铁矿、威克公司都建在这里。全镇共有26个行政村和4个居委会，含56个自然村，截至年底户籍人口24368人，常住人口23142人。

镇党委、政府立足重点镇和非水源保护区的发展优势，结合自身资源和发展现状，以打造特色沟域经济为重点，严格按照“一轴两带三区”的规划格局，重点实施了生态建设、基础设施建设、村庄和新民居建设、产业建设等5大工程15个项目，稳步推进“绿色国际休闲小镇”建设。年内，实现农村经济总收入31.66亿元，其中大农业收入2.47亿元，工业收入20.1亿元，旅游收入2.5亿元；完成财政收入7151.9万元，农民人均纯收入17061元。

经济建设　年内，坚持经济发展规划先行，完成了镇域规划优化方案和蔡家洼村控制性规划的报批工作，镇中心区控制性规划已经通过首规委的审批；启动了蔡家洼村土地一级开发工作，正在编制蔡家洼村地块控制性详细规划，为重大产业招商引资奠定了坚实基础。继续加大对巨隆农民就业产业基地的升级改造，投入5000万元进行绿化美化、照明、道路景观、河床治理、外墙油饰等，提高基地的承载力和辐射作用；招商引资协议投资额5亿元，到位资金1.63亿元。

巨各庄镇依托自身的农业种植基础、地域环境优势，以及张裕爱斐堡项目的成功经验，在2010年提出了沿新密兴路打造“酒乡之路”葡萄酒庄产业带的发展设想，确定了沿新密兴路打造“一轴两带三区”的建设格局，以新密兴路和久黄路为主线，西起蔡家洼村，东至前厂村，北至查子沟村，两侧为浅山丘陵地带，由西向东延伸。沟域全长约30千米，用地面积约80平方千米，涉及26个行政村，12876户24416人。一产规划发展葡萄观光采摘园，栽植优质葡萄10000亩，实施水、电等配套工程；二产规划在现有工业规模的基础上，依托万亩优质葡萄种植产业，大力发展精品酒庄及酿酒产业；三产规划以张裕爱斐堡葡萄酒庄为带动，沿新密兴路向东发展购物、餐饮、娱乐、采摘、专业培训、农业观光、农产品交易、工业观光等产业项目；四产规划在酒乡之路各个重要节点建设大地景观、演艺广场等项目，大力发展“酒乡之路”文化创意产业。年内，酒乡之路沟域经济项目被确定为北京市重点沟域项目之一。截至年底，已发展葡萄基地7000亩、建设葡萄长廊10000米、打造精品葡萄采摘园14个，建设景观节点16

处、围栏12000米;路灯、公厕、标识牌、停车场、宣传设施等工程已完成投资800万元;15个规模葡萄基地景观提升建设已完成投资900万元,8个基地的管理用房主体工程已全部完工;酒乡之路沿线文化墙、外立面改造等工程部分项目已完工,完成投资700万元。完成1家小型酒庄建设主体工程;完成总投资1.2亿元的张裕整体提升改造项目并投入使用;座落于蔡家洼村,占地面积千余亩的北京市郊首家集休闲观光、产品展销、农业科普及徒步和骑行基地为一体的多功能主题公园蔡家洼玫瑰情园于9月23日正式开园;成功举办了第四届葡萄·葡萄酒文化艺术节等系列主题活动。年底,本镇沟域经济建设在市农委、市发改委等部门组织的联合考核验收中排名第一,促进了周边群众的就业增收,直接和间接带动本地农民3000余户,5000余人走上就业之路。

年内,在蔡家洼工业、农业园区和张裕爱斐堡国际酒庄开展全年体验和周末体验项目,包括果树认领与管理、手工艺品自制、自磨豆腐等;对全镇11个鲜食葡萄园区进行了绿色食品认证,挖掘葡萄文化内涵,开展少女采葡萄大赛、“酒庄风情”摄影比赛等活动,纵深发展葡萄籽精油SPA、葡萄酒自酿等体验项目,丰富旅游内涵;延伸玫瑰情园景观,沿路种植荞麦花近千亩;新发展东白岩、蔡家洼为民俗村,新增民俗户41户,新增床位数243张,解决农民就业120人,民俗户人均收入达到10000元;实现发展润之都、海发等农业采摘园12个;发展潮河湾、学正鱼池等渔业小区4个;发展天利和硕设施农业园1个;发展久运河谷新业态1处。

生态建设 年内,完成总投资1885万元涉及前厂至前焦家坞等15个村共计2.6万米的巨龙河道治理工程,治理后流量达到235.5立方米/秒,行洪能力提高到10年一遇洪水标准;完成包括地形地貌整治、浆砌石挡土墙、干砌石挡土墙和植被恢复工程的水树峪村矿坑治理工程,新增宜耕地面积11.71万平方米,栽植栗树1.62万株;完成总投资271.13万元涉及水树峪、查子沟、达峪、楼峪、沙厂等五个村的防汛护坝建设工程,共浆砌石护村坝16200.56立方米,修建3米宽混凝土路1339.45米;完成300亩的平原地区造林工程,目前全镇平原造林总面积为1645亩;综合实施了荒山造林、爆破造林、封山育林和国家级森林健康抚育等四大林业工程,涉林总面积6000亩,镇域森林覆盖率提高至65.4%;完成达峪主村大桥北至村委会北岭共300米的环境提升工程,共油饰外立面1850平方米,打造连体广告牌60组,PVC雕刻设计29组;完成村级公路大修1000米。在塘子、赵家庄等村新建太阳能浴室五座,安装太阳能路灯40余盏。

年内,实施环境建设“三大工程”(即“干净指数”工程、“美化提升”工程、“管理规范化”工程);将26个村需重点整治的部位统一建立台账,逐一进行清理,通过各村的集中整治共清理乱堆乱放5500余处,拆除私搭乱建600余处,清理垃圾积存死角20余处;以建设“美丽巨各庄”为主线,投资1000万元对巨隆大街进行整体改造提升,对密兴路、密平路沿线临街进行环境打造,垒砌文化墙、安装围栏9000余米,栽植各类景观苗木和草本花卉15万余株;对主干路沿线村庄进行外立面油饰,油饰面积100余万平方米;整合“环境建设员”(原保洁员)管理机制,把各村作为村级环境建设责任主体,把村支部书记作为村级环境建设第一责任人,在现有村级保洁员的基础上,统筹推进"环境建设员"建设工作,实行"职业化、网格化、管理无缝隙化"的运作模式,形成"镇村环境建设员和专业公司"共同推进环境建设的整体合力。全镇共划分为 125 个网格,125 名"环境建设员"已通过考核,全部正式上岗。

年内,确定了京承高速三期沿线等十二处拆违打非重点区域,全天候、全方位进行巡查,对违法建设做到发现一起,制止一起,处理一起,确保了违法建设"零增长"。规划办、城管、派出所、工商、国土等部门相互协调配合,拆除了黄各庄非法改建的阳光大棚、东白岩钢架彩钢库房等一批重点、难点违法建设,在张裕爱斐堡周边、大唐煤制气管道、京沈客运沿线等重点部位拆除违法建设 64 处 33577 平方米,完成县级台帐销账比例 100%。

社会建设　年内,继续深入开展网格化社会服务管理模式,成立"巨各庄镇网格化社会服务管理综合指挥中心",将全镇村庄、山场、土地、工业区划分为 274 个网格,逐人、逐地、逐事明确工作任务,责任到人,实现网格全覆盖、工作零缝隙;将安全、环境等工作充实、整合到网格中,形成一格多员、一员多能、一岗多责的工作机制,着重抓好重点人员、重点村和重要时期的矛盾隐患排查与化解,全镇融入网格管理人员达到 1855 人,利用网格化管理体系解决处理事件 38997 件,办结事件 38959 件;深入开展出租房屋和流动人口的调查摸底、信息采集登记工作,建立网络信息台帐和数据库,截至年底登记、录入流动人口 4304 人,出租房屋 330 户;继续开展流动人口低端业态清理整治工作,清理低端业态流动人口 77 人;加强社会矛盾源头预防化解,全力做好信访工作,接待群众来访 121 批次 778 人次,受理信件 48 件,办结率 100%;加强镇域重点企业和公共区域的安全防范工作,排查整治各类安全隐患 1535 处;提前部署,科学应对,确保了安全度汛;完善管理制度,加强巡查力度,全镇未发生重大森林火情,被县政府评为"2013 年度森林防火工作先进单位";完善便民服务体系建设,整合公共事务中心、计划生育办公室等科室职能,组建成立便民服务中心,将 108 项服务内容纳入工作职责,实行一站式办公;开展志愿服务活动,全镇 51 支党员服务队,11 支特色服务队,利用党员服务日,开展志愿服务活动。

年内,有线广播"村村响"工程实现 26 个村全覆盖,成为密云县第一家获得市广电局颁发许可证的广播站;全面兑现落实各项计生优惠政策,计划生育政策符合率达 98.15%;8 月份启动东白岩小学翻建工程,现主体建设已完工,预计明年 9 月份完工并投入使用,逐步形成一所中学、两所小学、三所幼儿园的教育发展格局。

年内,投入资金 140 万元完成了 36 户低保和社救对象的安居工程;启动了泥石流易发区群众搬迁工作,前厂村 16 户新民居的室内外装修及配套附属设施建设已完工(工程涉及 16 户 47 口人,安置新建住房 16 处,每户占地 200 平方米,建筑面积 110 平方米,2012 年底开始进行选址、地上物评估、地上物补偿兑现等工作,2013 年初开工建设);水树峪村新民居已开工建设,到年底 7 栋已封顶,26 栋正在进行基础建设;达峪东沟和郝家庄自然村搬迁的前期准备工作已完成;继续实施农民住宅抗震节能改造工程,完成新建翻建 130 户,单项节能保温改造 1149 户;在塘子、赵家庄等村新建太阳能浴室五座,安装太阳能路灯40余盏;完成了康各庄小流域治理工程,砌筑护坝1.2万立方米,清理河道9995立方米,重建损毁桥涵2座,硬化田间路2160平方米;继续加大就业帮扶力度,安排农村富余劳动力就业比例达80%,蔡家洼村就业人员达95%,困难就业达85%,被确定为充分就业村;扎实推进新型农村合作医疗参合工作,总参合率99.89%;通过优先安排公益性岗位就业、工业园区就业,鼓励发展种养殖、民俗旅游等多种形式使430户低收入户均实现增收;为全镇种养殖业投入政策性农业保险25.5万元,有效的分散了农业风险。为26个行政村322宗土地颁发土地登记确权许可证。全镇有农民专业合作社77家,其中市级示范社1家,县级示范社4家,入社总户数2323户,总收入7286.7万元。

年内,完成总投资5200万元,全长1.2千米的潮东路建设项目方案设计工作,正在办理前期各项手续;总投资5200万元的小城镇污水处理厂及配套管网建设已开工;投资989万元建设的巨各庄镇社会福利中心建设项目已完成土地流转,已经开工建设。位于蔡家洼村,总投资3315.74万元,占地1.748公顷的污水处理中心项目已全面开工,建成后可实现日处理污水1万吨,出水水质达到一级A标准;大唐煤制气管道工程途径本镇的总长度为16.8千米,涉及16个村1263户,经过8个月的共同努力,地上物补偿及管线施工工程已全部完工,全镇共签订补偿协议1500余份,排除施工民扰400余起。

党的建设 年内,完成了村民委员会换届选举工作,村党支部书记、村委会主任"一身兼"比例达到80.7%,两委交叉任职比例比上届有所提高,当选的村主任中非党员人数降至1人,消灭了一个白点村,26个村民委员会均有党员和女委员当选。加强村务监督委员会的建设,投入28.7万元健全村级民主决策管理全程纪实系统。

年内,在非公企业党组织中开展帮扶弱势群体的"圆梦"工程,通过不同形式的募捐,筹集资金成立"圆梦"基金,通过资金救助、吸纳就业、项目帮扶、产业带动等多种方式开展针对孤儿、低收入户、因病致贫户等弱势群体的帮扶活动,帮助他们圆健康梦、安居梦、求学梦、就业梦和增收梦。全镇共有83人与镇域内低收入户结成了帮扶对子,共募集"圆梦"资金50余万元,先后为34名大病患者送去救助金20余万元,为32户低收入家庭翻修翻建了住房,扶助17户因病致贫家庭初步解决了生产生活难题,帮助60名残疾人和366名富余劳动力圆了"就业梦"。

(张晓利)

单位名称:密云县巨各庄镇
地　　址:密云县巨各庄镇水峪村西
电　　话:61032752

东邵渠镇

东邵渠镇位于密云县东南部,距县城中心20千米,南与平谷接壤,西与顺义相邻,地处密云、顺义、平谷三县(区)交界地带。东邵渠镇镇域面积109.9平方千米。全镇辖界牌、石峨、史长峪、太保庄、高各庄、东邵渠、大石门、南达峪、西邵渠、东葫芦峪、西葫芦峪、大岭、小岭、银冶岭14个行政村，2个居民社区，22个自然村，有耕地2.37万亩，山场11.6万亩，其中70%以上为可开发利用的浅山资源。户籍人口1.31万人，其中农业人口1.1万人，非农业人口1990人。年内，实现财政收入4434.6万元，同比增长15.2%；农村经济总收入94518.3万元，同比增长10.5%；农民人均纯收入13575.5元，同比增长11%。

经济建设　年内，大农业产值20454.9万元。工业收入11508万元，工业产值13109万元。建筑业产值2630万元，同比增长23.7%。旅游收入462.1万元，同比增长6.5%。固定资产投资6584万元，其中工业固投4192万元。招商引资完成引进协议投资额15810万元，到位投资额5200万元。“皇李御道”产业发展顺利推进。按照整体规划设计，重点对御皇李子观光采摘园进行改造提升，完善游客接待中心、停车场等配套服务设施，进一步提升李子采摘基础条件和接待能力。在界牌、石峨村新发展民俗户20家，同时，成立民俗旅游合作社，加强对民俗户的组织协调和经营指导。举办首届桃、杏、李“三花映春观赏节”和2013北京密云东邵渠御皇李子节，吸引市民和游客观光和采摘。李子产量282万公斤，观光采摘游客达到1.5万人，果农人均增收7000元。葫芦文化产业建设初显成效。引进10余个观赏葫芦品种，沿村庄主街搭建2000平方米葫芦架，建成葫芦村标志性景观。将葫芦、贡米、金丝小枣与葫芦文化相融合，推出葫芦宴系列特色菜谱。打造“葫芦院”特色民俗户，新发展的6户民俗户已经基本具备接待能力，已接待游客1000人次，户均增收1万元。

北京银宝岭农业科技有限公司与银冶岭村签订合作协议，流转土地2000亩，山场11000亩，拟建设现代观光农业园区，到位资金6000万元；引进北京芝参堂药业有限公司，盘活原森王木地板厂建设用地46亩，厂房15000平米，发展现代制药产业，达产后预计可实现税收500万元，吸收劳动力就业300人；史长峪村与北京林业协会合作开发森林医疗科研科普基地项目，已到位资金100万元；另外，共引进总部企业52家，实现税收1.02亿元，形成镇级财政收入2714.82万元，保证了机关正常运行。

社会建设　年内，民生重点工程完成了5000亩基本农田整理；矿坑恢复；错河、石峨主沟河道治理；7.21水毁修复；太阳能路灯检测维修；邮政所和候车亭新建等11项重点工程。城乡居民养老保险人数达到4502人，新农合参合率达到99.96%，对群众进行免费健康教育咨询和免费体检，建立群众健康档案。完成25户低保家庭危旧房改造，为70户特殊困难对象发放救助金5.21万元。完成镇中心小学食堂维修改造和幼儿园食堂新建，为42名考入市级重点高中及一、二类本科的优秀贫困学生发放奖励资金7.32万元。完成全镇有线广播“村村响”工程，并建立镇级广播站宣传平台。完成2140名已婚育龄妇女生殖健康体检，全镇共出生140人，计划生育率97%。完成村民委员会换届选举工作。选举产生村民委员会主任14名，委员45名。

在全镇14个村推进村级综合服务管理中心建设，完善了“镇、村、格”三级便民服务体系，建立了“内外循环”的便民服务运行机制，镇便民服务中心受理事项共6432件，已办结6313件，办结率98%，其中村级代办4827件，占总受理事项的75%。公共服务类未办结的主要有丧葬费补贴33件、老年优待卡22件。

推进农村网格化社会服务管理工作，结合镇域实际，"打造了"1344"网格治理模式,14各村都建立了农村网格治理平台,成立了农村网格治理领导小组,完成了安保、上报事件、矛盾排查、纠纷调解等各项事务,全年上报各类事件33676件,已办结33653件,办结率99%。

生态建设 年内,实施了《镇域景观规划设计方案》。以实施"皇李御道"项目为契机,投入资金300余万元,加快推进密三路、河东路"两带"环境提升。对公路沿线所有墙壁、花墙进行了集中、统一的粉刷美化,粉饰面积4万余平方米。在重要路口、村庄节点设立4组显著性景观标识,修砌仿木栏杆围墙9600米、花墙800米。在界牌至太保庄公路两侧连片成规模种植油葵花,打造农田景观1000亩。公路沿线绿化美化,完成绿化面积4.46万平方米。

加强密三路、河东路公路两侧及沿线界牌、石峨等8个重点村庄的环境整治。共投入资金165万元,出动人员2200人次,车辆260台次,清理垃圾1380余吨,乱堆乱放21处,消灭卫生死角18处。开展"拆违打非"专项整治行动,完成市县两级全部挂账违法建设的拆除任务,拆除违法建设20处,总面积1700平方米,保持违法建设"零增长"。

党的建设 年内,构建"155"农村基层廉政风险防控新模式,出台了《东邵渠镇关于推进村级阳光服务管理平台建设的工作意见》,核定了村级干部20项职权目录,确定了廉政风险点、风险等级和防范措施,编制了10项村级重大事项集体决策目录并公开公示。以镇便民服务中心为基础平台,制定了镇级108项职权目录、工作流程,建立了镇级阳光服务管理平台。实行权力阳光运行。

落实《机关工作人员作风建设责任追究暂行办法》、《关于进一步加强干部作风建设的工作意见》、《廉政风险防控管理办法》和《镇村内外循环工作机制》等制度,开展廉政风险防控管理。完善了《督查工作意见》,成立镇督查领导小组,对年度党委会、政府办公会部署的重点工作、重大项目的实施以及各项制度的落实等进行重点督查,并定期通报和反馈,促进机关效能建设和重点工程项目的实施。

镇党委承担了北京市"两规范一提高"试点工作任务,通过开展一系列活动,试点工作已初见成效。成立了"两规范一提高"联合领导小组,从深化思想认识入手,将试点工作与镇中心工作密切联系起来,并通过召开专题会议指导试点工作的进行。

(高　烁)

单位名称:密云县东邵渠镇人民政府
地　　址:密云县东邵渠镇高各庄村
电　　话:61061051

大城子镇

大城子镇位于密云县东南部,距县城23千米,东邻河北省兴隆县,西接巨各庄镇,南连平谷区,北与太师屯镇和北庄镇接壤,是北京通往内蒙古和东北地区的重要关口之一。京承高速、密兴公路穿境而过，京承铁路纵贯东西。全镇东西长26千米，南北宽12千米，为浅山区，地貌以低山丘陵为主，海拔在180米—1028米之间，相对高差848米，整个地形南北两侧高，中为沟谷阶地，地势自东向西倾斜。大城子镇年平均气温为13.1°C，年平均降水量650毫米。镇域内的清水河、红门川河自河北省兴隆县入境，贯穿全镇。清水河流经本镇17.5千米，经过北庄镇入密云水库；红门川河流经本镇19.4千米，入沙场水库。锥峰山国营林场有华北地区最大的原始次生侧柏林，具备旅游开发的先天条件。全镇产业结构以林果、农业和养殖业为主，核桃、板栗和梨为三大果品，各种果树达到270万株，常年果品产量达1200多万公斤，是北京市果品生产专业镇、十大果品之乡，也是华北地区规模最大的红肖梨产区。

镇域总面积144平方千米，现有耕地面积1.53万亩。全镇辖墙子路、南沟、北沟、梯子峪、后甸、苍术会、柏崖、下栅子、程各庄、庄户峪、杨各庄、张庄子、高庄子、大城子、聂家峪、方耳峪、王各庄、河下、庄头、碰河寺、大龙门、张泉22个行政村、103个自然村和1个居民委会。年内，全镇总户数6480户、15226人，其中，农业户6003户、14327人，流动人口264人。农村经济总收入42926万元，其中第一产业18508万元，第二产业9746万元，第三产业14672万元；社会固定资产投资完成3627万元；财政收入完成850.56万元，农民人均纯收入13299元。

经济建设　年内，全镇果品产量1151.8万公斤，其中鲜果产量1001.1万公斤，核桃产量44.3万公斤，板栗产量106.2万公斤，果品总产值7487.1万元。张庄子村金银花基地新流转土地30亩，栽植金银花6万株。春播面积完成16265亩，完成菜田确权、确地550亩；农业政策性保险投保8227亩。对8个渔业小区实施了修缮；在苍术会村建成全自动化封闭式肉鸡养殖鸡舍4栋；出栏合同肉鸡、市场鸡、柴鸡178.32万只，实现产值5043万元；由北京信德基业工贸有限公司投资，规划建设期为3年，总投资19984万元、年产16万只水貂的智能化养殖基地项目于9月23日在聂家峪村完成奠基并正式启动。

旅游业接待游客30.71万人次，旅游业综合收入完成1528.4万元。在庄头新村实施民俗旅游提升工程，完成了旅游接待中心、停车场及休闲健身广场和门头牌匾导视系统等设施建设，对民俗户墙体外立面进行了统一粉刷；墙子路村旅游环境提升改造申报和生态旅游项目完成整体方案筹备工作；河下、庄头、大龙门三个村分别成立了民俗旅游专业合作社。

完成招商引资协议投资6500万元。个体工商户注册18家，注册了“大城子”农产品商标并完成“锥峰山”农产品商标的续展工作。

社会建设　年内，完成就业指导人数310人次，办理求职登记242人，推荐就业235人，开发社区就业岗位16个，安置失业人员12人，全镇外出务工人员5593人；开展农村劳动力实用技能培训4期，受训180人次；农村社会养老保险参保人数达到5555人；新型农村合作医疗参保14541人，参保率达99.99%。为22户低保对象改造危房89间，为256户残疾人家庭进行了无障碍改造，为2户优抚对象改造危房8间。

镇便民服务大厅于8月初投入运行，开设10个服务窗口，分即办事项和承办事项共办理业务108项,22个行政村分别成立了便民服务代办点,年内为群众办理来件2315件。在墙子路和大城子两个村完成了两个村级工会联合会建设,并同步建立了工会经费审查委员会和女职工委员会。

完成了第九届村委会换届选举工作。5月26日,全镇22个行政村共选举产生村委会成员80名,其中村委会主任22名,副主任1名,委员57名;18名村主任、35名村委实现了连选连任;15个村实现了书记、主任"一人兼",占行政村总数的68.2%,比上届提高4.6个百分点;42人实现"两委"交叉任职,占两委成员的62.7%,比上届提高8.2个百分点;24名女性进入村委。下半年,镇党委、政府会同县委党校对新一届村两委班子成员及村监会主任共计123人开展了以提高基层党建工作能力、农村基层党风建设、化解矛盾解决新时期信访问题为内容的培训活动。

年内,完成了途经12个行政村、涉及3400多户农户的大唐燃气管道工程地上物补偿工作,16千米的管道铺设、埋管等施工任务全部完成;由鹏达建设集团有限公司承建的下栅子泥石流易发区搬迁工程于4月11日动工,到10月底,30栋房屋主体建设及室内外装饰任务全部完成;在程各庄和苍术会两个气瓶集散中心启动"送气下乡"工程,为6550户村民办理了开户登记并配发了燃气;启用阳光浴室10个,解决了部分群众冬季洗澡难问题。

全镇育龄妇女4458人,已婚育龄妇女3764人。全年出生134人,计划生育符合率97.8%。育龄妇女综合避孕率达90%以上,已婚育龄妇女享有免费的基本计划生育技术服务落实率为100%,流动人口计划生育免费服务率100%,出生监测核实率100%。计划生育政策符合率达100%的村19个、三无村19个、四无村8个。完成了计划生育意外保险工作,2683户入保,其中独生子女户1268户。投资24万多元为全镇已婚育龄群众免费进行避孕长效措施及健康体检,体检率达100%。

全镇有文体娱乐队伍23支,队员达到500多名;有公共健身及娱乐场所28处、固定数字影厅23个。年内,组织开展各类群众性文化活动700场次,镇村两级放映数字电影1100场次,接待星火工程文艺演出66场次。10月13日,在大城子中学成功举办了"大城子镇休闲养生太极行"健身成果展示活动,18个行政村的200余名太极爱好者参与展示活动。

年内,完成了高庄子幼儿园的改建和墙子路幼儿园的新建工程,完成了爱国主义教育基地"苍术会村四十八名烈士纪念碑"的重修扩建工程。

建立了镇、部门、村企基层三级应急安全管理工作体系,全镇应急管理形成了以"镇政府全面监督管理、部门间联合专项重点防控、村企局部联动响应"的统一多极化、立体化、网络化应急管理体系。依托"四级平台、六项机制"的大综治维稳格局,安排护林员、管水员、保洁员、村民小组长、无职党员、计生专干、志愿者等群防群治队伍784人,落实社会网格化服务管理工作的精细化、社会化、立体化,加强社会面防控体系建设,把矛盾纠纷控制在每个网格内,实现了全镇社会安全稳定的良好局面。

生态建设 年内,完成了后马路、王上路、王肖路、高北路、张吴路、张梨路、摇树峪路、下吴路、杨林路10条村级路建设,对下栅子至吴家台的道路实施了大修；在11个村建候车亭26个。密兴路二期前沙岭850米隧道全部贯通。日处理能力150立方米，规划服务于镇政府、大城子村、聂家峪村、中学、邮局、卫生院、服装厂、高庄子村等8个村庄和单位的镇中心区污水处理工程，7月份启动厂站建设，10月底完成土建工程。清理2012年“7·24”强降雨受损的红门川支流流域河道20万立方米，修筑护坡6000立方米，砌筑护村坝3000立方米，修复田间道路8000平方米，景观修复500平方米，建设盖板小桥15座。清水河二期治理工程，完成重要节点防护建设及清淤工作。

完成8个生态示范村的环境治理任务，拆除私搭乱建、侵街占道等临时搭建56处。对墙子路、镇中心区、王各庄高速出口等重要节点进行环境打造，栽植景观树500株。全镇完成荒山造林任务1500亩，栽植各种绿化苗木11.1万株；实施封山育林工程8000亩；完成生态林森林健康经营项目6000亩，其中建设示范区950亩。首都园林绿化美化小城镇建设10月份通过了市、县绿化委员会的检查验收，共完成镇区绿化8公顷，建设绿地2块，完成街道、公路绿化4条，单位庭院绿化6个，栽植绿化树木、花卉4.5万株。实施生态公益林管护办法改革，将全镇原604名管护员精简为292名，其中林务员22名、季节性生态林管护员270名。

全年审批村民翻建房63户，实施房屋单项保温1413户。5个村级公益事业建设一事一议财政奖补项目全部通过验收，其中，大龙门、柏崖、墙子路、下栅子、张庄子五个村修建、硬化田间路20925平方米；张庄子村修建护村坝1904立方米；下栅子村建成自来水与污水处理管网系统一处。

党的建设　年内，建立和完善了镇党委向村党组织、村党组织向党员通报情况、征求意见和反馈制度。健全民情民意收集网络，规范民情民意调处程序，健全民情民意工作机制。由机关干部、村干部、党员、村民代表、人大代表以及大学生村官组成23支、1736人的民情民意调查员队伍，通过民情信箱、民情热线和民情联络站共计收集民情民意237件。

发展预备党员22名，预备党员转正3名。制定了《大城子镇党风廉政建设责任书》，处理并办结纪内信访11件，同比减少8.3%。10月31日，补选产生了3名镇党代表。创新大学生村官管理方式，推出了《大城子镇大学生村官目标管理手册》，对村官进行量化考核，促进了大学生村官的工作积极性。

建立并完善了政府网、镇简报、大城子镇政务微博、村级广播、文化阵地与文化广场的“一网一刊一微博一广播一阵地”五个一建设任务。7月17日，在县图书馆举办了“美丽大城子风光展”，分“春”“夏”“秋”“冬”四个板块展示了本镇的自然风光和民俗风情。10月起，利用国家发展和改革委员会主管、中国运输协会主办的《物流时代》杂志进行了3期的自我宣传活动，本镇的发展优势、人文特色、秀美风光得到了有效展示。开展“中国梦”学习宣传征文演讲及知识竞赛活动。组织600多名干部群众参与中国梦知识竞赛；在各行政村、中小学组织“勤俭节约、从我做起”主题宣传活动；清明节期间，组织百名名师生开展了“追忆红色足迹、缅怀革命先烈”为四十八烈士扫墓主题教育活动。

（王福凯）

单位名称：密云县大城子镇人民政府

地　　址:密云县大城子镇大城子村
电　　话:61071034　61071791

太师屯镇

太师屯镇是北京市42个重点镇之一,也是密云库北6镇中心和枢纽。京承高速、新老101国道穿境而过,全镇公路总长126千米,辖区面积202.5平方千米,全镇34个行政村,91个自然村,户籍人口33537人,流动人口3599人,共计镇内人口38537人。镇域共有中小学校3所,教职工398人,太师庄中学是库北唯一的一所高中教育学校。镇中心社区医疗卫生服务中心占地19000平方米,是密云县库北地区集医疗、预防保健、社区服务、医疗教学的诊疗保健中心。镇区内入驻法庭、公安、地税、国税、工商、消防、电信、水务站等行政事业单位,发挥着库北文化政治中心功能。

经济建设　年内,全镇农村经济总收入23.7亿元,农民人均纯收入15370元,同比增长11%。农林牧渔业产值为2.92亿元,同比增长5.5%;工业收入为8.8亿元,同比增长7.5%;建筑业产值为2.3亿元,同比增长14.9%;旅游业收入为4450.9万元,同比增长10.3%。全年财政收入3907万元。

全年,农林牧渔业产值为2.92亿元,同比增长5.5%,其中:农业产值为1.5亿元,占农林牧渔总产值的51%。畜牧业产值为1.17亿元,占农林牧渔总产值的40.2%。工业实现收入8.8亿元,其中建昌铁矿收入比去年增加5400万元。旅游业收入完成4450.9万元,其中:民俗观光旅游收4083.5万元,同比增长10.3%。民俗观光接待游客118.9万人,同比增长8.0%。完成了城市驿站和百味庄园的新业态评定工作。全镇社会固定资产投资完成额为2.33亿元,第一产业完成固定资产投资3105万元,占全镇投资额的13.0%,第二产业完成固定资产投资6444万元,占全镇投资额的27.6%,第三产业投资1.38亿元,占全镇投资额的59.4%,第三产业投资占主导地位。其中清水河治理工程投资完成近7000万元。

社会建设　全年办理城镇求职证190人,办理城镇人员招工手续177人,城镇登记失业人员就业率达到71.81%。城镇就业困难人员就业率72.54%。农村登记富余劳动力552人,转移就业470人,转移就业率85%。举办专项指导和群体职业指导674人次,完成创业培训28人,举办了6期技能等级培训班,培训282人。

全镇累计有3814人领取城乡居民养老保险,办理参、续保手续人员10690人,办理退保手续人员97人。

落实优抚对象翻建房屋2户,社救对象翻建房屋20户,维修房屋5户,为6名参战参试人员办理相关手续;为96名65周岁以上老年人办理优待卡;为815名80岁以上老人发放养老券24.45万元。农村合作医疗参合人员27908人,其中农民23656人,小城镇及外地户口4252人。参合率为99.9%,共为农民办理住院报销手续3820人次,报销金额1610.7万元。享受门诊“四免五减”看病的共有114384人次,减免金额为436.09万元。

辖区内三级网格248个,山场网格34

个，管理人员970人，镇包片领导和包村干部共计69人充实到村级网格管理员队伍；另有县级24个职能部门共计91人融入网格化社会服务管理系统。全年共向县网格化指挥中心报送优秀网格员31人次、优秀志愿者6人次、优秀平台管理员2人次、优秀单位3个，授奖金额共128000元。全年上报事件总数39786件，办结数39748件，办结率99.9%。

招收中国农业大学网络学院《农村区域发展》专业学员22人。与农广校合作在前南台村开办了36人的文艺骨干中专班。开展的各类培训有：创业培训、面点师培训、种养殖户的实用技术、党员绿证培训、餐厅服务礼仪培训。培训人次达到7386人次。

举办“五月鲜花歌咏”活动，选拔出50人合唱团队，荣获库北地区三等奖。完成“星火工程”演出任务。接待市、县两级文艺团体演出102场。全镇共有数字影厅38个，其中固定影厅37个，流动放映车1个。全年放映任务为1596场。

开展妇女健康知识讲座36期，培训妇女12500余人次；对全镇34村分片举办了5期科技培训暨妇女就业讲座，累计培训妇女580人次；向贫困妇女，发放慰问金48000元、贫困女童扶住资助金7400元；组织全镇妇女开展女状元“双学双比”活动，发放资金100000元；评选出10户绿色家庭，发放奖励资金1万元。

全镇有育龄妇女10460人，已婚育龄妇女7521人。全年发放独生子女父母奖励金89人，共计89000元；发放献出二孩规划奖励金12户，共计10500元。

新增便民服务中心，配备8名工作人员，开设7个窗口。即办类涉及31项，承办类涉及77项。全年接受群众来中心办理事项1880件。其中即办事项1061件；承办类819件；咨询349件。村级代办员代办理1493件，占总受理事件的79%。

生态建设　年内，开展全镇大扫除15次；清除卫生死角110处；共清运日常垃圾8395吨。配置新垃圾桶320个，完成垃圾中转站防水工作，防水面积264.6平方米。聘用专业“六护”队伍，每天24小时不间断流动巡查，3辆巡查车日行驶约200千米，全年行驶约72000千米。在农贸市场、学校、医院等公共场所内投设灭鼠毒饵站230个，向3000余户居民发放灭蚊蝇药。

在镇中心街立交桥北匝道(101国道)北侧，建小型停车场，解决镇中心街占道经营及乱停车等市场秩序混乱的问题，此工程总面积11000平方米，其中，硬化面积8200平方米。建公厕1座。

年内，桑园村建民房45栋，南沟村建楼房3栋，黑古沿村建民房23栋，完成3个村搬迁工程。完成清水河河道治理工程，修建滚水坝17座、河道防渗铺设土工膜42万平方米、修建右岸闸门一座、土方开挖夯填109万立方米、河道清理7.4万立方米、外运细砂16.8万立方米。

在全镇28个行政村建造太阳能浴室28座，安装太阳能集热器面积2504平方米，新建浴室建筑面积6245平方米，安装洗浴喷头968个，配套建设低硫型煤锅炉辅助采暖设备、简易污水处理、智能IC卡控水管理系统等配套设施，可解决约24734人百姓洗浴难问题。项目总投资2743.11万元。

县农委免费为6个村安装太阳能路灯，其中流河沟153盏、上庄子167盏、流河峪22盏、黑古沿33盏、令公137盏、学各庄33盏。

太师庄村引进有机立体防控技术，减

少径流流失水源污染物平均为50%以上。坡耕地2000亩立体防控示范区可减少污染物流失11吨,增加经济收益20万元。太师庄村推广种植20亩密选1号甘薯新品种,平均每亩增加产量300千克,总增产6000千克,增加收入1.8万元。各行政村推广种植中单28玉米5000亩,平均每亩增加产量100千克,总增产50万千克,增加收入100万元。

拆除14处违法建设,面积7254.1平方米。基本农田整理项目覆盖区面积10050.28亩,项目区建设规模10221.86亩,总投资为3015.11万元。土地复垦项目,涉及小漕村、大漕村、上金山、东田各庄、上庄子5个行政村,项目区建设规模为1840.43亩,新增耕地面积1275.91亩,总投资为1092.46万元。太北送电工程在太师屯镇镇域内线路总长25千米,建塔73.5座。

完成车道峪"人间花海"车石路全长2000米,宽4米的路面铺油工程,总铺油面积8000平方米;完成流河沟村长400米,宽5米密芦路新修工程。总建筑面积2000平方米。

党的建设 镇党委下辖基层党组织66个,包括4个党总支、62个党支部,新发展党员48个,全镇现有党员2212人。

对全镇新一届村党组织班子成员101人进行了分类培训,培训村党组织书记145人次,培训村党组织委员186人次,完成第九届村委会换届选举工作,选出村委委员95人。

全年接转党关系81人次,对26名生活困难的党员及17名建国前老党员进行了走访慰问。

在全镇机关干部中开展"一帮一"结对子帮扶工作,参加结对子帮扶活动的党员已有97人次,涉及帮扶的困难户109户,通过政治扶志、生活扶贫、能力扶技、创业扶资、就业送岗、教育助学等措施对困难家庭进行了帮扶,被帮扶对象已达260余人次。

全年为34个行政村和镇区明显位置制作宣传展板80块,开展庆祝建党91周年社会教育活动,举办"我的梦·中国梦"宣讲活动;创建首都文明村3个,县级文明村15个。

(赵芮仪)

单位名称:密云县太师屯镇人民政府
地　　址:密云县太师屯镇
电　　话:69032646

北庄镇

北庄镇位于密云县东北部,地处密云水库上游,东与河北省兴隆县接壤,西、北与太师屯镇交界,南与大城子镇相连,镇域面积84.25平方千米,距密云县城42千米,2001年11月撤乡设镇,镇政府所在地为北庄村,辖暖泉会村、朱家湾村、抗峪村、大岭村、北庄村、苇子峪村、东庄村、土门村、营房村、杨家堡村、干峪沟村共11个村,41个自然村,有北庄社区居委会1个,户籍人口8874人,其中农民7449人,居民1425人,流动人口1398人。

年内,实现财政收入4403万元,同比增长10.4%;大农业总产值18195万元,同比增长3.4%;建筑业总产值5196万元,同比增长14.4%;旅游业综合收入1318

万元，同比增长 8.2%；旅游接待 25.7 万人次，同比增长 8%；全社会固定资产投入 25004 万元，同比增长 188.7%；农民人均纯收入 14804 元，同比增长 18%；低收入户农户人均纯收入增加 14%；7750 元以下低收入户减少 33%；工业收入 10700 万元。

经济建设　年内，协调首都规划委员会、县规划分局和首都设计院，对镇域总体规划和村庄规划进行修编，镇域总体规划和村庄规划等待首规委和县规划分局审批。

年内，引进注册企业 235 家，其中 5000 万以上企业 2 家，注册资金总额 1.6 亿元，形成镇级财政收入 1885 万元。

推进玉龙谷旅游风景区建设项目。投资 1.5 亿元，完成了地况勘探、整体设计、土地流转等工作；完成了 65 栋回迁安置房建设；完成河道清理疏通 8000 米，建拦水坝 12 座，建拦砂坝和景观桥各 1 座，湿地整治 10000 平方米，绿化 12000 平方米，建步道 1200 米；建设果品蔬菜冷藏库 1 座。

引导互润公司开发“山里”系列项目，一期投资 3000 万元，开发了干峪沟村“山里寒舍”项目。年内，引进海德置业公司参与北庄村 240 整体搬迁项目，10 月开工建设，计划 2014 年建成入住。

投入资金 1040 万元，完成农业基础建设项目。其中投入 265 万元，修建山地果园园区路 26.54 千米。投入 361.9 万元，完成营房村点兵台 300 亩农业种植园建设项目。投资 413.1 万元，完成杨家堡村 300 亩葡萄种苗繁育基地建设项目。投资 1035 万元，完成农业综合开发项目。其中投入资金 574.97 万元，完成水利设施建设；投入资金 425 万元，完成农业设施建设；投入资金 35.03 万元，完成辅助设施建设。投入资金 294 万元，完成杨家堡村基本农田整理项目 1000 亩；投资资金 60 万元，完成北庄村“一事一议”财政奖补项目，硬化田间路 2000 米。

完成大唐煤制气管道工程。大唐煤制气管道途径土门、苇子峪、北庄、朱家湾、暖泉会 5 个行政村，全长 12.17 千米。工程地上物补偿工作已签订评估协议 1037 份，补偿金额 30000 万元，全面完成地上物拆迁及管道焊接，地貌恢复正在进行中。完成京承高速三期征地补偿工作。征用土地面积 993.6 亩，补偿金额 5961.72 万元。

社会建设　年内，投资 38 万元对全镇 1500 名育龄妇女进行免费体检和孕检，体检率 100%；孕检率 100%；全年出生人口 78 人，符合政策生育率 100%。

农民翻建住房 88 户，69 户完成节能改造，为 106 户农宅申报了政策资金补助；城镇求职登记人员就业率 90%，农村富裕劳动力就业率 93%，农村技能培训 167 人；城乡居民养老保险参保 3300 人，完成全年任务 100%；参加新农合 7989 人，参合率 99.89%，报销医药费 263 万元；“四免五减”共 32569 人，减免门诊医药费 75.7 万元；为 65 人办理了京承三期农转非劳动力保险缴费手续，发放一次性就业补助金 428.4 万元；低保优抚对象危旧房改造 13 户；发放低保、五保、救助金等 162 万元；发放养老助残券 62 万元；低保、低收入对象报销免门诊、住院医疗费 57 万元。

全年电影放映 576 场；举办文艺骨干，村文化负责人培训 6 期，培训人员 600 人；参加县级文体比赛 10 次；星火工程演出 33 场；完成了北庄、暖泉会、朱家湾、抗峪、苇子峪、东庄、营房 7 个行政村有线电视歌华公司收购工作;投资 300 万元完成了黄岩口长城段修复工作。

投资 50 万元完成便民服务大厅建设,设立便民服务中心。年内,服务中心受理业务 940 件,办结率 89%,村级代办 151 件。11 月 1 日,独立设置北庄镇食品、药品监督管理所。政府综合楼主体工程完工,镇文化中心设项目,通过市、县发改委审批。

镇域内有中小学、幼儿园各一所,在校生 647 人,教职工 122 人。年内,投资 1000 万元建设的北庄中学综合教学楼 9 月 1 日投入使用。初中三年级学生毕业考试,合格率 100%,居全县第一位,体育中考合格率 100%,中考及格率 98.5%。

生态建设 年内,投资 360 万元,完成旅游环境提升项目,平整土地 8470 平方米,铺设嵌草水泥砖 4444 平方米,铺设边坡草坪砖 1187 平方米,安装围栏 612 米,改造外立面 6501 平方米,更换门头牌匾 65 块。投资 300 万元,完成环境综合治理工作,上岗保洁员、护河员、护路员 86 人,新增垃圾桶 400 个,清运垃圾 4380 吨,生活垃圾全面实现了“户分类、村收集、镇运输、县处理”,彻底破解了当地生活垃圾无处填埋的难题。启动垃圾填埋场整理、护坝以及矿坑修复工程,建立了长效的环境管护机制。

投资 200 万元,建设北庄湿地保护项目,第一个项目合同已经签定,到位资金 30 万元。

完成造林 1000 亩,国家级公益林管护工程 800 亩,森林健康经营 3000 亩,封山育林 2000 亩,退耕还林 3334 亩,发展果树 1271 亩。

完成互润公司山里农场与东庄村联手打造的 500 亩景观农业和 100 亩连片菜田项目;海华文景公司、金水湾养殖场、北京秀水鲟鱼养殖场标准化提升改造工程全部完成。

年内、拆除违法建设 4 处,拆除面积 924 平方米。

社会管理 年内,进一步推进农村网格化社会服务管理规范化建设。将全镇划分 181 网格,其中村庄网格 53 个,农地网格 49 个,山场网格 48 个,公路网格 17 个,河流网格 14 个。把综治维稳工作中心,农村网格化社会管理指挥中心,视频监控中心三个管理平台整合为一个平台。将综治办、社会事务管理科、生态环境中心、文化服务中心、社会事务管理科、规划建设与环境保护办、司法所、派出所等职能部门融入到网格服务管理中。向群众提供社会维稳、六护管理、社区服务、计划生育、规划建设、法律援助等网格服务。全年共处理网格事件 17329 件次,办结 17307 件次,办结率达到 99.87%。

党的建设 年内,全镇共有党员 895 名,基层党支部 23 个,其中行政村党支部 11 个;全年新发展党员 22 名,转正党员 24 名,举办党员培训班 2 期,培训人员 200 人;举办入党积极分子培训班 1 期,培训入党积极分子 65 人。

开展“闪光的足迹”党员主题片学习教育活动;召开“北庄镇庆祝中国共产党成立 92 周年暨党建项目创建活动部署大会”,对全镇 6 个基层党组织,23 名优秀党务工作者,10 名优秀农村党小组长及 46 名优秀共产党员进行了表彰;以“送温暖、促和谐”为主题,走访慰问建国前入党的老党员,生活困难党员和老干部代表 27 人,发放慰问金 6 万元;开展“共产党员献爱心”捐款活动,全镇党员干部共捐款 32335 元;开展“我的梦、中国梦”百姓宣讲活动，共宣讲 16 场，参加活动累计 2680 人。在县电台、电视台播出新闻稿件 244 条，《密云报》刊登新闻 18 篇，在《密云宣传工作》刊登信息 21 条，在《密云情况》、《昨日县情》等县内刊物刊登信息近 100 条。在北京日报、京郊日报、北京电视台等新闻媒体刊登、播发新闻或信息 15 条。

开展镇机关干部“三进村”活动，全年为群众办好事实事 145 件，走访群众 2500 户，收集解决群众关心的热点难点问题 23 件。

完成了北庄镇第九届村民委员会换届选举工作，产生村委干部 33 人，全镇 11 个行政村“书记、主任一身兼”的达到 7 个村，“两委”交叉任职 21 人，女委员 17 人；对 63 名正常离任村党支部书记、村委会主任进行审核，发放生活补贴 4.08 万元。

开展“项目党建”创建活动，推进了北京玉龙谷文化创意产业园区，“山里寒舍”会员俱乐部等重点项目建设。

完善基层党建全程纪实系统，健全和落实会前申报、会中监控、会后审查制度，充分发挥系统监控功能。

（张印东）

单位名称：密云县北庄镇人民政府
地　　址：密云县北庄镇华盛路 142 号
电　　话：81001793

高　岭　镇

高岭镇位于密云县城北 45 千米处，潮河北岸，东邻太师屯镇，南依密云水库，西连不老屯镇，北与河北滦平县相邻，东北与古北口镇毗邻。辖域面积 111.4 平方千米；林地面积 7784 万平方米，林木覆盖率 65%；土地总面积 193645.6 亩。全镇共有 21 个行政村 2 个居委会，52 个自然村，年底户籍人口 18337 人，其中农民 15610 人，居民 2727 人，流动人口 630 人。从事一产的 4910 人，从事二产的 2133 人，从事三产的 3194 人。

2013 年，全镇实现农村经济总收入 120867.5 万元，同比增长 12.1%。其中第一产业收入 26711 万元，第二产业收入 43755.1 万元，第三产业收入 50401.4 万元。财政收入 5674.5 万元，同比增长 15%；社会固定资产投入 7428 万元，同比增长 4.9%；农民人均纯收入 12710.9 元，同比增长 11.2%。

经济建设　年内，实现工业总产值 33565 万元，同比增长 18%，工业销售收入完成 29769 万元，同比增长 16%，工业利润总额 2018 万元，同比增长 199%。镇重点企业放马峪铁矿生产铁精粉 23.58 万吨，实现销售收入 22750 万元，纳税 4388 万元。共引进非落地企业 45 家，同比增长 12.5%；签署了海亮集团中国有机农业观光体验示范北方基地项目框架协议，协议投资 8.5 亿元。北京祥和源科技发展有限公司投资 1000 万元，建成的智能管理系统和五家销售旗舰店均已投入使用。奥金达蜂产品合作社“花彤”品牌于 6 月获北京市著名商标称号，蜂产品检测中心已投入使用。

城乡建设　年内，完成琉辛路高岭段提级改造工程，全长 4.2 千米，绿化、路灯等附属设施基本完成；四车路乡村公路建设工程顺利完成。完成污水处理厂维修改造工程，管网铺设工程顺利推进。太北

110千伏双回挂线工程顺利完工；农村低压电网改造工程完成总工程量的40%。治理耕地面积4000亩，涉及上甸子、瑶亭两个村的农业综合开发工程。完成投资160万元的中央移民节余资金项目，主要用于郝家台村农田水利配套设施建设。完成总投资904万元的土地整理项目，建设规模1267亩，新增耕地500亩。总投资3245万元，1.1万亩的基本农田土地整理项目有序推进。界牌峪新村搬迁工程已完成建房50栋，部分居民已经回迁入住。总投资1427万元、建筑面积达3138平方米的中心幼儿园改扩建项目和总投资653.2万元、建筑面积1594平方米的社会福利中心一期工程，已完成主体工程建设。投资530万元的市场改扩建工程，6栋楼房主体建设已完工。

社会建设 年内，举办专场招聘会3场，举办特色创业培训班2期，发布就业信息500多条，提供就业岗位260个，139人实现就业；完成登记农村富余劳动力就业187人，实现就业率81.7%；新农合参保率达99.98%，共报销药费599人次，349.9万元。为低保户、五保户发放县、镇两级低保补助金259万元；发放一次性生活补贴和困难户临时救助资金40.8万元；发放慰问品及资金12万元；为25户优抚、低保对象新建维修房屋96间；为103名残疾人进行体检，并建立个人健康档案，全方提供服务。

年内，在密云广播电台、电视台播发新闻160条，在《密云情况》刊登信息48条，在《昨日县情》刊登信息57条，在《密云报》发表新闻19篇，《密云宣传》发表信息21篇，市级媒体发表新闻13篇。开展“美丽高岭，养生太极”的全民体育健身活动，成立了21支太极拳队伍，推广普及24式太极拳。年内，全镇新出生人口161人，计划生育率99.4%。

生态建设 年内，按照垃圾“村收集、镇运输、县处理”分级管理的原则，对小开岭垃圾场进行清运，累计清运垃圾4000余吨。落实市、县拆违打非工作任务，拆除违法建设37处，拆除1304平方米。严厉打击非法开采运输矿产资源行为，24小时轮班巡查，对重点区域、重要节点进行严防死守，查扣盗运车辆16部，其中钩机2部、铲车2部、大型运输车10部、三轮车2部；共立案5起，刑事拘留5人，告知谈话6人。

完成16个村、12条河流，46.5千米河道治理工程，清淤清障27.6万立方米，伐移数木4902株；完成京津风沙源治理工程，其中人工造林1000亩、封山育林4000亩、国家级公益林抚育管护工程2000亩及森林健康经营抚育9000亩；总投资1018万元、治理规模1075亩的矿山生态治理项目进展顺利；投资700万元，300亩环湖路可视范围废弃矿坑治理工程已完成90%。

党的建设 年内，制定《中共高岭镇委员会关于改进工作作风、密切联系群众的有关规定》，完善机关工作制度、村级招待费管理等制度。完善责任制考核办法，与21个行政村签订“五星级”党支部责任书，与93名村两委干部签订职责管理责任书。开展村级组织和村干部工作群众满意度调查工作，客观公正地评价村级组织和村干部工作。开展以环境治理、技术服务为主的党员服务日活动12次，参加党员4500人次；深入开展农村党员“五争当”活动和党员承诺活动，将全镇重点工程、重点工作融入活动中，685名有能力的党员参加了活动，搭建了党员在新农村建设中发挥先锋模范作用的平台。落实党员发展全程监督管理和发展党员预审制度，共发展党员27名。开展了建党92周年系列活动。

采取党组织自评、党员群众测评、镇党委评定的方式，对30个党支部进行分类定级，打造石匣、界牌峪村县级党建示范点，对后进村采取选派（调整）村党支部书记、思想、组织、作风整顿和政策帮扶等方式，实现晋位升级。

完成村委会换届选举工作，实现“一人兼”的行政村14个，占67%，，村两委干部交叉兼职40人，占62%，比上届提高10%。开展村民代表设岗定责活动，修订完善了《村民自治章程》，实现村民自我教育、自我管理、自我服务和自我监督。

在石匣、界牌峪、郝家台等7村开展了农村党员分类量化考核工作，实现党员管理的精细化、科学化、规范化。

制定《村级三资管理办法》、《关于村民委员会换届选举的纪律规定》等制度，规范镇村干部从政行为；成立督查组进行专项检查和日常监督，对违反党的纪律的案件，做到坚决查处，共查处违纪案件2起，分别对违反组织规定发展党员和违反财经纪律的违纪人员给予了党内警告、党内严重警告处分。

（张　儒）

单位名称：密云县高岭镇人民政府
地　　址：密云县高岭镇政府路8号
电　　话：81081090

古北口镇

古北口位于北京东北部，与河北省滦平县相邻，是北京市的东北门户，自古是北部地区进入中原必经之路，也是战略咽喉要道，素有“燕京门户，京师重镇”之称。主要河流为潮河、汤河、山泉水及地下水源很丰富。镇大部分山坡为灌木丛，西沟大山里有一部分落叶阔叶林，以桦、栎、山杨、椴木为主。主要矿物有金、煤、磷、石灰石、粘土、沙石等。全镇总面积8410公顷。辖区内有古北口村、河西村、潮关村、龙洋村、杨庄子村、北甸子村、汤河村、北台村、司马台村9个村民委员会和古北口居委会、东山居委会、南菜园居委会、北头居委会4个居民委员会。年末古北口镇户籍人口9196人、4504户，其中：农业人口6923人、3010户，居民人口2273人、1494户。农业用地面积为5970.8公顷，林地面积5008.6公顷，水域面积11公顷。

年内，全镇实现农村经济总收入51100万元，同比增长8.7%；大农业总产值9798.2万元，同比增长3.4%；建筑业总产值1703.4万元，同比增长13%；旅游综合收入2864万元，同比增长7%。财政收入2479.6万元，同比增长22%；社会固定资产投入32350万元，全部完成年度任务指标；农民人均纯收入15214元，同比增长11.02%。

经济建设　年内，古北水镇建设项目全面推进，实现了试营业。截至年底，项目投入资金7.0295亿元，累计固定资产投资40亿元。主要项目实施工期倒排，各项工程快速推进。水镇内2个大酒店、5个会所、10个展示区、1个民宿区已完成工程总量的90%，元旦已开始对外试营业。

司马台民俗新对外营业。8月17日，主题为“民俗最司马，浪漫最紫海”的司马台民俗新村开业暨北京首届香草文化艺术节，在司马台村和北京紫海香堤香草艺术庄园开幕。司马台村与相邻的紫海香堤香草艺术庄园联手,制定了香草文化艺术节期间“吃住司马台、游览香草园”的互惠政策。游客可在紫海香堤香草艺术庄园欣赏浪漫色彩,在司马台艺术新村体验民俗酒店式居住环境。注册了司马台云城旅游公司,完成3252.91万元的司马台沟域景观提升工程。开展技能培训和创业培训,组织有条件的群众发展民俗旅游,增加群众收入。协调古北水镇、香草园等企业本地化吸纳劳动力就业,邀请专业人士,讲授旅游服务、经营管理和文明礼仪知识,共培训村民800人次,引导民俗户走上规范经营之路。

组织古北水镇用工专场招聘会,解决地区350名群众就业问题。镇政府就地购买服务,安排管水员、护林员、村邮员、路政员等“新八大员”484人,使政府购买服务岗位年人均增收达6000元。

落实生态林直补等政策,发放直补金230万元。1月-12月份转移支付资金1000万元用于农民增收,428户群众开办了民俗旅店,群众增加收入的方式更加趋于多样化。

城乡建设 年内,马北路支线和司马台新村景观路东延工程竣工通车。路网建设将古北水镇、司马台新村、香草园和镇中心区旅游紧密相连,形成新的旅游环线。投资947万元,高质量完成2142平米幼儿园改扩建工程,项目涉及主楼、食堂和办公场所,已投入使用。推进5.6千米大唐煤制天然气管道工程建设协调和妥善解决施工建设过程中的各种矛盾问题,确保了市县重点工程的如期完工。完成司马台、古北口村旅游导示系统和门头牌匾建设,新建、改造停车场5个、公厕3座、旅游服务中心2个,累计建设面积超过12000平方米。有线广播“村村响”工程完成安装调试工作,投入运行。

社会建设 全年,累计投入资金77.94万元用于农民合作医疗补贴,共为37345人次报销住院、门诊费用531.81万元。落实“一老一小”医疗保险政策,全镇253名符合条件的群众应保尽保;给3200人办理养老保险手续,实现医疗、养老保险的全覆盖;共发放城乡低保金152.57万元,其中镇补42.07万元;争取临时困难补助和慈善救助款补助8万元,发放丧葬补贴14万元;完成171户残疾人无障碍改造工程;改造15户低保社救对象的危旧房,补助资金达40.05万元;扩大节日送温暖覆盖面,慰问低保户、优抚对象、残疾人620户;开展妇女生殖检查和全民体检,免费为4769名村居群众进行了健康检查。

年内,发展文化品牌队伍15支,巩固杨庄子霸王鞭、北台压鼓等传统活动品牌,开展龙洋腰鼓、居委会宫廷舞、司马台广场舞等群众文体活动,初步形成文化活动“一村一品”格局并组织了全镇文化活动汇演。

生态建设 年内,开展“环境整治年”活动,全镇共投入105.4余万元用于镇村环境卫生整治、打非拆违和绿化美化工程。发动5088人,动用机械711台次,对101国道、马北路、古下路等重要旅游交通沿线及两侧村庄进行旅游环境综合整治,拆除私搭乱建临时性建筑2390.4平方米,栽植树木9710棵,垒砌花墙19720延米,油饰房屋外立面4.3万余平方米。

投资420万元用于京津风沙源治理。在司马台、北台等村开展人工造林1300亩,栽植侧柏、油松、山杏、黄栌等苗木96200余株;对秋千峪4000亩山场进行封山育林,抚育中幼林1450亩,实现管护面积2200亩。打击盗采盗运,乱堆砂石料行为，对私自堆料的行为进行果断治理。投资1931万元，完成汤河环境治理项目，启动1000万元的小流域治理工程。落实农业发展项目，投资1035万元，对杨庄子、龙洋5000亩土地、山场进行农业、林业、水利设施建设。

投资1931万元，实施了汤河13.088千米河道治理工程，垒砌河道670米；加固连拱闸、跌水、溢流坝4座，河道清淤3.7万立方米；绿化16.6公顷，建设湿地5.4公顷；新建漫水桥2座。启动了25平方千米小流域治理工程。

在全镇推广新型节能建材，减少煤电传统能源应用，通过太阳能路灯、地源热泵、空气源热泵等项目的应用，积极降低能源消耗，减少污染，镇政府被评为2012年度密云县节能工作先进集体。

党的建设　年内，发展党员19名。全镇9个行政村全部完成了村党支部、村委会换届选举任工作产生新一届村民委员会成员27人。其中书记主任一人兼6人，比例占66.7%，比上届提高11.1%；“两委”交叉任职20人，比例占55.5%，比上届提高2.2%。以“比、学、讲”为主题，开展庆祝建党92周年主题活动。举办学习“党的十八大知识竞赛”活动。开展了“我的中国梦”主题宣讲活动。制作完成了《司马台新村建设巡礼》专题片和司马台发展历程照片长廊，真实反映司马台村的变迁和今昔对比。组织党员干部学习中央、市、县有关党风廉政建设的文件和各项规定，收看党风廉政教育光盘片，定期进行党风党纪教育。

（张力夫）

单位名称：密云县古北口镇人民政府
地　　址：密云县古北口镇古北口大街
电　　话：81051087

新城子镇

新城子镇位于密云县东北部，坐落在燕山山脉主峰雾灵山（海拔2118米）北麓，距密云县城65千米，与河北省滦平、兴隆、承德3县接壤。安达木河贯穿全境达30千米，明代长城环抱全镇。全镇森林覆盖率达78%，五大景区内植被覆盖率达97%左右，负氧离子含量是正常人需求量的3.5倍，有3000多年的古柏、200多年的流苏等树种，被称为“华北物种基因库”。

镇域面积157.02平方千米，辖花园、大角峪、曹家路、蔡家甸、东沟、崔家峪、二道沟、头道沟、小口、遥桥峪、新城子、巴各庄、太古石、吉家营、苏家峪、坡头、大树洼、塔沟18个行政村、74个自然村，户籍人口12021人，其中农业人口10550人，非农人口1471人；常住人口9006人，流动人口159人。

经济建设　全年农村经济总收入完成6.3亿元，同比增长10%。农业总产值完成10192万元，同比增长1.3%；工业收入完成4396万元，同比增长2.8%，工业产值完成4237万元，同比减少2.2%；建筑业总产值完成1.4亿元，同比增长92.5%；财政收入完成2926万元，同比增长15.8%；民俗旅游综合收入完成4243万元，同比增长10%；民俗旅游接待69.7万人次，同比增长8.6%；固定资产投资完成6120万元，同比增长62.8%；农民人均纯收入完成15319元，同比增长11%。

完成注册资金总额约1.39亿元,实际投资总额约1.18亿元,预计年销售额约4.18亿元。引进实体资金投入约4200万元,完成协议投资8000万元。完成招商注册项目110户,其中成功引进中铁中房联合贸易有限公司注册本镇。成功引进雾灵西峰高山滑水项目,实现当年建设当年试营业的目标,试营业期间共接待游客5.2万人次。举办第二届金秋旅游文化节,吸引了市级以上20多家媒体进行宣传报道。旅游期间,来新城子旅游的游客达到19万人,实现旅游综合收入2850万元。

年内,在蔡家甸、巴各庄等苹果主产村实施3000亩果园的"零农残"改造;引进栽植寒富品种,栽植苗木48000株;在新城子村新发展苹果700亩;以巴各庄、新城子、蔡家甸三个村为核心,打造苹果观光采摘园,为采摘园建设木屋、停车场、石质指示牌、霓虹灯等;对曹家路、花园、大角峪三个村的7374亩基本农田进行农田水利设施建设和田间道路建设工程,新打农田井19眼,配套相关泵、电、管道设施,改扩建田间道路1.77万米;在巴各庄村实施节水灌溉工程,铺设节水管道2000米;建设塔沟村陆地菜700亩,主要种植马铃薯、土豆等;建设苏家峪杂粮基地600亩,栽植有机玉米、黑玉米、特色玉米、有机谷子等,被北京市农科院、县科委授予特色优质玉米种植及加工科技示范基地;

社会建设 年内,共发放各项惠农财政补贴资金1390.6万元。具体补贴项目包括:城镇低保、农村低保等补助资金375.2万元;养老券、助残券补助资金92.4万元;危房翻修51.3万元;社救、优抚医疗救助资金32.9万元;减免残疾人养老保险32.2万元;农村医疗报销627.8万元,减免129.4万元;农机补贴31.2万元;丧葬补贴16.5万元;野生动物补偿1.7万元。新建养老综合服务中心一处,解决镇域内老年人入院难的问题。

年内,接收城镇失业人员25名,18名失业人员实现就业,就业率达到72%;城镇就业困难人员9名,其中5人实现再就业;农村登记富余劳动力总计310人,就业293人;累计办理农村富余劳动力求职证329人。安排低收入家庭公益岗位就业65户。

完成54场"星火工程"演出;电影放映810场;完成小口、吉家营、曹家路等村文物的挂牌工作;完成全镇18个村有线广播"村村响"工程;做好传统文化村落的调查与申报工作,古家营村被住建部、财政部、文化部作为"第二批列入中国传统村落名录",入选第二批中国传统村落;通过农村现代远程教育系统的网络载体,蔡家甸村顺利通过"学习型村"的创建验收;开办各种实用技术培训班共18期,先后培训1993人。

计划生育意外伤害保险参保率达到98.8%,已婚育龄妇女长效率达65%,举办了"计生服务技能大练兵"知识竞赛,对新上任的计生专干和宣传员进行了业务培训。

推进社会服务网格化管理,将镇域范围内划分为194个单元网格,并对每一网格实施动态、全方位管理,为辖区群众提供主动、高效、有针对性的服务;推进镇村两级便民服务体系建设,建立镇级便民服务中心,办理事项342件;全年共收到群众来信总件数142件,接待来访群众49批次,确保"件件有着落,事事有回音";紧扣"六五"普法活动,共办理法律援助案件31件,已办结29件,2件正在审理中,累计调解矛盾纠纷94件。

生态建设　年内，用于环境建设和整治资金 203 万元，清运垃圾 1580 吨，捡拾白色垃圾 840 公斤，清理乱堆乱放 10 处、卫生死角 15 处，拆除私搭乱建 776 平方米；对本镇街道统一更换广告牌 120 块。

拆除违章建筑 4 处，面积 1573 平方米；3 月至 7 月，对镇域 23 个景区餐饮、医院等部门进行废气、污水、锅炉燃煤排放情况的摸底调查，按照环保要求进行整改。

全年投入资金 430 万元进行松曹路沿线改造，道路两侧实施绿化、美化工程，对沿线安达木河进行治理。其中：绿化停车场 13000 平方米；景观绿地建设 3000 平方米；实施 20 千米高标准种(补)植花灌木工程，改造沿线果园景观围栏 5000 米、新建护坝 2 万立方米，规范了广告牌匾，在主要公路两侧栽植宿根花卉景天、萱草、福草、马莲 4 千米；建设小口至遥桥峪 1500 亩景观农业带；建设景观花带 5 公里，栽植花卉 10 个品种。

党的建设　年内，完成 18 个行政村的党支部、村委会换届选举工作，产生村委会成员 55 名，12 个村实现村党支部书记、村委会主任"一身兼"，"一身兼"比例达 66.7%，"两委"班子干部交叉任职人数达 35 人。全年共发展新党员 20 名，转正党员 19 名。举办村干部培训班 8 期，村党支部书记、村委会主任累计培训天数 6 天，村其他干部、后备干部培训天数累计达 3 天；举办骨干党员、新党员等各类培训班 6 期，培训党员 371 人次；开展远程教育 213 次，培训党员 2346 人次。

组织在职机关党员参加党员双承诺和机关干部"三进村"活动，全年共下村入户走访 436 次，收集、反馈群众关注的热点问题 150 件次，群众满意率达 90%以上的人数占参加活动干部的 95%。镇村两级为群众办实事 280 件，以"为群众服务，为党旗添彩"为主题开展"党员服务日"活动 1486 次，服务群众 8124 人次。

年内，各村均建立了"村干部+大学生村官"的"AB"系统管理员队伍，落实了系统硬件软件维护办法；建立镇级月查通报制度，增加、完善大学生"村官"考勤、工作信息月报、党建全程记实系统管理维护等工作制度，将检查情况与"五星级村党组织"创建工作以及大学生"村官"绩效考评挂钩；拍摄大学生村官专题片《小"村官"大"舞台"》，对大学生村官使用、管理、工作进行回顾与总结。

(高月阳)

单位名称：密云县新城子镇人民政府
地　　址：密云县新城子镇新城子村
电　　话：81022305

不老屯镇

不老屯镇地处密云水库正北岸，1990 年建镇，1993 年半城子乡并入。镇域面积 193.2 平方千米，辖不老屯、燕落、黄土坎、兵马营、沙峪里、学艺厂、转山子、杨各庄、董各庄、丑山子、白土沟、边庄子、大窝铺、柳树沟、永乐、学各庄、车道岭、南香峪、北香峪、香水峪、半城子、史庄子、古石峪、陈家峪、阳坡地、西坨古 26 个行政村。截至年底户籍人口 24233 人，其中农民 20743 人，居民 3490 人。流动人口 364 人。

年内，全镇财政收入 4280.3 万元，同比增长16.4%;工业收入4518万元,同比增长12.5%;工业产值4545万元,同比增长11.6%;建筑业总产值808万元,同比增长48.3%;旅游业综合收入1179.5万元,同比增长75.9%,接待人次16.7697万人,同比增长72.2%;大农业总产值2.1036亿元,同比增长5.1%;农村经济总收入9.5438亿元,同比增长10.9%;人均纯收入14346.2元,同比增长12.3%。

经济建设 年内,北京生命健康城项目完成土地中心项目地形测绘工作,编制完成设计方案、环评、交评、地灾评估及立项报告。总投资1539.81万元的标准基本农田建设项目完成工程量的90%。完成涉及古石峪等11个村9条沟的中小河道治理工程及重要地表水沙峪里流域生态建设工程。

年内,转山子、丑山子、香水峪、阳坡地、西坨古、陈家峪、古石峪7个村泥石流易发区险户搬迁工程已完成199户,其中转山子、丑山子、香水峪、阳坡地4个村回迁入住123户。完成黄土坎村、半城子水库管理处两处避难场所主体工程建设。投资800万元对中小学、幼儿园环境进行改造,改善教育教学环境。标准化文体中心建设项目竣工并交付使用。

新发展民俗村5个,民俗户143户,新增床位775个,解决农民就业320人。全镇民俗村达到16个,民俗旅游合作社12家,民俗户302户,民俗户平均收入24293元。以云峰山景区、365日梨园、不老生态园、史庄子民俗示范村为重点,推进乡村旅游发展,推广栗园、梨园、树下培植蘑菇、金银花等林下经济作物,探索林下循环经济的发展模式。为果农建立60栋贡梨销售亭,改善销售环境。以不老生态园、黄土坎种植合作社为龙头,促进“合作社+农户”的经营模式,将黄土坎鸭梨、燕香板栗、矿泉水、柴鸡蛋、杂粮、食用菌等农产品转化为旅游商品,打造不老系列品牌。

社会建设 年内,为民政优抚对象发放补助资金735.3万元,报销药费100多万元,为28户大病患者申请慈善救助26万元,为202户申请临时救助20.8万元,为高龄老人发放养老券160余万元,完成社救优抚翻建房47户。投入65万元对王波烈士陵园、不老屯烈士碑园进行修建并通过验收。为900余名残疾人发放生活补助、养老助残券,为832名残疾人办理养老保险补贴,发放各类补助资金430万元,申报扶贫助残基地两个,其中1家已通过市级验收。

新型农村合作医疗工作参合率达到100%,为全镇29264人次减免拨款84.3万元,为779人次报销合作医疗资金392.1万元。计划生育工作,征收计划生育社会抚养费117.6万元,为独生子女家庭入意外保险1888户,镇补贴资金9440元,计划生育率达到97.5%。

输出农村富余劳动力1520人,就业率78%,城镇失业人员就业56人,就业率62%,办理求职证39个,转移就业证500余个。为8838人办理参加养老保险手续,为退休人员报销药费2万元。举办手工艺编织、厨师、劳动技能培训等培训班5期,培训270余人次,全部结业。

初中毕业生考入市级重点学校17人、县级重点学校11人。永乐村、转山子村通过学习型新村县级验收。全年放映电影1336场,完成星火工程演出78场,完成有线广播“村村响”工程。组织摄影志愿者开展进山区活动,为50户70岁以上老人家庭摄影留念。

完成17个村的村庄规划，受理农村宅基地翻扩建申请169宗，化解宅基地纠纷100余件。1325户建设抗震节能房及农宅改造，完成工作量的95%。完成镇村72条全长107.2千米公路维修养护工作，天文台至学各庄5.77千米道路硬化工程完成70%。土地确权工作完成了集体建设用地确权26个村，复核158宗，完成99.3%；国有建设用地复核87宗，完成97%。完成2008年至2013年移民项目审计工作，推行新一轮移民项目申报，核对农业人口8783人，非农业人口328人。

启用镇级便民服务中心，承接即办类、承办类事项共108项，截止到年底，共接办各类事项1601件，全部按要求办结，并实施“一事一档”、“一案一档”的台账管理制度。

在13个村建立视频监控系统，其中9个村达到了“三心合一”标准，建设“特色示范村”3个。借助网络全覆盖推广工程的平台，与太师屯法庭建立腾讯QQ视频沟通平台，进行法律咨询。开展“一户一卡，网格服务进我家”活动，以网格管理示范村为试点，在史庄子、车道岭、学艺厂三个村进行试点发放“农村网格化社会服务与管理联系卡”，细化网格格长、管理员职责，通过一户一卡的形式，将网格服务延伸到每家每户，群众可按照服务卡上记载的联系方式，及时联系网格格长、管理员，初步建成“了解民情、掌握实情、解难释疑、维护稳定”的长效机制。

26个村全部建立社区服务站，设立村、居民需求档案，根据需求开展服务项目，在优抚社救政策申报手续、征兵条件、建房申报程序、残疾人鉴定条件等方面为群众提供服务。建设规范化托老所10所，规范化养老餐桌5家。

生态建设　年内，制定并下发《不老屯镇保护水库周边环境建设与管理工作意见》，定期开展环境综合整治，严格执行“户分类、村收集、镇运输、县处理”的垃圾处理管理机制。下发《致全镇人民的一封信》，开展“小手拉大手”、评选“环保小卫士”等活动，利用村村响广播进行保水宣传。将保水与网格化管理、百名机关干部入网格相结合，在水库一级圈重点地区划分责任区，机关干部带头参加环保知识宣传并捡拾白色垃圾。

加强打击盗采盗运铁矿石工作力度，在半城子村、水库路口等重要路段设立4个检查站，24小时专人值守，2辆巡逻车不间断巡查，将打击盗采盗运和网格化管理三级平台有机结合，从根本上遏制盗采盗运矿产资源的势头。

实施小流域治理、矿坑综合治理、京津风沙源治理等工程，完成植树造林1700亩，栽植苗木7.8万余株，森林健康抚育13000亩，国家重点公益林抚育3000亩，成活率达90%以上，全镇林木覆盖率达到74%。

投入240余万元粉饰街道外立面1.1万平方米，绿化美化1.5万平方米。在琉辛路两侧及重点区域开展环境建设，修建木围栏3000多米，修建门头牌匾安装及各类导示牌，栽植各类花卉、树木80余亩，栽植景观树7000棵。拆除违章建筑36处，面积4521平方米。一级区内拆除违章建筑26143平方米。建立违法用地违法建设巡查长效机制，确保“零增长”。规范155人的保洁员队伍，新增村级保洁员50名，投入90万元增加垃圾大箱30个，垃圾桶70个，更换保洁人员三轮车150辆，巩固提升了农村环境建设成果。

党的建设　完成26个行政村村委会换届工作。选举产生村委会主任26人、村委66人。开展村企共建工作，19家企业与16个村党支部结对,培养农村实用人才,企业出资950余万元为共建村完成自来水改造、道路硬化、健身广场、图书室建设、绿化美化等工程,改善农民生产生活条件。各村为落地企业提供服务,为企业输送劳动力600多人,提供农副产品等8万多公斤。各共建企业制定了切实可行的帮扶措施,通过资金帮扶、项目帮扶、科技帮扶等形式,帮助低收入户脱贫,形成“以企带村、以村促企、共赢发展”的新格局。2013年度荣获市农委颁发的“低收入户帮扶工作创新奖”。

全镇注册志愿者1515人,其中六护志愿服务项目在册1142人,注册志愿服务项目21个,成立保水志愿服务队、“一老一小党员志愿服务队”等志愿队伍,开展“网格团旗”工程。组建一支6人组成的镇级“中国梦我的梦”宣讲队伍,开展主题宣讲活动。

CCTV-3和BTV卫视、科教、体育、生活频道等多家市级媒体播出新闻及《不老屯的长寿秘诀》、《密云不老屯的不老仙》、《麦饭石的秘密》等一系列专题片,展示不老屯地区的长寿老人、优美的环境、丰富的资源物产和淳朴乡风。

(石培娟)

单位名称:密云县不老屯镇人民政府
地　　址:密云县不老屯镇不老屯村
电　　话:81091560

冯家峪镇

冯家峪镇位于密云县西北部,北毗邻河北省滦平县,东与不老屯镇交界,南临密云水库,西与怀柔区和石城镇接壤,距密云县城41千米,白马关河流经全镇,镇域面积214.25平方千米,位居密云县第二,2002年由冯家峪乡和番字牌乡合并而成。全镇耕地面积9899.9亩,山场面积275642亩,林木覆盖率达84.6%。辖保峪岭、西庄子、石洞子、冯家峪、西口外、西白莲峪、三岔口、朱家峪、下营、司营子、石湖根、南台子、北栅子、黄梁根、白马关、前火岭、西苍峪、番字牌18个行政村,截至年底户籍人口8967人,其中农民7994人,居民973人,流动人口513人。

经济建设 全年农村经济总收入75100万元,同比增长11.9%,其中:工业收入21200万元、旅游综合收入510万元。实现财政收入5354万元,同比增长17.2%。农民人均纯收入15610元,同比增长11.7%。

年内,引进注册企业30余家,其中引进了全国500强企业安徽中天建设(集团)有限公司,完成协议投资额7000万元,到位投资额2100万元。北京沃晟杰种植用土有限公司投入试生产。北京禾之素科技发展有限公司正式开工建设,总工期24个月。

投资828万元,完成黄梁根、西苍峪、司营子三个村农业综合开发项目建设,累计治理面积4000亩。投入80万元,完成水库一级区移民补贴工作。完成“一事一议”财政奖补田间路项目,累计硬化面积28455平方米。完成农业保险投保工作,累计投保面积5537亩,缴保费74772元。在保持原有籽种玉米3100亩的基础上,新发展黑五类作物300亩。

提出“白马古道”旅游形象设计,制作的宣传片花相继在中国教育频道首都纪录栏目和密云电视台播出。加强对番字石刻的维护，深挖北化岭长城水关和西白莲峪长城历史文化底蕴，修复古长城1300米。在镇域内主要街道安装“白马古道”、“美丽冯家峪、幸福生态谷”等口号的道布旗240余面，投资20万元安装了西庄子电子显示屏。新发展保峪岭和西庄子两个民俗村，新增民俗户43户，增幅达105%，全镇民俗户累计达84户。新成立民俗旅游专业合作社2家，新建立民俗旅游洗涤配送中转站2个。

社会建设　年内，完成冯西路后续工程和白南路支线铺油工程。投资30万元完成28个候车亭建设，全镇候车亭总数达到56个，实现镇域全覆盖。新安装太阳能路灯52盏，全镇太阳能路灯总数突破2000盏，镇域太阳能路灯覆盖率达到83%，安装率位居全县乡镇之首。

完成13户社救对象危旧房改造和24户残疾人家庭的无障碍设施改造工程。完成番字牌、北栅子等4个村泥石流搬迁工作，建新房65个院，搬迁97户，受益人口199人。

建成镇便民服务中心1个、村便民服务站18个，办结各类事项1186件。新农合参合率达到99.92%，新办理“新农合借记IC卡”1141张，累计报销医药费370万元。养老保险参保3156人。计划生育政策符合率达100%。开展各类实用技术培训2400人次，文艺中专班40人次。投入260万元，对低保户、低收入户、残疾人、优抚对象给予了生活补助。投入100万元对社会福利中心进行改建，镇社会福利中心分别荣获北京市人民政府、市民政局“北京市敬老爱老为老服务示范单位”和“二星级敬老院”等荣誉称号。

举办镇第六届农民运动会；累计播放电影950余场；开展“构建学习型组织、建设美丽冯家峪”知识竞赛等活动；推进益民书屋、“村村响”、文化共享工程建设；推进村级腰鼓队、秧歌队等文化品牌队伍建设。

生态建设　年内，完成封山育林10000亩、生态林抚育6000亩、国家公益林2700亩、荒山造林1100亩任务。加强生态林管护工作，投资30万元新建生态管护显示屏、防火牌10块。完成中小河道治理3条，小流域综合治理10平方公里，全镇林木生态覆盖率达到84.6%。

投入400万元，对白马关河流域及水库一级圈环境进行集中整治；完成西火路、西保路段村庄环境整治工作；完成房屋外立面涂白7万平方米，路树涂白9万株。

“拆违打非”专项行动取得阶段性成果，累计拆除违法建设38处、9782平方米，确保了新生违法建设动态为零；开展垃圾分类处理试点工作，加强垃圾分类、收集、运输、处理各环节管理；推进节能减排工作，以降低PM2.5为重点，实施县政府关于农村地区“减煤、换煤、清洁空气”行动计划方案，顺利完成镇中心区污水处理工程和各项节能减排指标任务。

党的建设　年内，完成第九届村委会换届选举工作，选举产生新一届村委委员59人，“两委”交叉任职比列达85.7%，完全交叉任职村比例达到72.22%，村党支部书记、村委会主任一身兼比列达77.8%；村委会成员全部为党员，保证了每村有一名妇女干部，2名大学生村官进入村“两委”班子。推选村民代表598名，选举产生村民小组长69人、村务监督委员会成员64人。

申请入党人员385人，占全镇党员总

数的39.94%,新发展党员24名。慰问老党员、大病、困难党员118人次。全镇党员参加服务日活动1.2万人次,募集爱心捐款3.5万余元。做好全镇21名正常离任村党组织书记生活个人信息核实和补贴发放工作,累计发放生活补贴113700元。

对西白莲峪村党支部以争当"十优"党员标兵、"十星"标兵组(户)和"十佳"网格管理员为内容开展"三个十"工程的成功经验进行总结、推广。

召开镇第四次团代会,完成镇团委班子换届选举工作。打造"青春伴夕阳"敬老助老服务品牌,开展"保护水库一级圈生态水资源"活动。建立大学生村官农业新品种植试验示范基地和农业新品示范推广合作社。

开展村级组织和干部群众满意度调查,满意率达到95.54%,较2012年提高4.07个百分点。

(王玉迪)

单位名称:密云县冯家峪镇人民政府
地　　址:密云县冯家峪镇冯家峪村
电　　话:81060135

石 城 镇

石城镇位于密云县西北部,北迄白河谷地,东临密云水库,西与怀柔区交界,南同溪翁庄镇接壤。全镇总面积252.8平方千米,耕地面积6483亩,林地面积29.92万亩。全镇有梨树沟、水堡子、王庄、石城、石塘路、河北、西湾子、黄峪口、捧河岩、张家坟、二平台、贾峪、四合堂、红星、黄土梁15个行政村,40个自然村,常住户数2981户,户籍人口5803人,其中农业户籍人口5081人,从业人员3337人。全年出生人口59人,计划生育率98.3%。

全年农村经济总收入66737.4万元,同比增长11.1%。财政收入2883.7万元,同比增长15.4%。农民人均纯收入18760元,同比增长11.3%。

经济建设　石城镇境内国家级风景名胜区有黑龙潭景区、桃源仙谷景区、清凉谷景区、云蒙山长城遗址公园、云蒙峡、捧河湾、精灵谷、龙云山、天门山和青菁顶10个景区。其中4A级景区2家,为黑龙潭景区和桃源仙谷景区;3A级景区1家,为清凉谷景区。爱国主义教育基地白乙化烈士纪念碑地,为北京市文物保护单位;二星级饭店2家,分别为一瀑度假村和盛泉山庄,床位780张;其他宾馆、旅社、招待所15家,床位3000张。全年,旅游接待人次169万人,综合收入8341.8万元。其中民俗旅游接待人次112.6万人,综合收入6267.2万元。

年内,完成荒山造林1000亩,栽植侧柏、五角枫、黄栌等彩叶树种苗木74000株。完成封山育林工程1万亩,国家公益林抚育工程2500亩,森林健康经营抚育工程4000亩,纪念林抚育工程500亩。密关路绿化工程,绿化面积6.4万平方米。大关桥上下观光农业,种植菊花、油菜花等花卉2000亩。

全年,完成大农业产值8407万元,其中:林业2143.1万元,农业4690.8万元,畜牧业1059.1万元,渔业514万元。引进企业注册资金6000万元,到位投资2000万元。

社会建设　年内,农村合作医疗参合

5283 人，参合率为 99.96%。全年累计报销及减免医疗、住院费 18693 人次，报销金额 3094681.97 元。其中门诊减免 18059 人次，减免金额 287986.47 元；住院报销 634 人次，报销金额 2806695.5 元，报销比例 40.77%。农村养老保险参保人数 2045 人。城镇登记失业人员 5 人，城镇就业困难人员 3 人已全部实现了就业。“一老一小”大病医保 80 人入保，参保续保率达到 100%，享受医疗保险补助 5 人。建立了 16 个基层红十字会组织，开展定向募捐活动筹集募捐款 36600 元，帮困救助 50 户，发放救助帮困款物总价值 59736 元，受益人数 100 余人次。组织、协同卫生院完成全民免费健康体检工作，为筛查出的患者建立了电子档案。

年内，解决临时性困难补助 60 余户，补助资金 2.4 万元。为 21 名困难大学生申报教育救助 9.3 万元，1 名低保残疾人大学生补助资金 4000 元。对 3 户重病家庭给予了 1.2 万余元的医疗救助，报销优抚医疗费 11.5 万元，报销社救对象医疗费 27.9 万元。为 5 户优抚对象建房 15 间。申请保障性住房总计 29 户，通过市保障办公室备案 22 户，其中有限价房 13 户，经济适用房 9 户，保障性住房 2 户，正在申请中的有 4 户。

年内，大中型水库移民农户核实登记工作共涉及 15 个行政村，1977 人，发放生活补助资金 118.62 万元；非农户涉及 9 个行政村，108 人，发放生活补助资金 60480 元。扶持大中型水库库区和移民安置项目资金共涉及 1 个行政村，资金 98.7 万元。

年内，网格化服务管理工作将全镇 30 个职能站、办、所全部融入网格，明确职责，实行首问负责制、一次性告知制、责任追究制、限时办结制等。服务群众必须做到“六个不让”，即：不让领导交办的事延误、不让上传下达的渠道堵塞、不让正在办理的事件积压、不让来办事的群众受到冷落、不让吃拿卡要的事情发生、不让政府形象受到损害。公检法司、民政和 610 等职能部门全部融入网格，制作并发放联系卡，内容包含本部门网格化社会服务事项、网格负责人、联系电话等。开通快速通道、绿色通道，提供应时服务、适时服务，将网格服务延伸到各家各户。不断完善志愿者招募管理机制，依托村志愿服务站，开展志愿者征集活动，并根据志愿者岗位特点、优势特长、服务意愿和群众需求分类编队。定期或不定期组织党员、民俗旅游、应急救援、“六护”、治安巡逻、医疗卫生、板栗维权、林果技术等志愿服务队进入网格，提供村民需要的服务。全镇建有 10 个晨、晚练辅导站和 1 个健身气功辅导站，镇级文化品牌队伍 10 支，镇、村两级体育队伍 18 支。举办“星火工程”文艺演出 45 场。镇、村数字电影放映 800 场，观众累计 4 万人；举办以“保护文化遗产、守护精神家园”为主题的宣传活动，发放宣传材料 200 余份

生态建设　年内，完成张家坟村搬迁工作，55 户村民入住新房。西湾子搬迁 34 栋住房基础工程完工。红星村已搬迁 2 户；捧河岩村已选定搬迁地点。桃花地新村建设工程，拆除房屋 19 户，新建二层房屋 42 栋，完成护村坝、管线等基础设施，村民已回迁入住。

年内，全镇 33 户村民申请建房，其中 21 户翻建房，批准建房 16 户。镇域总体规划编制审批完成，镇区控规和红星、黄土梁、四合堂、贾峪、二平台、张家坟、河北、石塘路、捧河岩、黄峪口、西湾子、王

庄、梨树沟、水堡子14个行政村的村庄规划编制工作已完成。发放泥石流明白卡532户。与镇域内15个行政村签订查处违法建设违法用地责任制,已拆除26处,拆除建筑面积3130平方米。在梨树沟至大关桥段设立公交站牌12个,已通过县交通局、财政局验收。21座污水处理站已进行排放污染物登记,新建4座污水处理站及管网,改造2座污水处理站及管网。新建生态治理与环境保护展室框架结构二层945平方米;钢架结构储料库788.8平方米。

密云水库西线路(七孔桥—白河大桥)改扩建工程已基本完工,七孔桥、小水峪大桥、王庄桥、箱涵、管涵、水堡子大桥、南石城桥、北石城桥、下穿京通铁路框架立交桥工程完工;道路施工开山、挡土墙工程完成;房屋拆迁、树木补偿已完成;路基工程、路面工程、给排水工程、交通标线、交通标志、安保工程、照明工程完成;道路边沟、两侧建筑垃圾、弃土清理完成;两侧生态护坡完成80%;绿化完成50%。

年内,开展爱国卫生月活动和百日整治活动,组织镇域内各单位、行政村开展大扫除活动,捡拾白色垃圾65公斤,清理乱堆乱放50处。开展了春季灭鼠活动,共购鼠药500公斤。

党的建设 年内,完善了"五星级"村党支部考核细则,重点做好第九届村委会换届和事业单位分类工作。选举村委会成员53人,其中女委员17人,党员45人,村支书、村主任一身兼9人。完成事业单位分类工作。连续九年被评为"五好乡镇党委"。

年内,组建镇村两级"畅想中国梦建设美好石城"百姓宣讲团在全镇开展巡回宣讲活动。实施"新六个一"文明创建工程。完成黄峪口村村史展览室、政府宣传电子屏、石塘路村公民道德大讲堂文明市民学校、石塘路云蒙书画院、政府中心街文化示范街、文明劝导队宣传队伍建设。依托白乙化烈士纪念碑地、邓玉芬主题公园红色资源,开展了形式多样的"红色石城"爱国主义教育活动。

(祝艳利)

单位名称:密云县石城镇人民政府
地　　址:密云县石城镇石城村
电　　话:61025241

人　物

组织机构负责人名单

一、县委机关

中国共产党密云县委员会

书　记　汪先永
副书记　王海臣　王玉江
常　委　刘　颖(女,1月任)
张晓兰(女)　韩　耕　王稳东
张　涛　杨　珊(女)张　健
刘名义　徐　芳(女,1月免)

县委工作机构及相关部门

县委党建领导小组副组长　郑伯华
吴振义(4月免)
县委办主任　刘名义
县委办常务副主任　耿智慧(1月任)
组织部部长　韩　耕
组织部常务副部长　彭方军
宣传部部长　刘　颖(女,1月任)
徐　芳(女,1月免)
宣传部常务副部长　郝加瑞
统战部部长　韩　耕
统战部常务副部长　曹瑞成
研究室主任　朱贺生
文明办主任　贾海江
老干部局局长　赵登武
防范和处理邪教问题办公室主任
丁首军(满)
县直机关工委书记　杨首成
编办主任　晁怀国(12月任)
贾志友(11月免)
党校校长　韩　耕
党校常务副校长　吕志儒
党校党委书记　刘长礼(2月任)
吕志儒(2月免)
党史办主任　郭生河

中国共产党密云县纪律检查委员会

书　　记　张晓兰(女)
常务副书记　李　锋(7月任)
席成坡(7月免)
副 书 记　王　红(女)　郭孝会
常　　委　梁奕喜　崔　雪　付学良
王献华(女)　李洪波

二、人大机关

密云县人民代表大会常务委员会

主　　任　李和平(任职到12月)
王玉江(12月当选)
副 主 任　孔令昌　郭瑞权
赵秦岭(女)　王铁明
何继玲(女)

办公室主任　李祥志
财政经济工作委员会主任　邢福臣
城乡建设环保工作委员会主任　张赤兵
代表联络室主任　田玉环(女)
教科文卫工作委员会主任　黄松柏
内务司法工作委员会主任　王宏达
农村工作委员会主任　柳立全
研究室主任　王晓全

三、政府机关

密云县人民政府

县　长　王海臣
副县长　王稳东　杨　珊(女)　李光辉
　　　　蒋学甫　郭　鹏　郭洪泉

县政府工作机构及相关部门

县监察局局长、县行政投诉中心主任
李　锋(7月任)
席成坡(7月免)
县预防腐败局局长　王　红(女,8月任)
县政府办主任　郑晓君
县外事办主任　高英杰(女,2月任)
县信访办主任　朱立武
县信访办党组书记　郭继东(2月任)
县市政市容管理委员会党组副书记、主任兼爱卫办主任　雷亚军
县市政市容管理委员会党组书记、副主任
陈孝如
县人口和计划生育委员会党组书记、主任
张艳生
县发展和改革委员会党组书记、主任
王建民
县科委党组书记、主任、知识产权局局长
赵　宏(满)
县委教育工委副书记、县教育委员会主任
杨华利
县委教育工委书记　张文亮
县人民政府教育督导室主任　王树生
县卫生局党委副书记、局长　任向宏
县卫生局党委书记　肖兴启(11月免)
县体育局党组副书记、局长　张承武
县文化委员会党组书记、主任　李洪仕
县民政局党组副书记、局长、民族宗教侨务办公室主任　许宝生
县司法局党组书记、局长　周庆国(满)
县农委主任　王德云(1月任)
县委农工委书记　李长全(1月任)
郭进茂(1月免)
县园林绿化局党组副书记、局长兼绿化办主任　李长春
县园林绿化局党组书记　田　野(12月任)
宋淑文(女,6月免)
县水务局党组副书记、局长
王如新(1月任)
县水务局党组书记　张志勇(满)
县交通局党组副书记、局长　王振国
县交通局党组书记　柴树来
县民防局党组书记、局长　刘海洋
县经济和信息化委员会主任　姜　博
县委经济和信息化工委书记
郭进茂(1月任)
姜　博(1月免)
县财政局党组书记、局长　张亚东(满)
县统计局党组书记、局长　王建国
县审计局党组书记、局长　孙绍志
县人力资源和社会保障局党组副书记、局长
王　宇
县人力资源和社会保障局党组书记
何丽娟(女,1月任)
县城市管理综合行政执法监察局党委书记、局长　李广文(7月任)
县住房和城乡建设委员会党组书记、主任、房改办主任　王建中
县环境保护局党组书记、局长
段起良(1月任)
郑中朝(1月免)

县旅游委党组副书记、局长　崔春花(女)
县旅游委党组书记　方铁洪(2月任)
宇兴评(2月免)
县安全生产监督管理局党组书记、局长
于庭满
县商务委员会党组副书记、主任兼粮食局局长　彭兴宝(满)
县法制办公室主任　张连福
县台湾事务管理办公室主任
郑中朝(1月任)
县农业局(县动物卫生监督管理局)党组副书记、局长　翟家明
县农业局(县动物卫生监督管理局)党组书记　胡　勇(7月任)
县委社会工委书记、社会办公室主任
张志华
县综合行政服务中心党委书记、主任
李東方
县委经济开发区工委副书记、管委会主任
李洪山
县委经济开发区工委书记　张亚东
县司马台雾灵山国际休闲度假区管理委员会主任　张洪娟(女,1月任)
县生态商务区管理委员会主任　郭生海
县政府机关事务管理办公室党组书记、主任
王国良
县地震局党组书记、局长
郝立英(女,11月任)
李连柱(11月免)
县档案局党组副书记、局长　赵金祥
县档案局党组书记　李桂兰(女,满)
县投资促进局党组副书记、局长　阮营诗
县投资促进局党组书记
赵淑芬(女,2月任)
北京云创担保中心(公司)主任(经理)
陈建国(12月任)
王继革(满,12月免)

县广播电视中心党组副书记、主任　孙明朝
县广播电视中心党组书记、副主任
王慧平(11月任)
孙明朝(11月免)
县园林绿化服务中心党组副书记、主任
曹洪利(1月任)
县园林绿化服务中心党组书记
冯乃靖(1月任)
县农村合作经济经营管理站党组书记、站长
董向东(12月任)
李元生(6月免)
县农业服务中心党组副书记、主任
张天杰(1月任)
县农业服务中心党组书记　周立农
县农民专业合作社服务中心党组副书记、主任　王良忠
县农民专业合作社服务中心党组书记
马士强
首都经贸大学密云分校党委副书记、校长
赵维刚(满)
首都经贸大学密云分校党委书记、副校长
肖淑敏(女)
县生态建设发展研究中心主任
宇兴评(2月任)
周广文(1月免)

四、政协机关

中国人民政治协商会议北京市密云县委员会

主　席　王春林
副主席　钱福生　张文伶
孙　奇(民建)　吴成全
王森林(回,民革)
杨伟兰(女,民进)
秘书长兼办公室主任　李丛荣(女,满)
副秘书长、综合室主任　刘建新
专委会工作一室主任　曹启儒
专委会工作二室主任　左　臣

专委会工作三室主任　宋英雷
专委会工作四室主任　张鸣琴(女)
专委会工作五室主任　王春山

五、群团组织

县总工会党组书记、主席　李勇軍
县总工会常务副主席　李国良(11月任)
王玉兰(女,11月免)
团县委书记　方能炜(2月任)
方建卿(1月免)
县妇联党组书记、主席　任小凤(女)
县工商业联合会主席　梁晓华
县工商业联合会党组书记、常务副主席
付振秋(满)
县残疾人联合会理事长　聂卫东(1月任)
县科协主席　杨伟兰(女,民进)
县科协党组书记　赵士杰(1月任)
县红十字会常务副会长　任建华(11月任)
郭春友(满,6月免)
县文联主席　孙明舜

六、政法、军事

县政法委书记　王玉江
县政法委常务副书记　朱锡才
县公安局党委书记、局长　张　健
县公安局政委　牛国泉
县法院党组书记、院长　陈　琦(12月当选)
马　强(11月免)
县检察院党组书记、检察长
张京文(12月当选)
陈　平(11月免)
县人民武装部部长　王维民
县人民武装部政委　张　涛

七、乡镇、街道办事处

鼓楼街道党工委书记　郭生民
鼓楼街道党工委副书记、办事处主任
周广明
果园街道党工委书记　田立文(12月任)
郝立英(女,2月任,11月免)
相远方(1月免)
果园街道党工委副书记、办事处主任
陶晓明(满,2月任)
郝立英(女,2月免)
檀营满族蒙古族乡党委书记、乡长,檀营地区党工委书记　关佩君(女,满,12月任)
董向东(12月免)
檀营满族蒙古族乡党委副书记,檀营地区党工委副书记、办事处主任
张　波(12月任)
密云镇党委书记　付小平(满,2月任)
曹洪利(1月免)
密云镇党委副书记、镇长　吴显生(2月任)
付小平(满,2月免)
河南寨镇党委书记　郭生海
河南寨镇党委副书记、镇长
马　超(1月任)
聂卫东(1月免)
十里堡镇党委书记　张明智
十里堡镇党委副书记、镇长　陈弘仁
西田各庄镇党委书记　何立新(12月任)
晁怀国(12月免)
西田各庄镇党委副书记、镇长
赵双武(12月任)
何立新(12月免)
溪翁庄镇党委书记　宋印双(2月任)
张天杰(1月免)
溪翁庄镇党委副书记、镇长
晁怀新(7月任)
刘　磊(2月任,7月免)
宋印双(2月免)
穆家峪镇党委书记、华润希望小镇党委书记
李长全
穆家峪镇党委副书记、镇长　赵志政
巨各庄镇党委书记　王　东(2月任)
王德云(1月免)
巨各庄镇党委副书记、镇长

胡章权(2月任)
王　东(2月免)
太师屯镇党委书记　王东利(2月任)
王如新(1月免)
太师屯镇党委副书记、镇长
马守新(2月任)
王东利(2月免)
古北口镇党委书记、古北水镇管委会党委书记　何丽娟(女)
古北口镇党委副书记、镇长　张明华
高岭镇党委书记　杨光辉(女)
高岭镇党委副书记、镇长杨爱革(12月任)
田　野(12月免)
不老屯镇党委书记　齐　超(12月任)
田立文(12月免)
不老屯镇党委副书记、镇长
朱立志(12月任)
齐　超(12月免)
冯家峪镇党委书记　季荣旺(2月任)
段起良(1月免)
冯家峪镇党委副书记、镇长
王大捷(女,2月任)
季荣旺(2月免)
大城子镇党委书记　李海林(11月任)
任建华(11月免)
大城子镇党委副书记、镇长
常艳军(女,11月任)
李海林(11月免)
东邵渠镇党委书记　付全利
东邵渠镇党委副书记、镇长
祝　刚(2月任)
马　超(1月免)
北庄镇党委书记　王贺虎
北庄镇党委副书记、镇长　方建卿(1月任)
张洪娟(女,1月免)
新城子镇党委书记　贯志海
新城子镇党委副书记、镇长
庆兆珅(女,满)
石城镇党委书记　孙立军(2月任)
耿智慧(1月免)
石城镇党委副书记、镇长　彭守创(2月任)
孙立军(2月免)

八、市属单位

密云国土分局党组书记、局长　孙全春
北京市药品监督管理局密云分局党组书记、局长　相远方(1月任)
陈　江(1月免)
北京市密云县食品药品监督管理局党组书记、局长　李春玉(9月任书记)
向远方(9月任局长)
北京市规划委员会密云分局党组书记、局长
郭文军
北京市交通委员会路政局密云公路分局党组　彭明文(书记)
魏宝祥(局长)
县国税局党组书记、局长　齐立库
县地税局党组书记、局长　丁锦宁(5月任)
赵增科(5月免)
县工商局党组书记、局长赵廷军(12月任)
曹玉冰(12月免)
密云县质量技术监督局党组书记、局长
赵志强
北京市密云县烟草专卖局(公司)党组书记、局长、经理　苏英明(4月任)
李保清(4月免)
密云县气象局党组书记、局长　张沛刚
密云县邮政局党委书记、局长　卢金榜
中国银行密云支行行长　林亦武
中国工商银行密云支行行长　卫　峥
中国建设银行密云支行行长　高　翔
中国农业银行密云分行行长　李景春
北京密云汇丰村镇银行行长　吴　琪
北京农村商业银行密云支行行长　郑文明
中国农业发展银行密云县支行行长　陈书文

北京银行股份有限公司密云支行行长 王 利

中国人民财产保险股份有限公司北京市密云支公司总经理 李赤峰

中国人寿保险股份有限公司北京市密云支公司总经理 刘 兵

北京市电力公司密云供电公司经理 邓 华

北京檀州自来水有限责任公司经理 朱志彬

北京青岛啤酒三环有限公司经理 马 林

中国移动密云分公司经理 朱立明

中国联通密云分公司经理 洪 钧(2月任) 张朝晖(2月免)

北京市密云水库管理处主任 张德举

全国(系统、部门)先进单位及个人名录

先进单位

全国一事一议规范管理县

密云县

2012年全国休闲农业与乡村旅游示范县

密云县

2012中国县域旅游之星10强

密云县

2013年度"中国旅游竞争力百强县"

密云县

"最美中国"生态旅游目的地市(县)

密云县

"全国水生态文明城市建设试点"区县

密云县

国家计算机软件专利著作权

密云县财政局预算科

全国人力资源和社会保障系统2011-2013年度优秀服务窗口单位

密云县社会保险基金管理中心

全国五一劳动奖状

金诚信矿业管理股份有限公司

全国工人先锋号

威克公司机运分厂运输二段甲班

2009-2012年度全国社会管理综合治理先进集体

密云县社会管理综合治理委员会办公室(综治办)

全国知识产权系统人才工作先进集体

密云县科学技术委员会

全国科普示范社区

鼓楼街道向阳西社区

全国工商行政管理系统"数据质量建设年"先进单位

工商密云分局

全国工商行政管理系统先进工商所

工商密云分局工业开发区工商所

2011-2013年度全国农牧渔业丰收二等奖

密云县植保植检站

2012年度全国邮政用户满意企业称号

密云县邮政局

2012年度"安康杯"竞赛全国优胜企业

冶金矿山公司放马峪铁矿

2013第二届全国社区网络春晚《优秀组织奖》

果园街道季庄社区

第十届中国艺术节项目类"群星奖"

密云县文化馆"暖心工程"

第五届全国服务农民、服务基层文化建设先进集体

密云县图书馆

全国中小型公共图书馆联合会 2013 年征文活动组织奖

密云县图书馆

国家“一级图书馆”

密云县图书馆

2011-2012 年度出版物发行行业“文明店堂”

密云县新华书店

第九届“精武杯”全国民间武术交流赛一等奖

果园街道

2010-2013 年度全国五好基层关工委先进集体

果园街道

全国青少年维权岗

密云县人民法院

全国维护妇女儿童权益先进单位

密云县人民法院

2013 年中国最有魅力休闲乡村

蔡家洼村

第三批全国一村一品示范村镇

太师庄村

先进个人

第八届“全国‘五好’文明家庭”

穆家峪镇张福琴一家

中央电视台“寻找最美消防员”大型公益活动组委会授予“最美消防员”

郑建成

2012 年度全国组织系统优秀网宣员

印明阳

全国工商行政管理系统“数据质量建设年”先进个人

倪迎辉

全国工商行政管理系统优秀工商行政管理人员

冯国志

2013 年度优秀放映员

李广有

全国少儿歌词创作征集评选活动三等奖

孙仲魁

全国优秀少先队辅导员

聂拥军

荣誉天平奖章

陈　琦　马士来　曹庆良　李庭海　郭立库　冷文笙　于士坤　李树清　刘秀云

全国殡葬工作先进个人

王艳恩

北京市(系统、部门)先进单位及个人名录

先进单位

2012 年度北京市“安全生产工作先进区县”

密云县

北京市节能先进区县

密云县

北京市铁路道口管理先进区县

密云县

首都城市环境建设示范区县

密云县

市容环境突出贡献单位

密云县

2013 年北京国际旅游商品博览会“优秀组织奖”

密云县

北京市京津风沙源治理工程(一期)先进集体

密云县生态环境建设领导小组办公室

2011-2012年度北京市市政基础设施长城杯金质奖

松曹路提级改造工程

首都劳动奖状

密云县经济开发区管委会

2012年北京农村劳动力就业安置先进单位

密云环保工业园

北京市科技旅游示范景点

张裕爱斐堡国际酒庄

2012年度北京市宣传系统优秀单位

中共密云县委宣传部

第十一届北京市思想政治工作优秀单位

中共密云县委宣传部

密云县经济开发区管委会

2012年北京市公务员统计年报全优报表单位

密云县人力社保局

2012年度工资统计报表质量优良单位

密云县人力社保局

北京市2012年度开展无拖欠工资工作先进单位

密云县人力社保局

2012年度北京市劳动人事争议系统先进单位

密云县劳动人事争议仲裁委员会

2012年北京市区县部门决算一等奖

密云县财政局国库科

北京市区县会计管理工作行业管理奖

密云县财政局会计科

北京市信息工作"三优"单位

密云县财政局

北京市工商行政管理系统先进工商所

工商密云分局城关工商所工业开发区工商所

北京市工商行政管理系统先进集体

工商密云分局法制科市场监督管理科

北京市结婚登记颁证比赛优秀奖

密云县民政局

2013年度首都见义勇为基金会区县工作站工作创新奖

密云县民政局

2013年度首都见义勇为基金会先进工作站

密云县民政局

北京市捐赠工作先进集体

密云县红十字会

北京市第九届全民健身体育节优秀组织奖

密云县直机关工委

2010-2012年度"北京市安全生产先进单位"

密云县冶金矿山公司

首都农化服务体系建设优秀单位

密云县农业技术推广站

2013年北京市安全生产月活动最佳实践活动奖

果园街道　密云镇政府

穆家峪镇政府　十里堡镇政府

全国百城千村健身气功展示(北京)暨第五届北京市体育大会健身气功项目比赛易筋经三等奖

果园街道

2012年度北京市人口和计划生育工作红旗单位

密云镇政府

北京市休闲农业与乡村旅游示范乡镇

石城镇政府

2010—2012 年度北京市语言文字工作先进集体

石城镇政府

2013 年度北京市无偿献血工作突出贡献奖

石城镇政府　太师屯镇政府

河南寨镇政府

2012 年度消防工作先进单位

河南寨镇政府

北京市敬老爱老为老服务示范单位

冯家峪镇政府　巨各庄镇政府

2013 年“晨光杯”北京青年创业大赛铜奖

冯家峪镇政府

2013 年北京青年创业创富大赛创业奖

冯家峪镇政府

北京市军事训练基地先进单位

穆家峪镇政府

北京市先进预备役连队

穆家峪镇政府

北京市综治工作先进单位

穆家峪镇政府

北京市社会人才试点乡镇

穆家峪镇政府

北京市妇女社会实践基地

穆家峪镇

北京市廉政文化广场

穆家峪镇

2013 年度北京市同“法轮功”及其他邪教组织斗争先进集体

穆家峪镇政府

北京市党建联系点

穆家峪镇政府

北京市第九届全民健身体育节组委会优秀组织奖

大城子镇政府　巨各庄镇政府

古北口镇政府

北京市卫生乡镇

太师屯镇政府

北京市节水型单位

太师屯镇政府

北京市药品安全示范乡镇

太师屯镇政府　新城子镇政府

密云县森林防火工作先进集体

太师屯镇政府　新城子镇政府

北京市低收入户帮扶先进单位

不老屯镇政府

北京发展都市型现代农业先进乡镇

巨各庄镇政府

北京发展都市型现代农业先进乡镇

巨各庄镇政府

北京市第九届全民健身体育节优秀组织奖

北庄镇政府

北京市第七届“和谐杯”乒乓球比赛优秀组织奖

新城子镇政府

首都绿化美化花园式社区

檀营国际生态城 A2 区

“市级敬老爱老为老”示范单位

永乐村

首都精神文明示范村

史庄子村　抗峪村

北京市 2013 年度充分就业示范村

史庄子村

首都绿色村庄

王各庄村

北京市爱老敬老为老示范单位

大城子中心小学

北京市十佳科技创新学校

大城子中心小学

北京市粮食集团“2013 年度信息工作先进单位”

密云县粮油总公司

北京市“三八”红旗集体

宝益粮油储备库仓储业务部

共青团北京市委“北京市青年文明号”

溪翁庄粮食收储库保管组

北京市粮食集团“安全生产先进班组”

密云县溪翁庄粮食收储库

北京市粮食局“2013 年度一符四无粮库”

北京宝益粮油储备库

溪翁庄粮食收储　高岭粮食收储库

北京市五四红旗团委

穆家峪镇团委

北京市五四红旗团支部

溪翁庄镇渔街联合团支部

密云供电公司行政管理团支部

首都师范大学附属密云中学高二(1)班团支部

希望工程北京捐助中心、北京青少年发展基金会工作站特色活动奖

希望工程密云工作站

YBC 北京优秀服务站

YBC 北京密云服务站

北京小城镇建设先进镇

溪翁庄镇政府

“劳动用工规范一条街工程”工作先进单位

溪翁庄镇政府

首都文明示范街

溪翁庄镇渔街

首都全民义务植树先进单位

溪翁庄镇政府

2013 年市级交通安全先进单位

密云县财政局

密云县市政市容管理委员

密云县广播电视中心

密云县人民法院

密云县人民检察院

首都未成年人思想道德建设工作先进单位

密云县人民检察院未成年人案件检察处

北京市未成年人保护工作先进集体

密云县人民检察院未成年人案件检察处

北京市交通工作先进集体

密云县环卫中心

首都城市环境建设信息工作先进单位

密云县城乡环境办

北京市交通行政执法先进单位

密云县交通局

北京市 2013 年度安全生产监督管理先进单位

密云县住房和城乡建设委员会

2012 年度北京市科协“信息工作先进集体”

密云县科学技术协会

2013 年北京青少年“动手做”科技竞赛优秀组织奖

密云县科学技术协会

2013 年北京市项目促进工作(投资人网络建设)优秀单位

密云县投资促进局

北京市京津风沙源治理工程先进集体

密云县水土保持工作站

密云县水务局高岭水务站

北京市模范法院

密云县人民法院

北京市先进法院

密云县人民法院

北京市法院先进集体

太师屯法庭

北京市“人民满意的政法单位”争创奖

太师屯法庭

北京市法院案例工作优秀单位

密云县人民法院

北京市法院年鉴工作先进单位

密云县人民法院

北京市法院信息工作先进单位优秀奖

密云县人民法院

北京市法院新闻宣传工作优秀组织单位

密云县人民法院

北京市区县机关档案工作测评市级优秀单位

密云县人民法院

北京市法律援助先进集体

果园司法所　法援中心

北京市社区矫正工作先进集体

果园司法所　鼓楼司法所

冯家峪司法所　大城子司法所

2013 年“军旅情中国梦”双拥征文优秀组织奖

密云县总工会

2012 年度职工互助保障工作优秀代办处

密云县总工会

2012 年度北京市“安康杯”竞赛优秀组织单位

密云县总工会

2012 年度职工互助保障先进单位

密云县总工会

北京市粮食流通统计工作先进单位

密云县商务委员会

北京市区县地震应急救援工作先进单位

密云县地震局

北京市保密工作系统先进集体

密云县国家保密局

北京市邮政公司交通先进集体

密云县邮政局

北京市邮政公司安全生产先进单位

密云县邮政局

北京市邮政公司“平安邮政”单位

密云县邮政局

北京市邮政公司安全生产达标单位

密云县邮政局

北京市邮政公司安康杯竞赛先进单位

密云县邮政局

北京市邮政公司服务工作先进集体

密云县邮政局车站路支行

北京市邮政公司先进集体

密云县邮政局商函分局

北京市邮政公司业务管理优胜班组

密云县邮政局太师屯邮政支局

新西路支行

北京市邮政公司营投能力建设达标优秀网点

溪翁庄邮政支局　不老屯支行

北京市邮政公司交通安全先进班组

密云县邮政局投递部

北京市城管执法系统 2013 年度先进集体

密云县城市管理综合行政执法监察局执法二队

2013 年北京市区县文化委员会文物安全和文物执法优秀单位

密云县文化委员会

2013 年度北京市公共文化服务工作突出贡献奖

密云县文化委员会

2013“北京市年度非遗保护贡献奖”

密云县文化馆

北京市舞动北京群众舞蹈大赛贡献奖

密云县文化馆

北京市第 23 届农民艺术节“乡村大舞台一村一品”节目奖一等奖

密云县文化馆

北京市第 24 届农民艺术节乡村大舞台市级决赛节目一等奖

密云县文化馆舞蹈《枫之韵》

第三届北京阅读季先进集体

密云县图书馆

北京市红领巾读书活动藏书票比赛北京市一等奖

密云县图书馆

2012年度“安康杯”竞赛北京市优胜企业

房地产开发总公司

2012年度北京市药品不良反应监测工作组织协调工作先进单位

北京市药品监督管理局密云分局

北京市医疗器械不良事件监测工作先进单位

北京市药品监督管理局密云分局

2012年度北京市统计系统专项调查工作数据质量奖

密云县统计局

国家统计局密云调查队

2012-2013年度中国信息报统计宣传工作先进单位

密云县统计局

北京市第二届家庭人口文化节优秀组织奖

密云县人口和计划生育委员会

第二届首都未成年人思想道德建设工作先进单位

密云县教育委员会

密云县关心下一代工作委员会

鼓楼街道社区

首都“身边雷锋团队”

密云县关心下一代工作委员会

密云县文化志愿者协会

2012年首都精神文明建设信息工作先进单位

密云县文明办

北京市区县机关档案工作测评市级优秀单位

密云县地税局

先进个人

第十一届北京市优秀思想政治工作者

郝加瑞　金立华

首都社会管理综合治理先进工作者

付全利

首都城市环境建设突出贡献个人

张　英　袁晓峰　王怀龙　刘春龙　席婷婷

北京市京津风沙源治理工程先进个人

窦法荣　王海江　王奋忠　李冬梅　卢子寅

北京市交通安全优秀管理干部

李晓亮　吴成刚

北京市工商行政管理系统优秀工商所长

萧钟奇

北京市工商行政管理系统优秀科长

曹　艺　段学文

北京市工商行政管理系统优秀经济卫士

宋连靖　王　超　郭占彪　郭明洁

北京市工商行政管理系统先进工作者

郭立永

2010—2012年度北京市语言文字工作先进个人

黄秀清

2013年度北京市无偿献血工作突出贡献奖

肖俊玲　侯纪红

北京市优秀预备役军官

林茂利

北京市粮食集团“2013年度安全先进个人”

赵　云

京粮集团“京粮文化2013年度优秀通讯员”

付学尊

北京市优秀团干部

王　丹　王晓鸥　谢会师

北京市优秀共青团员

石英杰　魏　然

北京市共青团系统信息工作先进个人

李　莹

北京市首届农村青年创业创富大赛创业奖

尹　楠　刘晓愿

北京市郊区青年致富带头人

刘晓愿　郭爱丽

首都绿化美化先进积极分子

张亚东　罗卫国　胡玉民

2010—2012 年度北京市广播影视奖创优先进个人

石晓访

2010—2012 年度北京市节能先进个人

胡德喜

2013 第二届全国社区网络春晚《十大表演人物奖》

刘淑琴

2013 年度首都能源运行保障先进个人

丁亚梅

北京市价格监测工作先进个人

梁海平

北京市模范法官

李兴红　田英泽

北京市先进法官

冯永江　刘卫东　李慧杰

书记员业务标兵

陈田田　郑　伟

首都巾帼志愿者之星

王晓芳

北京市孝星

王晓芳　赵永伟　潘智勇　曹淑荣
王海生

北京市法院案例工作优秀通讯编辑

刘珍君　陈烁琳

北京市法院优秀信息员

李　娇

首都民族团结进步先进个人

艾晓利

北京市社区矫正工作先进个人

刘春霞　刁立军　任继学　李德文
刘　爽

北京市邮政公司先进生产者

张德刚　王晨光

北京市邮政公司计生工作先进个人

郭　莉

北京市邮政公司优秀业务管理人员

谷海涛

北京市邮政公司服务质量标兵

肖利亚　哈胜杰

北京市邮政公司安全生产先进个人

吕天耕

北京市邮政公司优秀工会小组劳动保护检查员

吕天耕

北京市邮政公司交通安全先进个人

宋广彬　哈胜杰

北京市市级交通安全优秀管理干部

侯继革

北京市邮政公司交通安全优秀管理干部

刘春阳

北京市住房和城乡建设系统先进个人

张春杰　刘宏志　赵国东

北京市第五届“红叶杯”房屋登记岗位能手大赛个人第三名

徐　樱

北京市城管执法系统 2013 年度先进个人

项青松

首都城市环境建设突出贡献先进个人

张德忠

北京市文化市场综合行政执法文化执法“办案能手”

张合青　赵　明　王　峥　王海龙

京、津、沪、渝四直辖市“都市风采”主持人大赛北京赛区选拔赛郊区组金奖

甘益聪

北京文化艺术活动中心 2013 年度优秀特约记者

孙仲魁

北京市先进文化志愿者项目带头人

吴新颖　欧小玉　甘益聪

北京市新闻出版局“发现美”摄影一等奖

张永红

2013 年“艺韵北京”北京市曲艺大赛一等奖

穆瑞森

“中国梦我的梦”读书益民杯主题征文活动一等奖

吴　琼

京、津、沪、渝“都市风采”器乐大赛(北京赛区)成人独奏组金奖

胡　青

第三届北京阅读季北京市“书香家庭”

王立军家庭

北京市千场优秀出版物展节活动先进个人

李云龙

第三届北京阅读季先进个人

王宪民

2013 年北京工业年鉴先进工作者

尹志东

2013 年度经济运行监测工作先进个人

田德平

北京市药品监督管理系统先进工作者

焦彦超

2012-2013 年度中国信息报社统计宣传工作先进个人

张秀文

第 17 届统计科学讨论会论文青年优秀奖

曹莉茹　朱宝玉　朱莉莉

首都“身边雷锋标兵”

赵家五兄弟

首都“身边雷锋”

梁晓华　刘淑芹(女)　李定顺
李广莲(女)　李国福　李洪明
陈淑珍(女)　王长青　陈素卿(女)
赵长悦　张　楠(女)　张子博
付德顺　付全良　牛志文(女)
陈福兰(女)　耿满富

2012 年首都精神文明建设信息工作先进个人

朱雅芝

首都身边好人

崔钢林　张连成　刘亚丽　王政勇
李浩林　郑建成　曹桂荣　王　帅

第四届首都道德模范

宋丽萍

首都农化服务体系建设优秀个人

石文学

统 计 资 料

密云县2013年国民经济和社会发展统计公报

2013年，全县人民在县委、县政府的坚强领导下，全面贯彻落实科学发展观，深入实施密云生态涵养发展区工作方略，坚定信心，攻坚克难，加快转变经济发展方式，全县经济持续健康发展，社会和谐稳定。

一、人口

年末全县常住人口47.6万人，比上年末增加0.2万人。其中，常住外来人口7.2万人，占常住人口的比重为15.1%。常住人口中，城镇人口26.3万人，占常住人口的比重为55.3%。

年末全县户籍人口43万人，与上年基本持平。按户籍属性分，农业人口25.2万人，比上年末减少0.1万人；非农业人口17.8万人，比上年末增加0.1万人。

表1 2013年末常住人口及其构成

指　标	年末数(万人)	比重(%)
常住人口	47.6	–
按城乡分		
城镇	26.3	55.3
乡村	21.3	44.7
按年龄分		
0-14岁	5.1	10.7
15-64岁	37.5	78.8
65岁及以上	5.0	10.5
按性别分		
男性人口	24.5	51.5
女性人口	23.1	48.5

表 2　2013 年末分地区户籍人口

地　区	户数（户）	人数(人)			非农业人口		农业人口	
		小计	男	女	户数（户）	人数（人）	户数（户）	人数（人）
合　计	205082	430379	215591	214788	91247	178137	113835	252242
鼓楼街道	28405	74464	37359	37105	28367	74410	38	54
果园街道	12661	32676	16951	15725	12661	32676		
檀营地区	2217	4890	2390	2500	2217	4890		
密云镇	3425	7610	3608	4002			3425	7610
溪翁庄镇	10349	21050	10360	10690	3916	6907	6433	14143
西田各庄镇	19605	39184	19571	19613	5552	7243	14053	.31941
十里堡镇	10016	20148	9927	10221	4295	7703	5721	12445
河南寨镇	12260	23836	11816	12020	3910	4876	8350	18960
巨各庄镇	12836	24407	12210	12197	3865	4862	8971	19545
穆家峪镇	16637	31654	15634	16020	5526	7275	11111	24379
太师屯镇	16951	32866	16360	16506	6224	9559	10727	23307
高岭镇	9239	18294	9224	9070	2344	2698	6895	15596
不老屯镇	12423	24199	12191	12008	2937	3431	9486	20768
冯家峪镇	5068	9407	4841	4566	1092	1274	3976	8133
古北口镇	4508	9224	4592	4632	1489	2253	3019	6971
大城子镇	8426	16610	8392	8218	2159	2560	6267	14050
东邵渠镇	6393	12971	6612	6359	1686	1983	4707	10988
北庄镇	4449	8843	4478	4365	1184	1370	3265	7473
新城子镇	6147	12161	6165	5996	1250	1457	4897	10704
石城镇	3067	5885	2910	2975	573	710	2494	5175

二、综合经济

经济增长：全年实现地区生产总值195.1亿元，比上年增长9.3%(按可比价格计算，比上年增长10%)。其中，第一产业增加值19.2亿元，增长4.2%；第二产业增加值91.6亿元，增长12.2%；第三产业增加值84.4亿元，增长7.4%。

按常住人口计算，全县人均地区生产总值达到41084元(按年平均汇率折合6634美元)。三次产业结构由上年的10.3:45.7:44.0变化为9.8:46.9:43.3。

表3　2013年地区生产总值及其构成

	绝对量（万元）	比上年增长(%)	比重(%)
合　　计	1951474	9.3	100.0
第一产业	191612	4.2	9.8
第二产业	916062	12.2	46.9
工业	726506	10.7	37.2
建筑业	189556	18.4	9.7
第三产业	843800	7.4	43.3
交通运输、仓储和邮政业	15231	6.5	0.8
信息传输、计算机服务和软件业	2109	4.2	0.1
批发和零售业	75371	2.5	3.9
住宿和餐饮业	41091	2.4	2.1
金融业	77594	8.9	4.0
房地产业	175008	6.2	9.0
租赁与商务服务业	55532	13.1	2.8
科学研究、技术服务和地质勘察业	16217	13.2	0.8
水利、环境和公共设施管理业	35579	8.3	1.8
居民服务和其他服务业	16337	5.1	0.8
教育	119898	10.1	6.1
卫生、社会保障和社会福利业	51392	13.2	2.6
文化、体育和娱乐业	7407	9.5	0.4
公共管理和社会组织	155034	5.8	7.9

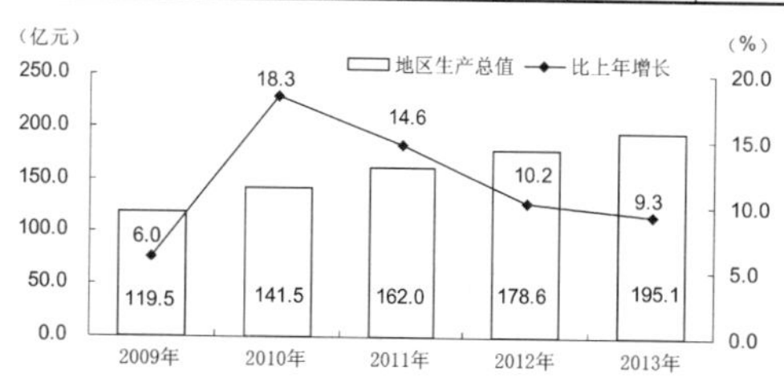

图1　2009-2013年地区生产总值及其增长速度

财政：全年实现地方公共财政收入25.4亿元，比上年增长14.6%。其中，营业税、企业所得税分别增长8.5%和16.4%。全年完成公共财政支出89.6亿元，比上年增长16.5%。其中，用于医疗卫生支出增长37.8%，教育支出增长18%，社会保障和就业支出增长17.4%，用于节能环保支出增长20.1%。

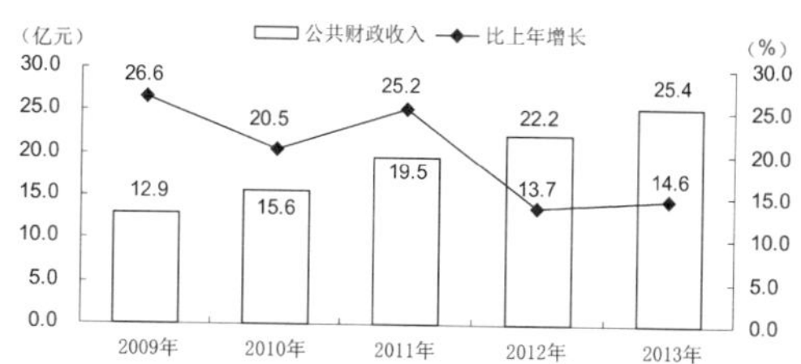

图2　2009-2013年地方公共财政收入及其增长速度

金融：年末全县金融机构人民币存款余额首次达到400亿元，比上年末增加33.2亿元。其中，储蓄存款余额236.4亿元，比上年末增加25.5亿元。

年末，全县金融机构人民币贷款余额140.9亿元，比上年末增加33亿元。

表4　2013年金融机构存贷款余额

指标名称	本年末数（亿元）	上年末数（亿元）	比上年末增长(%)
金融机构贷款余额	140.9	107.9	30.7
按贷款对象分			
企事业单位贷款	89.6	68.7	30.4
个人消费贷款	42.2	31.8	32.5
其中：住房贷款	36.2	27.5	31.8
个人经营性贷款	9.2	7.3	25.0
按贷款期限分			
短期贷款	62.2	44.2	40.9
中长期贷款	78.7	63.7	23.5
金融机构存款余额	400.0	366.8	9.0
企事业单位存款	163.6	155.8	5.0
储蓄存款	236.4	210.9	12.0

三、农业

全年完成农林牧渔业总产值47.3亿元，比上年增长3.8%。完成平原造林2.5万亩，在此带动下，林业实现产值5.5亿元，比上年增长36.3%。全年粮食播种面积26万亩，比上年减少2万亩；粮食总产量8.8万吨，比上年下降9.4%。

表5　2013年主要农副产品出栏(产)量

指　　标	单位	出栏(产)量	比上年增长(%)
出栏牛	万头	1.07	22.5
出栏生猪	万头	22.27	4.2
出栏羊	万只	7.12	0.6
出栏家禽	万只	1710.66	-28.6
禽蛋	万吨	2.35	9.5
生牛奶	万吨	7.87	-3.6
蜂蜜	万吨	0.12	-5.2
蔬菜及食用菌	万吨	21.61	-16.1

全县观光园155个,比上年增加13个;观光园总收入4.3亿元,增长2.2%。民俗旅游实际经营户1438户,比上年增加133户;民俗旅游总收入1.8亿元,增长15.6%。全县设施农业实现收入4.24亿元,增长5%。

四、工业和建筑业

工业:全年全县工业总产值首次突破300亿元,达到321亿元,比上年增长12%,其中规模以上工业企业完成产值292.2亿元,增长11.5%。

全年规模以上工业企业完成出口交货值22.1亿元,比上年增长13.4%。其中,汽车制造业完成出口交货值13.3亿元,纺织服装服饰业完成3.7亿元。

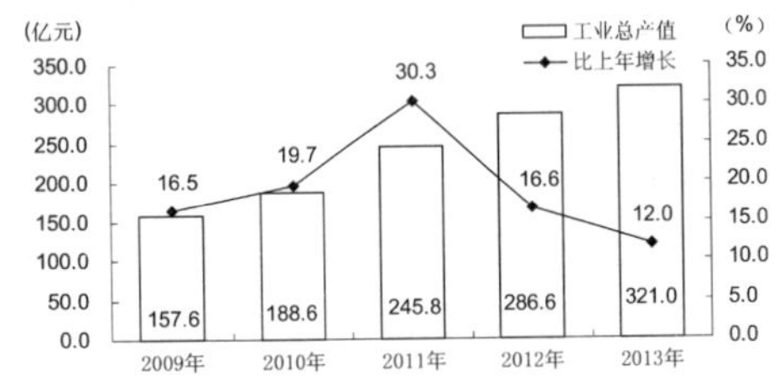

图3　2009-2013年工业总产值及其增长速度

表6　2013年工业主要指标完成情况

指　　标	绝对量(亿元)	比上年增长(%)
工业总产值	321.0	12.0
其中:规模以上工业总产值	292.2	11.5
工业销售产值	317.8	12.5
其中:规模以上工业销售产值	290.0	12.2
其中:出口交货值	22.1	13.4

建筑业:全年完成建筑业总产值110.3亿元,比上年增长5.3%。其中,具有资质等级的总承包和专业承包建筑业企业完成建筑业总产值101亿元,比上年增长4.7%。在本县外完成77亿元,增长5.2%。

五、固定资产投资与房地产开发

固定资产投资:全年完成全社会固定资产投资165.1亿元,比上年增长13.6%。其中,基础设施投资68.3亿元,比上年增长79%。

分城乡看,城镇投资101.1亿元,比上年增长22.8%;农村投资64亿元,增长1.6%。

分产业看,第一产业完成15亿元,比上年增长15.6%,主要为平原地区造林工程投资;第二产业完成22亿元,增长4.1%,其中工业占91%;第三产业完成128.1亿元,增长15.2%。

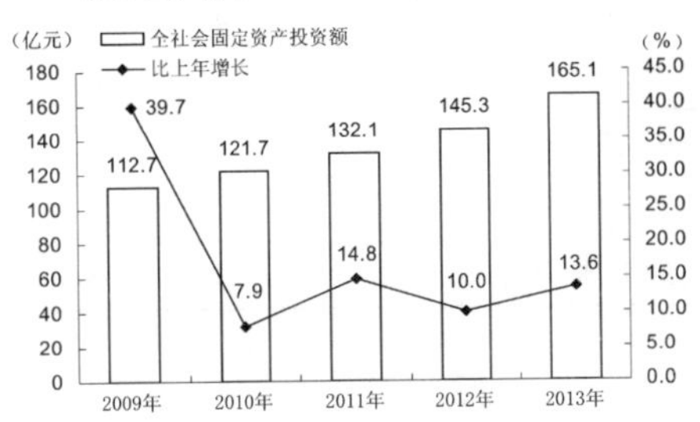

图4　2009-2013年全社会固定资产投资及其增长速度

房地产开发:全年完成房地产开发投资37.5亿元,比上年下降12.9%。其中,住宅投资33.1亿元,下降10.9%。全年房屋施工面积262.2万平方米,比上年增长16.5%;房屋竣工面积97.1万平方米,增长112%。全年商品房销售面积64.1万平方米,比上年增长21.2%;实现商品房销售额68.3亿元,增长38.5%。全年二手房成交面积51.3万平方米,比上年增长69.1%。

六、批发和零售业

全年实现社会消费品零售额116.2亿

元,比上年增长10.1%。吃类、穿类、用类和烧类四大类商品分别实现零售额43.8亿元、9亿元、53亿元和10.4亿元,比上年分别增长11.4%、5.7%、11.1%和4.3%。

按城乡地区分,城镇地区实现零售额75.2亿元,比上年增长10.7%;农村地区实现41亿元,增长9.1%。

全年餐饮业累计实现零售额24.9亿元,比上年增长10.2%,其中限额以上餐饮业实现零售额1.4亿元,比上年下降21.1%;限额以下和个体餐饮业累计实现零售额23.5亿元,比上年增长18.7%。

全年商品交易市场实现成交额19亿元,比上年增长7.9%。

表7 2013年社会消费品零售额

指 标	零售额(亿元)	比上年增长(%)
社会消费品零售额	116.2	10.1
按商品用途分		
吃类	43.8	11.4
穿类	9.0	5.7
用类	53.0	11.1
烧类	10.4	4.3
按消费形态分		
商品销售	89.7	10.2
餐饮收入	26.5	9.7
按城乡地区分		
城镇地区	75.2	10.7
农村地区	41.0	9.1

七、对外经济和旅游业

对外经济:全年新批外资项目18个,比上年增加5个;实际利用外资金额983.6万美元(外资主要来源于日本和港澳台地区),比上年增长67.7%。全年出口总额3.92亿美元,比上年增长9.8%。

旅游:全年接待游人907.5万人次,比上年增长4.4%;实现旅游综合收入38.6亿元,比上年增长5.6%。

从接待人次构成看,乡村旅游接待702.4万人次,比上年增长10.2%;旅游区点接待102.9万人次,下降0.5%。

表8 2013年旅游业接待人次和收入构成

项 目	接待总人数		旅游综合收入	
	绝对量(万人)	比上年增长(%)	绝对量(亿元)	比上年增长(%)
合 计	907.5	4.4	38.6	5.6
住宿业	102.0	-20.7	5.8	-6.0
旅游区点	102.9	-0.5	2.4	9.7
旅行社	0.2	128.5	0.1	-67.1
旅游餐饮	—	—	5.6	10.1
旅游商业	—	—	14.3	10.1
旅游交通	—	—	4.2	5.5
乡村旅游	702.4	10.2	6.1	5.8

八、公用事业和安全生产

邮电:年末全县有邮政网点23处,报刊亭23处;全年函件业务交换量为659.7万件,比上年增加230.1万件,包件4万件,比上年减少0.8万件;全年累计订销报纸1244.4万份、杂志49.7万份,分别比上年下降2.5%和8.8%;全县邮路日行全长2343公里,投递道段52条。

供电:全年密云地区用电量达到14.75亿千瓦时,比上年增长5.7%。其中,农业用电0.62亿千瓦时,比上年下降2.1%;工业用电7.4亿千瓦时,增长6.5%;城镇居民生活用电1.48亿千瓦时,增长20.7%;农村居民生活用电1.51亿千瓦时,增长8.5%。全县日最大供电量为544.9万千瓦时,比上年增长1.3%。

交通运输:年末全县客运线路58条,比上年增加4条。全年实现营运收入10.75亿元,比上年增长15%,其中客运收入4.12亿元,增长15%。

安全生产:全年共发生道路交通、生产安全、火灾等事故4351起,比上年增长14.3%;伤亡193人,比上年下降39.1%。其中道路交通事故4249起,比上年增长14.2%,伤亡189人,比上年下降39%。

九、人民生活、就业和社会保障

人民生活:全年城镇居民人均可支配收入达到32538元,比上年增长10.1%;城镇居民人均消费性支出达到19079元,增长7.5%,其中教育文化娱乐服务支出2342元,增长12.1%;恩格尔系数为28.9%,比上年下降1个百分点。农村居民人均纯收入16202元,比上年增长11%;农村居民人均消费性支出达到11153元,增长12%;恩格尔系数为29.3%,比上年下降2个百分点。城镇居民人均住房建筑面积为32.77平方米;农村居民人均住房居住面积32平方米。

图5 2009-2013年城镇居民人均可支配收入及其增长速度

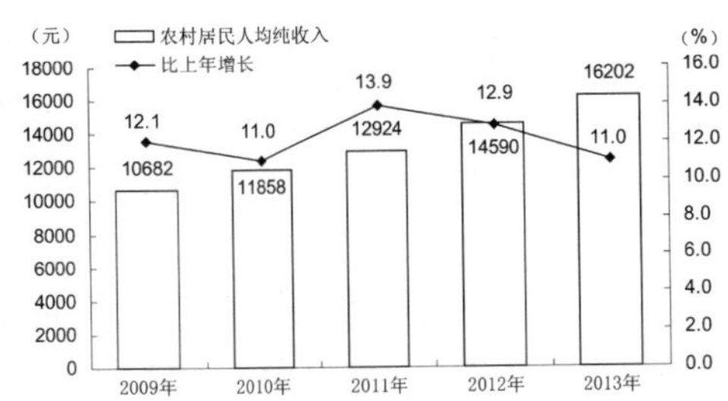

图6 2009-2013年农村居民人均纯收入及其增长速度

就业:年末全县城镇实有登记失业人员1732人,比上年末减少281人;城镇登记失业率为1.74%,比上年下降0.27个百分点。"4050"困难人员就业率为70.32%,比上年提高2.61个百分点。全年职业指导(求职咨询)总人数为1.69万人次,比上年增长5.6%,推荐成功人数4536人,增长8.3%。

社会保障:年末全县参加基本养老、基本医疗、工伤、失业和生育保险人数分别为16.7万人、18.7万人、14.8万人、13.6万人和12.9万人,分别比上年末增加3.4万人、0.4万人、0.5万人、0.3万人和0.4万人。全年人均养老金水平为2279元,比上年增长9.8%。城乡居民养老保险农民参保率98%,与上年持平。

年末全县福利中心29个,比上年增加2个;收养性单位床位数3751张,比上年增长10%。社会救助1.27万人,比上年增加969人;全县享受城镇最低生活保障的人数为1281人,享受农村最低生活保障的人数为10765人。

十、资源和环境

资源:全年降水量523毫米,比上年减少152毫米。全县年总用水量8430.8万立方米,比上年减少124万立方米;其中农业用水3467.4万立方米,减少160.9万立方米;工业用水624.5万立方米,增加34.1万立方米;生活用水2600.3万立方米,增加93.7万立方米。农村安全饮水达标率100%。本年水土流失治理面积5.5千公顷,比上年增加1.5千公顷。

全年能源消费总量为109.6万吨标准煤,比上年增长4.4%;单位GDP能耗比上年下降5.1%,完成市政府下达的任务目标。

环境:年末全县林木绿化率达到69.31%,比上年提高2.58个百分点;森林覆盖率达61.01%,比上年提高1.77个百分点。城市绿化覆盖率达到57.73%,比上年提高 10.9 个百分点;人均公园绿地面积 11.2 平方米,比上年增加 4.3 平方米。中心城区生活污水集中处理率为 98.1%,比上年提高 0.08 个百分点;全县生活垃圾无害化处理率为 98%,比上年提高 1 个百分点;日城市道路清扫保洁面积达 222.67 万平方米。

十一、教育、科学技术、文化、卫生和体育

教育:年末全县共有中学 23 所,在校生 1.62 万人,比上年下降 5.7%;初中升学率为 95.89%,高中升学率为 93.5%;职业学校在校生 2590 人,比上年下降 2.4%;小学 40 所,在校生 2.04 万人,比上年增长 3.7%;幼儿园 67 所,比上年增加 5 所,其中达到一级办园标准的幼儿园占 31.34%,在园幼儿 1.03 万人。校外教育情况,在少年宫参加活动小组学生数达 2395 人,比上年增长 1.8%。全县中小学图书藏量达到 157.9 万册。

科学技术:全年专利申请量 552 件,比上年增加 188 件;专利授权量 254 件,比上年增加 138 件。其中,企业专利授权 236 件,增加 152 件。全年技术合同成交总额 1.8 亿元,比上年增长 12.2%。

文化:年末全县公共图书馆总藏量 64.57 万册(件),比上年增加 4.14 万册(件),总流通人次 13.65 万;新华书店全年发行图书 71 万册,比上年下降 1.4%。全县文化馆(站)21 个,组织文化演出 3829 场,观众达 73.94 万人次,是上年的 2.3 倍;县级影剧院全年共放映电影和戏曲文艺演出 1416 场,观众 11.8 万人次。全县文化娱乐场所 66 个,从业人员 638 人。

卫生:年末全县共有卫生机构 641 个,其中农村卫生机构 457 个;卫生技术人员 3988 人,比上年增长 3.9%。每千人医院床位数 3.12 张,与上年基本持平;每千人执业(助理)医师数 3.25 人,比上年提高 6.6%;每千人注册护士数 2.36 人,比上年提高 16.3%;每千人拥有社区全科医生、社区护士、预防保健人员数 1.52 人,比上年提高 6.3%。全年医院和社区卫生服务中心总诊疗 412.9 万人次,其中社区卫生服务中心接诊量占 43.4%;健康检查 26.7 万人次,比上年增长 0.4%。全年婴儿死亡率 2.47‰,比上年下降 48.4%。全县居民平均期望寿命 77.68 岁。农村新型合作医疗参合率 99.91%。

体育:年末全县共有体育场馆 28 个;全年共举办全民健身活动 40 次,参加活动人数达 12 万人次。获得全国性比赛奖牌 6 枚,其中金牌 2 枚;获得市级性比赛奖牌 183 枚,其中金牌 63 枚。

公报注释:

1. 地区生产总值及其中各行业增加值绝对数、增长速度均按现价计算。

2. 本公报中行业划分标准依照《国民经济行业分类》(GB/T4754-2011)。

3. 恩格尔系数是指居民食品支出占消费支出总额的比重。

4. 公报中部分数据合计数或相对数由于计量单位取舍不同而产生的计算误差,均未作机械调整。

附　　录

2013年县政府为人民群众拟办的重要实事

类别	序号	实事内容	计划投资(万元)	资金来源	牵头领导	责任单位	完成时间
一、安居惠民工程	1	实施老旧小区改造工程,对小区路面、污水管线、屋面防水及用电设备进行升级改造;实施既有非节能居住建筑节能改造工程,改造总面积51.02万平方米。	37879	市财政 县财政	王稳东 李光辉	住建委 供电公司	2013.12.31
	2	改善中低收入家庭住房条件,在观光塔地块建设经济适用房460套。	10400	单位自筹	李光辉	住建委	2013.12.31
	3	实施农民安居工程,完成山区泥石流易发区及生活困难地区1000户2500人搬迁工作。	8500	市专项资金	蒋学甫	农　委	2013.12.31
	4	翻建农村社救对象危房300户、维修70户,翻建优抚对象危房50户。	1715	县财政	郭洪泉	民政局	2013.11.30
二、强农富民工程	5	开发绿色就业岗位3000个,制定绿色就业优惠政策,输出城乡富余劳动力3500人。	6700	市财政 县财政	郭　鹏	人力社保局	2013.12.31
	6	实施农业节水灌溉工程,新增节水灌溉面积1.3万亩,新打井56眼,更新井37眼,铺设输水管道180千米,修复输水管道109千米。	4681	市政府固定资产投资	蒋学甫	水务局	2013.7.31
	7	加快民俗旅游产业发展,新发展民俗户1000户。	3000	县财政	蒋学甫	旅游委	2013.12.31
	8	实施农业科技创新工程,建设葡萄酒、高档冷水鱼、北京油鸡三个特色农业科技产业链;培育4个农业科技(科普)示范基地品牌;开展农业科技推广培训2万人次。	380	市科委	杨　珊	科　委	2013.12.31
	9	实施农民培训工程,培训农民实用人才10万人次,开展果树技术培训4万人次。	300	市转移支付	蒋学甫	农　委 园林绿化局	2013.12.31

类别	序号	实　事　内　容	计划投资（万元）	资金来源	牵头领导	责任单位	完成时间
三、社会保障惠民工程	10	扩大养老保险覆盖范围，城乡居民养老保险参保率保持在98%以上。	6623	县财政	郭　鹏	人力社保局	2013. 12. 31
	11	实施幸福晚年工程，完成不老屯镇、溪翁庄镇、太师屯镇及鼓楼街道4个社会福利中心改扩建工程。	3251	市财政 单位自筹	郭洪泉	民政局	2013. 12. 31
	12	设立见义勇为救助责任保险和自然灾害公众责任保险，增强群众抵御自然灾害、意外事故的能力，完善社会救助机制。	70	县财政	王稳东	人保财险密云支公司	2013. 03. 31
四、平安密云建设工程	13	实施中小河道治理工程，提高防洪能力，拆除违章建筑物5938平方米，移伐树木12. 4万棵，清理淤积物378. 2万立方米。	7750	市财政 县财政	蒋学甫	水务局	2013. 6. 30
	14	实施避难场所建设工程，提高防灾抗灾能力，新建不老屯镇（黄土坎村）、石城镇（贾峪村）、新城子镇（遥桥峪村）避难场所，改建冯家峪镇（番字牌小学）、不老屯镇（半城子水库管理处）避难场所。	6286	市专项资金	蒋学甫	农　委	2013. 6. 30
	15	实施"7・21"水毁修复工程，修复穆家峪、巨各庄等镇供水设施，修复潮河流域6座漫水桥，清除大城子镇域河道内淤积物。	1277	中央财政 市财政	蒋学甫	水务局	2013. 5. 31
	16	提高群众防灾减灾意识和自救互救能力，对4900名重点行业从业人员、师生进行避险逃生和自救互救技能培训。	83. 42	县财政	王稳东	红十字会	2013. 12. 31

类别	序号	实 事 内 容	计划投资(万元)	资金来源	牵头领导	责任单位	完成时间
五、公共服务设施提升工程	17	实施新农村“三起来”工程,安装太阳能路灯2000盏,建设太阳能公共浴室54个。	5585	市转移支付 市发改委 单位自筹	王稳东 蒋学甫	农　委 发改委	2013. 12. 31
	18	改善办学办园条件,新建第七幼儿园,翻建古北口中心幼儿园和巨各庄东白岩小学。	4308	市、县财政 单位自筹	蒋学甫	教　委 各相关镇	2013. 12. 31
	19	利用锅炉并网集中供暖后腾退房屋,为社区居民生活提供便利。	1000	县财政	李光辉 郭洪泉	鼓楼街道 果园街道	2013. 12. 31
	20	建设18个镇(街)便民服务中心,在村(居)建设便民服务代办点,在全市率先建成覆盖县、镇(街)、村(居)“上下联动、层级清晰、覆盖城乡、服务高效”的三级联动便民服务体系。	720	各镇(街) 自筹	王稳东	行政服务 中心 监察局 各镇街	2013. 9. 30
	21	满足群众收看高质量数字电视节目需求,实施密云电视台演播系统升级改造,提升节目编播水平。	400	市、县财政	郭洪泉	广电中心	2013. 12. 31
	22	提高生活垃圾减量化、资源化水平,完成城区5个小区垃圾分类工作。	300	市容环境 划转	李光辉	市政市 容委	2013. 12. 31
	23	方便群众出行,改善候车条件,新建候车亭200个。	200	县财政 单位自筹	李光辉	交通局	2013. 12. 31
	24	为社区居民提供优质高效服务,建设8个社区规范化示范点,统一社区服务站标识,规范服务流程,推进“一刻钟社区服务圈”建设。	120	市社会建设 资金 县财政	郭洪泉	社会办	2013. 11. 30
	25	发展10家社区便民菜店,为群众购买蔬菜等鲜活农产品提供便利。	40	单位自筹	杨　珊	商务委	2013. 12. 31

类别	序号	实　事　内　容	计划投资（万元）	资金来源	牵头领导	责任单位	完成时间
六、卫生健康惠民工程	26	实施农民健康工程，农民体检率达到100%；落实新型农村合作医疗报销政策，参合率不低于99.89%；方便山区群众看病，每周提供不少于3次的中医药巡诊服务。	7700	县财政	王稳东	卫生局	2013.12.31
	27	广泛开展全民健身运动，普及太极拳、太极剑2万人，创建体育生活化社区8个，建设健身步道1条，更新公共健身器材。	445	市财政 县财政	郭洪泉	体育局	2013.12.31
	28	开展优生优育工作，提高出生人口素质，对计划怀孕夫妇普及优生优育科学知识，知晓率达到85%以上。积极动员鼓励孕前检查，为农民、城镇无业居民夫妇提供免费孕前检查服务（300对以上）。	47	市财政 县财政	王稳东	人口 计生委	2013.12.31
七、特殊群体关爱工程	29	完成大中型水库移民和水库一级保护区内生活困难群众补助发放工作，涉及农业户口移民63171人，农转非移民22850人，水库一级区内生活困难群众35595人。	3432.7	市财政	蒋学甫	农　委	2013.12.31
	30	为残疾人生活提供便利，对1000户残疾人家庭进行无障碍改造。	1000	市财政转移支付	郭洪泉	残　联	2013.12.31

2013年县政府重大项目重点工程一览表

一、重点产业工程项目共30项(1-30项)

序号	工程名称	总工程量及2013年任务	工程资金	牵头单位	牵头领导	完成时间	建设地址
1	古北水镇国际休闲度假区项目	打造国际会议休闲度假区。2013年计划完成全部建筑和相关配套基础设施、装修工程。确保10月正式营业。	计划总投资40亿元。2013年计划完成投资8亿元。	司马台雾灵山国际休闲度假区管委会	李光辉 蒋学甫	2013.12	古北口镇司马台村
2	生态商务区开发建设工程	生态商务区东区一级开发建设,占地约1700亩。2013年计划启动东区一级开发授权,土地一级开发立项及农转用手续,地上物搬迁工作。	计划总投资14亿元,北京京密投有限公司投资。2013年计划完成60%以上投资。	生态商务区管委会	杨　珊 李光辉	2013.12	东至新东路,南至潮河,北至水源路,西至南山路。
3	华润生态乐活城项目	2013年计划启动A-1地块立项、规划、环评、开工等手续办理,并开工建设中央公园、生态展示中心、住宅一期、商业综合体项目,完成A-2地块土地一级开发入市、商务写字楼图纸初步设计工作。	计划总投资约60亿元,华润置地(北京)公司投资。2013年计划完成投资约7.5亿元。	生态商务区管委会	杨　珊 李光辉	2015.10	东至南山路,西至滨河路,南至规划一号路,北至水源路。
4	北汽福田多功能汽车厂项目	2013年办理相关开工审批手续,新建冲压车间及车身车间、物流仓库,总建筑面积12.3万平方米。	2013年完成投资9亿元。	经济开发区总公司	郭　鹏 李光辉	2014.12	开发区B区
5	华润希望小镇项目	2013年新建电力开闭站、天然气压缩站等;完成穆石路西段及沙石路改扩建,力争完成黑大路改扩建工程;建设一期新民居217套,开发建设天福号农庄、凤凰苗圃基地及五丰农业基地等产业项目。	计划总投资约9亿元,其中华润置地(北京)股份有限公司投资2亿元;北京天福号农庄有限公司投资3.5亿;市、县政府投资3.3亿元;镇村投资0.25亿元。2013年计划完成投资2.8亿元。	穆家峪镇	蒋学甫 李光辉	2014.12	穆家峪镇

序号	工程名称	总工程量及2013年任务	工程资金	牵头单位	牵头领导	完成时间	建设地址
6	中国印旅游度假区工程	一期用地1785亩。 2013年计划完成控规报批及土地一级开发等工作。	中化集团投资，2013年计划投资6亿元。	溪翁庄镇	李光辉	2019.12	溪翁庄镇北白岩村西侧
7	云蒙山绿色休闲度假区	加大招商引资力度，尽快盘活云蒙山资源，打造绿色休闲度假区。	——	经信委 旅游委	王稳东	2013.12	石城镇 云蒙山
8	太子务开发区开发建设工程	对太子务矿区进行规划开发建设等工作。 2013年积极推进太子务开发区筹备工作，推动规划等前期手续。做好管理和招商引资工作。	计划一期总投资10亿元。	太子务开发区管委会筹备组	李光辉	2015.12	西田各庄镇
9	北京科技成果转化（密云）示范基地	2013年计划启动北侧地块部分综合服务楼及标准厂房10-15万平方米建设工程，实施园区市政配套设施建设。	计划总投资20亿元，北京高技术创业服务公司投资。2013年计划投资2亿元。	经济开发区总公司	李光辉 杨　珊 郭　鹏	2014.10	开发区B区
10	贝尔直升机中国汇项目	计划建设用地总面积约300亩。 2013年计划建设办公区1800平方米，维修机库4800平方米，飞机展示大厅5900平方米，看台5000平方米，人工湖3000平方米，客车停车场4000平方米。	华彬集团投资。2013年计划投资3亿元。	发改委 投资促进局	王稳东 杨　珊	2015.12	穆家峪镇前栗园村北
11	啤酒厂迁址新建项目	新建一座占地约500亩，建筑面积267000平方米，年产60万千升的现代化啤酒制造厂。 2013年计划完成选址、立项等审批手续，一期工程力争开工建设。	计划总投资约6.5亿元，青岛啤酒三环有限公司投资。2013年计划投资3亿元。	经信委	王稳东 郭　鹏	2018.12	——

序号	工程名称	总工程量及2013年任务	工程资金	牵头单位	牵头领导	完成时间	建设地址
12	酒乡之路基础设施及环境提升工程	对酒乡之路沿线实施基础设施、配套景观等工程,建筑面积3000平方米。2013年计划全部完成并投入使用。	计划总投资0.8亿元。2013年计划完成全部投资。	巨各庄镇	蒋学甫	2013.12	酒乡之路沿线黄各庄等15个村
13	玉龙谷旅游风景区建设工程	以清水河南岸朱家湾村为起点至锥峰山,全长11公里。实施景观、文化创意、自然水系、会议休闲、生态农产品加工销售综合开发建设。总占地6000亩,总建筑面积30万平方米。 2013年完成玉龙谷风景区民俗村建设,网格式绿化、百果堤工程。完成北京玉龙(密云)文化创意产业园项目审批立项工作,启动大岭、抗峪、朱家湾壁画村建设项目。	总投资14亿元,北京艾德伟业投资公司投资。2013年计划完成投资1.3亿元。	北庄镇	蒋学甫	2018.12	北庄镇抗峪村
14	远大黄金酒店	总建筑面积8.27万平方米。2013年计划完成总工程量的50%。	计划总投资约10亿元,中国远大集团投资。2013年计划完成投资2亿元。	溪翁庄镇	王稳东	2014.12	溪翁庄镇立新村北侧
15	北京吉马红酒庄园项目	尽快编制选址,2013年计划完成大门、围墙、道路、酒窖、发酵站、酒品购物馆、微型酿酒馆及综合服务大楼等建设。	计划总投资8亿元,吉马集团投资。2013年计划投资1亿元。	穆家峪镇	蒋学甫	2015.12	穆家峪镇西穆家峪村
16	北京华源泰盟节能设备有限公司项目	占地152亩,建设2万平方米厂房并购置设备。 2013年计划完成厂房建设工作。	计划总投资约5亿元,由华源泰盟节能设备公司投资。2013年计划投资0.5亿元。	经济开发区总公司	李光辉	2013.7	开发区A区

序号	工程名称	总工程量及2013年任务	工程资金	牵头单位	牵头领导	完成时间	建设地址
17	北京松芝福田汽车空调有限公司项目	占地75亩,建设2.5万平方米厂房并购置设备。 2013年计划完成前期手续办理,并争取开工。	计划总投资约5亿元,由松芝福田汽车空调公司投资。2013年计划投资0.6亿元。	经济开发区总公司	李光辉	2014.12	开发区A区
18	华电北京密云光伏发电项目	2013年计划全部完成。	计划总投资4.6亿元,由华电集团发电运营公司投资。2013年计划完成全部投资。	西田各庄镇	王稳东	2013.12	西田各庄镇卸甲山村
19	国际老年大学项目	占地面积50亩,建筑面积4万平方米。 2013年计划全部完成。	计划总投资约3亿元,国家老龄委投资。2013计划完成全部投资。	溪翁庄镇	郭洪泉	2013.12	溪翁庄镇口门子村东侧
20	北京生命健康城项目	占地约350亩,先期规划建筑面积55000平方米。 2013年计划完成项目规划调整工作,完善基础配套设施建设,拆除现有建筑,启动项目一期工程。	计划总投资约3亿元,合生创展集团公司投资。2013年计划投资0.2亿元。	不老屯镇	李光辉	2015.12	不老屯镇转山子水库东侧
21	生态矿山建设综合项目	购置设备及掘进巷道总长12公里。 2013年计划掘进约1.9公里。	计划总投资约2.95亿元,北京威克冶金有限责任公司投资。2013年计划投资0.27亿元。	经信委	郭　鹏	2016.3	北京威克冶金有限责任公司
22	今麦郎饮品股份有限公司项目	2013年计划建设完成产品试制车间13188平方米。	计划总投资2.4亿元,今麦郎公司投资。2013年计划完成投资0.5亿元。	经济开发区总公司	李光辉	2013.7	开发区A区

序号	工程名称	总工程量及2013年任务	工程资金	牵头单位	牵头领导	完成时间	建设地址
23	安全饲料添加剂及动物保健品产业化基地	占地面积33.3亩,总建设用地规模约15886平方米,建筑面积约18561平方米。 2013年计划完成研发楼及车间用房,建筑面积14139平方米,并进行设备安装工作。	计划总投资约1.17亿元,北京康华远景科技有限公司投资。2013年计划完成投资0.45亿元。	经济开发区总公司	李光辉 郭 鹏	2014.5	开发区B区
24	闪联创新中心项目	占地81亩,建设40000平方米研发楼。 尽快开展编制地块控规,2013年计划完成前期手续办理,争取开工。	计划总投资1亿元,云联时代科技发展有限公司投资。2013年计划投资0.5亿元。	经济开发区总公司	李光辉	2014.12	开发区A区
25	北京中电加美环保设备有限公司	占地面积33.54亩,建筑面积9680平方米。包括厂房、研发和办公大楼等。 2013年计划完成场地及道路平整、硬化等工程。	计划总投资约0.9亿元,北京中电加美环保设备有限公司投资。2013年计划投资0.2亿元。	经济开发区总公司	李光辉 郭 鹏	2014.5	开发区B区
26	奥特翔游乐设备项目	占地面积28亩,建筑面积20000平方米,其中厂房面积14000平方米,研发办公用房面积6000平方米。 2013年计划全部完成。	总投资0.6亿元,奥特翔游乐设备公司投资。2013年计划完成全部投资。	西田各庄镇	郭 鹏	2013.12	西田各庄镇环保工业园
27	张裕整体提升改造工程	对欧洲小镇、中餐厅、咖啡厅进行提升改造。修建停车场1000平方米,配套实施道路及绿化景观工程。 2013年计划全部完成。	计划投资0.6亿元,张裕集团投资。2013年计划完成全部投资。	巨各庄镇	李光辉	2013.12	巨各庄镇东白岩村
28	北京华远达电力设备生产基地	占地约25.45亩,总建筑面积13000平方米。 2013年计划启动办公楼、厂房、宿舍楼等工程。	计划总投资0.45亿元,北京华远达电力投资有限公司投资。2013年计划完成投资0.25亿元。	经济开发区总公司	李光辉 郭 鹏	2013.12	开发区B区

序号	工程名称	总工程量及2013年任务	工程资金	牵头单位	牵头领导	完成时间	建设地址
29	北京金万众机械科技有限公司生产基地	建筑面积9174平方米。包括仓储后勤楼、联合、制造车间。 2013年计划完成总工程量的80%，建设完成制造车间与联合车间，新建后勤仓储楼。	计划总投资1.45亿元，北京金万众机械科技有限公司投资。2013年计划完成投资0.2亿元。	经济开发区总公司	李光辉 郭　鹏	2014.12	开发区B区
30	白道峪奇石文化产业园项目	占地面积24亩，建筑面积13850平方米。 尽快编制选址规划，2013年计划完成立项、设计等前期工作。	计划总投资约0.6亿元，白道峪旅游开发有限公司投资，2013年计划投资0.1亿元。	西田各庄镇	蒋学甫	2014.12	西田各庄镇白道峪村

二、基础设施工程项目共32项（31-62项）

序号	工程名称	总工程量及2013年任务	工程资金	牵头单位	牵头领导	完成时间	建设地址
31	京承高速联络线西统路北延工程	从原西统路环岛至密关路，全长16.03公里，主要包括道路、桥梁、排水、交通、照明、绿化工程。 2013年计划取得初步设计概算批复并完成招标工作，实施道路工程建设。	计划总投资约9.3亿元。2013年计划完成投资1.3亿元。	市政市容委 经济开发区 水务局	李光辉	2014.12	西田各庄镇 溪翁庄镇
32	京承高速联络线西统路工程	2013年计划完成京承高速路收费站、跨潮白河桥梁（三标）等工程，确保7月实现全线通车。	2013年计划投资约0.77亿元。	市政市容委	李光辉	2013.7	开发区 十里堡镇
33	101国道绕城线工程（101国道彩虹门-沙峪沟桥东侧）	2013年计划完成密云镇、檀营地区及密云火车站、小唐庄火车站的拆迁工作，实施道路工程建设，力争年内全线贯通。	2013年计划投资3.6亿元。	市政市容委	李光辉	2013.12	穆家峪镇 檀营地区 密云镇 十里堡镇
34	密兴路二期道路工程	2013年计划完成隧道187米，确保全线通车。	总投资约4.07亿元，市路政局投资。2013年计划完成投资6500万元。	公路分局 市政市容委	李光辉	2013.11	大城子镇

序号	工程名称	总工程量及2013年任务	工程资金	牵头单位	牵头领导	完成时间	建设地址
35	密关路改扩建工程	从溪翁庄镇七孔桥,至石城镇新白河大桥,全长约10.66公里,路基总宽13.5米,新建、改建桥梁7座。 2013年计划全部完成。	总投资约3.31亿元,其中市交通委投资1亿元,市发改委投资约1.95亿元,县政府投资约0.36亿元。2013年投资约0.56亿元。	石城镇 溪翁庄镇 市政市容委	李光辉	2013.10	溪翁庄镇 石城镇
36	京承高速联络线司曹路工程(司马台立交—古北口段)	从古北口镇101国道与拥军路交汇处,至京承高速司马台立交桥,全长约11.29公里,路基宽10米,路面宽7米,建设桥梁3座、隧道1座。 2013年计划全部完成。	总投资2.57亿元,其中市发改委投资2.2亿元,古北口镇投资0.37亿元。2013年计划投资1.2亿元。	古北口镇 市政市容委	李光辉	2013.8	古北口镇
37	白云街道路工程(101国道绕城线—车站路)	从密云新城西环路至车站路,全长2.41公里,主要包括道路、桥梁、排水、交通、照明、绿化工程。 2013年计划完成大唐庄及李各庄、电机厂地上物拆迁、征地工作,实施道路工程,力争年内全线贯通。	总投资2.04亿元,其中市发改委投资0.94亿元,县政府投资1.46亿元。2013年计划投资1.47亿元。	市政市容委	李光辉	2013.12	密云镇 鼓楼街道
38	云西四路	从密西路至云西八街,全长3.4公里,规划红线40米。 2013年计划取得初步设计概算批复并完成招标工作,年内开工建设。	计划总投资约2.08亿元,市发改委投资1.32亿元,县政府投资0.76亿元。2013年计划完成投资1.76亿元。	市政市容委	李光辉	2014.6	西田各庄镇 十里堡镇 开发区
39	雁密路东延道路工程	从云西四路至兴盛北路,全长3.8公里,主要包括道路、排水、交通、照明等工程。 2013年计划取得初步设计概算批复并完成招标工作,部分路段开工建设。	计划总投资约5.57亿元,其中市发改委投资1.27亿元,县政府投资4.3亿元。2013年计划完成投资1.2亿。	市政市容委	李光辉	2014.12	十里堡镇 开发区

序号	工程名称	总工程量及2013年任务	工程资金	牵头单位	牵头领导	完成时间	建设地址
40	京承高速与琉辛路连接线工程	从京沈路松树峪路口至高上路口，全长7.2公里，主要包括道路、桥梁、排水、交通、绿化、照明等工程。 2013年计划全部完成。	总投资1.5亿元，市交通委投资。2013年计划完成投资0.68亿元。	公路分局 市政市容委 相关镇	李光辉	2013.12	高岭镇 太师屯镇
41	马北路工程	从京沈路汤河桥至马场，全长5.9公里，主要包括路基、路面、隧道、绿化等工程。 2013年计划主体完工。	计划总投资约1.4亿元，由市路政局投资。2013年计划完成投资1亿元。	公路分局 市政市容委 相关镇	李光辉	2013.12	古北口镇 太师屯镇
42	马北路支线工程	从京承高速司马台出口至司曹路一期，全长3.2公里，主要包括路基、路面和绿化等工程。 2013年计划全部完成。	总投资1.1亿元，市路政局投资。2013年计划完成投资0.45亿元。	公路分局 市政市容委 相关镇	李光辉	2013.6	古北口镇 太师屯镇
43	潮东路改扩建工程	从京承高速新农村立交桥至蔡家洼，全长1.27公里，主要包括道路、跨潮河桥、绿化及照明等工程。 2013年计划建设完成主体工程。	计划总投资约0.52亿元。2013年计划完成投资约0.41亿元。	巨各庄镇 公路分局 市政市容委	李光辉	2013.12	巨各庄镇 东白岩村
44	垃圾综合处理中心工程	工程占地约721.5亩，建筑面积12180平方米。 2013年计划完成可研报告，取得初步设计概算批复，启动拆迁及招投标工作，力争年内开工建设。	计划总投资13.4亿元。2013年计划完成投资约1亿元。	市政市容委	李光辉	2015.12	巨各庄镇
45	密云新城滨河森林公园	2013年计划完成二期东段面积1225.5亩绿化美化工作。	2013年计划完成投资0.8亿元。	园林绿化服务中心	蒋学甫	2013.12	密云新城潮河及潮白河两岸

序号	工程名称	总工程量及2013年任务	工程资金	牵头单位	牵头领导	完成时间	建设地址
46	体育中心	占地面积230亩,建筑面积42400平方米,主要包括:体育场、体育馆、游泳馆等。 2013年计划完成立项、征地、规划设计,力争完成围挡工作,实现体育场、体育局体校办公楼开工。	计划总投资约3.46亿元。2013年计划完成投资1000万元。	体育局 发改委 住建委 规划分局 国土分局 河南寨镇	郭洪泉 李光辉	2015.12	河南寨镇圣水头村北侧,港中旅房车基地西侧。
47	地表水厂建设工程	建地表水厂1座,日供水规模5万吨,改造管线1.3公里,铺设配水管线12.8公里。 2013年计划完成净水厂及清水池等相关配套设施建设工作。	工程总投资2.33亿元,其中市发改委投资1.47亿元,县政府投资0.86亿元。2013年计划完成投资1.14亿元。	水务局	蒋学甫	2014.6	穆家峪镇前栗园村
48	新城再生水厂	占地面积约150亩,新建污水及再生水厂1座和厂外配套管道工程。 2013年计划完成可研报告及初步设计概算批复,争取开工。	计划总投资约4.3亿元。拟争取市发改委投资。	水务局	蒋学甫	2015.12	开发区A区西南部
49	云西地区再生水厂工程	建再生水厂1座,日处理污水2万吨,铺设管线3.3公里,建设功能湿地79.95亩。 2013年计划完成水厂功能湿地79.95亩,同步铺设回用管道3.3公里。	计划总投资1.3亿元,其中市政府固定资产投资约0.99亿元,县政府投资约0.31亿元。2013年计划完成全部投资。	水务局	蒋学甫	2013.12	开发区B区
50	塘峪220千伏变电站工程	建设变电站一座,安装180兆伏安主变压器2台,新建配套架空线路。 2013年计划完成规划意见书等前期手续办理工作。	计划总投资约5亿元,由供电公司投资。	供电公司	王稳东	2015.12	巨各庄镇

序号	工程名称	总工程量及2013年任务	工程资金	牵头单位	牵头领导	完成时间	建设地址
51	太北110千伏输变电工程	新建110千伏变电站1座,新建架空线路3.7公里,改造架空线路25公里。 计划2013年7月1日完成。	计划总投资约1.05亿元,供电公司及县政府投资。	供电公司	王稳东	2013.7	冯家峪镇 不老屯镇 高岭镇 太师屯镇
52	司马台35千伏(终期110千伏)输变电工程	新建35千伏变电站一座,新建架空线20公里。 计划2013年7月1日完成。	计划总投资1.02亿元,供电公司及县政府投资。	供电公司	王稳东	2013.7	古北口镇 太师屯镇
53	檀营110千伏输变电工程	新建110千伏变电站1座,新建架空线路约12.6公里。 2013年计划完成总工程量的60%,确保变电站土建及架空线工程竣工。	计划总投资约0.94亿元,供电公司及县政府投资。2013年计划投资0.13亿元。	供电公司	王稳东	2014.12	密云镇 檀营地区
54	10千伏及以下农村电网升级改造工程	对10千伏及以下农村电网进行升级改造,共改造10千伏架空线路526.8公里,0.4千伏线路105.1公里,加装各类开关设备331台、电压器126台。 2013年计划完成工程量的80%。	计划总投资1.2亿元,供电公司投资。2013年计划投资0.2亿元。	供电公司	王稳东	2014.12	相关乡镇
55	用电信息采集系统工程	更换单相智能表18万具,更换计量箱18万个,加装隔离开关、断路器和接户线等配套装置。 2013年计划更换单相智能表6万具,更换计量箱6万个,加装隔离开关、断路器和接户线等配套装置。	计划总投资约0.94亿元,县供电公司投资。2013年计划投资900万元。	供电公司	王稳东	2015.12	城区居民小区
56	县城区老旧供热管网改造工程	对密云县城区21个小区老旧供热管网进行改造,改造管道总长85140米,涉及供热建筑面积约76万平方米。 2013年11月1日前完成全部改造工作。	总投资0.78亿元,市发改委投资30%,县政府投资20%,北京心连心热力有限公司投资50%。2013年计划完成全部投资。	心连心热力有限公司	李光辉	2013.11	密云城区

序号	工程名称	总工程量及2013年任务	工程资金	牵头单位	牵头领导	完成时间	建设地址
57	集中供热锅炉脱硝脱硫除尘改造工程	对14台锅炉进行脱硝除尘改造,6台锅炉进行脱硫除尘改造。 2013年11月1日前完成全部改造。	总投资约1.21亿元,北京心连心热力有限公司投资。2013年计划完成全部投资。	心连心热力有限公司	李光辉	2013.11	嘉宏、悦居、恒通园、热必达四大热源厂
58	热计量改造工程	对55个小区进行供热计量改造,改造面积252.16万平方米。 2013年11月1日前完成全部供热计量改造工作。	总投资约0.86亿元,其中市财政补贴80%,北京心连心热力有限公司投资20%。2013年计划完成全部投资。	心连心热力有限公司 市政市容委	李光辉	2013.11	密云城区
59	大唐煤制天然气管道工程	全长115公里,涉及我县六个镇约92公里。 2013年计划完成全部地上物拆迁补偿工作,腾退土地,具备贯通施工条件,年内主体工程基本完工。	总投资约22.43亿元(征地拆迁估算投资约7亿元),中石油北京天然气管道有限公司投资。	市政市容委 相关镇	李光辉	2013.12	古北口镇 太师屯镇 北庄镇 大城子镇 巨各庄镇 河南寨镇
60	小城镇污水处理市场化建设配套管网工程	新建污水收集管网总长449672米,中水回用管网21170米。 2013年计划完成新建污水收集管网224800米,中水回用管网10580米。	总投资约0.97亿元,其中市发改委投资约0.87亿元,县政府投资约0.1亿元。2013年计划完成投资0.48亿元。	水务局 相关镇	蒋学甫	2014.1	巨各庄镇 大城子镇 新城子镇 石城镇 西田各庄镇 冯家峪镇 穆家峪镇 古北口镇 高岭镇
61	通信基础网络提升工程	对30000个用户实施光纤接入改造,建设3G基站30个。 2013年计划全部完成。	计划总投资0.5亿元,联通公司投资。2013年计划完成全部投资。	联通公司	李光辉	2013.11	全县
62	太师屯镇镇区供热管网系统工程	铺设热力管网13.74公里,新建换热站10座,改造1座。 2013年计划全部完成,保证镇区冬季供暖。	计划总投资1亿元,拟争取市发改委全额投资。2013年计划完成全部投资。	太师屯镇	李光辉	2013.12	太师屯镇

三、城镇开发建设工程项目共 11 项(63-73 项)

序号	工程名称	总工程量及 2013 年任务	工程资金	牵头单位	牵头领导	完成时间	建设地址
63	檀营旧村改造工程	完成拆迁 747 户,回迁 747 户,为回迁居民办理房屋产权手续。 2013 年计划完成拆迁 747 户,回迁 747 户。	计划总投资 20 亿元,政府融资。2013 年计划完成投资 17 亿元。	檀营地区办事处	王海臣 王玉江 王稳东	2013. 12	檀营地区
64	原圆明三园旅游房地产开发项目	征地 1878 亩,建筑面积 53 万平方米。 2013 年计划开工面积 7 万平方米。	计划总投资 20 亿元,浙江绿城集团投资。2013 年投资 5 亿元。	溪翁庄镇	李光辉	2016. 12	溪翁庄镇溪翁庄村(密溪路两侧)
65	观光塔住宅小区项目	对观光塔 AB 地块,实施住宅小区开发建设,建筑面积 30 万平方米。 2013 年力争全部开工。	计划总投资约 14. 66 亿元,北京城建兴云房地产公司投资。2013 年计划完成投资 4. 6 亿元。	住建委	李光辉	——	密云镇
66	首都师范大学附属密云中学西侧住宅项目	占地 107 亩,建设住宅楼 23 栋,总建筑面积 162443 平方米,其中保障房 21400 平方米,商品房 141043 平方米。 2013 年计划完成工程总量的 50%,力争 15 栋住宅楼封顶。	计划总投资 9. 8 亿元,北京东方地景房地产开发有限公司投资。2013 年计划完成投资 2 亿元。	住建委	李光辉	2014. 12	首师大附属密云中学西侧
67	中储粮密云直属库迁址新建工程	占地面积 550 亩,新建 40 万吨仓容粮库,建筑面积约 12 万平方米。 2013 年计划实施一期建设工程,包括 20 万吨粮库厂房、办公楼及配套设施。完成一期工程量的 40%。	计划总投资约 5 亿元,县政府投资。2013 年计划完成投资 0. 15 亿元。	住建委	王稳东 李光辉	——	西田各庄镇小水峪村

序号	工程名称	总工程量及2013年任务	工程资金	牵头单位	牵头领导	完成时间	建设地址
68	原富帛公司土地开发项目	收回国有土地182.86亩,房屋58117平方米及地上、地下基础设施,并完成地上物拆迁工作。 2013年计划完成地块控规审批,二级选址条件及地价审核等前期手续,完成地上物拆迁,达到"三通一平",入市交易条件。	总投资约3.05亿元,北京密政土地开发整理中心投资。	密政土地整理中心	李光辉	2013.12	十里堡镇双井村北
69	观光塔住宅小区土地一级开发项目D地块	一级开发用地面积99.45亩,规划总建筑面积91996平方米,达到"三通一平",入市交易条件。	计划总投资1.31亿元。2013年完成全部投资。	国土分局发改委	李光辉	2013.12	密云新城0202街区东北部
70	看守所建设工程	占地面积120亩,建筑面积3.22万平方米。 2013年计划完成用地规划选址、立项、征地、环评项目报批手续。	计划总投资约1.8亿元。2013年计划完成投资0.5亿元。	公安局	王稳东 李光辉	2015.12	河南寨镇台上村南
71	密云镇李各庄村旧村改造工程	建设回迁楼两栋,建筑面积1.1万平方米。 2013年计划全部完成。	计划总投资0.14亿元,村委会投资。2013年计划完成全部投资。	密云镇	李光辉	2013.12	密云镇李各庄村
72	密云镇王家楼小唐庄大唐庄村回迁楼地块拆迁工程	2013年力争完成密云镇王家楼村、小唐庄村、大唐庄村回迁楼地块地上物拆迁补偿工作。	2013年计划拆迁354户,每户补偿180万元,预计投资约6.3亿元。	密云镇	李光辉	2013.12	密云镇王家楼村、小唐庄村及大唐庄村。
73	密云镇一街新村南菜园新村地上物拆迁工程	2013年力争完成密云镇一街新村、南菜园新村土地规划等手续办理工作,启动地上物拆迁补偿工作。	2013年计划拆迁267户,每户补偿180万元,预计投资约4.8亿元。	密云镇	李光辉	2013.12	密云镇一街新村、南菜园新村。

四、农业、林业、绿化及生态建设工程项目共 10 项(74-83 项)

序号	工程名称	总工程量及 2013 年任务	工程资金	牵头单位	牵头领导	完成时间	建设地址
74	平原地区造林工程	计划造林 25000 亩。 2013 年计划全部完成。	计划总投资 6.92 亿元,市发改委和市财政局各投资 3.46 亿元。2013 年计划完成全部投资。	园林绿化局	蒋学甫	2013.12	西田各庄镇 溪翁庄镇 穆家峪镇 巨各庄镇 十里堡镇 河南寨镇
75	南水北调配套拆迁工程	拆迁占地面积为 1914.86 亩。 2013 年计划全部完成。	估算总投资约 3.8 亿元。市南水北调办全额拨付。2013 年计划完成全部投资。	水务局 相关镇	王稳东 李光辉 蒋学甫	2013.12	从密云水库大坝下电站沿京密引水渠左堤到疃里村与怀柔交界处。
76	旅游环境建设工程	对重要旅游交通沿线及两侧村庄进行旅游综合环境整治;对重点民俗村实施提升改造工程。 2013 年计划完成旅游东、西、北线 3 条主要线路及两侧村庄和重点民俗村环境整治和提升工作。加快旅游咨询服务站建设,完善道路交通和数字信息导示系统。	计划总投资约 0.5 亿元,县政府投资。2013 年计划完成全部投资。	旅游委	蒋学甫	2013.12	相关乡镇
77	矿点、矿坑生态治理工程	加强对密云水库周边废弃铁矿矿山地质环境和京承高速公路等县域内主要道路两侧及可视范围内废弃矿点、砂石坑的综合治理。 2013 年对密云镇、河南寨镇等非法矿点进行削坡回填、平整场地、生态环境恢复等工程,完成水库周边废弃铁矿矿山地质环境治理工作。	计划总投资 1.53 亿元,其中中央资金 0.6 亿元,市财政投资 0.93 亿元。2013 年计划完成全部投资。	国土分局 矿山公司 相关镇	王稳东 李光辉	2013.12	密云镇 河南寨镇 巨各庄镇 太师屯镇 高岭镇 不老屯镇 首云铁矿 威克铁矿
78	高标准基本农田建设	对现有 30000 亩基本农田提高生产设施条件,配套建设水利、电力、道路等工程。 2013 年计划全部完成。	计划总投资 0.9 亿元,全部为市财政投资。2013 年计划完成全部投资。	国土分局 相关镇	李光辉	2013.12	太师屯镇 高岭镇 不老屯镇 北庄镇

序号	工程名称	总工程量及2013年任务	工程资金	牵头单位	牵头领导	完成时间	建设地址
79	京津风沙源治理工程	人工造林15000亩;爆破造林600亩;封山育林70000亩;人工种草7000亩;暖棚建设5000平方米。小流域治理40平方公里。 2013年计划完成工程量的90%。完成人工造林15000亩;爆破造林600亩;封山育林70000亩;种草7000亩;暖棚建设5000平方米;小流域治理25平方公里。	计划总投资0.85亿元,其中国家专项资金0.19亿元,市发改委资金0.66亿元。2013年计划完成投资0.76亿元。	发改委	蒋学甫	2014.5	古北口、太师屯、高岭等14个镇。
80	全县中小河道治理工程	共治理河道77条,治理长度478697米,拆除建筑物5938平方米,伐移树木124163棵,清淤3782260立方米。 2013年计划全部完成。	计划总投资约0.77亿元,市财政局、县政府共同投资。2013年计划完成全部投资。	水务局 相关镇	蒋学甫	2013.12	相关镇
81	红门川河道治理工程	治理长度19.8公里。主要实施河道扩挖、护砌、筑埝设防及修建部分跨河桥梁工程。 2013年计划完成规划、国土、环保等前期立项手续,获得发改委立项批复,力争年内开工。	计划总投资1.2亿元。	大城子镇	蒋学甫	2015.12	红门川河大城子段
82	农业发展综合楼工程	占地面积30亩,建筑面积22000平方米。 2013年计划完成主体工程建设。	计划总投资约0.97亿元,县政府投资。2013年计划完成投资0.32亿元。	农业服务中心	李光辉	2014.12	密云县城区
83	北京海华云都奶牛养殖基地	占地面积500亩,建筑面积130000平方米。 2013年计划全部完成。	计划总投资约1.5亿元,海华云都生态农业有限公司投资。2013年计划完成全部投资。	西田各庄镇	蒋学甫	2013.12	西田各庄镇西康各庄村

五、民生保障及其它工程项目共12项(84-95项)

序号	工程名称	总工程量及2013年任务	工程资金	牵头单位	牵头领导	完成时间	建设地址
84	县医院迁址新建工程	占地168亩,建筑面积138672平方米。 2013年计划完成工程总量的95%。	计划总投资约9.63亿元,市发改委投资。2013年计划投资2.5亿元。	住建委 卫生局	王稳东	2014.4	长城环岛东南侧,县总工会南侧。
85	灾后重建工程	对大城子、太师屯、巨各庄、北庄和穆家峪等受灾镇,实施河道治理、道路桥梁等基础设施重建工程。 2013年计划完成龙潭沟村灾后重建、黄岩谷河河道治理等工程。	计划总投资9.04亿元,国开行“7·24”救灾贷款投资8.1亿元,市财政投资约0.94亿元。2013年计划投资2.06亿元。	农　委 相关镇	蒋学甫	2013.12	大城子镇 太师屯镇 巨各庄镇 北庄镇 穆家峪镇
86	全国安全实验基地项目	占地240亩,将建成全国最大的非煤矿山化工产品、公共安全、应急安全实验和培训基地。 2013年计划着手建设项目的设计工作,并对已掘砌的巷道、硐室进行拓宽、装饰。	计划总投资5.86亿元,中国安全科学院投资。2013年计划完成投资0.15亿元。	矿山公司	李光辉 郭　鹏	——	北京首云矿业股份有限公司
87	殡仪馆烈士陵园迁址新建工程	占地96.6亩,建筑面积10930平方米。 2013年计划完成征地手续办理工作。	计划投资约0.81亿元,县政府投资。2013年计划完成投资约0.3亿元。	民政局	郭洪泉 李光辉	——	西田各庄镇疃里村北
88	密云二中校园改造一期工程	占地面积118.8亩,建筑面积50993平方米。 2013年计划完成总工程量的35%。	计划总投资2.09亿元,其中市财政投资约1.64亿元,县政府投资约0.45亿元。2013年计划完成投资0.9亿元。	教　委	蒋学甫 李光辉	2014.12	康复路5号
89	消防指挥中心及特勤消防站建设工程	建设用地约15000平方米,新建建筑面积10657平方米,其中包括指挥中心、特勤消防站等。 2013年计划完成征地补偿及前期手续办理工作,争取年底开工。	计划总投资约1.15亿元。 2013年计划完成投资450万元。	公安消防支队	王稳东 李光辉	2014.12	住建委东500米

序号	工程名称	总工程量及2013年任务	工程资金	牵头单位	牵头领导	完成时间	建设地址
90	人力资源市场和社会保障服务中心建设工程	占地约25.79亩,建筑面积19408平方米,其中人力资源培训楼13828平方米,职介楼5580平方米。 2013年计划全部完成。	预计总投资约0.65亿元。2013年计划完成全部投资。	人力社保局	李光辉 郭　鹏	2013.12	101国道南侧
91	云北小区二期经济适用房工程	总用地17.82亩,其中建设用地15.27亩,建筑面积23581.79平方米。2013年计划全部竣工。	计划总投资约0.95亿元,房地产开发总公司投资。2013年计划完成投资约0.4亿元。	房地产开发总公司	李光辉	2014.12	站西路南侧
92	兴云小区2、3、4、5号楼翻建工程	总建筑面积24523.37平方米。 2013年计划全部完成。	计划总投资额0.6亿元,房地产开发总公司投资。2013年计划完成全部投资。	房地产开发总公司	李光辉	2013.8	兴云小区
93	精神卫生保健院建设工程	占地面积约25.38亩,建筑面积12440平方米,主要包括病房楼、门诊、社区、医技用房。同步实施道路、绿化、停车场等工程。 2013年力争完成主体工程,完成工程总量的40%。	计划投资约0.64亿元,其中中央投资600万元,市发改委投资0.52亿元,县政府投资642万元。2013年计划完成投资约0.3亿元。	卫生局	王稳东 李光辉	2014.10	巨各庄镇
94	社会福利中心工程	建设县级养老院、儿童福利院,占地25.65亩,建筑面积21050平方米。 2013年计划完成前期手续筹备工作。	计划总投资约1.05亿元。争取县政府投资及市发改委补贴。	民政局 发改委 住建委 规划分局 国土分局	郭洪泉 李光辉	2015.12	密云新城0105街区
95	北京市黄城根小学密云分校工程	占地面积约38亩,总建筑面积13060平方米。主要包括教学楼、办公综合楼、风雨操场、多功能教室、消防监控及门卫室等。 2013年8月力争完成教学楼、办公综合楼工程;2013年12月完成风雨操场、多功能厅及消防监控等工程。	计划总投资约0.54亿元,其中市发改委投资约0.49亿元,县政府投资536万元。2013年计划完成投资0.21亿元。	教　委	蒋学甫 李光辉	2013.12	通城胡同西侧

中共密云县委主要文件目录

中共密云县委文件

密　发〔2013〕1 号　关于通报批评田立文、齐超等 4 名同志的通知
密　发〔2013〕2 号　关于印发《汪先永同志在中共密云县委十二届六次全体会议上的工作报告》的通知
密　发〔2013〕3 号　中国共产党密云县第十二届委员会第六次全体会议决议
密　发〔2013〕4 号　关于表彰 2013 年密云县优秀教师、优秀教育工作者和师德先进集体的决定
密　发〔2013〕5 号　印发《关于进一步推进低收入村发展和促进低收入农户增收工作的实施办法》的通知
密　发〔2013〕6 号　关于印发《汪先永同志在中共密云县委十二届七次全体会议上的工作报告》的通知
密　发〔2013〕7 号　中国共产党密云县第十二届委员会第七次全体会议决议
密　发〔2013〕8 号　关于印发《密云县生态文明建设纲要（修订稿）》的通知

中共密云县委办公室文件

密办发〔2013〕2 号　关于印发《2013 年县委常委会议题计划》的通知
密办发〔2013〕3 号　关于印发 2013 年县委县政府折子工程的通知
密办发〔2013〕5 号　关于印发《密云县 2013 年信访工作目标管理责任制考核办法》的通知
密办发〔2013〕6 号　关于印发《密云县党政机关公务用车核编工作实施方案》的通知
密办发〔2013〕7 号　关于进一步依法严厉打击盗采盗运矿产资源行为的通知
密办发〔2013〕8 号　转发《共青团密云县委员会关于召开共青团北京市密云县第十四次代表大会和基层团代会（团员大会）的实施意见》的通知
密办发〔2013〕9 号　关于落实市委主要领导同志讲话精神的通知
密办发〔2013〕10 号　关于在全县开展 2013 年“春风送暖”主题捐助活动的通知
密办发〔2013〕11 号　关于印发《密云县 2013 年党风廉政建设和反腐败工作任务分工方案》的通知
密办发〔2013〕12 号　关于印发《密云县 2013 年廉政风险防控管理工作方案》的通知
密办发〔2013〕13 号　关于认真做好密云县第九届村民委员会选举工作的通知
密办发〔2013〕14 号　关于印发密云县事业单位分类工作实施方案的通知
密办发〔2013〕15 号　转发北京市关于分类推进事业单位改革相关配套文件的通知

密办发〔2013〕16 号　关于印发密云县 2013 年各镇街(地区)工作责任书考核办法的通知
密办发〔2013〕17 号　关于调整密云县防汛抗旱(应急)总指挥部及分指挥部成员的通知
密办发〔2013〕18 号　关于进一步加强流动人口服务管理工作的通知
密办发〔2013〕19 号　关于认真做好 2013 年“八一”期间拥军优属拥政爱民工作的通知
密办发〔2013〕20 号　关于做好新学年开学准备和教师节庆祝活动的通知
密办发〔2013〕21 号　转发市委办公厅市政府办公厅《关于在正风肃纪专项整治中严明若干纪律规定的意见》的通知
密办发〔2013〕22 号　转发市委办公厅市政府办公厅关于坚决刹住中秋节国庆节公款送月饼送节礼、公款吃喝和奢侈浪费等不正之风文件的通知
密办发〔2013〕24 号　关于在全县开展会员卡专项清退活动的通知
密办发〔2013〕25 号　关于切实做好 2013 年国庆节期间安全稳定工作的通知
密办发〔2013〕26 号　关于市民在密云水库支锅吃鱼垃圾随手扔情况的通报
密办发〔2013〕27 号　关于做好 2014 年度党报党刊发行工作的通知
密办发〔2013〕30 号　关于印发《密云县有线广播“村村响”运行管理暂行规定》的通知
密办发〔2013〕31 号　印发《关于建立正常离任村党组织书记生活补贴机制的实施办法》的通知
密办发〔2013〕32 号　关于学习贯彻落实《关于党政机关停止新建楼堂馆所和清理办公用房的通知》等四个中央文件精神的通知
密办发〔2013〕33 号　关于提前做好党的群众路线教育实践活动相关知识学习的通知

注:1 号文、4 号文、23 号文、28 号文、29 号文为秘密

密云县人民政府主要文件目录

密云县人民政府文件

密政发〔2013〕1 号　密云县人民政府关于印发政府工作报告的通知
密政发〔2013〕2 号　密云县人民政府关于印发 2013 年县政府为人民群众拟办的重要实事和重大项目重点工程的通知
密政发〔2013〕3 号　密云县人民政府关于森林高火险期严禁一切野外用火的命令
密政发〔2013〕4 号　密云县人民政府关于干部任免职的通知
密政发〔2013〕5 号　密云县人民政府关于干部任免职的通知
密政发〔2013〕6 号　密云县人民政府关于干部任免职的通知
密政发〔2013〕7 号　密云县人民政府关于表彰 2012 年度民兵工作先进单位和先进个人的决定

密政发〔2013〕8 号　密云县人民政府关于印发城乡环境建设与管理工作职责的通知

密政发〔2013〕9 号　密云县人民政府关于印发 2013 年全县经济工作任务分解方案的通知

密政发〔2013〕10 号　密云县人民政府关于印发密云县 2013 年度保障性安居工程用地供应计划的通知

密政发〔2013〕11 号　密云县人民政府关于印发密云县食品摊贩监督管理办法的通知

密政发〔2013〕12 号　密云县人民政府关于干部任免职的通知

密政发〔2013〕13 号　密云县人民政府关于印发密云县 2013 年度既有非节能建筑节能改造及老旧小区公共部分综合改造实施方案的通知

密政发〔2013〕14 号　密云县人民政府关于开展第三次全国经济普查的通知

密政发〔2013〕15 号　密云县人民政府关于干部任免职的通知

密政发〔2013〕16 号　密云县人民政府关于印发密云县支持民俗旅游发展融资财政贴息实施办法(试行)的通知

密政发〔2013〕17 号　密云县人民政府关于印发严厉打击违法用地违法建设工作方案的通知

密政发〔2013〕18 号　密云县人民政府关于印发密云水库一级保护区污水处理设施管理机制的通知

密政发〔2013〕19 号　密云县人民政府关于印发密云县 2013 年清洁空气行动计划及污染减排任务分解表的通知

密政发〔2013〕20 号　密云县人民政府关于《密云县第二中学校园改造一期工程项目房屋征收补偿安置方案(征求意见稿)》征求公众意见及修改情况的通告

密政发〔2013〕21 号　密云县人民政府关于《密云县第五小学校舍安全工程项目房屋征收补偿安置方案(征求意见稿)》征求公众意见及修改情况的通告

密政发〔2013〕22 号　密云县人民政府关于印发密云县 2013 年农业农村工作意见的通知

密政发〔2013〕23 号　密云县人民政府关于干部任免职的通知

密政发〔2013〕24 号　密云县人民政府关于印发《密云县人民政府关于治理无证无照经营行为维护市场经营秩序的工作意见》的通知

密政发〔2013〕25 号　密云县人民政府关于印发密云县行政复议工作规范化建设实施方案的通知

密政发〔2013〕26 号　密云县人民政府印发《关于规范农村地区居民社区党组织、居委会、服务站专职工作人员管理的意见》的通知

密政发〔2013〕27 号　密云县人民政府关于印发贯彻国务院质量发展纲要(2011——2010 年)实施方案的通知

密政发〔2013〕28 号　密云县人民政府关于开展农村集体经济合同清理工作的通知

密政发〔2013〕29 号　密云县人民政府关于干部任免职的通知

密政发〔2013〕30号	密云县人民政府关于印发密云县加快污水处理和再生水利用设施建设三年行动方案(2013-2015年)的通知
密政发〔2013〕32号	密云县人民政府关于进一步加强本县应急能力的实施意见
密政发〔2013〕33号	密云县人民政府关于密云县城市管理监察大队更名的通知
密政发〔2013〕34号	密云县人民政府关于禁止在公共场所焚烧抛撒冥币纸钱的通告
密政发〔2013〕35号	密云县人民政府关于收回国有土地使用权的决定
密政发〔2013〕36号	密云县人民政府关于加强农业设施建设项目管理有关问题的通知
密政发〔2013〕37号	密云县人民政府印发《关于进一步加强放养牲畜管理的办法》的通知
密政发〔2013〕38号	密云县人民政府关于表彰密云籍优秀现役军人的通报
密政发〔2013〕39号	密云县人民政府转发北京市取消和下放246项行政审批项目的通知
密政发〔2013〕40号	密云县人民政府关于干部任免职的通知
密政发〔2013〕41号	密云县人民政府关于印发镇街(地区)政府投资项目资金监督检查工作方案的通知
密政发〔2013〕42号	密云县人民政府关于印发密云县河湖水环境百日整治行动工作方案的通知
密政发〔2013〕43号	密云县人民政府关于印发密云县政府投资项目评审管理规定的通知
密政发〔2013〕44号	密云县人民政府关于干部任职的通知
密政发〔2013〕45号	密云县人民政府关于房屋征收补偿决定的公告
密政发〔2013〕46号	密云县人民政府关于印发密云县2013-2017年清洁空气行动计划的通知
密政发〔2013〕47号	密云县人民政府关于禁止燃放烟花爆竹的通告
密政发〔2013〕48号	密云县人民政府关于收回国有土地使用权的决定
密政发〔2013〕49号	密云县人民政府关于实施《北京市密云县林地保护利用规划(2010-2020年)》的通知
密政发〔2013〕50号	密云县人民政府关于成立北京市密云县食品药品监督管理局的通知
密政发〔2013〕51号	密云县人民政府关于印发密云县农村地区"减煤换煤、清洁空气"行动计划实施方案(2013—2017年)的通知
密政发〔2013〕52号	密云县人民政府关于印发密云县推进学校体育工作三年行动计划(2013—2015年)的通知
密政发〔2013〕53号	密云县人民政府关于全面开展安全大检查工作的通知
密政发〔2013〕54号	密云县人民政府关于印发北京密云·古北水镇(司马台长城)国际旅游度假区服务管理暂行办法的通知

密政发〔2013〕55 号　密云县人民政府关于进一步加强气象工作的意见

密政发〔2013〕56 号　密云县人民政府关于划定黄标车限行范围的通告

密政发〔2013〕57 号　密云县人民政府关于印发密云乡村旅游星级评定暂行办法的通知

密政发〔2013〕58 号　密云县人民政府关于印发《密云县空气重污染应急预案（试行）》的通知

密政发〔2013〕59 号　密云县人民政府关于印发国土资源节约集约模范县（市）创建活动实施方案及配套文件的通知

密政发〔2013〕60 号　密云县人民政府关于调整古北水镇国际休闲度假区土地一级开发项目 A 区项目部分地块征地位置的意见

密政发〔2013〕61 号　密云县人民政府关于依法有偿收回国有土地使用权的决定

密政发〔2013〕62 号　密云县人民政府关于取消和下放 106 项行政审批事项的通知

密政发〔2013〕63 号　密云县人民政府关于森林高火险期严禁一切野外用火的命令

密政发〔2013〕64 号　密云县人民政府关于同意授予葛明洋同志“密云县见义勇为好市民”荣誉称号的批复

密政发〔2013〕65 号　密云县人民政府关于印发密云县 2014 年新型农村合作医疗制度实施方案的通知

注：31 号文为秘密

密云县人民政府办公室文件

密政办字〔2013〕1 号　密云县人民政府办公室关于做好 2013 年春节期间环境布置工作的通知

密政办字〔2013〕2 号　密云县人民政府办公室转发县政府教育督导室关于 2012 年镇街教育工作督导评价情况通报的通知

密政办字〔2013〕3 号　密云县人民政府办公室印发《关于加强民政工作的意见》的通知

密政办字〔2013〕4 号　密云县人民政府办公室关于密云县重点领域信息公开工作情况的通报

密政办字〔2013〕5 号　密云县人民政府办公室关于印发“三级联动”便民服务体系建设工作实施方案的通知

密政办字〔2013〕6 号　密云县人民政府办公室关于印发扶持大中型水库库区和移民安置区实施细则的通知

密政办字〔2013〕7 号　密云县人民政府办公室转发县审计局关于密云县审计结果公告办法的通知

密政办字〔2013〕8 号　密云县人民政府办公室关于印发民俗旅游专业合作社审批管理办法的通知

密政办字〔2013〕9 号　密云县人民政府办公室关于印发民俗旅游专业合作社建设管理办

法的通知

密政办字〔2013〕10号 密云县人民政府办公室关于印发大中型水库库区和移民安置区扶持专项资金项目管理办法的通知

密政办字〔2013〕11号 密云县人民政府办公室关于印发扶持大中型水库农转非移民实施细则的通知

密政办字〔2013〕12号 密云县人民政府办公室关于印发密云县电子监察系统建设实施方案的通知

密政办字〔2013〕13号 密云县人民政府办公室转发县民政局《2013年密云县清明节群众扫墓服务工作方案》的通知

密政办字〔2013〕14号 密云县人民政府办公室关于办理县第十五届人大三次会议代表建议和政协十二届二次会议委员提案的通知

密政办字〔2013〕15号 密云县人民政府办公室关于做好春季农田清理工作的通知

密政办字〔2013〕16号 密云县人民政府办公室关于设立档案服务中心的请示

密政办字〔2013〕17号 密云县人民政府办公室关于印发《密云县电子政务网络与网站群管理办法》的通知

密政办字〔2013〕18号 密云县人民政府办公室关于印发加强整治污水排入河道行为实施方案的通知

密政办字〔2013〕19号 密云县人民政府办公室关于建立长效联动机制做好全县中小河道环境综合整治的通知

密政办字〔2013〕20号 密云县人民政府办公室关于开展2013年密云县公共场所外语标识检查工作的通知

密政办字〔2013〕21号 密云县人民政府办公室转发县体育局《2013年密云县体育工作评估办法》的通知

密政办字〔2013〕22号 密云县人民政府办公室转发县体育局《美丽密云·休闲养生太极行实施方案(2013-2015)》的通知

密政办字〔2013〕23号 密云县人民政府办公室关于印发密云县结核病防治规划(2011-2015年)的通知

密政办字〔2013〕24号 密云县人民政府办公室关于密云县突发事件应急委员会办公室增加内设科室的请示

密政办字〔2013〕25号 密云县人民政府办公室关于成立密云县大气污染综合治理领导小组的通知

密政办字〔2013〕26号 密云县人民政府办公室关于成立密云县农民负担监督管理联席会的通知

密政办字〔2013〕27号 密云县人民政府办公室关于印发密云县2013年平原地区造林工程监督检查工作方案的通知

密政办字〔2013〕28号 密云县人民政府办公室关于印发集中开展安全生产大检查工作

	方案的通知
密政办字〔2013〕29 号	密云县人民政府办公室关于印发密云县“十二五”规划中期评估工作方案的通知
密政办字〔2013〕30 号	密云县人民政府办公室关于举办 2013 年“美丽密云·休闲养生太极行”展示和比赛活动的通知
密政办字〔2013〕31 号	密云县人民政府办公室转发县民政局关于规范因灾死亡人员信息统计报送工作文件的通知
密政办字〔2013〕32 号	密云县人民政府办公室关于开展本县行政规范性文件清理工作的通知
密政办字〔2013〕33 号	密云县人民政府办公室关于印发密云县 2013 年推进依法行政工作要点的通知
密政办字〔2013〕34 号	密云县人民政府办公室关于印发实施金属非金属矿山整顿工作方案的通知
密政办字〔2013〕35 号	密云县人民政府办公室转发市政府办公厅关于切实做好汛期灾害防范应对工作文件的通知
密政办字〔2013〕36 号	密云县人民政府办公室关于印发密云县镇街便民服务体系建设管理工作考核办法的通知
密政办字〔2013〕37 号	密云县人民政府办公室关于印发《密云县镇街及县经济开发区药品安全监管工作考核细则》、《密云县村级医疗机构药品和医疗器械质量规范化管理指导意见》的通知
密政办字〔2013〕38 号	密云县人民政府办公室转发市政府办公厅关于进一步加强内部审计工作文件的通知
密政办字〔2013〕39 号	密云县人民政府办公室印发《关于开斋节妥善处置突发事件的工作预案》的通知
密政办字〔2013〕40 号	密云县人民政府办公室关于做好地方政府债务审计接待有关工作的通知
密政办字〔2013〕41 号	密云县人民政府办公室关于加强辖区内重度精神疾病患者管理工作的通知
密政办字〔2013〕42 号	密云县人民政府办公室关于加强电力设施保护确保迎峰度夏安全供电的紧急通知
密政办字〔2013〕43 号	密云县人民政府办公室关于印发密云县城市管理综合行政执法协调领导小组工作规则(试行)的通知
密政办字〔2013〕44 号	密云县人民政府办公室关于印发密云县城市管理综合行政执法协调领导小组 2013 年工作方案的通知
密政办字〔2013〕45 号	密云县人民政府办公室转发县地税局关于积极发挥税收职能促进区域经济发展工作方案的通知

密政办字〔2013〕46号	密云县人民政府办公室关于报送地方债务相关审计资料的通知
密政办字〔2013〕47号	密云县人民政府办公室关于进一步强化督查工作的通知
密政办字〔2013〕48号	密云县人民政府办公室转发密云县农业局关于规范密云水库渔业捕捞有关事项的通知
密政办字〔2013〕49号	密云县人民政府办公室印发密云县关于贯彻落实《机关事务管理条例》的实施方案的通知
密政办字〔2013〕50号	密云县人民政府办公室关于成立推进首都标准化战略纲要实施领导小组的通知
密政办字〔2013〕51号	密云县人民政府办公室关于印发密云县严厉打击非法搅拌站、非法砂石料粉碎加工厂和非法砂石料堆放场专项行动实施方案的通知
密政办字〔2013〕52号	密云县人民政府办公室转发北京市人民政府办公厅关于做好当前政府信息公开重点工作文件的通知
密政办字〔2013〕53号	密云县人民政府办公室关于推进政府信息公开重点工作的实施意见
密政办字〔2013〕54号	密云县人民政府办公室关于开展全县安全稳定工作大检查的通知
密政办字〔2013〕55号	密云县人民政府办公室转发县农村工作委员会等单位关于禁止露天焚烧农作物秸秆、树木残枝落叶、杂草等农田废弃物文件的通知
密政办字〔2013〕56号	密云县人民政府办公室关于印发密云县2013年扫雪铲冰工作方案的通知
密政办字〔2013〕57号	密云县人民政府办公室关于印发行政规范性文件清理结果的通知
密政办字〔2013〕58号	密云县人民政府办公室关于成立密云县流浪乞讨人员救助管理工作领导小组的通知
密政办字〔2013〕59号	密云县人民政府办公室转发县园林绿化局关于园林绿化施工控制扬尘污染管理暂行办法的通知
密政办字〔2013〕60号	密云县人民政府办公室转发县住建委关于在居住小区建设绿荫停车场及规范补画停车位的专项治理方案的通知
密政办字〔2013〕61号	密云县人民政府办公室关于成立密云县气象为农服务工作领导小组和涉农专家联盟的通知

鼓楼街道办事处所辖社区一览表

序号	名　称	地　址	办公电话	邮编
1	石桥社区	石桥社区西北部配套物业楼	69089767	101500
2	白檀社区	白檀小区东斜街北侧平房	69045643	101500
3	鼓楼南社区	隆源大厦底商 1 单元 102	69062543	101500
4	行宫社区	檀西路 113-03 号商业门脸	69064524	101500
5	宾阳社区	新东路 153、161、197 门脸	69083416	101500
6	行宫南社区	行宫南区小区 32-33 号楼之间	69063802	101500
7	宾阳里社区	宾阳里社区甲 51 号楼-10-11 号	69021832	101500
8	宾阳西里社区	世纪家园 3-101、102、106	69025306	101500
9	车站路南社区	新北路 12-3 号	69066480	101500
10	云秀花园社区	翠竹园小区 2 号楼-6	69044196	101500
11	亚澜湾社区	阳光街 775-33 四层	无	101500
12	车站路社区	百合园小区物业配套房及平房	89080875	101500
13	长安东社区	长安东区 26 号楼 3 单元 101 室	69045434	101500
14	太扬家园社区	阳光街 775-33 五层	69089363	101500
15	东莱园社区	东莱园小区内 7 号楼前平房	69062542	101500
16	向阳西社区	阳光街 388 号院甲 4 号	69051095	101500
17	北源里社区	密东广场西区物业楼	69045733	101500
18	宾阳北里社区	宾阳北里社区内物业楼一层	69084627	101500
19	鼓楼社区	云峰物业楼南侧	69062544	101500
20	花园东社区	花园社区 24 号楼东侧白楼 1 至 4 层	69088740	101500
21	檀城东社区	新中街 179 号楼 20 号	69064462	101500
22	沿湖社区	沿湖美景小区 44 号楼北侧	69062554	101500
23	花园西社区	花园小区 53 号楼前平房	69086776	101500
24	长安西社区	滨河路 20 号	61096996	101500
25	阳光社区	保利花园 B 区 10 号楼 1 层	89086802	101500
26	向阳东社区	隆源大厦底商 1-2	无	101500
27	檀城西社区	新中街 179-12	69066358	101500
28	檀州家园社区	原南菜园村委会办公用房	89080301	101500

果园街道办事处所辖社区一览表

序号	名称	地址	办公电话	邮编
1	果园西里社区	果园西里甲14-5(门脸房)	69098199 69090319	101500
2	果园新里北区	果园西路甲14-6	69042042 69045422	101500
3	康居社区	果园街道康居南一区2号综合楼一层东侧大厅	69045746 69040482	101500
4	密西花园社区	密西花园1号楼西侧配房3层	61090459 61091815	101500
5	果园新里社区	果园新里新西路83号	69080374 69045649	101500
6	兴云社区	密云县西大桥路17-17	69040217 89096772	101500
7	新北路社区	新北路29号院十六局小区5号楼对面平房	69057641 69040412	101500
8	康馨雅苑社区	果园西路甲14-11	69068481 69048272	101500
9	季庄社区	季庄小区53号楼1门店	69041455 69097010	101500
10	瑞和园社区	果园中区17号楼17号车库	69068156	101500
11	学府花园社区	兴云路26号	61096758 61096756	101500
12	绿地社区	新西路40号院13号楼3单元101-102	89036170	101500
13	福荣社区	兴盛北路13号院10号楼地下一层东侧	89036175	101500
14	嘉益社区	果园西路6号院嘉益园售楼处	81095209	101500

檀营地区办事处所辖居委会一览表

序号	名　称	地　址	办公电话	邮编
1	第一社区居民委员会	原檀营二村砖厂	69060644	101500
2	第二社区居民委员会	檀营北街2号院 3号楼门脸房	89035369	101500
3	檀营满族蒙族乡 居民委员会	檀西路33号—1	89035362	101500

密云镇所辖行政村、经济合作社一览表

序号	名　称	地　址	办公电话	邮编
1	季庄村	密云县季庄小区51号楼1单元4层团支部	51275889	101500
2	大唐庄村	密云县新西路41号大唐庄村委会	69082261	101500
3	小唐庄村	密云县果园西路15号	69082934	101500
4	王家楼村	密云县果园西路15号	69083369	101500
5	李各庄村	密云县密云镇李各庄村委会	69062029	101500
6	西户部庄村	密云县密云镇西户部庄村委会	69057159	101500
7	长安永顺经济合作社	密云县南更大街114号	69041492	101500
8	檀成兴盛经济合作社	密云县新中街南延白檀村委会	69045812	101500
9	宾阳宸兴经济合作社	密云县阳光街南侧宾阳宸兴经济合作社	69055016	101500
10	兴苑永利经济合作社	密云县檀州家园东区A—3—5	69042510	101500
11	沙河新村农贸公司	密云县车站路59号—7	69089529	101500

河南寨镇所辖行政村一览表

序号	名 称	地 址	办公电话	邮编
1	前金沟村	河南寨镇前金沟村	61086057	101500
2	平头村	河南寨镇平头村	61086054	101500
3	金沟村	河南寨镇金沟村	61086071	101500
4	沙坞村	河南寨镇沙坞村	61086075	101500
5	两河村	河南寨镇两河村	61086072	101500
6	赶河厂村	河南寨镇赶河厂村	61086053	101500
7	新兴村	河南寨镇新兴村	61086091	101500
8	莲花瓣村	河南寨镇莲花瓣村	61086052	101500
9	钓鱼台村	河南寨镇钓鱼台村	61086073	101500
10	南单家庄村	河南寨镇南单家庄村	61086074	101500
11	台上村	河南寨镇台上村	61086085	101500
12	下屯村	河南寨镇下屯村	61086081	101500
13	南金沟屯村	河南寨镇南金沟屯村	61086175	101500
14	荆栗园村	河南寨镇荆栗园村	61086087	101500
15	团结村	河南寨镇团结村	61084015	101500
16	中庄村	河南寨镇中庄村	61086064	101500
17	套里村	河南寨镇套里村	61086083	101500
18	芦古庄村	河南寨镇芦古庄村	61086084	101500
19	北金沟屯村	河南寨镇北金沟屯村	61088928	101500
20	河南寨村	河南寨镇河南寨村	61086940	101500
21	北单家庄村	河南寨镇北单家庄村	61086814	101500
22	宁村村	河南寨镇宁村	89093796	101500
23	圣水头村	河南寨镇圣水头村	89093043	101500
24	陈各庄村	河南寨镇陈各庄村	89091096	101500
25	提辖庄村	河南寨镇提辖庄村	89092257	101500
26	山口庄村	河南寨镇山口庄村	暂无	101500
27	东套里村	河南寨镇东套里村	暂无	101500
28	东鱼家台村	河南寨镇东渔家台村	暂无	101500

西田各庄镇所辖行政村一览表

序号	名 称	地 址	办公电话	邮编
1	西田各庄村	西田各庄镇西田各庄村	61019285	101509
2	董各庄村	西田各庄镇董各庄村	61018193	101509
3	仓头村	西田各庄镇仓头村	61018194	101509
4	渤海寨村	西田各庄镇渤海寨村	61018204	101509
5	水洼屯村	西田各庄镇水洼屯村	61017843	101509
6	西恒河村	西田各庄镇西恒河村	61018021	101509
7	疃里村	西田各庄镇疃里村	61011188	101509
8	沿村	西田各庄镇沿村	61029317	101509
9	大辛庄村	西田各庄镇大辛庄村	61020259	101509
10	韩各庄村	西田各庄镇韩各庄村	61015371	101509
11	于家台村	西田各庄镇于家台村	61018731	101509
12	西山村	西田各庄镇西山村	61018265	101509
13	建新村	西田各庄镇建新村	61018051	101509
14	朝阳村	西田各庄镇朝阳村	61018197	101509
15	西智村	西田各庄镇西智村	89032900	101511
16	太子务村	西田各庄镇太子务村	61019001	101511
17	东户部庄村	西田各庄镇东户部庄村	61018215	101511
18	卸甲山村	西田各庄镇卸甲山村	61008331	101511
19	马营村	西田各庄镇马营村	61008138	101511
20	西康各庄村	西田各庄镇西康各庄村	61003156	101511
21	西沙地村	西田各庄镇西沙地村	61009192	101511
22	小水峪村	西田各庄镇小水峪村	61000213	101511
23	兴盛村	西田各庄镇兴盛村	61000207	101511
24	牛盆峪村	西田各庄镇牛盆峪村	61000814	101511
25	小石尖村	西田各庄镇小石尖村	61009210	101511
26	署地村	西田各庄镇署地村	61003400	101511

续表

序号	名　称	地　址	办公电话	邮编
27	白道峪村	西田各庄镇白道峪村	61000742	101511
28	新王庄村	西田各庄镇新王庄村	61001409	101511
29	青甸村	西田各庄镇青甸村	61009909	101511
30	黄坨子村	西田各庄镇黄坨子村	61000062	101511
31	河北庄村	西田各庄镇河北庄村	61009933	101511
32	西庄户村	西田各庄镇西庄户村	61009205	101511
33	龚庄子村	西田各庄镇龚庄子村	61009477	101511
34	坟庄村	西田各庄镇坟庄村	61001006	101511

十里堡镇所辖行政村、居委会一览表

序号	名　称	地　址	办公电话	邮编
1	清水潭村	十里堡镇清水潭村	61020272	101500
2	统军庄村	十里堡镇统军庄村	61029398	101500
3	王各庄居委会	十里堡镇王各庄居委会	89022885	101500
4	程家庄村	十里堡镇程家庄村	89022007	101500
5	庄禾屯村	十里堡镇庄禾屯村	89022355	101500
6	河漕村	十里堡镇河漕村	89023267	101500
7	十里堡村	十里堡镇十里堡村	89022329	101500
8	双井村	十里堡镇双井村	89090873	101500
9	燕落寨居委会	十里堡镇燕落寨居委会	89099220	101500
10	岭东村	十里堡镇岭东村	89021539	101500
11	靳各寨村	十里堡镇靳各寨村	89022123	101500
12	水泉村	十里堡镇水泉村	61027681	101500
13	杨辛庄村	十里堡镇杨辛庄村	61027342	101500
14	红光村	十里堡镇红光村	61027763	101500
15	明珠居委会	十里堡镇明珠居委会	89024941	101500

穆家峪镇所辖行政村、居委会一览表

序号	名　称	地　址	办公电话	邮编
1	刘林池村	穆家峪镇刘林池村	89014530	101500
2	新农村	穆家峪镇新农村	89011990	101500
3	后栗园村	穆家峪镇后栗园村	89011986	101500
4	前栗园村	穆家峪镇前栗园村	89011843	101500
5	达峪沟村	穆家峪镇达峪沟村	89012492	101500
6	水漳村	穆家峪镇水漳村	89012482	101500
7	沙峪沟村	穆家峪镇沙峪沟村	89012763	101500
8	大石岭村	穆家峪镇大石岭村	89015026	101500
9	荆稍坟村	穆家峪镇荆稍坟村	61051634	101500
10	南穆家峪村	穆家峪镇南穆家峪村	61051934	101500
11	阁老峪村	穆家峪镇阁老峪村	61052451	101500
12	西穆家峪村	穆家峪镇西穆家峪村	61051478	101500
13	北穆家峪村	穆家峪镇北穆家峪村	61050389	101500
14	羊山村	穆家峪镇羊山村	61051434	101500
15	娄子峪村	穆家峪镇娄子峪村	61051765	101500
16	九松山村	穆家峪镇九松山村	61051887	101500
17	辛安庄村	穆家峪镇辛安庄村	61056415	101500
18	达岩村	穆家峪镇达岩村	61051941	101500
19	庄头峪村	穆家峪镇庄头峪村	61052705	101500
20	碱厂村	穆家峪镇碱厂村	61052706	101500
21	荆子峪村	穆家峪镇荆子峪村	61074590	101500
22	上峪村	穆家峪镇上峪村	61051453	101500
23	镇居委会	穆家峪镇政府院内	61052443	101500

巨各庄镇所辖行政村、居委会一览表

序号	名　称	地　址	办公电话	邮编
1	蔡家洼村	蔡家洼村	89093226	101501
2	东白岩村	东白岩村	89012035	101501
3	丰各庄村	丰各庄村	61036160	101501
4	后焦家坞村	后焦家坞村	61036681	101501
5	塘峪村	塘峪村	61031647	101501
6	黄各庄村	黄各庄村	61030658	101501
7	前焦家坞村	前焦家坞村	61035856	101501
8	水峪村	水峪村	61031889	101501
9	霍各庄村	霍各庄村	61030688	101501
10	张家庄村	张家庄村	61034498	101501
11	金山子村	金山子村	61031374	101501
12	八家庄村	八家庄村	61031236	101501
13	巨各庄村	巨各庄村	61031245	101501
14	豆各庄村	豆各庄村	61031247	101501
15	赵家庄村	赵家庄村	61031158	101501
16	塘子村	塘子村	61031370	101501
17	久远庄村	久远庄村	61036396	101501
18	海子村	海子村	61031155	101501
19	康各庄村	康各庄村	61033649	101501
20	牛角峪村	牛角峪村	61035753	101501
21	前厂村	前厂村	61034783	101501
22	沙厂村	沙厂村	61031071	101501
23	水树峪村	水树峪村	61034861	101501
24	楼峪村	楼峪村	61036260	101501
25	达峪村	达峪村	61034634	101501
26	查子沟村	查子沟村	61034876	101501
27	新生居委会	巨各庄镇政府	61035281	101501
28	沙厂居委会	沙厂村	13716992828	101501
29	铁矿居委会	首云铁矿	15910427911	101501
30	豆各庄居委会	豆各庄村	13716853100	101501

大城子镇所辖行政村一览表

序号	名　称	地　址	办公电话	邮编
1	墙子路村	大城子镇墙子路村	61070878	101502
2	南沟村	大城子镇南沟村	61070277	101502
3	北沟村	大城子镇北沟村	61072898	101502
4	梯子峪村	大城子镇梯子峪村	61079057	101502
5	后店村	大城子镇后店村	61070215	101502
6	苍术会村	大城子镇苍术会村	61071190	101502
7	柏崖村	大城子镇柏崖村	61071113	101502
8	下栅子村	大城子镇下栅子村	61072425	101502
9	程各庄村	大城子镇程各庄村	61079238	101502
10	庄户峪村	大城子镇庄户峪村	61072965	101502
11	杨各庄村	大城子镇杨各庄村	61072975	101502
12	张庄子村	大城子镇张庄子村	61072641	101502
13	高庄子村	大城子镇高庄子村	61072560	101502
14	大城子村	大城子镇大城子村	61072015	101502
15	聂家峪村	大城子镇聂家峪村	61072118	101502
16	方耳峪村	大城子镇方耳峪村	61079266	101502
17	王各庄村	大城子镇王各庄村	61071863	101502
18	河下村	大城子镇河下村	61072968	101502
19	庄头村	大城子镇庄头村	61072860	101502
20	碰河寺村	大城子镇碰河寺村	61071750	101502
21	大龙门村	大城子镇大龙门村	61072830	101502
22	张泉村	大城子镇张泉村	61072970	101502

太师屯镇所辖行政村一览表

序号	名　称	地　址	办公电话	邮编
1	黄各庄村	太师屯镇黄各庄村	69038766	101504
2	许庄子村	太师屯镇许庄子村	69038399	101504
3	流河峪村	太师屯镇流河峪村	69038342	101504
4	前八家庄村	太师屯镇前八家庄村	69038966	101504
5	后八家庄村	太师屯镇后八家庄村	69038038	101504
6	龙潭沟村	太师屯镇龙潭沟村	69038238	101504
7	上庄子村	太师屯镇上庄子村	69038437	101504
8	东田各庄村	太师屯镇东田各庄村	69033448	101504
9	流河沟村	太师屯镇流河沟村	69031078	101504
10	葡萄园(正阳社区)	太师屯镇葡萄园村	69032643	101504
11	太师屯(永安社区)	太师屯镇太师屯村	69032633	101504
12	太师庄村	太师屯镇太师庄村	69032744	101504
13	上金山村	太师屯镇上金山村	69033494	101504
14	大漕村村	太师屯镇大漕村村	69033484	101504
15	小漕村村	太师屯镇小漕村村	81061506	101504
16	城子村	太师屯镇城子村	81063988	101504
17	松树峪村	太师屯镇松树峪村	69032731	101504
18	二道河村	太师屯镇二道河村	69035289	101504
19	学各庄村	太师屯镇学各庄村	69036100	101504
20	松树掌村	太师屯镇松树掌村	69036968	101504
21	桑园村	太师屯镇桑园村	81061046	101504
22	黑古沿村	太师屯镇黑古沿村	81062353	101504
23	前南台村	太师屯镇前南台村	81061004	101504
24	后南台村	太师屯镇后南台村	81063174	101504

续表

序号	名　称	地　址	办公电话	邮编
25	头道岭村	太师屯镇头道岭村	81061014	101504
26	光明队（北山社区）	太师屯镇光明队村	69032745	101504
27	车道峪村	太师屯镇车道峪村	81061674	101505
28	沙峪村	太师屯镇沙峪村	81061647	101505
29	令公村	太师屯镇令公村	69035377	101505
30	南沟村	太师屯镇南沟村	69036610	101505
31	石岩井村	太师屯镇石岩井村	69035337	101505
32	东庄禾村	太师屯镇东庄禾村	69033457	101505
33	马厂村	太师屯镇马厂村	69033474	101505
34	落洼村	太师屯镇落洼村	69033400	101505

北庄镇所辖行政村一览表

序号	名　称	地　址	办公电话	邮编
1	暖泉会村	北庄镇暖泉会村	69032558	101503
2	朱家湾村	北庄镇朱家湾村	81001724	101503
3	抗峪村	北庄镇抗峪村	81001944	101503
4	大岭村	北庄镇大岭村	81001847	101503
5	土门村	北庄镇土门村	81001947	101503
6	苇子峪村	北庄镇苇子峪村	81001994	101503
7	东庄村	北庄镇东庄村	81001747	101503
8	干峪沟村	北庄镇干峪沟村	81001556	101503
9	北庄村	北庄镇北庄村	81001780	101503
10	营房村	北庄镇营房村	81001466	101503
11	杨家堡村	北庄镇杨家堡村	81001714	101503

高岭镇所辖行政村一览表

序号	名　称	地　址	办公电话	邮编
1	下会村	高岭镇下会村	81082019	101507
2	辛庄村	高岭镇辛庄村	81081417	101507
3	放马峪村	高岭镇放马峪村	81081444	101507
4	高岭村	高岭镇高岭村	81081087	101507
5	高岭屯村	高岭镇高岭屯村	81081348	101507
6	白河涧村	高岭镇白河涧村	81081186	101507
7	瑶亭村	高岭镇瑶亭村	81084808	101507
8	芹菜岭村	高岭镇芹菜岭村	81081340	101507
9	东关村	高岭镇东关村	81081330	101507
10	石匣村	高岭镇石匣村	81083100	101507
11	四合村	高岭镇四合村	81083337	101507
12	栗榛寨村	高岭镇栗榛寨村	81083517	101507
13	大屯村	高岭镇大屯村	81083909	101507
14	小开岭村	高岭镇小开岭村	81088461	101507
15	大开岭村	高岭镇大开岭村	69030564	101507
16	上甸子村	高岭镇上甸子村	69030421	101507
17	下甸子村	高岭镇下甸子村	69030455	101507
18	下河村	高岭镇下河村	69034015	101507
19	郝家台村	高岭镇郝家台村	81084294	101507
20	界牌峪村	高岭镇界牌峪村	81081638	101507
21	田庄村	高岭镇田庄村	69030524	101507

新城子镇所辖行政村一览表

序号	名　称	地　址	办公电话	邮编
1	花园村	新城子镇花园村	81022454	101506
2	大角峪村	新城子镇大角峪村	81022942	101506
3	曹家路村	新城子镇曹家路村	81021833	101506
4	蔡家甸村	新城子镇蔡家甸村	81022348	101506
5	东沟村	新城子镇东沟村	81022364	101506
6	崔家峪村	新城子镇崔家峪村	81022354	101506
7	二道沟村	新城子镇二道沟村	81022490	101506
8	头道沟村	新城子镇头道沟村	81022491	101506
9	小口村	新城子镇小口村	81022940	101506
10	遥桥峪村	新城子镇遥桥峪村	81022484	101506
11	新城子村	新城子镇新城子村	81022341	101506
12	巴各庄村	新城子镇巴各庄村	81022347	101506
13	太古石村	新城子镇太古石村	81022941	101506
14	吉家营村	新城子镇吉家营村	81022944	101506
15	苏家峪村	新城子镇苏家峪村	81022945	101506
16	坡头村	新城子镇坡头村	81022948	101506
17	大树洼村	新城子镇大树洼村	81022943	101506
18	塔沟村	新城子镇塔沟村	65442048	101506

不老屯镇所辖行政村一览表

序号	名　称	地　址	办公电话	邮编
1	杨各庄村	不老屯镇杨各庄村	18614072308	101516
2	董各庄村	不老屯镇董各庄村	81098338	101516
3	沙峪里村	不老屯镇沙峪里村	69034623	101516
4	学艺厂村	不老屯镇学艺厂村	69035608	101516
5	转山子村	不老屯镇转山子村	69034160	101516
6	黄土坎村	不老屯镇黄土坎村	81098660	101516
7	燕落村	不老屯镇燕落村	81091504	101516
8	不老屯村	不老屯镇不老屯村	81091547	101516
9	白土沟村	不老屯镇白土沟村	81098499	101516
10	丑山子村	不老屯镇丑山子村	81091724	101516
11	边庄子村	不老屯镇边庄子村	81092528	101516
12	车道岭村	不老屯镇车道岭村	81097600	101516
13	兵马营村	不老屯镇兵马营村	81091748	101516
14	柳树沟村	不老屯镇柳树沟村	81091574	101516
15	大窝铺村	不老屯镇大窝铺村	81098755	101516
16	永乐村	不老屯镇永乐村	81091545	101516
17	学各庄村	不老屯镇学各庄村	81091554	101516
18	南香峪村	不老屯镇南香峪村	13716409624	101516
19	北香峪村	不老屯镇北香峪村	81097398	101516
20	香水峪村	不老屯镇香水峪村	81097109	101516
21	半城子村	不老屯镇半城子村	81097272	101516
22	史庄子村	不老屯镇史庄子村	13264419076	101516
23	古石峪村	不老屯镇古石峪村	81097001	101516
24	陈家峪村	不老屯镇陈家峪村	81093277	101516
25	阳坡地村	不老屯镇阳坡地村	81093157	101516
26	西坨古村	不老屯镇西坨古村	81093008	101516

冯家峪镇所辖行政村一览表

序号	名　称	地　址	办公电话	邮编
1	保峪岭村	冯家峪镇保峪岭村	81060184	101515
2	西庄子村	冯家峪镇西庄子村	81060153	101515
3	石洞子村	冯家峪镇石洞子村	81060263	101515
4	冯家峪村	冯家峪镇冯家峪村	81060134	101515
5	西口外村	冯家峪镇西口外村	81060044	101515
6	西白莲峪村	冯家峪镇西白莲峪村	81060190	101515
7	三岔口村	冯家峪镇三岔口村	69014847	101515
8	朱家峪村	冯家峪镇朱家峪村	69014754	101515
9	下营村	冯家峪镇下营村	69014748	101515
10	白马关村	冯家峪镇白马关村	69014864	101515
11	番字牌村	冯家峪镇番字牌村	69015594	101515
12	黄梁根村	冯家峪镇黄梁根村	69015520	101515
13	西苍峪村	冯家峪镇西苍峪村	69017249	101515
14	司营子村	冯家峪镇司营子村	69015894	101515
15	前火岭村	冯家峪镇前火岭村	69015954	101515
16	石湖根村	冯家峪镇石湖根村	69015280	101515
17	南台子村	冯家峪镇南台子村	69015564	101515
18	北栅子村	冯家峪镇北栅子村	69015646	101515

石城镇所辖行政村一览表

序号	名　称	地　址	办公电话	邮编
1	梨树沟村	密云县石城镇梨树沟村	69019208	101513
2	水堡子村	密云县石城镇水堡子村	61025539	101513
3	王庄村	密云县石城镇王庄村	61025301	101513
4	石城村	密云县石城镇石城村	61025036	101513
5	石塘路村	密云县石城镇石塘路村	61025488	101513
6	河北村	密云县石城镇河北村	61025509	101513
7	西湾子村	密云县石城镇西湾子村	81060288	101513
8	黄峪口村	密云县石城镇黄峪口村	81060100	101513
9	捧河岩村	密云县石城镇捧河岩村	69015499	101513
10	张家坟村	密云县石城镇张家坟村	69016993	101513
11	二平台村	密云县石城镇二平台村	69019308	101513
12	贾峪村	密云县石城镇贾峪村	69015416	101513
13	四合堂村	密云县石城镇四合堂村	69016650	101513
14	红星村	密云县石城镇红星村	69015187	101513
15	黄土梁村	密云县石城镇黄土梁村	13716343520	101513

溪翁庄镇所辖行政村一览表

序号	名　称	地　址	办公电话	邮编
1	溪翁庄村	溪翁庄镇溪翁庄村	69014988	101512
2	东智西村	溪翁庄镇东智西村	89031666	101512
3	立新庄村	溪翁庄镇立新庄村	89032036	101512
4	石马峪村	溪翁庄镇石马峪村	61021082	101512
5	东智东村	溪翁庄镇东智东村	89032928	101512
6	白草洼村	溪翁庄镇白草洼村	61021858	101512
7	金叵罗村	溪翁庄镇金叵罗村	69012478	101512
8	北白岩村	溪翁庄镇北白岩村	69013056	101512
9	尖岩村	溪翁庄镇尖岩村	69015225	101512
10	东营子村	溪翁庄镇东营子村	69012746	101512
11	黑山寺村	溪翁庄镇黑山寺村	69012774	101512
12	石墙沟村	溪翁庄镇石墙沟村	61021759	101512
13	东智北村	溪翁庄镇东智北村	89092335	101512
14	走马庄村	溪翁庄镇走马庄村	69012294	101512

东部渠镇所辖行政村一览表

序号	名　称	地　址	办公电话	邮编
1	界牌村	东邵渠镇界牌村	61036233	101501
2	石峨村	东邵渠镇石峨村	61061324	101501
3	史长峪村	东邵渠镇史长峪村	61061364	101501
4	太保庄村	东邵渠镇太保庄村	13716006336	101501
5	高各庄村	东邵渠镇高各庄村	61063392	101501
6	东邵渠村	东邵渠镇东邵渠村	61062081	101501
7	大石门村	东邵渠镇大石门村	18801218233	101501
8	南达峪村	东邵渠镇南达峪村	13716633208	101501
9	西邵渠村	东邵渠镇西邵渠村	61063349	101501
10	东葫芦峪村	东邵渠镇东葫芦峪村	13716016993	101501
11	西葫芦峪村	东邵渠镇西葫芦峪村	61060701	101501
12	大岭村	东邵渠镇大岭村	13716240305	101501
13	小岭村	东邵渠镇小岭村	61060026	101501
14	银冶岭村	东邵渠镇银冶岭村	61062440	101501

古北口镇所辖行政村、居委会一览表

序号	名 称	地 址	办公电话	邮编
1	古北口村	古北口镇古北口村	81051133	101508
2	潮关村	古北口镇潮关村	81052010	101508
3	河西村	古北口镇河西村	81052005	101508
4	杨庄子村	古北口镇杨庄子村	69030584	101508
5	龙洋村	古北口镇龙洋村	69030574	101508
6	北甸子村	古北口镇北甸子村	81051217	101508
7	汤河村	古北口镇汤河村	81052170	101508
8	北台村	古北口镇北台村	81052174	101508
9	司马台村	古北口镇司马台村	69032664	101508
10	古北口居委会	古北口镇古北口村	81051288	101508
11	南菜园居委会	古北口镇古北口村	81051437	101508
12	北头居委会	古北口镇古北口村	81051381	101508
13	东山居委会	古北口镇古北口村	81051165	101508

密云县2013年发展民俗户情况统计表

时　间	至2013年12月			
乡　镇	民俗村(个)	民俗户(个)	床位(个)	备　注
合　计	90	3096	30661	
新城子镇	合　计	149	3264	
	花　园	26	595	
	遥桥峪	79	1856	
	曹家路	29	778	
	小口	15	35	
古北口镇	合计	428	3802	
	河东	110	1421	
	河西	87	1299	
	司马台	215	933	
	汤河	16	149	
太师屯镇	合　计	302	2480	
	车道峪	60	480	
	流河沟	12	206	
	流河峪	22	390	
	龙潭沟	98	898	
	上庄子	10	156	
	令公	20	60	
	澇洼	30	126	
	前南台	30	90	
	沙峪	20	74	

续表

时　间	至2013年12月			
乡　镇	民俗村(个)	民俗户(个)	床位(个)	备　注
合　计	90	3096	30661	
大城子镇	合计	218	1584	
	庄头	55	268	
	大龙门	50	186	
	北沟	4	40	
	墙子路	74	808	
	王各庄	20	119	
	河下	15	163	
石城镇	合计	703	9956	
	梨树沟	54	456	
	水堡子	116	1317	
	王庄	35	261	
	石城	163	2363	
	石塘路	110	1453	
	黄峪口	33	334	
	捧河岩	58	949	
	张家坟	65	1623	
	贾峪	43	811	
	黄土梁	21	330	
	河北	5	59	
冯家峪镇	合计	85	312	
	冯家峪	7	35	
	西白莲峪	8	31	
	白马关	5	10	
	番字牌	14	25	
	西仓峪	7	42	
	西庄子	28	85	
	保峪岭	16	84	

续表

<table>
<tr><td>时　间</td><td colspan="4">至 2013 年 12 月</td></tr>
<tr><td>乡　镇</td><td>民俗村(个)</td><td>民俗户(个)</td><td>床位(个)</td><td>备　注</td></tr>
<tr><td>合　计</td><td>90</td><td>3096</td><td>30661</td><td></td></tr>
<tr><td rowspan="4">巨各庄镇</td><td>合计</td><td>77</td><td>632</td><td></td></tr>
<tr><td>达峪</td><td>38</td><td>318</td><td></td></tr>
<tr><td>沙厂</td><td>31</td><td>248</td><td></td></tr>
<tr><td>东白岩</td><td>8</td><td>66</td><td></td></tr>
<tr><td rowspan="9">溪翁庄镇</td><td>合计</td><td>305</td><td>2321</td><td></td></tr>
<tr><td>黑山寺</td><td>22</td><td>218</td><td></td></tr>
<tr><td>走马庄</td><td>94</td><td>718</td><td></td></tr>
<tr><td>尖岩村</td><td>20</td><td>114</td><td></td></tr>
<tr><td>北白岩</td><td>30</td><td>307</td><td></td></tr>
<tr><td>石马峪</td><td>52</td><td>464</td><td></td></tr>
<tr><td>东营子</td><td>10</td><td>93</td><td></td></tr>
<tr><td>立新庄</td><td>30</td><td>180</td><td></td></tr>
<tr><td>金叵罗</td><td>47</td><td>227</td><td></td></tr>
<tr><td rowspan="17">不老屯镇</td><td>合计</td><td>334</td><td>2609</td><td></td></tr>
<tr><td>董各庄</td><td>19</td><td>204</td><td></td></tr>
<tr><td>转山子</td><td>13</td><td>169</td><td></td></tr>
<tr><td>兵马营</td><td>40</td><td>278</td><td></td></tr>
<tr><td>边庄子</td><td>6</td><td>45</td><td></td></tr>
<tr><td>白土沟</td><td>16</td><td>119</td><td></td></tr>
<tr><td>史庄子</td><td>49</td><td>320</td><td></td></tr>
<tr><td>燕落</td><td>51</td><td>395</td><td></td></tr>
<tr><td>黄土坎</td><td>15</td><td>126</td><td></td></tr>
<tr><td>沙峪里</td><td>6</td><td>88</td><td></td></tr>
<tr><td>杨各庄</td><td>16</td><td>178</td><td></td></tr>
<tr><td>不老屯</td><td>31</td><td>267</td><td></td></tr>
<tr><td>学艺厂</td><td>36</td><td>180</td><td></td></tr>
<tr><td>半城子</td><td>5</td><td>48</td><td></td></tr>
<tr><td>学各庄</td><td>3</td><td>31</td><td></td></tr>
<tr><td>大窝铺</td><td>11</td><td>46</td><td></td></tr>
<tr><td>永乐村</td><td>17</td><td>115</td><td></td></tr>
</table>

续表

时　间	至 2013 年 12 月			
乡　镇	民俗村(个)	民俗户(个)	床位(个)	备　注
合　计	90	3096	30661	
穆家峪镇	合计	238	2200	
	上峪	18	104	
	碱厂	17	639	
	阁老峪	47	386	
	辛安庄	83	576	
	大石岭	49	336	
	北穆峪	24	159	
北庄镇	合计	69	521	
	南沟	20	195	
	苇子峪	14	137	
	葡萄峪	7	90	
	黄岩口	8	59	
	干峪沟	20	40	
西田各庄镇	合计	104	700	
	小石尖	11	37	
	牛盆峪	16	157	
	西沙地	9	42	
	小水峪	15	197	
	白道峪	53	267	
高岭镇	合计	16	106	
	田庄	4	38	
	白河涧	3	23	
	界牌峪	9	45	
东邵渠镇	合计	23	73	
	界牌	17	56	
	东葫芦峪	6	17	
河南寨镇	合计	45	101	
	圣水头	45	101	

（郭伟）

密云县A级景区一览表

序号	景区名称	等级
1	北京密云黑龙潭景区旅游管理处	AAAA
2	北京密云桃源仙谷旅游管理处	AAAA
3	北京张裕爱斐堡旅游文化有限公司	AAAA
4	北京市云蒙山森林公园	AAA
5	北京清凉谷旅游风景区	AAA
6	北京力维斯白龙潭旅游开发有限公司	AAA
7	北京云峰山景区旅游开发有限公司	AAA
8	北京乾程物业管理有限公司(首云铁矿)	AAA
9	北京云龙涧旅游开发有限公司	AAA
10	北京青菁顶旅游开发有限公司	AA
11	北京市密云云岫谷游猎自然风景区管理处	AA
12	北京京都第一瀑旅游服务中心	AA
13	北京云蒙三峪自然风景区	AA
14	北京云蒙山长城遗址公园	AA
15	北京紫海香堤旅游文化发展有限公司	AA
16	北京市密云古北口商贸开发公司旅游景区管理处	AA
17	内蒙古伊利实业集团股份有限公司北京乳品厂	AA

2013年密云县新业态汇总一览表

乡镇	业态单位名称	业态类别	评选时间
石城镇（8家）	张家坟青清谷观光垂钓园	生态渔家	2011年
	山里人家	乡村酒店	2011年
	北京花溪小寨会议服务中心		2011年
	北京石城白云峡休闲居民俗餐馆	山水人家	2011年
	水岸天宇生态观光园		2011年
	北京京瀑休闲居度假山庄		2011年
	古城人家	乡村酒店	2010年
	青菁顶		2010年
溪翁庄镇（7家）	北京鱼大厨美食城	生态渔家	2010年
	乡情生态园		2010年
	西保美食城		2010年
	神农乐园		2010年
	楚乡人家		2012年
	溪鹊林度假村	乡村酒店	2010年
	印象会所		2010年
穆家峪镇（7家）	北京红枫樱桃园饭庄	山水人家	2011年
	圣水渔村		2010年
	穆湖渔村		2010年
	北京红门水源垂钓园	生态渔家	2010年
	北京瀚洋度假山庄有限公司		2010年
	北京集贤民俗旅店		2010年
	华筵锦园民俗饭庄		2010年

乡镇	业态单位名称	业态类别	评选时间
太师屯镇（3家）	都市田园	休闲农庄	2012年
	北京城市驿站观光采摘园		2012年
	百味庄园	乡村酒店	2010年
大城子镇（1家）	来缘山庄	乡村酒店	2010年
古北口镇（2家）	龙门吉祥农庄	休闲农庄	2012年
	北京紫海香堤香草艺术庄园	国际驿站	2010年
巨各庄镇（3家）	北京聚陇山生态农业开发有限公司	采摘篱园	2011年
	天葡庄园		2012年
	北京鲟香来庄园	生态渔家	2011年
新城子镇（4家）	梦缘民俗饭庄	山水人家	2011年
	北京市曹家路海波民俗旅店		2011年
	北京市柳林民俗客店		2011年
	岳氏庄园	养生山吧	2011年
北庄镇（6家）	北京葡萄宜园休闲垂钓中心	山水人家	2011年
	北京云水湾民俗饭庄		2011年
	清泉垂钓园		2011年
	凯诚奥加（北京）生态农业科技发展有限公司（原金水湾休闲渔村）		2011年
	清水湾饭庄		2011年
	山里逸居	国际驿站	2012年
西田各庄镇（2家）	北京仙龙庄园旅游开发有限公司	山水人家	2011年
	北京山水青青美食服务中心		2011年

续表

乡镇	业态单位名称	业态类别	评选时间
不老屯镇（4家）	云峰农庄	休闲农庄	2011 年
	北京蓝盾绿化服务有限公司	养生山吧	2011 年
	大龙风情庄园		2011 年
	北京林鑫生苑农产品产销专业合作社	采摘篱园	2011 年
河南寨镇（1家）	北京康顺达生态园	采摘篱园	2012 年
冯家峪镇（1家）	鹿鸣山居	养生山吧	2012 年
合计	49（家）		

2013 年密云县旅游业综合情况统计表

1-4 季度

企业类别	代码	接待人次（万人）			营业收入（万元）		
		2012	2013	%	2012	2013	%
合　　计	01	869.6	907	4.4	365177.3	385710	5.6
住宿业	02	128.6	102	-20.7	61830.0	58132	-6.0
旅游区（点）	03	103.5	103	-0.5	22339.9	24497	9.7
旅行社	04	0.1	0		2651.3	872	-67.10
旅游餐饮	05				50647.2	55774	10.1
旅游商业	06				130088.2	143255	10.1
旅游交通	07				40179.5	42399	5.5
民俗旅游	08	637.4	702	10.2	57441.2	60781	5.8

（郭玉莲）

密云县星级旅游宾馆、饭店一览表

编号	名称	星级
1	瑞海姆田园度假村	五星级
2	云佛山度假村	三星级
3	云湖度假村	三星级
4	雾灵山庄	三星级
5	水库宾馆	三星级
6	世纪阳光假日酒店	三星级
7	交通云蒙山庄	三星级
8	文锦世博国际酒店	三星级
9	金地来商务会馆	三星级
10	燕山大酒店	二星级
11	社科院绿化基地	二星级
12	灵岫花园	二星级
13	京都圣泉度假村	二星级
14	京都第一瀑旅游度假村	二星级
15	众德大酒店	一星级
16	月亮湖度假山庄	一星级
17	桃源仙谷度假山庄	一星级

密云县幼儿园、学校一览表

序号	幼儿园、学校名称	幼儿园、学校地址名称	邮政编码
1	密云县第一幼儿园	北京市密云县鼓楼街道南更大街 61 号	101500
2	密云县第八幼儿园	北京市密云县密云镇李各庄村	101500
3	密云县第二幼儿园	北京市密云县果园新里中区 36 号楼	101500
4	密云县第三幼儿园	北京市密云县果园街道兴云小区 8 号楼	101500
5	密云县第四幼儿园	北京市密云县鼓楼街道新南路 107 号	101500
6	密云县第五幼儿园	北京市密云县鼓楼街道宾阳里 28 号楼	101500
7	密云县第六幼儿园	北京市密云县密云镇檀州家园 19 号楼	101500
8	密云县蓝天幼儿园	北京市密云县密云镇沿湖小区 27 号楼	101500
9	密云县嘉士博实验幼儿园	北京市密云县鼓楼街道马道胡同 5 号	101500
10	密云县经济开发区幼儿园	北京市密云县经济开发区康宝路 10 号	101500
11	密云县汇佳幼儿园	北京市密云县密云镇双燕街 9 号东南院	101500
12	密云县世纪英才实验幼儿园	北京市密云县鼓楼街道花园小区 53 号楼甲	101500
13	密云县石桥西区幼儿园	北京市密云县鼓楼街道石桥西区 22 号楼	101500
14	密云县小天使幼儿园	北京市密云县密云镇一街新村 18 号	101500
15	密云县育新幼儿园	北京市密云县沙河东区梧桐苑小区 1－Ⅱ号楼 1 至 2 层	101500
16	密云县小博士幼儿园	北京市密云县密云镇新南路 58 号	101500
17	密云县信远阳光幼儿园	北京市密云县果园街道果园新西路 77 号	101500
18	密云县密西幼儿园	北京市密云县密云镇城后街 25 号	101500
19	密云县文硕幼儿园	北京市密云县密云镇宾阳北里小区 3 号楼	101500
20	密云县溪翁庄镇中心幼儿园	北京市密云县溪翁庄镇溪翁庄村	101512
21	密云县溪翁庄镇东智幼儿园	北京市密云县溪翁庄镇东智西村	101512
22	密云县第九幼儿园	北京市密云县绿地国际花都小区北区 18 号楼	101500
23	密云县穆家峪镇成长托儿所	北京市密云县穆家峪镇新农村	101500
24	密云县穆家峪镇春蕾托儿所	北京市密云县穆家峪镇新农村新城路 69 号	101500
25	密云县大城子柏崖幼儿园	北京市密云县大城子镇柏崖村	101502
26	密云县宁静之都德慧幼儿园	北京市密云县檀城西区 22 号楼	101500
27	密云县西田各庄镇中心幼儿园	北京市密云县西田各庄镇卸甲山村	101509
28	密云县西田各庄镇疃里幼儿园	北京市密云县西田各庄镇疃里村	101509
29	密云县西田各庄镇太子务幼儿园	北京市密云县西田各庄镇太子务村	101509
30	密云县西田各庄镇西田各庄幼儿园	北京市密云县西田各庄镇西田各庄村	101500

续表

序号	幼儿园、学校名称	幼儿园、学校地址名称	邮政编码
31	密云县十里堡镇中心幼儿园	北京市密云县十里堡镇庄禾屯村	101500
32	密云县十里堡镇水杨红幼儿园	北京市密云县十里堡镇红光村	101500
33	密云县河南寨镇中心幼儿园	北京市密云县河南寨镇河南寨村	101500
34	密云县河南寨镇台上幼儿园	北京市密云县河南寨镇下屯村	101500
35	密云县河南寨镇提辖庄幼儿园	北京市密云县河南寨镇提辖庄村	101500
36	密云县巨各庄镇中心幼儿园	北京市密云县巨各庄镇水峪村	101501
37	密云县巨各庄镇八家庄幼儿园	北京市密云县巨各庄镇八家庄村	101501
38	密云县穆家峪镇中心幼儿园	北京市密云县穆家峪镇南穆家峪村	101500
39	密云县穆家峪镇西穆家峪幼儿园	北京市密云县穆家峪镇西穆家峪村	101500
40	密云县穆家峪镇后栗园幼儿园	北京市密云县穆家峪镇后栗园村	101500
41	密云县穆家峪镇前栗园幼儿园	北京市密云县穆家峪镇前栗园村	101500
42	密云县太师屯镇中心幼儿园	北京市密云县太师屯镇葡萄园村	101504
43	密云县太师屯镇上庄子幼儿园	北京市密云县太师屯镇上庄子村	101504
44	密云县太师屯镇桑园幼儿园	北京市密云县太师屯镇桑园村	101504
45	密云县太师屯镇东庄禾幼儿园	北京市密云县太师屯镇东庄禾村	101504
46	密云县高岭镇中心幼儿园	北京市密云县高岭镇高岭屯村	101507
47	密云县高岭镇水晶石幼儿园	北京市密云县高岭镇上甸子村	101507
48	密云县高岭镇栗榛寨幼儿园	北京市密云县高岭镇栗榛寨村	101507
49	密云县高岭镇放马峪幼儿园	北京市密云县高岭镇放马峪村	101507
50	密云县不老屯镇中心幼儿园	北京市密云县不老屯镇不老屯村	101516
51	密云县不老屯镇半城子幼儿园	北京市密云县不老屯镇半城子村	101516
52	密云县冯家峪镇中心幼儿园	北京市密云县冯家峪镇冯家峪村	101515
53	密云县古北口镇中心幼儿园	北京市密云县古北口镇古北口村	101508
54	密云县大城子镇中心幼儿园	北京市密云县大城子镇高庄子村	101502
55	密云县大城子镇墙子路幼儿园	北京市密云县大城子镇墙子路村	101502
56	密云县东邵渠镇中心幼儿园	北京市密云县东邵渠镇东邵渠村	101501
57	密云县北庄镇中心幼儿园	北京市密云县北庄镇北庄村华盛路 68 号	101503
58	密云县新城子镇中心幼儿园	北京市密云县新城子镇新城子村	101506
59	密云县新城子镇曹家路幼儿园	北京市密云县新城子镇曹家路村	101506
60	密云县石城镇中心幼儿园	北京市密云县石城镇南石城村	101513
61	密云县檀营幼儿园	北京市密云县檀营乡檀营村	101500
62	密云县穆家峪镇庄头峪幼儿园	北京市密云县穆家峪镇庄头峪村	101500
63	密云县馨苗蕾幼儿园	北京市密云县西门外大街 16 号院 5 号楼	101500

续表

序号	幼儿园、学校名称	幼儿园、学校地址名称	邮政编码
64	密云县久润幼儿园	北京市密云县檀西路 33 号久润花园东区 2 号商业楼	101500
65	密云县河南寨镇两河幼儿园	北京市密云县河南寨镇两河村	101500
66	密云县第七幼儿园	北京市密云县新中街 38 号	101500
67	北京空军蓝天宇锋蔡家洼幼儿园	北京市密云县巨各庄镇蔡家洼村	101501
68	密云县第二小学	北京市密云县鼓楼街道通城胡同 4 号	101500
69	密云县第四小学	北京市密云县鼓楼街道宾阳环新北路 1 号	101500
70	密云县第六小学	北京市密云县果园街道兴云路 28 号	101500
71	密云县第一小学	北京市密云县密云镇育才路 2 号	101500
72	密云县第三小学	北京市密云县鼓楼街道康复路 3 号	101500
73	密云县果园小学	北京市密云县果园街道果园路 5 号	101500
74	密云县季庄小学	北京市密云县果园街道果园西路 16 号	101500
75	密云县南菜园小学	北京市密云县鼓楼街道檀州家园东区 20 号楼	101500
76	密云县密云镇中心小学	北京市密云县密云镇李各庄村	101500
77	密云县溪翁庄镇中心小学	北京市密云县溪翁庄镇溪翁庄村	101512
78	密云县溪翁庄镇东智小学	北京市密云县溪翁庄镇东智西村	101500
79	密云县西田各庄镇中心小学	北京市密云县西田各庄镇西田各庄村	101509
80	密云县西田各庄镇卸甲山小学	北京市密云县西田各庄镇卸甲山村	101509
81	密云县西田各庄镇太子务小学	北京市密云县西田各庄镇太子务村	101509
82	密云县西田各庄镇疃里小学	北京市密云县西田各庄镇疃里村	101511
83	密云县十里堡镇中心小学	北京市密云县十里堡镇庄禾屯村	101500
84	密云县十里堡镇水杨红小学	北京市密云县十里堡镇红光村	101500
85	密云县河南寨镇中心小学	北京市密云县河南寨镇河南寨村	101500
86	密云县河南寨镇台上小学	北京市密云县河南寨镇下屯村	101500
87	密云县巨各庄镇中心小学	北京市密云县巨各庄镇水峪村	101501
88	密云县巨各庄镇东白岩小学	北京市密云县巨各庄镇东白岩村	101501
89	密云县穆家峪镇中心小学	北京市密云县穆家峪镇羊山村	101500
90	密云县穆家峪镇后栗园小学	北京市密云县穆家峪镇后栗园村	101500
91	密云县穆家峪镇新农村小学	北京市密云县穆家峪镇新农村	101500
92	密云县太师屯镇中心小学	北京市密云县太师屯镇中心街 3 号	101504
93	密云县太师屯镇桑园小学	北京市密云县太师屯镇桑园村	101504
94	密云县太师屯镇东庄禾小学	北京市密云县太师屯镇东庄禾村	101505
95	密云县高岭镇中心小学	北京市密云县高岭镇高岭村	101507
96	密云县高岭镇上甸子小学	北京市密云县高岭镇上甸子村	101507

续表

序号	幼儿园、学校名称	幼儿园、学校地址名称	邮政编码
97	密云县不老屯镇中心小学	北京市密云县不老屯镇不老屯村	101516
98	密云县冯家峪镇中心小学	北京市密云县冯家峪镇冯家峪村	101515
99	密云县大城子中心小学	北京市密云县大城子镇聂家峪蔡家峪1号	101502
100	密云县东邵渠镇中心小学	北京市密云县东邵渠镇东邵渠村	101501
101	密云县北庄镇中心小学	北京市密云县北庄镇北庄村	101503
102	密云县新城子中心小学	北京市密云县新城子镇新城子村	101506
103	密云县石城镇中心小学	北京市密云县石城镇南石城村	101513
104	密云县第五小学(民族小学)	北京市密云县密云镇南更大街143号	101500
105	密云县河南寨镇提辖庄小学	北京市密云县河南寨镇提辖庄村	101500
106	密云县古北口镇中心小学	北京市密云县古北口镇河西村	101508
107	密云县檀营中心小学	北京市密云县檀营乡檀营村	101500
108	密云县第三中学	北京市密云县密云镇育才路3号	101500
109	北方交通大学附属中学密云分校	北京市密云县密云镇阳光街6号	101500
110	密云县第五中学	北京市密云县鼓楼街道行宫街9号	101500
111	密云县第六中学	北京市密云县密云镇兴云路23号	101500
112	密云县水库中学	北京市密云县溪翁庄镇溪翁庄村	101512
113	密云县西田各庄中学	北京市密云县西田各庄镇西田各庄村	101509
114	密云县十里堡中学	北京市密云县十里堡镇十里堡村	101500
115	密云县河南寨中学	北京市密云县河南寨镇芦古庄村	101500
116	密云县新农村中学	北京市密云县穆家峪镇新农村	101500
117	密云县穆家峪中学	北京市密云县穆家峪镇羊山村	101500
118	密云县高岭中学	北京市密云县高岭镇高岭村	101507
119	密云县不老屯中学	北京市密云县不老屯镇不老屯村	101516
120	密云县古北口中学	北京市密云县古北口镇古北口村	101508
121	密云县大城子中学	北京市密云县大城子镇大城子村	101502
122	密云县东邵渠中学	北京市密云县东邵渠镇东邵渠村	101501
123	密云县北庄中学	北京市密云县北庄镇北庄村	101503
124	密云县新城子中学	北京市密云县新城子镇新城子村	101506
125	密云县第七中学	北京市密云县密云镇小唐庄村	101500
126	密云县第二中学	北京市密云县鼓楼街道康复路5号	101500
127	密云县巨各庄中学	北京市密云县巨各庄镇前焦家坞村	101501
128	密云县太师庄中学	北京市密云县太师屯镇太师庄村	101504
129	首都师范大学附属密云中学	北京市密云县果园街道兴云路27号	101500
130	北京师范大学密云实验中学	北京市密云县鼓楼街道阳光街1号	101500
131	密云县聋人学校	北京市密云县十里堡镇燕落寨村	101500

密云县第三次全国文物普查一览表

序号	镇、街	单位名称	年代	坐落地点	保护级别
1	大城子镇	关上城堡	明代	大城子镇关上村	县级
2		苍术会四十八烈士纪念碑	中华人民共和国	太城子镇苍术会村	普查在册文物
3		大城子上庵遗址	清代	大城子镇杨各庄村	普查在册文物
4		张庄梨园子遗址	宋、辽、金	大城子镇张庄子村	普查在册文物
5		张庄房壳廊遗址	宋、辽、金	大城子镇张庄子村	普查在册文物
6		墙子路城堡遗址	明代	大城子镇墙子路村	普查在册文物
7		承兴密联合县政府遗址	民国	大城子镇杨各庄村	普查在册文物
8		堡子里城堡遗址	明代	大城子镇下栅子村	普查在册文物
9		下栅子村 1 号烽火台	明代	大城子镇下栅子村	普查在册文物
10		墙子路村 1 号烽火台	明代	大城子镇墙子路村	普查在册文物
11		墙子路村 2 号烽火台	明代	大城子镇墙子路村	普查在册文物
12		下栅子村 1 号水关	明代	大城子镇下栅子村	普查在册文物
13		南沟村 1 号水关	明代	大城子镇南沟村	普查在册文物
14		墙子路村 1 号水关	明代	大城子镇墙子路村	普查在册文物
15		北沟村 1 号水关	明代	大城子镇北沟村	普查在册文物
16		北沟村 2 号水关	明代	大城子镇北沟村	普查在册文物
17		南沟村 1 号铺房	明代	大城子镇南沟村	普查在册文物
18	北庄镇	北庄革命烈士纪念碑	中华人民共和国	北庄镇东沟村	普查在册文物
19		承兴密联合县政府旧址	民国	北庄镇大岭村西	县级
20		转山会夏家店遗址	新石器	北庄镇转山会村	普查在册文物
21		营房城堡遗址	明代	北庄镇营房村	普查在册文物
22		黄岩口瓮城遗址	明代	北庄镇杨家堡村	普查在册文物
23		黄岩口城堡遗址	明代	北庄镇杨家堡村	普查在册文物
24		河南营城堡遗址	明代	北庄镇北庄村	普查在册文物
25		杨家堡关帝庙	不详	北庄镇杨家堡村	普查在册文物
26		营房村 1 号烽火台	明代	北庄镇营房村	普查在册文物
27		营房村 2 号烽火台	明代	北庄镇营房村	普查在册文物
28		营房村 3 号烽火台	明代	北庄镇营房村	普查在册文物
29		杨家堡村 1 号烽火台	明代	北庄镇杨家堡村	普查在册文物
30		杨家堡村 2 号烽火台	明代	北庄镇杨家堡村	普查在册文物
31		营房村 1 号水关	明代	北庄镇营房村	普查在册文物
32		黄岩口村 1 号水关	明代	北庄镇杨家堡村	普查在册文物

续表

序号	镇、街	单位名称	年代	坐落地点	保护级别
33	太师屯镇	白龙潭四组古建筑（1）白龙潭龙泉寺	清代	太师屯镇龙潭沟村	市级
34		白龙潭四组古建筑（2）白龙潭龙王庙	清代	太师屯镇龙潭沟村	市级
35		白龙潭四组古建筑（3）白龙潭普荫殿	清代	太师屯镇龙潭沟村	市级
36		白龙潭四组古建筑（4）白龙潭下寺	清代	太师屯镇龙潭沟村	市级
37		三世佛浮雕造像	元代	白龙潭水库上游东岸	县级
38		青洞山三教寺	唐代	太师屯镇许庄子村	县级
39		二柏搭枝庙	明代	太师屯镇令公村	县级
40		五峰山古庙遗址	明代、清代	太师屯镇陡子峪村	普查在册文物
41		罗庄户古村落遗址	宋、辽、金	太师屯镇松树掌村	普查在册文物
42		石岩井村龙王庙	清代	太师屯镇石岩井村	普查在册文物
43		城子遗址	宋、辽、金	太师屯镇城子村	普查在册文物
44		后南台娘娘庙遗址	清代	太师屯镇后南台村	普查在册文物
45		芦头渡槽	中华人民共和国	太师屯镇芦头村	普查在册文物
46		石岩井城堡遗址	明代	太师屯镇石岩井村	普查在册文物
47		东田各庄渡槽	中华人民共和国	太师屯镇东田各庄村	普查在册文物
48		令公城堡	明代	太师屯镇令公村	普查在册文物
49		南沟村 1 号烽火台	明代	太师屯镇南沟村	普查在册文物
50		南沟村 2 号烽火台	明代	太师屯镇南沟村	普查在册文物
51		石岩井村 1 号烽火台	明代	太师屯镇石岩井村	普查在册文物
52		石岩井村 2 号烽火台	明代	太师屯镇石岩井村	普查在册文物
53	新城子镇	小口城堡	明代	新城子镇小口村内	县级
54		吉家营城堡	明代	新城子镇吉家营村	县级
55		姜毛峪城堡	明代	新城子镇塔沟村南	县级
56		遥桥峪城堡	明代	新城子镇遥桥峪村	县级
57		小口关帝庙	清代	新城子镇小口村	县级
58		蔡家甸二郎庙遗址	明代	新城子镇蔡家甸村	普查在册文物
59		新城子镇承兴密联合县政府遗址	民国	新城子镇坡头村	普查在册文物
60		曹家路城堡遗址	明代	新城子镇曹家路村	普查在册文物
61		齐头堡城堡遗址	明代	新城子镇东沟村	普查在册文物
62		关门城堡	明代	新城子镇吉家营村	普查在册文物
63		曹家路渡槽	中华人民共和国	新城子镇曹家路村	普查在册文物
64		唐家寨城堡遗址	明代	新城子镇巴各庄村	普查在册文物

续表

序号	镇、街	单位名称	年代	坐落地点	保护级别
65		吉家营民居	民国	新城子镇吉家营村	普查在册文物
66		曹家路戏楼	中华人民共和国	新城子镇曹家路村	普查在册文物
67		雾灵山抗日标语摩崖石刻	中华人民共和国	新城子镇曹家路村	普查在册文物
68		马圈城堡遗址	明代	新城子镇花园村	普查在册文物
69		花园城堡遗址	明代	新城子镇花园村	普查在册文物
70		黑谷关城堡	明代	新城子镇花园村	普查在册文物
71		水峪城堡遗址	明代	新城子镇大角峪村	普查在册文物
72		大角峪城堡	明代	新城子镇大角峪村	普查在册文物
73		蔡家甸城堡遗址	明代	新城子镇蔡家甸村	普查在册文物
74		破城子城堡遗址	明代	新城子镇头道沟村	普查在册文物
75		新城子城堡遗址	明代	新城子镇新城子村	普查在册文物
76		帮帮石摩崖石刻	不详	新城子镇吉家营村	普查在册文物
77		景置灵山庙遗址	明代	新城子镇吉家营村	普查在册文物
78		大树洼村 1 号烽火台	明代	新城子镇大树洼村	普查在册文物
79		遥桥峪村 1 号烽火台	明代	新城子镇遥桥峪村	普查在册文物
80		花园村 1 号烽火台	明代	新城子镇花园村	普查在册文物
81		花园村 2 号烽火台	明代	新城子镇花园村	普查在册文物
82		花园村 3 号烽火台	明代	新城子镇花园村	普查在册文物
83		吉家营村 1 号水关	明代	新城子镇吉家营村	普查在册文物
84		遥桥峪村 1 号水关	明代	新城子镇遥桥峪村	普查在册文物
85		曹家路村 1 号水关	明代	新城子镇曹家路村	普查在册文物
86		花园村 1 号水关	明代	新城子镇花园村	普查在册文物
87		花园村 2 号水关	明代	新城子镇花园村	普查在册文物
88		花园村 3 号水关	明代	新城子镇花园村	普查在册文物
89		花园村 4 号水关	明代	新城子镇花园村	普查在册文物
90		大角峪村 1 号水关	明代	新城子镇大角峪村	普查在册文物
91		花园村 1 号灰窑址	明代	新城子镇花园村	普查在册文物
92		头道沟村 1 号砖瓦窑	明代	新城子镇头道沟村	普查在册文物
93		头道沟村 2 号砖瓦窑	明代	新城子镇头道沟村	普查在册文物
94	古北口镇	古北口战役阵亡将士公墓	现代	古北口镇古北口村西南	市级
95		杨令公庙	辽代	古北口镇古北口村东上坡	县级
96		吕祖庙	清代	古北口镇河西村万寿山上	县级
97		药王庙	清代	古北口村东上坡	县级
98		瘟神庙	明代	古北口镇潮关村西北角	县级

续表

序号	镇、街	单位名称	年代	坐落地点	保护级别
99		财神庙	清代	古北口村东上坡	县级
100		清真寺	明代	古北口镇河西村南	县级
101		司马台城堡	明代	古北口镇司马台村	县级
102		古北口保卫战纪念碑	民国	古北口镇河东村北	县级
103		玉皇庙	清代	古北口镇古北口村	县级
104		东关二郎庙	清代	古北口镇古北口村	县级
105		瘟神庙戏楼	清代	古北口镇潮关村	县级
106		潮河关惨案纪念碑	中华人民共和国	古北口镇潮河关村	普查在册文物
107		潮河关城堡遗址	明代	古北口镇潮河关村	普查在册文物
108		古北口镇城垣遗址	明代	古北口镇古北口村	普查在册文物
109		古北口保卫战阵亡烈士墓碑	民国	古北口镇古北口村	普查在册文物
110		大宋杨七郎之墓	不详	古北口镇河西村	普查在册文物
111		上营城堡遗址	明代	古北口镇古北口村	普查在册文物
112		沙岭沟城堡遗址	明代	古北口镇司马台村	普查在册文物
113		砖垛子城堡遗址	明代	古北口镇汤河村	普查在册文物
114		古北口瓮城	明代	古北口镇古北口村	普查在册文物
115		河西城堡遗址	明代	古北口镇河西村	普查在册文物
116		古北口三眼井	清代	古北口镇古北口村	县级
117		古北口七勇士纪念碑	中华人民共和国	古北口镇古北口村	县级
118		段德元家民居	清代	古北口镇河西村	普查在册文物
119		郝春年家民居	清代	古北口镇古北口村	普查在册文物
120		李正义家民居	清代	古北口镇古北口村	普查在册文物
121		赵明东家民居	清代	古北口镇古北口村	普查在册文物
122		周淑芬家民居	清代	古北口镇司马台村	普查在册文物
123		朱永海家民居	清代	古北口镇河西村	普查在册文物
124		古北口村1号烽火台	明代	古北口镇古北口村	普查在册文物
125		河东村1号水关	明代	古北口镇河东村	普查在册文物
126		河东村2号水关	明代	古北口镇河东村	普查在册文物
127		河西村1号水关	明代	古北口镇河西村	普查在册文物
128		司马台村1号砖瓦窑	明代	古北口镇司马台村	普查在册文物
129		古北口村1号砖瓦窑	明代	古北口镇古北口村	普查在册文物
130	高岭镇	瑶亭关帝庙	清代	高岭镇瑶亭村	县级
131		田庄古遗址	汉代	高岭镇田庄村	普查在册文物
132		黑龙潭古庙遗址	明代	高岭镇田庄村	普查在册文物

续表

序号	镇、街	单位名称	年代	坐落地点	保护级别
133		南天门大悲庵遗址	清代	高岭镇下甸子村	普查在册文物
134		白果店遗址	明代	高岭镇白河涧村	普查在册文物
135		三角城城堡	明代	高岭镇田庄村	普查在册文物
136		吊马寨城堡	明代	高岭镇田庄村	普查在册文物
137		石匣村红旗渡槽	中华人民共和国	高岭镇石匣村	普查在册文物
138		田庄村 1 号水关	明代	高岭镇田庄村	普查在册文物
139		田庄村 2 号水关	明代	高岭镇田庄村	普查在册文物
140	不老屯镇	云峰山摩崖石刻(四项)	不详	不老屯镇燕落村	县级
141		白土沟古崖居(四项)	不详	不老屯镇白土沟村	县级
142		超胜庵	唐代	不老屯镇燕落村北云峰山	县级
143		大安寺	北齐	不老屯镇白土沟村西	县级
144		吉祥寺	明代	不老屯镇边庄子村南	县级
145		白土沟石窟寺	不详	不老屯镇白土沟村	普查在册文物
146		乾隆皇子园寝	清代	不老屯镇杨各庄村	普查在册文物
147		兵马营侵华日军治安沟	民国	不老屯镇兵马营村	普查在册文物
148		王波烈士纪念碑	民国	不老屯镇北香峪村	普查在册文物
149		苏家坟	清代	不老屯镇大窝铺村	普查在册文物
150		殿臣峪惨案碑	中华人民共和国	不老屯镇殿臣峪村	普查在册文物
151		王玉金烈士纪念碑	民国	不老屯镇古石峪村	普查在册文物
152		陈家峪城堡遗址	明代	不老屯镇陈家峪村	普查在册文物
153		西坨古城堡遗址	明代	不老屯镇西驼古村	普查在册文物
154		燕落古城遗址	唐代	不老屯镇燕落村	普查在册文物
155		青山顶娘娘庙遗址	清代	不老屯镇古石峪村	普查在册文物
156		兵马营村新跃进渡槽	中华人民共和国	不老屯镇兵马营村	普查在册文物
157		半城子城堡遗址	明代	不老屯镇半城子村	普查在册文物
158		乍儿峪城堡遗址	明代	不老屯镇陈家峪村	普查在册文物
159		圣水山云峰寺遗址	明代	不老屯镇学艺厂村	普查在册文物
160		西坨古老爷庙	明代	不老屯镇西坨古村	普查在册文物
161		张茂森区长办公地	民国	不老屯镇边庄子村	普查在册文物
162		后营村胜天渡槽	中华人民共和国	不老屯镇后营村	普查在册文物
163		西坨古村 1 号烽火台	明代	不老屯镇西坨古村	普查在册文物
164		西坨古村 2 号烽火台	明代	不老屯镇西坨古村	普查在册文物
165		西坨古村 3 号烽火台	明代	不老屯镇西坨古村	普查在册文物
166		西坨古村 4 号烽火台	明代	不老屯镇西坨古村	普查在册文物

续表

序号	镇、街	单位名称	年代	坐落地点	保护级别
167		西坨古村5号烽火台	明代	不老屯镇西坨古村	普查在册文物
168		西坨古村6号烽火台	明代	不老屯镇西坨古村	普查在册文物
169		西坨古村7号烽火台	明代	不老屯镇西坨古村	普查在册文物
170		西坨古村8号烽火台	明代	不老屯镇西坨古村	普查在册文物
171		西坨古村9号烽火台	明代	不老屯镇西坨古村	普查在册文物
172		陈家峪村1号水关	明代	不老屯镇陈家峪村	普查在册文物
173		东坨古村1号水关	明代	不老屯镇东坨古村	普查在册文物
174		西坨古村1号水关	明代	不老屯镇西坨古村	普查在册文物
175		陈家峪村1号铺房	明代	不老屯镇陈家峪村	普查在册文物
176	冯家峪镇	番字石刻	元代	冯家峪镇番字牌村	市级
177		白马关城堡	明代	冯家峪镇白马关村	县级
178		上峪城堡	明代	冯家峪镇冯家峪村	县级
179		冯家峪抗日标语遗迹	民国	冯家峪镇西口外村	普查在册文物
180		司营子关帝庙	清代	冯家峪镇司营子村	县级
181		冯家峪战斗纪念碑	民国	冯家峪镇冯家峪村	普查在册文物
182		下营万人坑	民国	冯家峪镇下营村	普查在册文物
183		石洞子革命遗址	民国	冯家峪镇石洞子村	普查在册文物
184		下营城堡遗址	明代	冯家峪镇下营村	普查在册文物
185		石佛城堡	明代	冯家峪镇司营子村	普查在册文物
186		将杆台村落遗址	汉代	冯家峪镇黄梁根村	普查在册文物
187		将杆台达子坟	宋、辽、金	冯家峪镇黄梁根村	普查在册文物
188		上峪娘娘庙	不详	冯家峪镇冯家峪村	普查在册文物
189		北化岭城堡	明代	冯家峪镇白马关村	普查在册文物
190		高庄子城堡	明代	冯家峪镇西白莲峪村	普查在册文物
191		冯家峪城堡遗址	明代	冯家峪镇冯家峪村	普查在册文物
192		堡子根城堡	明代	冯家峪镇下营村	普查在册文物
193		下营村1号烽火台	明代	冯家峪镇下营村	普查在册文物
194		下营村2号烽火台	明代	冯家峪镇下营村	普查在册文物
195		白马关村1号烽火台	明代	冯家峪镇白马关村	普查在册文物
196		白马关村2号烽火台	明代	冯家峪镇白马关村	普查在册文物
197		白马关村3号烽火台	明代	冯家峪镇白马关村	普查在册文物
198		朱家峪村1号烽火台	明代	冯家峪镇朱家峪村	普查在册文物
199		西白莲峪村1号烽火台	明代	冯家峪镇西白莲峪村	普查在册文物
200		西口外村1号烽火台	明代	冯家峪镇西口外村	普查在册文物

续表

序号	镇、街	单位名称	年代	坐落地点	保护级别
201		西口外村 2 号烽火台	明代	冯家峪镇西口外村	普查在册文物
202		冯家峪村 1 号烽火台	明代	冯家峪镇冯家峪村	普查在册文物
203		冯家峪村 2 号烽火台	明代	冯家峪镇冯家峪村	普查在册文物
204		冯家峪村 3 号烽火台	明代	冯家峪镇冯家峪村	普查在册文物
205		下营村 1 号水关	明代	冯家峪镇下营村	普查在册文物
206		白马关村 1 号水关	明代	冯家峪镇白马关村	普查在册文物
207		白马关村 2 号水关	明代	冯家峪镇白马关村	普查在册文物
208		白马关村 3 号水关	明代	冯家峪镇白马关村	普查在册文物
209		白马关村 4 号水关	明代	冯家峪镇白马关村	普查在册文物
210		西白莲峪村 1 号水关	明代	冯家峪镇西白莲峪村	普查在册文物
211		西口外村 1 号水关	明代	冯家峪镇西口外村	普查在册文物
212		西口外村 2 号水关	明代	冯家峪镇西口外村	普查在册文物
213		西口外村 3 号水关	明代	冯家峪镇西口外村	普查在册文物
214		白马关村 1 号铺房	明代	冯家峪镇白马关村	普查在册文物
215		白马关村 2 号铺房	明代	冯家峪镇白马关村	普查在册文物
216		西白莲峪村 1 号砖瓦窑遗址	明代	冯家峪镇西白莲峪村	普查在册文物
217		响水峪村 1 号砖瓦窑遗址	明代	冯家峪镇下营村	普查在册文物
218		白马关村 1 号砖瓦窑	明代	冯家峪镇白马关村	普查在册文物
219	石城镇	白乙化烈士陵园	现代	石城镇河北村南	市级
220		白乙化烈士牺牲地	民国	石城镇河北村	县级
221		马营城堡遗址	明代	石城镇石塘路村	普查在册文物
222		云蒙峡烈士纪念碑	中华人民共和国	石城镇水堡子村	普查在册文物
223		张家坟七烈士纪念碑	民国	石城镇张家坟村	普查在册文物
224		英志长青纪念碑	民国	石城镇张家坟村	普查在册文物
225		烈属邓玉芬纪念碑	中华人民共和国	石城镇张家坟村	普查在册文物
226		彭家峪遗址	新石器时代	石城镇王庄子村	普查在册文物
227		石塘路城堡遗址	明代	石城镇石塘路村	普查在册文物
228		西湾子城堡遗址	明代	石城镇西湾子村	普查在册文物
229		水堡子城堡遗址	明代	石城镇水堡子村	普查在册文物
230		石炮沟城堡遗址	明代	石城镇石炮沟村	普查在册文物
231		邓玉芬旧居遗址	民国	石城镇张家坟村	普查在册文物
232		邓玉芬坚持抗日藏伤员山洞旧址	民国	石城镇张家坟村	普查在册文物
233		石炮沟村内城堡遗址	明代	石城镇西湾子村	普查在册文物

续表

序号	镇、街	单位名称	年代	坐落地点	保护级别
234		黑龙潭龙王庙	清代	石城镇黑龙潭景区内	普查在册文物
235		二平台古庙遗址	不详	石城镇二平台村	普查在册文物
236		王亢纪念碑	中华人民共和国	石城镇河北村	普查在册文物
237		黄峪口村1号烽火台	明代	石城镇黄峪口村	普查在册文物
238		西湾子村1号烽火台	明代	石城镇西湾子村	普查在册文物
239		西湾子村2号烽火台	明代	石城镇西湾子村	普查在册文物
240		西湾子村3号烽火台	明代	石城镇西湾子村	普查在册文物
241		西湾子村4号烽火台	明代	石城镇西湾子村	普查在册文物
242		西湾子村5号烽火台	明代	石城镇西湾子村	普查在册文物
243		河北村1号烽火台	明代	石城镇河北村	普查在册文物
244		梨树沟村1号烽火台	明代	石城镇梨树沟村	普查在册文物
245		石塘路村1号烽火台	明代	石城镇石塘路村	普查在册文物
246		黄峪口村1号水关	明代	石城镇黄峪口村	普查在册文物
247		北石城村1号水关	明代	石城镇北石城村	普查在册文物
248		北石城村2号水关	明代	石城镇北石城村	普查在册文物
249		南石城村1号水关	明代	石城镇南石城村	普查在册文物
250		水堡子村1号水关	明代	石城镇水堡子村	普查在册文物
251		水堡子炸弹厂遗址	民国	石城镇水堡子村	普查在册文物
252		丰滦密抗日联合县边区政府遗址	民国	石城镇红星村	普查在册文物
253	溪翁庄镇	北白岩北城堡遗址	明代	溪翁庄镇北白岩村	普查在册文物
254		北白岩内城堡遗址	明代	溪翁庄镇北白岩村	普查在册文物
255		黑山寺城堡遗址	明代	溪翁庄镇黑山寺村	普查在册文物
256		靳朝阳烈士纪念碑	中华人民共和国	溪翁庄镇溪翁庄村	普查在册文物
257		古柏颂石碣	清代	溪翁庄镇北白岩村	普查在册文物
258		柏坨山城堡遗址	明代	溪翁庄镇黑山寺村	普查在册文物
259		老道洞遗址	唐代	溪翁庄镇北白岩村	普查在册文物
260		大巍山敕赐灵峰寺摩崖石刻	不详	溪翁庄镇北白岩村	普查在册文物
261	西田各庄镇	丰滦密联合县政府遗址	民国	西田各庄镇牛盆峪村	县级
262		白道峪内城堡	明代	西田各庄镇白道峪村	县级
263		西庄窠瓷窑遗址	辽金	西田各庄镇西庄窠村西	县级
264		小水峪瓷窑遗址	辽金	西田各庄镇小水峪村西	县级
265		重修乾坤寺碑	清代	西田各庄镇白道峪村	普查在册文物
266		卸甲山法兴寺	不详	西田各庄镇卸甲山村	县级

续表

序号	镇、街	单位名称	年代	坐落地点	保护级别
267		郑家坟古村落遗址	汉代、宋、辽、金	西田各庄镇西田各庄村	普查在册文物
268		和恭亲王弘昼园寝遗址	清代	西田各庄镇署地村	普查在册文物
269		孟良寨古村落遗址	汉代	西田各庄镇大辛庄村	普查在册文物
270		沿村古村落遗址	汉代	西田各庄镇沿村	普查在册文物
271		西田各庄烈士纪念碑	中华人民共和国	西田各庄镇西田各庄村	普查在册文物
272		西智七烈士纪念碑	中华人民共和国	西田各庄镇西智村	普查在册文物
273		小水峪城堡遗址	明代	西田各庄镇小水峪村	普查在册文物
274		牛盆峪城堡遗址	明代	西田各庄镇牛盆峪村	普查在册文物
275		白道峪北城堡遗址	明代	西田各庄镇白道峪村	普查在册文物
276		西智毗卢寺遗址	明代	西田各庄镇西智村	普查在册文物
277		白河故道堤坝遗址	明代	西田各庄镇太子务村	普查在册文物
278		双塔寺遗址	不详	西田各庄镇疃里村	普查在册文物
279		范家坟	清代	西田各庄镇西康各庄村	普查在册文物
280		苍头墓群	宋、辽、金、元	西田各庄镇苍头村	普查在册文物
281		苍头烈士纪念碑	中华人民共和国	西田各庄镇苍头村	普查在册文物
282		云蒙山抗日斗争纪念碑	中华人民共和国	西田各庄镇牛盆峪村	普查在册文物
283		太子务墓群	元代	西田各庄镇太子务村	普查在册文物
284		范公井	清代	西田各庄镇小石尖村	县级
285		西田各庄娘娘庙	清代	西田各庄镇西田各庄村	普查在册文物
286		和恭亲王墓守墓人旧居	清代	西田各庄镇署地村	普查在册文物
287		龚庄子云峰庙遗址	明代	田各庄镇龚庄子村	普查在册文物
288		坟庄古井	清代	西田各庄镇坟庄村	普查在册文物
289		白道峪村 1 号水关	明代	西田各庄镇白道峪村	普查在册文物
290		牛盆峪村 1 号水关	明代	西田各庄镇牛盆峪村	普查在册文物
291		小水峪村 1 号水关	明代	西田各庄镇小水峪村	普查在册文物
292	十里堡镇	西荒子古村落遗址	唐代、宋、辽、金	十里堡镇十里堡村	普查在册文物
293		三坨子墓群	汉代	十里堡镇燕落寨村	普查在册文物
294		王各庄墓群	汉代	十里堡镇王各庄村	普查在册文物
295		廖家坟墓群	汉代	十里堡镇王各庄村	普查在册文物
296		蚂蚱鞍古村落遗址	东周	十里堡镇河槽村	普查在册文物
297		燕落寨古村落遗址	东周	十里堡镇燕落寨村	普查在册文物
298	河南寨镇	黍谷山西严寺	辽、金	河南寨镇荆栗园村	县级
299		风台顶道观	明代	河南寨镇荆栗园村	县级
300		平头古村落遗址	东周	河南寨镇平头村	普查在册文物

续表

序号	镇、街	单位名称	年代	坐落地点	保护级别
301		黍谷山庙宇遗址	唐代、清代	河南寨镇荆栗园村	普查在册文物
302		黄家坟墓群	汉代、唐代	河南寨镇提辖庄村	普查在册文物
303		平头村平坨寺	清代	河南寨镇平头村	县级
304		平头石翁仲	不详	河南寨镇平头村	普查在册文物
305		平头墓群	唐代	河南寨镇平头村	普查在册文物
306		两河古村落遗址	汉代、宋、辽、金	河南寨镇两河村	普查在册文物
307		中庄南城子遗址	汉代、唐代	河南寨镇中庄村	普查在册文物
308		中庄墓群	唐代、明代	河南寨镇中庄村	普查在册文物
309		黍谷山观音殿	清代	河南寨镇荆栗园村	普查在册文物
310		黍谷山一善祠	清代	河南寨镇荆栗园村	普查在册文物
311	穆家峪镇	四竿顶战斗烈士纪念碑	中华人民共和国	穆家峪镇下峪村	普查在册文物
312		荆稍坟墓群	汉代	穆家峪镇荆稍坟村	普查在册文物
313		定恭亲王绵恩园寝	清代	穆家峪镇羊山村	普查在册文物
314		碱厂娘娘庙	清代	穆家峪镇南碱厂村	普查在册文物
315	巨各庄镇	王保起烈士纪念碑	民国	巨各庄镇牛角峪村	普查在册文物
316		西岗子墓群	汉代	巨各庄镇前焦家坞村	普查在册文物
317		官道沟古村落遗址	汉代	巨各庄镇前焦家坞村	普查在册文物
318		西岭子墓群	汉代	巨各庄镇东白岩村	普查在册文物
319	东邵渠镇	高各庄古村落遗址	汉代	东邵渠镇高各庄村	普查在册文物
320		高各庄墓群	汉代	东邵渠镇高各庄村	普查在册文物
321		刘殿文烈士纪念碑	中华人民共和国	东邵渠镇南达峪村	普查在册文物
322		大石门井寺古庙	清代	东邵渠镇大石门村	县级
323	檀营满族蒙古族乡	燕山勒功碑	明代	暂存北京冶仙塔旅游风景区管理处	县级
324		普照寺	宋、辽、金	檀营满族蒙古族乡檀营村	普查在册文物
325		檀营八旗营房遗址	清代	檀营满族蒙古族乡檀营村	普查在册文物
326		冶仙塔	辽代	檀营满族蒙古族乡檀营村	县级
327	密云镇	李各庄侵华日军桥头堡	民国	密云镇李各庄村	普查在册文物
328		唐庄古墓群	唐代、宋、辽、金	密云镇唐庄村	普查在册文物
329		密云县烈士陵园	中华人民共和国	密云镇西大桥村	普查在册文物
330	果园街道	大公主府	清代	县城白河西	县级
331	鼓楼街道	大成殿	元代	县城东大街密云县图书馆	县级
332		护城古堤遗址	清代	县城西北	县级
333		密云古城遗址	明代	密云镇	县级

密云县级以上非物质文化遗产名录
（共 24 项）

民间文学类(4 项)
冶仙塔的传说、黍谷山的传说、
密云民间谚语、密云民间歌谣；

民间音乐类(1 项)
墙子路村轿子坊音乐（大城子镇墙子路村）

民间舞蹈类(3 项)
密云蝴蝶会（市级）（文化馆）、
上金山狮舞（市级）（太师屯镇上金山村）、
霸王鞭（文化馆）；

民间美术类(4 项)
密云传统民居建筑（古北口）、密云剪纸（郝书和）、
布艺堆绣画（刘香君）、烙画（陈生存）；

曲艺类(2 项)
密云蔡家洼村五音大鼓（市级）（巨各庄镇蔡家洼村）、
拉洋片（张谦、张凤永）

游艺、传统体育与竞技类(3 项)
檀营满族撩跤（檀营）、庄禾屯武术（十里堡镇庄禾屯村）、
纸牌（文化馆）；

传统手工技艺类(5 项)
鲁班枕（瞎掰）制作技艺（市级）（李文涛）、
密云烧饼制作技艺（李广莲）、
密云烧肉制作技艺（北京洪福金正食品有限公司）、
密云烧酒酿制技艺（北京洪福金正食品有限公司）、
玲珑枕制作技艺（北京云艺手工艺品专业合作社）

民俗类(2 项)
九曲黄河阵灯俗（国家级）（太师屯镇东田各庄村）、
西邵渠金钟总督老会（市级）（东邵渠镇西邵渠村）。

北京市非物质文化遗产普查工作统计表(一)

密云县　　(160项)

	北庄镇	不老屯镇	大城子镇	东邵渠镇	冯家峪镇	高岭镇	古北口镇	河南寨镇	巨各庄镇	密云镇	合计
民间文学		1								1	2
传统音乐			2								2
传统舞蹈							2	2	1		5
传统戏剧											
曲艺									1		1
杂技	1										1
传统美术						1	5			1	7
传统技艺	4			1			5			3	13
生产商贸习俗			1	1		1	1				4
消费习俗										2	2
人生礼仪	1	2					1				4
岁时节令											
民间信俗	1			1		3	3	1	1		10
民间知识										1	1
传统体育、游艺与竞技	1						1		6		8
传统医药											
其他											
合计	8	3	3	3		5	18	3	9	8	60

注:此表可扩展。

北京市非物质文化遗产普查工作统计表（二）

密云县

	穆家峪镇	十里堡镇	石城镇	太师屯镇	西田各庄镇	溪翁庄镇	新城子镇	檀营乡	鼓楼街道	果园街道	合计
民间文学				1				2		4	7
传统音乐							1				1
传统舞蹈				2				1			3
传统戏剧				1				1			2
曲艺			1		1						2
杂技											
传统美术							2		4		6
传统技艺		3		4	1		1	3			12
生产商贸习俗					2			1			3
消费习俗	1		1			1		5			8
人生礼仪				3	1			8	1		13
岁时节令								6			6
民间信俗			1	4		1	1	2			9
民间知识							1	8	1		10
传统体育、游艺与竞技		1		1	1			15			18
传统医药											
其他											
合计	1	4	3	16	6	2	6	52	6	4	100

市县级爱国主义教育基地一览表

序号	基地名称	隶属关系	地址	级别	命名时间
★1	白乙化烈士纪念碑地	石城镇政府	石城镇河北村	市级	县级 1996 年 9 月,市级 2007
★2	司马台长城	古北口镇政府	司马台长城景区	市级	县级 1996 年 9 月,市级 2002 年 12 月
★3	密云县档案馆	县档案局	西门外大街 5 号	市级	县级 1996 年 9 月,市级 2012 年
★4	英雄母亲邓玉芬雕塑主题广场	石城镇政府	石城镇张家坟村	市级	县级 1996 年 9 月,市级 2013 年
★5	古北口战役阵亡将士公墓	古北口镇政府	古北口镇古北口村	市级	县级 1996 年 9 月,市级 1996 年 5 月
★6	密云县图书馆	县文化委员会	密云鼓楼东大街 31 号	市级	2003 年 12 月市级
★7	承兴密抗日联合县政府旧址	太师屯镇政府	太师屯镇村葡萄园村	市级	县级 2006 年 4 月,市级 2007 年
8	密云革命烈士陵园	密云县民政局	园林路 21 号	县级	1996 年 9 月
9	密云县博物馆	县文化委员会	密云县西门外大街 2 号	县级	1996 年 9 月
10	金祟山烈士纪念碑	太师屯镇政府	太师屯镇葡萄园村	县级	1996 年 9 月
11	密云水库大坝	水库管理处	溪翁庄镇政府东 3 公里处	县级	1996 年 9 月
12	孟思郎峪惨案纪念碑	冯家峪镇政府	冯家峪镇朱家峪村	县级	1996 年 9 月
13	云蒙山抗日斗争纪念碑	西田各庄镇政府	牛盆峪村三峪风景区内	县级	2006 年 4 月
14	新城子雾灵碑苑	新城子镇政府	新城子镇新城子村	县级	2006 年 4 月
15	王波烈士碑园	不老屯镇政府	不老屯镇半城子村	县级	2006 年 4 月
16	长城抗战七勇士纪念碑	古北口镇政府	古北口镇北头居委会	县级	2006 年 4 月
17	南山烈士纪念碑	北庄镇政府	北庄镇北庄村	县级	2006 年 4 月
18	四竿顶战斗烈士纪念碑	穆家峪镇政府	穆家峪镇庄头峪村	县级	2006 年 4 月
19	四十八烈士纪念碑	大城子镇政府	大城子镇苍术会村	县级	2006 年 4 月
说明:密云共有市级和县级爱国主义教育基地 19 处,其中带★的是市级爱国主义教育基地					

密云县医疗机构一览表(一)

二级医疗机构

机构名称	地址	联系电话
北京市密云县医院	密云县鼓楼北大街 3 号	69043990
密云县中医医院	密云县新中街北门里路西	69063482
北京市密云县妇幼保健院	密云县密云镇新南路 56 号	69085701
密云县第二人民医院 (密云县太师屯镇社区卫生服务中心)	密云县太师屯镇永安街 76 号	69032541

一级医疗机构

机构名称	地址	联系电话
密云县精神卫生保健院	密云县河南寨镇河南寨村	61089788
密云县结核病防治所	密云县疾控中心院外西侧平房	69043180
北京市密云水库医院	密云县溪翁庄镇环库南路 25 号	69012447
北京市密云精华肿瘤医院(私营)	密云县溪翁庄镇溪翁庄村	61003630
北京脑血管病医院(私营)	密云县经济开发区水源路 2 号	69066889
北京市密云县健福医院(私营)	密云县南大街檀州家园 A1-8-13	89086222
北京市密云县博众医院(私营)	密云县鼓楼东大街 29 号	69020666
北京市密云县兴云医院(私营)	密云县兴云路 36 号	89097859
北京市密云县渔阳口腔医院(私营)	密云县鼓楼东大街 23-8 至 23-12 号楼	69081288
北京市密云县博爱康医院	密云县东门外	69067585
北京市密云县天基万邦中医医院	密云县果园西路 38 号院 9 号楼	89097869
北京清水潭中医医院	密云县巨各庄镇东白岩村南 500 米	61069166
密云县北庄镇社区卫生服务中心	密云县北庄镇北庄村	81002006
密云县不老屯镇社区卫生服务中心	密云县不老屯镇不老屯村	81091559
密云县大城子镇社区卫生服务中心	密云县大城子镇大城子村	61071761
密云县东邵渠镇社区卫生服务中心	密云县东邵渠镇太保庄村	61061483
密云县冯家峪镇社区卫生服务中心	密云县冯家峪镇冯家峪村 99 号	81069963
密云县高岭镇社区卫生服务中心	密云县高岭镇高岭村	81081157
密云县古北口镇社区卫生服务中心	密云县古北口镇河东村	81051007

续表

机构名称	地址	联系电话
密云县鼓楼社区卫生服务中心	密云县鼓楼东大街	69044334
密云县果园社区卫生服务中心	密云县西门外大街8号	69044606
密云县河南寨镇社区卫生服务中心	密云县河南寨镇芦古庄村	61087288
密云县巨各庄镇社区卫生服务中心	密云县巨各庄镇巨各庄村	61032468
密云县穆家峪镇社区卫生服务中心	密云县穆家峪镇南穆家峪村	61053836
密云县十里堡镇社区卫生服务中心	密云县十里堡镇河漕村	89021753
密云县石城镇社区卫生服务中心	密云县石城镇石城村	61025192
密云县西田各庄镇社区卫生服务中心	密云县西田各庄镇西田各庄村	61000195
密云县溪翁庄镇社区卫生服务中心	密云县溪翁庄镇溪翁庄村	69016569
密云县密云镇社区卫生服务中心	密云县密云镇李各庄村村委会南	69080456
密云县新城子镇社区卫生服务中心	密云县新城子镇新城子村	81023799

社区卫生服务站

机构名称	地址	联系电话
密云县大城子镇社区卫生服务中心墙子路社区卫生服务站	密云县大城子镇墙子路村	61070596
密云县高岭镇社区卫生服务中心上甸子社区卫生服务站	密云县高岭镇上甸子村	81082117
密云县古北口镇社区卫生服务中心北甸子社区卫生服务站	密云县古北口镇北甸子村	81051007
密云县鼓楼社区卫生服务中心行宫社区卫生服务站	密云县鼓楼街道行宫小区	69058355
密云县鼓楼社区卫生服务中心宾阳西里社区卫生服务站	密云县鼓楼街道宾阳小区	69040905
密云县鼓楼社区卫生服务中心东菜园社区卫生服务站	密云县鼓楼街道东菜园小区	69085979
密云县鼓楼社区卫生服务中心宾阳北里社区卫生服务站	密云县鼓楼街道宾阳北里小区	69055004
密云县鼓楼社区卫生服务中心长安社区卫生服务站	密云县果园街道长安小区	69081709
密云县果园社区卫生服务中心果园社区卫生服务站	密云县果园街道果园小区	69059033
密云县果园社区卫生服务中心康居社区卫生服务站	密云县鼓楼街道康居南区	69059170

续表

机构名称	地址	联系电话
密云县穆家峪镇社区卫生服务中心前栗园社区卫生服务站	密云县穆家峪镇前栗园村	89013340
密云县穆家峪镇社区卫生服务中心西穆家峪社区卫生服务站	密云县穆家峪镇西穆家峪村	61051221
密云县西田各庄镇社区卫生服务中心西庄户社区卫生服务站	密云县西田各庄镇西庄户村	61003241
密云县溪翁庄镇社区卫生服务中心北白岩社区卫生服务站	密云县溪翁庄镇北白岩村	69016089
密云县溪翁庄镇社区卫生服务中心金叵罗社区卫生服务站	密云县溪翁庄镇金叵罗村	69016890
密云县溪翁庄镇社区卫生服务中心石马峪社区卫生服务站	密云县溪翁庄镇石马峪村	61022158
密云县新城子镇社区卫生服务中心曹家路社区卫生服务站	密云县新城子镇曹家路村	81021483

密云县医疗机构一览表(二)

机构名称	地址	联系电话
北京宝云山诊所	密云县鼓楼街道车站路 3 号	52128149
北京博仁康祥企业管理有限公司东邵渠康祥口腔诊所	北京市密云县东邵渠镇高各庄村镇政府路南 200 米	13601122795
北京博仁康祥企业管理有限公司密云久润康祥口腔门诊部	北京市密云县新北路北侧久润花园 6 号 5 区	13520633545
北京博仁康祥企业管理有限公司太师屯康祥口腔诊所	密云县太师屯镇正阳街 66 号	13241904818
北京博仁康祥企业管理有限公司溪翁庄口腔诊所	北京市密云县溪翁庄镇丁字街西侧碧水花园 8 号	15011208567
北京博仁康祥企业管理有限公司云光康祥口腔诊所	密云县新西路 69 号 11	13520633545
北京博谊康健口腔诊所	北京市密云县大城子镇大城子村(李荣云出租房)	13241555878
北京曹华荣中医诊所	北京市密云县宾阳小区 39－5－101	69046435

续表

机构名称	地址	联系电话
北京曹丽华诊所	密云县密云镇季庄村东安路8条4号	69089136
北京朝日商贸有限公司关爱金生口腔诊所	北京市密云县穆家峪镇新农村中和街5巷23号	61097646
北京朝日商贸有限公司关爱上营诊所	北京市密云县上营东区18-4-102	13681388525
北京辰佳广告传媒有限公司不老屯辰佳口腔诊所	北京市密云县不老屯镇大街中学路口西20米	15910604082
北京辰佳广告传媒有限公司辰佳口腔诊所	北京市密云县高岭镇高岭村	15910604082
北京辰佳广告传媒有限公司太师屯辰佳口腔诊所	北京市密云县太师屯镇永安街正阳小区101室	69035801
北京辰佳广告传媒有限公司西田各庄辰佳口腔诊所	北京市密云县西田各庄镇西田各庄村东	15910604082
北京辰佳广告传媒有限公司卸甲山辰佳口腔诊所	北京市密云县西田各庄镇卸甲山村老供销社院内	15910604082
北京辰佳广告传媒有限公司新城子辰佳口腔诊所	北京市密云县新城子镇新城子村村委会西10米	15910604082
北京冯素会口腔诊所	北京市密云县石桥小区甲1号	13693107332
北京扶锐中医诊所	北京市密云县宾阳北里供暖工程处旁平房	89085089
北京福林口腔诊所	密云县密云镇果园中区22号楼103室	69026136
北京富洋利佳商贸有限公司普安诊所	密云县高岭镇上甸子村	13911523808
北京富洋利佳商贸有限公司普泰诊所	北京市密云县季庄小区52号1-2层11商业房	13911523808
北京富洋利佳商贸有限公司中西医诊所	北京市密云县果园西里15号楼101商业房	13911523808
北京海臣富帛诊所	密云县十里堡镇双井村路北	89096079

续表

机构名称	地址	联系电话
北京和平安康门诊部	北京百世城商业街 8 号楼南段	69050261
北京和谐春天医药有限公司国康源诊所	北京市密云县檀西路行宫南区 20-1-102	69087050
北京和谐春天医药有限公司济康中医诊所	北京市密云县果园新里中区 2 号楼 4 单元 101 室	69084007
北京贺兴中医诊所	北京市密云县果园中区 16 号楼 20 号	69085318
北京亨泰口腔诊所	密云县鼓楼街道花园小区 1#-15	89088926
北京宏杏林中医药技术开发有限责任公司宏杏林中医诊所	密云县鼓楼西大街长安小区 1-6 商铺	13801189384
北京鸿运东田商贸有限公司鸿运东田诊所	密云县沿湖小区 22 号楼 1 单元 102 室	86226972
北京侯福海中医诊所	北京市密云县太扬家园 2 号楼 1-3 层 8	85401267
北京胡福涅中医诊所	北京市密云县古北口镇古北口村大街南头路东 23#	81052713
北京胡亚茹中医诊所	北京市密云县沿湖小区 14-4-102	69047567
北京胡杨树文化发展有限公司九龙口腔诊所	北京市密云县二环路南新中街西商服楼 12 号	13811379409
北京华德液压工业集团有限责任公司物业管理分公司物业一部医务室	密云县密云镇小唐庄村	69083127
北京华硕天鸿广告传媒有限公司古北口华硕口腔诊所	北京市密云县古北口镇河东村 8 号	81053180
北京黄润章中医诊所	北京市密云县果园小区中区 38-7-102	69068215
北京惠泽利佳商贸有限公司惠佳诊所	北京市密云县新南路 72 号 104 商业房	89085472
北京慧源堂药品有限公司慧源堂诊所	北京市密云县行宫东区 1,4 号楼之间东侧配房	15811448400

续表

机构名称	地址	联系电话
北京济顺仁康贸易有限公司济顺仁康诊所	北京市密云县阳光街柏林山水4号楼5单元102室	61093066
北京济顺堂医药有限公司穆家峪诊所	北京市密云县穆家峪镇南穆家峪村西(原供销社)	13811352871
北京佳仕口腔门诊部	北京市密云县新中街花园小区107-6	69041911 -801
北京建庆中西医诊所	北京市密云县密西花园小区48-8-102	61090023
北京健洁鸿达口腔诊所	北京市密云县巨各庄镇豆各庄村286号	18701581568
北京健洁宇信信息服务有限公司佳禾兴盛口腔诊所	北京市密云县北庄镇北庄村华盛路甲3号	15911007277
北京健洁宇信信息服务有限公司健洁口腔诊所	北京市密云县太师屯镇葡萄园村正阳小区69号	15911007277
北京洁雅欣康商贸有限公司云水建国口腔诊所	北京市密云县阳光街773-1	13716763366
北京金正福寿敬老院医务室	北京市密云县靶场路雷达站东侧	69088852
北京金洲门诊部	北京市密云县新中街花园小区31-6-7-8	69041911 -801
北京锦艺天华科贸有限公司锦艺美好口腔诊所	北京市密云县北庄镇北庄村华盛路北侧100米	13366023012
北京锦艺天华科贸有限公司口腔诊所	北京市密云县檀城家园4#08号	69052571
北京君聚缘房地产经纪有限公司君聚缘诊所	北京市密云县宾阳里8号综合楼1层商社西侧	69051738
北京康乐健祥口腔诊所	北京市密云县河南寨镇套里村西大街1号	15001340204
北京康乐新生诊所	北京市密云县西大桥通林街5号	15810200088
北京康美洁口腔诊所	北京市密云县新中街19号(沿湖小区)	13716168076

续表

机构名称	地址	联系电话
北京康塬康乐商贸有限公司百合园诊所	北京市密云县百合园7号楼7-10号	69060887
北京科林东森商贸有限责任公司彩虹园口腔诊所	北京市密云县彩虹园小区1号楼1层3单元102-1	61093501
北京科林东森商贸有限责任公司康馨雅苑口腔诊所	北京市密云县康馨雅苑38号楼1层4单元102	51279362
北京科林东森商贸有限责任公司十里堡口腔诊所	北京市密云县明珠花园6#2-101	13716168076
北京蓝天博爱商贸有限公司国华康民诊所	北京市密云县新南路以南水源路以北华远综合农贸批发市场14#-11号	13501327388
北京蓝天博爱商贸有限公司蓝天博爱诊所	北京市密云县花园小区1号楼24号商铺	69066971
北京李洪彪中医诊所	北京市密云县花园小区24号楼3-101	69063913
北京李金成中医诊所	北京市密云县白檀小区16-4-101	69025517
北京刘爱兰中医诊所	北京市密云县经济开发区康宝路	89099962
北京刘百林中医诊所	北京市密云县长安小区12-7商铺	13910211170
北京龙腾海升堂大药房有限责任公司泽众百草厅中医诊所	北京市密云县长安东区4号楼13号1-2层	69088916
北京隆源万鑫商贸有限公司康鑫利民诊所	北京市密云县白檀小区云珠商城商业楼6号	13716285521
北京隆源万鑫商贸有限公司康鑫益民诊所	北京市密云县上营东区19-3-101	13716291923
北京蒙一堂生物制药开发有限公司蒙一堂蒙医门诊部	北京市密云县二环路南新中街10-11	69066686
北京密福康医药有限公司密福康中医诊所	北京市密云县果园新里南区2号商铺楼6号1层南侧	13910498999

续表

机构名称	地址	联系电话
北京密云京华肿瘤医院溪翁庄诊所	北京市密云县溪翁庄镇水库宾馆南30米路西	69011174
北京明辉欣雅服装有限公司明辉口腔诊所	北京市密云县太师屯镇正阳北大街15-9	69032109
北京平和诊所	北京市密云县阳光街779-5幢	89085309
北京庆春堂药品销售有限公司行宫利民诊所	北京市密云县行宫大街76号	89088900
北京全胜隆贸易有限公司旺福康诊所	北京市密云县鼓楼街道石桥小区28号前平房	69054817
北京荣峰伟业诊所	北京市密云县密云镇大唐庄村北区5号	61091223
北京容美医疗美容诊所	北京市密云县新南路78#105号	89087378
北京瑞诚晓侠科技有限公司季庄口腔诊所	密云县果园新里北区25号1单元101	13910322267
北京瑞达康诊所	北京市密云县密西花园小区2号楼2-102	61091223
北京瑞和诊所	北京市密云县果园西区甲4号楼	89099267
北京十里堡综合门诊部	北京市密云县十里堡双井海怡花园87号	89090138
北京世慧中西医诊所	密云县太师屯镇岳华山庄212-4	13716690366
北京市晶林缘科技有限公司芝桐口腔诊所	北京市密云县密云镇季庄前街一巷4条18号	89097840
北京市密云工业品商贸公司医务室	密云县密云镇马道胡同3号	69067408
北京市密云县看守所医务室	北京市密云县看守所院内	69063890
北京双益兴工程咨询有限公司中医诊所	北京市密云县南更大街187-189号	13601032618

续表

机构名称	地址	联系电话
北京太宁康医药有限公司仁义诊所	北京市密云县经济开发区科技路20号生活服务区1号楼商铺	13501009589
北京太宁康医药有限公司檀城诊所	北京市密云县新中街179号-1	69083543
北京滕项铭装饰有限公司唐庄口腔诊所	北京市密云县大唐庄村小区西配楼5号	13651275358
北京同仁堂京北医疗投资管理有限公司密云中医门诊部	北京市密云县农机路一号院2号楼1层	61092290
北京王桂芳外科诊所	密云县季庄小区46号-17车库	69060021
北京王华口腔诊所	北京市密云县花园小区4-5-102	69026348
北京王首魁中医诊所	北京市密云县河南寨镇钓鱼台村	61086425
北京王永志中医诊所	北京市密云县古北口镇汤河村东甲1号	81051666
北京尉秀英口腔诊所	北京市密云县巨各庄镇八家庄村康达市场	13693168686
北京吴普增中医诊所	北京市密云县长安小区7号楼底商南更大街55号	69056959
北京新诚杰盛信息咨询有限公司新鑫口腔诊所	北京市密云县古北口镇南菜园东横街7号1层	13693578236
北京鑫记恩美口腔诊所	北京市密云县檀西路127号-01室	69086491
北京徐明林口腔诊所	密云县密西花园小区48号楼1层48-1	69022829
北京旭日鸿润商贸有限公司久远庄诊所	北京市密云县巨各庄镇久远庄村345号	61032397
北京云湖度假村有限公司医务室	北京市密云县水库内湖	61021995
北京张淑珍内科诊所	北京市密云县石桥东区6号楼门面房	13716092368

续表

机构名称	地址	联系电话
北京赵福义诊所	北京密云康馨雅苑小区 39-3-101	52123620
北京赵旭东口腔诊所	北京市密云县果园新里中区 35-3-102	69024803
北京正月轩装饰有限公司新农村口腔诊所	北京市密云县穆家峪镇新农村长途车站东侧	13716527804
北京郑伯中中医诊所	北京市密云县花园小区 3-5-101	69049147
北京仲景堂综合门诊部	密云县长城环岛东 50 米路北 2 号商贸楼	69080208
密云县东邵渠镇中心小学医务室	东邵渠镇东邵渠村	61061524
密云县疾病预防控制中心门诊部	密云镇新西路 50 号	69044687
密云县军队离退休干部管理服务所医务室	密云县新中街北源里一号楼一单元 103 室	69044388
密云县聋人学校医务室	密云县密云镇兴云路 21 号	89095868
密云县委党校医务室	北京市密云县党校路 9 号	69069162
密云县中小学卫生保健所	密云县密云镇兴云路	89097941
瑞海姆田园度假村有限公司医务室	北京市密云县西大桥路 2 号	89098888-8012
首都经济贸易大学密云分校医务室	北京市密云县西大桥 75 号	89096153
首云矿业股份有限公司医务室	密云县巨各庄镇豆各庄村	61039503
中铁十六局集团路桥工程有限公司医务室	密云县密云镇十六局	51075995

密云县工商所一览表

序号	名　称	地　址	办公电话	邮编
1	城关工商所	密云镇新北路 7 号	69041648	101500
2	穆家峪工商所	穆家峪镇	61051362	101500
3	巨各庄工商所	巨各庄镇	61032434	101501
4	工业开发区工商所	十里堡镇	89090200	101500
5	水库工商所	溪翁庄镇	69012537	101512
6	太师屯工商所	太师屯镇	69032672	101504
7	不老屯工商所	不老屯镇	81091594	101516

密云县地税局税务所一览表

序号	名　称	地　址	办公电话	邮编
1	密云县地税局太师屯税务所	太师屯镇永安街 197 号	69042536	101500
2	密云县地税局水库税务所	车站路 62 号	69072215	101500

密云县国家税务局派出机构一览表

序号	名　称	地　址	办公电话	邮编
1	密云县国家税务局第一税务所	鼓楼东大街 21 号	89089112	101500
2	密云县国家税务局第二税务所	鼓楼东大街 21 号	89089117	101500
3	密云县国家税务局第三税务所	溪翁庄镇华都工业园区	89089159	101512
4	密云县国家税务局第五税务所	太师屯镇中心街 40 号	69036124	101504
5	密云县国家税务局第六税务所	鼓楼东大街 21 号	89089121	101500
6	密云县国家税务局第七税务所	鼓楼东大街 21 号	89089126	101500
7	密云县国家税务局第八税务所	鼓楼东大街 21 号	89089130	101500

密云县司法所、公证处一览表

序号	名　称	地　址	办公电话	邮编
1	密云镇司法所	密云县果园街道密西花园	69046345	101500
2	河南寨司法所	密云县河南寨镇政府院内	61086043	101500
3	穆家峪司法所	密云县穆家峪镇政府院内	61056698	101500
4	十里堡司法所	密云县十里堡镇政府院内	89022490	101500
5	巨各庄司法所	密云县巨各庄镇政府西院	61032466	101501
6	大城子司法所	密云县大城子镇政府院内	61071793	101502
7	东邵渠司法所	密云县东邵渠镇派出所院内	61061061	101501
8	北庄司法所	密云县北庄镇政府院内	81002328	101503
9	太师屯司法所	密云县太师屯镇	69033524	101504
10	新城子司法所	密云县新城子镇政府院内	81023112	101506
11	古北口司法所	密云县古北口镇古北口村	81051153	101508
12	高岭司法所	密云县高岭镇政府院内	81081346	101507
13	冯家峪司法所	密云县冯家峪镇政府院内	81060636	101505
14	石城司法所	密云县石城镇派出所院内	61025781	101503
15	溪翁庄司法所	密云县溪翁庄镇溪翁庄村	69010149	101502
16	西田各庄司法所	密云县西田各庄镇政府院内	61018034	101509
17	不老屯司法所	密云县不老屯镇政府院内	81091575	101516
18	鼓楼司法所	密云县鼓楼街道办事处院内	69043827	101500
19	果园司法所	密云县果园街道办事处院内	69063050	101500
20	檀营司法所	密云县檀营地区办事处院内	69091374	101500
21	北京市渔阳公证处	密云县西门外大街 12 号	69085671	101500